KB097209

강신주 지음

철학 VS 실천

19세기 찬란했던 승리와
마르크스의 테제

오월의 봄

역사철학 · 정치철학
강의를 시작하며

　전등傳燈! '등불을 전한다'는 뜻의 불교 용어다. 등불이 켜졌다는 것은 깨달은 자, 부처가 되었다는 의미다. 부처는 주인으로서의 삶을 구가하고 동시에 이웃을 자비로 품어주는 존재다. 결국 전등은 타인을 지배하는 행위가 아니라 오히려 타인을 주인으로 만드는 행위다. 타인을 연민하는 행위가 아니라 오히려 타인을 사랑의 주체로 만드는 행위다. 글과 말로 철학자가 하는 모든 행동은 어쩌면 이 '전등'이란 단어로 요약할 수 있지 않을까? 등불을 먼저 밝힌 자가 그 등불이 필요한 자, 혹은 그 등불로 삶이 달라질 수 있는 자에게 등불을 전한다. 전등의 마음이 없다면, 이웃에 대한 강한 애정이 없다면, 철학이 무슨 소용이 있다는 말인가? 그렇지만 등불은 항상 위험에 노출되어 있다. 어둠을 유지하려는 자들은 등불을 끌 수 있는 강력한 바람을 품고 있으니까. 그들은 억압하는 자들이다. 어둠 속에서 그들은 얼마나 감미롭게 속삭였던가? 소수 엘리트가 무지몽매한 다수를 이끌어야 하며, 지배는 다수를 위한 애정이라고. 어둠 속에서 억압하는 자들의 목소리는 현실 이상으로 크게 들리고, 그만큼 그들의 힘은 압도적이라고 상상된다. 등불이 켜지는 순간, BC 3000년 국가라는 원초적 억압기구가 탄생한 뒤 우리 인간이 어떤 삶을 영위했는지, 소수의 승자가 이끌어가는 그 참담한 역사가 드러난다. 호랑이는 강하지만 사슴을 가축화하지 않는다. 독수리는 강하지만 비둘기를 가축화하지 않는다. 심지어 강한 호랑이가 약한 호랑이를, 강한 독수리가 약한 독수리를 가축화하는 일도 없다. 그렇지만 승자의 역사로 점철된 인류사를 보라. 다른 종뿐만 아니라 같은 종마저 가축화하기를 주저하지 않는 부끄러운 역사다. 같은 종을 지배하고 착취하는 역사! 어떻게 아름다울 수 있다는 말인가? 어떻게 정의로울 수 있다는 말인가?

야만과 굴욕으로 가득 찬 역사를 폭로하는 등불을 켜는 일은 억압하는 자들 입장에서는 너무나 불쾌하고 위험한 일이다. 등불이 켜지는 순간 억압받는 자들은 자신들이 엄청난 다수라는 걸, 동시에 억압하는 자들이 한 줌도 되지 않는다는 걸 자각할 테니 말이다. 하긴 억압과 착취를 감내하는 노예가 아니라 삶과 사랑의 주인이 되었으니, 어떻게 억압받는 자들이 다시 억압과 착취를 감당하려 하겠는가. 그래서일까 하나의 등불이 켜지고 그 등불이 동시대인들에게 화톳불처럼 번져갈 때마다, 그 등불을 끄려는 때로는 노골적이고 때로는 은밀한 노력이 반복되었다. 무자비한 공권력을 태풍 삼아 등불을 끄려는 만행도 있었고, 당근과 채찍이란 미풍으로 억압받는 자들이 스스로 자신의 등불을 끄도록 만드는 유혹도 있었다. 더 비극적인 일이 발생하기도 했다. 억압받는 자들 내부에서 출현한 새로운 엘리트들이 동료들의 등불을 기습적으로 꺼버리며 새로운 억압자로 등장했던 적도 있었으니까. 그렇지만 아무리 등불이 꺼져도, 이미 세상과 삶의 실상이 드러난 뒤다. 억압받는 자들은 자신이 감당했던 치욕과 탄식이 정의롭지도, 그렇다고 해서 아름답지도 않다는 걸 알아버린 셈이다. 자유를 맛본 사람에게서 어떻게 자유를 다시 뺏을 수 있겠는가? 삶의 주인이 되어버린 사람을 어떻게 다시 노예로 만들 수 있다는 말인가? 인간을 사랑하게 된 사람을 어떻게 이웃을 질시하고 미워하도록 만들 수 있다는 말인가? 그들을 죽이지 않고서는 그들의 자유를, 그들의 주인 됨을, 그리고 그들의 사랑을 부정할 수 없다. 억압하는 자들이 등불을 끄는 데는 성공했어도, 등불은 모든 억압받는 자들의 심장에서 그리고 머리에서 결코 꺼지지 않는다. 꺼진 듯 꺼지지 않는 등불은 이렇게 조용히 그리고 은밀히 타오르며 다시 전달된다.

철학자는 과거로부터 전해진 등불을 감당해야만 한다. 아니 이건 정확한 표현이 아니다. 앞 사람들의 등불이 없었다면 철학자는 탄생할 수조차 없으니까. 사랑을 받았으면 사랑을 돌려주어야 한다. 그렇지만 내게 등불을 전달했던 사람들은 이미 대지와 허공 속에 흩어져 사라진 지 오래다. 부모로부터 받은 사랑은 자식에게 돌려줄 수밖에 없듯이, 앞 사람들로부터 받은 등불의 은혜는 동시대 이웃들이나 도래할 사람들에게 전할 수밖에 없다. 바로 이것이 전등의 진정한 의미이자 철학자가 글과 말을 쉬지 않는 이유가 아닐까. 최소한 받은 만큼 물려주어야 하지만 이것으로는 충분하지 않다. 강력함과 풍성함을 더해 그 등불이 웬만한 어둠의 바람을 견딜 수 있도록 물려주어야만 한다. 내게 등불을 전달했던 이들도 바로 이것을 원하지 않겠는가. 박사학위를 받은 지 이미 20여 년, 그리고 50세가 넘어서자마자, 마치 숙명처럼 나는 앞 사람들로부터 받은 등불들을 모아 등불들의 장관을 만드는 작업에 착수했다. 자유인이 자유인을 부르고 주인이 주인에게 화답하고 사랑이 사랑에 전율하는 일종의 '전등록傳燈錄'을 완성하는 작업이다. 그 결과가 지금 여러분이 보고 있는 5권으로 이루어진 바로 이 시리즈, '강신주의 역사철학·정치철학 강의'다. 분량이 적은 권도 800쪽을 넘고 분량이 많은 권은 1300쪽이 될 정도로 방대한 시리즈다. 역사철학의 경우 서양의 1871년 파리코뮌과 우리의 1894년 갑오농민전쟁에서 시작해 2020년 코로나19 팬데믹 사태까지 다루고, 정치철학의 경우 마르크스, 벤야민, 기 드보르, 랑시에르, 그리고 제만을 중심으로 19세기 중반부터 21세기 초반까지 다룬다. 5권으로 시리즈가 나뉜 이유는 언급한 5명의 정치철학자의 텍스트를 해명하는 것이 전체 시리즈의 골격이기 때문이다.

　200년도 채 안 되는 시기를 다루는 시리즈 치고는 너무 방대한 것 아닌가 하는 의구심이 들 수도 있다. 18세기 중엽 출범해 아직도 우리의 삶에 짙은 어둠을 부여하는 부르주아체제는 자유의 등불, 주인의 등불, 사랑의 등불이 빛을 발할 때마다 때로는 폭력적으로 때로는 이데올로기적으로 등불을 꺼버렸고, 동시에 부르주아체제가 세련된 억압체제에 지나지 않는다는 걸 밝혔던 등불들을 자신의 역사책에서 축소하거나 왜곡했다. 억압체제는 억압에 저항하는 등불의 빛을 지워야만 유지될 수 있으니까. 이것이 부르주아체제에 대한 수많은 사람들의 당당한 저항이 역사의 작은 에피소드나 몇몇 몽상가들의 백일몽에 불과하다는 인상이 발생하는 기원이다. 부르주아체제의 역사 지우기 작업이 성공하자, 자유와 주인과 사랑의 가치는 냉소주의로 시들해졌다. 동시에 자유의 등불, 주인의 등불, 그리고 사랑의 등불은 평범한 사람들이 감당하기 힘들다는 허무주의로 퍼져갔다. 냉소주의와 허무주의를 극복하지 않는다면, 우리는 앞선 이들이 들었던 등불의 빛을 식별하기 힘들다. 그래서 자유와 주인과 사랑의 등불을 들었던 사람들을 제대로 복원하려고 애썼다. 지워졌던 사람들, 검열되었던 사람들, 죽은 뒤에도 편할 수 없었던 사람들의 목소리가 복원되자, '깨달은 자들, 자유로운 자들, 사랑하는 자들의 패밀리', 그러니까 '자신들의 운명을 스스로 결정하는 자유인들의 패밀리'도 커지면서 전체 시리즈도 걷잡을 수 없이 규모가 커지게 된 것이다.

방대한 만큼 전체 시리즈가 완성되는 데 대략 4년여 집필 시간이 필요했다. 심신이 피폐해져 자판을 건드려서는 안 되는 때도 있었다. 그렇지만 자료 검색과 독서, 그리고 사유는 한시도 쉰 적이 없다. 강신주라는 이름이 전해진다면, 그것은 아마도 이 시리즈 때문일 거라는 믿음 탓이다. 바로 이런 믿음이 나를 이 고단한 작업에 몰아넣었다. 그 와중에 잠시 숨을 고를 때마다 나는 내가 행운아가 아닐까 하는 생각을 자주 하곤 했다. 너무 빠르지도 않고 너무 늦지도 않은 시간에 내 모든 것을 불태울 수 있었기 때문이다. 2016년 출간된 《철학 VS 철학》 개정판을 내기 이전이나, 혹은 조금 더 나이가 들어 50대 중반 이후에 집필을 했다면, 나의 전등록은 무척 달라졌을 것이다. 《철학 VS 철학》 개정판 이전에 집필했다면 깊이가 부족해 내게 등불을 건네준 앞 사람들의 은혜에 누가 되었을 것이고, 50대 중반 이후 집필했다면 지력과 체력이 부족해 앞 사람들에게서 받은 등불을 감당할 수 없었을 것이 분명하다. 철학자이기 이전에 평범한 인간으로, 삶의 힘을 마지막으로 쥐어짤 수 있는 시기였기에 사랑과 주인과 자유의 수많은 등불들을 온전히 감당할 수 있었고, 그것들을 지치지 않고 글로 풀어낼 수 있었다. 다행스럽게 나의 전등록은 완성되었고, 이것으로 또한 나의 등불도 우리 이웃들에게, 그리고 도래할 사람들에게 전해진 셈이다.

막상 전등록이 완성되자 나의 마음은 독자들이 아니라 내게 등불을 전해주었던 앞 사람들에게로 자꾸만 기운다. 전등록에 담은 그들을 나는 '등불의 패밀리'라고 부르며 마구 자랑하고 싶다. '등불의 패밀리'는 깨달은 자들의 패밀리, 자유로운 자들의 패밀리, 주인으로 삶을 영위했던 자들의 패밀리, 그리고 억압받은 자들을 사랑했던 패밀리였으니까. 어둠을 대낮처럼 밝히는 등불들의 장관 속 자유인들의 얼굴은 아름답기까지 하다. 블랑키, 랭보, 마르크스, 보그다노프, 로자 룩셈부르크, 코르슈, 그람시, 신채호, 조지 오웰, 벤야민, 브레히트, 신동엽, 존 바에즈, 김수영, 기 드보르, 체 게바라, 김민기, 켄 로치, 이창동, 다르위시, 김선우 등등. 동시에 무명의 작은 등불이었지만 한 명 한 명 뭉쳐서 거대한 화톳불이 되었던 님들의 건강한 얼굴도 보인다. 파리코뮌의 전사들, 우금치의 우리 농민들, 스파르타쿠스동맹의 동지들, 크론시타트소비에트의 전사들, 스페인 민병대 친구들, 그리고 게바라와 함께했던 라틴아메리카 전우들 등등. '등불의 패밀리'는 뿌듯할 정도로 엄청 많기도 하다. 이제 자유를 위한 외로운 투쟁을 하고 있다고 절망하지 말자. 더 이상 주인의 삶을 영위하려고 혼자 분투하고 있다고 자조하지 말자. 다시는 반향마저 없는 사랑에 너무나 지친다고 한탄하지도 말자. 우리 옆에, 우리 앞에, 우리 뒤에 '등불의 패밀리'가 등불을 들고 미소를 던지고 있다. 이제 절망과 자조와 한탄을 말끔히 지우고 자유와 주인과 사랑의 등불을 당당히 들자. 바로 그 순간 우리는 자신이 엄청난 등불의 장관 속에 이미 들어와 있다는 걸, 자신이 이미 '등불의 패밀리'에 속해 있다는 걸 알게 될 테니까. 등불은 이런 식으로 전달된다.

2020년 5월
여전히 광화문에서
강신주

차례

2부 / 마르크스의 철학, 마르크스의 과학

프롤로그

"가느다란 털만큼의 실수,
그 오류는 천리에까지 미친다
毫釐之失, 謬以千里."

— 주희朱熹, 《주자어류朱子語類》

1.

가을에 짐승들은 털갈이를 한다. 겨울을 견디기 위한 일종의 월동 준비다. 털갈이를 마친 털은 정말로 가늘다. 이로부터 '가느다란 털만큼의 차이毫釐之差'라는 말이 유래한다. '간발의 차이'라고 번역해도 좋다. '간발間髮'도 털 사이만큼의 미묘한 차이를 의미하니까. 철학이 중요한 이유도 바로 여기에 있다. 흔히 철학은 일관성과 보편성을 지향하기에 거대한 체계로 완성된다고 이해된다. 반은 맞고 반은 틀린 말이다. 철학과 같은 체계적 사유가 필요한 이유를 고민해보면, 거대하고 정합적인 체계보다 더 중요한 것이 눈에 들어오기 때문이다. 철학의 체계성은 오직 '간발의 차이'를 지키기 위한 성곽과도 같은 것이다. 동아시아 최고의 스콜라 철학자 주희朱熹(1130~1200)는 "가느다란 털만큼의 실수, 그 오류는 천리에까지 미친다"고 말했던 적이 있다. 어느 정도 나이가 든 사람들이라면 누구나 고개를 끄덕일 이야기다. 혹독한 좌절을 경험한 사람이라면, 그 실패가 순간적인 것이 아니라 아주 오랜 과거로부터 싹텄다는 걸 알게 된다. 1년 전일 수도, 5년 전일 수도, 10년 전일 수도, 아니면 20

년 전일 수도 있다. '가느다란 털만큼의 차이', 혹은 '가느다란 털만큼의 실수'가 지금 어찌해볼 수 없는 거대한 좌절을 낳은 것이다. 중요한 것은 '천리에까지 미친 거대한 오류'로 과거의 실수가 '가느다란 털만큼'으로 보인다는 점이다. 그러니 사실 주희의 말은 사후적 회상일 수 있다. 어찌해볼 수 없을 정도로 사태가 악화된 뒤, 그 사태를 초래한 원인을 찾을 때 발견되는 것이 바로 '가느다란 털만큼의 차이'에서 발생했던 실수이니 말이다. 놀라운 것은 가느다란 털만큼의 차이나 실수는 그 작은 차이가 발생하고 그 치명적인 실수가 범해졌을 때, 그렇게 작은 것도 아니었다는 사실이다. 결국 '가느다란 털만큼의 실수'와 '천리에까지 미친 오류' 사이의 거리는 주체적으로 통제 가능했던 과거의 상황과 이제는 통제 불능에 빠진 현재의 상황 사이의 거리였던 셈이다.

21세기 현재 우리는 '천리에까지 미친 오류'의 시대에 살고 있다. 1980년대부터 시작되어 2010년대에 정점을 찍은 신자유주의시대, 혹은 세계화 시대가 새롭게 만든 살풍경들을 살펴보라. 자본의 세계화! 이제 자본은 값싼 노동력과 새로운 소비시장을 찾아 다국적기업으로 변모하고자 노력한다. 자본이 해외로 옮겨간 만큼 국내 노동시장의 규모가 축소되고 미취업과 실업, 그리고 저임금의 문제는 당면한 화두가 된다. 여기에 저임금 외국인 노동자가 국내 노동시장으로 대량 유입되니, 상황은 정말 설상가상의 형국이다. 동시에 아시아나 아프리카 등 저개발 부르주아국가들로 옮겨간 다국적기업의 공장들은 허술한 노동조건과 환경 규정을 이용해 그곳 노동자들뿐만 아니라 지구 환경 자체의 삶을 위태롭게 하고 있다. 노동착취와 환경 파괴의 현장을 더 가난한 나라로 옮겼을 뿐이기에, 세계 전체가 자본주의체제로 신음하기는 마찬가지다. 신자유주의 이념으로 무장한 자본! 자본은 노동에 대한 최소한의 책임마저 지지 않는 완전한 자유를 구가한다. 그 결과 일용직과 비정규직은 폭발적으로 증가하고, 심지어 정규직이라고 해도 언제든지 조기 퇴직과 정리해고의 위험에 노출되고 만다. 노동의 가치는 과거 어느 때보다 바닥이 없는 듯 추락하고 있다. 노동과 자본의 대립적 관계를 생각해볼 때, 이것은 자본의 가치가 하늘을 뚫고 남을 위세를 떨치고 있다는 걸 말한다. 생존과 생계의 문제에 맞닥뜨리면, 미취업과 실업 혹은 고용 불안에 던져지면, 노동자들은 자신들을 노동자로 개조한 부르주아체제에 맞서는 연대를 모색하기보다 서로 치열한 경쟁에 내몰리게 된다. 목구멍이 포도청이니까. 부르주아체제의 묘수가 통한 셈이다. 노동자들은 자본을 공격하기보다는 서로 물어뜯는 데 혈안이 되어버렸으니까. 밥그릇을 줄이면 주인을 물 수도 있다는 체제의 의구심은 단지 기우에 불과했다는 것이 확인된 셈이다.

세계화, 금융화, 그리고 정보화라는 논리로 자본주의가 조장한 노동계급의 개싸움이 21세기 현재 우리 사회를 관통하는 모든 갈등과 대립의 물질적 토대다. 정규직(노동자)과 비정규직(노동자) 사이의 갈등! 노조(노동자)와 비노조(노동자) 사이의 갈등! 내국인(노동자)과 외국인(노동자) 사이의 갈등! 환경 파괴(노동자)와 친환경(노동자) 사이의 갈등! 장년(노동자)과 청년(노동자) 사이의 갈등! 남성(노동자)과 여성(노동자) 사이의 갈등! 노동자에 괄호를 치고 이어서 괄호와 함께 '노동자'를 제거하면 정규직, 노조, 내국인, 환경 파괴, 장년, 그리고 남성은 기득권 세력으로 보이고, 비정규직, 비노조, 외국인, 친환경, 청년, 그리고 여성은 억압받는 세력으로 보인다. 방송에서, 대학에서, 책에서, 혹은 SNS에서 부르주아체제의 이데올로그들로 활동하는 지식인들의 전략이 제대로 먹힌 셈이다. 괄호 안의 노동자를 억압하거나 은폐하기 위해, 그들은 노조 문제를, 인종차별을, 환경 문제를, 세대 갈등을, 나아가 젠더 갈등을 부각시켰기 때문이다. 물론 그들은 외적으로 자유와 인권의 대변인으로 행세하고, 내적으로도 자신은 비판적 지식인이라는 정신승리를 구가한다. 문제는 부르주아체제의 이데올로그들이 유포한 이데올로기가 부르주아 매체들을 통해 가공할 정도로 확대 재생산되고 지금 이 순간에도 그 재생산은 멈추지 않고 있다는 점이다. 이제 비정규직이 정규직과 싸운다. 비노조가 노조와 싸운다. 외국인이 내국인과 싸운다. 친환경이 환경 파괴와 싸운다. 청년이 장년과 싸운다. 여성이 남성과 싸운다. 인권과 평등의 논리로 싸우니 싸움은 치열하기만 하고, 그 사이에 비정규직, 정규직, 비노조, 노조, 외국인, 내국인, 친환경, 환경 파괴, 청년, 장년, 여성, 그리고 남성은 점점 더 자신이 노동자라는 사실을, 벌거벗은 노동력만을 남기고 모든 것을 박탈당한 노동자라는 사실을 망각하게 된다. 부르주아체제의 이데올로기가 헤게모니 싸움에서 승리한 안타까운 결과다. 그만큼 자본은 회심의 미소를 던지면서 자신들의 전리품을 조금씩 그리고 확실히 쌓아나간다. 문제는 시간이 흐를수록 이런 '천리에까지 미친 오류'가 바로잡히기는커녕 '만리에까지 미칠 오류'로 만연할 기세라는 점이다. 자연스럽게 우리는 이런 걷잡을 수 없는 오류를 낳은 '가느다란 털만큼의 차이'나 '가느다란 털만큼의 실수'에 주목하게 된다.

어디서 첫 단추가 잘못 채워졌던 것일까. 우리의 시선은 별다른 망설임 없이 19세기 후반에 살았던 인간들에게 가닿는다. 19세기에 본격화된 부르주아체제는 노동자를 양산하지 않으면 생존할 수 없는 체제였다. 자본에 노동력을 팔아야 생계를 유지할 수 있도록 다수 인간들을 개조하고 그들의 노동력으로 잉여가치를 남기는

것이 자본주의의 논리였기 때문이다. 이것은 19세기 후반 외국인
도 내국인도 청년도 장년도 남성도 여성도 모두 알고 있었던 사실
이다. 그러니 19세기 후반 대다수 인류는 노동과 자본 사이의 전선
에서 전혀 흔들림 없이 서 있었고, 노동에 가해지는 자본의 억압과
착취에 정면으로 맞서 싸웠던 것이다. 1871년 서양의 파리코뮌Paris
Commune이 그리고 1894년 우리의 집강소執綱所가 생생한 역사적 증거
이자 증언이 된다. '천리에까지 미친 오류'나 혹은 '만리에까지 미
칠 오류'라는 현재의 관점으로 보자면 파리코뮌이나 집강소는 정
말 희미하고 가늘어서 털끝처럼 보인다. 그렇지만 19세기 말 파리
코뮌과 집강소는 압도적이고 장엄했던 은산철벽銀山鐵壁이었고, 은폐
하거나 억압하기도 힘든 거대한 역사적 진실이었다. 문명이란 이름
으로 국가라는 억압기구가 최초로 탄생했던 BC 3000년 이후 처음
으로 억압과 착취가 사라진 자유로운 공동체가 모색되었고 잠시라
도 유지되었다. 그렇지만 타인의 노동에 기생해 먹고살 수밖에 없
는 억압체제는 파리코뮌에, 그리고 집강소에 대대적인 반격을 개시
했다. 부르주아체제의 반격은 너무나도 거세서 파리코뮌과 집강소
는 이 은산철벽에 목숨을 걸었던 사람들과 함께 괴멸되고 만다. 파
리코뮌과 집강소를 지키지 못하고 그것과 함께 유명을 달리했던 전
사들과 함께하지 못했던 것은 19세기 말 인류사의 일보후퇴라고 할
수 있다. 당시 그 누구도 알지 못했다. 이 후퇴가 '천리에까지 미친
오류'를 낳은 '가느다란 털만큼의 실수'였다는 사실을, 바로 이 일
보의 후퇴가 천보의 후퇴, 만보의 후퇴, 아니 이제는 그 걸음을 헤
아릴 수조차 없이 무한한 후퇴의 서막이 되었다는 사실을.

2.

억압체제는 물질적 생산수단을 독점함으로써 다수 노동계급을 억압하고 그들의 노동력을 착취한다. 지주를 생각해보라. 직접 농사를 짓지 않으면서도 지주는 방대한 농지를 독점한다. 당연히 농부는 지주로부터 땅을 빌려 농사를 짓고 그 생산물의 일부를 지대 地代라는 형식으로 지주에게 제공한다. 바로 이것이 지주가 무위도식하면서도 엄청난 부를 축적하고 노동계급을 착취할 수 있었던 메커니즘이다. 주요한 물질적 생산수단이 토지에서 자본으로 바뀌면, 토지를 빌려주고 지대를 받는 지주 대신 자본을 투자해 이윤을 얻으려는 자본가가 지배계급이 된다. 사실 BC 3000년 이후 지배의 공식, 아니면 억압과 착취의 공식은 너무나도 단순하다. 생산수단을 독점한 자는 생산수단을 빼앗긴 자들을 지배하고, 억압하고, 착취할 수 있다. 19세기는 지주경제가 부르주아경제로, 중세사회가 근대사회로, 노예나 농노가 노동자로 바뀌는 과도기였다. 낡은 지배계급과 새로운 지배계급 사이의 건곤일척은 당연히 불가피했다. 지배계급 사이의 팽팽한 갈등과 긴장 속에서 피지배계급, 즉 노동계급은 나름 지배계급의 통제로부터 자유로울 수 있었다. 19세기 노동계급은 과거처럼 지주의 토지에 의존해 농사를 지으며 생계를 유지할 수도, 아니면 새롭게 발달한 도시로 나가 공장이나 회사에 취업해 임금노동에 종사할 수도 있었으니까. 지주경제의 착취가 가혹하면 부르주아경제로 옮겨가면 되고, 반대로 부르주아경제가 마음에 들지 않으면 지주경제로 귀환하면 된다. 당시 노동계급이 21세기 현재의 노동계급이 미치기 힘든 정치경제학적 의식으로 무장할 수 있었던 것도 이런 이유에서다. 부르주아경제와 지주경제 사이의 팽팽한 줄다리기 속에서 상당수 노동자들은 지배계급의 힘이 결국 생산수단 독점에 있다는 걸 알아차렸기 때문이다. 지주경제가 싫다고 부르주아경제를 지탱하는 노동자가 되는 것도, 혹은 부르주아경제가 싫다고 지주경제의 농노나 소작농이 되는 것도 근본적인 해결책이 아니라는 자각이다. 지주경제에 속했다면 토지라는 물질적 생산수단의 독점을 막아 그것을 공유共有의 형식으로 돌리고, 부르주아경제에 속했다면 자본에 의한 생산수단과 생산 공정 독점을 막아 그것을 공유의 형식으로 돌리면 된다.

19세기의 정치적 상황은 '지주(귀족)계급-부르주아계급-노동계급'으로 이루어진 하나의 삼각형으로 도식화할 수 있다. 19세기 전체를 놓고 보면 당시 노동계급은 농노나 소작농으로 낡은 지배계급을 부양할 수도 있었고, 아니면 노동자로 새로운 지배계급을 부양할 수도 있었다. 그렇지만 부르주아경제의 입장에서 지주경제에 거리를 두고, 동시에 지주경제의 입장에서 부르주아경제에 거리를 두는 반복적인 과정을 통해 노동계급은 19세기 말 BC 3000년 이후 지속되었던 억압과 착취의 공식을 자각하게 된다. 억압도 혁명도 하나의 문제로 수렴된다. 바로 생산수단이란 문제다. 생산수단 독점을 허락하는 순간, 공동체는 지배와 피지배의 관계로 분할되고 소수 지배계급은 다수 피지배계급을 억압하고 착취하고 만다. 반대로 혁명은 바로 소수 지배계급이 독점하는 생산수단을 다수 피지배계급이 공유하는 과정이다. 1871년 파리코뮌은 파리라는 대도시의 노동계급, 즉 노동자들이 부르주아가 독점하던 생산수단을 회수했던 혁명을 상징하고, 1894년 갑오농민전쟁, 즉 집강소는 노동계급, 즉 농민들이 지주가 독점하던 생산수단을 회수했던 혁명을 상징한다. 19세기 말을 '찬란한 승리의 나날'이라고 했던 것도 이런 이유에서다. 분명 당시 지주경제에 남아 착취를 감내하려고 했던 유약한 농민들도 있었고 부르주아경제에 편입해 억압을 감내하려던 소심한 노동자들도 있었던 것도 어김없는 사실이다. 그렇지만 상당히 많은 농민과 노동자들은 지주와 자본가가 지배계급의 권좌를 다투는 혼란했던 시절에 아예 지배계급 자체를 없애 더 이상 억압과 착취가 불가능한 사회, 자유로운 개인들의 공동체를 만드는 데 헌신했던 것이다. 생산수단에 이어 폭력수단과 정치수단마저 노동계급이 회수하는 데 성공한 사회! 더 이상 소수가 다수의 운명을 결정하는 사회가 아니라 다수가 자신들의 운명을 결정하는 사회! 그것은 단순한 꿈만이 아니라 실제로 건설되었던 사회였다. 1871년 3월 18일에서부터 5월 28일까지 이어졌던 프랑스의 파리코뮌, 그리고 1894년 6월 10일에서부터 10월 11일까지 한반도 전라도 59개 군현에서 이어졌던 집강소가 바로 그것이다.

1871년 서양에 파리코뮌이 탄생하자, 혹은 1894년 집강소가 탄생하자, 지주경제나 부르주아경제로서는 더 이상 패권 싸움에 골몰할 수 없었다. 땅이든 공장이든 생산수단을 노동계급에게 빼앗기는 순간, 그들은 정말 아무것도 아니기 때문이다. 1871년 파리코뮌은 억압체제를 유지하려는 세력들에게 포위되어 풍전등화의 신세가 된다. 프랑스의 지주계급, 프랑스의 부르주아계급, 노동자들을 질시했던 지방 농민들, 나아가 프랑스에 압박을 가하던 프러시아제국마저 파리코뮌을 괴멸하는 데 합심했다. 1894년 전라도의 집강소도 마찬가지였다. 지주경제로 유지되던 조선왕조와 그 지식인들, 땅을 빼앗긴 지주들, 부르주아체제를 이식해 조선을 식민지로 만들려고 했던, 아니 전체 조선인을 노동자로 개조하려고 했던 일본제국, 일본을 이용해 근대화를 이루려던 개화 지식인들에게 집강소는 정말 입안의 가시였다. 흥미로운 것은 풍전등화의 운명이 시시각각 다가올 때 파리코뮌과 집강소의 대응이 사뭇 달랐다는 점이다. 파리코뮌의 국민방위대가 파리를 사수하는 수세적인 전략, 즉 바리케이드 전투를 선택했다면, 집강소의 동학농민군은 전라도를 떠나 조선왕조의 수도로 진군하려는 공세적 전략을 선택했다. 수세적 전략은 식량을 외부에 의존할 수밖에 없었던 파리에서는 어울리지 않았다. 파리가 포위된다면, 먹지 못한 파리 전사들이 어떻게 코뮌을 지키는 전투를 감당할 수 있다는 말인가? 반면 한반도 최고의 곡창 지역이었던 전라도의 경우는 달랐다. 먹거리의 문제가 자급자족을 넘어서 풍족함에 이른 집강소는 농민들의 자유로운 공동체가 실현되었던 전라도가 아니라 다른 지역에서 싸움이 벌어지기를 원했던 것이다. 그렇지만 파리코뮌과 집강소는 억압체제를 유지하려는 자들의 연합에 맞서 싸우기에는 여러모로 힘이 부족했다. 파리코뮌은 지배계급에 맞서 파리 외의 다른 지역 노동계급, 즉 농민들이나 노동자들과의 강고한 연대를, 마찬가지로 집강소는 조선왕조와 일본제국주의에 맞서 충청도, 경상도, 경기도, 황해도, 평안도, 함경도 등 다른 농민들과의 견고한 연대를 완성해야만 했다. 물론 파리코뮌이나 집강소가 더 넓은 연대의 길을 도모하지 않은 것은 아니었다. 그래서 어쩌면 파리코뮌과 집강소가 자신들을 고립시켜 궤멸하려는 지배계급의 집요한 전략에 더 효과적으로 대응했어야 했다는 이야기는 결과론적인 이야기일 뿐이다.

　19세기 말 기적처럼 등장했던 자유로운 공동체는 사실 외롭지 않았다. 파리코뮌은 자신의 탄생과 소멸에 희로애락을 함께했던 마르크스^{Karl Marx}(1818~1883)를 보유하고 있었고, 집강소는 "모든 사람은 하늘과도 같은 님"이라는 걸 강조했던 최제우^{崔濟愚}(1824~1864)를 품고 있었으니까. 불행히도 최제우는 1894년 전라도에서 자신의 인내천人乃天 이념이 실현된 '님들의 공동체'를 목도하지 못했다. 최제우의 불행은 사실 다행인 측면도 있다. '님들의 공동체'를 보지 못한 불행을 가진 만큼, 최제우는 '님들의 공동체'가 와해되는 참담함을 겪을 필요는 없었으니까. 반면 마르크스는 모든 인간이 공동체의 운명을 결정하는 데 참여할 수 있는 사회, 즉 '인간사회menschliche Gesellschaft'라는 이념이 1871년 3월 18일 프랑스 파리에서 탄생하는 걸 지켜보는 행운을 누렸다. 더군다나 마르크스는 이미 1867년에 출간된 《자본론Das Kapital》으로 억압과 혁명의 관건이 생산수단 독점 여부에 있다는 걸 해명하지 않았던가. 자신이 펼친 지론을 파리코뮌이 얼마 뒤에 입증했으니 그의 행복감이 어땠을지 미루어 짐작이 가는 일이다. 불행히도 마르크스는 파리코뮌의 탄생과 함께 그 처참한 붕괴의 장면도 동시에 보고 만다. 오래 기다려온 아이가 일찍 죽는 것, 아니 남에게 교살되는 것을 목도한 아버지와 같은 마음이었을 것이다. 그러니 아이에 대한 애끓는 애도사를 어찌 짓지 않을 수 있겠는가? 1871년 출간된 《프랑스내전The Civil War in France》은 파리코뮌과 그 전사들에 대한 마르크스의 절절한 추도사였다. 파리코뮌은 현실적으로 단명했지만 이념적으로 영원할 것이라는 애도이자, 자신만은 파리코뮌이 남긴 모든 업적과 유언을 감당하겠다는 각오를 밝힌 명문이기도 하다. 실제로 마르크스는 《프랑스내전》에서 했던 자신의 각오와 약속을 죽을 때까지 지킨다. 1871년 이후 벌어지는 정치적 상황에 대한 마르크스의 모든 비판의 준거점은 놀랍게도 파리코뮌이었으니까. 말년의 마르크스는 파리코뮌 전사처럼 판단하고, 파리코뮌 전사처럼 사유하고, 파리코뮌 전사처럼 행동했고, 파리코뮌 전사처럼 눈을 감았던 것이다.

3.

파리코뮌과 집강소를 괴멸하는 데 지주체제와 협력했던 부르
주아체제는 19세기 말 마침내 지주체제에 대한 최종적 승리를 쟁취
한다. 이에 따라 19세기 내내 노동계급이 구가하던 상대적 자유, 혹
은 선택권은 바로 무효가 되고 만다. 피지배자의 형식을 선택하기
보다 지배와 피지배 관계가 사라진 사회를 꿈꾸었던 노동계급의 혁
명도 당연히 힘을 잃고 만다. 이제 노동계급은 노동력을 팔지 않으
면 생계를 유지할 수 없는 노동자라는 형식에 완전히 포획되어버렸
다. 타율적 복종에서 자발적 복종으로, 감금된 노예에서 출퇴근 노
예로의 전환이 피지배계급의 삶에서 이루어진 셈이다. 그만큼 19세
기 말 세계를 뜨겁게 달구었던 파리코뮌도 그리고 집강소도 21세
기 초반 지금 입장에서 보면 '가느다란 털' 같아 식별하기 어려워졌
다. 승자가 역사를 결정하는 법! 19세기 말 찬란했던 시절, 실제로
작동했던 자유로운 공동체의 전통은 너무나 가늘어 혹 불면 날아
갈 털처럼 만들 만큼 부르주아체제의 힘은 강력했고 집요했던 셈이
다. 여기에 파리코뮌과 집강소의 정신과 마르크스의 사유를 팔아서
만든 기만적인 지배체제, 정확히 말해 사생아적 지배체제를 완성한
제도권 사회주의국가들의 역할도 주목해야 한다. 20세기 내내 소
련, 중국, 북한 등 사회주의국가들은 국유화와 집단화의 논리로 노
동계급이 가져야 할 생산수단을 독점한다. 지주나 자본가가 생산수
단을 독점했던 것처럼, 이제 국가와 관료가 생산수단을 독점한 셈
이다. 파리코뮌과 집강소의 전사들이 온몸으로 입증했듯, 혹은 마
르크스가 날카로운 지성으로 지적했듯, 생산자가 생산수단을 갖지
못하면 생산자는 생산수단을 독점한 자들로부터 억압되고 착취당

할 수밖에 없다. 주희는 말했다. "가느다란 털만큼의 실수, 그 오류는 천리에까지 미친다"고. 그러나 이제 우리는 이렇게 말해야 한다. 가느다란 털만큼의 실수도 없었다고. 천리에까지 미친 오류는 모조리 시장자본주의나 국가독점자본주의 혹은 부르주아체제가 만든 것이라고. 장교마저도 일반 전사들이 선출하고, 선출된 대표는 언제든 소환 가능했고, 생산수단도 노동계급이 공유했으며, 나아가 직접 생산에 참여하지 않았던 대표나 장교 등 정신노동자들은 숙련된 육체노동자의 평균 임금 이상을 받을 수 없었다. 바로 이것이 파리코뮌과 집강소로 구체화되었던 자유로운 공동체의 이념이었으며, 마르크스가 '인간사회'로, 그리고 최제우가 '인내천'으로 꿈꾸었던 공동체의 모습이었다.

　'강신주의 역사철학·정치철학 강의'의 첫 번째 권이 다루려고 하는 것은 바로 이것이다. 19세기 말의 찬란했던 승리는 결코 '가느다란 털'이 아니라는 걸 설명하고자 한다. 그것은 가까이 가서 몸소 확인하면 아주 거대한 아름드리나무, 아니 거대한 은산철벽이니까. 《철학 VS 실천》이란 제목이 붙은 첫 번째 권은 역사철학을 다루는 4개 장, 그리고 정치철학을 다루는 4개 장으로 구성된다. 먼저 역사철학 4개 장은 파리코뮌과 집강소의 장엄하고 거대한 면모를 생생하게 복원하는 데 할애된다. 파리코뮌 안에서 그리고 집강소 안에서 도대체 무슨 일이 있었는지, 왜 파리코뮌과 집강소가 아직도 우리 삶의 실천적 준거점이 되는지 분명해질 것이다. 파리코뮌과 집강소가 품었던 자유로운 공동체의 정신을 더 감성적으로 더 효과적으로 보여주기 위해, 파리코뮌의 시인 랭보^{Arthur Rimbaud}(1854~1891)와 집강소의 시인 신동엽^{申東曄}(1930~1969)을 캐스팅했다. 이렇게 역사철학은 4개의 장이 된다. 파리코뮌을 다루는 장, 랭보를 다루는 장, 집강소를 다루는 장, 그리고 신동엽을 다루는 장이 바로 그것이다. 여기서 잠깐 언급해야 할 것이 있다. 그것은 우리 지성계의 고질적인 낙후성, 혹은 해묵은 사대주의와 관련된다. 파리코뮌과 마르크스를 침이 마르지 않을 정도로 칭송하는 지성인들도 '님들의 공동체'를 위해 우금치에서 목숨을 던진 우리 동학농민들이나 그들의 치열한 자유정신을 기렸던 신동엽에 대해 너무나 침묵하고 있다. 1894년에 마르크스가 살아 있었다면, 그리고 갑오농민전쟁과 집강소를 보았다면, 그는 파리코뮌이 주었던 것 이상의 감동을 받았을 것이다. 생산력의 여부와 상관없이, 혹은 경제발전의 수준과 상관없이, 언제든지 '인간사회'의 이념은 일체의 유보 조건 없이 실현 가능하다는 걸 확인했을 테니 말이다. 동시에 우금치의 장렬했던 전투를 목도했다면, 그리고 집강소의 정신을 노래했던 신동엽의 시를 읽어보았다면, 랭보는 신동엽에게 경의를 표했을 것이다. 파리코뮌의 정수가 자신을 더 이상 '놈'이라고 비하하지 않고 '님'으로 존중하는 노동계급의 자유정신에 있다는 사실을 '푸른 하늘'만큼 분명하게 자각했을 테니 말이다.

역사철학 부분은 강의 투로 집필되었다. 어쨌든 역사는 어원처럼 일종의 이야기니까, 강연하는 것처럼 쓰이는 것이 가장 좋겠다는 판단이 들었다. 반면 전적으로 마르크스를 다루는 데 할애된 정치철학을 구성하는 4개의 장은 마치 논문처럼 평서문으로 집필되었다. BC 3000년 이래 거의 처음으로 노동계급이 지배관계 자체를 극복하려고 했던 19세기다. 억압과 착취의 굴레를 벗어던지려는 노동계급의 정신과 실천에 이론적인 정당성과 아울러 실천적 전망을 마련하고자 했던 인류 최고의 지성이 바로 마르크스였다. 불행히도 19세기 말의 찬란했던 승리의 나날이 지금은 '가느다란 털'처럼 미미하게 보이는 만큼, 동시에 가장 강력했던 인문정신이자 민주정신이었던 마르크스도 지금 '죽은 개' 취급을 받고 있다. 이제는 심지어 국가독점자본주의나 시장자본주의, 부르주아체제의 이데올로그들마저 거침없이 마르크스를 언급하고 그의 이야기를 인용할 정도다. 부르주아체제를 포함한 모든 억압체제의 정당화 논리를 무력화시켰던 마르크스의 날카로운 비판정신에 대한 모욕과 굴욕은 이 정도면 그야말로 예술의 경지에 다다른 셈이다. 자유로운 공동체를 지향했던 19세기 노동계급의 정신을 받쳐주고 동시에 지켜주었던 마르크스다. '죽은 개'가 아니라 '불굴의 사자'로 마르크스의 위용을 되살려내는 것, 19세기와 함께 박제된 지성인이 아니라 21세기 현재에도 유효한 강력한 철학자라는 걸 입증하는 것, 바로 이것이 정치철학 4개의 장이 자임하는 소명이다. 핵심은 1845년, 마르크스 나이 27세에 완성된 〈포이어바흐에 관한 테제들Thesen über Feuerbach〉이다. 보통 제도권 사회주의국가의 이데올로그들은 이 문건을 '청년 마르크스'의 미성숙한 사유의 발로로 이해한다. 그렇지만 〈포이어바흐에 관한 테제들〉은 마르크스 철학의 정점이자 완성이다. 이 짧은 테제들은 노동계급을 포함한 모든 인간이 '대상적 활동'의 주체이고, 노동계급이 대상적 활동의 역량을 관철하는 사회가 '인간사회'라는 생각을 강력하게 피력한다. 첫 번째 권의 제목이 《철학 VS 실천》인 이유도 바로 여기에 있다. 마르크스는 실천과 무관한 철학을 거부하고 실천적 전망을 열어놓는 철학을 완성하려고 했기 때문이다. '대상적 활동'과 '인간사회'로 요약되는 마르크스의 철학은 청년이나 장년, 혹은 말년의 마르크스의 사유와 실천을 관통한다는 것, 이것이 첫 번째 권 정치철학 부분의 핵심 과제이다.

'강신주의 역사철학·정치철학 강의'의 첫 번째 권은 파리코뮌과 집강소로 폭발했던 노동계급의 자유정신과 그들의 실천, 그리고 억압과 착취의 부당함과 부정의를 폭로했던 마르크스의 비판정신과 그 철학을 해명하고자 한다. 파리코뮌과 집강소가 독자들의 가슴에서 자유로운 인간과 억압이 사라진 사회에 대한 뜨거운 박동으로 되살아나기를 원했고, 마르크스의 실천철학이 독자들의 머리를 지배하고 있는 짙은 먹구름, 즉 종교적인 사유, 관조적인 사유, 혹은 사변적인 사유를 말끔히 씻어내기를 바랐기 때문이다. 전체 5권으로 기획된 시리즈 중 바로 이 첫째 권이 중요한 이유도 다른 데 있는 것이 아니다. 첫 번째 권으로 독자들은 자유인이라면 어떤 감성을 가지고 있는지, 자유인이라면 어떤 이성을 발휘하는지 알게 될 것이고, 이런 과정을 통해 스스로 자유인이 되는 충분한 연습 시간을 가질 수 있을 것이기 때문이다. 파리코뮌이나 집강소의 투사들처럼 독자들이 세계를 느끼고 행동했으면 좋겠고, 동시에 마르크스처럼 사유하고 판단했으면 좋겠다. 이 시리즈의 두 번째 권, 세 번째 권, 네 번째 권, 그리고 우리 시대를 다루는 마지막 다섯 번째 권을 거치면, 독자들은 19세기의 코뮌이나 19세기의 집강소가 아니라 21세기의 코뮌과 21세기의 집강소를 만들고 지키는 투사로 성장할 수 있을 것이고, 19세기의 마르크스가 아니라 21세기의 마르크스로서 냉정한 비판적 지성을 갖추게 될 것이다.

마지막으로 구성상 언급하고 싶은 게 하나 있다. 그것은 역사철학을 다루는 장과 정치철학을 다루는 장 사이에 배치된 'BRIDGE'라는 부분이다. 사막을 건너다 만나는 오아시스처럼 약간 쉬어가는 부분이기도 하지만 동시에 논의를 더 풍성하게 만들기 위한 요소이기도 하다. 오아시스를 만나면 충분히 쉴 일이다. 곧 다시 사막으로 나아가 그곳을 뚜벅뚜벅 걸어가야 하니까.

쓸데없는 말이 너무 많았나 보다. 자! 이제 1871년 5월 21일 일요일, 하늘이 유난히도 푸르렀던 파리로 시간여행을 떠나도록 하자. 지기 직전에야 아름다운 자태와 매혹적인 향내를 자랑하는 벚꽃과도 같았던 바로 그날로. 파리코뮌이 무상한 마지막 숨을 쉬었던 바로 그 파리로.

1부

종교적인 것과 관조적인 것을 넘어서

역사철학
1장

붉은 피로 지켜낸 파리코뮌

하늘이 유독 파랗던 일요일이었습니다. 1871년 5월 21일, 파리의 그날은 그랬습니다. 약 두 달 전, 그러니까 3월 18일 혁명에 성공한 파리에서는 일체의 억압과 지배가 종결된 자유로운 공동체, 코뮌commune의 시대가 시작되었지요. 그러나 두 달은 자유와 평등을 만끽하기에는 너무나도 짧은 시간이었습니다. 5월 21일 파란 하늘과 그만큼 파란 이웃들과 즐거운 시간을 보내고 있던 파리 민중들에게는 일말의 불안감이 떠나지 않았습니다. 이제 코뮌의 터전이었던 파리는 티에르Adolphe Thiers(1797~1877) 군대에 포위되어 풍전등화의 신세에 있었기 때문이지요. 파리에서 시작되어 프랑스 주요 도시로 확장되었던 민주주의의 열망을 차갑게 식히는 데 성공한 티에르 정부는 파리에 진주해서 코뮌을 와해할 시기만을 엿보고 있었으니까요. 실제로 위기감은 이미 현실로 다가온 지 오랩니다. 5월 8일 파리코뮌에 대한 티에르 정부의 최후 통고가 있은 뒤, 이미 코뮌 군대는 파리 외곽 도처에서 티에르 군대에 밀리고 있었습니다. "아무리 불안해도 일요일은 일요일이야. 그리고 오늘 음악회는 너무나 인상적이었어." 당시 파리 민중들은 누구나 이렇게 느꼈을 겁니다. 실제로 5월 21일 파리 민중의 품에 들어온 튈르리궁전Palais des Tuileries에서

1871년 바리케이드를 치고 정부군과 대치하고
있는 파리 시민들. 3월 18일 혁명에 성공한
파리에서는 일체의 억압과 지배가 종결된
자유로운 공동체, 코뮌의 시대가 시작되었다.

코뮌을 위해 죽어간 자유인들과 그들의 유족들을 위한 음악회가 성대하게 열리지요. 공연이 끝난 뒤 연단에 오른 코뮌군 장교는 흥에 겨워서인지 잠시 정세를 잊고 연설했다고 합니다. "시민 여러분! 티에르는 어제 파리 공격을 호언했다고 합니다. 그러나 그는 오늘 침입하지 않았고 앞으로도 그렇게 하지 못할 겁니다. 다음 주 일요일에 열릴 음악회에도 많이 참석해주시기를 바랍니다." 직접 티에르 군대와 맞서고 있던 장교의 말도 그렇고, 음악회가 열린 것도 그렇습니다. 그러니 아마도 저녁이 되어 귀가하면서 파리 민중들은 근사한 일요일을 만끽했다고 즐거워하며 미래를 낙관했을 겁니다.

조금 당혹스러우시죠. 도대체 파리코뮌이 무엇이고, 티에르 군대는 또 무엇인지 사전 정보가 없으실 테니까요. 1789년 세계사를 뒤흔들었던 프랑스혁명^{Révolution Française} 이후 수많은 정치적 사건들이 모여 눈사태를 이룬 것이 파리코뮌입니다. 그러니 간략하게나마 1789년 이후부터 1871년 동안 프랑스 정치 상황을 알아볼 필요가 있습니다. 19세기 최고의 지성 마르크스^{Karl Marx(1818~1883)}의 도움을 받아보도록 하지요.

부르봉가가 대지주계급의 왕조였고 오를레앙가가 화폐계급의 왕조였듯이, 보나파르트 왕조는 농민, 곧 프랑스 인민 대중의 왕조다. 부르주아계급의 의회에 굴복한 보나파르트가 아니라 부르주아계급의 의회를 해산한 보나파르트야말로 농민들이 선택한 인물이다. 3년 동안 도시들은 12월 10일 선거의 의미를 왜곡하는 데 성공했으며, 농민들을 기만해 제정 부활을 획책해왔다. 1848년 12월 10일 선거는 1851년 12월 2일의 쿠데타에 의해 비로소 완성되었다. …… 역사적 전통은 프랑스 농민들에

1부. 종교적인 것과 관조적인 것을 넘어서

혁명이 성공하자 시민 자치 군대였던 국민방위대는 파리의 질서를 유지하고, 자신들이 임시로 갖고 있던 권력을 파리 시민들에게 되돌려주려고 했다.

게 나폴레옹이라 불리는 한 남자가 그들에게 모든 영광을 되찾아줄 것이라는 기적에 대한 믿음을 불러일으켰다. 그리고 어떤 자가 불쑥 나타나서 자신을 나폴레옹이라 칭했는데, 그 이름이 단지 나폴레옹이라는 이름을 가지고 있기 때문이라는 것이다. …… 보나파르트 왕조가 대변하는 것은 혁명적 농민이 아니라 보수적 농민이다. 분할지 경작이라는 자신의 사회적 조건을 넘어서 봉기하는 농민이 아니라 자신의 분할지 보유를 확고히 하고자 하는 농민, 도시와 연계해 새로운 힘으로 구질서를 타도하고자 하는 집단적 농민이 아니라 반대로 이런 구질서 속에서 은둔생활로 무뎌진, 그래서 자신과 자신의 보유지를 제국의 유령에 의해 보장받고 축복받고자 하는 사람들을 대표한다. 보나파르트 왕조는 농민의 각성이 아니라 농민의 미신을 대표한다.

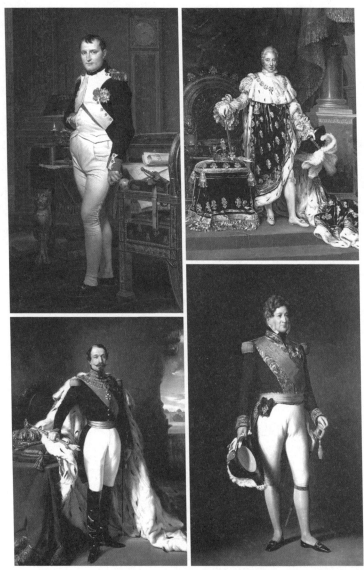

1871년 파리코뮌 이전 프랑스 정치판을 주름잡았던 네 사람의 황제. 나폴레옹 1세라고 불리는 나폴레옹 보나파르트, 부르봉가의 샤를 10세, 오를레앙가의 루이 필리프 1세, 그리고 나폴레옹의 조카로 나폴레옹 3세라고도 불리는 루이 나폴레옹 보나파르트. (왼쪽 위부터 시계방향)

1부. 종교적인 것과 관조적인 것을 넘어서

19세기 독일이 관념철학의 가능성과 한계를 노정했다면, 19세기 영국은 자본주의체제의 가능성과 한계를 점검하는 시금석이었고, 19세기 프랑스는 정치체제의 가능성과 한계를 보여주었던 전시장이었죠. 한마디로 말해 19세기에 영국은 경제, 프랑스는 정치, 독일은 철학을 상징했다는 겁니다. 마르크스는 차이를 사유하는 데 능숙했던 지성이었습니다. 무슨 말이냐 하면, 영국에서 가장 발달한 자본주의경제를 성찰할 때 마르크스는 프랑스의 정치와 독일의 철학을 이용합니다. 반대로 프랑스의 정치를 성찰할 때 그는 영국의 경제와 독일의 철학을 이용하고, 독일의 철학을 성찰할 때 그는 영국의 경제와 프랑스의 정치를 이용하죠. 그러니까 도식적으로 알아두면 좋습니다. 마르크스의 저서 중 가장 철학적인 책을 읽고 싶다면, 겉보기에 경제를 다루거나 정치를 다루는 책을 보는 것이 빠릅니다.《루이 보나파르트의 브뤼메르 18일》은 경제와 철학이란 관점에서 프랑스의 정치를 다룹니다. 당연히 당시 프랑스의 정치적 상황은 마르크스에 의해 더 체계적이고 풍성하게 해명됩니다.

일단 1871년 파리코뮌 이전 프랑스 정치판을 주름잡았던 주요 등장인물은 네 사람의 황제와 네 개의 계급이라고 할 수 있습니다. 먼저 표층에서 활약했던 네 황제를 살펴보죠. 나폴레옹 1세라고 불리는 나폴레옹 보나파르트Napoléon Bonaparte(1769~1821), 부르봉가Maison de Bourbon의 샤를 10세Charles X(1757~1836), 오를레앙가Maison d'Orléans의 루이 필리프 1세Louis-Philippe Ier(1773~1850), 그리고 나폴레옹의 조카로 나폴레옹 3세라고도 불리는 루이 나폴레옹 보나파르트Louis Napoléon Bonaparte(1808~1873)입니다. 이어 살펴볼 것은 프랑스대혁명 이후 프랑스의 정치 상황을 심층에서 좌지우지했던 네 개의 계급입니다. 프랑스대혁명 이전부터 시골 지역을 중심으로 대립했던 두 계급이 있습니다. 바로 지주계급과 농민계급입니다. 18세기 중엽 산업혁명 이후 새롭게 발달한 도시 지역에도 두 계급이 대립하고 있었죠. 자본계급과 노동계급이 바로 그것입니다. 그러니까 19세기 프랑스에는 지주계급, 농민계급, 자본계급, 노동계급이 있었습니다. 이제 프랑스 파리나 마르세유, 그리고 리옹과 같은 대도시에는 지주계급 외에도 자본계급도 살게 된 겁니다. 그렇다고 지주계급이 대도시에 살고 있다는 것에 너무 당혹감을 느낄 필요는 없습니다. 대토지를 가진 지주들은 부재지주不在地主로서 대부분 귀족이었기에 대도시에 나와 부와 권력을 자랑하며 살고 있었던 거니까요.

마르크스는 네 황제와 네 계급이 서로 엮이면서 19세기 프랑스 정치 상황이 돌아가고 있다고 이야기합니다. 비록 후에 나폴레옹 1세는 황제라는 절대적 권력자가 되었지만, 나폴레옹 보나파르트는 1789년의 프랑스혁명의 정신, 즉 자유, 평등, 박애를 프랑스뿐만 아니라 유럽 전역에 이식했던 장본인이죠. 나폴레옹 1세의 덕을 보았던 계급은 바로 자영농을 중심으로 하는 농민계급이었습니다. 지주와 농민이 법 앞에서 평등하게 되었을 뿐만 아니라, 그 결과 소작농도 나름 법적 보호를 받을 수 있었죠. 심지어 나폴레옹 1세는 중세 시절부터 내려오던 농노제도를 폐지하고 아울러 정치와 교회를 분리해 농민들이 교회 세력으로부터 수탈되는 것도 원천 봉쇄했으니, 농민계급의 지지가 어느 정도였을지 미루어 짐작이 가는 일입니다.

나폴레옹 1세가 자영농 등 노동계급에게 상대적으로 특권을 부여하자, 이에 대한 반동으로 지주계급, 즉 세습 귀족들에게 다시 특권을 되돌려주려는 움직임이 생기게 됩니다. 이 움직임에 부흥

　　　　　　　　　　　　1부. 종교적인 것과 관조적인 것을 넘어서

해 황제에 오른 사람이 바로 부르봉가의 샤를 10세였죠. 잠시 동안이지만 프랑스는 프랑스혁명 이전으로 회귀한 겁니다. 그러나 이미 노동계급은 자유와 평등의 맛을 본 뒤였죠. 맛을 보지 않았으면 그만이지만, 이미 맛을 보았던 노동계급이 샤를 10세 체제에 도전하는 것은 시간문제였습니다. 1830년 7월혁명Révolution de Juillet은 이렇게 시작됩니다. 1830년 7월 파리 민중봉기로 샤를 10세와 세습 귀족 체제는 무력화됩니다. 그런데 파리 노동계급은 권력을 잡으려 하지 않았습니다. 무주공산無主空山에 들어온 계급이 바로 자본계급이었죠. 이렇게 대도시에서 세습 귀족들과 헤게모니를 다투던 자본계급이 정치권에서 급부상하게 됩니다. 바로 이 분위기에 편승해 금융가나 은행가 등 새롭게 대두한 자본계급의 이익을 보호하며 부르봉가를 대신했던 사람이 오를레앙가의 루이 필리프 1세입니다.

루이 필리프 1세 때에는 부를 소유한 1퍼센트의 자본계급만 선거권을 행사했을 정도이니, 당시는 유사 이래 처음으로 자본계급이 전제정치를 펼쳤던 시대라고 할 수 있죠. 역동적인 정치의 나라답게 자본계급 독재는 1848년 2월 파리 봉기로 무너지기 시작합니다. 1848년 2월혁명Révolution de Février이 발생한 거죠. 잊지 말아야 할 것은 1830년 7월 지주계급 정권을 붕괴시킨 것도, 그리고 1848년 2월 자본계급 정권을 붕괴시킨 것도 모두 파리 시민들, 즉 노동자, 장인, 소상인으로 이루어진 노동계급이었다는 사실입니다. 1789년 프랑스혁명도 파리 노동계급이 시작했던 것처럼, 1830년 7월혁명도 그리고 1848년 2월혁명도 노동계급의 봉기가 주된 동력이었죠. 세 경우 모두 억압체제는 괴멸됩니다. 문제는 노동계급이 권력을 잡으려고 하지 않는다는 겁니다. 노동계급이 스스로 역사를 끌고 갈 주체로 나서지 않자, 지주계급이나 자본계급이 권력을 거머쥐죠. 1871

년 파리코뮌이 중요한 이유는 노동계급이 정권을 붕괴시키고 스스로 자기 수중에 권력을 회수했기 때문입니다.

　루이 필리프 1세가 실각한 다음 1848년 12월 10일 마침내 대통령 선거가 이루어집니다. 그러나 노동계급이 다수를 차지하고 있던 파리 시민들은 선거 결과에 경악하게 됩니다. 나폴레옹의 조카 루이 나폴레옹이 마르크스의 표현을 빌리자면 "그 이름이 단지 나폴레옹이라는 이름을 가지고 있다"는 이유만으로 75퍼센트라는 압도적인 지지를 받고 대통령으로 당선되니까요. 자본주의가 충분히 발달하지 않은 탓에 대도시의 노동계급보다는 시골의 농민계급이 월등히 그 수가 많았던 탓이었죠. 특히나 여기서 중요한 역할을 했던 것은 프랑스 시골 도처에 흩어져 있던 자영농들이었습니다. 농민들에게 우호적이었던 나폴레옹 1세의 향수 때문에, 농민계급은 그의 조카 루이 나폴레옹에게 몰표를 던졌던 겁니다. 선거가 있은 지 3년 뒤 1852년 12월 10일 자신의 삼촌처럼 루이 나폴레옹은 아예 나폴레옹 3세로 등극하게 되죠. 작으나마 자신의 땅이 있었던 당시 자영농들은 지주계급이나 자본계급이 득세하는 것도 원치 않았고, 아울러 노동계급이 득세하는 것도 원치 않았죠. 지주계급이나 자본계급이 압도적인 부의 힘으로 자신의 땅을 빼앗을 수도 있고, 아울러 생산수단의 사유화에 반대하는 노동계급은 그나마 가지고 있던 자신의 작은 땅마저 부정할 수 있으니까 말입니다.

　당시 농민계급은 이렇게 아주 애매한 입장을 취하고 있었던 겁니다. 지주계급이나 자본계급을 적대시한다는 점에서 농민계급은 노동계급과 동일한 입장이지만, 동시에 최소한 자기가 소유한 땅을 지키려고 한다는 점에서는 농민계급은 지주계급이나 자본계급과 유사한 면모를 보여주니까요. 물론 그렇다고 해서 당시 농민들

1830년 7월혁명을 묘사한 외젠 들라크루아의 그림. 이 혁명으로 샤를 10세가 물러나고 오를레앙 가의 루이 필리프 1세가 즉위한다.

1848년 2월혁명을 묘사한 앙리 필리포토의 그림. 이 혁명으로 자본계급을 옹호한 루이 필리프 1 세가 물러난다.

19세기 프랑스의 황제와 네 계급

피대표자	대표자	지역	시기
지주계급	부르봉가	시골	• 1789년 프랑스혁명 이전 • 샤를 10세 재위 기간(1824~1830)
농민계급	보나파르트가	시골	• 나폴레옹 1세 재위 기간(1804~1814) • 루이 나폴레옹 대통령 재직 기간(1848~1852) • 나폴레옹 3세 재위 기간(1852~1870)
자본계급	오를레앙가	도시	• 루이 필리프 1세 재위 기간(1830~1848)
노동계급		도시	• 프랑스 7월혁명(1830.7.26~29) • 프랑스 2월혁명(1848.2.22~24) • 파리코뮌(1871.3·18~1871.5.28)

이 땅을 늘리거나 부를 늘려서 지주나 자본가가 되려고 했던 것도 아닙니다. 그저 지금 자신이 경작하고 있는 땅, 그리고 그 땅을 중심으로 펼쳐지는 자기 삶을 가급적 안정적으로 유지하려는 것이 그들의 유일한 소망이었죠. 이런 소망 때문에 농민계급은 루이 나폴레옹 보나파르트를 대통령으로 지지했던 겁니다. 그의 삼촌이 농민계급에게 우호적이었다는 아련한 기억 때문이었죠. 마치 2012년 12월 19일 실시된 제18대 대통령 선거에서 51.6퍼센트의 득표율로 박근혜朴槿惠(1952~)가 제18대 대통령으로 당선된 사건과 유사한 일이 벌어졌던 겁니다. 신자유주의체제로 삶이 궁핍해진 국민들이 1970년대 박정희朴正熙(1917~1979) 개발독재 시절, 그 고도성장의 신화에 깊게 빠져버린 겁니다. 고강도와 저임금 노동을 강요당했던 노동계급의 상황은 간과하고, 자본계급의 외양적 성장만 그리워했으니까요. 그래서 박정희의 딸 박근혜는 과반수의 지지로 대통령으로 선출된 겁니다. 이런 촌극의 이면에는 제2의 박정희, 즉 박근혜가 대

통령이 되면 만성 실업, 고용 불안, 경기 침체 등 모든 삶의 문제가 한 방에 해결되리라는 국민들의 기대가 깔려 있었죠. 여러모로 나폴레옹 1세와 나폴레옹 3세 사이의 관계는 박정희와 그의 딸 박근혜 사이의 관계와 유사하니, 정말 흥미로운 일입니다.

　나폴레옹 3세가 주도했던 제정은 1870년 9월 4일 붕괴되고, 공화주의를 표방하는 임시정부가 수립됩니다. 황제 통치를 반대하는 혁명이 발생한 것은 아닙니다. 1870년 8월 19일 나폴레옹 3세가 프러시아에 선전포고를 하면서 일이 발생합니다. 나폴레옹 3세는 가볍게 프러시아를 제압하리라 확신했지만, 당시 프러시아는 급격한 산업화로 최신 군비를 갖춘 뒤였습니다. 전쟁을 진두지휘했던 나폴레옹 3세가 같은 해 9월 2일 황당하게도 프러시아군에 포로로 잡힌 것도 이런 이유에서입니다. 황제 권력이 유고 상태에 빠지자, 50만 명의 파리 시민이 들고일어납니다. 그 결과 마침내 부르주아 성향의 지도자들을 중심으로 하는 임시정부, 즉 국민방위정부^{Gouvernement de la Défense nationale}가 탄생하죠. 이어서 1871년 2월 8일에 국민의회 ^{l'Assemblée nationale} 선거가 열리는데, 그 결과가 아주 묘했습니다. 파리, 마르세유, 리옹 등에서는 민중자치와 프러시아와 결사항전을 불사하자는 혁명파가 대거 당선되었지만, 대도시를 제외한 프랑스 전역에서는 프러시아보다는 혁명적인 민중을 더 두려워했던 보수파들, 심지어 프러시아의 힘을 빌려서라도 민중의 힘을 통제해야 한다는 보수파가 대거 당선되니까요. 여기에서도 나폴레옹의 조카를 대통령으로 선출했던 농민계급이 결정적인 기여를 하게 됩니다. 프러시아와의 전쟁도 그렇지만 노동계급이나 혁명파가 득세하는 것도 자기가 소유한 땅이나 생업에 장애가 되리라고 자영농들은 판단했던 겁니다. 파리가 프러시아와의 전쟁 한복판에 있었기 때문에 임시로 보르도에 자리를 잡았던 국민의회가 2월 17일 행정장관^{chef de l'État} 으로 추대한 인물이 바로 티에르였습니다. 국민의회를 장악했던 보수파는 그를 파리를 장악하고 있던 노동계급을 궤멸시킬 사람으로 선택한 겁니다.

1871년 2월 26일 국민의회는 베르사유에서 프러시아와 강화조약을 체결합니다. 1870년 9월 19일부터 프러시아군의 포위에 맞서 처절하게 농성 중이던 파리 시민들은 티에르 정부로부터 뒤통수를 제대로 맞은 셈이었죠. 그러나 아직 파리 시민 중 그 누구도 프러시아와의 강화조약이 비극의 서막에 지나지 않는다는 걸 눈치채지 못했죠. 1871년 3월 10일 국민의회는 티에르의 제안으로 프랑스의 수도를 베르사유로 정해버립니다. 파리를 실질적으로 장악하고 있던 파리 시민들과 혁명파에 대한 노골적인 압박이자 일종의 선전포고였던 셈이죠. 이어서 3월 15일 티에르는 국민의회가 있던 보르도를 떠나 파리로 들어오고, 그리고 파리에 있던 외무부 건물을 임시청사로 정하게 됩니다. 어쨌든 이때까지만 해도 선거와 투표로 선출된 지도부였기에 파리 시민들도 못마땅했지만 티에르와 그 각료들을 거부하지는 않았죠. 이런 틈을 타 3월 18일 티에르 정부는 프러시아에 맞서 파리를 사수하던 민중자치 부대, 즉 국민방위대^{Garde nationale}를 무장해제하려는 기습작전을 개시합니다. 다행스럽게도 파리 시민들의 강력한 저항으로 티에르의 작전은 실패로 끝나고, 오히려 티에르 정부는 허둥지둥 파리를 떠나 베르사유로 도망가는 신세가 됩니다. 티에르가 파리를 버리고 떠나자마자, 바로 파리 시민들은 국민방위대와 함께 파리를 완전히 장악합니다. 파리코뮌의 시대가 바로 이렇게 시작되죠. 파리 시민의 주류였던 노동계급은 아무도 자신들을 대표하지 않기에, 스스로를 대표하는 자유로운 공동

1부. 종교적인 것과 관조적인 것을 넘어서

국민의회의 행정장관 아돌프 티에르. 국민의회를 장악했던 보수파는 그를 파리를 장악하고 있던 노동계급을 괴멸시킬 사람으로 선택한다. 그는 파리코뮌을 진압하고 프랑스 제3공화국 대통령에 오른다.

체를 만들기로 작정한 겁니다. 그러나 당장 베르사유로 퇴각했다고 해도, 티에르 정부는 파리를 다시 정복할 수 있는 강력한 힘을 가지고 있었죠. 티에르 정부는 프러시아군의 지속적인 후원을 받을 뿐만 아니라, 파리를 제외한 전체 프랑스를 장악하고 있었기 때문입니다.

3월 18일 시작된 파리코뮌의 화려했던 시절은 아슬아슬하게 지속됩니다. 그러나 파리 시민들은 누구나 불길한 예감을 품고 있었죠. 얼마 지나지 않아 코뮌은 벚꽃을 떨구는 꽃샘추위보다 더 냉혹하고 더 잔인한 외풍에 의해 막을 내리리라는 사실을 말입니다. 파리코뮌 내내 그랬지만, 피바람이 불어오기 직전의 스산함 속에서 파리 시민이라면 누구나 절실히 그리워했던 한 인물이 있었습니다.

파리의 국민방위대. 티에르 정부는 기습작전으로 국민방위대를 무장해제하려고 했지만 실패로 끝났다. 오히려 티에르 정부는 허둥지둥 베르사유로 도망가야 했다. 티에르가 파리를 버리고 떠나자마자, 파리 시민들은 국민방위대와 함께 파리를 완전히 장악한다. 이렇게 파리코뮌 시대가 열리게 된다.

바로 블랑키^{Louis Auguste Blanqui}(1805~1881)입니다. 코뮌 지도부의 우유부단함과 그들의 현실감각 결여가 분명해질수록, 블랑키에 대한 코뮌 구성원들의 그리움은 더 깊어만 갔던 겁니다. "블랑키만 있었다면……" 물론 블랑키를 따르던 블랑키주의자들이 무정부주의자들이나 아니면 마르크스주의자들과 함께 코뮌 지도부에서 나름 활약을 하고는 있었지만, 그 추종자들이 아무리 많아도 블랑키를 대신할 수는 없었죠. 블랑키는 1848년 2월혁명을 이끌었던 베테랑 혁명가였으니까요. 그렇다면 파리코뮌의 영혼, 파리코뮌의 심장이라고 할 수 있는 블랑키는 어디에 있었던 것일까요? 3월 18일 티에르는 파리의 민주적 열망을 좌절시키려는 작전을 개시했고, 이것이 실패

1부. 종교적인 것과 관조적인 것을 넘어서

하면서 파리코뮌 시대가 열립니다. 그러나 티에르는 파리를 시민들로부터 되찾는 작전을 시도하기 바로 전날, 그러니까 1871년 3월 17일 블랑키를 체포합니다. 티에르도 알고 있었던 겁니다. 만약 블랑키가 파리 시민들을 이끌게 된다면, 시민들로부터 권력을 되찾으려는 작전이 최악의 경우 무산되거나 아니면 최소한 상당히 지체될 것이라는 사실을 말입니다. 그렇다면 도대체 블랑키는 어떤 사람이었던 것일까요?

19세기 프랑스에서 발생했던 거의 모든 혁명에 직간접적으로 등장하는 인물이 바로 블랑키입니다. 평생 그는 노동계급 편에 서서 억압이 없는 사회, 즉 계급이 없는 사회를 집요하게 모색했죠. 1885년 출간된《사회적 비판Critique Sociale》두 번째 권에는 1869년 12월이란 날짜가 적힌 블랑키의 메모가 있습니다. "자본가의 기생이 대중들의 빈곤을 낳는 원인이다." 지주가 다수 농민들에게 기생하며 그들을 빈곤으로 몰고 가는 것처럼, 부르주아는 다수 프롤레타리아에게 기생하며 그들을 빈곤으로 몰고 간다는 겁니다. 당연히 이런 부정의와 불평등은 바로잡아야 합니다. 그러나 소수 억압자들은 압도적 힘으로 부정의와 불평등 상태를 영속화하려고 하죠. 항상 생산수단 독점은 폭력수단 독점과 함께하는 법입니다. 결국 피억압자가 억압자의 힘을 압도할 수 있는 '힘force'을 가지지 않는다면, 정의와 평등은 그저 공염불에 지나지 않을 겁니다. 생산수단 독점에 맞서 싸우면서 폭력수단 독점과는 싸우지 않겠다는 투쟁, 즉 간디식 비폭력 투쟁은 그야말로 어불성설이라고 할 수 있습니다. 정신승리야 가능하겠지만, 이런 투쟁이 현실에서 바꿀 수 있는 것은 거의 없을 테니 말입니다. '봉기의 예술가' 블랑키가 대중들의 무장봉기를 줄기차게 주장했던 것도 이런 이유에서죠. 억압체제의

안토니 위르츠가 그린 블랑키 초상화. 블랑키는
평생 노동계급 편에 서서 억압이 없는 사회,
계급이 없는 사회를 집요하게 모색했던
혁명가다.

1부. 종교적인 것과 관조적인 것을 넘어서

괴멸은 억압자나 혹은 제3자에게 인권이나 민주주의를 절절히 호소한다고 달성될 수 없습니다. 그건 억압체제를 압도할 수 있는 힘을 피억압자들이 가져야만 가능한 것이니까요. 옳은 것도 승리하지 못하면 잘못된 것으로, 심지어 사악한 것으로 저주받을 수밖에 없다는 것, 역사를 조금만 훑어봐도 누구나 알 수 있는 사실이죠. 그러니 옳은 것은 '승리^{victoire}'하려는 노력, 그야말로 간뇌도지^{肝腦塗地}, '간과 뇌가 땅에 쏟아지는 것'과 같은 노력이 필요합니다. 파리코뮌시기 혁명가 트리동$^{Gustave\ Tridon}$(1841~1871)의 책《에베르주의자: 역사의 재난에 맞서는 탄식$^{Les\ Hebertistes:\ plainte\ contre\ une\ calomnie\ de\ l'Histoire}$》에 블랑키가 쓴 서문입니다.

> 승리가 자기 드레스의 주름으로 영광과 치욕, 자유와 노예, 야만과 문명을 가지고 온다는 점에 주목해야만 한다. 우리는 진보의 숙명성과 불가피성을, 이런 거세와 복종의 학설을 믿지 않는다. 승리는 옳은 자$^{le\ droit}$에게는 절대적으로 필요한 것이다. 승리가 없다면 옳은 자는 더 이상 옳을 수 없게 되고, 대천사의 발톱 아래에서 고통에 몸부림치는 사탄처럼 될 테니 말이다.
>
> -〈서문〉,《에베르주의자: 역사의 재난에 맞서는 탄식》(1864)

에베르$^{Jacques\ René\ Hébert}$(1757~1794)는 프랑스대혁명 전후 급진적인 잡지《페르 뒤셴$^{Père\ Duchesne}$》을 편집해 출간했던 혁명가였습니다. 에베르의 정신을 이어 트리동이 책을 출간하자, 블랑키는 서문을 써주었던 것으로 보입니다. 어쨌든 서문에서 블랑키는 '와이 위크티스$^{Vae\ victis}$'라는 오래된 서양 속담을 새롭게 음미하죠. 이 라틴어는 '패자에게는 탄식이'라는 뜻입니다. 당연히 승자에게는 영광이 주어지겠죠. 불행히도 옳은 자가 승자이고 그른 자가 패자라는 건 동화에나 나오는 일입니다. 그러니 옳은 것으로는 충분하지 않다는 겁니다. 옳은 것은 그른 것에 승리해야만 합니다. 옳으니까 말입니다. 옳은 것을 옳은 것으로 지키기 위해서 말입니다. 이것은 옳은 자들로서는 사활을 걸어야 하는 문제죠. 그른 것을 이기지 못하면, 옳은 것은 "대천사의 발톱에 고통을 받는 사탄"이 되어버리고 말 테니까요. "끝내 승리하리라"라는 낙관론은 여기서 발도 내밀 수 없죠. 그래서 블랑키는 언젠가 옳은 자가 승리하게 되리라는 낙관론을, 즉 진보는 숙명적이고 불가피하다는 학설을 부정했던 겁니다. 옳은 것이 승리하려면 진보에 대한 무기력한 기다림이 아니라, 지금 당장 승리하겠다는 엄청난 용기와 의지, 그리고 전략이 필요할 테니까 말입니다. 블랑키의 이런 통찰은 20세기 중반 벤야민 Walter Benjamin(1892~1940)이 진보 관념을 비판한 것에 강한 영향을 끼칩니다.

실제로 1839년 5월 12일 블랑키는 '계절회Société des Saisons'라는 소수 엘리트 혁명조직을 이끌고 루이-필리프 부르주아 정권에 맞서 무장봉기를 시도합니다. 불행히도 그의 시도는 대중들의 혁명운동을 폭발시키는 데 실패했고, 그 결과 그는 체포되어 종신형에 처해지게 됩니다. 그렇지만 명심해야 하죠. 피할 수 있는 전쟁을 시도하는 것도 죄악이지만, 피할 수 없는 전쟁에 뛰어들지 않는 것도 똑같은 죄악, 아니 더 심각한 죄악이라는 사실을. 블랑키는 억압체제를 이기는 데 필요하다면 어떤 것이라도 꺼리지 않았습니다. 이런 블랑키의 강인한 모습은 1843년 8월 프랑스 파리로 들어온 젊은 마르크스의 뇌리에 강렬하게 남게 됩니다. 어쨌든 반복되는 무장봉기 시도로 출옥과 투옥을 반복하면서 블랑키는 무장봉기 전략을 세

1부. 종교적인 것과 관조적인 것을 넘어서

런되게 다듬게 됩니다. 1868년에 바리케이드 전투를 포함한 다양한 무장봉기 전략을 피력했던 《무장봉기를 위한 지침》^{Instructions pour une prise d'arme}이 출간된 것도 그 일환이라고 할 수 있죠. 그러니 체제 입장에서 블랑키가 얼마나 무서운 적이었겠습니까? 블랑키가 생애 3분의 1을 감옥에서 지내게 된 것도 우연은 아닌 셈이죠. 이런 블랑키를 놔두고서 티에르는 파리 수복 작전을 시도할 수 없었던 겁니다. 그러니 먼저 그를 파리 시민들에게서 격리시키려고 했던 거죠. 체제의 공권력에 굴하지 않는 블랑키의 용기도 무서웠지만, 동시에 파리를 요새로 만들어버릴 수 있는 블랑키의 탁월한 전략적 감각도 무서웠던 겁니다.

1870년 9월 18일 프러시아 군대가 파리를 포위했을 때, 파리 시민들은 시민 자치로 운영되던 국민방위대에 참여해 프러시아와 맞서게 됩니다. 당시 블랑키는 대대장^{Chef de Bataillon}으로 선출되어 전투에 참여하죠. 국민방위대 대대장은 소속 병사들, 즉 자발적으로 지원한 파리 시민들의 직접선거로 선출되었으니, 당시 파리 시민들이 얼마나 블랑키를 신뢰했는지 알 수 있습니다. 블랑키가 평생 대중들, 특히 노동계급을 위해 헌신했다는 걸 파리 시민들은 너무나 잘 알고 있었던 겁니다. 19세기의 파리는 단순히 프랑스의 수도만이 아니라, 세계 자본주의의 수도였죠. 이 도시를 '악의 꽃^{Les Fleurs du mal}'이라고 느꼈던 시인이 한 명 있습니다. 바로 보들레르^{Charles Pierre Baudelaire}(1821~1867)입니다. '악의 꽃'은 매춘부를 가리키는 용어입니다. 그러니까 돈이 있어야 품을 수 있는 존재가 매춘부인 것처럼, 자본주의의 수도 파리도 돈이 없다면 향유할 수 없는 '악의 꽃'이었던 겁니다. 자본주의를 사랑했지만 동시에 미워했던 이 철부지 시인의 눈에도 블랑키는 '악의 꽃'에서 허우적거리는 자신이나 파리 시민들을 구원해줄 영웅으로 보였나 봅니다. 아무리 체제가 '사탄'이라고 불러도 보들레르의 눈에 블랑키는 최고의 신이자 천사였으니까요.

오! 그대. 가장 현명하고
가장 아름다운 천사여.
운명에 배신당해
찬양도 빼앗긴 신이여!

오! 사탄이여. 내 오랜 비참함을
긍휼히 여기소서.

오! 추방된 왕자여.
부당한 대우를 받고
패하더라도
매번 더 강하게 다시 일어서는 그대여!

오! 사탄이여. 내 오랜 비참함을
긍휼히 여기소서.

모든 것을 아는 그대,
지하 일들^{choses souterraines}의 제왕이여!
인간의 고통을
거리낌 없이 치유하는 그대여.

오! 사탄이여. 내 오랜 비참함을
긍휼히 여기소서.

문둥이에게
저주받은 천민에게
사랑으로
천국의 맛을 알려주는 그대.

오! 사탄이여. 내 오랜 비참함을
긍휼히 여기소서.

……

시기심 많은 신이
탐나는 땅 어느 구석에
보석들을 감추어두었는지
아는 그대여.

오! 사탄이여. 내 오랜 비참함을
긍휼히 여기소서.

쇠의 사람들 le peuple des métaux 이 잠들어 있는
깊은 병기고를
알아챌 수 있는
눈을 가진 그대여.

오! 사탄이여. 내 오랜 비참함을
긍휼히 여기소서.

……

고통받는 연약한 인간들을 위하여
초석과 유황의 배합을
우리에게 가르쳐준
그대여.

오! 사탄이여. 내 오랜 비참함을
긍휼히 여기소서.

……

매춘부들filles의 눈 속에, 그리고 마음속에
상처받은 것들에 대한 숭배culte de la plaie
그리고 하찮은 것들에 대한 사랑amour des guenilles을
심어준 그대여.

오! 사탄이여. 내 오랜 비참함을
긍휼히 여기소서.

추방된 자들의 지팡이여.
새로운 것을 만드는 자들의 등불이여.

1부. 종교적인 것과 관조적인 것을 넘어서

교수형에 처한 자들과 음모를 꾸미는 자들의
고해신부여!

오! 사탄이여. 내 오랜 비참함을
긍휼히 여기소서.

크게 분노해
하느님 아버지가
세속의 낙원^{paradise terrestre}에서 추방한
사람들의 양부여!

오! 사탄이여. 내 오랜 비참함을
긍휼히 여기소서.

—기도—
사탄이여, 그대에게 영광과 찬양이
그대가 지배하는 천국^{Ciel} 그 높은 곳에서나
패배하여 그대의 꿈이 침묵하는 지옥^{Enfer} 그 깊은 곳에서도!
언제가 '앎의 나무^{Arbre de Science}' 아래
내 영혼이 그대 곁에서 쉴 수 있기를.
그대의 이마 위에, 그 나뭇가지들이
새로운 신전처럼 풍성해질 바로 그때에.

–〈사탄의 연도^{Les Litanies de Satan}〉, 《악의 꽃》(1857)

가톨릭의 '리타니^{litany}'는 우리의 경우 '연도^{煉禱}'로 일본의 경우

는 '연도連禱'로 번역하죠. 사실 "연달아 기도한다"는 일본 쪽 표현이 더 정확할 겁니다. 그러니까 사제가 어떤 기도를 먼저 하면, 참석하는 신도들이 반복적으로 기도를 하는 것이 바로 연도입니다. 보들레르의 시에서 신도들은 다음과 같이 반복해서 기도를 합니다. "오! 사탄이여. 내 오랜 비참함을 긍휼히 여기소서." 자, 이제 사탄, 즉 블랑키에게 보낸 보들레르의 기도를 살펴보죠. 그의 눈에 블랑키는 자본주의체제에 신음하는 인간들, 새로운 사회를 꿈꾸는 인간들, 체제에 저항하다 죽어가는 인간들을 돌보는 천사이자 신이었죠. 물론 체제가 자신에게 도전하는 이 천사를 '사탄'이라고 저주한다고 해도 말입니다. 블랑키는 상처받은 자들의 고름을 빨아주었고, 그들의 가슴속에 사랑과 연대의 가치를 새겨주었으며, 동시에 억압자에게 단호하게 맞설 수 있는 무장투쟁 기술을 가르쳐주었던 인물입니다. 불행히도 보들레르는 억압과 맞서 싸울 의지도 용기도 부족한, 그래서 우울하기만 했던 시인이었죠. 그러니 그가 블랑키의 비밀결사 조직에 가입한다는 것은 있을 수도 없는 일이었습니다. 경찰의 곤봉과 총도 무섭고, 감옥에서의 고문도 무섭기만 한 여린 시인이었으니까요. 알량한 몸이 있는 한 보들레르는 블랑키 옆에 서 있을 수 없었던 겁니다. 체제에 저항하는 순간, 그의 몸에는 엄청난 고통과 상처, 그리고 흉터가 남겨질 테니까요. 마음으로는 블랑키였지만 현실에서는 블랑키일 수 없었다는 것, 바로 이것이 보들레르의 우울melancholy의 진정한 기원이자 그가 해시시와 술에 몸을 맡긴 이유였을 겁니다. 그래서 그는 반복적으로 절규했던 겁니다. "오! 사탄이여. 내 오랜 비참함을 긍휼히 여기소서." 그렇지만 보들레르의 비참함은 사라질 수 없었죠. 그래서 마지막으로 그는 기도했던 겁니다. 언제가 자신의 영혼이 블랑키의 영혼 옆에서 안식을

1부. 종교적인 것과 관조적인 것을 넘어서

얻기를 바란다고요. 블랑키보다 열다섯 살 정도 어리고 파리코뮌의 시대도 보지 못하고 죽었지만, 보들레르는 천상 시인이었나 봅니다. 계급사회를 괴멸하겠다는 블랑키의 꿈이 좌절되리라는 불길한 예감을 감지했으니까요. 그래서 보들레르는 블랑키의 꿈이 좌절되더라도 그에게 영광과 찬양을 바치는 기도를 올렸던 겁니다.

보들레르를 통해 블랑키가 어떤 사람이었는지, 그리고 파리 시민들에게 얼마나 존경과 숭배를 받았는지 분명해졌습니다. 그러나 시민들이 찬양했던 불굴의 용기와 탁월한 전략적 감각만이 그의 전부는 아니었습니다. 더 중요한 것은 그의 인문적이고 민주적인 지성이었으니까 말입니다. 바로 이런 지성이 있었기에 그는 억압체제에 굴하지 않는 용기와 억압체제를 괴멸할 전략을 모색할 수 있었던 겁니다. 보들레르가 블랑키가 "앎의 나무"에 서 있다고 말했던 것도 이런 이유에서입니다. 우리 식으로 말하자면 블랑키는 지행합일知行合—의 사상가이자 혁명가였던 셈입니다. 그가 남긴 글을 몇 가지 읽는 것으로 블랑키의 탁월함을 충분히 파악할 수 있을 겁니다.

사유의 모든 힘으로도 그리고 지성의 모든 노력으로도 어떤 주어진 순간에 발생할 수 있는 이런 창조적 현상을 예견할 수는 없다. 우리는 요람을 준비할 수는 있지만, 오래 기다린 존재를 탄생시킬 수는 없다. 죽음과 재탄생의 순간까지 미래 사회의 기초로 기능할 수 있는 학설들은 애매한 열망이나 멀어서 희미한 인식으로만 남을 뿐이다. …… 낡은 사회를 파괴하자. 그러면 우리는 폐허 밑에서 새로운 사회를 발견하게 될 것이다.

– 〈혁명에 관해Sur Révolution〉(1850),

《지금, 무장해야 한다Maintenant, il faut des armes》(2007)

진보에 대한 낙관론을 피하고자 했던 블랑키입니다. 당연히 그는 혁명 이후, 다시 말해 일체의 계급사회가 사라진 뒤 인류 사회의 모습을 몽환적으로 그려내는 지적 작업과 이론에 대해 부정적이었습니다. 혁명이라는 "창조적 현상"이 이런 이론적 전망에서 출현하지는 않기 때문이죠. 진보를 표방하는 사변적 지식인들은 블랑키의 말대로 "요람을 준비할 수는 있지만, 오래 기다린 존재를 탄생시킬 수는 없는" 법입니다. 오래 기다린 존재는 혁명의 성공, 즉 "옳은 자들의 승리"를 가리킵니다. 요람을 준비하는 것보다 더 중요한 것은 어쩌면 새로운 생명의 잉태일 겁니다. 생각해보세요. 잉태의 필요조건인 격렬하고 뜨거운 사랑에 몸을 던지지 않고, 앞으로 태어날 아이의 요람을 생각하는 커플을 말입니다. 여기서 두 커플은 혁명가와 노동계급을 가리키죠. 혁명가와 노동계급이 격렬히 결합해도, 혁명이 반드시 성공하는 것은 아닙니다. 억압체제가 혁명이 무르익기도 전에 혁명을 고사시킬 수도 있으니까요. 이렇게 혁명의 성공은 상당히 많은 변수에 노출되어 있습니다. 블랑키는 미래에 대한 사변적 예측을 극히 꺼립니다. 요람을 준비하기보다는 차라리 노동계급과의 격렬한 애정에 몸을 맡기라고 이야기하죠. 그렇지만 오늘 침실에서 뜨겁게 몸을 섞는다고 해도, 새 생명이 잉태되리라는 보장은 없는 법입니다. 그래도 뜨겁게 몸을 섞지 않으면, 잉태의 희망도 사라질 겁니다.

그렇습니다. 중요한 것은 지금 당장 "낡은 사회를 파괴"하려는 활동입니다. 먼저 혁명가들이 낡은 사회를 파괴하는 실천에 몸을 던져야 합니다. 그래야 웅크린 노동계급이 패배의식을 극복할 수 있을 테니 말입니다. 혁명가가 프러포즈를 하고 노동계급이 그 프러포즈를 받아들이는 형국이죠. 오직 이런 활동을 통해서만 우리는 정의롭고 평등한 새로운 사회를 희망할 수 있으니 말이죠. 요람이 중요한 것이 아닙니다. 아이가 태어나면 우리가 그 아이에게 맞는 요람을 만들면 그만일 테니까요. 실제로 쌍둥이가 태어나면, 준비한 요람은 전혀 쓸모가 없을 수도 있을 겁니다. 혁명이 성공한 뒤, 그러니까 옳은 자들이 궁극적으로 승리한 뒤, 어떤 사회가 찾아올까요. 물론 그것은 계급이 없는 사회, 억압이 없는 사회, 개인의 자유가 보장된 사회일 겁니다. 그러나 그것뿐입니다. 블랑키의 말대로 혁명가에게 혁명 이후의 사회는 "애매한 열망이나 멀어서 희미한 인식"의 대상으로만 남아 있기 때문이죠. 사실 혁명 이후의 사회는 노동계급이 만들어가야 하니, 혁명가는 그저 낡은 사회를 파괴하는 데, 억압체제를 무너뜨리는 데 모든 지성을 집중해야 합니다.

파리코뮌이 구체화되는 과정, 즉 애매한 열망이 명료해지고 멀어서 희미한 인식이 가까워지는 과정에서, 블랑키는 계급 없는 사회의 모습을 더 뚜렷하게 보게 됩니다.

> 프랑스 전체에 정치적 연합association은 이미 존재한다. 생각이 발전함에 따라 경제적 연합이 그 정치적 연합의 자연스런 보충물이 되지 말라는 법이 어디 있는가? 그렇지만 한 가지 명백히 해야 할 것은 그 누구도 그런 연합에 강제로 편입되지 않아야 한다는 점이다. 만일 연합에 가입한다면, 그것은 항상 개인들의 '충만하고 자유로운 의지plein et libre volonté'에 따른 행동이어야만 한다.(1869)
>
> ―《사회적 비판: 자본과 노동Critique Sociale: Capital et Travail》(1885, 첫 번째 권)

혁명은 신과 피조물, 왕과 신민, 지주와 소작농, 그리고 자본가와 노동자라는 일체의 수직적 위계질서를 붕괴하는 실천입니다. 피지배자가 지배자가 되고 지배자가 피지배자가 되는 저글링은 혁명이 아닙니다. 혁명은 '지배와 피지배'의 관계 자체를 소멸시키는 실천이기 때문이죠. 당연히 무위도식하며 다수에 기생하는 소수, 즉 신, 왕, 지주, 자본가는 사라지게 될 겁니다. 일을 하지 않는 사람이 없기에 그 결실을 교환하면서 서로를 돕는 공동체, 블랑키가 "연합"으로 규정한 공동체가 가능해집니다. 연합은 뭐 어려운 것이 아닙니다. 정치적으로나 경제적으로 수평적 질서와 자유로운 연대를 지향하는 공동체의 형식이니까요. 여기서 중요한 것은 "충만하고 자유로운 의지"라는 개념입니다. 개인의 이런 의지를 길러주고 긍정하지 않는다면, 연합은 억압체제의 새로운 이름에 지나지 않을 테니까 말입니다. 블랑키의 이런 정신은 65일 동안 찬란하게 존속했던 파리코뮌을 관통하는 정신이기도 했습니다. 실제로 파리코뮌은 "충만하고 자유로운 의지"를 가진 개인들의 공동체, 즉 연합의 공동체로 유지되었기 때문입니다. 중요한 것은 연합의 공동체에 가입하는 것도 자유이지만 동시에 탈퇴하는 것도 자유로워야 한다는 사실입니다. 블랑키가 "충만하고 자유로운 의지에 따른 행동"을 강조했던 것도 이런 이유에서입니다. 후에 억압 없는 사회를 지향한다며 모든 사람을 집단농장이나 국영공장에 강제로 몰아넣었던 스탈린Joseph Vissarionovich Stalin(1878~1953)의 국가독점자본주의체제와 파리코뮌이 결정적으로 구별되는 지점은 바로 이 대목이죠.

여기서 우리는 많은 오해를 낳는 블랑키주의Blanquism라는 용어에 주목해보고자 합니다. 보통 블랑키주의는 혁명적 엘리트주의로 이해합니다. 대중들의 자발성을 부정하고 그들을 자신이 원하는 방향으로 이끌려는 혁명 지도자가 있다면, 보통 이런 지도자에게 블랑키주의자라는 조롱이 주어지죠. 계급 없는 사회를 꿈꾸면서 스스로 지배계급 역할을 한다는 조롱인 셈입니다. 아마도 블랑키가 자신의 이름을 딴 블랑키주의라는 용어가 이렇게 사용되는 것을 알았다면 경악했을 겁니다. 지성주의와 엘리트주의를 가장 경계했던 블랑키입니다. 대중 개개인의 자발적 의지를 긍정했던 블랑키입니다. 심지어 자유로운 개인들의 연합을 꿈꾸었던 블랑키입니다. 그럼에도 이런 씁쓸한 용어가 사용되었던 것은 그만큼 20세기 들어와 자본주의체제가 19세기에 쩌렁쩌렁 울렸던 블랑키의 목소리를 희석시키는 데 성공했다는 방증일 겁니다. 부르주아체제는 물론 제도권 사회주의자들 사이에도 블랑키주의를 혁명적 엘리트주의로 매도하는 경향이 발생한 이유는 블랑키가 '계절회'와 같은 소수 엘리트들의 비밀공작을 선호했다는 사실 때문이죠. 그렇지만 이것은 모두 전략적 선택일 뿐이었죠. 옳은 자에게 진정으로 필요한 것은 승리라는 블랑키의 확신에서 나온 전략적 선택이라는 겁니다. 더군다나 '계절회'의 혁명가들은 한 번도 노동계급을 특정 공작에 내몰았던 적도 없습니다. 그저 억압체제에 대한 투쟁을 솔선수범했을 뿐이죠. 그러니 명심해야 합니다. 계급사회를 괴멸한 뒤, 그러니까 혁명에 성공한 뒤, 블랑키는 혁명적 엘리트주의를 견지할 생각이 전혀 없었다는 사실을.

어쨌든 3월 18일 파리코뮌이 시작되면서 지속적으로, 그리고 코뮌에 풍전등화의 위기가 닥쳤을 때는 더 간절하게, 파리 시민들은 티에르 정부에 요구했죠. 코뮌이 감금하고 있던 과거 계급사회를 상징하는 인질들, 파리 대주교 다르부아Georges Darboy(1813~1871)를 포함한 사제들과 부르주아 사업가들을 모두 보내줄 테니, 블랑키를 돌려달라고 말입니다. 그러나 티에르에게는 《프랑스내전The Civil War in

France》에서 마르크스가 말했던 것처럼 "코뮌에게 머리를 다시 달아 줄 생각"은 없었습니다. 하긴 그렇게 쉽게 내줄 인물이었다면, 시민의 수중에서 파리를 탈환하려는 작전에 앞서 티에르가 블랑키를 체포하지도 않았을 겁니다. 티에르는 명확히 알았던 겁니다. 블랑키는 파리코뮌에 단순한 전략적 두뇌를 넘어서는 뜨거운 심장이라는 사실을 말입니다.

블랑키가 부재한 상태에서 파리코뮌이 탄생한 지 65일째 되는 날, 그러니까 5월 21일 일요일 튈르리궁전에서 열린 파리 시민들의 축제는 어쩌면 코뮌을 위한 마지막 만찬과도 같았습니다. 아니나 다를까, 한낮 축제의 여흥이 채 가시기도 전 5월 21일 밤 마침내 티에르 정부의 12만 명의 군대가 파리에 진입하기 시작합니다. 이보다 정말 비극적이었던 날도 역사상 그리 많지 않을 겁니다. 처참했던 '피의 주간^{la Semaine sanglante, the bloody week}'이 드디어 펼쳐지려는 순간입니다. 그 참혹했던 '피의 주간'은 티에르 군대의 사령관이 5월 27일 내놓은 포고문으로 막을 내리게 됩니다. "파리 주민 여러분! 프랑스 군대는 여러분을 구하러 왔습니다. 그리고 파리는 이제 해방되었습니다. …… 오늘, 전투는 이제 끝났습니다. 질서, 노동, 그리고 안전이 회복될 것입니다." 그렇지만 이것은 민중들의 저항의지를 와해시키기 위한 허울뿐인 말이었습니다. 실제로 파리코뮌에 숨죽이고 있던 기득권 세력들, 경찰 등 정부 관료들이 벌였던 핏빛 '백색 테러'가 이어지게 됩니다. 이것은 '피의 주간'에 간신히 살아남은 파리 민중들에 대한 무자비한 보복전이었습니다.

얼마나 잔혹하고 광범위한 백색 테러가 이루어졌는지, 티에르 정부 통제하에 있던 신문 《파리-쥐르날^{Paris-Journal}》마저 6월 2일 자 논설에서 절규할 정도였습니다. "이 이상 더 죽이지 말자! 비록 그

1부. 종교적인 것과 관조적인 것을 넘어서

막시밀리앙 뤼스의 〈1871년 5월 파리
거리〉(1905). 5월 21일 밤 12만 명의 군대가
파리에 진입해 민중들을 무차별 학살했다.

들이 살인자이고 방화범이라도 이 이상 더 죽이지 말자! 놈들의 사면을 요구하는 것이 아니다. 우리는 형의 집행을 유예하자는 것이다." 얼마나 많은 파리 민중들이 자유와 평등을 외친 대가로 피를 흘리며 죽어갔는지 짐작이 되는 일입니다. 사실 파리 민중이라면 누구나 알고 있었을 겁니다. 티에르 정부가 말한 질서란 타율일 뿐이며, 노동이란 생산수단이 없어서 노동력을 파는 임금노동일 뿐이고, 안전이란 공권력에 의한 치안에 불과하다는 사실을 말이지요. 그만큼 파리 민중들은 경험했던 겁니다. 파리코뮌에서 질서는 자치였고, 노동은 생산수단을 가진 노동자들의 자율적 노동이었으며, 안전은 자유로운 연대였다는 것을요. 그러니 파리코뮌은 목숨을 걸만한 가치가 있었던 것이고, 그만큼 코뮌을 지키려는 파리 민중들의 저항은 격렬했던 겁니다. 그만큼 희생자도 많을 수밖에 없었지요.

코뮌을 괴멸한 뒤 티에르 정부는 '피의 주간' 동안 군대가 873명의 전사자를 냈다고만 발표했습니다. 그렇지만 코뮌 정규군의 핵심이었던 국민방위대, 그리고 코뮈나르communard라고 불렸던 코뮌 지지자들이 얼마나 죽었는지 우리는 정확히 알 수 없습니다. 후대의 증언에 따르면 피의 주간 동안에만 1만 5000여 명에서 2만여 명 정도의 파리 민중들이 목숨을 잃었던 것으로 추정될 뿐이지요. 승자가 티에르 정부이고 이를 계승한 것이 프랑스 공화국이니, 정확한 진상은 아직도 오리무중이라고 할 수 있을 겁니다. '피의 주간'에 코뮌 전사들이 얼마나 살해되었고, 어떻게 세상을 떠났는지 알려주는 자료가 없다고 해도 너무 안타까워할 필요는 없습니다. 공식적인 자료는 승리한 체제에 의해 어떤 식으로든 통제되기 마련이지만, 사태의 진실은 완전히 은폐되거나 왜곡될 수는 없죠. 바로 문학가와 그들의 작품이 있기 때문이지요. 체제 중심의 역사도 있지만, 인간 중심의 역사도 있는 법입니다. 극단적으로 말해 체제의 정당성을 위해 학교에서 가르치는 역사도 있지만, 소설이나 시 속에 간접적인 배경이나 직접적인 소재로 등장하는 역사도 있다는 겁니다. 그렇다면 이 '피의 주간' 동안 코뮌 전사의 행동과 그 내면을 알려주는 작품은 어떤 것이 있을까요?

1872년에 출간된 빅토르 위고^{Victor Marie Hugo}(1802~1885)의 작은 시집 《끔찍한 해^{L'Année terrible}》가 생각이 납니다. 1862년에 출간된 걸작 《레미제라블^{Les Misérables}》로 유명한 위고는 당시 주류 문단과는 대조적으로 코뮌과 함께 울고 웃었던 작가였습니다. 이 시집에 등장하는 시 중 우리의 마음을 아리게 하는 한 편이 있습니다. 그것은 전사라고 하기에는 너무나 어린 열두 살 소년의 이야기입니다.

> 죄 많은 피로 더러워지고 순수한 피로 씻겨진
> 포석들 중간, 바리케이드에서
> 열두 살 소년이 동료들과 함께 체포되었네.
> "너도 저들과 한편이니?" 소년은 대답했네. "그렇습니다."
> 장교는 말했네. "좋아! 너도 총살할 테다."
> "네 순서를 기다려." 소년은 총구의 화염들을 보았네.
> 소년의 모든 동료들이 벽 앞에서 쓰러져갔네.
>
> 소년은 장교에게 말했네. "허락해주세요.
> 이 시계를 집에 계신 엄마에게 갖다드리고 싶어요."
> "도망가고 싶은 거지?" "돌아올 겁니다." "두려운가 보군. 네 집은 어디지?" "저기, 분수대 옆이에요. 돌아올 겁니다. 대위님."
> "가봐. 이 괴짜야." 소년은 떠났다. "속 보이는 속임수!"

학살된 코뮈나르들. 후대의 증언에 따르면 피의
주간 동안에만 1만 5000여 명에서 2만여 명
정도가 목숨을 잃었다고 한다.

1부. 종교적인 것과 관조적인 것을 넘어서

군인들은 장교와 함께 웃었다네.
그리고 죽어가는 사람들의 신음소리가 그들의 웃음소리와 뒤섞였네.

하지만 그들의 웃음은 바로 멈추었네. 왜냐하면 갑자기 그 창백한 소년이
비알라Viala처럼 당당하게 불쑥 등장했기 때문이었네.
벽으로 가서 그곳에 등지며 소년은 말했네. "나 여기 있어요."

어리석은 살인은 부끄러운 일이기에, 장교는 소년을 풀어주었다네.

-〈바리케이드 위에서Sur une barricade〉

시에 등장하는 낯선 이름이 하나 있습니다. 바로 비알라입니다. 비알라Joseph Agricol Viala(1780~1793)는 1789년 프랑스혁명 당시 혁명군으로 전제 왕권과 싸웠던 소년입니다. 불행히도 소년은 1793년 왕당파 군인에게 사로잡혀 총살형을 당하지요. 소년은 어떤 어른보다 더 당당하게 죽음을 맞이한 것으로 유명합니다. 그래서일까요, 비알라는 프랑스혁명의 상징이자 아이콘이 되었습니다. 빅토르 위고는 처형되는 파리코뮌 전사들 중 그 누구보다 당당했던 열두 살 소년의 이야기에서 바로 비알라를 찾아낸 것입니다. 비겁한 변명으로 죽음을 모면하려 했다고 생각했던 열두 살 소년은 죽음 따위는 안중에도 없는 당당함을 보였습니다. 파리코뮌을 파괴했고 아울러 코뮌 가담자들을 죽이고 있던 티에르 군대의 군인들 앞에서 소년은 코뮌의 당당함을 온몸으로 보여주었던 것입니다. 그것이 옳은 일인

프랑스혁명 당시 13세의 나이로 왕당파 군인들에게 살해된 비알라는 어른보다 더 당당하게 죽음을 맞이한 것으로 유명하다. 그래서 프랑스혁명의 상징이자 아이콘이 되었다. 장 프랑수아 사블레의 그림(1795).

지, 아니면 그른 일인지 생각하지도 않고, 상급자의 명령에 따라 동료 민중들을 처형하던 장교와 그의 부하들로서는 죽음 앞에서도 당당했던 소년의 모습이 경이롭기까지 했을 겁니다. 생각해보세요. 죽음을 불사하는 사람에게 협박이, 그리고 회유가 먹히기나 하겠습니까? 불가능한 일이지요. 바로 이것이 너무나 어렵기 때문에 역사상 수많은 노예들이, 수많은 농민들이, 그리고 익명의 민중들이 비굴한 삶을 연명했던 것 아닐까요. 지금도 누군가를 지배하려고 할 때 압도적 힘을 지닌 불량배나 권력은 은연중에 말하곤 합니다. "내 말을 듣지 않으면 너는 죽을 거야." 그런데 누군가 단호하게 말합니다. "그래, 죽여라. 네 말을 듣느니 죽는 것이 낫다." 자유를 위해 목숨까지 내놓는 사람은 어떻게 할 수가 없는 법입니다. 그의 자유를 인정해서 풀어주거나 아니면 죽이는 수밖에 없으니까요.

　　　　　　　　　　　1부. 종교적인 것과 관조적인 것을 넘어서

위고가 비알라라고 묘사했던 열두 살 소년은 바로 이런 자유인이었던 겁니다. 자신의 안위를 도모하느라 부당한 명령이라도 기꺼이 행사하는 티에르 군대의 군인들로서는 정말로 넘보기 힘든 자유 정신이 심장의 고동처럼 소년의 마음에서 약동하고 있었던 셈이지요. 여기서 조심해야 할 대목이 있습니다. 문학가가 역사를 자기 작품에 담는 방법에는 허구가 개입된다는 사실 말입니다. 그러니까 문학은 다큐멘터리나 뉴스처럼 사실을 있는 그대로 기록하지 않는다는 겁니다. 물론 그렇다고 해서 다큐멘터리나 뉴스가 사실적이라고 속단하지는 마세요. 비록 팩트, 즉 사실에 근거하고 있다고 하더라도, 특정 팩트를 고르는 행위 자체에는 이미 어떤 가치가 개입되어 있으니까 말입니다. 그러니까 다큐멘터리나 뉴스는 다른 매체보다 더 사실적이라고 말할 수는 있어도, 완전히 사실 그 자체라고는 할 수 없는 겁니다. 어쨌든 문학은 더 많이 작가의 가치관이나 신념, 혹은 사상에 영향을 받기 마련입니다. 한마디로 문학이 묘사한 사실에는 창작의 요소가 개입되어 있는 거지요. 그렇다면 방금 읽은 시 〈바리케이드 위에서〉의 허구적인 부분은 어디일까요? 위고는 파리코뮌이 괴멸된 후에 프랑스인들 사이의 화해를 주장했던 작가였습니다. 티에르 정부와 파리 민중 사이의 화해, 지배자와 피지배자 사이의 화해, 자본가와 노동자 사이의 화해 등등. 그러나 악과 선 사이의 화해는 애당초 불가능한 법입니다. 최소한 악에도 선의 계기가 있어야 합니다. 그러니까 표면적으로는 악이었지만 그 이면에는 선의 싹이 있다는 식의 논의가 필요하다는 겁니다. 바로 여기서 "죄는 미워하되 사람은 미워해서는 안 된다"는 기만적인 논리도 출현하게 되지요. 그래서 이 시의 마지막 구절이 중요합니다. "어리석은 살인은 부끄러운 일이기에, 장교는 소년을 풀어주었다네." 자

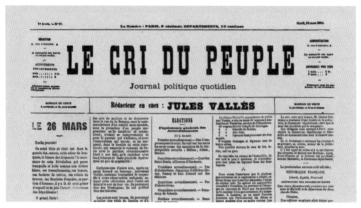

1871년 3월 28일 자 《민중의 함성Le Cri Du Peuple》. 1871년 2월 22일 소설가이자 저널리스트인 쥘 발레스가 창간한 《민중의 함성》은 파리코뮌 시대를 증언하는 일간지였다.

유, 자치, 평등을 주장했던 민중들을 정부의 명령에 따라 처형하고 학살했지만, 장교는 나름 긍지가 있었던 인물로 등장합니다. 결국 인간 사이의 애정, 즉 박애를 강조했던 빅토르 위고다운 결론으로 끝나는 겁니다.

그러나 정말 시의 내용처럼 장교는 소년을 방면했을까요? 아마 그렇지는 않을 겁니다. 이건 단순한 추정이 아닙니다. 당시에도 소년에게 가혹한 총살형이 집행되었다는 이야기가 더 많았으니까요. 사실 코뮌 전사들이 바리케이드에 목숨을 걸었던 것은 기득권자들, 지배자들, 자본가들, 성직자들과 화해를 하기 위해서가 아닙니다. 비록 압도적 힘에 괴멸되고 있지만, 자신들의 공동체, 자신들의 민주정부와 운명을 같이하려고 했던 겁니다. 자유의 공기를 마시지 않았으면 그뿐이지만, 마셨다면 누구든지 노예로 살았던 암담한 과거로 돌아가려고 하지 않는 법입니다. 물론 현실적으로는 돌아갈 수도 있습니다. 그러나 이렇게 돌아갔더라도 자유를 다시 빼

1부. 종교적인 것과 관조적인 것을 넘어서

앗긴 사람은 살아도 산 것 같지 않은 삶, 생물학적 생명만 유지하는 굴욕적인 삶을 영위하게 될 겁니다. 끝이 명확한 마지막 전투에서 코뮌 전사들이 스스로 목숨을 던진 것도 이런 이유에서입니다. 다시 노예로 돌아가서는 살 수가 없었던 것입니다. 그러니 자유를 위해 싸우고 자유를 위해 세상을 떠날 수밖에요. 열두 살 소년도 그렇고, 그 소년에 앞서 총살당했던 전사들도 마찬가지였습니다. 그만큼 파리 민중들에게 자유와 평등을 부여한 파리코뮌은 어린 새들을 보호하는 둥지와 같았던 겁니다. 둥지가 파괴되면 새들은 죽을 수밖에요. 자, 이제 궁금해집니다. 구체적으로 자유로운 개인들의 공동체를 지향했던 파리코뮌은 어떤 모습을 하고 있었을까요? 파리코뮌은 인간의 어떤 꿈을 실현하려고 했던 것일까요?

1871년 3월 18일 혁명이 성공하자, 시민 자치 군대였던 국민방위대가 파리의 질서를 유지합니다. 그렇지만 국민방위대의 최고 의사결정 기구였던 '국민방위대 중앙위원회Le Comité central de la Garde Nationale'는 자신들이 임시로 갖고 있던 권력을 파리 시민들에게 되돌려주려고 합니다. 코뮌 의회Conseil de la Commune 선거를 3월 26일에 하겠다고 공포한 겁니다. 대대장을 병사들의 선거로 뽑았던 민주 군대였기에 가능했던 결정이었습니다. 선거에 앞서 '20구 공화주의 중앙위원회Le Comité central républicain des vingt arrondissements de Paris', 줄여서 '중앙위원회Comité Central'도 앞으로 있을 파리코뮌 시대의 성격과 방향을 파리 선거민들에게 알려주는 3개의 선언을 연달아 발표합니다. 여기서 20구는 파리를 구성하는 전체 20개의 행정구역을 말합니다. 서울로 비유하자면 종로구나 성북구와 같은 행정구역이라고 할 수 있을 것 같네요. 선거민에게 발표된 중앙위원회의 세 번째 선언을 넘겨보도록 하죠.

RÉPUBLIQUE FRANÇAISE
LIBERTÉ - ÉGALITÉ - FRATERNITÉ

COMMUNE DE PARIS 1871
APPEL AUX ÉLECTEURS PARISIENS

CITOYENS,

Ne perdez pas de vue que les hommes qui vous serviront le mieux sont ceux que vous choisirez parmi vous, vivant votre vie, souffrant des mêmes maux.

Défiez-vous autant des ambitieux que des parvenus ; les uns comme les autres ne consultent que leur propre intérêt et finissent toujours par se considérer comme indispensables.

Défiez-vous également des parleurs, incapables de passer à l'action ; ils sacrifieront tout à un beau discours, à un effet oratoire ou à un mot spirituel. Évitez également ceux que la fortune a trop favorisés, car trop rarement celui qui possède la fortune est disposé à regarder le travailleur comme un frère.

Enfin, cherchez des hommes aux convictions sincères, des hommes du peuple, résolus, actifs, ayant un sens droit et une honnêteté reconnue. Portez vos préférences sur ceux qui ne brigueront pas vos suffrages ; le véritable mérite est modeste, et c'est aux électeurs à choisir leurs hommes, et non à ceux ci de se présenter.

CITOYENS,

Nous sommes convaincus que si vous tenez compte de ces observations, vous aurez enfin inauguré la véritable représentation populaire, vous aurez trouvé des mandataires qui ne se considéreront jamais comme vos maîtres.

Hôtel de ville de Paris, le 25 mars 1871.

COMITÉ CENTRAL DE LA GARDE NATIONALE

IMPRIMERIE VIVE LA RÉVOLUTION ! - Mars 2007

1871년 3월 25일 중앙위원회의 성명서. 선거를 앞두고 파리의 유권자들에게 호소하는 내용이다. 이런 성명서가 위원회와 시민들 간의 소통수단이었다.

RÉPUBLIQUE FRANÇAISE
N° 270   LIBERTÉ — EGALITE — FRATERNITE   N° 270

COMMUNE DE PARIS
MANIFESTE
DU
COMITÉ CENTRAL DE L'UNION DES FEMMES
POUR LA DÉFENSE DE PARIS ET LES SOINS AUX BLESSÉS

Au nom de la Révolution sociale que nous acclamons, au nom de la revendication des droits du travail, de l'égalité et de la justice, l'Union des Femmes pour la défense de Paris et les soins aux blessés proteste de toutes ses forces contre l'indigne proclamation aux citoyennes, parue et affichée avant-hier, et émanant d'un groupe anonyme de réactionnaires.

Ladite proclamation porte que les femmes de Paris en appellent à la générosité de Versailles et demandent la paix à tout prix...

La générosité de lâches assassins !

Une conciliation entre la liberté et le despotisme, entre le Peuple et ses bourreaux !

Non, ce n'est pas la paix, mais bien la guerre à outrance que les travailleuses de Paris viennent réclamer !

Aujourd'hui, une conciliation serait une trahison !... Ce serait renier toutes les aspirations ouvrières acclamant la rénovation sociale absolue, l'anéantissement de tous les rapports juridiques et sociaux existant actuellement, la suppression de tous les privilèges, de toutes les exploitations, la substitution du règne du travail à celui du capital, en un mot, l'affranchissement du travailleur par lui-même !...

Six mois de souffrances et de trahison pendant le siège, six semaines de lutte gigantesque contre les exploiteurs coalisés, les flots de sang versés pour la cause de la liberté sont nos titres de gloire et de vengeance !...

La lutte actuelle ne peut avoir pour issue que le triomphe de la cause populaire... Paris ne reculera pas, car il porte le drapeau de l'avenir. L'heure suprême a sonné... place aux travailleuses, arrière à leurs bourreaux !...

Des actes, de l'énergie !...

L'arbre de la liberté croît arrosé par le sang de ses ennemis !...

Toutes unies et résolues, grandies et éclairées par les souffrances que les crises sociales entraînent toujours à leur suite, profondément convaincues que la Commune, représentante des principes internationaux et révolutionnaires des peuples, porte en elle les germes de la révolution sociale, les Femmes de Paris prouveront à la France et au monde qu'elles aussi sauront, au moment du danger suprême, — aux barricades, sur les remparts de Paris, si la réaction forçait les portes, — donner comme leurs frères leur sang et leur vie pour la défense et le triomphe de la Commune, c'est-à-dire du Peuple !

Alors, victorieux, à même de s'unir et de s'entendre sur leurs intérêts communs, travailleurs et travailleuses, tous solidaires, par un dernier effort anéantiront à jamais tout vestige d'exploitation et d'exploiteurs !

VIVE LA RÉPUBLIQUE SOCIALE ET UNIVERSELLE !...
VIVE LE TRAVAIL !...
VIVE LA COMMUNE !...

Paris, le 6 mai 1871.

La Commission exécutive du Comité central,
LE MEL,
JACQUIER,
LEFÉVRE,
LELOUP,
DMITRIEFF.

1871년 5월 6일 발표된 성명서 (파리 방어와 부상자 보호를 위한 여성연합 중앙위 선언).

1부. 종교적인 것과 관조적인 것을 넘어서

파리는 3월 18일의 혁명으로, 국민방위대의 자발적이고 용기 있는 행동으로 자치권, 즉 스스로의 공적인 힘, 경찰, 재정을 조직할 권리를 얻었다. 70년에 걸친 제정, 왕정, 교회적, 의회주의적, 중앙집권적 반동의 잘못으로 프랑스가 입은 피투성이의 참담한 패배 이튿날, 우리 조국은 다시 일어나 소생하여 새로운 생활을 시작하고, 옛 코뮌들과 대혁명의 전통을 되찾았다. ……가족이 사회의 씨방이듯 코뮌은 모든 정치체제의 기초다. 코뮌은 자율적이어야 한다. 이제 개인들은 스스로를 통치하고, 그 특수한 능력, 전통, 필요에 따라 스스로를 관리하며, 정치적, 국민적, 연합적 집단 속에서 완전한 자유와 개성과 도시 안의 개인으로서 완전한 주권을 보유한 도덕적 인격체로서 존재해야 한다.

– 〈코뮌에 대한 중앙위 선언Manifeste du Comité central de la Commune〉

1789년 프랑스혁명 이후 항상 노동계급은 억압체제를 붕괴시킨 결정적 힘이었습니다. 문제는 체제를 붕괴시킨 뒤, 노동계급은 스스로 권력을 잡지 않았다는 점입니다. 그러니 어중이떠중이 기득권 세력들이 비어 있는 옥좌에 들어왔던 겁니다. 다행히도 1871년 노동계급은 코뮌이란 이름으로 자신의 운명을 스스로 개척하기로 결정한 겁니다. 낮은 밤에 대립하는 것으로 정의되고, 삶은 죽음에 대립하는 것으로 정의됩니다. 그러니까 어떤 것을 정의하려면 그것에 대립되는 것이 무엇인지를 아는 것이 중요한 법입니다. 코뮌도 마찬가지입니다. 코뮌은 자신이 무엇에 대립한다고 생각했을까요? 방금 읽은 〈중앙위 선언〉에서 "70년에 걸친 제정, 왕정, 교회적, 의회주의적, 중앙집권적 반동"이란 표현이 중요한 것도 이런 이유

파리코뮌 때 활약한 사람들.
1871년 《르일리스트라숑 쥐르날
유니베르셀L'illustration Journal
Universel》에 실린 삽화.

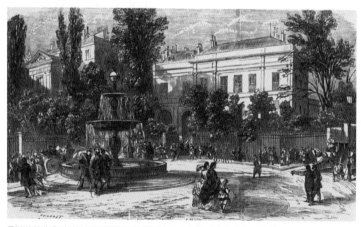

국민방위대에 점령된 티에르의 집. 《르일리스트라숑 쥐르날 유니베르셀》에 실린 삽화..

1부. 종교적인 것과 관조적인 것을 넘어서

에서입니다. 이 구절로 우리는 코뮌이 무엇에 대립되는지 알 수 있기 때문이지요. 그렇습니다. 코뮌은 '제정, 왕정, 교회, 의회주의, 중앙집권'에 대립되는 공동체입니다. 코뮌이 싫어했던 다섯 가지 중 가장 중요한 것은 '중앙집권'이라고 할 수 있습니다. 중앙과 변방의 논리를 생각해보세요. 중앙이 변방을 지배한다는 논리입니다. 아니지요. 정확히 말해서 변방을 지배하는 무엇인가가 중앙의 자리를 차지한다고 해야 할 듯합니다. 원칙적으로 중앙은 소수이거나 심하면 일자^{一者}일 수밖에 없을 겁니다. 역사적으로 황제, 왕, 신, 의회가 그 중앙의 자리를 차지했습니다. 중앙이 변방을 철저히 지배하는 경우에 '질서'라는 개념이 작동하게 됩니다. 중앙집권의 논리를 반대할 때, 코뮌은 변방에 속하는 모든 사람이 각각 하나의 당당한 중앙일 수 있는 공동체를 지향했던 겁니다. 모두가 중심이니 하나의 중심이란 지배의 논리는 해체될 수밖에 없지요. 생각해보세요. 바로 이것이 민주주의 아닙니까? 살아가는 한 사람 한 사람이 모두 주인일 수 있는 체제 말입니다.

여기서 잠깐 고개를 갸우뚱거리는 분들이 있을 겁니다. 그것은 의회마저도 변방을 지배하는 중앙으로 볼 수 있을까 하는 의문 때문이지요. 보통 의회를 구성하는 대표자들은 공동체의 성원들이 투표로 선출하니, 결국 의회제도에서 중심은 의회라기보다는 대다수 공동체 구성원이라고 생각하기 쉽습니다. 그러나 이렇게 선택된 대표자들이 대표로서 주어진 임기 동안 그들을 뽑아준 구성원들로부터 일체의 제약을 받지 않는 경우가 있을 수 있습니다. 이런 경우 선거가 있던 날 하루만 구성원들이 중심이고 선출된 대표는 수년의 임기 동안 중심의 자리를 차지하게 되는 셈입니다. 민주주의처럼 보이지만 사실 사이비 민주주의인 셈이지요. 코뮌이 지향해야 하는

L'ILLUSTRATION, JOURNAL UNIVERSEL.

PARIS SOUS LA COMMUNE. — Démolition de la colonne Vendôme; le premier tour de cabestan.

방돔광장에 있는 전승 기념 원주기둥을 쓰러트리고 있는 국민방위대. 전승 기념 원주기둥 위에는 나폴레옹 1세 동상이 세워져 있었다. 이 원주기둥은 나폴레옹 1세가 오스테를리츠 전투에서 노획한 1200문의 대포를 녹여서 만들었다. 파리코뮌은 이 원주기둥이 야만적인 기념물이자 거짓된 영광의 산물이라고 생각했다. 1871년 《르일리스트라숑 쥐르날 유니베르셀》에 실린 삽화.

쓰러진 나폴레옹 1세 동상 주변에서 기념사진을 찍은 코뮌 사람들. 이 원주기둥을 방돔광장에서 없애자고 처음 주장한 이는 화가 귀스타브 쿠르베였다. 사진에 그의 모습(오른쪽에서 8번째)도 보인다.

바를 명확히 한 다음 중앙위원회가 밝힌 코뮌의 정치 원칙 중 하나가 바로 '공직자 소환제'였습니다. 사이비 민주주의로 전락할 수 있는 의회제도를 바로잡으려는 시도였던 겁니다. 대표를 소환하는 것이 가능하다면, 선거 때 입후보자의 공약을 검증할 수도 있고 혹은 중심이 되어 변방을 억압하려는 반민주적인 행동도 통제할 수 있습니다. 소환제를 통해 공동체 성원들은 선거 때뿐 아니라 모든 날에 당당한 중심일 수 있게 된 겁니다. 실제로 코뮌 의회의 위원들은 소환제의 지배를 받았을 뿐만 아니라, 보수마저도 숙련 노동자의 평균 임금 이상을 받을 수 없도록 규정되었다고 합니다. 민주주의를 실현하기 위한 코뮌 참여자들의 집요한 노력이 빛을 발하는 대목이라고 할 수 있습니다. 이외에도 중앙위원회가 밝힌 정치 원칙 중 중요한 것으로는 다음과 같은 것들이 있었습니다. 개인의 불가침한 존엄성, 보통선거의 절대성, 강제 위임에 의한 관리나 재판관 선거제, 국민방위대의 자치, 상비군의 폐지, 교회로부터 교육을 독립시키는 교육의 세속화, 사회보험제도, 생산자에 의한 생산수단의 소유 등을 들 수 있을 것 같습니다.

'공직자 소환제'와 함께 우리가 주목해야 할 것은 '국민방위대의 자치'와 '상비군의 폐지'라는 정책입니다. 공직자 소환제가 정치수단의 독점을 막는 장치라면, 민주적인 선거로 지휘관을 뽑는 국민방위대는 폭력수단의 독점을 막는 장치라고 할 수 있죠. 상비군의 폐지가 상명하복의 논리로 최고 권력자에게 폭력수단이 집중되는 것을 막는 조치라면, 국민방위대를 계속 유지하겠다는 것은 폭력수단을 공동체 전체가 관리하겠다는 의지의 표현이라고 할 수 있습니다. 얼마나 파리코뮌이 혁명적이었는지 분명해지는 대목입니다. 가령 촛불집회 등 민주주의를 요구하는 시위에 참여할 때, 우리가 가장 두려워하는 것은 민주주의를 부정하는 국가기구가 경찰, 심지어 군대를 동원해서 시민들에게 폭력을 행사할 수 있다는 가능성입니다. 실제로 1980년 광주에서는 공수부대가 진입해 시민들을 학살한 적도 있지 않았습니까? 그러나 군대를 시민들이 자치로 운영해서 상비군을 폐지한다면, 부당한 권력의 명령으로 군대가 동료 시민들을 학살하는 일은 불가능할 겁니다. 더 나아가 권력에 의한 군비 확충이나 아니면 부당한 전쟁 수행도 불가능하게 될 겁니다. 제정신을 가진 시민이라면 누가 전쟁을 긍정하겠습니까? 자신과 가족의 생명, 나아가 공동체의 명운을 걸 만한 전쟁은 존재할 수 없으니까요. 실제로 역사를 돌아보면 대규모 전쟁은 권력자나 기득권자들의 알량한 자존심이나 이해관계 때문에 벌어진 경우가 많았습니다. 결국 '국민방위대 자치'와 '상비군 폐지'는 국가기구가 질서

1부. 종교적인 것과 관조적인 것을 넘어서

라는 이름으로 민주주의를 훼손하는 것을 막을 뿐만 아니라, 침략
전쟁 자체를 무력화시키는 핵심 조치라고 할 수 있을 겁니다.

정치수단의 독점이나 폭력수단의 독점을 막으려고 했던 것과
마찬가지로, 파리코뮌은 생산수단의 독점도 막으려고 합니다. 어쩌
면 파리 시민의 주류가 노동계급이었으니, 이것은 너무나 당연한
수순이었을 겁니다. 그것은 바로 '생산자에 의한 생산수단의 소유'
라는 정책입니다. 산업시설 설치, 원자재 구입, 생산품의 결정, 나아
가 그 결실의 분배 등등을 노동자들이 직접 수행하는 겁니다. 이렇
게 되었을 때 돈을 벌려고 자신이 원하지 않던 노동에 종사하는 노
동 소외 현상도, 그리고 자본이 있다는 이유로 무위도식하며 부를
늘리는 자본계급도 사라지게 될 겁니다. 바로 이 정책 때문에 단명
했던 민주정부 파리코뮌을 미래에 도래할 이상적 사회의 전범이라
고 마르크스가 그렇게도 극찬했던 겁니다. '피의 주간'을 거쳐 파리
코뮌이 완전히 괴멸된 다음 날, 그러니까 1871년 5월 30일 당시 런
던에 거주하던 마르크스는 코뮌 전사들의 숭고한 죽음에 찢어지는
마음을 부여잡고, 그럴수록 더 냉철한 마음으로 그들 파리의 전사
들이 이루고자 했던 것을 알리는 불후의 명저 초고를 완성합니다.
바로 《프랑스내전》입니다.

그렇습니다, 여러분. 코뮌은 다수 인간의 노동을 소수 인간의
부로 만드는, 저 계급적 소유class-property를 폐지하려고 한 것입니
다. 그것은 수탈자를 수탈하는 것을 목적으로 했던 겁니다. 결
국 코뮌은 현재 주로 노동을 노예화하고 착취하는 수단이 되어
있는 생산수단, 즉 토지와 자본을 '자유롭고 연합적인 노동free
and associated labour'의 순전한 도구로 바꿈으로써 '개인적 소유individual

property'를 하나의 진실로 만들기를 원했던 겁니다. …… 만일 협동 생산이 자본주의체제를 대체하게 된다면, 만일 단결된 사회들이 공동 계획에 의거해 국민생산을 규제하게 되고 따라서 국민경제를 그들 스스로가 통제하고 자본주의 생산의 참화인 항구적인 무정부 상태와 주기적 변동을 종식시키게 된다면, 여러분! 이것 이외에 무엇이 코뮌주의communism, "가능한" 코뮌주의겠습니까?

-《프랑스내전》(1871)

경제적으로 종속적이라면 정치적으로도 종속될 수밖에 없다고 믿었던 마르크스의 눈에는 코뮌의 수많은 정책 중 '생산자에 의한 생산수단의 소유'라는 정책이 쏙 들어왔던 겁니다. 농사짓는 일 이외에 생계를 유지할 방법이 없는 사람이 있다고 해보죠. 다행스럽게 토지가 있다면, 그가 생계를 유지하는 것은 별다른 문제가 없을 겁니다. 불행히도 농사를 직접 짓지 않으면서도 토지를 독점하고 있는 사람이 있죠. 바로 지주입니다. 당연히 농사를 지을 땅이 없는 사람은 '울며 겨자 먹기' 식으로 지주에게 땅을 빌려야 할 겁니다. 그리고 그 대가로 소출의 일부분을 지주에게 주어야 하죠. 잊지 말아야 할 것은 농업경제가 정착되면 권력자들은 항상 땅을 독점하려고 한다는 사실이죠. 그래야 대다수 농민들을 지배할 수 있을 테니 말입니다. 농민과 땅, 그리고 지주 사이의 관계는 노동자와 공장, 그리고 자본가 사이의 관계에도 그대로 적용됩니다. 나사를 조립하는 기술 이외에 다른 생계 방법을 가지고 있지 않는 노동자는 어떻게 해서든 해당 기술을 필요로 하는 공장에 취업해야만 하죠. 생산 결과물은 노동자에게는 임금으로, 자본가에게는 이윤으로 분배

됩니다. 지주에게 지대였던 것이, 자본가에게는 이윤이었던 셈이죠. 지주든 자본가든 무위도식하는 지배계층이 다수의 노동자들을 지배하는 원천은 바로 지주는 땅이란 생산수단을 독점하고 있고, 자본가는 공장으로 상징되는 생산수단을 독점하고 있기 때문이죠. 농사를 짓지 않아도 토지만 가지고 있다면, 혹은 임금노동을 하지 않아도 공장만 가지고 있다면, 지주나 자본가는 농민이나 노동자들보다 훨씬 더 부유한 생활을 영위할 수 있습니다. 여기서 바로 무위도식하는 지배계층이 노동자들을 수탈하는, 일하지 않아도 먹고살 수 있는, 아니 일하지 않을수록 더 부유해지는 수탈의 아이러니가 발생하는 겁니다. 마르크스가 이야기했던 것처럼 코뮌은 알고 있었던 겁니다. 모든 불평등, 혹은 부정의는 바로 이렇게 생산수단의 독점에서 기인하는 겁니다. 그러니 토지와 자본과 같은 생산수단을 농부와 노동자처럼 생산하는 사람들에게 되돌려준다면, 불평등도 부정의도 봄눈 녹듯 사라질 겁니다.

여기서 잠깐 생각해볼 것이 있습니다. 그것은 바로 국유화의 문제입니다. 개인이 생산수단을 독점할 여지를 주지 않기 위해서, 국가가 개입해서 생산수단을 국유화할 수도 있습니다. 구체적으로 농장의 국유화, 공장의 국유화이겠지요. 그러나 바로 이 순간 국가가 수탈자로 등장한다는 걸 잊어서는 안 됩니다. 과거 20세기 중후반의 소련을 포함한 동구권이나 동아시아 사회주의국가들이 이를 웅변적으로 보여주었던 것 아닐까요? 겉으로는 민중이나 노동자들을 위한다고는 했지만, 사실 과거 모든 영토를 홀로 독점했던 왕조체제와 별다른 차이가 없었으니까 말입니다. 그러니 한 시도 잊어서는 안 됩니다. 생산수단을 가진 자가 그렇지 못한 자를 지배한다는 정치경제학적 진리를 말입니다. 스탈린이나 마오쩌둥毛澤東

(1893~1976), 그리고 김일성金日成(1912~1994) 등이 망각했던, 아니 의도적으로 악용했던 이런 자명한 정치경제학적 공식을 한순간이라도 잊지 않았던 철학자가 바로 마르크스였습니다. 그래서 코뮌을 분석할 때 마르크스가 강조했던 두 가지 구절이 중요하죠. "자유롭고 연합적인 노동"과 "개인적 소유의 현실화"가 바로 그것입니다. 코뮌은 개인이 생산수단을 독점할 수 있는 '사적 소유', 즉 사유, 그리고 국가가 생산수단을 독점할 수 있는 '국가 소유', 즉 국유를 모두 극복해야만 가능한 것입니다. '사유'나 '국유' 어느 경우든 인간의 자유와 평등은 훼손되기 쉽습니다. 이것이 바로 당시 코뮌 참가자들의 확실한 판단이었습니다. 그러니 여기서 말한 '개인적 소유'를 사적 소유로 오해해서는 안 됩니다. 이미 토지와 자본 등 가장 중요한 생산조건을 "자유롭고 연합적인 노동", 즉 공동 소유로 만들었기에, '개인적 소유'는 토지와 자본 등과 같은 생산조건의 독점적 소유를 의미하는 것은 아니니까요. 자유롭고 연합적인 노동의 결실을 정의롭게 분배해서 갖게 되는 것, 이것이 바로 "개인적 소유를 하나의 진실로 만든다"고 말했을 때 마르크스가 생각하고 있던 겁니다. 반면 지주가 토지를 임대해 지대를 받거나, 아니면 자본가가 투자 등으로 이윤을 얻는 것, 한마디로 말해 무위도식했지만 생산조건을 독점했다는 이유로 재산을 소유하는 것은 '진실한 개인적 소유'가 아니라 '거짓된 개인적 소유'라고 할 수 있죠.

결국 코뮌은 이렇게 정의할 수 있을 것 같네요. 무위도식하면서도 부를 늘리는 사람은 존재하지 않는 공동체라고 말입니다. 물론 신체적으로나 정신적으로 일을 할 수 없는 사람이 있다면, 코뮌은 그를 도와줄 겁니다. 그러나 그것은 일을 할 수 없는 사람이 권력을 가지고 있어서가 아니라, 코뮌 성원들의 애정의 발로라는 걸 잊어서는 안 됩니다. 한마디로 말해 코뮌에서 일을 하지 않아도 먹고사는 사람들은 사회적 강자가 아니라 사회적 약자라는 이야기입니다. 어쨌든 생산수단, 특히 토지나 자본을 공동 소유하는 것이 원칙인 사회, 바로 그것이 코뮌입니다. 그렇지 않고 이런 생산조건을 누군가 사적으로 독점하도록 한다면, 일하지 않고 먹고사는 지배계급과 노동으로 그 지배계급을 먹여 살리는 피지배계급, 즉 억압적 지배관계가 출현할 수밖에 없으니까요. 바로 코뮌은 이걸 막고자 했던 겁니다. 생산수단을 어느 누구도 독점할 수 없도록 했으니, 공동체 성원들은 누구나 생산수단을 소유하게 되죠. 아무도 독점하지 않기에 누구나 가질 수 있게 된 셈입니다. 이럴 수 있을 때 공동체community는 진정한 의미에서 공동체가 되는 겁니다. 그래서 진정한 공동체는 연대의 정신에 입각한 연합이란 방식으로 작동할 수밖에 없죠. 그래서 마르크스는 "자유롭고 연합적인 노동"을 그렇게도 강조했던 겁니다. 여기서 "자유로운 노동"이란 누군가에게 생산수단을 빼앗기지 않는 개인의 노동을 말한다면, "연합적인 노동"이란 생산수단의 공유를 토대로 작동하는 진정한 사회적 노동을 의미합니다. 바로 이것이 마르크스가 꿈꾸었던 코뮤니즘, 즉 '코뮌주의'였던 겁니다. 경제적으로 "자유롭고 연합적인 노동"이라고 할 수 있는 코뮌주의가 정치적으로 표현되면 '자유로운 개인들의 공동체'라고 할 수 있을 겁니다.

　자, 이제 앞에서 인용된 〈중앙위 선언〉의 마지막 대목이 좀 더 명료해지는 걸 느낄 겁니다. "코뮌은 자율적이어야 한다. 이제 개인들은 스스로를 통치하고, 그 특수한 능력, 전통, 필요에 따라 스스로를 관리하며, 정치적, 국민적, 연합적 집단 속에서 완전한 자유와 개성과 도시 안의 개인으로서의 완전한 주권을 보유한 도덕적 인격체로서 존재해야 한다." 자유로운 개인들의 공동체! 자유로운 개인들이 연대하는 공동체! 바로 이것입니다. 정치수단, 폭력수단, 나아가 생산수단까지 모두 민주적으로 공유하기에 일체의 억압과 지배의 가능성이 사라진 공동체, 잠시라도 파리 시민들이 코뮌으로 실현했던 것이 바로 이런 공동체였던 겁니다. 이제 '바리케이드 위에서' 열두 살 소년이 두려움 속에서도 당당히 지키고자 했던 것이 무엇이었는지 이해가 되시나요. 코뮌이 없다면 자유도 불가능하고 연대도 불가능하다는 것을 소년은 너무나 잘 알고 있었던 겁니다. 소년은 꿈꾸었던 겁니다. 언젠가 완전히 어른이 된 순간, 소년은 자신의 개성을 완전히 발휘하는 자유로운 인격체로 살고 싶었고, 또한 다른 자유로운 인격체와 연대하고 협조하며 살고 싶었던 겁니다. 아마도 그런 식으로 어느 근사한 여인을 만나 사랑을 나누고도 싶었을 것이고, 그녀와 함께 아이를 낳아 기르고도 싶었을 겁니다. 그 아이가 누구를 지배하려는 지배의 본능, 그리고 누군가에게 기꺼이 지배받으려는 복종의 본능을 가지지 않는 코뮌의 전사로 성장하는 걸 상상만 해도 소년은 행복했을 겁니다. 소년에게 이런 꿈을 꾸게 하고 이런 꿈을 실현할 수 있는 둥지와 같았던 것이 바로 파리코뮌이었습니다. 그만큼 소년에게 코뮌은 절박한 무엇이었던 겁니다. 코뮌이 괴멸되면 소년의 모든 꿈이 물거품이 되니까요. 그러니 선택한 겁니다. 코뮌 속에서 살다가 코뮌 속에서 죽기로 말이지요.

1871년 5월 27일, 파리코뮌의 마지막 날이 마침내 다가왔습니다. 이미 티에르 군대는 거리마다 설치된 바리케이드를 돌파해 코뮌의 터전 파리 전체를 거의 점령하기 직전이었죠. 그렇지만 코뮌 전사들은 티에르 군대에게 항복할 생각이 전혀 없었습니다. 티에르 군대에 항복하는 것은 코뮌의 자유정신을 배신하는 행위라는 걸 너무나 잘 알고 있었기 때문이죠. 자유를 되찾은 사람에게 항복은 죽음보다 끔찍한 일이죠. 그건 다시 알량한 생명만 유지한 채 노예로 산다는 걸 의미하니까요. 자유인은 죽을지언정 타인의 위력에 고개를 숙이지 않습니다. 그래서 마지막 남은 코뮌 전사들은 코뮌이 영원히 위대해지는 길을 걸으리라 다짐한 겁니다. 코뮌은 오늘 5월 27일 괴멸될 수도 있지만, 그것은 코뮌이 약해서가 아니라 그걸 지키는 전사들이 약했기 때문이라는 걸 죽음으로써 보여주려고 한 셈이죠. 이제 파리의 모든 지역은 티에르 군대에게 장악되었고, 더 이상 갈 곳이 없는 코뮌 전사 200여 명은 페르-라셰즈 공동묘지 Cimetière du Père-Lachaise 안에 모여들게 됩니다. 묘지 입구를 막고서 묘지 안에 서 있던 묘석을 엄호물로 삼아 최후의 결전을 준비하고 있었던 겁니다. 해가 질 무렵 저녁 6시쯤 티에르 군대는 대포로 묘지 입구를 부수고 공동묘지로 진입하면서, 묘지 안에서는 치열한 백병전이 벌어지게 됩니다. 이 와중에 147명의 코뮌 전사들이 붙잡혀 무장해제되죠. 티에르 군대는 그들을 묘지 벽, 지금은 '코뮈나르의 벽 Communards' Wall'이나 혹은 '연맹병의 벽 Mur des Fédérés'이라고 불리는 벽에 세워놓고 바로 총살하고 맙니다. 죽음으로써 코뮌을 위대하고 영원하게 만들 수 있다는 코뮌 전사들의 판단은 옳았나 봅니다. 지금도 코뮌을 꿈꾸는 민주주의자들과 인문주의자들은 매년 5월 27일 탄흔이 아직도 남아 있는 벽 앞에 승리의 화환을 바치고 있습니다. 심지어 1940년에서 1944년까지 나치가 프랑스를 지배했을 때에도 화환이 끊겼던 일은 없었다고 합니다.

또 한 가지 기억할 것은 파리코뮌이 절망적으로 기다렸던 블랑키도 페르-라셰즈 공동묘지의 마지막 전사들을 드디어 찾아오게 된다는 사실입니다. 1881년 1월 1일 사망한 블랑키의 시신이 10만

티에르 군대가 코뮌 전사들을 코뮈나르의 벽에 세워놓고 총살을 하고 있다.

일리야 레핀의 〈파리 페르-라셰즈 공동묘지 코뮈나르의 벽 근처에서 열린 연례 기념집회〉(1883).
지금도 코뮌을 꿈꾸는 민주주의자들과 인문주의자들은 매년 5월 27일 탄흔이 아직도 남아 있는
벽 앞에 승리의 화환을 바치고 있다.

　　　　　　　　　　　　　　　　1부. 종교적인 것과 관조적인 것을 넘어서

58 - BLANQUI (Auguste) 1805-1881 - Socialiste - A 22 ans prit part aux insurrections de Juillet, fut condamné à perpetuité. Délivré en 1848 recommença la lutte et fut condamné à 10 ans; reparut en 1859, fut frappé de 4 ans de prison en 1861, condamné à la détention à vie en 1871 grâcié en 1878. (Statue par Dalou - 91ᵉ Dᵛⁱ⁵)   C. P.

에메 쥘 달루가 조각한 블랑키의 석관. 블랑키의 시신도 코뮌 전사들이 묻혀 있는 페르-라셰즈 공동묘지에 안장되었다.

명 파리 시민의 애도 속에서 이 묘지에 안장되니까 말입니다. 147명의 마지막 코뮌 전사들에게 드디어 그들의 두뇌이자 심장이 되돌아온 셈입니다. 1879년 4월 20일 블랑키는 보르도를 대표하는 국회의원으로 옥중 당선됩니다. 그러니까 프랑스 민중들은 블랑키를 결코 잊지 않았던 겁니다. 당연히 프랑스 정부는 이 선거를 무효화하지만, 이런 해프닝 속에서 블랑키는 마침내 감옥에서 나오게 됩니다. 그러나 오랜 투옥생활은 노년의 블랑키에게 죽음의 그림자를 이미 짙게 드리운 뒤였죠. 놀라운 것은 죽음을 1년여 앞둔 시간 동안에도 블랑키는 무장봉기를 지속적으로 기획했다는 점입니다. 파리코뮌이 자신이고 자신이 파리코뮌이라는 걸 알았던 것일까요. 모를 일입니다. 혹시 프랑스에 가시게 되는 인문주의자나 민주주의자가 있다면, 1월 1일이나 5월 27일이 아니어도 좋습니다, 근사한 화환이 아니더라도 장미꽃 한 송이를 들고 '코뮈나르의 벽'을 꼭 방문하시기를. 그리고 돌아 나오는 길에 블랑키의 석관도 잊지 말고 쓰다듬어주시기를. 쿠르베^{Jean Désiré Gustave Courbet}(1819~1877)와 더불어 파리코뮌과 함께했던 조각가 달루^{Aimé-Jules Dalou}(1838~1902)가 존경의 염을 담아 조각한 석관 속에 파리코뮌의 심장이 영면하고 있으니까요.

차안의 풍성함과 즐거움을 위하여

파리코뮌! 자유로운 개인들의 공동체를 꿈꾸는 인문주의자나 민주
주의자라면 결코 우회할 수 없는 역사적 사건이다. 아니 정확히 말해
파리코뮌은 우리가 달성해야 할 인문적 민주공동체의 원형이자 상
징, 혹은 시금석이라고 해야 한다. 코뮌의 자유정신이 날카로운 비수
처럼 돌출하는 대목은 뭐니 뭐니 해도 '대표자를 항상 소환할 수 있
는 권한'을 파리 시민들에게 부여했던 대표 소환제다. 파리코뮌은 대
통령이든 국회의원이든 대표의 임기를 보장하는 오늘날 우리의 대
의민주주의제도가 얼마나 허접한 것인지 잘 보여준다. 주어진 임기
동안 대표자들은 어떤 통제도 받지 않고 소수의 지배를 관철할 수 있
으니 말이다. 어쨌든 이렇게 파리코뮌을 통해 일자의 지배가 폐지되
고 다자의 지배가 개시된다. 당연히 이런 상황에서 어떻게 일자의 자
리를 영구히 차지하려는 시도가 파리코뮌에서 가능할 수 있었겠는
가? 여기에는 왕, 지주, 자본가뿐만 아니라 기독교의 사제들, 나아
가 신마저도 포함된다. 왕도 백성들에 의해 소환되면 더 이상 왕일
수 없고, 지주도 농민들에게 소환되면 더 이상 지주일 수 없고, 자본
가도 노동자들에게 소환되면 더 이상 자본가일 수 없고, 성직자도 신
도들에게 소환되면 더 이상 성직자일 수 없고, 신도 피조물들에게 소

환되면 더 이상 신일 수 없다. 1871년 3월 18일 시작되어 공식적으로 5월 28일에 그 화려한 막을 내린 파리코뮌 시절은 그야말로 간만에 찾아온 인류의 황금기였다고 할 수 있다.

BC 3000년부터 지금까지 인류는 야만의 시대를 겪어내고 있다. 인간이 다른 인간을 훈육하고 착취하는 가축화domestication가 진행되었기 때문이다. 그 가축의 이름이 백성으로 불리든, 농민으로 불리든, 혹은 노동자로 불리든, 가축화된 인간은 주인에 의해 길러지고 착취된다. 그런데 이제 가축들이 주인을 소환하는 경천동지할 일이 벌어진 것이다. 가축이란 굴욕적 삶에서 잠시나마 벗어난 감격 때문인지, 우리가 쉽게 간과하는 사실이 한 가지 있다. 파리코뮌 시절에 '프랑스공화력calendrier républicain français'이라고도 불리는 '프랑스혁명력calendrier révolutionnaire français'이 부활한다는 사실이다. 1789년 프랑스혁명의 정신을 뿌리내리기 위해 당시 혁명 지도부는 새로운 달력을 만들었는데, 바로 그것이 '혁명력'이다. 실제로 이 달력은 1793년부터 1805년까지 대략 12년간 프랑스에서 공식적으로 사용된다.

혁명력은 기독교적 세계관을 그야말로 완전히 제거하겠다는 의지를 분명히 하고 있다. 《성경Bible》, 정확히는 《구약Old Testament》의 첫 장인 〈창세기Genesis〉를 보면, 기독교의 신은 6일 동안 하늘과 땅, 그리고 만물을 창조하고 7일째 되는 날 휴식을 취한다. 6일간의 창조 과정에서 신은 인간, 즉 아담이란 남자를 만들어 모든 만물을 마음껏 향유하도록 했다. 이곳이 바로 에덴동산이다. 그렇지만 신은 한 가지 단서를 단다. "선과 악을 인식하도록 만드는 나무"의 열매를 먹지 말라는 것이다. 그렇지만 아담을 돕는 목적으로 그의 갈비뼈에서 만든 여자 이브가 에덴동산에서 살던 뱀의 유혹에 빠져 금지된 나무 열매를 먹도록 만든다. 그 결과 에덴동산에서 편하게 살 수 있었던 남녀는 신의 경고를 어긴 죄로 이 낙원에서 추방되고 만다. 일종의 함정을 파놓고 거기에 빠진 남녀에게 신은 준비했다는 듯 저주를 퍼붓는다. 뱀을, 그리고 이어 이브를 저주한 뒤, 아담에게도 저주를 내린다.

> 네가 네 아내의 말을 듣고 내가 "너는 먹어서는 안 된다"고 했던 나무의 열매를 먹었기 때문에, 땅은 너로 인해 저주받고 너는 평생 동안 매일 고통스럽게 땅에서 나는 걸 먹을 것이다. 땅이 네게 가시덤불과 엉겅퀴를 만들어낼 것이고, 너는 들판의 식물들을 먹게 될 것이다.
>
> – 〈창세기〉, 《구약》

에덴동산에서 어떤 노동도 할 필요가 없었다면, 그곳에서 추방된 아담과 이브, 그리고 그의 후손들은 "가시덤불과 엉겅퀴"로 뒤덮인 척박한 땅을 개간해야만 먹고살 수 있게 된 것이다. 여기서 중요한 것은 이 세상이 저주받은 땅, 혹은 일종의 유배지라는 기독교의 발상이다. 이제 인간에게 유일한 희망은 '이 세상'이 아니라 에덴동산으로 돌아가는 것, 그것이 불가능하다면 신이 계신 '저 세상'으로 돌아가는 일뿐이다. 바로 이것이 모든 기독교인의 무의식을 규정한다. '이 세상'이 아니라 '저 세상', 고상하게 말하면 '차안此岸'이 아니라 '피안彼岸'을 희망한다. 서양의 지배자들이 기독교에 환호했던 이유는 분명하다. 차안이 가시덤불과 엉겅퀴가 가득한 곳이라고 믿는다면, 〈창세기〉의 표현을 빌리자면 '저주받은 땅'이라고 믿는다면, 민중들은 억압체제의 고통쯤은 기꺼이 감내할 것이다. 피지배자들은 사회적 부정의와 불평등도 '저주받은 땅'의 또 다른 속성으로 그냥 수용할 가능성이 크고, 나아가 자신들의 관심도 '차안'의 세계가 아닌 '피

금지된 열매를 먹은
아담과 이브는 신에 의해
에덴동산에서 추방된다.
어떤 노동도 할 필요가
없었던 에덴동산에서
추방된 아담과 이브, 그리고
그의 후손들은 "가시덤불과
엉겅퀴"로 뒤덮인 척박한
땅을 개간해야만 먹고살
수 있게 되었다. 마사초의
그림(1427).

1부. 종교적인 것과 관조적인 것을 넘어서

안'의 세계로 돌릴 테니 말이다. 관심이 있어야 개선이나 변화의 의지도 생기는 법이다. 억압체제에서 기독교적 세계관이 매력적인 지배 이데올로기가 될 수 있었던 것도 이런 이유에서다. 피지배자들이 자신들의 삶을 옥죄는 현실적 억압 상태에 맞서기보다는 '피안'의 세계만을 몽환적으로 응시한다면, 지배자는 아무런 저항 없이 '차안'의 권좌를 유지할 수 있기 때문이다. 혁명력이 중요한 이유는 다른 데 있는 것이 아니다. 혁명력에 따르면 '차안'의 세계는 무미건조하고 저주받은 땅이 아니라 다채롭고 아름다운 땅이다.

혁명력이 규정한 12개월 각각의 이름을 살펴보라. 문학적 감동을 줄 만큼 세상은 너무나 근사하지 않은가. 푸근한 안개가 우리를 몽상에 잠기게도 하고, 어느 때는 머리카락을 흩날리는 상쾌한 바람이 불기도 한다. 들판에 매력적인 자태를 뽐내는 꽃들이 피기도 하고, 포도와 과일이 매혹적인 향을 내며 익어가기도 한다. 다채로움과 아름다움, 그리고 풍성함은 12개월의 이름에만 국한되지는 않는다. 모든 날에도 혁명력은 풍성함과 다양함을 아로새기려고 했으니 말이다. 그러니까 1년 모든 날은 고유한 자기만의 이름을 부여받았기 때문이다. 예를 들어 꽃피는 달, '플로레알Floréal'을 보자. 첫째 날의 이름은 호즈Rose, 즉 장미의 날이고, 아홉 번째 날은 야생트Hyacinthe, 즉 히야신스의 날이다. 또 눈 내리는 달, 니보즈Nivôse는 어떤가? 둘째 날은 우이으Houille, 즉 석탄의 날이고, 열다섯 번째 날은 라팽Lapin, 즉 토끼의 날이다. 혁명력은 말한다. '차안'은 잡초만 무성한 채 흙먼지가 날리는 '저주받은 땅'이 아니라 온갖 꽃, 돌, 그리고 동물이 뜨겁게 살고 있는 '축복받은 땅'이라고. 자본주의체제에 포획되어 하루하루가 그저 양적으로 동일한 그래서 추상적인 시간에 불과한 우리로서는 충격적인 선언인 셈이다. 하루하루가 질적으로 다른 날이자 구체성으

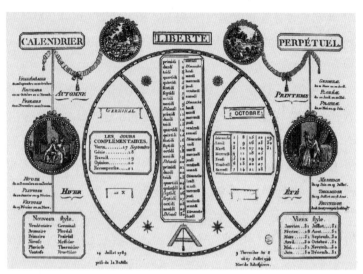

1793년에서부터 1805년까지 12년간 프랑스에서 공식적으로 사용된 혁명력. 혁명력은 기독교적 세계관을 그야말로 완전히 제거했다.

프랑스혁명력

	달의 이름	달의 의미	어원(라틴어·프랑스어)	환산(첫날)
가을	방데미에르Vendémiaire	포도 수확의 달	라 vindemia(포도 수확)	9월 22, 23, 24일
	브뤼메르Brumaire	안개 끼는 달	프 brume(안개)	10월 22, 23, 24일
	프리메르Frimaire	서리 맺히는 달	프 frimas(서리)	11월 21, 22, 23일
겨울	니보즈Nivôse	눈 내리는 달	라 nivosus(눈 내리는)	12월 21, 22, 23일
	플뤼비오즈Pluviôse	비 오는 달	라 pluvius(비 내리는)	1월 20, 21, 22일
	방토즈Ventôse	바람 부는 달	라 ventosus(바람 부는)	2월 19, 20, 21일
봄	제르미날Germinal	싹트는 달	프 germination(발아)	3월 20, 21일
	플로레알Floréal	꽃피는 달	라 flos(꽃)	4월 20, 21일
	프레리알Prairial	풀이 무성한 달	프 prairie(초원)	5월 20, 21일
여름	메시도르Messidor	수확하는 달	라 messis(수확)	6월 19, 20일
	테르미도르Thermidor	뜨거운 달	라 thermon(열)	7월 19, 20일
	프뤽티도르Fructidor	과일 열리는 달	라 fructus(과일)	8월 18, 19일

1부. 종교적인 것과 관조적인 것을 넘어서

로 가득한 날이다. 마치 사랑하는 사람의 생일이나 부모님의 기일이 다른 날과 질적으로 구분되는 것처럼 말이다. 질적 차이로 충만한 생생한 시간을 향유한다는 것은 결국 차안의 세계를 긍정하는 첩경이었던 셈이다. 그렇다. 지금 혁명력은 요구하고 있다. 당신과 당신 주변을 둘러보라고. 얼마나 풍성하고 얼마나 다채롭고 얼마나 근사한지. 만약 이런 풍요로움을 박탈당해 굶주린다면 그것은 신으로부터 저주받아서가 아니라 다른 인간이 풍요로움을 독점했기 때문이라는 인식에 이르는 것은 한 걸음이면 족하다. 그러니 차안의 행복을, 그것이 왕이든 사제든 지주든 자본가든 소수의 지배자가 독점해서는 안 될 일이고 동시에 그걸 방치해서도 안 될 일이다. 차안에 살고 있는 모든 사람이 축복받은 땅의 혜택을 받아야 하니까.

　혁명력 이전에 사용되었으며 지금도 통용되는 달력 '그레고리력Gregorian calendar'에 따르면, 1주일은 7일로 구성되어 있다. 교황 그레고리우스 13세Gregorius XIII(1502~1585)가 1582년 그 이전까지 통용되던 '율리우스력Julian calendar'을 개정해 발표했던 것이 바로 그레고리력이다. 그레고리력의 '1주일=7일' 체제는 고대 그리스·로마 시절 낡은 천문학적 지식, 즉 태양, 달, 화성, 수성, 목성, 금성, 토성 등 육안으로 뚜렷이 관찰할 수 있었던 7개의 행성에서 유래한 것이다. 그렇지만 신이 6일 일하고 7일째 휴식을 취했던 〈창세기〉 내용과 부합되었기에, 그레고리력은 아무런 고민 없이 BC 46년 케이사르Julius Caesar(BC 100~BC 44)가 제정했던 율리우스력의 주일 체계를 받아들였던 것이다. 여기서 율리우스력의 개정 이면에는 신의 아들이라 숭배되는 예수가 부활한 날을 확정하려는 종교적 의도가 있었다는 걸 잊어서는 안 된다. 혁명력은 당연히 차안을 긍정하는 새로운 달력에 이런 기독교적 요소를 제거하고자 했다. 혁명력이 1주일을 10일로 구성한 것도 그 일환이었다. 그레고리력에서 '차안'과는 너무나 먼 '피안'의 숫자가 7이었다면, 차안의 세계를 긍정하는 혁명력은 그 대신 10이란 숫자, 즉 십진법을 중시한다. 차안의 세계를 살아갈 때 가장 중요한 것은 10개의 손가락으로 구성된 우리 양손이다. 삽이나 괭이를 꽉 잡은 10개의 손가락을 보라. 시냇가 맑은 물을 손으로 뜰 때 그 물이 10개의 손가락을 간지럽히며 빠져나가는 것을 보라. 사랑하는 사람의 몸을 쓰다듬는 섬세한 10개의 손가락을 보라. 십진법의 기원은 바로 우리 인간에게 있다. 10개의 손가락으로 헤아리는 질서는 차안과 인간을 긍정하지 않으면 불가능했던 것이다. 주일 체계에만 십진법을 적용한 것이 아니다. 혁명력은 하루를 10시간으로, 1시간을 100분으로, 1분을 100초로 구성했기 때문이다. 그러니까 혁명력이 지배하던 시절 1시간은 지금 시간으로 환산하면 대략 144분이 된다.

1871년 파리코뮌은 혁명력에 담겨 있는 1789년 프랑스혁명의 정신을 복원하고 싶었던 것이다. 인간이 살고 있는 이 세상, 즉 '차안'은 다채롭고 아름답고 풍요로운 세계라는 걸 다시 한 번 긍정하고 싶었기 때문이다. 이것은 '피안'에 인간의 시선을 돌리려는 기독교적 세계관을 다시 한 번 붕괴시키려는 의지였다고 하겠다. '피안'이 있어서 기독교가 있는 것이 아니라, 기독교가 있어서 '피안'이 날조되었기 때문이다. 차안만이 뜨겁게 살아내야 할 유일한 세계라는 걸 알아야, 억압받는 자들은 억압과 착취의 부정의가 사라진 공동체를 이 세상에서 꿈꿀 수 있다. 불행히도 1789년에서 1871년까지 수차례 반혁명이 발생해 차안을 긍정하는 정신, 소수의 지배에 저항했던 정신은 조롱되고 부정되었다. 그 결과는 치명적이었다. 성직자들이 다시 돌아왔고, 황제도 다시 돌아왔고, 지주도 다시 돌아왔던 것이다. 심지어 한때 자신의 동지라고 생각했던 부르주아도 소수의 지배를 꿈

1부. 종교적인 것과 관조적인 것을 넘어서

꾸는 대열에 새롭게 동참하기까지 했다. 그렇기에 혁명력이 폐지되고 그레고리력이 재도입된 것은 누구나 예상할 수 있는 수순이었다. 비오는 달 플뤼비오즈Pluviôse의 둘째 날 무스Mousse, 즉 이끼의 날은 이제 다시 무미건조한 1월 21일 되어버린 것이다.

100년이 채 안 되는 그 반혁명의 시기는 파리코뮌뿐만 아니라 남겨진 모든 사람에게도 많은 교훈을 준다. 다수에 대한 소수의 지배를 이데올로기적으로 정당화하는 기독교와 사제들, 폭력수단과 정치수단 독점으로 다수를 억압하는 국가기구와 통치자, 생산수단 독점으로 다수를 착취하는 자본주의와 자본가는 억압체제의 삼위일체를 이룬다. '기독교' '국가기구' '자본주의'라는 삼위일체는 간혹 서로 다투기는 하지만, 위기에 봉착하면 서로 돕기 마련이다. 그러니 파리코뮌은 대표 소환제로 국가기구에, 연합으로 자본주의에, 그리고 혁명력으로 기독교에 맞서려고 했다. 그렇지만 파리코뮌의 몰락이 보여주었던 것처럼, 이 억압의 삼위일체를 무력화시키는 것은 그리 만만한 일이 아니다. 하나의 머리를 자르려고 칼을 휘두를 때, 나머지 두 머리는 독을 머금은 입으로 우리의 뒷덜미를 물 수 있기 때문이다. 그러니 우리에게는 머리 3개로 이루어진 억압체제를 직시할 수 있는 냉정한 지성, 나아가 어느 머리부터 공격할지를 결정하는 뜨거운 현실감각이 동시에 요구된다.

정치철학
1장

종교적인 것에 맞서는 인문정신

1. 기독교 비판의 첫 번째 길, 포이어바흐에서 니체로

포이어바흐는 종교적 자기소외^{Selbstentfremdung}, 즉 세계가 종교적 세계와 현실적 세계로 이중화되어 있다는 사실에서 출발한다. 그의 작업은 종교적 세계를 그 세속적 토대^{weltlichen} ^{Grundlage}로 용해하는^{aufzulösen} 데 있다. 그러나 그는 이 작업을 마친 후에도 중요한 일이 남아 있다는 사실을 간과하고 있다. 왜냐하면 세속적 토대가 자기 자신에게서 자신을 분리하여 스스로 구름 속에서 하나의 독립적 왕국으로 자리 잡는다는 사실은 오직 이 세속적 토대 내부의 균열과 자기모순에 의해서만 설명될 수 있기 때문이다. 그러므로 이 세속적 토대 자체는 모순된 것으로 이해되어야만 하며, 동시에 실천적으로 변혁되어야만 한다. 따라서 예를 들어 세속가족$^{irdische Familie}$이 신성가족$^{heiligen Familie}$의 비밀임이 밝혀진 다음에, 세속가족 자체는 이론적으로 그리고 실천적으로 파괴되어야만 한다.

– 〈포이어바흐에 관한 테제들$^{Thesen über Feuerbach}$〉 4

마르크스$^{Karl Marx}$(1818~1883)에게 죽은 개 취급을 받아서인지, 너무나도 쉽게 경시되는 철학자가 한 명 있다. 바로 포이어바흐^{Ludwig}

독일의 주간 잡지 《가르텐라우베Die Gartenlaube》에 실린 포이어바흐의 초상화(1872). 포이어바흐는 마르크스에게 죽은 개 취급을 받아서인지 너무 쉽게 경시되는 철학자다. 하지만 그는 19세기뿐만 아니라 지금에도 여전히 중요한 철학자다.

Andreas von Feuerbach(1804~1872)다. 그렇지만 그는 19세기뿐만 아니라 지금에도 여전히 중요한 철학자다. 분명 마르크스는 포이어바흐의 한계를 지적하면서 그를 혹독하게 비판했다. 1845년에 출간된 〈포이어바흐에 관한 테제들Thesen über Feuerbach〉과 1846년에 출간된 《독일 이데올로기Die Deutsche Ideologie》가 그 증거일 것이다. 이것은 오히려 마르크스에게 포이어바흐가 그만큼 중요했다는 걸 보여주는 것 아닐까. 실제로 19세기 초반, 그러니까 마르크스가 청년이었을 때 포이어바흐는 당시 지성계의 헤라클레스였다. 그렇다면 포이어바흐를 당대 독일 지성계의 스타로 만든 계기는 무엇이었을까? 그것은 그가 1000여 년 이상 유럽의 지성계와 정치계를 장악했던 기독교를 해체하려고 했기 때문이다. BC 700년쯤 활동했던 헤시오도스Hēsíodos의 책 《신통기Theogonía》에는 프로메테우스Prometheus라는 인물과 관련된 흥미로운 이야기가 나온다. 당시 최고신이었던 제우스의 경고도 무시한 채 프로메테우스는 인간에게 불을 가져다준다. 분노한 제우스는 그를 코카서스산 바위에 쇠사슬로 묶어 독수리들이 그의 간을 쪼아 먹도록 하는 벌을 내린다. 바로 이 프로메테우스를 구한 영웅이 헤라클레스^{Heracles}였다. 제우스의 저주에 맞서 헤라클레스가 프로메테우스를 풀어주었듯, 기독교의 신이 만든 굴레에서 포이어바흐는 최소한 독일 지성계를 해방시켜주었던 것이다. 1841년 출간된《기독교의 본질^{Das Wesen des Christenthums}》이라는 한 권의 책으로 그는 불가능해 보이는 이 작업을 근사하게 성공한다. 마르크스의 절친 엥겔스^{Friedrich Engels}(1820~1895), 영민하지는 못했지만 우직했던 그도 1886년《루트비히 포이어바흐와 독일 고전철학의 종말^{Ludwig Feuerbach und der Ausgang der klassischen deutschen Philosophie}》에서 회고했던 적이 있다. "누구든 이 책의 해방 효과를 생각해보려면, 이 효과를 몸소 체험해야만 한다. 누구나 다 열광했다. 우리는 모두 한순간에 포이어바흐주의자가 되었다. 마르크스가 얼마나 열렬하게 새로운 견해를 환영했고—비판적인 단서를 붙였다고 할지라도—포이어바흐에게서 얼마나 많은 영향을 받았는지는《신성가족^{Die heilige Familie}》에서 읽을 수 있을 것이다."

엥겔스의 말대로 마르크스는 1841년부터 1845년까지 정말 포이어바흐에 푹 빠져 있었다. 1842년 1월 말 집필되어 1843년 루게^{Arnold Ruge}(1802~1880)가 편집한《최신 독일의 철학과 저널에 대한 일화^{Anekdota zur neuesten deutschen Philosophie}》에 실린 마르크스의 글 한 편이 있다. "불의 개울(즉, 포이어바흐)을 통하지 않고서 당신이 진리와 자유에 이른 길은 존재할 수 없다. 포이어바흐는 현시대의 연옥이다." '포이어바흐'는 '불'을 뜻하는 '포이어^{Feuer}'와 '시내'나 '개울'을 뜻하는 '바흐^{Bach}'라는 글자로 구성되어 있다. 그러니까 포이어바흐는 '불이 흐르는 개울'이라는 의미를 가진다. 불이 모든 것을 태워 정화하듯, 포이어바흐는 인간의 영혼에서 기독교의 잔재를 태워낸다. 포이어바흐를 두고 "현시대의 연옥"이라고 부른 청년 마르크스의 재치는 그야말로 빛을 발한다. 기독교에서 천국과 지옥의 중간 지역에 해당하는 연옥燃獄, Purgatorium은 불로 가벼운 벌을 정화하는 곳이다. '불사르는燃 감옥獄'이라는 뜻의 연옥이란 한자어가 만들어진 것도 이런 이유에서다. 이 연옥에서 정화가 성공적으로 이루어지면 영혼은 기다리던 천국으로 가게 된다. 그렇지만 포이어바흐라는 연옥은 천국이 아니라 이 세계로 가는 일종의 통로다. 기독교의 미신 체계는 포이어바흐를 지나면서 완전히 소각되어 사라지고, 인간은 이 세상에서 자유와 진리를 향유하는 존재로 거듭나게 되는 셈이다. 1842년 포이어바흐의 시위무사 역할도 마다하지 않았던 마르크스가 1845년 포이어바흐의 목에 비수를 들이댄 것은 정말 극적인 지성사적 사건이라고 할 수 있다. 그래서 〈포이어바흐에 관한 테제들〉이 큰 의의가 있는 것이다. 후에 프랑스의 철학자 알튀세르Louis Althusser(1918~1990)가 1845년을 청년 마르크스와 장년 마르크스 사이에 '인식론적 단절coupure épistémologique'이 발생한 때라고 과장했던 것도 다 이유가 있었던 셈이다. 짐승을 잡으려면 그 숨통을 한 번에 잡아채야 하는 것처럼, 중요한 철학자를 비판하기 위해서는 그의 핵심 사상을 정확히 파악해야만 한다. 네 번째 테제에서 마르크스는 두 문장으로 한때 숭배했던 포이어바흐의 사상을 요약한다. "포이어바흐는 종교적 자기소외, 즉 세계가 종교적 세계와 현실적 세계로 이중화되어 있다는 사실에서 출발한다. 그의 작업은 종교적 세계를 그 세속적 토대로 용해하는 데 있다."

포이어바흐가 자신의 주저를 출간했던 1841년은 마르크스가 박사학위를 취득한 해이기도 하다. 23세의 마르크스는 예나대학

1839년 무렵의 마르크스. 1841년 마르크스는 기념비적 논문 〈데모크리토스와 에피쿠로스 자연철학의 차이〉로 박사학위를 취득한다. 그리고 4년 뒤인 1845년 〈포이어바흐에 관한 테제들〉을 완성한다.

에서 자신의 철학적 방향성을 결정했던 기념비적 논문 〈데모크리토스와 에피쿠로스 자연철학의 차이Differenz der demokritischen und epikureischen Naturphilosophie〉로 박사학위를 취득한다. 〈포이어바흐에 관한 테제들〉의 집필 연도가 1845년이니 이때 그의 나이는 27세였다. 3~4년 만에 당시 독일 지성계의 총아 포이어바흐의 핵심을 명중시켰으니, 청년 마르크스의 영민함이 번뜩이는 대목이다. 여기서 중요한 것은 자기소외Selbstentfremdung, 혹은 소외entfremdung라는 개념이다. 이는 자신이 만든 것이 자신에게 낯선 것으로 다가오는 현상을 가리킨다. 예를 들어 주상복합아파트를 만든 노동자에게 그 건물은 너무나 고가여서 그림의 떡에 지나지 않는다. 혹은 성장한 자식은 부모에게 소외감의 원인이 될 수도 있다. 이런 '자기소외'라는 개념으로 마르크스는 포이어바흐의 기독교 비판을 설명한다. 신이 인간을 창조했다고 《구약》의 〈창세기〉는 말하고 있지만, 사실 인간이 신을 창조했던 것이다. 문제는 인간이 신을 만들었는데 어느 사이엔가 신은 낯선 무엇으로 다가오게 되었다는 사실이다. 낯선 정도가 아니라 위협적이기까지 하다. 신은 초월적이고 절대적인 군주처럼 우리 인간의 삶을 옥죄는 존재니까 말이다. 종교적 자기소외이면서 인간의 자기소외 현상은 이렇게 발생하는 법이다. 당연히 소외가 완성되면, 신의 세계와 인간의 세계, 혹은 저 세상과 이 세상, 혹은 마르크스의 표현을 빌리자면 종교적 세계와 현실적 세계 사이의 분화가 불가피하다. 마르크스에 따르면 이원론으로까지 고착화된 소외 현상을 거슬러 올라가거나, 혹은 소외 현상을 극복해서 인간이 신을 창조했던 순간에까지 이르고자 했던 것이 바로 포이어바흐의 속내였다. 포이어바흐의 "작업은 종교적 세계를 그 세속적 토대로 용해하는 데 있다"고 마르크스가 규정했던 것도 이런 이유에서다.

　　기독교인들의 입장에서 포이어바흐의 주장은 그야말로 충격 그 자체였을 것이다. 신이 인간을 창조한 것이 아니라 인간이 신을 창조했다면, 지금까지 그들은 '자신이 만든 아들'을 '자신을 낳은 아버지'라고 숭배하고 있었던 셈이다. 그렇지만 기독교인들은 안심할 일이다. 마르크스가 이야기했던 것처럼 포이어바흐는 종교적 세계를 부정하지 않는다. 신, 예수, 삼위일체 등 기독교에서 소중히 여기는 것들을 그저 현실적 세계로 용해하기 때문이다. 현실적 세계를 위해 종교적 세계를 부정하는 것이 아니라, 종교적 세계를 현실적 세계로 용해한다! 소금을 생각하면 쉽다. 소금가루를 물에 넣고 흔들면 소금가루는 물에 녹아 사라진다. 결국 소금은 없어진 것이 아니라 양태만 바뀌었을 뿐이다. 자세한 전말을 알려면, 직접 포이어바흐의 육성을 들어보는 것이 좋을 듯하다. 《기독교의 본질》을 넘겨보면, 1843년 2월 14일이란 날짜가 새겨져 있는 〈2판 서문〉이 눈에 들어온다. 1841년 출간된 첫 판이 그의 예상과는 달리 독일 지성계를 강타한 뒤, 그는 맹목적인 비판이나 맹목적 찬양의 대상, 한마디로 시대의 아이콘이 되고 만다. 그래서 포이어바흐는《기독교의 본질》로 자신이 말하고자 했던 것을 더 명확히 할 필요를 느끼게 된 것이다.

"종교는 무Nichts이며 무의미Unsinn하다"는 명제가 이 책의 본질적 내용을 특징짓는다고 해도 무방하다. 그러나 나는 결코 "신은 무이며, 삼위일체는 무이며, 신의 말은 무이다" 따위로는 말하지 않는다. 그렇게 말할 수 있다면 얼마나 수월하게 문제를 처리할 수 있겠는가! 나는 단지 이것들이 신학의 환상이 만들어낸 것과 다르다는 것, 이것들은 외래의 비밀이 아니라 토착의 비밀einheimische Mysterien, 즉 인간성의 비밀Mysterien der menschlichen Natur이라는 것을 보여주려 할 뿐이다. 종교는 자연이나 인간의 '가상적이고 피상적인 본질das scheinbare, oberflächliche Wesen'을 이것들의 참된 내적 본질로 생각하며, 자연이나 인간의 '참되고 숨겨진 본질das wahre, esoterische Wesen'을 특수한 다른 본질로 상상한다는 것을 보여주려고 할 뿐이다. 따라서 종교는 신에 대한 규정이나 신의 말씀에 대한 규정—위에서 언급한 의미에서는 결코 부정적이지 않은—에서 인간적인 말의 참된 본질을 정의하거나 대상화하는 것에 불과하다는 것을 보여주려 한다. …… 나는 신학Theologie을 인간학Anthropologie으로 끌어내리면서 오히려 인간학을 신학으로 고양시킨다. 그것은 기독교가 신을 인간으로 격하하는 것에 의해 인간을 신으로 만드는 것과 같다. 물론 이런 신이 다시 인

미켈란젤로의 〈아담의 창조〉(1511). 기독교인들의 입장에서 포이어바흐의 주장은 그야말로 충격 그 자체였을 것이다. 포이어바흐가 신이 인간을 창조한 것이 아니라 인간이 신을 창조했으며, "종교는 무의미하다"고 말했기 때문이다.

간으로부터 격리된 초월적이며 환상적인 신으로 변하지만. 그
러므로 내가 인간학이라는 말을 헤겔 철학 또는 대체로 지금까
지의 철학에서 통용되는 의미로 사용하는 것이 아니라 무한히
높고 일반적 의미^{höhern und allgemeineren Sinne}로 사용하는 것은 자연스
러운 일이다.

－〈2판 서문〉, 《기독교의 본질》(1843)

시작부터 포이어바흐의 논조는 단호하다. "종교는 무이며 무의
미하다!" 기독교는 아무런 근거가 없다는 선언이다. 이 정도에서 끝
났다면 깔끔했을 텐데, 그는 자신이 '신', '삼위일체', 그리고 '신의
말씀'을 부정하지는 않는다는 애매한 말을 덧붙인다. 이건 기독교
의 형식은 부정하지만 기독교의 내용은 부정하지 않겠다는 것이다.
물론 그렇다고 해서 그가 교회를 가지 않고도 신앙생활을 할 수 있

1부. 종교적인 것과 관조적인 것을 넘어서

다고 주장하려는 것은 아니다. 니체Friedrich Wilhelm Nietzsche(1844~1900)의 표현을 빌리자면 포이어바흐는 지금 신의 계보학genealogy을 만들려고 하기 때문이다. 계보학은 족보를 만드는 것이니, 신의 계보학은 신의 조상을 추적하는 작업일 수밖에 없다. 사실 이것만으로도 포이어바흐는 신성모독을 저지르고 있다고 할 수 있다. 기독교의 신은 우주와 만물을 창조한 일자이기 때문이다. 그렇다면 신을 만든 자는 누구일까? 포이어바흐는 단호하게 답한다. 바로 인간이라고. 포이어바흐가 제안한 신의 계보학을 이해하려면 그의 인간관을 살펴볼 필요가 있다. 그는 인간에게 두 가지 본질이 있다고 말한다. 하나는 '가상적이고 피상적인 본질'이고 다른 하나는 '참되고 숨겨진 본질'이다. 바로 이 후자, 즉 '참되고 숨겨진 인간 본질'을 기독교는 "특수한 다른 본질", 다시 말해 "신의 본질"로 생각했다는 것이 포이어바흐의 계보학의 핵심이다. 한마디로 말해 '참되고 숨겨진 인간 본질'이 대상화된 것이 바로 신의 본질이라는 것이다. 그래서 그는 "나는 신학을 인간학으로 끌어내리면서 오히려 인간학을 신학으로 고양시킨다"고 뻐길 수 있었던 것이다. 그에게 인간학은 인간의 '가상적이고 피상적인 본질'뿐만 아니라 '참되고 숨겨진 본질'을 다루는 학문이기 때문이다. 이런 식으로 포이어바흐는 기독교를 인간학으로 "용해해버린" 것이다.

중요한 것은 '참되고 숨겨진 인간 본질'이 무엇인지를 명확히 하는 일이다. 그 실마리는 "내가 인간학이라는 말을 헤겔 철학 또는 대체로 지금까지의 철학에서 통용되는 의미로 사용하는 것이 아니라 무한히 높고 일반적인 의미höhern und allgemeineren Sinne로 사용하는 것은 자연스러운 일"이라는 그의 말에서 찾을 수 있다. '일반적인'이라는 뜻의 독일어 '알게마인allgemein'에 주목하도록 하자. 독일어에서

'알게마인베그리프^{allgemeinbegriff}'가 보편 개념이나 일반 개념을 뜻한 다면, '인디비두알베그리프^{individualbegriff}'는 개별 개념이나 특수 개념 을 가리킨다. 예를 들어 '사과' '바나나' '배' 등의 개념이 특수 개념 이라면, '과일'이 바로 일반 개념에 해당한다. "과일 3개 가지고 와!" 라고 하면 사과, 바나나, 배, 혹은 세 과일을 섞어 3개만 가지고 오 면 된다. 이와 달리 "사과 3개를 가지고 와!"라고 하면, 우리는 바나 나나 배를 가져올 수는 없다. '과일'이 왜 "높고 일반적인" 개념인지 분명해지는 대목이다. 이제 포이어바흐가 자신이 인간학이란 용어 를 "무한히 높고 일반적인 의미"로 사용하고 있다고 했던 이유가 분 명해진다. 지금까지 인간학이 특수하고 개별적인 인간들을 다루고 있었다면, 자신의 인간학은 보편적이고 일반적인 인간, 즉 인간 일 반을 다루고 있다는 자신감의 표현이었던 셈이다. '마르크스' '블랑 키' '강신주'라는 개별 인간이 아니라 이들을 모두 포섭할 수 있는 '인간'이란 일반 개념이 지칭하는 걸 포이어바흐는 다루겠다는 것 이다. 그에게 '가상적이고 피상적인 본질'은 개별 인간의 특수성을 가리킨다면, '참되고 숨겨진 본질'은 인간 일반의 보편성을 가리켰 던 것이다. 바로 이 인간의 일반성과 보편성이 신이라는 존재로 대 상화되었던 셈이다.

이제 구체적으로 '마르크스'의 개별성도 아니고 '블랑키'의 개 별성도 아니고, '강신주'의 개별성도 아닌 인간 일반의 본질이 무엇 인지 알아볼 차례다.

인간은 자기 자신^{sich selbst}인 동시에 나와 너^{Ich und Du}가 된다. 인간 은 자기 자신을 타인의 자리에 놓을 수 있다. 그것은 바로 인 간에게는 개체^{Individualität}뿐만 아니라 유^{類, Gattung}나 본질^{Wesen}도 사

유의 대상이 되기 때문이다. …… 종교는 인간의 자기 본질, 곧 유한하고 제한된 본질이 아니라 무한한 본질^{endliches Wesen}에 대해 갖는 의식에 불과하다. …… 그렇다면 인간이 의식하고 있는 인간의 본질이란 도대체 무엇인가? 또는 인간 속에 있는 고유한 인간성^{eigentliche Menschheit}, 곧 유를 형성하는 것은 무엇인가? 그것은 이성^{Vernunft}, 의지^{Wille}, 마음^{Herz}이다. 사유의 힘, 의지의 힘, 마음의 힘을 갖춘 사람을 비로소 완전하다고 말할 수 있다. 사유의 힘은 인식의 빛이고, 의지의 힘은 성격의 에너지이고, 마음의 힘은 사랑이다. …… 개별적인 인간을 넘어서 인간 안에 있는 신적인 삼위일체^{göttliche Dreieinigkeit}는 이성, 사랑, 의지의 통일이다. 이성과 의지, 사랑 또는 마음은 인간이 소유하고 있는 힘이 아니다. 왜냐하면 그것들이 없으면 인간은 무이며 인간이 바로 그것들이고 인간은 그것들을 통해서만 존재하기 때문이다. 그것들은 인간의 본질을 근거짓는 요소로서 인간에게 생명을 불어넣고 인간을 규정하고 지배하는 힘이며 신적이고 절대적인 힘이다. …… 절대적 본질^{absolute Wesen}, 즉 인간의 신^{Gott des Menschen}은 인간 자신의 본질이다. …… 인간은 단 한순간도 자신의 참된 본질^{wahres Wesen}을 넘어설 수 없다. 인간은 상상^{Phantasie}으로 자기보다 더 높은 종류의 개인을 생각해낼 수 있을지 모른다. 그러나 인간은 자신의 유나 본성에서 결코 벗어날 수 없다. …… 인간은 이런 규정 속에서 실제로는 자기 자신의 모습을 투사하고 대상화할 뿐이다.

–《기독교의 본질》(1841)

자기의식^{Selbstbewußtsein, self-consciousness}! 칸트^{Immanuel Kant}(1724~1804) 이

후 헤겔^{Georg Wilhelm Friedrich Hegel}(1770~1831)을 거쳐 포이어바흐에 이르기까지 독일 관념론은 이 개념에서 한 발짝도 벗어나지 못한다. 자기의식이란 별것 아니다. 바로 자기 자신을 의식한다는 것이다. "바보같이 어제 왜 그녀에게 프러포즈를 못했을까." 현재의 내가 어제 프러포즈를 못했던 자신을 반성하고 있다. 이처럼 반성이든 자기의식이든 자신을 대상화하는 것은 불가피한 일이다. "인간은 자기 자신을 타인의 자리에 놓을 수 있다"고 포이어바흐가 말했던 것도 이런 이유에서다. 바로 이것이 '자기의식'이니까. 자기의식 속에서 반성 대상인 자신은 '너'이고 반성 주체는 '나'가 된다. 이렇게 그의 말처럼 "인간은 자기 자신인 동시에 나와 너가" 될 수 있다. 어쨌든 타인의 자리에 놓인 나, 즉 내가 반성하려고 대상화하는 나 자신은 두가지 측면에서 살펴볼 수 있다. 하나는 "개체"로서 나 자신이고, 다른 하나는 "유나 본질"로서 나 자신이다. 예를 들어 내일 시험을 봐야 하는데 공부를 하지 않는 자신의 모습에 스스로 실망할 때가 있다. 이것은 바로 개체로서 나 자신을 반성하는 것이고, 그 결과 얻어지는 것이 포이어바흐가 말한 것처럼 "유한하고 제한된 본질"이다. 이와 달리 우리가 개별적이고 특수한 상황을 떠나서 삶, 죽음, 사랑 등을 고민할 때가 있다. "유나 본질"로서 나 자신, 다시 말해 인간 일반에 속한 나 자신을 반성하게 되면, "무한한 본질"이 파악될 것이다. 이 "무한한 본질"이 대상화되어 외부에 존재하는 것으로 상상되는 것이 신이다. 무지한 사람들은 자신이 가진 무한한 본질이 아니라 우매하게도 이 신을 숭배한다. 포이어바흐의 입장은 단호하다. 신을 믿는 것이 종교가 아니라 자신의 무한한 본질을 의식하는 것이 종교라고 말이다. "종교는 인간의 자기 본질, 곧 유한하고 제한된 본질이 아니라 무한한 본질에 대해 갖는 의식에 불과하기" 때문이다.

인간의 "무한한 본질", 즉 인간이라면 누구나 공통적으로 가지고 있는 본질은 무엇일까? 포이어바흐에 따르면 그것은 "이성, 의지, 마음"이다. 결국 인간이라면 누구나 무언가를 생각하고 무언가를 의지하고 무언가를 사랑한다는 것이다. 문제는 생각하고 의지하고 사랑하는 무한한 본질도 구체적인 삶에서는 한계를 가지고 실현된다는 점이다. 우리의 마음과는 달리 몸은 항상 특정 시공간에 던져져 있기 때문이다. 예를 들어 사막에서 길을 잃었다면, 우리는 사막의 황량함을 생각하고, 이곳에서 벗어나려는 의지를 보이며, 아주 오랫동안 보지 못한 사람에 대해 강한 사랑을 느낄 것이다. 이렇게 현실에서 우리는 특정한 무언가를 생각하고, 또 특정한 무언가에 의지하며, 또 특정한 무언가를 사랑하게 된다. 그래서 인간은 상상해본다. 모든 것을 동시에 생각하고 모든 것을 동시에 의지하고 모든 것을 동시에 사랑할 수 있는 존재가 있지 않을까? 바로 이런 존재에게 인간은 근사한 이름을 붙인다. 바로 신이다. '무한한 본질'이 '절대적 본질'로 비약하는 지점, 혹은 인간이 자신의 유적 본질을 대상화해서 신으로 구체화하는 지점이다. 《구약》의 〈창세기〉에서는 "신은 자기 형상으로 인간을 창조했다"고 말한다. 그렇지만 포이어바흐에 따르면 상황은 정반대다. 인간이 자기 형상, 특히 인간 일반의 형상으로 신을 창조했기 때문이다. 그래서 포이어바흐는 아주 단호하고 깔끔하게 자신이 모색했던 신의 계보학을 한 문장으로 완성한다. "절대적 본질, 즉 인간의 신은 인간 자신의 본질이다!" 결국 신은 인간이 자기 본질을 투사해서 대상화한 존재, 혹은 자기 본질을 토대로 상상해서 만든 존재에 지나지 않는다.

인간의 무한한 본질이 없다면, 절대적 본질로서 신도 구성할 수 없다. 여기서 포이어바흐는 한 가지 교훈을 끄집어낸다. 자신의 무한한 본질을 투사해서 만든 신을 숭배하는 것은 그릇된 일이다. 종교적 자기소외 사례에 지나지 않는 일이니까. 당연히 교회도 혹은 교회의 예식도 모두 쓸데없는 일이다. 불행히도 《기독교의 본질》 1판이 나온 1841년에 그의 생각을 있는 그대로 이해했던 독자는 드물었나 보다. 〈2판 서문〉을 쓰면서 포이어바흐가 자기 생각을 다시 강조하게 되었던 것도 이런 이유에서다.

> 종교는 인간 정신의 꿈Traum des menschlichen Geistes이다. 그러나 우리는 꿈속에서도 무 또는 하늘나라에 있는 것이 아니라 지상에, 곧 현실성의 나라에 있다. 다만 우리는 꿈속에서 실제의 사물을 현실성과 필연성의 빛 속에서 보는 것이 아니라 상상Imagination과 자의Willkür의 매혹적인 가상Scheine 속에서 볼 뿐이다. 그러므로 나는 종교—사변철학이나 신학도 종교와 비슷하다—의 눈을 뜨게 하고 내부로 향하는 종교의 눈을 외부로 향하게 한다. 다시 말하면 표상Vorstellung 또는 공상Einbildung 속의 대상을 현실wirklichkeit 속의 대상으로 바꾸는 일을 할 뿐이다. 그러나 사실Sache 보다는 이미지Bild를, 원본Original 보다는 복사본Copie을, 현실성Wirklichkeit 보다는 표상을, 본질Wesen 보다는 가상을 선택하기를 좋아하는 지금 시대에서 물론 이런 변화는 실망을 주기 때문에 절대적인 파괴이고 또는 적어도 믿음이 없는 신성모독이 된다. …… 결국 지금 시대에서는 최고의 환상höchste Grad der Illusion이 최고의 신성함höchste Grad der Heiligkeitist이 되고 있다. 종교는 소멸해버렸고 프로테스탄트에게서조차 종교 대신 종교의 가상, 즉 교회가 나타나 무지하고 판단력이 없는 대중에게 신앙Glauben을 갖게 하려 한

1부. 종교적인 것과 관조적인 것을 넘어서

다. 기독교 신앙이 지금도 유지되고 있는 이유는 오늘날 아직
도 1000년 전과 똑같이 기독교 교회가 존재하고 있으며 신앙
의 외면적 징표^{äusserlichen Zeichen}가 성행하기 때문이다.

-〈2판 서문〉,《기독교의 본질》(1843)

기독교의 신은 인간이 상상해서 만든 허상에 불과하다. 바로
이것이 '기독교의 본질'이라고 포이어바흐는 단언한다. 이어 그는
자신이《기독교의 본질》을 출간했던 이유도 밝힌다. "표상 또는 공
상 속의 대상을 현실 속의 대상으로 바꾸고 싶었다"고 말이다. 표상
이나 공상의 대상이 신이라면, 현실의 대상은 바로 인간이다. 이제
신에게 바치는 모든 공물은 마땅히 인간에게 되돌려져야 한다는 것
이다. 신이 차지하고 있던 권좌에 이제 인간이 앉게 된 셈이다. 얼
마나 근사한 일인가. 불행히도 그의 이야기를 진정한 복음이자 청
량제로 느꼈던 것은 소수 독일 지성인들이었을 뿐이다. 신의 감시
와 최후의 심판을 두려워하고 신에 대한 생각만으로도 전전긍긍하
던 대부분 독일인에게 포이어바흐의 주장은 그야말로 가볍게 무시
되었다. 지금도 그렇지만《기독교의 본질》이 출간된 뒤에도 독일에
서나 세계 도처에서 기독교는 아무런 일이 없었다는 듯 유지되고
있다. 포이어바흐에 따르면 그 원인은 교회라는 제도와 그곳에서
이루어진 종교적 예식들이 1000여 년이나 지속되며 일종의 세속
적 생활규칙으로 정착되었기 때문이다. 분명 옳은 지적이지만, 사
실 포이어바흐는 이런 말을 할 자격은 없었다. 기독교에 대한 그의
비판 자체도 전혀 기독교의 명줄에 적중하지 못하고 있었으니까.
〈2판 서문〉에 등장했던 그의 말을 떠올려보라. "종교는 신에 대한
규정이나 신의 말씀에 대한 규정에서 인간적인 말의 참된 본질을

정의하거나 대상화하는 것에 불과하다는 것을 보여주려 한다." 헉! 신이 허구적 대상이라고 주장했던 포이어바흐가 지금 《성경》의 내용을 그대로 긍정하고 있는 셈이다.

　신이든 아니면 인간 일반이든 기독교의 핵심 가르침은 그대로 존속한다. 《성경》은 신의 말을 기록한 것이 아니라 인간이 자기 본질을 표현한 거라고 생각하면 그뿐이다. 그러니 기독교의 본질을 폭로했다고 아무리 떠들어도 무슨 소용이 있다는 말인가? 인간이 과거에 신이 했던 말을 그대로 반복할 수밖에 없으니 말이다. 포이어바흐는 신에게서 인간을 해방시킨 것이 아니라, 신을 인간의 "무한한 본질"이나 혹은 "참되고 숨겨진 본질"이란 이름으로 내면화한 것이다. 신에게서 인간을 해방시킨 것이 아니라, 신을 인간 내면으로 해방시켜 놓다니! '신과 인간' 사이의 위계관계는 '일반적 인간과 개체적 인간' 사이의 위계로 바뀌었을 뿐, 변한 것은 거의 없다. 포장지만 바뀌었을 뿐 내용물은 그대로니까. 물론 신이 인간을 창조한 것이 아니라 인간이 신을 창조한 것이라는 포이어바흐의 발상, 그의 혁명성은 폄하되어서는 안 된다. 포이어바흐를 통해 인류는 기독교를 산산조각 낼 첫걸음을 제대로 뗀 것이기 때문이다. 불행히도 그는 '인간 일반'에 이른 다음 기독교 비판을 멈추고 만다. 포이어바흐가 최종 목적지로 생각했던 곳, 바로 이곳이 마르크스의 출발지다. 마르크스는 신과 다름이 없는 '일반적 인간'이 결코 제대로 된 인간이라고 보지 않았던 것이다. '개체적 인간'에 도달해야만, 그리고 '개체적 인간'을 긍정해야만, 신을 포함한 모든 추상이 구체를 억압하는 논리를 무너뜨릴 수 있으니까 말이다. 포이어바흐가 신에게서 인간을 해방시키려고 했다면, 마르크스는 개체적 인간을 위해 일반적 인간에 대한 공격을 개시한 셈이다. 1845년 집필된

1875년경의 니체. 니체는 포이어바흐의 기독교 비판이 지성인에게만 유효할 뿐이라는 걸 간파했고, 포이어바흐의 비판이 기독교 사상의 내용을 거의 건드리지도 못했다고 비판했다.

〈포이어바흐에 관한 테제들〉은 바로 일반적 인간에 대한 그의 선전포고였다.

　신에서 일반적 인간으로, 그리고 일반적 인간에서 개체적 인간으로! 그러나 신에서 일반적 인간으로 가는 길, 포이어바흐의 방법 자체가 잘못되었다는 철학자가 등장한다. 마르크스가 포이어바흐에게서 벗어나기 직전, 그러니까 1844년에 태어나 평생 스스로 '안티크리스트antichrist'를 자임했던 니체다. 니체는 포이어바흐의 기독교 비판이 지성인에게만 유효할 뿐이라는 걸 간파했다. 그가 더 심각하게 생각했던 것은 포이어바흐의 비판이 기독교 사상의 내용을 거의 건드리지도 못했다는 점이었다. 옳은 판단이다. 포이어바흐에게 《성경》은 그대로 긍정된다. 신의 말을 기록한 것이 아닐지라도, 인간의 무한한 본질을 표현한 책이기 때문이다. 원죄, 자유의지, 심판,

삼위일체, 부활, 영혼 등 기독교의 핵심 범주들, 나아가 이런 범주들에 토대를 제공하는 '차안'과 '피안'이란 이분법은 조금도 흔들리지 않고 존속될 수밖에 없다. 기독교를 부정하려면 신뿐만 아니라 그의 모든 흔적도 소각해야만 한다. 그렇지 않을 때 기독교는 스멀스멀 차안을 부정하고 피안만을 그리워하는, 몸을 부정하고 정신만 중시하는 몽매한 분위기를 조성하기 십상이다. 이러고도 기독교를 비판했다고 으스댈 수 있는가? 니체는 영 못마땅했던 것이다. 신을 부정하려면 그의 일거수일투족, 그의 말, 그의 흔적, 그의 방귀까지도 전적으로 부정해야만 하는 것 아닌가? 기독교에 대한 발본색원拔本塞源! 이것이 바로 니체가 감당하려고 했던 자신의 운명Schicksal이었다.

'신Gott' 개념은 삶Leben의 반대 개념으로 고안되었다. 해롭고 유독하고 비방적인 모든 것, 삶에 대한 지독한 적개심 전체가 하나의 통일체가 되어 이 개념에 집약되어 있다. '피안Jenseits' 개념, '참된 세계wahre Welt'라는 개념도 고안되었다. 존재하는 유일한 세계einzige Welt를 가치가 없도록 만들려고, 다시 말해 우리가 살고 있는 이 땅에 어떤 목표, 어떤 이유, 어떤 과제도 남기지 않으려고 고안된 것이다. '영혼Seele', 혹은 '정신Geist'이란 개념, 결국에는 '불멸하는 영혼unsterbliche Seele'이란 개념도 고안되었다. 몸Leib을 경멸하고 병들게—성스럽게—하려고, 삶에서 매우 중요하게 다루어야 할 모든 것, 즉 영양 섭취, 주거지, 정신적 섭생, 병의 치료, 청결, 기후 등의 문제들에 형편없고 가볍게 대처하도록 하려고. '건강Gesundheit'보다 '영혼의 구원Heil der Seele'이 중요하다. 이것은 참회의 경련과 구원의 히스테리 사이에서 오락가락하는 조울증적 광기에 지나지 않는다. '죄Sünde' 개념은,

고문기구로서 '자유의지freier Wille' 개념과 함께, '본능Instinkte'을 모호한 것으로 만들어 본능에 대한 불신을 제2의 천성으로 만들려고 고안되었다.

－〈나는 왜 하나의 운명인가 Warum ich ein Schicksal bin〉,

《이 사람을 보라 Ecce homo》(1888)

기독교 비판에서 포이어바흐는 어정쩡했다. 조금 고급스럽게 표현하자면 그의 비판은 수정주의적이었다고 할 수 있다.《성경》의 저자가 사실 신이 아니라 인간, 정확히 말해 '인간 일반'이라는 걸 폭로했을 뿐,《성경》자체의 권위는 털끝 하나 다치지 않고 유지되기 때문이다. 반면 니체는 그야말로 진검승부를 시도한다. 신과 삶 중 어느 것을 선택할 것인가? 피안과 차안 중 어느 것을 선택할 것인가? 영혼과 몸 중 어느 것을 선택할 것인가? 여기서 포이어바흐와 니체의 인간관 사이에는 눈에 잘 띄지는 않지만 아주 중요한 질적인 단절이 도사리고 있다. 바로 이것을 우리는 알아채야 한다. 포이어바흐에게 인간은 '개체로서의 인간'과 '유로서의 인간'으로 이해된다. 한마디로 말해 '특수한 인간'과 '일반적 인간'이 결합된 존재가 바로 우리 인간이라는 것이다. 여기서 특수한 인간이 사라져도 일반적 인간은 사라지지 않는다는 사유가 문제가 된다. "인간이라면 누구나 생각하고 의지하고 사랑한다"는 일반적 인간, 혹은 '인간 일반'의 측면은 블랑키라는 특수한 인간이나 강신주라는 특수한 인간이 사라져도 영원하기 때문이다. 아마 들뢰즈Gilles Deleuze(1925~1995)라면 포이어바흐가 특수성particularité과 일반성généralité이라는 전통적 논리구조에 갇혀 있다고 이야기했을 것이다. 포이어바흐가 매몰되어 있는 이런 전통적 논리구조에는 특수성보다는 일반성이 훨씬 더 중요하다는 가치평가가 전제되어 있다. 1968년 《차이와 반복Différence et Répétition》에서 들뢰즈는 '일반성'과 '특수성'이란 논리 구조에서 벗어나지 못하면, 우리는 자유를 얻을 수 없다고 강조했던 적이 있다. 무슨 말인가? 블랑키, 마르크스, 강신주라는 특수한 인간은 일반성의 논리에 따르면 남자1, 남자2, 남자3에 지나지 않는다. 만약 블랑키가 죽으면, 남자1의 자리에 니체가 들어와도 아무런 문제가 없다. 특수한 개체는 일반성의 한 가지 사례, 즉 항상 교환 가능한 개체이기 때문이다. 아들이 죽으면 새로 낳으면 되고, 애완견이 죽으면 새로 애완견을 구매하면 되고, 올해 벚꽃을 보지 못해도 내년에 벚꽃을 보면 된다는 생각과 같다. 단순히 정리하면 '특수성'과 '일반성'의 논리는 교환 가능성exchangeability의 논리였다고 할 수 있다. 들뢰즈는 각각의 사람과 각각의 사물, 생명들은 모두 다른 무엇과도 바꿀 수 없는 자신만의 삶을 사는 개체라는 것을 강조하고 싶었던 것이다.

교환 가능성의 논리를 벗어나는 순간, 우리 삶은 완전히 달라진다. 블랑키는 니체로 교환될 수 없고, 아무리 새로운 아이를 낳아도 어제 죽은 아이를 대신할 수 없다! 같은 종의 개를 구해도 얼마 전 죽은 뽀삐를 대신할 수 없다! 올해 활짝 핀 벚꽃은 작년에 폈던 그 벚꽃이 아니고 내년에 필 벚꽃도 아니다! 개체를 교환 가능한 것으로 보는 것과 달리 이것은 개체를 교환 불가능하다고 보는 입장이다. 이런 입장을 견지할 때 블랑키는, 죽은 아이는, 애완견은, 올해 핀 벚꽃은 이제 특수한 개체가 아니라 단독적인 개체가 된다. 단독성singularité은 어떤 개체든 다른 것과 교환될 수 없다는 것, 즉 교환 불가능성을 전제하기 때문이다. 하나밖에 없는 것이니, 어떻게 다른 것과 교환될 수 있겠는가. 개체만이 단독성을 가지고 있는 것은

1부. 종교적인 것과 관조적인 것을 넘어서

아니다. 그의 단독적인 삶이 영위되는 세계도 단독적이니까. 다른 삶을 꿈꾸지 않기에 단독적인 개체에게 세계는 니체의 표현을 빌리자면 "유일한 세계"일 수밖에 없다. 유유상종類類相從인 법이다. 단독성은 단독성과, 그리고 특수성은 특수성과 함께한다. 피안을 꿈꾼다는 것은 자신의 삶과 세계를 긍정하지 못한다는 것이다. 반면 무언가를 긍정한다는 것은 그것을 다른 걸로 바꿀 수 없다는 의식을 갖는다는 것이다. 긍정이 항상 단독성의 긍정일 수밖에 없는 것도 이런 이유에서다. 신, 피안, 불멸하는 영혼 등등은 인간, 차안, 몸 등등을 열등한 것으로, 무가치한 것으로, 따라서 돌볼 필요가 없는 것으로 만든다. 바로 이 대목이 중요하다. 포이어바흐가 인간 개체를 '특수성'으로 이해하며 '인간 일반'을 강조할 때, 그는 이미 신이나 피안에 한 발 내딛고 있었던 것이다. 반면 니체는 자신을 포함한 모든 개체, 그리고 세상을 "존재하는 유일한" 것, 즉 단독적인 것으로 긍정하려고 한다. 단독성의 세계를 지키는 것, 그러기 위해서 기독교와 맞서야만 한다는 것, 니체가 자신의 숙명으로 자각했던 것은 바로 이것이었다. 실제로 1883년 니체는 기독교의 신에 맞서는 전쟁을 근사하게 개시했던 적이 있었다.

신은 일종의 억측Muthmaassung이다. …… 신이란 올곧은 것 모두를 왜곡하고, 서 있는 것 모두를 비틀거리게 만드는 하나의 생각Gedanke일 뿐이다. 무슨 이야기냐고? 그게 아니라면 시간Zeit이란 존재하지 않고, 덧없는 모든 것alles Vergängliche은 한낱 거짓일 뿐이어야 하지 않을까? 이런 것을 생각하면 우리의 온몸은 소용돌이치며 어지럽고 우리 위장은 구토를 일으킨다. 이런 것을 억측하는 것, 그것을 나는 진정 현기증이라고 부른다. 유일한 존재Einen, 완전한 존재Vollen, 움직이지 않는 존재Unbewegten, 모든 걸 갖춘 존재Satten, 그리고 불멸하는 존재Unvergänglichen에 대한 이러한 가르침 모두를 나는 악Böse이라고, 인간 적대적menschenfeindlich이라고 부른다! 불멸의 존재. 그것도 한낱 비유에 불과하다! 시인들은 너무도 많은 거짓말을 하고 있다. 그런데 최상의 비유라고 한다면 마땅히 불멸이 아니라 시간과 생성Werden에 대해 이야기해주어야 한다. 그리고 그런 비유는 일체의 덧없는 것들Vergänglichkeit에 대한 찬미가 되어야 하며 정당화가 되어야 한다!

―〈행복한 섬에서Auf den glückseligen Inseln〉,

《차라투스트라는 이렇게 말했다Also sprach Zarathustra》(1883)

단독적 세계 이외의 모든 것은 이 유일한 세계를 부정하기 위해 날조된 것이다. 이것이 니체의 근본 입장이다. 물론 그 핵심은 일반성의 출현이다. 이 일반성이 단독성을 특수성으로 폄하하기 때문이다. 그러니 모든 지배와 억압의 논리 이면에는 단독성을 특수성으로 치환하는 작업이 수행된다는 걸 잊지 말자. 예를 하나 들어보자. 어떤 여자가 단독적으로 존재하고, 그리고 어떤 남자가 단독적으로 존재한다. 여기서 '인간'이란 일반성을 작동시키면, 이 여자는 인간1로, 그리고 남자는 인간2가 된다. 이럴 때 권력자는 단독적인 개체들을 부리기가 아주 쉽다. "야! 거기 두 사람 이리로 와!" 이런 억압의 경험에서 우리는 쉽게 포이어바흐가 말한 것처럼 '인간 일반', 혹은 '유로서의 인간'이 실재한다는 착각에 빠진다. 그렇지만 되물어보자. 우리가 '인간 일반'이라고 말하는 그 인간의 성기는 어떤 모양인가? 남성처럼 돌출해 있는가? 아니면 여성처럼 몸 안으로 들어가 있는가? 당혹스러울 것이다. 단독적인 개체들을 넘어서 설정된 '일반성'은 항상 우리의 관념 속에서만 가능하다는 사실을 자각할 때, 이런 당혹감은 쉽게 해소된다. 니체는 인간이 불완전하기에 완전한 존재를 꿈꾼다고 이야기하지 않는다. 니체는 인간이 죽기 때문에 불멸하는 존재를 꿈꾼다고 이야기하지 않는다. 니체는 인간이 항상 무언가를 결여하고 있기 때문에 모든 것을 갖춘 존재를 꿈꾼다고 이야기하지 않는다. 상황은 정반대이기 때문이다. 신을 받아들이는 순간, 우리는 자신의 삶을 무가치하게 본다. 피안을 받아들이는 순간, 우리는 자신이 살고 있는 차안을 무시하게 된다. 불멸하는 영혼을 받아들이는 순간, 우리는 자신의 몸을 경멸하게 된다. 돈이 등장하면서 모든 것이 상품으로 팔리는 굴욕을 겪는 것처럼. 혹은 인간, 노동자, 학생, 여자, 남자, 유대인, 한국인, 일본인 등등 일반 개념이 등장하면서 단독적인 개체들은 특수한 개체들로 분류되어 지배되는 것처럼.

겉보기에 포이어바흐나 니체는 유사한 것처럼 보인다. 두 사람 모두 신이 인간을 창조한 것이 아니라 인간이 신을 창조하는 것이라고 보기 때문이다. 그러나 그 이면을 살펴보면 포이어바흐와 니체는 오월동주吳越同舟와 같다. 포이어바흐에게 신의 기원은 인간 일반의 무한한 본질이다. 인간은 인간 일반의 본질을 외부로 투사해 신으로 대상화하니까 말이다. 그러니 포이어바흐의 기독교 비판은 수정주의적이라는 것이다. 한편으로 인간이 자기 본질을 대상화하는 것에는 반대하지만, 다른 한편으로는 대상화한다면 인간은 필연적으로 기독교의 신을 만들 수밖에 없다고 주장하기 때문이다. 반면 니체에게 신은 우리 인간과는 질적으로 완전히 다른 것, 심지어 적대적인 것이다. 니체가 마르크스와 공명할 수 있는 지점은 바로 이 대목이다. 억압체제처럼 신은 지배자의 입장을 대변하거나, 최소한 이 부당한 억압에 피지배자들이 저항할 수 없도록 기능하는 이데올로기이기 때문이다. 신의 말씀을 모두 진리로 받아들이고 그 걸 읊조릴 때, 우리는 삶의 주체가 아니라 주인의 말을 반복하는 앵무새가 되고 만다. 더군다나 신은 삶, 차안, 그리고 몸도 가치가 없는 것이라고 가르치고 있다. 이런 요설에 빠지는 순간 단독적인 삶, 그리고 단독적인 세계를 더 멋지게 만들려는 의지와 노력이 생길리가 없다. 그저 몽환적 눈빛으로 피안의 세계, 불멸의 세계, 정신의 세계만을 바라볼 뿐이다. 그러니 권력자 입장에서 지배와 착취는 손 안 대고 코 푸는 격으로 쉽기만 하다. 기독교의 힘으로 대부분의 사람들이 앵무새와 몽상가가 되어버렸기 때문이다. 그렇다면 어떻게 해야 하는가? 어떻게 해야 들은 말을 반복하는 앵무새가 아니라 자기 소리를 내는 새가 될 수 있는가? 어떻게 해야 뜨거운 마음으로 단독적인 세계와 삶을 사랑하는 주체가 될 수 있는가? 기독교가 저주하는 "덧없는 것들에 대한 찬미나 정당화"도 중요하지만 무언가 부족한 느낌, 상당히 수세적인 느낌이 든다. 기독교의 창조주를 무력화시키려면, 우리 자신이 창조주가 되어야 하는 것 아닐까? 이 렇게 니체는 생성의 철학자로 탄생하게 된다.

보라. 주위는 참으로 충만하다. 이런 충만함 가운데서 아득한 바다를 바라본다는 것은 멋지지 않은가. 일찍이 사람들은 그 먼 바다를 바라보고는 신을 이야기했다. 그러나 나 너희들을 가르쳐 위버멘쉬Übermensch를 이야기하도록 하겠다. …… 창조하는 것Schaffen, 이것이야말로 고통으로부터 위대한 구원이며 삶을 가볍게 만드는 것이다. 그렇지만 창조하는 자가 되기 위해서는 고통과 많은 변신이 필요하다. 그렇다. 너희 창조하는 자들이여. 너희의 삶에서는 수많은 고통스러운 죽음이 있어야만 한다! 그래서 너희는 그 모든 덧없음의 대변자가 되고 옹호자가 되어야 한다. …… 의욕Wollen은 해방을 가져온다. 이것이 의지Wille와 자유Freiheit에 대한 진정한 가르침이다. …… '더-이상-의욕하지 않음Nicht-mehr-wollen', '더-이상-평가하지 않음Nicht-mehr-schätzen', '더-이상-창조하지 않음Nicht-mehr-schaffen'! 아, 이 거대한 권태가 언제나 나에게서 멀리 떨어져 있기를! 또한 인식에서도 나는 내 의지의 '생식-욕구Zeuge-Lust'와 '생성-욕구Werde-Lust'만을 느낀다. 그리고 나의 인식에 순진무구함이 있다면 그것은 나의 인식 속에 생식에의 의지Wille zur Zeugung가 있기 때문이다. …… 나의 불같은 창조의지Schaffens-Wille는 언제나 새롭게 나를 사람들에게로 내몬다. 이렇게 망치를 돌로 내모는 것이다. 아, 너희 사람들이여! 돌 속에는 하나의 이미지Bild, '내 이미지들 중 바로 그 이미지das Bild meiner Bilder'가 잠자고 있구나. 아! 그 이미지가 저 지극히 단단하고 흉한 돌 속에 잠을 자고 있어야 하겠는가!

– 〈행복한 섬에서〉, 《차라투스트라는 이렇게 말했다》(1883)

기독교의 신으로부터 '창조성'을 탈취해야 한다. 아니 신에게 빼앗긴 창조성을 되찾아야 한다고, 혹은 기독교가 억압한 우리 내면의 창조성을 폭발시켜야 한다는 것이 더 정확한 표현일 듯하다. 그렇다면 우리가 창조성을 어떻게 회복할 수 있다는 것인가? 단독성이 교환 불가능성이라는 걸 기억하라. 어떤 것으로도 바꿀 수 없는 사람이 있다면, 그것은 우리에게 사랑하는 사람이 있다는 의미다. 사랑에 빠진 사람은 상대방을 행복하게 만드는 일이라면 무엇이든지 하게 된다. 단독성의 세계가 사랑의 세계로, 마침내 생성의 세계가 되는 것도 이런 이유에서다. 이렇게 인간은 세계를 관조하는 무기력증에서 벗어나 자신과 세상을 창조하는 능동성을 되찾게 된다. 백번 양보해서 설령 기독교의 신이 세계의 창조와 변화를 주관한다고 할지라도, 신이 따라오지 못할 정도로 인간은 세상을 더 아름답고 더 풍성하게 심지어 더 관능적으로 사랑하고 창조해야만 한다. 자신이 불필요하다는 자괴감에 신이 자살을 선택할 때까지. 아니 니체의 속내는 더 절박한 데가 있다. 우리가 창조하지 않으면 신은 창조주로 다시 우리 곁에 올 수 있다는 조바심이다. 신으로부터 창조행위를 빼앗은 인간, 억압된 창조력을 폭발시키는 인간을 니체는 위버멘쉬라고 부른다. 동아시아에서 '초인超人'이라고 번역된 위버멘쉬에서 중요한 것은 '인간'을 뜻하는 '멘쉬mensch'가 아니라 '넘어선다'는 의미의 '위버Uber'다. 위버멘쉬는 단독성을 긍정하는 자이자 세계를 사랑하는 자이며, 그래서 자신과 세계를 부단히 새롭게 창조하는 자다. 반면 "인간적인 너무나 인간적인" 사람들은 '더-이상-의욕하지 않음', '더-이상-평가하지 않음', '더-이상-창조하지 않음'으로 설명되는 무기력에, 달리 말해 노예에게나 어울리는 권태에 깊게 빠져 있다. 신이 의욕하고 있고, 신이 평가하고 있고, 신이 창조하고 있기에, 아무것도 하지 않아야 한다는 것이다. 의욕, 평가, 그리고 창조는 오직 주인의 덕목이니까. 반면 "인간적인 너무나 인간적인" 사람들을 "넘어서는" 존재 위버멘쉬는 의욕하고, 평가하고, 창조하는 주인의 덕목을 행사하는 사람이다.

창조의 화신, 아니 정확히 말해 생성의 화신 위버멘쉬는 어떤 식으로 세계를 창조하는가? 여기서 한 가지 잊지 말아야 할 것이 있다. 니체는 창조와 생성이란 말을 섞어 사용하고 있지만, 정확히 말해 그는 '생성' 하나만을 이야기하고 있다는 사실이다. 창조가

1부. 종교적인 것과 관조적인 것을 넘어서

'무에서 존재가 만들어지는 것'을 가리킨다면, 생성은 '존재에서 존재가 만들어지는 것'을 의미하니까. 니체는 '무에서 존재가 만들어지는 과정'이 아니라 '존재에서 존재가 만들어지는 과정'만을 이야기한다. 니체의 생성을 더 구체적으로 생각해보고 싶다면, 그가 사용했던 조각상의 비유로 충분하다. 어떤 사람이 거대한 돌로 조각상을 만들었다고 하자. 조각상이 만들어지기 이전에 그와 돌은 '존재'의 상태에 있었다. 그의 구상과 노력, 그리고 돌이 가진 특이한 물성이 성공적으로 결합한다면, 조각상과 예술가가 탄생한다. 물론 '조각상'과 '예술가'도 존재의 상태에 있다. 그러니까 생성은 과거의 존재 상태들이 새롭게 배치되어 새로운 존재 상태들이 발생한 것을 의미한다. 우리가 주목해야 할 것은 생성의 과정이 변증법^{dialectic}의 논리를 따른다는 사실이다. 돌은 예술가에게 자기를 다루는 방법을 가르쳐주고 예술가는 돌의 가르침을 존중하며 작업에 착수한다. 그렇지만 그전에 먼저 돌과 예술가는 하나의 이미지로 통일되어야만 한다. "돌 속에는 하나의 이미지, 내 이미지들 중 바로 그 이미지가 잠자고 있구나!" 돌의 이야기를 맹목적으로 따라서도 안 되고, 자신의 이야기를 돌에게 강요해서도 안 된다. 돌과 인간 사이의 대화가 제대로 이루어져야 한다. 오직 그럴 때에만 예술가와 조각상이 동시에 탄생하는 생성의 세계가 열리게 된다. 이것이 변증법이 아니라면 무엇이겠는가. 니체의 위버멘쉬를 알았더라면, 마르크스는 아마 위버멘쉬가 '대상적 활동^{Gegenständliche Tätigkeit, objective activity}'의 화신이라고 박수를 쳤을 것이다.

2. 기독교 비판의 두 번째 길, 마르크스의 정치경제학적 비판

신화보다 고고학이 인간에 대해 더 많은 진실을 알려준다. 농업혁명, 그러니까 식물을 채집하는 것이 아니라 직접 기르고, 동물을 수렵하는 것이 아니라 직접 사육하기 시작한 것은 대략 BC 8000년경이었다. 고고학에 따르면 농업혁명이 일어나기 전 인류에게는 전쟁도 없었고, 종교도 없었다. 그 이전에는 사람들과 부족들끼리 사소한 다툼은 있었지만 지속적이고 조직적으로 일어나는 폭력은 없었고, 동물이나 식물 혹은 안개나 강물과 대화하는 애니미즘animism은 있었지만 초인간적이고 초자연적인 신성, 한마디로 말해 초월적인 대상을 숭배하는 자기소외의 제도는 없었다는 것이다. 종교나 정신과 관련해 중요한 것은 수렵채집 시기에는 '우월superiority과 열등inferiority'이라는 의식이 전혀 없었다는 사실이다. 인간이 들소 사냥에 성공했다고 해도 인간은 자신이 들소보다 우월하다고 느끼지 않았고, 반대로 사냥 중에 들소의 뿔에 받혀 죽어가면서도 인간은 들소보다 자신이 열등하다고 생각하지도 않았다. 야생 사과를 딸 때도 마찬가지였다. 인간은 자신이 우월하고 그 사과가 열등하다고 생각하지 않았으니까. 한마디로 말해 자연에 대해 인간은 우월이나 열등에 대한 의식을 가지지 않았다는 것이다. 애니미즘으로 상징되

1부. 종교적인 것과 관조적인 것을 넘어서

는 이런 자연관은 그대로 다른 인간과의 관계에도 적용된다. 한 인간은 다른 인간보다 약할 수는 있지만 열등하다고 생각하지 않았고, 반대로 다른 인간보다 강할 수는 있지만 우월하다고 생각하지는 않았기 때문이다. 계급사회와 신분사회가 들어설 여지가 애초에 없었던 것이다.

BC 8000년 즈음 농업혁명이 발생하면서 모든 것이 변한다. 분명 농업혁명이 수렵채집 시기보다 더 큰 풍요와 안정을 가져다주었던 것은 사실이다. 밀, 쌀, 감자 등 인류가 먹을 수 있는 식량의 총량이 비약적으로 확대되었지만, 그 대가는 치명적인 데가 있었다. 잉여 생산물의 증가는 인구 증가와 인구 밀집을 낳았고, 이것이 인간을 기아와 질병에 노출시켰다. 인구가 과밀하면 위생 상황이 악화된다는 것은 너무 당연한 일이지만, 기아가 발생한다는 것은 조금 납득하기 어려울 수도 있다. 그렇지만 조금만 생각하면 금세 이해할 수 있는 일이다. 수렵채집 시기에는 사냥할 동물이나 채집할 과일이나 식물이 없다면, 장소를 이동하면 대부분 문제가 해결되었다. 그렇지만 농사는 완전히 상황이 다르다. 수확기에는 풍요로운 생활이 유지되지만, 나머지 날들은 풍성한 수확을 바라며 들일을 하면서 지내야 한다. 물론 수확기에 얻은 식량을 비축하고는 있지만, 당시 저장 기술을 생각해보면 그 효율은 상당히 떨어질 수밖에 없었다. 수확기에 모든 것을 거는 생활에 치명타가 자주 발생하곤 했다. 병충해가 발생할 수도 있고, 천재지변이 일어날 수도 있고, 심지어 다른 부족의 약탈을 겪을 수도 있었다. 이럴 때 굶주림은 불가피한 법이다. 더군다나 농경생활의 전제조건이 정착인 것도 심각한 문제를 야기했다. 수렵채집 시기에는 강한 인간이 자기 사냥터에 난입해 생계를 위태롭게 하면, 약한 무리는 그냥 투덜거리며 다

가축에서 젖을 짜내는 사람들을 묘사한 고대 이집트 그림. 농업혁명이 일어나면서 인간은 다른 생명체들을 가축화했을 뿐만 아니라 자연환경마저도 자기 뜻대로 개조하기 시작했다. 인간은 동물들을 가축으로 기르고 식물들을 재배하고, 나아가 동식물의 품종마저도 개량했다.

이집트 하층계급이 노동을 하고 있는 모습을 그린 벽화. 인간은 동물을 가축화한 다음, 같은 인간을 가축화하기 시작했다.

른 곳으로 떠나면 되었다. 반면 농경생활에서는 자신의 농지를 버리고 다른 곳으로 떠나는 일은 무척 힘들다. 마침내 농업시대에 들어서면서 생산수단을 가진 자가 그렇지 않은 자를 지배하고 수탈하는 억압과 착취 형식이 발생한 것이다. 무위도식하는 지배계급을 먹여 살리느라 농민들은 자연적 재해 이외에 어쩌면 더 큰 사회적 재해에도 노출되었던 셈이다. 그러니 고고학이 평범한 농부가 평범한 수렵채집인보다 질병이 많았고 단명했으며, 노동시간이 많아 다채로운 삶을 향유하지 못했다는 걸, 한마디로 말해 강건하지 못했다는 걸 보여줄 수 있었던 것이다.

농경생활에 들어오면서 인간에게는 '우월'과 '열등'이란 의식이 발생한다. 밀, 감자, 쌀, 채소, 과일, 개, 닭, 돼지, 양, 소 등 다른 생명체들은 이제 대화 상대가 아니라 소유 대상으로 전락했으니까. 언제든 죽여서 식량으로 쓸 수 있는 존재가 나와 대등한 존재일 수는 없는 법이다. 이로부터 자연은 열등하고 인간은 우월하다는 생각이 자연스럽게 도출된다. 문제는 이런 자연관이 그대로 인간공동체 내부에도 적용된다는 점이다. 농민은 열등하고 지주는 우월하다는 생각도 아울러 발생하니까 말이다. 농민이 가축을 소유하고 지배했던 것처럼, 땅을 독점한 지주에게 농민은 가축 그 이상도 그 이하도 아니었다. 농민에게 열등한 존재임을 각인시킨 것은 지주만이 아니었다. 병충해나 자연재해를 일으켜 농경생활을 초토화할 수 있는 자연생태계 전체도 그들에게는 너무나 우월한 존재로 보였기 때문이다. 흉년, 기아, 질병 등과 관련된 염려와 공포, 그 불확실성이 인간으로 하여금 풍요의 여신, 태양의 신, 하늘의 신, 혹은 의약의 신 등을 섬기게 만들었다. 이로써 자연은 인간에게 분열되어 드러난다. 열등한 개별 생물체들과 압도적인 전체 자연 생태계로 말이다.

그리스 신화에 등장하는 신들을 한번 보라. 결혼과 가정의 여신 헤라[Ηρα], 곡식과 수확의 여신 테메테르[Δημήτηρ], 사랑과 욕망 그리고 다산의 여신 아프로디테[Ἀφροδίτη], 태양과 예언 그리고 치료의 신 아폴론[Απόλλων], 하늘과 모든 신을 관장했던 신 제우스[Ζεύς]가 등장한다. 신과 인간 사이에는 뇌물 논리가 작동한다. 흉년, 기아, 질병 등 가능한 재앙을 피하려고 인간은 양이나 돼지, 혹은 곡물이나 과일로 만든 술을 신에게 바쳤으니까. 물론 흉년, 기아, 질병은 발생할 수 있다. 그렇다고 해서 신들의 존재가 의심되지는 않았다. 단지 희생이나 제물을 바치는 정성이 부족한 탓으로 흉년, 기아, 질병 등이 발생했다는 정신승리만 있으면 충분하다. 〈창세기〉에도 이런 흔적은 고스란히 남아 있다. 양과 포도주 등을 바쳐서 곡식의 풍성한 결실이나 가축의 다산을 기원했으니 말이다. 여기서 한 가지 반드시 기억해야 할 것이 있다. 초월적 존재를 숭배하는 어떤 종교든 미래에 대한 인간의 고질적인 염려와 불안감을 먹이 삼아 작동한다는 사실이다. 모두 농경생활에서 유래된 것이다. 지금 아무리 부지런히 농사를 지어도, 그것이 필연적으로 풍성한 수확을 보장하지는 않는다. 병충해나 자연재해가 언제든 발생할 수 있다. 가까운 미래에 대한 염려가 사후 등 아주 먼 미래에 대한 염려로 확장되는 것은 그야말로 시간문제일 뿐이다. 반면 수렵채집 시기 동안 인류는 미래에 대한 염려와 불안감이 그다지 크지 않았다. 사슴을 보면 바로 잡고 사과를 발견하면 바로 따면 그만이기 때문이다. 그냥 공식처럼 외워두자. 미래에 대한 염려는 일체의 종교적 환각의 기원이라고.

수렵채집 시기 동안 인간과 자연, 혹은 인간과 인간 사이에는 우월과 열등이란 의식이 자리를 잡기 힘들었다. 반면 농경생활이 진행되면서 전체 우주는 우월과 열등의 질서로 재편되고 만다. 마

1부. 종교적인 것과 관조적인 것을 넘어서

침내 '신-인간-자연', 조금 구체화하면 '신-지배자-피지배자-자연' 이란 위계질서가 탄생한 것이다. 이런 위계질서에서 인간은 여러 모로 마름을 닮았다. 지주에게 굽실거리는 굴욕을 감추기 위해 마름은 소작농들에게 그보다 더한 굴욕을 강요한다. 강자에게 굴종하는 자는 자신보다 약한 사람들에게 더 큰 굴종을 요구하는 법이니까. 이렇게 마름들 사이에서도 우월과 열등 관계가 관철된다. 열등한 피지배자와 우월한 지배자라는 신화, 열등한 여자와 우월한 남자라는 신화, 혹은 열등한 몸과 우월한 정신이라는 신화가 동시다발적으로 만들어진다. 사실 상황은 정반대인지도 모른다. 지배자와 피지배자라는 위계질서를 정당화하기 위해 신과 자연 사이의 위계적 관계가 고안되었다고 할 수도 있으니 말이다. 신의 모습이 여러 모로 왕을 닮은 것도 단순한 우연이 아니었던 셈이다. 그리스 신화도 그렇고 인도의 카스트제도에서도 동일한 위계질서가 관찰된다. 물론 이 점은 기독교라고 해서 예외는 아니다.

〈창세기〉를 보면 "신이 땅의 짐승을 그 종류대로, 가축을 그 종류대로, 땅에 기는 것을 그 종류대로 만들고 …… 자신의 형상을 본떠 인간을 만들어 바다의 물고기, 하늘의 새와 가축, 그리고 모든 땅과 땅에서 기는 것들을 다스리게 했다"는 구절이 등장한다. 먼저 신이 가축을 만들었다는 이야기를 듣자마자 터지는 웃음은 참도록 하자. 웃는 모습을 기독교인들이 보면 이것보다 더한 신성모독도 없으니까. 어쨌든 최소한 〈창세기〉가 인간의 수렵채집생활이 아니라 인간의 농경생활, 특히 목축생활을 반영하고 있다는 것은 분명하다. 결국 기독교의 신이 창조한 세계는 BC 8000년 이후의 세계, 다시 말해 농경생활의 세계에 지나지 않았던 셈이다. 어쨌든 최초의 종교, 다시 말해 열등한 자가 우월한 자를 숭배하는 최초의 제

윌리엄 블레이크의 그림 〈태초에〉(1794). 신이
컴퍼스로 천지를 창조하고 있는 모습을 그리고
있다. 〈창세기〉에는 인간의 농경생활, 특히
목축생활이 반영되어 있다.

1부. 종교적인 것과 관조적인 것을 넘어서

도는 지역적이고 부족적인 성격을 가진다. 농경생활이 가진 정착성이 반영된 결과다. 결국 최초의 종교 형태를 '지역 종교'라고 규정할 수 있는 것도 이런 이유에서다. 그래서일까, 그리스의 신들은 외모나 행동에서도 너무나 그리스적이었기에, 다른 지역의 신들, 예를 들어 인도, 중국, 혹은 아메리카 대륙의 신들과는 너무나 다르다. 사실 그리스 신들로서도 자신에게 포도주 한 잔, 혹은 양고기 한 점 바치지 않는 다른 지역 사람들을 돌볼 의지도 그리고 여력도 없었다고 하겠다. 오히려 은밀한 뇌물관계로 맺어진 그리스 사람들을 위해 그리스의 신들은 다른 지역 사람들이 봤을 때 부정의한 편애마저 서슴지 않았다.

　BC 8000년 이후부터 다양한 지역에서 우후죽순 지역 종교들이 출현했다. 모두 농업혁명과 그것이 낳은 정착생활과 그 궤를 같이한다. 지역 종교들은 그들이 섬기는 개성 있는 신들만큼이나 정말 다채로웠다. 바로 이때 묘한 '지역 종교' 하나가 중동 지역에서 발생한다. 바로 팔레스타인의 유대인들, 오직 그들만의 지역 종교였던 유대교יהדות, Judaism다. 〈창세기〉가 보여주었던 것처럼 처음 유대교는 분명 풍년과 다산을 기원하며 신에게 희생과 제물을 바치던 전형적인 지역 종교였다. 그렇지만 이들에게 닥친 역사적 시련은 그들의 지역 종교를 묘하게 변질시키고 만다. 생각해보라. 유대인들은 메소포타미아에서 팔레스타인으로(BC 2100년경), 팔레스타인에서 이집트로(BC 1700년경), 이집트에서 팔레스타인으로(BC 1290년경), 팔레스타인에서 바빌로니아로(BC 586년), 바빌로니아에서 팔레스타인으로(BC 537년), 그리고 팔레스타인에서 지중해 동부 일대로(AD 73년) 자의 반 타의 반 지역을 옮겨 다녔다. 당시 중동 지역은 서양 고대문명의 문화적, 경제적, 그리고 전략적 요충지여서, 패권을 다투던 모든 권력은 이곳을 장악하려고 했다. 중동을 수중에 넣지 못하면, 어떤 권력도 세계를 지배하는 제국으로 인정받을 수 없었기 때문이다. 중동 지역 패권이 계속 페르시아제국, 마케도니아제국, 그리고 로마제국으로 옮겨갔던 것도 이런 이유에서다. '고래 싸움에 새우 등 터진다'는 속담처럼 유대인들은 패권 싸움에 휘말려 팔레스타인을 떠나고 돌아오기를 반복했다. 여기서 지역 종교로서 유대교의 의미는 묘하게 변질된다. 풍요와 다산을 바라는 종교가 아니라 고향을 빼앗긴 자들의 종교가 되어버리니 말이다. 2000여 년 지속된 고난과 박해의 시간을 견디기 위해 그들은 자신들이 신에게서 선택받은 민족이며 팔레스타인은 신이 자신들에게 약속한 땅이라는 믿음을 강화하게 된다. 바로 여기에 유대교라는 지역 종교가 가진 특이성이 있다. 팔레스타인에 살고 있을 때 유대교는 다른 지역 종교처럼 자기만의 신에게 희생과 제물을 바쳐서 행복을 기원했지만, 2000여 년의 고난과 박해의 기간이 유대교를 자기연민과 노스탤지어의 종교로 변질시켰던 것이다.

BC 537년 페르시아 최초의 황제 키루스 2세^{Cyrus II}(BC 600?~BC 530)는 바빌로니아에 의해 강제 이주되었던 유대인들을 팔레스타인으로 돌려보냈을 뿐만 아니라, 그들이 유대교의 가르침에 따라 사는 것을 허락했다. 페르시아제국의 관대함을 보여주려는 조치의 일환이었다. 팔레스타인으로 돌아온 유대인들은 '선택받은 민족'과 '약속받은 땅'에 대한 신념을 더 강화하게 된다. 마치 기적처럼 그들은 팔레스타인으로 복귀할 수 있었기 때문이다. 자신들의 의지와 노력으로 고향을 되찾은 것이 아니니, 그것은 바로 신의 의지로 가능했다는 착각에 제대로 빠진 셈이다. 얼마나 강력한가! 중동의 패자 키루스 2세를 움직여 유대인들에게 고향을 되찾아준 자기

이란 파사르가다에에 있는 키루스 2세의
비. 키루스 2세는 바벨로니아에 의해
강제 이주되었던 유대인들이 본국으로
귀환해도 된다는 포고령을 내렸다.

들의 신이 말이다. 약속된 땅과 관련된 유대인의 선민의식은 로마
제국에 저항했던 세 차례의 반란의 결정적인 계기가 된다. 신에 의
해 선택받은 민족이 로마인에게 굽실거리는 것도, 나아가 약속받
은 땅이 로마 병사의 군홧발에 더럽혀지는 것도 있을 수 없는 일이
다. 66~73년, 115~117년, 132~136년 세 차례나 발생했던 로마제
국에 대한 유대인의 반란은 강력한 로마제국에게 아주 가혹할 정
도로 진압된다. 매번 반란이 일어날 때마다 적게는 수천 명, 많게는
수만 명의 유대인들이 죽어나갔는데, 유대인의 피해는 점점 커져만
갔다. 실제로 세 번째 반란이 실패한 뒤 팔레스타인에서 유대인들
을 보기가 어려울 정도였다. 대략 1000만 명에 가까운 유대인들이

유대 지도자들의 질투와 로마제국의
의심으로 예수는 끝내 비극적인
십자가형에 처해졌다. 피에트로
페루지노의 그림(1482).

팔레스타인을 떠나 지중해 동부 지역의 도시들로 흩어졌던 것이다. 그 유명한 디아스포라diaspora는 이렇게 발생한 것이다. '디아스포라' 는 '흩어진다'는 뜻의 그리스어 '디아스페이로διασπείρω, diaspeirō'에서 유래한 것이다.

  잠깐 여기서 팔레스타인으로 다시 돌아온 유대인들이 로마제국의 압제에 불만이 쌓여만 갈 때, 혜성처럼 등장한 젊은 설교자 한 명을 주목하도록 하자. 바로 신의 아들을 자임했던 예수Jesus(BC 4?~AD 30?)다. 유대교의 신은 '약속된 땅'을 약속만이 아닌 현실로 만들어주겠다고 신의 아들을 보낸 셈이다. 현실적으로 이런 예수의 공언은 로마제국으로부터 팔레스타인의 지배권을 빼앗아 유대인에게 되돌려주겠다는 일종의 반란 선언이라고 할 수 있다. 당시 유대인들에게 예수가 그렇게도 구세주로 각광받았던 것도 다 이유가 있었던 셈이다. 그렇지만 식민지 현실과 타협하고 있던 다른 유대 지도자들은 이 젊은 설교자의 등장이 여간 귀찮은 것이 아니었다. 더군다나 당시 로마제국은 팔레스타인 지역에 퍼져나가는 반로마제국 정서를 예의주시하고 있었다. 유대 지도자들의 질투와 로마제국의 의심이 마침내 결합되어 예수는 끝내 비극적인 십자가형에 처해진다. 66~73년에 일어났던 로마제국에 대한 첫 번째 반란에서 예수를 추종하던 무리들은 적극적인 역할을 수행한다. 그렇지만 이번에도 그들의 신은 약속을 지키지 않았고, 반란의 대가는 온전히 남은 유대인들이 쓰디쓰게 감당해야만 했다.

　"우리가 신에 의해 선택된 민족이라는 이야기가 맞기는 맞나?" "신은 약속된 땅에 대한 약속을 언제 지킬 것인가?" 이런 회의가 커져갈 때, 사도 바울Paul the Apostle(5?~64?)이 등장한다. 당시는 약속된 땅과 선택된 민족이란 이념을 다른 식으로 해석하지 않으면 유대교 율법 자체가 붕괴될 위험에 처했던 위기 상황이었다. 더군다나 당시 유대교는 로마제국으로부터 반란의 이념으로 규정되고 있었으니, 이런 혐의도 벗어나야만 했다. 이런 이중적 위기 상황에 맞서 바울은 유대교를 새롭게 재편해야 한다는 시대적 요구를 떠맡게 된다. 바울이 예수를 통해 유대교 전통을 '세계 종교'로 만들려는 야심찬 기획에 착수했던 것도 이런 이유에서다. 계약이 잘 지켜지지 않으면 새로운 계약서를 써야 그나마 안심이 되는 법이다. 지켜지지 않는 '오래된 약속'을 다시 한 번 굳건히 하기 위해, 신은 몸소 자신의 아들 예수를 보내 새로운 계약서를 작성하도록 했다. 바울의 아이디어는 바로 이것이었다. '오래된 약속舊約, Old Testament'을 다시

사도 바울은 유대교를 '지역 종교'에서 '세계 종교'로 탈바꿈시켰다. 루카스 반 레이덴의 그림(1520).

확인하고 이를 포괄하는 '새로운 약속新約, New Testament'을 유대인, 나아가 로마인에게도 제안하는 것이다. 전형적인 사기꾼의 행각이지만, 약속 시행을 오매불망 바라는 사람들로서는 거부할 수 없었던 건 분명하다. 실제로 지금 우리가 보는 《성경》은 《구약》과 《신약》으로 구성되어 있다. 전자가 '지역 종교' 유대교의 가르침을 담고 있다면, 후자는 바로 '세계 종교' 기독교의 가르침을 피력하고 있다. 바울의 중요성은 《신약》을 구성하는 전체 27장 중 13장이 그와 관련된 장이라는 사실에서도 분명해진다. 그렇다면 그는 어떻게 '지역 종교'를 '세계 종교'로 탈바꿈시켰을까? 탈정치화된 아니 적어도 정치적인 측면이 많이 희석된 예수, 탈민족화된 아니 적어도 유대인 냄새를 많이 제거한 예수, 탈지역적인 아니 적어도 팔레스타인의 풍경이 많이 희미해진 예수를 만드는 것이었다.

흔히들 바울이 유대교를 세계 종교로 업데이트하려는 시도가 없었다면 예수는 단지 유대인 반란 지도자로만 기억되었을 것이라고 말한다. 옳은 지적이다. 그렇지만 이 와중에 쉽게 망각되곤 하는 한 사람이 있다. 예수가 부각되면서 바울의 역할이 희미해졌듯, 바울이 부각되면서 그 역할이 희미해진 이레네우스^{Irenaeus}(130?~200?)다. 바울의 획기적인 프로젝트가 현실화되는 데 결정적인 기여를 한 사람, 지금《신약》을 떠받치고 있는 네 개의 복음서를 확정한 사람이다. 이레네우스! 그는 우리가 알고 있는 기독교의 설계자였다. 자신의 주저《이단에 반대하며^{Adversus haereses}》에서 이레네우스는 세계 종교로서 기독교를 지금 우리가 알고 있는 식으로 체계화한다. 그의 주장 중 중요한 것은 세 가지 정도로 요약할 수 있다. 첫째, '오래된 약속'과 '새로운 약속'은 연속적이고, 둘째, 비록 예수의 직제자는 아니지만 예수 사후 예수의 정신과 만났던 바울도 예수의 열두 직제자들과 함께 사도^{Apostle}의 권위를 가질 수 있기에, 그의 서신들은 직제자들의 복음서와 같은 위상을 가진다. 그리고 마지막으로 셋째, 예수의 가르침을 전하는 열두 직제자들의 복음서 중 〈마태복음^{Gospel of Matthew}〉, 〈마가복음^{Gospel of Mark}〉, 〈누가복음^{Gospel of Luke}〉, 그리고 〈요한복음^{Gospel of John}〉이 가장 핵심적이다.

예수의 가르침을 직접 들은 사람들을 떠올려보자. 최소한 베드로^{Peter}(1?~66?)라는 수제자를 필두로 한 열두 직제자들, 그리고 베드로의 지적 경쟁자, 혹은 예수의 배우자라는 설이 난분분한 여성 마리아^{Mary Magdalene}가 있었다. 이들의 복음서는 모두 참고해야 아마도 우리는 역사적 예수에 다가갈 수 있을 것이다. 이것은 바울도 그렇지만 이레네우스도 원하지 않는 일이었다. 이레네우스가 이단이란 이름으로 나머지 복음서들을 노골적으로 생매장해버린 것도 이런 이유에서다. 1945년 12월 이집트 나그함마디에서 출토된 가죽 장정의 파피루스 문서들은 이레네우스 등 기독교 설계자들의 시도를 비웃고 만다. 이 고문서에는 이레네우스 등이 영원히 없애려고 했던 복음서들이 상당수 포함되어 있었기 때문이다. 여기에는 새롭게 모습을 드러낸 〈마리아 복음Gospel of Mary〉이나 가장 완전한 형태의 〈도마 복음Gospel of Thomas〉 등이 포함된다. 나그함마디 문서의 수많은 초기 기독교 자료들도 그렇지만 1976년 이집트에서 발견되어 2006년 4월 6일 내셔널 지오그래픽에서 복원해 발표했던 〈유다 복음서Gospel of Judas〉 등만 보아도, 이레네우스 등 기독교 설계자들은 그야말로 진실 왜곡을 서슴지 않았다. 바울과 이레네우스의 무리수는 사실 《신약》의 구성에도 그대로 반영되어 있다. 〈마태복음〉, 〈마가복음〉, 〈누가복음〉, 〈요한복음〉은 이레네우스의 표현을 빌리자면 《신약》, 나아가 기독교를 "떠받치는 네 개의 기둥"이다. 여기서 문제가 되는 것은 바로 〈누가복음〉이다. 누가는 예수의 직제자가 아님에도 바울처럼 사도라는 이름이 붙는다. 사실 누가는 사도 바울을 흠모해 바울의 세계 종교 프로젝트 실무에 몸을 던졌던 인물이다. 자신이 표면에 등장하는 것이 부담스러웠는지 바울은 자신의 오른팔 누가에게 그 역할을 떠넘긴 셈이다. 누가는 바울이 기획한 대로 예수의 이미지를 복음서로 담아내는 데 성공한다. 〈누가복음〉, 그것은 사실 〈바울복음〉과 다름없었던 것이다.

여기서 한 가지 더 기억해두어야 할 것이 있다. 바울 프로젝트의 실질적 설계자 이레네우스가 예수의 열두 명의 직제자 중 요한(6?~100?)과 연결된다는 사실이다. 이레네우스의 스승 폴리카르포스Polycarpus(69~155)가 요한의 제자였으니, 이레네우스는 사도 요한의

외젠 뷔르낭의 〈예수가 부활한 날 아침에 예수의 무덤으로 달려가는 제자 베드로와 요한〉(1898). 이레네우스가 창조한 《신약》에는 역사적 예수의 모습이 억압되어 있다.

손자뻘 되는 제자였던 셈이다. 《신약》에 〈요한복음〉과 〈요한계시록Apocalypse of John〉 등 요한과 관련된 작품이 두 개나 들어올 수 있었던 것도 이런 이유에서다. 〈요한계시록〉을 통해 악마의 숫자 666을 날조했던 최초의 사람이 이레네우스라는 것도 덤으로 알아두자.

　　결국 우리가 보고 있는 《신약》은 이레네우스가 중재했던 사도 요한과 사도 바울의 야합으로 탄생했던 것이다. 세계 종교의 중심 인물로서 예수가 창조되자, 역사적 예수는 당연히 억압되고 만다. 이렇게 마태, 마가, 요한을 제외한 예수의 직제자들, 그리고 마리아가 전하려고 했던 예수의 가르침은 은폐되고 만다. 그러니 기독교에서 말하는 이단은 다른 것이 아니다. 프로이트가 억압된 것은 항상 회귀한다고 말했던 것처럼, 억압된 예수는 출토된 문헌이나 《신약》의 행간 혹은 기독교인의 내면에 불쑥 회귀할 수밖에 없다. 이단을 남겨두면 애써 만든 세계 종교는 언제든지 지역 종교로 추락

귀스타브 도레의 〈수정 같은 하늘〉. 단테의 《신곡》 〈천국편〉 중 한 장면을 묘사하고 있다. 세계 종교로서 기독교의 핵심은 천국의 정당화였다.

할 위험에 노출된다. 그러니 이레네우스는 바울과 요한의 이름으로 이단 공격에 평생을 바쳤던 것이다. 어쨌든 394년에 개최되었던 '히포 주교회의Synod of Hippo', 즉 히포 공의회Concilium Hipponense, 그리고 397년에 개최되었던 카르타고 공의회Concilium Carthaginense를 거치면서 기독교 지도부는 마침내 우리가 알고 있는 《신약》 체제를 확정하게 된다. 이레네우스의 꿈이 마침내 그 결실을 맺은 셈이다.

세계 종교로서 기독교를 만들겠다는 프로젝트에는 바울, 요한, 그리고 이레네우스라는 어두운 커넥션이 있었다. 이 어둡고 칙칙한 트라이앵글의 프로젝트는 사실 아주 단순하다. 억압받는 유대인들은 억압받는 모든 사람으로, 신이 약속한 땅은 피안의 천국으로 바꾸면 그만이니까. 신의 아들로서 예수는 인간을 사랑해 이 세상에

1부. 종교적인 것과 관조적인 것을 넘어서

내려와 피안이 있음을 가르쳤고, 부활이라는 기적을 통해 차안과 피안 사이의 연결관계도 몸소 입증했다는 것이다. 핵심은 피안이자 천국의 정당화였다. 예수는 현실의 팔레스타인이 아니라 피안의 왕국을 꿈꾸었기 때문이다. 특정한 민족이나 특정한 지역에 대한 집착은 저 멀리 하늘 너머에 존재하는 피안, 우리를 사랑하는 신과 그의 아들이 살고 있는 천국만 바라보면 자연히 소멸될 일이다. 이제 피안의 천국을 꿈꾸는 기독교는 차안의 제국을 꿈꾸는 로마제국과 충돌할 가능성이 논리적으로 사라진다. 어차피 관심 영역과 지배 영역이 전혀 다르니 분쟁이 일어날 필요조차 없는 셈이다. 문제는 기독교가 억압받는 자들을 사랑하는 종교, 즉 억압받는 자들에게 사랑을 요구하는 종교라는 데 있었다. 피안의 행복을 약속하는 기독교의 복된 소리, 즉 복음은 현실의 억압 질서에 숨죽이고 있던 노예들, 여자들, 그리고 빈민들의 마음 안으로 무섭게 파고들어갔다. 당연히 로마제국은 긴장할 수밖에 없었다. 소수의 지배자가 당근과 채찍을 휘둘러 다수를 깨알처럼 분열시키는 작업으로 지배는 자신의 목적을 달성하는 법이다. 그런데 억압받는 자들, 혹은 하층 민중들의 종교가 탄생하면 피지배자들의 연대와 저항이 발생할 수 있는 것 아닐까?

로마제국으로서는 당연한 의심이자 불안감이었다. 하긴 세계 종교를 처음 보았으니 당시 로마제국 위정자들이 기독교를 배타적인 지역 종교라고 착각했을 만도 하다. 유대인들의 반란이 세 차례나 반복되었던 경험도 이런 의심에 불을 지른 요인이기도 하다. 자라를 보고 놀란 가슴 솥뚜껑 보고도 놀란다는 속담이 떠오르는 대목이다. 기독교에 대한 로마제국의 의심, 탄압, 그리고 박해는 로마 황제 콘스탄티누스 1세^{Flavius Valerius Aurelius Constantinus}(272~337)가 312년에 내놓은 밀라노칙령Edictum Mediolanense 때까지 지속된다. 그러니까 기독교를 합법화할 때까지 300여 년이란 시간이 필요했던 셈이다. 무슨 일로 로마제국은 기독교를 합법화했던 것일까? 제국 당국은 마침내 알았던 것이다. 기독교는 차안을 위한 지역 종교가 아니라 피안을 꿈꾸는 세계 종교라는 사실, 그래서 기독교는 제국에 대한 민중들의 불만을 다른 데로 돌리는 데 도움이 되리라는 사실을. 이미 수많은 군인과 장교들, 제국의 관료들, 심지어 지주들마저 기독교로 개종한 뒤였지만, 300년경 로마제국은 전혀 흔들리지 않았다. 오히려 기독교는 사람들의 관심을 차안에서 피안으로 옮기는 데 효과적이었다. 마침내 로마제국은 기독교가 제국의 질서에 이롭다고 판단한 것이다.

아이러니하게도 300년간 로마제국의 박해로 살해된 기독교인들은 수천 명을 넘지 않지만, 밀라노칙령 이후 합법화된 기독교는 그 후 1500년 동안 동료 기독교인 수백만 명을 이단으로 몰아 학살한다. 동료에게도 이단의 논리를 가혹하게 적용했던 기독교가 다른 종교들을 어떻게 대했을지는 말할 필요도 없을 것이다. 1095년 11월 27일 교황 우르바노 2세Urbanus II(1035?~1099)는 이슬람으로부터 예루살렘을 수복하려는 명분으로 십자군 원정을 개시한다. 이때까지만 해도 그 누구도 이 전쟁이 100년을 훌쩍 넘게 진행될 거라는 걸 예상하지 못했다. 당시 이슬람 측에서는 살라딘Saladin(1137~1193)이 십자군에 맞서 성전聖戰, 즉 지하드جهاد, jihād를 이끌고 있었다. 마침내 그는 3만의 군대를 동원해 1187년 7월 4일 예루살렘에 남아 있던 십자군 전원을 궤멸한다. 이렇게 십자군전쟁은 대단원의 막을 내리게 된 것이다. 100년 동안 지속된 전쟁 기간 동안 십자군은 사랑이란 기독교 이념과 어울리지 않게 중동 지역을 파괴하고, 살육하고,

　　　　　　　　　　1부. 종교적인 것과 관조적인 것을 넘어서

외젠 들라크루아의 〈십자군의 콘스탄티노플 함락, 1204년 4월 14일〉(1840). 100년 동안 지속된 십자군전쟁 기간 동안 십자군은 사랑이란 기독교 이념과 어울리지 않게 중동 지역을 파괴하고, 살육하고, 약탈한 악마였다. 십자군은 함락한 도시의 거주민들을 남녀노소 가리지 않고 학살했으며, 수많은 재화와 문화재들을 아무런 거리낌 없이 약탈했다.

약탈한 악마였다. 십자군은 함락한 도시의 거주민들을 남녀노소 가리지 않고 학살했으며, 수많은 재화와 문화재들을 아무런 거리낌 없이 약탈했다. 아이러니한 것은 유럽이 자랑하는 르네상스, 인문주의를 부르짖었던 그 르네상스도 십자군이 약탈했던 전리품들이 없었다면 불가능했으리라는 점이다. 어쨌든 십자군의 원정도 그리고 이어졌던 잔혹한 살육과 약탈도 모두 사랑을 표방했던 기독교 이념으로 정당화되었다. 세계를 모두 품겠다고 자임했던 세계 종교, 특히 억압받는 자들을 사랑하겠다는 기독교가 어떻게 이런 모순된 결과에 이르게 되었던 것일까.

기독교의 좋은 이념을 정치권에서 악용했다는 논의로 문제를 흐려서는 안 된다. 진정한 해답의 실마리는 지역 종교와 세계 종교의 차이를 다시 숙고하는 데서 찾을 수 있다. 유대교와 같은 지역 종교는 특수한 지역과 그곳에 살고 있는 사람들을 벗어나지 않는다. 농업경제를 기반으로 묶인 사람들은 자신만의 신에게 풍요와 다산을 기원하고, 이때 신은 자신에게 희생과 제물을 바치는 인간들에게만 관심을 기울인다. 대부분의 민족 종교가 보여주는 것처럼 지역 종교는 이렇게 배타적이고 폐쇄적이다. 반면 특수한 지역을 넘어 지구 전체를 지향하는 세계 종교는 다르다. 신도 스케일이 커져서 전체 인류를 사랑할 정도다. 유대인을 사랑했던 신이 이제 전체 인류를 사랑하는 신으로 업데이트된 셈이다. 문제는 기독교가 신봉하는 신이나 예수를 다른 지역 사람들은 전혀 모른다는 사실이다. 본인들이 아무리 세계 종교라고 믿어도, 현실적으로 기독교는 전혀 세계적이지 않았던 것이다. 이것은 단순히 이념적이고 논리적인 문제를 넘어서 경제학적 문제를 야기한다. 종교경제학적 차원에서 생각해보자. 지역성을 넘어섰다고 해도 세계 종교는 차안에 뿌리를 내릴 수밖에 없다. 피안에는 헌금을 바치는 신도가 없을 테니까. 이미 유대인들만이 아니라 전체 인류를 사랑하는 신을 표방했기에, 기독교는 유대교를 믿던 다수의 유대인들로부터 헌금을 받을 처지도 아니었다. 물론 그렇다고 해서 다른 민족으로부터 헌금을 받는 것도 그리 수월한 일이 아니다. 다른 지역과 다른 민족들은 자기만의 고유한 신을 믿고 있었으니 말이다. 야심차게 출발한 기독

1부. 종교적인 것과 관조적인 것을 넘어서

교, 그리고 기독교인들은 궁지에 빠져버린 것이다.

　세계 종교의 길은 험하기만 하다. 전체 인류가 아니더라도 지역과 국경을 넘어 많은 사람들이 기독교를 받아들여야 이념적으로 세계 종교가 의미가 있고, 종교경제학적으로 세계적 규모의 헌금도 확보해야만 세계 종교는 제대로 기능할 수 있으니 말이다. 이렇게 기독교라는 종교조직의 사활을 걸고 기독교인들은 공격적인 선교나 전도로 내몰리게 된다. 초조, 불안, 두려움으로 범벅된 기독교인들은 자신들이 직면한 궁지를 에반젤리즘Evangelism이란 근사한 이름으로 돌파하려고 했다. 에반젤리즘은 그리스어 어원대로 신과 피안에 대한 '좋은ev' '소식을 전해야angel' 한다는 입장이다. 사도Apostle라고 불렸던 예수의 직제자들과 바울은 신의 말씀을 전하려는 첫 번째 천사들이었다. 사도의 그리스어 어원인 '아포스톨로스apóstolos'가 '파견된 사람'이라는 뜻이니, 결국 사도는 천사의 원형이었던 셈이다. 아니나 다를까, 배신자로 알려진 유다를 제외한 제자들 대부분의 유해는 팔레스타인이 아닌 이탈리아 로마에 묻혀 있다. 신의 말씀을 전하다 늙은 천사들이 자신들이 활동했던 지역에서 생을 마감했던 것이다. 예수의 직제자들과 사도 바울이 새로운 신도와 필요한 재정을 마련하느라 얼마나 노심초사했는지 보여주는 대목이다. 어쨌든 하나의 지역 종교가 세계 종교로 업데이트되자마자, 기독교는 이념적으로나 경제적으로 자신의 신을 전체 인류에게 강요하는 길로 나아간다. 그러기 위해서 기독교는 제국주의와 항상 손을 잡아야만 했다.

　세계는 다양하고 이질적인 공동체들로 구성되어 있고, 이 공동체는 정치권력과 지역 종교의 협력으로 유지된다. 정치권력이 지역 종교를 물리적으로 지켜주고 지역 종교는 정치권력을 이념적으로 지켜주는 셈이다. 이것은 유대공동체와 유대교 사이의 관계에도 그대로 적용되었던 사실이다. 선교가 성공하려면, 기독교는 지역 종교를 비호하는 정치권력을 우선적으로 궤멸시켜야만 했다. 불행히도 이것은 기독교의 힘만으로는 할 수 없는 일이다. 대포와 십자가 사이의 야합이 탄생하게 된 것도 이런 이유에서다. 지역 종교가 폐쇄적 공동체와 함께했다면, 기독교는 제국을 꿈꾸던 패권 국가와 함께할 운명이었던 것이다. '지역 종교', '폐쇄적 공동체', '지역주의'가 하나의 패키지였다면, '기독교', '공격적 공동체', '제국주의'는 또 다른 패키지로 묶였던 셈이다. 돌아보라. 기독교는 로마제국과 함께했고, 한때는 신정일치의 교황체제에서 십자군전쟁을 일으켰으며, 16세기 스페인이 아즈텍과 잉카를 약탈할 때에도 옆에 있었고, 18세기 아프리카 노예로 운영되던 서인도제도 사탕수수 농장과도 함께 있었다. 19세기 아프리카나 아시아를 공격해 식민지를 개척했던 유럽 국가들의 함선에도 선교사들이 타고 있었고, 20세기 중반 이후에는 미국의 제국주의와 함께한다. 그렇다면 제국을 꿈꾸었던 로마에서 미국에 이르기까지 제국주의국가들이 기독교와 함께한 이유는 무엇일까? 제국주의국가는 무력으로 병합한 다양한 지역들에서 지역 종교가 반란의 동인이 되는 것을 원치 않았다. 바로 이 지역 종교를 괴멸하는 역할을 기독교가 담당했던 것이다. 신은 세계 전체를 포괄하고 사랑한다는 이념, 나아가 차안보다 피안의 천국이 가치 있다는 이념만큼 제국주의에 도움이 되는 생각도 없으니 말이다. 다양한 지역 종교들을 괴멸하고 신도를 늘리려는 기독교의 은밀한 욕망, 그리고 세계 정복으로 수탈을 강화하겠다는 제국주의의 야만적 충동이 제대로 의기투합했던 셈이다.

기독교는 억압받는 자들을 위한 세계 종교를 표방한다. 기독교는 억압받는 유대인에게 행복을 약속하는 유대교에서 업데이트된 종교다. 지역성을 세계성으로, 다시 말해 특수성을 보편성으로 바꾸었지만 기독교는 억압의 이미지를 유대교로부터 그대로 계승한다. 억압받는 자들을 위한다는 명분은 세계 종교를 지향했던 기독교로서는 너무나 소중한 유산이었다. 생각해보라. 기독교의 잠재적 적이라고 할 수 있는 지역 종교 대부분은 지역공동체의 통합에 이바지한다. 이것은 지역 종교가 해당 지역 지배계층의 이익에 봉사한다는 걸 의미한다. 당연히 지역공동체 내부 피지배계층은 정치에서뿐만 아니라 종교에서도 소외되기가 쉽다. 바로 이들을 기독교는 집요하게 파고들어갔던 것이다. 기독교가 로마제국을 파고들어갈 수 있었던 것도 이런 이유에서다. 최하층부터 선교를 시작해 최상층까지 도달하는 방법이다. 하소연할 데 없는 고단한 삶을 영위하던 소외된 약자에게 기독교의 속삭임은 달콤하기만 하다. 신과 그의 아들 예수가 당신들을 사랑한다고, 그렇지만 이 부자의 완전한 사랑은 차안이 아니라 피안에서만 가능하다고. 물론 피안과 그곳을 관장하는 아버지와 아들의 존재를 믿어야 한다는, 즉 기독교인이 되어야 한다는 단서를 잘 들리지 않게 첨언하면서 말이다. 기독교 설계자들이 《성경》에 《구약》을, 다시 말해 유대인 억압의 역사를 받아들였던 것도 이런 이유에서다. 여기서 묘한 아이러니가 발생한다. 억압받는 자들이 현실적으로 그 억압을 극복하지 못하는 한, 기독교의 선교활동이 성공할 수 있다는 아이러니! 반대로 만약 차안에서 억압이 대부분 사라진다면, 다시 말해 파리코뮌처럼 자유로운 개인들의 공동체가 지속된다면, 기독교가 피안의 행복을 조건으로 사람들을 교회로 끌어들이는 일은 그만큼 힘들어진다. 이렇게 기독교는 묘한 이율배반에 빠진다. 억압받는 자들이 많아지는 사회 현실을 안타까워하면서 동시에 기뻐해야 하기 때문이다.

지금도 그렇지만 마르크스가 살았던 19세기 독일에서도 민중들, 특히 새롭게 억압받는 자들로 대두된 노동계급도 기독교의 약속을 믿고 기꺼이 헌금을 받치며 성직자들을 먹여 살리고 있었다. 원죄로 저주받은 땅 차안에서 천국을 꿈꾸기보다는 기독교의 가르침에 따라 영원한 행복이 보장된 피안에서 천국을 꿈꾸는 걸 선택한 셈이다. 기독교의 가르침이 옳다면 차안에 천국을 만들어서 무엇한다는 말인가? 바람과 파도로 무너질 것이 뻔한 모래성을 백사장에 만드는 것과 다름없으니까. 그러니 불멸하는 피안의 땅에 천국을 쌓아올리는 것이 더 현명하다는 것이다. 일시적이고 덧없는 차안보다 불변하는 피안이 우월하고, 병들고 늙고 죽어가는 인간과 몸보다도 불멸하는 신과 영혼이 우월하다는 잘못된 생각에 제대로 빠진 셈이다. 이런 상태에서 차안의 논리, 즉 억압과 수탈의 메커니즘이 기독교인의 눈에 제대로 들어올 리가 없고, 당연히 우월과 열등을 제도화하는 현실을 바꿀 의지가 발현될 일도 없다. 오히려 차안의 고난과 고통이 피안의 평화와 행복을 부각시킨다고 생각할 지경에 이르는 경우도 있었으니까. 거의 이 정도면 마조히즘적 정서 아닌가? 로마제국이 때늦게나마 기독교가 제국의 질서를 유지하는 데 얼마나 유익한지를 깨달은 것도 이런 이유에서다. 그것이 로마제국뿐이겠는가? 18세기 이후부터 인간을 포함해 모든 것을 상품으로 만들려는 자본주의, 다시 말해 로마제국도 완성하지 못한 진정한 세계화를 꿈꾸던 자본주의도 마찬가지였기 때문이다. 1841년 출간된 《기독교의 본질》에 열광했던 마르크스가 어느 사이엔가 포이어바흐와 점점 거리를 두게 된 것도 이런 사실을 직감했기 때문이다.

지역 종교든 세계 종교든 종교는 우월과 열등의 논리를 인간에게 각인하는 제도일 뿐이다. '신-지배자-피지배자-자연'이라는 종교가 만든 가치체계를 생각해보라. 종교는 우월한 존재를 경배하면서 인간으로 하여금 자신이 열등한 존재라는 걸 스스로 받아들이도록 하는 훈육체제다. 그러니 종교가 지배자에게는 얼마나 근사한 제도인가? 열등한 존재는 자신을 위해서라도 우월한 존재의 지배를 기꺼이 받아들이는 것이 낫다. 이런 와중에 포이어바흐는 기독교의 본질이 결국 인간의 본질에 지나지 않는다고 기염을 토했다. 인간으로서 자기 본질을 실현하지 못한 것이 안타까웠을까, 인간은 그것을 외부로 투사해서 신을 만들었다는 것이다. 포이어바흐에게 인간의 본질은 사유하고 의지하고 사랑하는 마음이다. 결국 스스로 사유하고 스스로 의지하고 스스로 사랑하는 사람은 인간의 일반적 본질을 실현한 사람이고, 그렇지 않은 사람은 아직 개체성에 매몰되어 있는 사람이다. 전자가 우월한 사람이라면 후자는 열등한 사람일 수밖에 없다. 인간의 본질을 실현한 사람은 스스로 신처럼 삶을 영위하니, 그에게 종교 따위는 불필요할 뿐만 아니라 거추장스럽기까지 하다. 반대로 그렇지 못한 사람은 그 본질을 외부로 투사해 신으로 대상화하고 그걸 숭배하는 미혹에 빠진다. 이렇게 포이어바흐의 체계에서 신과 인간 사이의 우열관계는 본질을 실현한 인간과 그렇지 못한 인간, 혹은 스스로 사유하는 인간과 그렇지 못한 인간이란 우열체계로 다시 설정된다. 바로 이 대목에서 마르크스는 포이어바흐와 결별한다. 마르크스는 포이어바흐가 신과 인간이란 우열관계를 극복했지만, 인간 내부에 새로운 우열관계를 도입하고 있다는 걸 직감했기 때문이다. 그런데 사실 인간 본질의 실현 여부는 대부분 경제적 토대를 가지고 있느냐 없느냐의 여부로 결정되는 것 아닌가. 학자나 지성인, 혹은 예술가는 대부분 노동계층이 아니라 자본계층에서 충원된다는 사실은 누구나 아는 사실 아닌가.

스스로 신이 되지 못하는 인간은 바깥에서 신을 꿈꾼다. 마침내 인간은 신을 만들어 그것을 숭배하는 자기소외에 빠진다! 이것이 포이어바흐가 시도했던 기독교 비판의 핵심이다. 여기에서 종교를 소멸시키는 방법이 바로 도출된다. 스스로 신이 된다면, 인간에게는 더 이상 신이 필요하지 않으리라는 것이다. 그렇지만 생계도 버거운 노동계급에게 제대로 사유하고 의지하고 사랑하라고, 신처럼 품위 있는 삶을 영위하라고 요구하는 것은 너무 가혹한 일 아닌가. 결국 억압받는 자들에 대한 마르크스의 한없는 애정, 바로 이것이 그를 포이어바흐와 헤어지도록 만든 것이다. 1845년 완성된 〈포이어바흐에 관한 테제들〉은 포이어바흐에 대한 마르크스의 공식 결별 선언이다. 그렇지만 1843년 25세의 청년 마르크스는 이미 포이어바흐와는 다른 길을 걷고 있었다. 인간 일반이란 막연한 입장이 아니라 사회의 다수를 차지하는 억압받는 자들의 입장에서 종교를 비판하는 길 말이다.

반종교적 비판irreligiösen Kritik의 토대는 다음과 같다. 인간이 종교를 만드는 것이지, 종교가 인간을 만드는 것은 아니다. 인간이 자기 자신을 아직 발견하지 못했거나 혹은 이미 자기 자신을 상실해버린 한, 종교는 인간의 자기의식Selbstbewußtsein이고 자기감정Selbstgefühl이다. 그러나 인간은 결코 세계 바깥에 웅크리고 앉아 있는 추상적인 존재가 아니다. 인간은 인간 세계die Welt des Menschen이며 국가Staat이자 사회Societät다. 이 국가, 이 사회는 '전도된 세계verkehrte Welt'이므로 종교, 즉 '전도된 세계의식verkehrtes Weltbewußtsein'을 생산한다.

기독교를 비판했던 수많은 명문들이 있지만, 마르크스의 글은 그야말로 압권이다. 먼저 포이어바흐가 어떤 식으로 기독교를 비판했는지 요약하는 걸로 마르크스는 논의를 시작한다. 첫째, 신이 인간을 만드는 것이 아니라 인간이 신을 만든 것이다. 둘째, 기독교의 신은 결국 자기 본질을 실현하지 못한 인간의 서글픈 자기의식이나 자기감정에 지나지 않는다. 1843년에 이미 마르크스는《기독교의 본질》을 정확히 이해하고 있었다. 숲 전체를 파악하려면, 우리는 더 이상 숲속을 헤매지 않고 숲 바깥으로 나와야만 한다.《기독교의 본질》이란 숲을 벗어나자마자 마르크스는 포이어바흐의 아킬레스건을 찾아낸다. 포이어바흐가 신을 만들었다는 인간의 성격이 그의 눈에 명료히 포착된 셈이다. 포이어바흐의 인간은 특정한 역사도, 구체적인 몸도, 교환 불가능한 개체성도 제거해야 만들어질 수 있는 추상적인 인간일 뿐이다. 생각해보자. 수렵채집 시기, 농경 생활 시기, 산업 생산 시기를, 나아가 냉대 지역, 한대 지역, 온대 지역, 열대 지역, 고산 지역, 평야 지역, 도서 지역을 불문하고, 인간이라면 분명 무언가를 생각하고 의지하고 사랑한다. 그렇지만 역사적 시기마다 인간이 생각하고 의지하고 사랑하는 대상은 질적으로 다른 법이다. 사실 동일한 시대라고 해도 계급에 따라, 성별에 따라, 심지어 나이에 따라, 그 대상들은 그야말로 천양지차로 다르다는 건 너무나 분명한 일 아닌가. 그럼에도 포이어바흐는 생각, 의지, 그리고 사랑의 구체적 내용이 제거된 형식적이고 추상적인 인간, 즉 '인간 일반'만을 사유하려고 한다. 인간 일반에서 만들어진 신이 막연한 까닭도 이런 이유에서다. 푸른 고양이, 흰 고양이, 노랑 고양이 등을 추상해서 고양이 일반을 만든 다음, 고양이 일반을 한 번 더 추상해서 동물 일반을 만든 꼴이다.

마르크스는 직감했다. 포이어바흐는 한 번도 사람들을 제대로 만난 적이 없다는 사실, 그의 인간관계는 여유로운 삶을 살아가는 사람들과의 피상적인 교제에 국한된다는 사실을. 피상적인 인간이 아니라 구체적인 인간, 소수의 선택받은 인간이 아니라 다수의 억압받는 인간들에서 출발해야 한다는 것, 이것이 마르크스의 입장이다. 어두운 밤 성당이나 교회를 들여다보라! 남편에게 맞아 피멍이 든 채로 흐느끼는 아낙네, 일자리를 잃은 절망감에 신을 찾은 사내, 전장에 나간 아들을 위해 기도하는 어머니 등등. 이들은 모두 '인간 일반'으로 쉽게 추상화할 수 없는 인간들이다. 근사한 응접실에서 홍차를 들고 정치, 종교, 문학, 형이상학과 관련된 고담준론을 나누는 인간들은 그야말로 소수에 지나지 않는다. 울고 웃고, 먹고 마시고, 싸우고 섹스하고, 일하고 놀고, 맞고 때리고, 사기치고 사기당하고, 취업하고 해고되고, 위로하고 질투하는 그런 인간들의 삶, 다수임에도 불구하고 '일간 일반'에서 사장되어버리는 노동계급들의 삶에서 출발하려는 것, 이것이 바로 마르크스다. 그가 "인간은 인간 세계이며 국가이자 사회"라고 말했던 것도 이런 이유에서다. 세계를 떠나서는, 국가를 떠나서는, 사회를 떠나서는 인간은 살 수 없다는 너저분한 의미가 아니다. 세계, 국가, 사회로부터 착취당하고 억압당하지만 이곳을 떠날 생각조차 품지 못하는 불쌍한 존재들이 대부분의 인간들이라는 의미다. 마치 폭력적인 아버지의 반복적인 구타에도 집을 떠날 생각도 하지 못하는 불행한 아이처럼 말이다. 그래서 마르크스는 국가나 사회가 "전도된 세계"라고 단언했던 것이다. 전도된 세계라는 것은 제대로 서 있는 세계가 아니라 뒤집혀 있

1부. 종교적인 것과 관조적인 것을 넘어서

는 세계라는 의미다. 생면부지의 사람 10명이 식사를 하려고 한다. 9명이 짜장면을, 나머지 1명은 김치찌개를 먹고 싶었다. 9명은 중국집에 가고 나머지 1명은 한식집에 가면 된다. 이것이 정상적인 세계, 혹은 제대로 서 있는 세계다. 그런데 이들 10명은 모두 한식집에 가서 김치찌개를 먹었다. 무슨 일이 있었던 것일까? 9명은 1명의 압도적 힘에 굴복하고, 그 결과 원하지 않은 음식을 먹었던 것이다. 이것이 바로 전도된 세계다.

어떻게 대낮에 이런 일이 일어날 수 있느냐고, 말도 안 되는 과장된 이야기라고 속단하지 말자. 인간의 역사를 돌아보라. 대지주가 수많은 소작농을 자기 뜻대로 부리는 일, 노예주가 노예들의 생사여탈권을 쥐고 흔드는 일, 왕이 자기 뜻대로 백성을 동원하는 일, 귀족 한 명이 많은 여자를 첩으로 거느리며 능욕한 일, 자본가가 자기 마음대로 노동자들을 고용하고 해고하는 일 등등. 그렇다면 한 줌도 되지 않는 소수, 그들의 지배를 다수가 감내하는 이유는 무엇일까? 전도된 세계를 다수가 제대로 다시 세우지 않는 이유는 무엇일까? 그것은 다수가 자신이 억압받고 착취당하는 것을 당연하다고 받아들이기 때문이다. 달리 말해 피지배자 다수가 자신은 '열등'하기에 '우월'한 사람의 지시와 인도를 받아야 한다고 믿어버린 것이다. 당근과 채찍이란 소수의 지배 전략이 제대로 다수에게 먹힌 셈이다. 채찍이 있으니 당근은 더 달콤하고, 당근이 있으니 채찍은 더 가혹한 법이다. 놀랍게도 이것은 야생동물을 가축으로 길들일 때 사용하는 방법이기도 하다. 목동 한 명이 수백 마리의 양이나 소들을 통제하는 장관을 그려보라. 가축과 인간 사이의 관계가 그대로 피지배자와 지배자 사이의 관계로 이식된 것이다. '약하다'는 의식과 '열등하다'는 의식은 질적으로 다른 것이다. 자신이 약하다는 의식을 가진 사람은 차근차근 강해질 준비를 하거나 혹은 자신을 지배하는 사람이 약해질 때를 호시탐탐 노릴 수 있다. 그렇지만 자신이 열등하다는 의식을 가진 사람은 그저 우월한 사람이 자신을 더 아껴주기를 기대할 뿐이다. 열등한 사람들이 언제든지 최고로 근사한 지배자를 상상하게 되는 것도 이런 이유에서다. 이 불행한 사람들은 자신의 고난을 속속들이 아는 지배자, 자신의 고난을 덜어주려는 의지를 가진 지배자, 그래서 하염없이 자신을 사랑하는 지배자를 꿈꾸게 된다. 바로 이때 신은 탄생한다. 마르크스가 "이 국가, 이 사회는 전도된 세계이므로 종교, 즉 전도된 세계의식을 생산한다"고 말했던 것도 이런 이유에서다.

계보학적으로 생각해보자. 강한 자가 약한 자를 지배한다. 그 지배를 영속화하기 위해, 혹은 약한 자들의 저항을 막기 위해 지배자는 피지배자의 내면에 열등의식을 각인시킨다. 열등의식에 사로잡힌 피지배자들은 정의롭고 사랑으로 충만한 지배자를 꿈꾼다. 이들의 꿈은 신이란 초월적 존재, 가장 우월한 존재로 응결된다. 이 점에서 기독교는 가장 세련된 전도된 세계라고 할 수 있다. 이레네우스의 할아버지뻘 스승이자 예수의 직제자 요한이 기록한 예수의 말을 상기해보라.《신약》〈요한복음〉21장을 보면 예수는 자신의 수제자 베드로에게 세 번이나 반복해서 명령을 내린다. "내 어린 양들을 먹이라Feed my lambs!" 실제로 개신교의 성직자가 목사pastor라고 불리는 것도 이런 이유에서다. 라틴어 '파스토르pastor'는 원래 '양치기shepherd'를 뜻했던 말이다. 목사라는 명칭에는 예수, 나아가 신의 명령이 양들을 돌보는 것이니 자신이 바로 최고 목동이 파견한 목동일 수밖에 없다는 기독교 성직자들의 자부심이 깔려 있다. 잊지 말자. 어린 양들을 해방하는 것이 아니라 어린 양들을 잘 기르는 것이다. 자신이 가축으로 사육당하고 있다는 걸 모르는 사람들, 그래서 채찍으로 때리기보다는 당근을 더 많이 주는 목동을 기다리는 사람들로서는 얼마나 매력적인가? 문제는 완전한 목장이 지상에서는 가능하지 않고 피안에서나 가능하다는 것이다. 신과 예수가 양을 치고 있는 천국이 아니면, 양들은 어디서든 완전한 행복을 누릴 수 없다. 그러나 피안의 목장으로 가는 것도 만만치 않다. 피안의 목장에서 살 자격이 있는지는 신이 결정하는 것이니 말이다. 지상의 목장에서 지내기가 아무리 힘이 들어도 양으로서 임무를 다해야만 한다. 주인이 채찍으로 때려도 저항해서는 안 된다. 나아가 목장을 탈출해 야생의 양이 되려고 해서도 안 된다. 어느 경우든 신은 저항하는 양이나 우리를 탈출하는 양을 천국의 목장에 들이지 않을 테니 말이다. 양으로서 본분을 다한다는 발상, 이것만큼 지배층들을 행복하게 할 복음도 없을 것이다. 자신들의 가혹한 착취와 탄압에도 기독교인들이 정치적 저항에 나설 가능성은 그만큼 적어질 테니까 말이다.

사회나 국가라는 목장에서 현실적 목동이 가혹하게 피지배층들을 탄압하고 착취할수록, 그걸 신이 내린 시험이나 시련이라 간주하는 사람들은 더욱더 천국이란 목장에서의 삶을 갈구하게 된다. 얼마나 우매한 일이며 불행한 일인가? 박해로 피를 흘리면서도 천국의 삶에 미소를 짓는 모습은 황당할 뿐만 아니라 무섭기까지 하다. 어떻게 하면 이런 정신적 몽매로부터 사람들을 구할 수 있을까? 그냥 《성경》을 모두 모아 불태우고 교회나 성당을 파괴하면 될까? 마르크스는 종교의 문제가 이렇게 단순하게 해결될 문제가 아니라는 걸 잘 알고 있다.

종교에 대한 투쟁은 간접적으로 정신적 향료로 종교가 가지고 있는 저 세계, 즉 피안jene Welt에 대한 투쟁이다. 종교적 고통은 현실적 고통의 표현인 동시에 현실적 고통에 대한 저항이다. 종교는 억압된 자들bedrängten Kreatur의 한숨이자, 심장 없는 세계herzlosen Welt에서의 심장이고, 영혼 없는 상황geistloser Zustände에서의 영혼이다. 한마디로 종교는 민중Volks의 아편이다. 민중에게 환각적 행복illusorischen Glücks을 낳는 종교를 폐기하라는 이유는 민중으로 하여금 현실적 행복wirklichen Glücks을 도모할 수 있도록 하기 위해서다. 그러니 민중에게 자기 삶의 조건에 대한 환각을 포기하라고 요청한다는 것은 환각을 필요로 하는 조건을 포기하라고 요구하는 것이다. 그러므로 종교 비판은 태생적으로 종교가 후광이 되는 눈물의 골짜기Jammertales에 대한 비판일 수밖에 없다.

－〈서문〉, 《헤겔 법철학 비판》(1843)

마르크스의 눈에는 교회나 성당에 들러 신을 찾는 피지배자들이 너무나 측은하기만 하다. 배고프지만 피안의 산해진미를 떠올리면서, 춥지만 피안의 따뜻함을 떠올리면서, 과도한 노동에 시달리지만 꽃이 흐드러진 피안의 들판에서 낮잠을 청하는 모습을 떠올리면서, 실업자 혹은 해고자로서 천대받지만 모든 사람의 환대를 받는 피안의 공동체를 떠올리면서, 우리 가난하고 힘없는 이웃들은 잠시 미소를 짓는다. 차안이 힘드니까 피안에서 지낼 행복을 떠올리는 것이다. 기독교를 포함한 모든 종교는 냉엄한 세상에서 그나마 따뜻함을 제공한다. 마르크스의 말대로 "종교는 억압된 자들의 한숨이자, 심장 없는 세계에서의 심장이고, 영혼 없는 상황에서의 영혼"인 셈이다. 결국 차안에 억압이 아니라 정의가 살아 있다면, 차안에 따뜻한 심장이 있다면, 그리고 차안에 명료한 영혼이 지배한다면, 더 이상 헌금의 대가로 얻는 값싼 가짜 심장과 가짜 영혼, 가짜 사회를 꿈꿀 리 없다. 그래서 종교는 일종의 아편에 비유할 수 있다. 치명적인 상처가 생겼다면, 그 고통은 형언할 수 없이 극심한 법이다. 이때 아편을 사용한다. 고통을 잠시라도 잊도록 해주니까. 누군가 아편 복용을 막아야 한다고 주장할 수 있다. 옳은 이야기다. 중독성을 가진 아편은 인간의 심신을 피폐하게 만드는 일종의 마약이기 때문이다. 그러나 마르크스는 이런 주장이 치명적인 부상자에게는 너무 가혹하다는 걸 안다. 먼저 아편의 진정 작용 없이는 견딜 수 없는 상처와 고통부터 없애는 것이 순서가 아닌가? 마르크스는 포이어바흐에게 치명적인 한 방을 날리고 있는 중이다.

마음껏 사유하고 마음껏 의지하고 마음껏 사랑하는 격조 높은 삶, 인간 일반의 본질을 실현하는 근사한 삶을 살지 못해서 인간이 종교를 만들고 그것을 믿었던 것이 아니다. 오히려 차안에서 사는 삶이 너무나 불행하기에 대부분의 사람들은 기독교가 파는 아편을 저렴한 가격으로 구매해 피안에서의 작은 행복이나마 꿈꾸었던 것이다. 결국 진정으로 우리 이웃들이 기독교라는 아편을 소각하기를 원한다면, 포이어바흐는 부정의와 냉혹함이 판을 치는 세계, 소수가 다수를 억압하고 착취하는 세계를 근본적으로 바꾸려고 노력해야만 했을 것이다. 이것이 마르크스가 "민중에게 환각적 행복을 낳는 종교를 폐기하라는 이유는 민중으로 하여금 현실적 행복을 도모할 수 있도록 하기 위해서"라고 말한 이유다. 환각적 행복에 취해 있다면, 민중은 현실적 행복을 얻으려는 투쟁에 나설 수 없으니까. 그러나 포이어바흐는 어떻게 했는가. 종교가 탄생하거나 혹은 종교의 유혹을 받을 수 있는 조건, 즉 "눈물의 골짜기"에 서럽게 울려 퍼지는 우리 억압받는 이웃들의 울음소리에 그는 귀를 닫고 있지 않았는가.

포이어바흐와 마르크스의 차이는 분명하다. 차안이 바로 "눈물의 골짜기"라는 현실감각과 인간에 대한 깊은 애정이 있느냐의 여부였다. 어쩌면 이것이 진정한 인문주의자나 민주주의자를 식별하는 진정한 시금석인지도 모를 일이다. 참고로 "눈물의 골짜기"라는 단어에 응축된 마르크스의 정신을 가장 극적으로 노래한 지성인은 바로 브레히트^Eugen Berthold Friedrich Brecht(1898~1956)일 것이다.

불의를 너무 가혹하게 추궁하지 말아요^Verfolgt das Unrecht nicht zu sehr,
금방 저절로 얼어버릴 테니^Im Bälde Erfriert es schon von selbst,
너무 추우니까요^Denn es ist kalt.
어둠과 혹한을 생각하세요^Bedenkt das Dunkel und die grosse Kälte!
비탄의 소리가 울려 퍼지는 이 골짜기에서^in diesem Tale Das von Jammer schallt

— 〈피날레 송^Dreigroschenfinale〉, 《서푼짜리 오페라^Die Dreigroschenoper》(1928)

1928년 8월 31일 독일 베를린에서 초연했던 그의 번안연극 《서푼짜리 오페라》는 등장 배우들이 모두 모여 합창하는 것으로 막을 내린다. 이 합창곡은 브레히트가 《헤겔 법철학 비판》의 〈서문〉을 읽고서 젊은 마르크스의 슬픔에 공명하지 않았으면 쓸 수 없던 시다. 브레히트의 시를 풀어보자. 편의점에서 '삥땅'을 한 아르바이트 대학생, 보험금을 타려고 남편을 살해한 아내, 남의 집에 들어가 재산을 강탈한 도둑 등등. 그들은 분명 불의를 저지른 것이

케테 콜비츠의 판화 〈살아남은 사람들〉(1923). 브레히트는 가난한 이웃들의 작은 불의를 가혹하게 응징하기보다는 오히려 추궁해야 할 것은 어둠과 혹한에 쌓여 있는 "비탄의 소리가 울려 퍼지는 골짜기"를 만든 불의라고 노래하고 있다.

다. 그렇지만 브레히트는 너무 가혹하게 추궁하지 말라고 이야기한다. 이런 세세한 불의보다 수천 배나 가혹한 불의가 있으니 말이다. 다수를 어둡고 차가운 골짜기에 내몰아 비탄의 소리를 내도록 만든 억압체제 앞에서 이런 작은 불의는 그냥 얼어버릴 정도라는 것이다. 그러니 작은 불의에 신경을 곤두세우지 말고, 그런 불의를 만든 어둠과 혹한을 생각하라고 지금 브레이트는 관객들에게 요구하고 있다. 종교라는 아편에 손을 대는 인간들을 조롱하기보다는 "눈물의 골짜기"에서 울려 퍼지는 그들의 울음소리에 마르크스의 마음은 찢어지는 듯했다. 브레히트도 마찬가지다. 가난한 이웃들의 작은 불의를 가혹하게 응징하기보다는 오히려 추궁해야 할 것은 어둠과 혹한에 쌓여 있는 "비탄의 소리가 울려 퍼지는 골짜기"를 만든 불의라고 노래하고 있으니까. 작은 불의를 긍정하자는 것도 아니고 교회나 성당에 나가는 것을 긍정하자는 것도 아니다. "비탄의 소리가 울려 퍼지는 눈물의 골짜기"가 사라진 다음에도 그런 작은 불의를 저지르거나 종교에 빠져드는지 보자는 것이다. 마르크스는 나중에 그의 후배 브레히트가 연극으로 "눈물의 골짜기"를 만드는 체제를 폭로하려고 했던 걸 짐작이라도 했을까. 어쨌든 25세의 젊은 철학자 마르크스는 종교를 비판하면서 인문주의자와 민주주의자가 해야 할 소임을 분명히 밝힌다.

비판은 쇠사슬Kette에 붙어 있는 환상의 꽃들imaginären Blumen을 잡아 뜯어버렸는데, 이는 인간이 환상도 위안도 없는 쇠사슬을 걸치기 위해서가 아니라 그 쇠사슬을 벗어던져버리고 살아 있는 꽃lebendige Blume을 꺾어 가지기 위해서다. 종교의 비판은 인간을 깨워 그로 하여금 자신의 환각을 상실하고 자기 이성을 되찾은 인간으로서 사고하고 행동하고 자신의 현실을 형성하도록 하기 위해서이고, 인간이 자기 자신을 중심으로 그리고 그의 현실적 태양을 중심으로 움직이도록 하기 위해서다. 인간이 자기 자신을 중심으로 움직이지 않는 한, 종교는 단지 인간을 중심으로 움직이는 환상적인 태양일 뿐이다. 그러므로 진리의 피안Jenseits der Wahrheit이 사라진 뒤에, 차안의 진리Wahrheit des Diesseits를 확립하는 것은 역사의 임무다. 인간의 자기소외Selbstentfremdung의 신성한 형태가 폭로된 뒤에, 그 신성하지 않은 형태들 속의 자기소외를

1부. 종교적인 것과 관조적인 것을 넘어서

폭로하는 것은 무엇보다도 바로 역사에 봉사하는 철학의 임무다. 그래서 천상의 비판은 지상의 비판으로, 종교의 비판은 법의 비판으로, 신학의 비판은 정치의 비판으로 전환된다.

　　　　　　　　　　　　　　　　　　　　－〈서문〉,《헤겔 법철학 비판》

　소수의 지배자들은 다수의 사람들을 도망치지 못하도록 쇠사슬로 묶어놓았다. 피지배자들은 자신의 삶을 옥죄는 쇠사슬을 가리려고, 다시 말해 자신들이 일종의 노예라는 사실에 직면하지 않으려고 한다. 굴욕적인 삶을 있는 그대로 자각하는 순간, 쇠사슬을 매단 지배자들과의 건곤일척은 불가피한 법이다. 그러니 그들은 화려한 꽃들로 자신의 몸을 감싸고 있는 쇠사슬을 은폐하려고 한다. 일종의 정신승리를 시도하는 셈이다. 이런 정신승리에 화려한 가상의 꽃들을 제공하는 것이 바로 종교의 소임이었던 것이다. 바로 이 대목에서 포이어바흐는 가상의 꽃들이 가상일 뿐이라는 것을 폭로한다. 그렇지만 마르크스가 보았을 때 그의 종교 비판은 단지 쇠사슬 마디마디에 꽂혀 있는 가상의 꽃들을 제거해야 한다는 주장에 지나지 않는다. 이것은 결국 잘해야 "인간이 환상도 위안도 없는 쇠사슬을 걸치고" 살라는 매정한 이야기일 뿐이다. 그래서 마르크스는 종교 비판의 목적은 "쇠사슬을 벗어던져버리고 살아 있는 꽃을 꺾어가지기 위한" 것이어야 한다고 단언한다. 쇠사슬의 굴레를 벗어던진 다음에야 인간은 아름다움을 추구할 수 있다는, 자신의 삶을 자신의 의지대로 향유할 수 있다는 이야기다. 여기서 '전도된 세계'는 마침내 바로 세워지게 된다. 한 명의 강압으로 김치찌개를 먹으러 갔던 9명은 이제 짜장면을 먹으러 갈 수도 있고, 아니면 스파게티를 먹으러 갈 수도 있으니 말이다. 여기서 주목해야 할 것은 바로 세워진 세계가 어떤 모습인지 마르크스가 묘사한 부분이다. "자기 이성을 되찾은 인간으로서 사고하고 행동하고 자신의 현실을 형성하는" 것이 가능해지는 세계. 결국 자유로운 개인들의 공동체와 다름없는 세계다. 훗날 1871년 53세의 마르크스가 파리코뮌의 탄생에 얼마나 감격했을지, 그리고 그것이 반년도 안 되어 괴멸되었을 때 그가 얼마나 슬퍼했을지 미루어 짐작이 가는 대목이다. 1871년 출간된 《프랑스내전》은 현실에서는 좌절되었지만 이념으로서는 영원성을 확보하는 데 성공한 파리코뮌, 즉 자유로운 개인들의 공동체에 바친 마르크스의 찬가였던 셈이다.

포이어바흐와는 다른 독자적인 종교 비판을 수행하면서 청년 마르크스는 철학자로서 자신에게 스스로 부여한 과제와 그것을 해결하는 절차를 규정한다. 피안을 응시하느라 간과되거나 방치되었던 차안의 역사를, 전도된 세계의식으로서 종교를 낳았던 전도된 세계의 역사를 그리는 일이 가장 중요하다. 역사는 다수의 인간들이 지금까지 얼마나 오랫동안 소수에 의해 가축화되었는지 그 슬픈 역사를 기억하는 일이다. 그래야 억압받는 자들 입장에서 굴욕을 굴욕으로, 치욕을 치욕으로 인정해야 굴욕과 치욕의 삶을 극복할 수 있다. 동시에 전도된 세계를 만들어 다수를 가두려는 소수 지배계급의 새로운 시도도 미연에 방지할 수 있다. 승자를 정당화하는 역사가 아니라 패자의 피눈물을 기억하는 역사가 필요하다는 것이다. 바로 이 대목에서 마르크스는 철학의 임무를 새롭게 규정한다. 그것은 기독교나 포이어바흐처럼 역사성과는 무관한 '영원성', '추상성', 그리고 '일반성'의 층위에서 이루어지는 사변적 사유일 수는 없다. 그의 말대로 철학은 역사에 봉사해야 하기 때문이다. 그렇다면 영원불변한 진리를 다루는 사변 철학이 아니라 역사에 봉사하는 철학은, 다시 말해 1843년 독일이라는 역사적 시공간에서 청년 마르크스가 수행해야만 한다고 생각했던 철학의 과제는 무엇일까? "인간의 자기소외의 신성한 형태가 폭로된 뒤에, 그 신성하지 않은 형태들 속의 자기소외를 폭로하는 것"이다. 전도된 세계의식의 허구를 폭로한 다음에, 이런 종교의식을 낳았거나 조장했던 전도된 세계의 허구를 폭로해야 한다는 것이다. 자신이 설정한 과제마저 너무 추상적으로 들릴까 우려했던지 마르크스는 친절한 설명을 덧붙인다. "천상의 비판은 지상의 비판으로, 종교의 비판은 법의 비판으로, 신학의 비판은 정치의 비판으로" 심화시켜야 하는 것이 자신의 과제라고 말이다. 마르크스는 자신에게 부과했던 숙제를 마무리한다. 바로 그 결과물이 1845년에 완성한 〈포이어바흐에 관한 테제들〉, 그리고 1846년에 집필한 《독일 이데올로기》였다. 청년 마르크스가 얼마나 성실했고 집요했는지 확인할 수 있는 대목이다.

〈포이어바흐에 관한 테제들〉 중 우리가 가장 먼저 살펴본 것은 네 번째 테제였다. 네 번째 테제의 전반부가 포이어바흐의 종교 비판을 요약했다면, 후반부는 종교 비판이 현실적으로 완성되려면 그것은 이론적 해명이나 폭로로는 불가능하다는 것을 밝힌다. "세속적 토대가 자기 자신으로부터 자신을 분리하여 스스로 구름 속에서 하나의 독립적 왕국으로 자리 잡는다는 사실은 오직 이 세속적 토대 내부의 균열과 자기모순에 의해서만 설명될 수 있다. 그러므로 이 세속적 토대 자체는 모순된 것으로 이해되어야만 하며, 동시에 실천적으로 변혁되어야만 한다." 소수의 지배자가 다수 인간을 억압하고 착취하는 세계가 전도된 세계다. 이렇게 소수의 지배자와 다수의 피지배자로 구성된 사회를 마르크스가 "세속가족"이라고 말했던 것이다. 불행히도 전도된 세계에 익숙해진 다수의 피지배자들은 지배자가 없는 사회를 꿈꾸기보다는 좋은 지배자가 지배하는 사회를 꿈꾼다는 점이다. 이런 꿈이 외부로 투사되면서 신과 예수가 최고 지배자로 있는 피안의 국가, 즉 천국이 탄생한다. 바로 "신성가족"이다. 피안의 행복을 꿈꾸느라 피지배자들이 억압적 현실을 목도하지 않기에, "세속가족"은 별다른 저항 없이 유지된다. 당연히 피지배자의 저항이 미미하니 억압과 착취는 심화될 수밖에 없고, 이런 상황은 피지배자들로 하여금 더욱더 "신성가족"에 몰입하도록 만든다. 결국 관건은 "세속사회"의 모순, 즉 소수의 행복한 삶과 다수의 불행한 삶이라는 모순을 제거하는 것이다. 다시 말해 자유로운 개인들의 공동체가 도래한다면, 세속가족도 붕괴될 것이고 이어서 도미노처럼 신성가족도 하늘에서부터 녹아내리게 될 것이라는 것이다. 자! 이제 실천적인 변혁, 즉 혁명만 남았다. 그렇지만 상대는 생산수단, 교환수단, 정치수단, 폭력수단을 독점한 지배계급, 즉 압도적인 힘을 가진 지배계급이다. BC 3000년 이후 지금까지 다수의 인간을 효과적으로 억압하고 착취했던 지배계급에 맞서는 전략은 무엇인가? 한 줌도 안 되는 소수가 지배에 성공하는 이유는 그 소수가 항상 다수를 이간질하여 그들 중 일부를 자신의 호위부대로 만드는 데 성공했기 때문이다. 그렇다면 답은 자명하고 분명하다. "만국의 노동자여! 단결하라!"

3. 종교로서 자본주의

'종교적인 것the religious'의 범주로 '성스러운 것the sacred'과 '세속적인 것the profane'을 이야기하는 경우가 많다. 성스러운 것과 세속적인 것이 논의된다면, 이런 논의는 종교적 담론에 속한다는 이야기다. '성스러운 것'과 '세속적인 것', 즉 성속聖俗의 이분법이 유행하게 된 계기는 지금은 종교학의 대가로 통하는 엘리아데Mircea Eliade(1907~1986)와 1957년 출간된 그의 저서《성스러운 것과 세속적인 것Das Heilige und das Profane》때문이라고 하겠다. 참고로 성속 이분법은 현대 프랑스 사회학자 뒤르케임David Émile Durkheim(1858~1917)이 1912년 자신의 저서《종교적 삶의 기초 형식들Les Formes élémentaires de la vie religieuse》에서 최초로 제안했던 것이다. 분명 성속은 종교의 핵심 범주라고 할 수 있다. 그렇지만 불행히도 성속 범주는 종교를 깊게 이해하는 데 별다른 도움이 되지는 않는다. 생각해보라. '성스러운 나무'라는 말을 들으면 누구나 보통 평범한 나무가 아니라 함부로 훼손해서는 안 되는 '종교적 나무'를 연상하지 않는가? 결국 성스러운 것은 종교적인 것과 거의 동의어에 가깝다. 분명 엘리아데의 글은 신기한 종교적 사실들을 풍부하게 알려주기에 매우 흥미롭다. 그렇지만 마지막 페이지를 덮는 순간, 누구나 종교와 관련된 새로운 인식이나 통찰은 얻지 못했다는 느낌을 가질 것이다. 결국 다양한 시공간에서 펼쳐지는 종교적 현상들을 관통하면서 동시에 새로운 인식을 줄 수 있는 범주가 필요하다고 하겠다. 종교를 이해할 때 성속의 범주보다는 '우월'과 '열등'이란 범주, 즉 우열의 범주를 사용했던 것도 이런 이유에서다. 우열 범주는 정치경제학적인 종교 이해, 고고학적인 종교 이해, 역사학적인 종교 이해, 나아가 심리학적인 종교 이해 등 포괄적인 종교 이해를 가능하도록 해주기 때문이다. 예를 들어 성스러운 나무를 그냥 종교적 나무라고 하지 말고, 우리 인간보다 우월하다고 믿어지는 나무라고 이해하자는 것이다. 이제 그냥 간단히 정리해두자. 종교는 우월한 존재를 상상하면서, 혹은 믿으면서, 인간 스스로 열등의식에 사로잡히게 하는 것이라고 말이다.

마르크스는 다수의 피지배자를 '열등의식'에 사로잡히도록 만든 기독교를 비판한 뒤, 무언가 찜찜한 느낌이 들었나 보다. '열등'과 '우월'과 관련된 감정이 종교적 감정이라면, 가장 최고의 종교적 감정은 바로 자본주의에서 찾아야 하기 때문이다. 돈을 가진 사람이 '우월'하고 그렇지 않은 사람을 '열등'하게 만드는 것이 자본주의체제 아닌가?《헤겔 법철학 비판》〈서문〉 도입부에서 마르크스는 "종교 비판은 모든 비판의 전제"라고 말했던 적이 있다. 이 말은 결국 '체제로서 자본주의'에 대한 정치경제학적 비판에 앞서 '종교로서 자본주의'를 비판해야 한다는 의미다. '세속가족' 비판에 앞서 '신성가족'을 먼저 비판해야 한다는 것과 마찬가지의 논리다. 영민한 젊은 철학자 마르크스가 이것을 모를 리 없는 일이다. 마침내 그는 1844년 종교로서 자본주의를 숙고했던 첫 결과물《1844년 경제학-철학 수고Ökonomisch-philosophische Manuskripte aus dem Jahre 1844》를 내놓게 된다. 어떻게 자본과 화폐가 자신을 제외한 모든 것을 열등하게 만드는

지, 혹은 왜 인간은 화폐, 나아가 자본을 우월한 존재로 신처럼 숭배하게 되었을까? 마르크스의 대답을 들어보자.

모든 것을 구매하는 속성^{Eigenschaft}을 가짐으로써, 모든 대상을 자기 것으로 만드는 속성을 가짐으로써 화폐는 우월한^{eminenten} 의미의 대상^{Gegenstand}이다. 화폐가 지닌 이런 속성의 보편성은 그 존재의 전능성이다. 그런 까닭에 화폐는 전능한 존재로 간주된다. …… 화폐의 힘이 클수록 나의 힘도 크다. 화폐의 속성들은 나의―화폐 소유자의―속성이자 본질적 힘이다. 따라서 나의 존재와 능력은 결코 나의 개성에 의해 규정되지 않는다. 나는 못생긴 사람이지만 가장 아름다운 여자도 사들일 수 있다. 따라서 나는 추하지 않게 되는데, 추함의 작용, 즉 사람들을 당혹스럽게 하는 힘은 화폐에 의해 없어지기 때문이다. …… 나는 사악하고 비열하고 비양심적이고 똑똑하지 못한 인간이지만 화폐는 존경받으며 따라서 화폐의 소유자도 존경받는다. 화폐는 최고의 선이며 따라서 그 소유자도 선하며, 그 밖에도 화폐는 내가 비열하기 때문에 겪는 곤란에서 나를 벗어나게 한다. 따라서 나는 똑똑하지 못하지만, 화폐는 모든 사물의 현실적 정신$^{wirkliche\ Geist}$이니, 어떻게 그 소유자가 똑똑하지 못한 사람일 수 있겠는가? 게다가 그 소유자는 똑똑한 사람들을 고용할수 있고, 똑똑한 사람들을 지배할 수 있는 힘을 가진 자가 똑똑한 사람들보다 똑똑하지 않겠는가? 인간의 마음이 갈망하는 모든 것을 화폐를 통해 마음대로 할 수 있는 나는 인간의 모든 능력을 가진 것이 아니겠는가? 따라서 나의 화폐는 나의 모든 무능력을 그 정반대의 것으로 전환시키는 것이 아니겠는가?

…… 화폐는 나의 소원들을 표상의 존재에서 전환시키며, 그것들을 생각된, 표상된, 원했던 존재에서 감각할 수 있는 현실적 존재로 전환시키며, 표상에서 생활로, 표상된 존재에서 현실적 존재로 전환시킨다. 이런 매개로서 화폐는 진정한 창조적 힘이다. …… 〔반대로 말해〕 내가 여행에 필요한 화폐가 없다면, 나는 여행에 대한 욕구Bedürfnis, 다시 말해서 여행에 대한 현실적이고 자기실현적인 욕구를 가지지도 못할 것이다.

-《1844년 경제학-철학 수고》

자본주의를 이해하려면 화폐, 즉 돈에서부터 출발해야 한다. 액면가 5만 원짜리 지폐를 예로 생각해보자. 실제로 한 장의 종이, 물론 상당히 질 좋은 종이 한 장일 뿐이다. 그렇지만 누구나 이 지폐가 얼마나 강력한지 잘 알고 있다. 코를 푼 다음 쓰레기통에 던지지도 않고, 종이비행기를 접어 저 멀리 물가로 던지지도 않는다. 5만 원짜리 지폐를 단순한 종이 이상의 가치가 있는 것이라고 본다면, 이것은 십자가에서 단순한 청동 이상의 것을 보는 것과 마찬가지다. 혹은 작은 목불을 나무토막 이상의 가치가 있는 것으로 보는 것에 비유할 수도 있다. 얼어 죽으면서도 작은 목불을 연료로 태우지 않는 사람이 있다면 그는 불교 신자이고, 청동 십자가로 가려운 등을 긁지 않는 사람은 기독교 신자이고, 5만 원 지폐를 화장실에서 휴지 대용으로 쓰지 않는 사람은 자본주의 신자다. 바로 여기서 자본주의체제가 기본적으로 현실과는 무관한 믿음의 체계, 즉 현실에서 그 이상을 보려는 종교적 체제와 다름없다는 것이 분명해진다. 중요한 것은 5만 원 지폐에는 액면가에 해당하는 거의 무한한 상품들을 구매할 수 있는 힘, 즉 무한한 교환 가능성이 있다는 점이다. 마르크스가 말한 것처럼 돈은 "모든 것을 구매하는 속성, 즉 모든 대상을 자기 것으로 만드는 속성을 가지기" 때문이다. 분명 지폐든 동전이든 화폐는 의자, 책, 장갑 등과 마찬가지로 손으로 만질 수 있는 대상이다. 그렇지만 자본교 신자는 누구나 안다. 돈은 마르크스의 말대로 무한한 교환 가능성을 가진 대상이기에 "우월한 의미를 가진 대상"이라는 사실을. 바로 여기서 돈은 우월하고 상품은 열등하다는 가장 근본적인 종교적 감정이 출현한다.

자본교에서 돈을 가진 사람은 우월하고 상품을 가진 사람은 열등할 수밖에 없다. 돈을 가지고 쇼핑을 하러 갈 때 상점 주인이 우리에게 그리도 굽실거렸던 이유도 바로 여기에 있다. 장갑을 파는 우리 불쌍한 상점 주인은 장갑이 팔리지 않으면 식사도 할 수 없고 책도 사볼 수 없기 때문이다. 물론 손을 보호하는 데 장갑은 필요하지만 말이다. 상품을 가진 사람은 이렇게 열등한 지위에 던져져 있는 법이다. 그러니 결사적으로 장갑을 팔아 돈을 얻으려 우리에게 그리도 교태를 부렸던 것이다. 장갑을 사는 순간 우리에게는 장갑이, 상점 주인에게는 돈이 주어진다. 바로 이때 관계는 역전된다. 최소 이 순간에서만큼은 상점 주인이 우리보다 우월해지기 때문이다. 이것을 확인하고 싶다면 하루이틀 뒤 장갑을 들고 환불하러 가보라. 장갑을 애처롭게 든 채 우리는 애걸하게 될 것이다. "기억하실지 모르겠네요. 제가 이틀 전에 장갑을 샀는데요. 집에 이미 장갑이 있더라고요. 어떻게 환불해줄 수 없을까요?"

돈은 모든 것을 구매할 힘을 가지고 있기에, 누구라도 탐을 낸다. 돈을 수중에 두는 순간, 그는 돈의 양만큼 상품을 구매할 수 있는 전능한 힘을 가지기 때문이다. 못생긴 남자지만 여자의 환심을 살 수도 있다. 근사한 옷을 입을 수도 있고, 근사한 레스토랑에서 식사를 할 수도 있고, 근사한 선물도 사줄 수 있다. 지금 같아서는 깔끔하게 성형수술로 근사한 외모도 살 수 있다. 돈만 있다면 공부를 못해도 상관이 없다. 명문대를 졸업한 똑똑한 사람을 고용하면 되니까 말이다. 회화를 못해도 상관이 없다. 통역관을 사면 되니까. 사실 통역관을 군이 살 필요도 없다. 돈이 있으면 우리는 많은 말을 할 필요가 없으니 말이다. 항상 돈을 벌려고 상품을 파는 사람이 말을 많이 하는 법이다. 정말 돈은 기적을 일으키는 힘을 가진 탁월한 대상이다. 마르크스의 말대로 "나의 모든 무능력을 그 정반대의 것으로 전환시키는", 다시 말해 나를 능력이 있도록 만드는 것이 바로 돈이기 때문이다.

과거 돈만큼의 기적을 일으켰다고 숭배되는 인물이 하나 있다. 우선 37번이나 행했던 그의 기적들 중 대표적인 것 서너 가지를 열거해보자. "10명의 문둥병자를 고친 일"(〈누가복음〉), "장님의 눈을 고친 일"(〈요한복음〉), "떡 다섯 개와 물고기 두 마리로 5000명을 먹인 일"(〈마태복음〉), "몸에 눈부신 광채가 나와 입고 있던 옷을 새하얗게 만든 일"(〈마가복음〉). 인간이 무기력을 느끼는 일들을 모두 가능하도록 만든 바로 이 사람이 예수다. 분명 외적으로는 사람이지만 그는 사람 이상의 사람, 즉 우월한 사람이었다. "인간의 모든 무능력을 그 정반대의 것으로 전환시키는" 힘을 가지고 있었기 때문이다. 자본교에서 돈이 가진 위상을 기독교에서는 그대로 예수가 가지고 있다는 사실에 주목해보자. 사실 지금 관점에서 보면 예수의 기적은 깔끔하게 돈의 기적으로 웬만하면 달성할 수 있는 것이다. 누구나 알고 있지 않은가. 예수의 기적이 37번에 국한되었다면, 현재 돈은 거의 무한에 가깝게 기적을 행하고 있다는 사실을. 그러나 무엇보다 자본교가 기독교보다 탁월한 이유는 피안에서의 행복이 아니

이반 아이바좁스키의 〈물 위를 걷는 예수〉(1888). 자본교에서 돈이 가진 위상을 기독교에서는 예수가 가지고 있다. 사실 지금 관점에서 보면 예수의 기적은 돈의 기적으로 웬만하면 달성할 수 있는 것이다.

라 바로 차안에서의 행복을 약속하기 때문이다. 사실 예수가 행한 기적들은 피안에서 있을 행복에 대한 일종의 마케팅에 지나지 않는 다. "메인 요리는 피안에서 제공되니, 차안의 시식으로 만족하세요." 피안의 행복을 위해 예수가 요구하는 모든 것을 수행했는데 죽은 뒤 피안이 없을 가능성이 있다. 그렇다면 이건 완전히 사기당한 셈 이다. 이와 달리 자본교는 그런 사기의 가능성마저 없다. 살아 있을 때 돈은 우리에게 모든 기적과 전능을 보장하니 말이다.

돈은 기적을 일으키니, 우리가 숭배하지 않을 수 없다. 마르크 스는 말한다. "화폐는 나의 소원들을 표상의 존재에서 전환시키며,

그것들을 생각된, 표상된, 원했던 존재에서 감각할 수 있는 현실적 존재로 전환시키며, 표상에서 생활로, 표상된 존재에서 현실적 존재로 전환시킨다." 원하는 것이 있는가? 그렇다면 돈은 그 원하는 것을 손으로 만질 수 있는 현실적 존재로 바꿔준다. 예수나 신이 말로만 외쳤던 창조의 역량은 화폐는 너무나 간단하게 실현하고 있었던 것이다. "화폐는 진정한 창조적 힘"이라고 숭배되기에 충분한 존재였던 셈이다. 소원을 말하면 들어주는 이런 기적 이외에 돈은 우리의 정신마저 지배하게 된다. 독실한 기독교 신자가 결코 예수를 팔아먹지 않는 것처럼, 독실한 자본교 신자는 쉽게 상품을 사느라 돈을 지출하지는 않는다. 분명 5만 원 지폐로는 장갑, 커피, 책, 파스타 등등을 살 수 있다. 그렇지만 구매행위는 일종의 신성모독 행위 아닌가. 예를 들어 책을 사는 순간, 자본교 신자는 이것이 장갑, 커피, 파스타 등을 살 수 있는 그 매력적인 가능성, 화폐의 전능한 힘을 포기하는 것이란 걸 잘 알고 있다. 바로 이것이다. 상품을 구매하는 과정이 표면적으로 등가 교환인 것처럼 보이지만, 사실 본질적으로 돈과 상품 사이에 이루어진 교환은 부등가 교환이었던 셈이다.

시험 삼아 가진 돈으로 두꺼운 책 한두 권을 구매했다고 해보자. 그저 구매한 책을 가지고 있거나 읽는 일만 남았을 뿐이다. 이제 손이 시려도 장갑을 살 수 없고, 커피를 마실 수도 없고, 파스타의 근사한 향을 맡을 수도 없다. 이제 수중에는 돈이 없으니까. 더 심각한 것은 책을 사면서 우리는 더 이상 5만 원에 해당하는 백일몽, 즉 책을 읽고 있는 꿈, 장갑을 끼고 있는 꿈, 커피 향을 맡고 있는 꿈, 파스타의 면발을 즐기고 있는 꿈 등등에 빠져들 수 없다는 점이다. 간혹 금고나 은행에 엄청난 돈을 가지고 있으면서도 굶어

《자본론》을 출간했던 1867년
마르크스의 모습.

죽은 자린고비 이야기가 나오는 것
도 다 이유가 있었던 셈이다. 상품
을 구매하는 것보다 백일몽에 빠져
있는 것이 훨씬 행복했던 것이다.
자본교 신자의 믿음이 더 깊어갈수
록, 자본은 그리고 돈은 그의 정신
을 완전히 지배하는 데까지 이르게
된다. "내가 여행에 필요한 화폐가
없다면, 나는 여행에 대한 욕구, 다
시 말해서 여행에 대한 현실적이고
자기실현적인 욕구를 가지지도 못
할 것이다." 돈의 액수만큼 우리는
무언가를 욕망하고, 무언가를 꿈꿀 수 있다는 것이다. 그러니 더 큰
꿈을 꾸거나 더 많은 것을 욕망하려면, 우리는 무엇보다도 먼저 더
많은 돈을 꿈꾸어야만 한다.

자본주의가 일종의 자본교라고 비판했던 26세 마르크스의 정
신은, 1867년 그의 나이 49세에 출간했던《자본론$^{Das\ Kapital}$》에도 그대
로 반영되어 있다.

"금은 영물이다. 금을 가진 자가 그가 바라는 모든 것의 주인
이다. 금이라면 영혼을 천국에 이르게 할 수도 있다."(콜럼버스
Christopher Columbus(1451~1506),《자메이카에서 보낸 편지》) 화폐는 아무리
살펴보아도 그것이 무엇으로부터 전화되었는지 알 수 없는 물
건이기 때문에 모든 것은 [그것이 상품이든 아니든 상관없이] 화폐로
전화할 수 있다. 화폐 덕분에 모든 물건은 매매가 가능해진다.

유통은 모든 물건이 이곳에 던져졌다가 화폐로 응결되어 나오는 거대한 사회적 증류기가 된다. 이 연금술에서 성자의 유골조차도 저항할 수 없거늘, 하물며 인간의 교환 영역 외부에 있는 성스러운 유물에서야 말해 무엇 하겠는가? 상품의 모든 질적 차이가 화폐를 통해서 소멸해버리는 듯이 화폐 쪽에서도 역시 철저한 평등주의자의 입장을 취하고 모든 차이를 적극적으로 제거해나간다. 그러나 화폐는 본래 상품(즉 외형적인 물체)으로서 누군가의 사유재산이 될 수 있다. 그래서 이제 사회적 힘이 개인의 사적인 힘이 된다. 그렇기 때문에 고대사회는 화폐를 그 사회의 경제적·도덕적 질서의 파괴자라고 비난했던 것이다. 그러나 이미 그 유년기에 (재물과 부의 신) 플루토스^{Plutus}의 머리털을 붙잡고 대지의 배 속으로 끌어낸 근대사회는 황금이야말로 자신의 고유한 생활원리를 눈부시게 비쳐주는 화신으로, 즉 자신의 성배로 쌍수를 들고 반긴다.

-《자본론》1권(1867)

"종교 비판은 모든 비판의 전제"라는 그의 신념은 이처럼 확고했던 것이다. 화폐의 물질성이 금이냐 종이냐 혹은 청동이냐가 중요한 것이 아니다. 어떤 것이든지 간에 모든 것을 구매할 수 있는 힘이 있도록 만들면 그것은 화폐로 기능하니까 말이다. 심지어 지금은 스마트폰 화면에 떠 있는 신용카드 영상이 화폐로 기능하고 있지 않은가? 역사적으로 보면 금은 오랫동안 그리고 지금까지 화폐의 기능을 담당하고 있고, 지폐나 주화도 그 역할을 담당하고 있다. 금이 무한한 교환 가능성, 혹은 무한한 구매 가능성을 확보하는 것은 정말 동서양 구분 없이 오래된 관습이다. 그러니까 웬만한 사

1부. 종교적인 것과 관조적인 것을 넘어서

람이면 자신이 가진 상품을 팔아 금을 얻으려고 한다. 여기에도 믿음이 짙게 깔려 있다. 물론 이 기저에는 모든 사람이 금을 욕망한다는 더 심층적이고 사회적인 믿음도 함께 작동한다. 반면 지폐나 주화는 국가기구의 강제력에 의해 무한한 구매 가능성을 확보하고 있는 매체다. 새로운 지폐나 주화가 화폐로 제대로 기능하는 과정은 아주 단순하다. 우선 국가가 새로운 지폐나 주화를 만들고, 그걸 군인들이나 관료들의 봉급으로 지급한다. 그다음 국가는 세금으로 오직 새로 만든 지폐나 주화만을 받겠다고 선포하면 된다. 당연히 시장 상인들이나 일반인들은 군인이나 관료들이 봉급으로 받았던 새로운 지폐나 주화를 얻고자 한다. 이렇게 새로운 지폐나 주화는 과거 지폐나 주화를 대신해서 화폐라는 권좌를 차지하게 된다. 그러나 여기서도 핵심은 새로운 지폐나 주화로 모든 것을 구매할 수 있다는 믿음을 사람들에게 각인시키는 데 있다.

어쨌든 화폐와 관련된 《자본론》의 논의에는 종교로 자본주의를 해명하는 논조가 많이 희석되어 있는 것처럼 보이지만, 사실은 전혀 그렇지 않다. 종교로서 자본주의에 대한 비판적 의식이 없었다면, 마르크스는 《자본론》에서 자본주의체제에 대한 정치경제학적 비판을 시도하지 않았을 것이다. 먼저 콜럼버스의 편지를 인용하는 부분을 보라. "금은 영물이다. 금을 가진 자가 그가 바라는 모든 것의 주인이다. 금이라면 영혼을 천국에 이르게 할 수도 있다." 금을 가진 자는 돈으로 교황에게서 천국행 티켓도 살 수 있다는 콜럼버스의 위트다. 마르크스의 말대로 자본교가 확산될수록 "상품의 모든 질적 차이는 화폐를 통해서 소멸해버리게" 된다. 화폐는 모든 사물을 상품으로 만들면서 그것들이 가진 질적인 차이를 없앤다는 말이다. 가장 중요한 것은 그 상품들을 구매하는 데 얼마의 돈이

들어가느냐는 양적인 차이일 뿐이다. 사과 100개, 고기 10근, 옷 10벌이나 혹은 스마트폰 1대는 모두 100만 원만 있으면 살 수 있다면, 100만 원은 사과 100개, 고기 10근 등을 지배하는 최종 원리일 수밖에 없다. 사과 100개를 가진 사람은 사과를 먹고 싶어 안달이 난 사람을 만나지 못한다면 고기 10근을 사서 먹을 수 없지만, 100만 원을 가진 사람은 사과도, 고기도, 옷도, 스마트폰도 마음먹은 대로 살 수 있다. 여기서 상품을 가진 자와는 달리 돈을 가진 자가 모든 것을 지배한다는 원리가 다시 부각된다. 분명 상품을 가질 수 있는 것처럼 돈도 가질 수 있다. 더군다나 눈에 보이는 물성을 가지고 있으니, 돈도 엄연히 상품이기도 하다. 돈도 상품이라는 사실은 원화나 달러화가 외환시장에서 매매되고 있다는 것만 환기해도 분명해진다.

예수가 인간 이상의 우월한 존재이지만 어차피 인간이었던 것처럼, 지폐나 주화도 대상 이상의 우월한 존재이지만 대상일 수밖에 없다. 그러니 예수도 다른 인간처럼 감금되고 심지어 처형될 수 있었고, 지폐나 주화도 다른 대상처럼 누군가가 소유할 수도 있는 법이다. 그래서 26세의 마르크스가 "화폐의 힘이 클수록 나의 힘도 크다"고 말했던 동일한 현상을 49세의 마르크스는 정치경제학적으로 세련되게 표현할 수 있었던 것이다. "화폐는 본래 상품(즉 외형적인 물체)으로서 누군가의 사유재산이 될 수 있다. 그래서 이제 사회적 힘이 개인의 사적인 힘이 된다." 이것이 바로 사유재산제다. 부르주아사회에서 사유재산제는 '개인이 어떤 사물을 가질 수 있는 제도'라는 좁은 의미로만 이해되어서는 안 된다. 이런 당연한 걸 문제 삼아서 무엇 하겠는가? 사적으로 소유한 것이 사과나 쌀, 옷이 아니라, 돈의 독점이기 때문에 문제가 된다. 돈을 소유하면 사물들

　　1부. 종교적인 것과 관조적인 것을 넘어서

만 구매할 수 있는 것이 아니라 필요한 어떤 사람이라도 고용할 수 있다. 그래서 자유로운 개인들의 공동체라는 이념은 소수의 자본가, 혹은 자본계급의 사사로운 이익 추구에 항상 휘청거리게 된다. 마르크스의 말대로 "고대사회가 화폐를 그 사회의 경제적·도덕적 질서의 파괴자라고 비난했던 것"도 이런 이유에서다. 불행히도 자본교가 본격화하면서 돈만 가지면 모든 것을, 그것이 인간이든 사랑이든 지혜든 양심이든 구매할 수 있는 사회, 즉 가장 세련된 억압과 착취 사회가 세계에 똬리를 틀게 된다. 바로 이것이 18세기 이후 세계사가 감당해야 할 운명이었던 것이다.

사회학자로 분류되지만 엄밀히 말해 철학자라고 해야 할 짐멜 Georg Simmel(1858~1918)은 1896년 종교로서 자본주의를 더 집요하게 해명하려고 했다. 1900년에 출간된 그의 주저 《돈의 철학Philosophie des Geldes》이 중요한 이유도 바로 여기에 있다. 독일어 원판이 550쪽에 해당하고 우리 번역본의 쪽수는 1000쪽이 넘으니, 통찰력을 주는 짧은 에세이를 주로 썼던 짐멜이 얼마나 이 책에 신경을 썼는지 미루어 짐작이 되는 일이다. 사실 1900년 자신의 주저를 완성할 때까지 짐멜은 돈과 관련된 자신의 날카로운 통찰력을 계속 벼리고 있었다. 1889년 〈돈의 심리학에 대하여Zur Psychologie des Geldss〉, 1896년 〈현대문화에서의 돈Das Geld in der modernen Cultur〉, 1887년 〈삶의 속도에 대한 돈의 의미Die Bedeutung des Geldes für das Tempo des Lebens〉, 1888년 〈남녀관계에서의 돈의 역할Die Rolle des Geldes in den Beziehungen der Geschlechter〉 등등. 인간을 괄호 치고 자본주의체제를 과학적으로 다루겠다는 것이 아니라, 짐멜은 돈을 현상학적으로, 다시 말해 인간과 관련된 의미에서 해명하고자 했던 것이다. 1844년 마르크스는 돈과 인간 사이의 관계를 짧지만 강렬하게 사유했던 적이 있다. 바로 이것을 더 심화시키고 확

게오르그 짐멜은 마르크스의
돈과 인간 사이의 관계에 대한
사유를 더욱 심화시키고 확장해서
체계화한 철학자였다. 자본교를
체계적으로 해명하자는 것, 이것이
바로 짐멜의 야심이었다.

장해서 체계화하자는 것, 한마디로 말해 종교로서 자본주의, 즉 자본교를 체계적으로 해명하자는 것, 이것이 바로 짐멜의 야심이었던 것이다. 아마도 이런 그의 학문적 야심의 단초를 가장 잘 보여주는 것이 다음 글일 것이다.

슐라이어마허Schleiermacher(1768~1834)는 기독교가 신에 대한 경건함이나 열망을 인간 정신의 영속적 상태로 만든 최초의 종교라고 강조했다. 반면 기독교 이전의 신앙 형태들은 종교적 분위기를 특정한 시간과 장소에 연결시켰다. 기독교와 마찬가지로 이미 자리를 잡은 화폐경제에서 돈에 대한 열망은 인간 영혼이 보여주는 영속적인 상태라고 할 수 있다. …… 신의 개념은

1부. 종교적인 것과 관조적인 것을 넘어서

이 세상의 모든 다양성과 대립이 신 안에서 통일되는 데 그 심층적 본질을 가진다. 중세 말기의 주목할 만한 근대 정신이었던 니콜라우스 폰 쿠사Nikolaus von Kusa(1401~1464)의 멋진 표현을 빌리면 신은 '대립자의 일치coincidentia oppositorum'라고 할 수 있다. 존재의 모든 낯섦과 화해 불가능성은 신에서 통일되고 화해한다는 이 이념에서 평화에 대한 감정, 안전에 대한 감정 그리고 모든 것을 포괄하는 풍성함에 대한 감정이 발생하게 된다. 이런 감정은 신에 대해 생각하거나 아니면 우리가 신을 소유하고 있다는 생각으로부터 가능한 것이다. 확실히 돈이 유발하는 감정도 이런 종교적 감정과 심리학적으로 유사하다. 모든 가치들에 대한 유일한 등가물이자 포괄적인 표현이 됨으로써 돈은 아주 추상적인 수준에서 모든 다양한 대상들을 초월하게 된다. 또한 돈은 매우 대립적이고 이질적이며 멀리 떨어져 있는 사물들의 공통점이자 동시에 상호 접촉하는 중심이 된다. 이런 식으로 돈은 우리로 하여금 개별적인 것을 초월하도록 해주며, 돈이 지닌 전능을 마치 최고 원리의 전능인 양 신뢰하도록 만든다. 동시에 이 원리는 언제든지 우리를 개별적이고 비천한 것으로 바꾸어버리기도 한다. 따라서 순수하게 심리학적으로 보면, 이른바 형식적으로 보면, 돈의 소유가 허락해주는 안정과 평온의 감정, 그리고 돈으로 모든 가치들을 포괄할 수 있으리라는 확신은 돈이 우리 시대의 신이라는 탄식에 대해 심층적인 근거를 제시하는 방정식이다.

— 〈현대문화에서의 돈〉, 《게오르그 짐멜 전집 5권Georg Simmel Gesamtausgabe》

기독교는 지역적 특수성이나 민족적 고유성을 넘어서는 '세계 종교'를 표방하는 종교다. 약간 황당한 질문을 하자. 그렇다면 세계 종교는 어디에 뿌리를 내리고 자양분을 얻게 되는가? 피안일까? 물론 아니다. 천국에 있는 사람들이 무엇이 부족해서 차안의 교회에 헌금을 내겠는가? 어떤 특수한 지역에 살고 있는 부족이나 민족에 뿌리를 내릴 수도 없다. 이것은 세계 종교의 이념과 모순되기 때문이다. 그렇다면 남은 것은 지역과 민족, 혹은 부족을 넘어선 사람들이다. 그들은 누구인가? 바로 개인들이다. 아니 정확히 말해 지역이나 민족, 혹은 부족의 보호를 받을 수 없는 사람들, 고독한 개인들이라고 해야 한다. 정치적 이유로 가족과 고향에서 추방된 사람들, 경제적 이유로 낙타나 말을 타고 낯선 곳을 배회하는 사람들, 혹은 범선에 몸을 맡겨 수개월 바다를 항해하는 사람들, 바로 이런 개인들이 기독교의 진정한 고객들이었던 셈이다. 자의 반 타의 반 세계를 누비니 세계 종교의 위로가 필요하고, 위로를 받은 대가로 그들은 헌금을 제공할 수 있으니까.

흔히 세계 종교로 기독교와 함께 이슬람교와 불교를 꼽는다. 기독교와 이슬람교가 수렵채집은 아니더라도 농경생활보다는 가축을 키우며 생계를 유지했던 중동 지역에서 발원한 것에 주목할 필요가 있다. 일교차가 큰 사막의 낮과 밤을 생각해보라. 그들은 땅에 의존하기보다는 하늘과 별자리에 의존하기 쉽다. 양과 소떼를 몰고 다니기에는 땅보다는 밤마다 익숙한 별자리의 파노라마를 연출하는 하늘이 더 미더우니까. 여러모로 사막을 횡단하는 사람들은 망망대해를 항해하는 선원들을 닮은 데가 있다. 바로 여기서 인간과 하늘 사이의 묘한 관계가 맺어지기 마련이다. 적막한 분위기의 임시 거처에 누워 저 멀리 하늘을 바라보는 어느 유목민을 떠올려보라. 유대인들이 팔레스타인을 떠나 동가식서가숙하는 과정은 여러

무하마드가 천사 가브리엘에게서 계시를 받고 있는 모습(작자 미상). 기독교처럼 이슬람교는 여성, 노예, 빈궁한 사람 등 억압받는 사람들의 마음을 파고들어가면서 세계 종교로서 첫걸음을 떼게 된다.

모로 유목민의 생활과 유사한 데가 있다. 이런 경험을 통해 유대교는 점점 더 땅에 기반을 둔 지역 종교에서 하늘을 주목하는 세계 종교로 변신할 수 있는 감수성을 얻었을 것이다. 먼저 유대교는 1세기 전후 바울을 통해 기독교를 탄생시켰고, 이어 7세기경 무하마드 Muhammad, مُحَمّد(570?~632)를 통해 이슬람교를 탄생시켰다. 기독교처럼 이슬람교는 여성, 노예, 빈궁한 사람 등 억압받는 사람들의 마음을 파고들어가면서 세계 종교로서 첫걸음을 떼게 된다. 어쨌든 세계 종교의 거점은 고독한 개개인들, 억압받고 버려져서 고독감을 느끼는 개인들이었을 것이다. 땅에 정착하지 못하고 움직이는 고독한 개인들이라는 사실이 중요하다. 결론적으로 말해보면 지역 종교가

아바닌드라나트 타고르의
〈붓다의 승리〉(1914). 불교는
세계를 누비던 인도 상인들의
외로운 영혼을 위로해주면서
세계 종교로 거듭나게 되었다.

특정한 지역이나 특정한 공동체를 매개로 신과 만난다면, 세계 종
교는 이런 모든 매개들을 넘어 바로 개개인들이 신과 만나는 형식
을 취한다고 할 수 있다.

조금 논의를 확장해보자. 지역 종교가 정착민의 종교라면, 세
계 종교는 유목민의 종교라고 할 수 있다. 직업적으로 말해 지역 종
교가 농민들의 종교라면, 세계 종교가 상인들의 종교인 것도 이런
이유에서다. 무역은 공동체와 공동체 사이에서 이루진다. 상인은
각 공동체가 지닌 지역성과 폐쇄성을 가볍게 넘어서는 사람이다.
상인이 각 공동체의 사회적 위계관계에 대해 개방적인 이유도 바
로 여기에 있다. 폐쇄된 공동체에서나 신분질서가 의미가 있지, 이

　　　　　　　　　　　　　　1부. 종교적인 것과 관조적인 것을 넘어서

방인으로 잠시 머물다 떠날 상인에게 귀족이나 평민이란 위계관계가 무슨 의미가 있겠는가? 자신의 물건을 많이 팔아주는 평민이 그렇지 않은 귀족보다 상인에게는 더 소중한 법이다. 기독교와 이슬람과 함께 4세기 무렵부터 불교가 세계 종교로 급부상한 이유도 당시 인도에서 상업과 무역이 번성했던 것과 밀접한 관련이 있다. BC 185년 마우리아제국Maurya Empire이 몰락하고 굽타제국Gupta Empire이 들어서는 4세기 초반까지, 인도는 정치적으로 혼란했지만 동시에 이 시기는 인도 상인의 전성기이기도 했다. 당시 인도 상인들은 서쪽으로는 아라비아나 지중해까지, 그리고 동쪽으로는 중국과 동남아시아까지 그야말로 세계를 누볐다. 싯다르타 고타마Siddhārtha Gautama(BC 563?~BC 483?)의 불교는 이 고독한 상인들을 달래주었던 것이다. 그들의 불안한 여로, 몇 달에 걸쳐 실크로드 한쪽 끝에서 다른 쪽 끝까지, 육로 혹은 해로를 여행할 수밖에 없었던 그들의 고독함을 생각해보라. 인도에서만 통용되는 브라만교, 카스트제도라는 신분질서를 정당화하는 이런 지역 종교로는 그들의 외로운 영혼을 위로할 수 없었던 것이다. 이렇게 불교는 싯다르타가 생각하지도 못했던 세계 종교로 거듭나게 된 것이다. 기독교든 이슬람교든 불교든 세계 종교는 하늘, 고독, 여행, 그리고 무역과 함께하는 종교일 수밖에 없다. 결국 숙명적으로 세계 종교는 자본주의와 같은 혈족이었던 셈이다. 자본주의, 즉 화폐경제가 세계를 지배하게 되면서 수많은 지역 종교들은 자의 반 타의 반 고사와 괴멸의 길을 걸어갔다. 그렇지만 기독교, 이슬람교, 불교는 아직도 굳건히 자기 자리를 지키고 있는 것도 이런 이유에서다.

공동체에 정착하지 못하고 낯선 땅을 떠도는 인간들은 고독하고 불안하다. 그들이 자신의 고독과 불안을 달래줄 무언가를 찾는 것도 이런 이유에서다. 지역 종교가 숭배하는 신으로는 그들의 고독과 불안을 치유하기는 힘들다. 공동체와 공동체 사이, 대륙과 대륙 사이, 문명과 문명 사이를 왕래하는 만큼, 그들은 특정 지역과 특정 사람들을 편애하는 신이 아니라, 모든 지역과 모든 사람을 포괄하는 신, 땅 위의 어느 곳이라도 내려다보는 하늘과 같은 신이 필요하다. 이렇게 세계 종교가 발명될 수 있는 조건, 혹은 수용될 수 있는 조건은 마련된다. 중요한 것은 세계 종교가 인간의 많은 것을 변화시킨다는 데 있다. 특정 공동체를 떠나면 지역 종교의 신은 우리를 잠시 잊을 수밖에 없지만, 세계 종교의 신은 우리를 항상 따라다닐 수 있다. 아라비아반도에서도 로마에서도 지중해 동부에서도 이 세계적 규모로 움직이는 신, 즉 세계 신은 지역 신과는 달리 항상 우리를 따라다니며, 우리의 고독과 불안을 위로한다. 그러니 신을 의식하는 종교 감정은 이제 개인에게 항구적이고 지속적이게 된다. 짐멜이 해석학의 대가 슐라이어마허의 통찰을 빌려 "기독교가 신에 대한 경건함이나 열망을 인간 정신의 영속적 상태로 만든 최초의 종교라고 강조했던" 것도 이런 이유에서다. 지역적 한계를 넘어섰기에 발생하는 고독과 불안의 감정은 이제 세계 신에 대한 지속적인 종교 감정으로 위로를 받게 된 것이다. 생각해보라. 흑인이든 백인이든 황인이든 아무리 낯설어 보여도 이제 그들은 신의 이름으로 형제가 된다. 모두가 신의 피조물이라는 생각, 한마디로 말해 신의 자식이라는 생각을 마음에 품자 낯선 곳에서 낯선 사람을 만나도 마음은 평화롭기만 하다. 바로 여기서 고독과 불안은 봄눈 녹듯 사라지고 만다. 짐멜이 말했던 것처럼 "존재의 모든 낯섦과 화해 불가능성은 신에서 통일되고 화해한다는 이 이념으로부터 평화에 대한 감정, 안전에 대한 감정 그리고 모든 것을 포괄하는 풍성함

1부. 종교적인 것과 관조적인 것을 넘어서

존재의 본성	기독교	자본주의	비고
무한성	신	자본	• 신과 자본은 영원성과 전능성을 가진다. • 신과 자본은 피안에 머물면서 차안을 지배한다. • 신이 예수와 인간 사이에서, 자본은 화폐와 상품 사이에서 힘을 발휘한다. • 인간은 예수를 통해 신을, 상품은 화폐를 통해 자본을 직감한다.
유한한 무한성	예수	화폐	• 예수는 신의 힘을 인간에게, 돈은 자본의 힘을 상품을 통해 보여준다. • 예수와 화폐는 소멸하지만 부활할 수 있다. • 예수와 함께 기독교인은, 그리고 돈과 함께 자본주의적 인간은 마음의 평화를 얻는다. • 예수와 화폐는 인간의 소원을 기적처럼 이루어지게 한다.
유한성	인간	상품	• 인간과 상품은 각각 예수나 화폐보다 열등하다. • 인간과 상품은 원래 상태로는 부활할 수 없다. • 예수로부터 구원되지 않은 인간은 무가치하고, 화폐로 구매되지 않은 상품은 무가치하다. • 인간은 구원 여부로, 상품은 구매 여부로 걱정과 불안 상태에 있다.

에 대한 감정이 발생한"셈이다.

기독교의 신이 가진 역할은 화폐경제체제에서 돈이 수행하는 역할과 너무나 유사하지 않은가? 짐멜의 참신한 논의는 이런 통찰에서 시작된 것이다. "기독교와 마찬가지로 이미 자리를 잡은 화폐경제에서 돈에 대한 열망은 인간 영혼이 보여주는 영속적인 상태라고 할 수 있다." 세계 신에게 의지하면서 고독과 불안을 위로받았던 것과 마찬가지로 화폐경제, 즉 자본주의사회에서 돈을 소유함으로써 인간은 동일한 문제를 해결한다는 것이다. 우선 돈은 신처럼 '대립자의 일치coincidentia oppositorum'를 가능하게 해준다. 1000원어치의 얼음과 1000원어치의 핫팩은 대립되지만, 1000원이란 교환가치, 즉 돈에서 통일되니 말이다. 당연히 돈은 모든 사용가치를 포괄하는 힘을 가지고 있다는 믿음이 발생하고, 이어서 1000원만 가지고 있으면 추울 때나 더울 때 모두 안정되고 평온한 삶을 얻을 수 있다는 확신도 발생하게 된다. 반대로 상품만 가지고 있다면, 예를 들어 얼음만 가지고 있다면, 우리는 더위는 견딜 수 있으나 추위에는 무방비 상태로 노출된다. 이렇게 돈은, 아니 정확히 말해 돈의 부재는 "우리를 개별적이고 비천한 것으로 바꾸어버리기도 한다". 반대로 돈은, 즉 돈의 소유는 우리에게 개별적인 상황을 넘어 모든 상황을 통제할 수 있는 우월한 지위를 약속한다. 그러니 어떻게 우리가 돈을 소홀히 할 수 있다는 말인가? 자나 깨나 우리는 돈을 소유하겠다는 열망에 사로잡힌다. 사막을 횡단하면서 혹은 대양을 항해하면서도 신의 보호로 안전하다는 느낌을 받는 상인이 있다고 하자. 어느 날 문득 신으로부터 버림받았다고 느낀다면, 그는 얼마나 황망하겠는가? 존재의 고독감과 불안감은 극에 달할 것이다. 이런 불안정한 마음 상태에 자본교 신자도 동일하게 빠져들 수 있다. 어느 날 텅텅 비어 있는 자신의 잔고를 확인할 때, 그의 가슴은 웅크러지고 그의 어깨는 축 처질 테니 말이다. 그래서 짐멜은 기독교와 자본교가 우리에게 동일한 감정 상태를 낳는다고 결론을 내렸던 것이다. "돈의 소유가 허락해주는 안정과 평온의 감정, 그리고 돈으로 모든 가치를 포괄할 수 있으리라는 확신은 돈이 우리 시대의 신이라는 탄식에 대해 심층적인 근거를 제시한다"고 말이다.

여기서 짐멜이 깊이 생각하지 못했던 한 가지를 더 살펴볼 필요가 있다. 기독교가 말뿐인 세계 종교가 아니라 명실상부한 세계 종교로 거듭나는 조건은 무엇인가? 부족의 형식이든 민족의 형식이든 인류가 일체의 지역 종교를 버리는 것, 특수한 지역공동체에서 자유로워지는 것이다. 공동체에서 자유로운 개인들, 그래서 당연히 고독한 개인들이 탄생할 때, 기독교는 이들을 세계 종교라는 형식으로 포획할 수 있기 때문이다. 기독교가 제국주의와 항상 함께했던 이유도 바로 여기에 있다. 지역성을 지키는 정치적 방어막을 해체하는 데 제국주의보다 더 좋은 것은 없으니까. 과거 기독교가 했던 역할을 지금 자본교가 하고 있다는 짐멜의 이야기가 옳다면, 자본교도 자기만의 에반젤리즘을 가지고 있는 것은 아닐까. 사실 18세기 상업자본주의 시절이나 19세기 산업자본주의 시절, 나아가 20세기 이후 현재까지 금융자본주의 시절, 자본교는 자신의 에반젤리즘을 집요하게 추구했다. 세계화globalisation라고 부르는 공격적인 선교 운동이 자본교 에반젤리즘의 21세기 버전이 아니면 무엇이겠는가. 자본의 에반젤리즘, 1867년 출간된 《자본론》에서 마르크스가 해명하고자 했던 중요한 테마 중 하나였다.

자본주의사회의 경제적 구조는 봉건사회의 경제적 구조에서 생겨났다. 후자의 해체가 전자의 요소들을 해방시켰던 것이다. 다른 사람의 토지에 얽매인 농노나 예농이기를 그만둠으로써, 직접적인 생산자unmittelbare Produzent, 즉 노동자Arbeiter는 비로소 자신의 인격을 자유롭게 처분할 수 있게 되었다. 시장만 발견되면 어디라도 자신의 상품을 가져가는 노동력의 자유로운 판매자가 되기 위해서 그들은 또한 동직조합Zünfte, 즉 길드의 지배나 그 도제 규칙 그리고 그 밖에 장애가 되는 노동 규정들에서 해방되어야만 했다. 생산자Produzenten를 임금노동자Lohnarbeiter로 전화시키는 역사적 운동은 한편에서는 생산자가 농노라는 예속과 길드의 강제에서 해방되어가는 것으로 나타난다. 그리고 부르주아 역사가들의 눈에는 오로지 이런 측면만이 보일 뿐이다. 그러나 다른 한편에서는 이 새롭게 해방된 사람들이 모든 생산수단과 또 낡은 봉건적 제도에서 생존의 보장을 위해 부여받았던 모든 권리를 박탈당한 뒤에야 비로소 자기 자신의 판매자가 되는 과정이 존재한다. 그리고 그들에 대한 이런 수탈의 역사는 '피로 얼룩지고 불길에 타오르는 문자Zügen von Blut und Feuer'로 인류의 연대기에 기록되어 있다.

–《자본론》 1권(1867)

상업자본주의는 17세기까지 지구 전체를 불행으로 몰고 갔다. 그 후 자본주의는 18세기부터 점점 산업자본주의로 변신을 시도하게 된다. 이 과정에서 출현한 계급, 아니 만들어진 계급이 바로 프롤레타리아, 즉 노동계급이다. 물론 노동계급이 하늘에서 뚝 떨어진 것은 아니다. 산업자본이 발달하기 전, 착취 대상이었던 농민이나 장인이 임금노동자로 충원되었으니 말이다. 한마디로 프롤레타리아는 만들어진 것이다. 산업자본주의체제의 원형이자 기원이라고 할 수 있는 18세기 영국에서 어떤 일이 있었는지 우리가 주목해야 하는 이유도 바로 여기에 있다. 당시 영국은 최초로 프롤레타리아를 만든 국가이기 때문이다. 나아가 프롤레타리아 생산 공정은 현재 중국과 인도, 그리고 브라질 나아가 산업자본주의체제가 정착되지 않은 지구상 모든 곳에서 아직도 작동하고 있기 때문에, 프롤레타리아 생산의 원형적 공정은 우리에게 많은 것을 알려줄 수 있다.

먼저 18세기와 19세기 영국 도처에서 일어났던 '인클로저 enclosure', 즉 '울타리 치기'와 '고지대 청소'라고 번역할 수 있는 '하이랜드 클리어런시스Highland Clearances'에 주목해야 한다. '울타리 치기'는 소수의 자산가들이 과거 공유지였던 곳에 울타리를 쳐서 그곳을 사유지로 만드는 과정을 말한다. 엄청난 양의 공유지가 사라지자, 수많은 빈농들은 이제 더 이상 땔감을 얻거나 사냥을 하거나 소나 양을 키울 수 없게 된다. 당시 '울타리 치기'를 시행했던 소수의 기득권층들은 국가로부터 법률적 보호를 받았지만, 생계의 위험에 노출된 다수의 농민들은 공장이 있는 대도시로 몰려가 저임금노동자로 전락하고 만다. 인클로저 법안Inclosure Act이 영국 국회를 처음으로 통과했던 때는 1773년이었다. 농민을 임금노동자로 만들 필요가 더 많아지자, 1845년부터 1882년까지 국회를 장악하고 있던 기득권층들은 인클로저 법안을 자그마치 15번이나 개정하게 된다. 그만큼 당시 지배계급들은 농민들을 프롤레타리아로 만드는 데 심혈을 기울이고 있었던 것이다.

반면 '고지대 청소'는 영국 북부 고지대에서 농사를 짓던 소작농들을 깨끗이 청소하는 과정을 말한다. 《자본론》에 등장하는 서덜랜드 공작부인the Duchess of Sutherland(1765~1839)이 했던 것이 바로 이것이다. 그녀는 영국군을 고용해 1만 5000명의 소작농을 내몰고 80만 에이크의 땅에 양 13만 1000마리를 방목한다. 1만 5000명의 고지대 농민들도 '울타리 치기'로 대도시로 몰려들 수밖에 없었던 농민들 대열에 합류하게 되었고, 아울러 고지대에서 키운 양털들은 맨체스터나 글래스고 등에서 번성했던 직물산업의 원료로 공급된다. 이렇게 공유지가 줄어들면서 영국은 사유재산제가 점점 대세로 등장하게 되고, 동시에 토지를 박탈당한 농민들은 임금노동자로 전락

조지 롬니가 그린 서덜랜드 공작부인(1782). 그녀는 영국군을 고용해 영국 북부 고지대에서 농사를 짓던 1만 5000명의 소작농을 내몰았다. 쫓겨난 농민들은 임금노동자로 전락했다.

하게 된 것이다. 산업자본이 기계로 무장한 공장에서 저임금노동자들을 이용해 상품들을 양산하자, 과거 독립적 작업장을 운영하던 장인들과 그의 도제들도 몰락의 길을 걷게 된다. 울타리 치기와 고지대 청소가 저임금노동자들을 만들고 이들을 고용한 방직기계로 무장한 산업자본이 저가의 섬유를 대량생산하자, 방직 장인 80만 명이 경쟁력에서 밀리며 작업장을 떠나야만 했던 것이다.

체제의 대변인들은 18세기에도, 19세기에도, 20세기에도, 그리고 지금 21세기에도 동일한 이야기를 반복한다. 자본주의 이후 인간의 삶은 생각하지 못할 만큼 좋아졌다고. 자본주의를 옹호하는 데 이로운 자료들을 알아볼 만큼 고등교육을 받은 사람들이었기에, 예나 지금이나 그들은 이런 자료들을 토대로 자본주의를 옹호하기에 여념이 없다. 첫째, 노예제도나 농노제도가 사라지면서 인격을 긍정하는 사회가 열렸다. 둘째, 사생활이 전혀 보장되지 않았던 폐쇄적인 공동체가 사라지면서 개방성이 확산되었다. 셋째, 장인이 되려는 사람들에게 도제 생활을 강요했던 장인공동체가 소멸되고 평등하고 보편적인 교육제도가 정착되었다. 넷째, 여성들의 삶을 옥죄던 가부장적 가족 질서도 힘을 잃게 되면서 여성이 해방되는 세상이 열리고 있다. 자기 찬양도 이 정도면 거의 정신분열 수준이다. 이 안에는 마르크스가 말한 것처럼 "피로 얼룩지고 불길에 타오르는 문자"로 기록될 수밖에 없는 강압과 수탈의 역사가 은폐되어 있기 때문이다. 분명 가족 질서, 공동체 질서, 폐쇄된 생산 질서에서 개인들이 해방된 것은 사실이다. 그렇지만 이것이 인류 문명의 발전이라고 찬양할 만한 것이었던가? 농민에게 지대를 받는 것보다 그들을 노동자로 만들어 착취하는 것이 더 이득이라는 걸 지배계급이 자각했을 뿐이다. 당연히 지배계급은 지주라는 옷을 벗어던지고 자본가라는 옷을 새로 입고자 했다. 그러나 소작농이 없으면 지주도 불가능하듯, 노동자가 없으면 자본가도 존재할 수 없는 법이다. 농민이나 장인 등을 강제로 노동자로 변신시키는 과정이 불가피했던 것도 이런 이유에서다. 그래서 '울타리 치기'나 '고지대 청소'가 자행되었던 것이다. 새로운 옷을 입히려면 과거의 옷을 강제로 벗겨야만 한다. 마찬가지로 농민들을 자본주의적 질서에 편입시키기 위해서, 지배계급은 그들을 지역공동체적 질서에서 강제로 분리해야만 했다. 이 대목에서 자본주의 대변인들은 자본주의가 개인들을 봉건적 질서에서 해방시켰다고 찬양한다. 멍청하지 않다면 누가 이런 찬양에 속겠는가. 농민의 옷을 강제로 벗겨야 자본주의는 그들에게 프롤레타리아의 옷을 입힐 수 있었던 것이다.

마르크스는 말한다. "이 새롭게 해방된 사람들이 모든 생산수단과 또 낡은 봉건적 제도에서 생존의 보장을 위해 부여받았던 모든 권리를 박탈당한 뒤에야 비로소 자기 자신의 판매자가 되는 과정이 존재한다"고. 이 말을 듣고 전자본주의사회가 더 소망적이었다는 향수에 빠져들어서는 안 된다. 농업경제에도 다수의 피지배계급은 억압과 수탈을 감내했으니까. 물론 억압과 수탈의 강도가 산업경제시대보다 약했던 것은 사실이다. 노동시간만 생각해보라. 파종을 하거나 수확을 할 때, 혹은 급작스런 자연재해에 맞설 때를 제외하고는 농민들에게는 가족과 공동체와 함께하거나 혹은 혼자서 사냥을 즐길 여가시간이 충분했다. 농번기와 함께 농한기라는 말이 생길 정도였다. 사실 아무리 악랄한 지주라도 농한기, 특히 겨울철에는 농민들에게 농사를 강요할 수 없었다. 농민에게 가혹했던 자연 질서가 이렇게 지주에게서 농민들을 보호해주는 역할도 했던 셈이다. 그렇지만 공장은 들판과는 완전히 다르다. 이론적으로 공장은 눈이 오나 비가 오나 24시간 365일 가동할 수 있다. 농민들이 상상할 수 없을 정도의 엄청난 노동시간이 노동자들에게 부과된 셈이다. 실제로 농업경제에서 산업경제로 이행할 때 산업 생산량은 비약적으로 증가되는데, 이것은 바로 노동시간이 엄청나게 증가해서 생긴 착시 현상일 뿐이다. 19세기 영국, 20세기 초반의 독일, 일본 그리고 미국 등의 국가들, 20세기 중반 스탈린^{Joseph Vissarionovich} Stalin(1878~1953)체제의 러시아, 20세기 중후반 박정희^{朴正熙}(1917~1979) 체제의 대한민국, 그리고 최근 중국, 인도, 브라질 등 신흥 자본주의국가에서도 이것은 어김없는 진리로 통용된다. 그만큼 피지배계급에게 산업자본주의는 끔찍한 재앙이었다. 분명 가난했지만 농민들은 나름 풍요롭게 향유하던 여가시간이 있었다. 그들이 노동자가 되면서 이 여가시간은 노동시간으로 완전히 변해버린 것이다. 한

가지 잊지 말아야 할 것은 산업자본주의체제가 정착될 때마다 '울타리 치기'나 '고지대 청소'와 같은 정책이 항상 수반되었다는 사실이다. 공장에 저임금노동자들을 투여하려면, 불가피한 일이었으니까. 그래서일까, '울타리 치기'와 '고지대 청소' 정책은 스탈린체제의 경우 '집단농장'으로, 우리나라의 경우 박정희의 '새마을운동'으로, 그리고 중국이나 인도, 브라질의 경우 지역공동체 해체 정책으로 반복되었던 것이다. 과도한 노동시간과 저임금이 노동계급에게 부과되니, 산업경제가 정착될 초기에 자본계급은 엄청난 잉여가치를 얻는다. 이것이 다시 재투자되면서, 폭발적인 경제발전이 가능했던 것이다.

명실상부한 세계 종교가 되기 위해서 기독교는 사람들이 입고 있는 지역성이란 옷을 벗기려고 했다. 이것이 기독교의 에반젤리즘이다. 마찬가지로 자본교도 사람들이 입고 있는 지역성이란 옷을 벗기려고 했다. 이것이 바로 자본교의 에반젤리즘이다. 어느 경우든 폭력수단 독점기구, 즉 국가의 도움이 없다면 에반젤리즘은 공염불에 지나지 않는다. 농업경제에 기초한 공동체적 삶, 지역 신을 모시며 상부상조했던 공동체적 삶이 먼저 해체되어야, 기독교도 자본교도 뿌리를 내릴 수 있으니 말이다. 국가의 폭력은 그만큼 중요하다. 자유롭도록 저주받은 개인들, 다시 말해 알몸이 되어버린 개인들은 국가기구의 폭력이 없이는 탄생할 수조차 없었다. 물론 자본주의 대변인들은 이 엄연한 사실을 은폐하려는 집요한 시도를 멈추지 않고 있다. 그렇지만 마르크스의 말처럼 "이런 수탈의 역사는 피로 얼룩지고 불길에 타오르는 문자로 인류의 연대기에 기록되어 있어" 항상 자본주의 대변인들을 당혹시키기 마련이다. 노동계급의 입장에서 벗겨진 몸이 되었다는 것은 굴욕적인 일이기도 하지만 동시에 견뎌야 하는 냉혹한 현실이기도 하다. 바로 이때 피안에서의 행복을 약속하며 기독교는 신자의 옷을, 그리고 차안에서의 행복을 노래하며 자본교는 노동자의 옷을 넌지시 건네게 된다. 불행하게도 벌거벗은 자들은 국가기구와 이질적인 두 세계 종교가 같은 편임을, 전자가 옷을 벗겼다면 후자는 자신들이 원하는 옷을 입히려고 한다는 사실을 알지 못한다. 그러니 고마운 마음으로 기독교의 신을 받아들이거나, 아니면 자본교의 돈에 몸을 맡기게 된다. 물론 벌거벗은 자들로서 노동자들은 천국에서 근사한 옷이 완전히 주어질 것이라는 기독교의 약속보다는 현실에서 자본가의 옷이 주어질 수 있다는 자본교로 개종하기 더 쉽지만 말이다. 굴욕적이고 냉혹한 삶을 사는 그들에게 천국은 너무나도 멀리 있었기 때문이다.

자본주의가 발달하기 이전 특정한 지역공동체에서 벗어날 수 있는 합법적인 방법은 무역에 종사하는 상인이 되는 것이었다. 그러나 자본주의가 상업자본주의에서 산업자본주의로 탈바꿈하기 시작한 18세기 이후, 이제 모든 사람은 일종의 상인이 되도록 강제된다. 상품을 팔고 사는 것은 이제 상인에게 국한된 것이 아니라 모든 인간의 숙명이 되어버린 것이다. 이제 노동자의 삶을 강요당한 피지배계급들은 상부상조할 이웃조차 빼앗겼다. 그러니 그들에게 남은 것은 생존을 위해 자신의 노동력을 파는 일뿐이었다. 팔아도 되고 안 팔아도 되는 자유가 허락되지 않는 불행한 상인들, 자신의 노동력을 팔지 않으면 생활수단을 확보할 수 없는 기묘한 상인들이 탄생한 것이다. 바로 노동자들이다. 그러니 노동력을 처음으로 판매하면서 탄생한 최초의 노동자들을 목도했던 영국의 도시 맨체스터나 글래스고 등은 매우 상징적인 장소라고 할 수 있다. 바로 이곳에서 두 종류의 상품 소유자들, 돈을 가진 상인과 노동력만 가진 상인, 다시 말해 자본계급과 노동계급 사이에 예견된 마주침이 일어났으니까.

먼저 매우 다른 두 부류의 상품 소유자Warenbesitzern가 서로 마주보고 접촉Kontakt해야만 한다. 한쪽은 생산수단이자 생활수단, 즉 화폐 소유자로, 그들은 다른 사람의 노동력을 구입하여 자신이 가진 가치 총액을 증식하는 데 열정적이다. 다른 한쪽에는 자유로운 노동자Freie Arbeiter, 자신의 노동력을 파는 자, 그러므로 노동을 파는 자가 있다. 자유로운 노동자라는 것은 두 가지 의미에서 자유롭다는 뜻이다. 즉 노예와 농노처럼 그들 자신이 직접 생산수단의 일부가 아니라는 점에서 자유롭다는 의미이고, 또 자영농민의 경우처럼 그들이 생산수단을 소유하고 있는 것도 아니라는 점에서, 즉 생산수단에서 분리되어 있다는 점에서 자유롭다는 의미다. 이런 상품시장의 양극화Polarisation des Warenmarkts와 함께 자본주의적 생산의 기본적인 조건들이 갖추어진다.

-《자본론》 1권(1867)

땅에, 공동체에, 그리고 지역 신에게 속박되던 피지배계급들은 이제 혈혈단신 고독한 몸으로 대도시로 모여들게 된다. 그들에게 남은 것은 몸뚱어리밖에 없으니, 그들은 이것을 팔아서라도 생계를 유지해야만 한다. 그럼에도 자본주의체제는 "자유로운 노동자들"이 탄생했다고 환호한다. 가족이나 부족 등 공동체의 간섭 없이 자신의 노동력을 팔 수 있으니 자유롭다는 것이다. 그러나 현실은 완전히 다르다. 생활수단과 생산수단을 박탈당해 대도시에 모여든 피지배계급은 노동력을 팔아야만 살 수 있는 조건, 즉 노동자가 될 수밖에 없는 조건에 내몰려 있을 뿐이다. 이런 노동자들이 자유롭다는 것은 아주 잔인한 말 아닌가. 분명 자본주의 이데올로그들이 말하는 것처럼 노동자들은 "노예와 농노처럼 그들 자신이 직접 생산수단의 일부가 아니라는 점에서 자유롭다". 노예나 농노는 그 자체로 생산수단의 일부였다. 그냥 쉽게 말하면 노예나 농노는 소나 돼지와 같은 가축이었다는 것이다. 주인에게서 도망칠 수 없게 감금되어 있으니까 말이다. 이에 비해 노동자는 자기 자신, 즉 인격 전체가 아니라 자신의 노동력만을 파는 것처럼 보인다. 바로 이 점을 들어 이데올로그들은 노동자가 노예나 농노보다 자유롭다고 강조했던 것이다. 그러나 출퇴근을 하게 되었다고 해서, 가축이 자유롭다고 할 수 있을까? 들판에서 일할 때, 출퇴근하는 가축은 감금된 가축과 전혀 구별되지 않는다. 주인이 원하는 일을 하고 있을 뿐이니 말이다.

사실 노동력을 파는 순간, 그는 자신도 파는 것이다. 사과를 팔거나 옷을 파는 것과 노동력을 파는 것은 엄연히 다르다. 자본주의 이데올로그들은 노동력을 대상화하고 마치 그것이 사과나 옷과 같은 상품과 유사한 것처럼 보이도록 트릭을 부렸던 것이다. 그렇지만 누구나 알고 있지 않은가. 노동력을 팔면 몸이 팔리는 것이고, 몸이 팔리면 그것은 결국 자기 인격을 파는 것이다. 그래서 노동력을 파는 것은 사과를 파는 것과 다르다는 것이다. 사과를 팔았다고 해서 우리가 자신의 몸과 인격을 파는 것은 아니니까. 감금된 가축과 출퇴근하는 가축! 타율적 복종과 자발적 복종! 가축은 가축일 뿐이고, 복종은 복종일 뿐 아닌가. 결국 축사의 위치와 그 통제권만 바뀌었을 뿐, 바뀐 것은 하나도 없는 셈이다. 과거에는 주인이 소에게 축사와 여물을 마련해주었지만, 이제 출퇴근하는 가축은 농장밖에 직접 축사도 마련하고 여물도 스스로 준비해야 한다. 그러니 주인으로서는 얼마나 경제적인가? 출퇴근의 자유를 주었지만 반드시 출근할 수밖에 없는 노예를 가지니 말이다.

노동자는 출퇴근하는 노예이자 출퇴근하는 농노일 뿐이다. 감금된 노동자가 노예이고, 출퇴근하는 노예가 노동자다. 노예나 노동자는 모두 자신이 원하는 것을 하는 존재가 아니라, 주인 혹은 자본가가 원하는 일을 한다. 사실 노동자는 새로운 주인으로서 자본가에게 여간 효율적인 존재가 아니었다. 노예에게는 잠자리와 식사를 제공해야 했고 부단히 감시의 눈초리를 보내야만 했다. 이제는 그럴 필요가 없다. 노동자는 알아서 숙식을 해결할 뿐만 아니라 감시를 하지 않아도, 강제를 하지 않아도 일터로 나가 열심히 일하기 때문이다. 그래서 핵심은 '출퇴근'의 자유가 아니라, 노동자들이 출근을 하지 않으면 생계를 유지할 수 없다는 조건과 노동자들은 여전히 자신이 원하는 것을 생산할 수 없다는 소외다.

이어서 마르크스는 "자유로운 노동자"가 가지는 자유의 두 번째 의미도 해명한다. "자영농민의 경우처럼 그들이 생산수단을 소유하고 있는 것도 아니라는 점에서, 즉 생산수단에서 분리되어 있다는 점에서 노동자들은 자유롭다." 이런 의미에서의 자유라면 사실 가장 부자유스러운 계급은 자본계급이라고 할 수 있다. 자영농민이 땅이라는 생산수단을 가지고 있어 땅에 구속된 삶을 살고 있는 것처럼, 생산수단이자 생활수단인 돈을 가지고 있어서 자본계급은 돈에 연연하는 부자유스러운 삶을 영위하고 있으니 말이다. 그러니 노동자들은 얼마나 자유롭냐는 것이다. 생계를 유지할 수 있는 공유지를 모조리 빼앗기고 추방되었으니 땅에 연연할 필요도 없고, 생산수단이자 생활수단인 돈도 없으니 돈에 연연하지 않아도 되니까. 정리해고를 단행하면서 어느 자본가가 노동자들에게 말했다고 하자. "지금까지 착취를 해서 미안합니다. 저는 계속 공장과 돈에 연연하는 부자유스러운 삶을 살겠지만, 여러분은 이제 공장으로부터 자유로운 삶을 사세요." 돈이 없으면 생산이나 생활을 하지 못하게 체제를 바꾸어놓고, 노동자들의 해고를 노예해방이라도 되는 양 생색을 내고 있는 중이다. 자본주의 이데올로그들이 말한 "노동자들의 자유"를 패러디하면서, 마르크스는 노동자들에게 자유란 아주 제약된 것임을 폭로한다. 노동자들은 자신의 노동력을 어느 자본가에게 팔 것인지를 결정할 자유만 있을 뿐이다. 그렇지만 누구나 알다시피 이것은 전혀 자유가 아니다. 자기 노동력을 판매할 수도 있고 판매하지 않을 수도 있는 자유는 노동자에게 허락되지 않는다. 자신의 노동력을 판매하지 않을 자유는 노동자들에게 단지 자살할 자유만을 의미할 뿐이다. 그렇지만 노예나 농노에게도 자살할 자유가, 심지어 가축들에게도 자살할 자유는 허락되었던 것 아닌가. 어쨌든 자본주의 이데올로그들의 논지는 분명하다. 자본계급이 돈이라는 상품을 가지고 있듯 노동계급은 노동력이란 상품을 가지고 있고, 두 계급 사이에는 과거에는 찾아보기 힘든 평등하고 자유로운 교환이 이루어진다는 주장이다.

자본주의체제 최고의 이데올로기는 '자유freedom'라는 개념으로 요약되고, 이것은 '인권human rights'이란 단어를 중심으로 체계화된다. 화려한 날갯짓을 하며 천사들은, 자본교의 에반젤리스트들은 나팔 소리를 울리며 지금도 인권과 자유를 노래한다. "당신들의 자유는 신분사회의 규범이나 지역 종교로부터 억압당하고 있어요. 그러니 마음껏 자기 노동력마저 팔 수 없는 거예요. 그걸 팔아야 스마트폰도 사고 근사한 여행도 할 수 있는데 말이에요." "당신들은 가부장

1부. 종교적인 것과 관조적인 것을 넘어서

적 질서로 여성으로서 권리를 인정받지 못하고 있어요. 가사노동을 했다고 누가 돈을 주나요. 그러니 집을 떠나 공장이나 회사에 취직하세요." 어디서든 인권이라는 단어가 들리거든, 그것은 결국 노동자가 될 권리를 인정하라는 요청, 그러니까 스스로 상품이 되라는 요청에 지나지 않는다는 걸 명심하자. 생각해보라. 아직도 세계에는 자본교를 받아들이지 않고 지역성에 매몰되어 있는 공동체, 그래서 노동력을 포함한 모든 것을 사고 팔 수 있는 자유가 허락되지 않는 공동체가 많다. 자본주의체제가 '인권이 부재한 사회', 혹은 '야만사회'라는 주홍글씨를 붙이는 공동체들이다. 기독교가 세계적 규모에서 신도가 늘어야 유지될 수 있는 것처럼, 자본교도 세계적 규모로 노동자들을 양산해야만 유지되는 일종의 세계 종교다. 당연히 자본교 입장에서 세계 도처에 존재하는 다양한 지역공동체들은 '인클로저'나 '고지대 청소'의 대상일 수밖에 없다. 사실 현실적으로 중요한 상품은 지역적 공동체의 잠재적 노동자들의 노동력이 아니라 이 공동체가 가진 석유나 우라늄 등 천연자원들이다. 자본주의의 바티칸 미국이 인권을 유린한다고 지목하는 국가들을 보라. 석유 등 천연자원 매장량이 풍부한 중동 지역 국가들이나 중남미 국가들이 대부분이다. 북한처럼 지정학적 유리함을 줄 수 있는 국가도 '인권 이데올로기'의 공격 대상이 되고 있다. 그렇지만 노동자들을 세계적 규모로 양산하는 것이 자본교의 최종 목적이라는 사실에는 전혀 변함이 없다.

자본주의가 단순한 억압체제를 넘어서는 지점은 그것이 종교로서 기능하기 때문이다. 노동력을 팔아야만 생활할 수 있는 계급, 즉 프롤레타리아를 양산한 주범이면서도, 자본주의체제는 노동계급마저 자본을 숭배하도록 유혹할 수 있다. 돈은 피안의 막연한 행복보다 차안의 확실한 행복을 보장한다는 악마의 속삭임이다. 돈만 있으면 추한 사람도 사랑받고, 돈만 있으면 사악한 사람도 존경받고, 돈만 있으면 멍청한 사람도 지혜롭다고 칭송받는다. 한마디로 돈은 예수나 행했을 기적을 가볍게 행할 수 있는 신적인 전능을 가지고 있다는 것이다. 자본교의 달콤한 설교에 넘어가는 순간, 노동자는 이제 돈을 소유하려는, 즉 자본가가 되려는 열망에 불타는 자본교도가 된다. 다수의 사람들을 농사를 짓지 않으면 생활을 할 수 없도록 만든 다음 국가나 소수가 땅이란 생산수단을 독점하는 순간, 혹은 다수의 사람들을 노동력을 팔지 않으면 생활할 수 없도록 만들어놓고 국가나 소수가 돈이란 생산수단과 생활수단을 독점하는 순간, 지배계급과 피지배계급으로 구성된 억압체제가 탄생하는 법이다. 농업경제가 지배하던 시절 제정신을 가진 농민들은 땅을 독점하는 억압체제에 저항했고, 산업경제가 지배하던 시절 정상적인 노동자들은 돈을 독점한 체제와 맞서 싸웠던 것이다. 이와 달리 자본교도로 거듭난 노동자의 안중에는 억압이 없는 사회, 즉 정의롭고 자유로운 사회가 들어설 여지가 없다. 그의 속내에는 지배자가 되려는 욕망만이 들끓고 있기 때문이다. 자본교도는 자본가로부터 착취당하지 않으려고 스스로 자본가가 되려는 뒤틀린 욕망을 가지고 있다. 맞는 사람이 되기보다 때리는 사람이 되겠다는 말초적 생각이니, 이것보다 왜곡된 욕망이 어디에 있겠는가. 자본교가 교세를 확장할수록, 자본주의의 억압구조는 그만큼 어떤 저항이나 도전도 받지 않는다. 당연히 노동자들은 더 깊게 "눈물의 골짜기"에 던져지게 될 것이다. 바로 이것이 마르크스가 "종교 비판은 모든 비판의 전제"라고 말했던 이유다. 자본교의 종교적 미망에서 자유로워져야만, 노동자들은 자본주의체제와 맞서 싸울 수 있을 테니 말

1부. 종교적인 것과 관조적인 것을 넘어서

1937년 파리 국립도서관에 있는 벤야민. 마르크스나 짐멜이 기독교와의 유사성을 통해서 자본교를 해명하려고 했다면, 벤야민은 기독교와 자본교 사이의 유사성뿐만 아니라 그 차이점도 분명히 밝혔다. 벤야민에 의해 자본교 비판이 나름 완성된 셈이다.

이다.

　불행히도 20세기에 들어서면서 자본교는 위축되기는커녕 점점 더 세계 종교로 그 교세를 넓혀만 갔다. 당연히 자본교에 대한 비판은 더 정치해지고 더 예리해질 필요가 있다. 바로 이 대목에서 마르크스가 보았다면 뿌듯하게 생각했을 철학자가 한 명 등장한다. 바로 벤야민Walter Benjamin(1892~1940)이다. 마르크스나 짐멜이 기독교와의 유사성을 통해서 자본교를 해명하려고 했다면, 벤야민의 자본교 비판은 성격이 완전히 다르다. 벤야민은 기독교와 자본교 사이의 유사성뿐만 아니라 그 차이점도 분명히 하기 때문이다. 벤야민에 의해 자본교 비판이 나름 완성되었으니, 아마 마르크스가 이 어린 후배를 보았다면 등을 쓰다듬어주며 기뻐했을 일이다.

자본주의에서 일종의 종교를 확인할 수 있다. 즉 자본주의는 본질적으로 흔히 종교들이 그 답을 제공했던 것과 똑같은 걱정Sorgen, 고통Qualen, 불안Unruhen을 달래는 데 기여한다. …… 첫째, 자본주의는 순수한 숭배종교Kultreligion, 아마도 지금까지 존재했던 가장 극단적인 숭배종교일 것이다. 자본주의에서 사물들은 숭배Kultus와 관계를 맺을 때에만 의미를 갖는다. 자본주의는 어떤 교리나 신학도 가지고 있지 않기 때문이다. …… 이런 숭배의 구체화는 자본주의의 두 번째 특징과 연결된다: 숭배의 영속화. 자본주의는 '꿈도 없고 자비도 없는sans rêve et sans merci' 숭배의 찬양이다. 여기에는 '평일'도 없다. 모든 성스러운 장관이 우리 앞에 펼쳐진다는 끔찍한 의미에서 축제일이 아닌 날이 없다. 매일매일이 각 숭배자에게 완전한 헌신을 명령한다. 그리고 세 번째로 숭배는 '죄를 만드는verschuldend' 것이다. 자본주의는 아마도 속죄하는entsühnenden 것이 아니라 죄를 만드는 숭배의 첫 번째 사례일 것이다.

－〈종교로서 자본주의Kapitalismus als Religion〉, 《저작집 6권Gesammelte Scriften》

세계 종교로서 기독교는 억압받는 자들, 고독한 자들, 버려진 자들, 한마디로 지역공동체에서 자의 반 타의 반 소외된 사람들을 달래주면서 교세를 확장한다. 기독교는 억압받는 자들의 "걱정, 고통, 불안"을 피안의 행복을 약속하며 달래주었던 것이다. 벤야민이 보았을 때 자본교도 이 점에서 기독교와 마찬가지다. 차안에서의 행복을 약속하면서, 다시 말해 모든 불가능한 것을 가능하도록 만드는 돈의 전능한 힘을 이야기하면서, 자본교는 돈만 벌면 걱정, 고통, 불안은 씻은 듯 사라질 거라고 속삭였기 때문이다. 피안, 즉 천

1부. 종교적인 것과 관조적인 것을 넘어서

국이 존재함을 부활이라는 기적으로 입증했던 것이 예수였다면, 차안의 기적을 약속하고 입증하는 것이 돈이다. 상당히 유사한 것처럼 보이는 예수와 돈 사이의 관계에는 사실 미묘한 차이와 균열이 존재한다. 바로 이 미묘한 부분을 벤야민의 섬세함이 간파했다. 《1844년 경제학-철학 수고》에서 마르크스가 했던 말에서 출발하도록 하자. "화폐는 …… 표상된 존재를 현실적 존재로 전환시킨다. 이런 매개로서 화폐는 진정한 창조적 힘이다." 내가 갖고 싶다고 생각하는 스마트폰이 "표상된 존재"라면, 내 손에 쥐어진 스마트폰이 바로 "현실적 존재"다. 갖고 싶다고 생각했던 스마트폰을 실제로 손에 쥐려면 돈이 있어야 한다. 그래서 마르크스는 "화폐가 진정한 창조적 힘"을 가지고 있다고 말했던 것이다. 생각한 것이 현실이 되니, 이것이 창조가 아니면 무엇이겠는가? 화폐가 주는 신적인 힘을 강조하는 마르크스의 논의에는 무언가 빠진 것이 있다. 예를 들어 스마트폰을 100만 원에 구입할 수 있다고 해보자. 표상된 스마트폰이 현실적 스마트폰이 되는 기적을 행한 뒤, 100만 원은 스마트폰 가게 주인의 손에 건네진다. 바로 이 부분이다. 창조를 행한 뒤, 돈은 우리 손을 떠나고 만다. 이제 창조적 힘은 우리가 아니라 가게 주인이 가진 셈이다. 가게 주인은 동남아 여행을 꿈꿀 수 있을 것이고, 방금 얻은 100만 원이 그 꿈을 현실로 만들어줄 것이다. 많은 유사점에도 불구하고 예수가 돈과 달라지는 지점은 바로 여기에 있다. 기독교도들에게 예수는 피안의 세계로 가는 열쇠이지만, 그 누구도 예수를 다른 사람에게 건넬 수는 없다. 물론 선교를 통해 다른 사람이 예수를 숭배하도록 만들 수 있지만, 그렇다고 해서 내가 숭배하는 예수가 없어지는 것은 아니다.

예수와 돈은 우리에게, 피안의 행복이든 아니면 차안의 행복이든, 행복을 보증한다. 기독교에서 예수가, 그리고 자본교에서는 돈이 숭배 대상이 되는 이유도 바로 여기에 있다. 문제는 자본교에서 우리는 항상 신성모독을 저지를 수밖에 없다는 데 있다. 돈은 상품보다 우월한 대상이다. 돈은 해당 액면가로 모든 상품을 구매할 수 있는 힘을 가지기 때문이다. 이런 이유로 100만 원은 우리로 하여금 스마트폰이나 동남아 여행, 아니면 근사한 컴퓨터를 꿈꿀 수 있게 한다. 꿈, 혹은 "표상된 존재"로만 만족하면 그만이다. 마치 십자가가 달린 묵주를 꼭 쥐면서 피안의 천국을 꿈꾸는 기독교도처럼, 차안의 가능한 행복을 꿈꾸도록 해준 돈을 꼭 쥐고 숭배하는 자본교도로 남으면 좋을 것이다. 꿈에 만족하지 않고 꿈을 실현할 때, 심각한 문제가 발생한다. "현실적 존재"를 가진 대가로 우리는 100만 원을 포기해야 하기 때문이다. 이 경우 우리는 100만 원과 스마트폰 사이에서, 다시 말해 돈과 상품 사이에서 후자를 선택한 셈이 된다. 이것은 돈의 우월성, 혹은 돈의 창조성, 혹은 돈의 전능성을 부정한 것이니, 신성모독이 아니면 무엇이겠는가? 여기서 자본교도는 심각한 딜레마에 빠지고 만다. 전능한 돈을 그대로 가지고 있을 수도 없고, 그렇다고 해서 상품을 구매하는 데 그것을 사용할 수도 없다. 신성숭배와 신성모독 사이에 옴짝달싹 못하게 된 셈이다. 전자를 택한다면 차안에서의 행복을 포기하는 것이 되고, 후자를 선택하면 더 이상 차안에서의 행복을 꿈꿀 수 없다. 어떻게 할 것인가? 100만 원을 숭배하느라 그 어떤 것도 구매하지 않을 것인가? 아니면 100만 원을 희생해서라도 스마트폰을 손에 쥘 것인가?

신성숭배와 신성모독이란 딜레마! 이것은 자본교가 차안에서의 행복을 약속했기 때문에 발생한 것이다. 표상된 존재를 현실적 존재로 만드는 순간, 돈은 자신의 전능함을 보이며 우리를 행복

1부. 종교적인 것과 관조적인 것을 넘어서

하게 만든다. 그러니 신성숭배에만 우리는 매몰될 수도 없다. 표상된 존재를 현실적 존재로 만들지 못한다면, 돈의 전능이 무슨 소용이 있다는 말인가? 바로 여기가 자본교가 기독교와 극명하게 달라지는 지점이다. 신성을 숭배하려면 신성을 모독해야 한다! 기독교인들로서는 결코 이해할 수 없는 자본교의 아이러니이자 역설이다. 벤야민이 포착한 것은 바로 이것이다. 먼저 벤야민은 자본교가 "교리도 신학도 없는" 순수한 "숭배종교"라고 말하는 것으로 이야기를 시작한다. 독일어 '쿨트렐리기온Kultreligion'은 무언가를 맹목적으로 숭배한다는 의미로 '숭배종교'라고 번역해도 좋고, 아니면 절대적인 예식 절차를 맹목적으로 지킨다는 의미로 '제의종교'라고 번역해도 좋다. 숭배는 항상 쉽게 납득이 되지 않는 숭배 절차에 몰두하는 경향이 강하기 때문이다. 어쨌든 여기서 중요한 것은 독일어로는 '쿨트Kult'로 쓰고 영어로는 '컬트cult'라고 하는 숭배, 그 대상이 무엇인지 명확히 하는 것이 중요하다. 사물들, 즉 상품들이 그 대상이다. 상점들이 밀집한 휘황찬란한 번화가, 거의 모든 상품이 압축파일처럼 전시되어 있는 백화점, 아니면 수천 가지의 상품 화면을 숨기고 있는 인터넷 쇼핑몰은 자본교의 성전이다. 현실이든, 가상공간이든 이렇게 도처에서 상품숭배가 이루어진다. 벤야민이 말했던 것처럼 "모든 성스러운 장관이 우리 앞에 펼쳐진다는 끔찍한 의미에서 축제일이 아닌 날이 없다. 매일매일이 각 숭배자에게 완전한 헌신을 명령"하고 있다. 자본교도는 새로운 상품, 매혹적인 상품을 숭배한다. 그렇지만 돈보다 상품이 우월하다고 생각해 구매를 반복하는 것은 아니다. 오히려 사정은 정반대다. 돈의 전지전능함을 증명하려는 사도로서 자본교도는 상품 구매에 열을 올리는 것이기 때문이다. 모든 것을 구매할 수 있는 돈의 힘을 현실에서 증명하려면, 자본교도는 실제로 상품을 구매하면서 돈을 지불해야만 했던 것이다. 《역사철학강의Vorlesungen über die Philosophie der Weltgeschichte》에서 헤겔Georg Wilhelm Friedrich Hegel(1770~1831)이 말했던 "이성의 간지List der Vernunft"라는 표현을 빌리자면 이것은 어쩌면 "돈의 간지List der Geld"인지도 모른다. 지금 돈은 차안의 행복을 만끽하라고 인간의 등을 떠밀면서 자신의 전능을 실현하고 있으니 말이다.

벤야민에 따르면 자본교의 첫 번째 특징은 "숭배의 구체화"다. 자본교도는 감각으로 향유할 수 있는 대상, 즉 구체적인 상품을 숭배한다는 것이다. 우상숭배를 금지하며 감각을 초월한 신성에 몰두하는 기독교의 숭배와는 완전히 반대 방향이다. 두 번째 특징으로 벤야민은 "숭배의 영속화"를 이야기한다. 매일매일 휴일도 없이 자본교도는 강박증적으로 상품숭배에 몰두한다는 의미다. 반면 기독교도는 보통 주일을 기다려 예수와 신을 숭배하는 경우가 많다. 그렇지만 진정으로 자본교가 기독교와 달라지는 지점은 자본교의 세번째 특징에서 분명해진다. 벤야민은 자본교의 "숭배는 '죄를 만드는verschuldend' 것"이라고 말한다. 기독교의 숭배가 속죄행위와 밀접한 관련이 있다는 사실을 떠올리면, 자본교는 그야말로 기독교와 완전한 대척점에 있는 종교였던 것이다. 벤야민의 주장은 명확하다. 상품에 대한 숭배, 즉 "구체적인" 상품을 "영속적으로" 구매하는 행위는 신성모독의 죄를 범했다는 것이다. 신적인 돈을 상품의 성전에 제물로 바치니, 이것이 죄를 짓는 것이 아니면 무엇이겠는가? 그래서 벤야민은 부연한다. "자본주의는 아마도 속죄하는 것이 아니라 죄를 만드는 숭배의 첫 번째 사례일" 것이라고. 여기서 벤야민이 사용하는 단어 '슐트schuld'에 주목하자. 독일어 '슐트'는 '죄'만이 아니라 동시에 '부채'를 의미한다. 그러니 자본교의 숭배는 죄를 만드는 숭배이자 동시에 부채감을 만드는 숭배였던 셈이다.

생각해보라. 상품을 구매하면서 돈을 지불하는 순간, 우리는 돈의 우월성을 부정하고 있다. 이것은 신성모독의 죄를 범한 것이다. 동시에 소비행위를 통해 우리에게서 빠져나간 돈의 양만큼 우리는 부채감에 시달릴 수밖에 없다. 21세기 현재 금융자본의 시대를 예견한 통찰력이 놀랍지 않은가. 금융자본은 부채로 노동계급을 지배하는 메커니즘으로 작동하니 말이다. 아이러니한 것은 죄를 범하고 부채감에 시달릴수록 우리는 돈을 더 숭배하게 된다는 점이다. 우리 속담에 "든 자리는 몰라도 난 자리는 안다"는 말이 있다. 명절날 친척들이 모두 모였을 때 누가 왔는지 정확히 의식하지 못할 때가 있다. 반면 무슨 이유에서인지 친척 중 한 명이 사라지면 그가 빠진 빈자리는 쉽게 눈에 띄는 법이다. 하물며 나간 것이 신적인 대상으로 인정되는 돈, 모든 상품을 구매할 수 있는 힘을 가진 돈이라면, 그 빈자리는 얼마나 더 커 보이겠는가. 상품숭배가 역설적으로 돈의 숭배가 되는 것, 신성모독이 신성숭배가 되는 것도 이런 이유에서다.

불행히도 1921년 집필된 벤야민의 중요한 단편 〈종교로서 자본주의〉는 직관적으로 이해하기 어렵다. 1919년 벤야민은 독일 낭만주의에 대한 박사학위 논문 《독일 낭만주의에서 예술비평 개념Der Begriff der Kunstkritik in der deutschen Romantik》을 완성한다. 박사학위 논문을 막 제출한 젊은 학자, 그의 글과 사유는 사변적이고 불친절할 수밖에 없다. 학위를 받은 젊은 학자는 순간적이나마 자신이 똑똑하다는 자부심에 사로잡히기 쉽기 때문이다. 더군다나 그의 논문 주제는 삶의 비극과 불투명성을 강조하는 낭만주의였다. 벤야민이 마르크스처럼 명료하고 단호한 문체로 〈종교로서 자본주의〉를 집필하기 어려웠던 것도 이런 이유에서였을 것이다. 그러니 마르크스의 문체로 벤야민의 단편을 간단히 번역하고 요약할 필요가 있다. 먼저 다음과 같은 물음을 던지자. 노동자에게 자본가가 임금을 주는 이유는 무엇인가? 임금을 가지고 자신이나 동료 노동자들이 만든 상품을 구매하라는 것이다. 무슨 말인지 명확히 하려면 노동자가 소비자가 되고 소비자가 노동자가 되는 전체 과정을 상세히 풀어볼 필요가 있다.

자본교를 다룰 때 마르크스의 강조점과 벤야민의 그것은 다르다. 마르크스가 노동자가 소비자가 되는 과정(1단계, 2단계, 3단계)에 강조점을 두었다면, 벤야민은 소비자가 노동자가 되는 과정(4단계, 5단계, 6단계)에 주목하기 때문이다. 특히 벤야민은 소비자가 상품을 구매하는 5단계와 그 결과 돈을 소진해 노동자로 다시 추락하는 6단계에 집중한다. 여기서 의식주와 관련된 생필품 구매는 문제가 되지 않는다. 어쨌든 배고픔을 달래고 자연환경의 위협으로부터 자신의 삶을 지켜야 하니까 말이다. 생필품만으로 자본가들은 임금으로 주어진 돈을 회수할 수 없고, 따라서 잉여가치도 남길 수 없다. 인간의 허영을 자극하는 사치품에 자본가들이 사활을 거는 것도 이런 이유에서다. 인간의 허영은 끝도 없고 심지어 변덕스럽기까지 하기에, 사치품은 생필품과는 달리 무한히 그리고 대량으로 만들어 판매할 수 있기 때문이다. 사치품에 소비자가 자기 지갑을 반드시 열도록 만들려면, 자본가는 사치품이 생필품처럼 느껴지도록 만드는 환각을 만들어야만 한다. 벤야민이 《아케이드 프로젝트Das Passagen-Werk》에서 '판타즈마고리아phantasmagoria'라고 불렀던 것, 그리고 기 드 보르Guy-Ernest Debord(1931~1994)가 《스펙타클의 사회La Société du Spectacle》에서 '스펙타클'이라고 불렀던 것이 바로 이 환각이다. 이 환각에 사

1부. 종교적인 것과 관조적인 것을 넘어서

자본주의적 삶의 단계

	설명	비고
1단계: 원초적 박탈	•억압체제는 노동력을 제외하고 모든 것을 박탈당한 사람을 만든다.	•국가는 자본가들을 위해 노동자들을 양산한다. •국가는 화폐를 제조해 화폐의 구매 가능성을 보장할 뿐만 아니라 통화량 조절을 통해 물가에도 개입한다. •국가는 기간 투자자라는 명목으로 주식시장 등 자본시장에 개입한다.
2단계: 노동자의 탄생	•자본가에게 노동력을 팔아, 자신이 아닌 자본가가 원하는 상품을 만드는 노동자가 탄생한다.	•주인이 자신이 원하는 것을 한다면, 노예는 타인이 원하는 것을 한다. •자본주의체제는 타율적 복종에서 자발적 복종을 유도한다.
3단계: 생산에서의 교환	•노동력을 제공한 대가로 노동자는 주어진 날짜에 자본가에게서 임금이란 형식의 돈을 받는다.	•임금 액수의 결정은 전혀 합리적인 근거를 갖고 있지 않다. •임금을 주지 않으면 자본가는 대량생산된 상품을 팔 수 없다.
4단계: 소비자의 탄생	•임금을 받는 순간 노동자는 소비자로 탈바꿈한다. •노동자는 작은 자본가로서 상품을 구매할 수 있는 힘을 가진다.	•작은 자본가라는 의식은 자신이 노동자라는 사실을 은폐한다. •작은 자본가라는 의식은 자본주의체제를 긍정하도록 만든다.
5단계: 소비에서의 교환 (자발적 박탈)	•소비자는 생필품이나 사치품을 사느라 돈을 소진한다. •소비자는 돈을 상품 소비에 소진하지 않고 저축이나 투자에 투여할 수도 있다.	•소비자의 돈을 모두 소진시키기 위해 자본은 사치품을 생필품으로 느껴지게 하는 환각을 만든다. •개미 투자자는 일시적 수익은 얻지만 끝내 거대 자본의 먹이가 된다.
6단계: 노동자로의 복귀	•돈이 소진된 순간 소비자는 다시 노동자로 탈바꿈한다. •노동자의 뇌리에는 돈의 우월성이 더 확실하게 각인된다.	•가진 돈을 썼다는 죄의식과 부채의식이 노동자의 내면에서 발생한다. •신용카드 등 신용경제를 통해 국가와 자본은 부채경제를 제도화한다.

Modern Cars for Modern Highways

Watch the FORDS go by!

Through crowded city canyons ... down busy small-town Main Streets ... past pleasant country crossroads ... *the 1940 Fords are going by!*

Big cars these — with long hoods and flowing lines. ... *Colorful* cars —with lustrous enamel baked into the body metal and rustless steel shining bright. ... *Comfortable* cars —with rich appointments, deep, soft seats and a quiet, restful ride.

Ten years ago, you couldn't have bought cars so fine at *any* price—and you would

have paid several hundred dollars more than low Ford prices for a smooth, sweet-running V-8 engine!

More than 27,000,000 Ford cars —far more than any other make— have gone out to serve the world. The experience gained in building so many contributes to the excellence of today's Ford cars.

The 1940 Ford V-8 has all the honest value owners have come to expect plus many modern features that make it more than ever The Quality Car in the Low-price Field.

1940년대 포드자동차 광고. 자동차는
노동자에게 필수품이 아니라
사치품이었지만, 지금은 어느새 필수품으로
인식되고 있다.

로잡히면 소비자들은 사치품을 사려고 목을 매게 된다. 상품숭배는 바로 이렇게 탄생하는 것이다. 물론 그 대가는 소비의 자유와 향락을 느끼게 해주었던 돈의 소멸이다. 자유와 향락을 맛보지 않았으면 그만이지만, 맛보았기에 이제 돈에 대한 갈망은 더욱 커져만 간다. 신성모독의 죄를 짓자마자 신성은 더욱더 숭배되는 아이러니가 벌어진 셈이다. 상품숭배와 신성모독을 반복하면서, 인간은 자본주의체제라는 늪에서 빠져나오지 못할 만큼 깊게 발을 담그게 된다는 것, 이것이 벤야민이 말하고자 했던 것이다.

　자본주의가 종교로 기능하는 이유는 이 체제가 인간에게 우월과 열등에 대한 신앙을 심어주기 때문이다. 그래서 우리는 '종교로서 자본주의'를 먼저 극복해야만 한다. 자기가 열등하다고 믿는 백정은 신분사회에 도전할 수 없는 법이다. 얼마나 슬픈 일인가? 자신에게 백정이란 주홍글씨를 각인시킨 신분사회에 도전하기는커녕, 열등한 백정이라는 규정을 운명으로 수용하니 말이다. 열등의식은 그만큼 우리 인간에게 치명적이다. 신분사회만이 인간에게 열등의식을 심어주는 것이 아니다. 자본주의만큼 집요하게 열등의식을 우리 뇌리에 각인하는 체제도 없으니까. 억압체제가 항상 승승장구하는 이유는 다른 데 있지 않다. 억압받는 사람들이 지배계급의 주문에 걸려 자신이 열등하다고 믿기 때문이다. 열등한 사람은 우월한 사람에게 침을 뱉을 수는 없는 법이다. 그러니 인간과 자연을 억압하고 착취하는 자본주의체제의 그 가증스런 민낯에 침이라도 뱉으려면 우리는 먼저 자본교의 주술로부터 자유로워져야만 한다. 그렇다면 궁금해진다. '종교로서 자본주의'도 넘고 끝내 '자본주의체제' 마저 극복하게 되면, 우리에게는 어떤 삶이 펼쳐질 것인가. 26세 젊은 마르크스는 넌지시 우리에게 소망스런 삶의 일단을 보여주었던 적이 있다.

인간을 인간이라고, 그리고 세계에 대한 인간의 관계를 인간적 관계라고 전제한다면, 그대는 사랑은 사랑으로만, 신뢰는 신뢰로만 교환할 수 있다. 그대가 예술을 향유하고자 한다면 그대는 예술적인 교양을 갖춘 인간이어야만 한다. 그대가 다른 사람에게 영향력을 행사하고자 한다면, 그대는 현실적으로 고무하고 장려하면서 다른 사람에게 영향을 끼치는 인간이어야만 한다. 인간에 대한, 그리고 자연에 대한 그대의 모든 관계는 그대의 의지 대상에 상응하는, 그대의 현실적인 개체적 삶^{wirklichen} ^{individuellen Lebens}의 특정한 표출^{Außrung}이어야 한다. 그대가 사랑을 하면서도 그대의 사랑이 되돌아오는 사랑을 생산하지 못한다면, 그대가 사랑하는 인간으로서 그대의 생활 표현을 통해서 그대를 사랑받는 인간으로 만들지 못한다면, 그대의 사랑은 무력한 것이요, 하나의 불행이다.

－《1844년 경제학-철학 수고》

26세의 열혈 청년답게 마르크스는 사랑을 이야기한다. 자본주의사회, 나아가 억압사회에서의 사랑과 '자유로운 개인들의 공동체'에서의 사랑이 어떻게 다른지 설명하려고 한다. 이제 더 이상 돈이나 신분으로 애인을, 혹은 애인의 사랑을 얻을 수는 없다. 혹은 신분이 낮다고 가난하다고 사랑하는 애인과 헤어지지도 않는다. 혹은 상대방이 돈이 많아서 혹은 신분이 높아서 사랑하게 된 것인지, 아니면 그 사람 자체를 사랑하게 된 것인지 헷갈릴 필요도 없다. 마르크스는 말한다. "인간을 인간이라고, 그리고 세계에 대한 인간의 관계를 인간적 관계라고 전제한다면, 그대는 사랑은 사랑으로만, 신뢰는 신뢰로만 교환할 수 있다"고. 인간을 압도하는 돈이나 신분이라는 매개가 사라졌으니, 이제 남은 것은 직면하고 있는 오직 두 사람뿐이다. 나는 너를 사랑한다. 네가 가진 신분이나 지위, 혹은 재산이 아니라, 너 자체를 사랑한다. 아니 정확히 말해 네가 살아 있는 것만으로도 기쁨을 느낀다. 하긴 어떤 신분이나 지위, 혹은 어떤 재산이라도 인간보다 우월하지 않은 사회이니, 이런 것들이 사랑에 영향을 미칠 리 만무한 일이다. 문제는 아무리 내가 너를 사랑한다고 해도, 그것이 필연적으로 너로 하여금 나를 사랑하도록 만들 수 없다는 데 있다. 그것은 전적으로 너의 자유니까 말이다. 그래서 마르크스는 말한다. "그대가 사랑을 하면서도 그대의 사랑이 되돌아오는 사랑을 생산하지 못한다면, 그대가 사랑하는 인간으로서 그대의 생활 표현을 통해서 그대를 사랑받는 인간으로 만들지 못한다면, 그대의 사랑은 무력한 것이요, 하나의 불행"이라고. 자유로운 개인들의 공동체에서의 사랑은 생각보다 비극적인 데가 있다. 자본주의사회라면, 그리고 두 사람이 모두 자본교도라면, 사랑은 얼마나 쉽게 이루어지는가? 물론 이것이 사랑인지 아닌지 확실하지는 않지만. 어쨌든 열심히 공부해 스펙을 쌓고 대기업에 취직해서 재산을 모을 수만 있다면, 근사한 사람과 사랑을 할 수 있으리라는 기대는 가능하다. 나는 네가 평상시 살 수 없는 고가의 명품도 사주고, 네가 쉽게 가지 못하는 화려한 카페에서 식사를 함께한다. 그러면 너는 스스로 생각할지도 모른다. "얼마나 나를 사랑하면, 이렇게 잘 해주는 것일까?" 그리고 너는 나와 사랑에 빠지게 된다. 자본주의사회에서 이렇게 이루어진 사랑이 얼마나 많은가? 비극적이게도 너의 사랑의 진실성 여부는 아주 때늦게 내가 더 이상 너에게 돈을 쓸 수 없는 때에만 확인될 것이다. 역설적이게도 자본주의사회에서는 아주 가난한 사람들의 사랑만이 진정성을 가질 수 있는 이유도 바로 여기에 있다. 서로 돈이 없으니 두 사람이 "사랑을 사랑으로만 교환하지" 않으면 사랑은 애초에 불가능할 테니 말이다.

자본주의체제가 사라진 뒤 인간에게 펼쳐지는 우정과 사랑의 모습에 대한 마르크스의 묘사는 얼마나 근사한가? "사랑은 사랑으로만, 신뢰는 신뢰로만 교환할 수 있다!" 젊은 마르크스는 아주 낭만적이고 열정적이라는, 심지어 이상주의자라는 느낌마저 들기도 한다. 그렇지만 마르크스는 자유로운 개인들의 공동체에서 사랑은 모두 해피엔딩으로 끝나리라고 낙관하지는 않았다. 나의 사랑은 내 자유의 발현이듯, 너의 사랑도 너의 자유의 발현일 수밖에 없다는 걸 분명히 알고 있었기 때문이다. 한마디로 마르크스는 사랑의 비극, 혹은 너의 타자성을 이미 간파하

1830년 무렵의 예니 폰 베스트팔렌. 예니는 마르크스의 평생 동지이자 연인이었다.

고 있었던 것이다. 그러니 그는 말할 수 있었던 것이다. "그대가 사랑을 하면서도 그대의 사랑이 되돌아오는 사랑을 생산하지 못한다면, …… 그대의 사랑은 무력한 것이요, 하나의 불행이다!" 26세의 마르크스는 어떻게 사랑의 비밀을 알아버렸던 것일까? 그 실마리는 《1844년 경제학-철학 수고》를 집필하기 직전, 그러니까 1843년 6월 19일에 있었던 사건에서 찾을 수 있다. 이날 마르크스는 불행으로 귀결될 뻔한 사랑을 지속하는 데 성공한다. 유대인 청년 마르

1부. 종교적인 것과 관조적인 것을 넘어서

크스는 독일 귀족의 딸 예니^{Jenny von Westphalen}(1814~1881)와 마침내 결혼식을 올린 것이다. 1836년 8월 마르크스는 예니와 약혼하지만, 마르크스 집안도, 예니 집안도 그들의 정혼을 탐탁지 않게 여겼다. 실제로 종교적 차이, 신분적 차이, 인종적 차이, 심지어 예니가 마르크스보다 네 살 연상이라는 나이 차이 때문에, 그들의 약혼은 거의 스캔들로 취급되었을 정도다. 당시 예니는 마르크스와 약혼하기 위해 젊은 귀족과의 약혼도 취소해버렸으니, 그녀가 겪을 고초는 미루어 짐작이 가는 일이다. 최소한 사랑에서만큼은 마르크스보다 예니가 훨씬 더 단호하고 성숙했던 것이다. 1843년의 결혼도 예니의 사랑과 인내, 그리고 결단이 없었다면 불가능했을 것이다. 어쨌든 1843년 평생의 동지이자 사랑이었던 애니에게서 마르크스는 "되돌아오는 사랑을 생산하는" 행운을 누렸던 것이다. 이제야 《1844년 경제학-철학 수고》에 등장하는 사랑 이야기가 우리의 심금을 울렸던 이유가 분명해진다. 자유로운 개인들의 공동체에서 가장 멀리 떨어져 있던 상황에서 마르크스는, 그리고 예니는 "사랑은 사랑으로만 교환할 수 있는" 사랑을 나누었던 것이다. 26세 마르크스, 그는 진짜 사랑을 해본 남자였다.

정치철학
2장

포이어바흐를 넘어서 도달한 곳

1. 본질에서 관계로

포이어바흐는 종교의 본질을 인간의 본질menschliche Wesen로 용해한다. 그러나 인간의 본질은 각 개인에게 내재된 추상 개념 inwohnendes Abstraktum이 결코 아니다. 현실적으로 그것은 '사회적 관계의 앙상블ensemble der gesellschaftlichen Verhältnisse'이다. 따라서 현실적인 본질들wirklichen Wesens을 비판하지 않았던 포이어바흐는 1. 역사적 과정을 추상하고, 종교적 감정을 홀로 있는 것으로 고정시키고, 나아가 추상적인—고립된—인간 개인을 전제할 수밖에 없다. 2. 그러므로 그에게 인간의 본질은 오직 유類, Gattung로, 많은 개인들을 자연스럽게 결합시키는 무언의 내적인 보편성으로 이해될 수 있었던 것이다.

　　　　　　　　　　　　　　　　　–〈포이어바흐에 관한 테제들〉6

포이어바흐의 기독교 비판은 단순한 만큼 강렬하다. 신이 인간을 만든 것이 아니라 인간이 신을 만든 것이라고 주장하니까. 인류학적으로 사유해보면 포이어바흐의 주장은 이론의 여지가 없이 옳은 것이다. 다양한 문명권에서 숭배하는 그들만의 다양한 신들을 보라. 다양한 민족이나 부족들, 그리고 그들이 숭배하는 신은 외모,

개성, 감정, 그리고 사유에서 완전히 판박이다. 특히 지역 종교에서는 정말 두드러진 특성이다. 이집트에서 창조신으로 숭배되는 태양신 라^{Ra}는 이집트 사람을 닮았고, 중국의 창조신 반고^{盤古}도 중국인을 닮았다. 아메리카 대륙의 경우도 마야의 창조신 이참나^{Itzamna}나 잉카의 창조신 비라코차^{Viracocha}도 각각 자신들을 숭배하던 토착민을 너무나도 닮았다. 세계 종교는 조금 복잡하다. 모든 세계 종교는 지역 종교로 출발해서 세계화되는 데 성공한 종교이기 때문이다. 유대교의 신^{God}은 지중해 동부 지역 사람을 닮았다면, 로마제국을 통해 세계 종교로 거듭났던 기독교의 신은 원래 모습에 백인의 모습을 받아들이게 된다. 또 다른 세계 종교 불교도 마찬가지다. 인도 불상은 인도 사람을 닮았지만, 중국 불상은 인도 불상에 중국 사람의 이미지가 첨가돼 변형된 것이고, 한국 불상은 중국 불상에 한국 사람의 이미지를 반영해 완성된 것이다.

아무리 세계 종교를 표방해도 기독교나 불교는 지역 종교라는 태생을 완전히 숨길 수 없는 법! 신의 모습도 경전의 고유명사도 우리에게는 너무나 낯설기만 하다. 그래서일까, 세계 종교는 기묘한 창씨개명을 강요하기도 한다. 우리의 경우만 하더라도 홍말자가 에스더^{Esther}가 되고, 김원석이 법연^{法然}이 되는 것이다. 에스더가 되면 《성경》, 심지어 유대교라는 지역 종교를 반영하는 《구약》마저 받아들이는 데 거부반응이 현저히 줄어든다. 홍씨 가문의 홍말자보다는 《구약》의 등장인물 에스더가 되었기에, 다른 민족의 역사도 쉽게 수용하게 된다. 김원석이 법연이 되어도 마찬가지 효과가 생긴다. 대부분의 법명들은 중국 불교 전통에서 유래한 것이다. 법연이 되는 순간 해인사에 있는 팔만대장경이 자기 경전인 것처럼 느껴지고 사찰의 건물 이름과 심지어 승려 이름도 친근한 그 무엇으로 다가오기 때문이다. 여담이지만 일본이 식민지 조선 사람들에게 창씨개명을 시도한 것도 세계 종교의 창씨개명 전략을 벤치마킹한 것에 지나지 않았던 것이다.

어쨌든 다양한 신들에는 공통된 사실 한 가지가 확인된다. 어떤 신이라도 어리석음, 추함, 약함, 잔인함, 가난함, 병듦, 죽음 등의 이미지를 가지고 있지 않다는 점이다. 모든 신은 지혜롭고, 아름답고, 강하고, 인자하고, 부유하고, 건강하고, 심지어 죽지 않는다. 여기에 신에게는 가부장, 즉 남자의 이미지가 추가된다. BC 8000년 농업혁명 이후에 대부분 신들이 만들어졌다는 증거일 것이다. 가부장제가 사회질서로 확고히 정착하게 된 것은 농업혁명 이후 농업경제가 뿌리를 내린 뒤이기 때문이다. 인간은 자신이 지혜롭고 아름다우며 강하고 인자하기를, 나아가 부유하고 건강하며 가능하다면 죽지 않기를 바란다. 이런 '인간적인 너무나 인간적인' 소망을 외부로 투사해 인간이 신을 만들었다는 것, 이것이 포이어바흐의 근본적인 생각이다. 그에게는 신이 인간이 꿈꾸는 가장 소망스러운 자기 모습에 지나지 않는 것도 이런 이유에서다. 그의 말을 들었다면 평범한 기독교인들은 그가 신성모독을 범하고 있다고 분노하면서 지금이 중세시대가 아니라는 사실을 안타까워했을 것이다. 중세 시절이라면 포이어바흐는 이단으로 판정되어 화형의 불길 속에 던져졌을 테니 말이다. 아이러니하게도 포이어바흐의 생각이 하나의 상식처럼 통용되는 곳이 있다.

창조신을 숭배하지 않는 기묘한 세계 종교, 즉 불교에서다. 가까운 사찰 어디든 올라가 보라. 대웅전에 가면 불교의 창시자 고타마 싯다르타가 불상의 형식으로 안치되어 있다. 당연히 인문정신을 가진 사람이라면 불상에 절하는 걸 불편하게 생각할 것이다. 인문정신은 일체의 열등의식이나 우월의식이 없다는 걸 말하기 때문이다. 그러나 바로 이 순간 승려 한 분이 웃으며 말할 것이다. "보살님! 저 불상은 신이 아닙니다. 보살님이 깨달음을 얻어 부처가 되었을 때, 바로 보살님의 모습이죠. 그러니 불상에 예배하는 것은 바로 자기 자신에게 예배하는 겁니다. 자기 자신에게 절을 올리는 것이 무슨 문제가 있겠습니까?" 포이어바흐가 이런 취지의 대화를 들었다면 아마도 무릎을 쳤을 것이다. 자신의 종교 철학이 독일도 아닌 동아시아 한국 어느 깊은 산중에서 실현되는 극적인 장면을 목도했을 테니 말이다. 불교는 인간이면 누구나 치열한 수행 끝에 부처가 될 수 있다고 강조한다. 인간에게는 부처가 될 수 있는 본질로서 불성佛性, Buddha-dhātu, 혹은 여래장如來藏, Tathāgatagarbha이 주어져 있기 때문이다. 이 본질만 실현하면 더 이상 불상에 대한 숭배는 할 필요가 없다. 이미 자신이 부처가 되었기 때문이다. 포이어바흐에 대해서도 동일한 이야기가 가능하다. 인간은 신처럼 될 수 있다. 인간으로 태어난 이상 모든 인간에게는 본질로 "이성, 사랑, 의지"의 능력이 주어져 있기 때문이다. 신적인 삼위일체라고 불리는 이 본질을 실현하면, 그는 더 이상 신을 숭배하러 교회에 나갈 필요조차 없다. 자신의 본질을 실현해《성경》에 등장하는 예수처럼 생각하고 사랑하고 의지할 수 있으니까.

포이어바흐에 의해 이제 종교는 '신-종교'에서 '인간-종교'로 변환된다. 신을 없앤 것이 아니라 인간이 신이 되어버렸으니, 이제 인간은 초월 종교 대신에 일종의 종교적 나르시시즘에 빠져버리는 것이다. 인간이 신이 되었다는 그의 생각을 정확히 표현하자면 "인간은 신처럼 될 수 있는 본질을 가지고 있다"는 것이다. 마르크스가 포이어바흐에 관한 여섯 번째 테제에서 "포이어바흐는 종교의 본질을 인간의 본질로 용해한다"고 말했던 이유도 바로 여기에 있다. 여기서 핵심은 모든 인간이 신처럼 생각하고 사랑하고 의지하게 되는 것은 아니라는 점이다. 이것은 이론적으로만 가능하지 현실적으로는 거의 불가능한 법이다. 이론적으로는 모든 사람이 명문대에 진학할 수 있지만, 현실적으로 그럴 수 있는 사람은 그리 많지 않다. 부르주아계급으로 태어난 아이들은 프롤레타리아계급의 아이들보다 명문대에 진학할 기회가 월등히 높다는 것은 숨길 수 없는 사실 아닌가. 신과 인간 사이의 우열관계는 철폐되지만 새로운 우열관계가 출현하는 불길한 조짐이 예감되는 대목이다. '신처럼 된 인간과 그렇지 못한 인간!' 전자가 우월하고 후자는 열등하다는 관념이 발생하는 것은 한 걸음이면 족하다. 인간의 본질은 이렇게 새로운 종교를 만들게 된 것이다. 불행히도 포이어바흐는 순진할 정도로 낙관적이다. 인간의 본질이 새로운 종교의 심장이 될 수도 있다는 것도 모른 채, 그는 그저 모든 사람에게는 신처럼 될 수 있는 본질이 있다는 사실에만 몰두한다. 당연히 그의 인간은, 그리고 인간의 본질은 현실적이라기보다는 이상적이고, 구체적이라기보다는 추상적이게 된다.

마르크스는 바로 이 대목에 비판의 칼날을 가한다. 그답게 비판은 거침이 없고, 분명하다. "인간의 본질은 각 개인에게 내재된 추상 개념이 아니라, '사회적 관계의 앙상블'이다." 그러니까 인간의 본질이라는 것은 본질이란 말뜻처럼 불변하는 무언가를 가리키는 것이 아니라, 특정한 사회적 관계가 만들어내는 앙상블과도 같다는 것이다. '앙상블'은 모임이나 집합을 가리키는 말이다. 클래식 음악에서 제1바이올린, 제2바이올린, 첼로, 비올라로 구성된 현악4중주단 같은 연주 모임을 앙상블이라고 부른다. 아무리 개별 연주자들이 최상급 연주 실력을 뽐내도 다른 연주자들의 연주에 녹아들지 못하면, 연주는 불협화음으로 끝나고 만다. 앙상블 연주로는 완전히 실패한 셈이다. 그러니까 마르크스는 인간을 솔로 연주자로 보지 말고 앙상블에 참여한 개별 연주자로 보자는 것이다. 조금 더 구체적으로 말하면 고립된 개인이 아니라 사회적 관계가 중요하다는 것이다. 지금 마르크스는 '본질주의Essentialism', 즉 개인이나 사물 안에는 본질이 내재한다고 생각하는 입장을 해체하고자 한다. 겉보기에 아무리 달라 보여도 서양철학 전통 일반은 모두 이 본질주의에 발을 걸치고 있다. "인간의 본질은 사회적 관계의 앙상블"이라는 마르크스의 주장이 중요한 것도 이런 이유에서다. 본질주의 대신 마르크스는 '관계주의Relationalism'라고 부를 만한 입장을 표방하기 때문이다. 관계주의는 개인이나 사물 등 우리 눈에 식별되는 대상들이 아니라 직접 눈에 띄지 않는 관계가 중요하다는 입장이다.

여기서 잠시 본질주의와 관계주의가 우리 삶에 얼마나 많은 영향을 미치는지 익숙한 상황을 예로 들어 생각해보자. 식사를 하던 아이가 귀가 가려웠는지 젓가락으로 귓속을 긁는다. 식탁에 있던 어머니는 기겁을 하며 아이를 나무란다. "젓가락은 음식을 집어먹는 거야. 귀를 파고 싶으면 귀이개를 써야지." 익숙한 밥상 풍경이지만, 여기에도 본질주의와 관계주의가 작동하고 있다. 젓가락의 본질은 무엇인가? 어머니의 입장에서는 '음식을 집어먹는 것'이다. 어머니의 눈에 모든 사물에는 각각 그에 맞는 본질이 있다. 의자에는 '앉을 수 있는 본질'이, 이불에는 '잠잘 때 덮을 수 있는 본질'이, 컵에는 '물을 담을 수 있는 본질'이 존재한다는 것이다. 당연히 젓가락에도 그에 맞는 본질이 있다. 그런데 지금 아이는 젓가락의 본질을 무시하고 있다. 조금 과장해서 말하면 아이는 '젓가락의

1부. 종교적인 것과 관조적인 것을 넘어서

본질을 숭배하지 않고 있다'. 어머니 입장에서 교육이란 별게 아니다. 아이가 집 안에 있는 사물뿐만 아니라 모든 존재의 본질을 이해하고 그걸 따르도록 하는 것이니까 말이다. 이런 본질을 정한 것은 아이가 아니라 어머니라는 사실, 나아가 어머니가 아니라 사회구조라는 사실에 주목하자. 본질주의가 삶에서나 정치에서 항상 보수적일 수밖에 없는 이유도 바로 여기에 있다. 본질주의는 본질이란 이름으로 기존 질서를 맹목적으로 따를 것을 강요하기 때문이다.

이제 반대로 어머니에게 야단을 맞은 아이를 생각해보라. 어머니와 달리 아이는 자유롭기만 하다. 아이는 이불 위에서 씨름도 할 것이고, 컵에 구슬을 담을 수도 있고, 의자 위에 예쁜 화분을 올려놓을 수도 있다. 물론 얼마 지나지 않아 씨름장이었던 이불은 잠자리가 되고, 구슬 보관함이었던 컵에는 다시 오렌지주스가 채워지고, 화분 받침대였던 의자에 아이는 다시 앉게 될 것이다. 물론 귀이개였던 젓가락도 다시 음식을 집는 데 사용될 것이다. 어머니가 사물과 하나의 의미로만 관계를 맺지만, 아이는 최소한 하나 이상의 의미로 관계를 맺고 있다. 자유란 별게 아니다. 어떤 사물과 하나의 관계만 가능한 사람보다 서너 가지의 관계가 가능한 사람이 더 자유로운 법이니까. 아이는 의자가 없어도 근사한 바위에 앉아서 쉴 수 있고, 사용하지 않는 냄비에 흙을 담아 꽃씨를 묻을 수도 있다. 물론 급하게 소변을 보고 싶으면, 아이는 신속하게 인기척이 없는 곳에서 시원하게 소변을 볼 수도 있다. 문제는 시간이 지나면서 아이는 어머니나 선생님의 훈육으로 사회적 규범에 동화되고 만다는 점이다. 그러니까 사회구조가 지정한 관계로만 세상과 관계를 맺게 된다는 것이다. 프로이트Sigmund Freud(1856~1939)가 말한 초자아Über-Ich가 제대로 만들어진 것이다. 초자아라는 내적 검열기구가 작동하자마자, 모든 사물은 하나의 본질을 가지고 있는 것으로 드러난다. 결과적으로 이제 사물은 본질이라는 이름으로 우리를 지배하게 된다. 내가 앉는 곳이 의자가 되는 것이 아니라, 우리는 이제 의자에만 앉아야 한다. 귀가 가려울 때 긁는 것이 귀이개가 되는 것이 아니라, 우리는 귀이개가 없으면 귀를 팔 수 없다. 손가락으로도 국수 가락을 집을 수 있지만, 젓가락이 없으면 우리는 국수 먹는 걸 단념한다.

사물과 인간은 다양한 관계를 맺을 수 있다. 예를 들어 나무토막 하나가 있다고 하자. 베개가 될 수도 있고, 조각 재료가 될 수도 있고, 찻잔 테이블이 될 수도 있고, 사진틀 받침대도 될 수가 있다. 이 경우 이 나무토막은 우리에게 네 가지 의미를 가지고 있다. 그렇지만 어머니는 이 나무토막에 찻잔 테이블이라는 의미만을 허용한다. 찻잔 테이블이라는 하나의 의미가 본질이 되고 숭배 대상으로 신격화되는 순간이다. 바로 이 순간 존재는 본질과 일치하게 된다. 나무토막은 찻잔 테이블이고 찻잔 테이블이 나무토막이 되니까 말이다. 그런데 본질은 사물의 세계에만 적용되는 것이 아니라, 인간에게도 그대로 적용된다. 인간은 세상과 다양한 관계를 맺을 수 있다. 관계주의는 이런 모든 다양한 관계들을 긍정한다. 반면 본질주의는 그중 하나의 관계만 허락하고, 그걸 인간에 내재한 본질로 규정해버리고 만다. 예를 들어 누군가 있다. 그는 슈베르트의 음악을 좋아하고, 남편과 아이가 있고, 학창 시절 친구와 자주 연락하고, 쾌청한 날보다는 조금 스산한 날을 좋아하고, 진보정당 당원이고, 단발머리를 좋아하고, 니체의 책을 많이 가지고 있고, 산보다는 바다를 좋아하고, 편의점에서 아르바이트를 한다. 그렇지만 본질주의는 이 사람의 수많은 관계들 중 하나만을 본질로 규정하고, 나머지

1부. 종교적인 것과 관조적인 것을 넘어서

는 부차적이고 무의미한 것으로 간주한다. 남편이 있는 아내나 아이의 엄마만을 강조하는 순간, 이 사람의 본질은 여성이 되고 만다. 혹은 이 사람이 편의점에서 일하는 것만 강조되는 순간, 이 사람의 본질은 프롤레타리아, 그것도 비정규직 노동자라는 최악의 프롤레타리아가 된다. 어느 날 슈베르트 소나타를 흥얼거리기라도 하면 이 사람의 귀에는 "편의점 알바나 하는 주제에"라는 경멸의 쑥덕거림이 들리지도 모른다. 문제는 이 사람이 스스로 자기의 본질이 여성이라는 걸, 혹은 자기의 본질이 프롤레타리아라는 걸 받아들일 수 있다는 사실이다. 이 순간 이 사람은 자신이 본질이라고 받아들인 하나의 관계 형식을 제외하고 다른 모든 관계를 스스로 포기하게 된다. 나무토막이 찻잔 테이블로만 사용되는 것처럼, 이제 이 사람은 하나의 용도만을 가진 사물이 되어버린 것이다. 루카치 György Lukács(1885~1971)가 1923년 자신의 주저 《역사와 계급의식Geschichte und Klassenbewußtsein》에서 사물화, 혹은 물화Verdinglichung라고 불렀던 비극은 바로 이렇게 시작된다.

니체에게 도덕의 계보학이 있다면, 마르크스에게는 본질의 계보학이 있다. 먼저 첫 번째, 인간이나 사물 등 개체들에게는 다양한 관계가 존재한다. 두 번째, 체제나 권력은 개체에게 하나의 관계만을 부과하거나 강요한다. 세 번째, 특정 관계만이 허용된 개체는 그렇게 관계할 수 있는 잠재성, 즉 본질을 가진 것으로 이해된다. 철학적으로 표현하자면 관계의 외재성이 내재성으로 전도되면서, 본질이라는 개념이 출현했다고, 혹은 외적인 관계가 그 외재성을 잃고 개체에 내면화되면 본질로 오해된다고 말할 수 있다. 본질의 계보학이 중요한 이유는 이것이 마르크스의 모든 사유와 그의 저술을 관통하는 핵심 방법론이기 때문이다. 1849년 《신라인신문Neue

Rheinische Zeitung 》에 발표한 다음 글을 보자.

'자본은 새로운 원료, 새로운 노동도구 및 새로운 생활수단을 만들어내는 데 사용되는 온갖 종류의 원료, 노동도구, 생활수 단으로 구성된다. 자본의 이 모든 구성 부분들은 노동의 창조 물이고 노동의 산물이며 축적된 노동aufgehäufte Arbeit이다. 새로운 생산수단으로 봉사하는 축적된 노동이 자본이다.' 경제학자들 은 이렇게 말한다. 흑인 노예Negersklave란 무엇인가? 흑인종schwarzen Race에 속하는 인간이다. 경제학자들의 설명은 이런 설명과 마 찬가지다. 흑인Neger은 흑인이다. 규정된 관계 속에서만 그는 노 예가 된다. 면방적기는 면을 짜는 기계다. 일정한 관계들 속에 서만 그것은 자본이 된다. …… 자본은 하나의 사회적 생산관 계다. 그것은 부르주아적 생산관계, 즉 부르주아사회의 생산관 계다.

— 〈임금노동과 자본 Lohnarbeit und Kapital〉(1849)

마르크스에게 부르주아 경제학자들 대부분은 일종의 본질주 의자에 지나지 않는다. 그들은 방적기, 목화솜, 공장, 그리고 노동자 등 개별적인 대상들만 보기 때문이다. 그들은 자본과 노동이란 관계, 원초적으로 불평등한 관계를 보려고 하지 않는다. 자본가는 돈 으로 공장을, 방적기를, 목화솜을, 그리고 노동자를 산다. 면직물을 만들어 투자한 돈보다 더 많은 돈을 벌기 위해서다. 반면 노동자는 일체의 생산수단과 생계수단을 박탈당해 노동력만 가지고 있다. 생 계를 위해 돈이 필요한 노동자는 면직공장에 취업해야만 한다. 만 일 자본가가 전자제품 공장을 만든다면, 노동자는 속절없이 그에

1부. 종교적인 것과 관조적인 것을 넘어서

어울리는 스펙을 갖추어 그 회사에 자신을 팔아야 한다. 그렇지만 부르주아 경제학자들은 말한다. "새로운 생산수단으로 봉사하는 축적된 노동이 자본이다." 공장도 노동자가 만든 것이고, 방적기도 노동자가 만든 것이고, 목화솜도 노예라는 노동자가 만든 것이니, 모두 축적된 노동이라고 할 수 있다. 여기에 면직공장에서 노동자들의 새로운 노동이 가해져 면직물이 나온다. 공장, 방적기, 목화솜, 노동자가 결합해 혹은 축적되어 면직물이란 상품이 나온다는 설명이다. 사후적인 사유이자 환각적인 정당화일 뿐이다. 여기에는 생계를 위해 면직물을 만들 수밖에 없는 노동자의 입장이, 즉 자본에 복종할 수밖에 없는 노동자의 입장이 전혀 고려되어 있지 않다.

공장, 방적기, 목화솜, 노동자는 각각 고유한 본질을 갖고 있는 고립된 개별 대상들이 아니다. 서로 무관한 대상들이었다가 모여서 면직물이란 상품을 만드는 생산수단, 혹은 자본이 된 것이 아니다. 노동과 대립적인 자본은 그렇게 작동하지 않는다. 돈의 전지전능한 힘으로 자본은 노동력을 동원하고 그 노동력으로 자신이 원하는 모든 것을 만든다. 건설 자본가가 노동자에게 공장을 만들게 하고, 기계 자본가가 노동자에게 방적기를 만들게 하고, 노예주가 노예에게 목화솜을 따도록 한다. 그렇지만 이 경우 최종적으로 중요한 것은 면직 자본가다. 면직물로 잉여가치를 얻으려는 그의 욕망이 공장, 방적기, 그리고 목화솜을 한군데에 끌어모으도록 하기 때문이다. 결국 방적기는 직물산업이 없다면 존재할 수조차 없었던 것이고, 이것은 면직공장이나 목화솜, 면직 노동자에게도 그대로 적용된다. 마르크스가 "면방적기는 면을 짜는 기계다. 일정한 관계들 속에서만 그것은 자본이 된다"고 말했던 이유도 바로 이것이다. 결국 대부분의 경제학자들은 일정한 관계에 들어가 있는 직물공장, 방적기,

노동자, 목화솜에만 주목할 뿐, 자본주의적 생산관계를 보려고 하지 않았던 것이다. 진정 문제로 여겨야 하는 것을 간과한 결과는 치명적이다. 아무런 도전과 비판도 받지 않으니, 자본주의적 생산관계는 자연적 질서인 것처럼 정당화되고 말기 때문이다. 중요한 것은 눈에 보이는 공장, 방적기, 노동자, 그리고 목화솜이 아니라, 이런 생산 요소들에 관철되는 자본주의적 관계가 아닌가? "자본은 하나의 사회적 생산관계"라고 마르크스가 강조했던 것도 이런 이유에서다. 자본에 대한 마르크스의 분석도 중요하지만, 여기서 우리가 주목해야 할 것은 마르크스의 전체 저작을 관통하는 관계주의 정신이다. 그래서 우리의 눈에는 대부분 경제학자들의 본질주의적 사유 경향을 비판하려고 마르크스가 들었던 아주 간단하지만 인상적인 예가 들어온다.

흑인 노예란 무엇인가? 이 질문에 본질주의자는 답한다. "흑인 종에 속하는 인간"이라고. 지금 입장에서는 황당한 대답으로 들릴 것이다. 흑인 노예가 무엇인지를 묻는 질문에 노예라는 개념은 쏙 빼버리고 있기 때문이다. 그렇지만 본질주의자는 제대로 답한 것이다. 그가 사용한 '흑인종'이라는 개념에는 19세기 유럽 백인 사회에서 통용되던 모든 인종차별적 함의가 그대로 들어가 있으니 말이다. 흑인은 게으르고, 무지하고, 사회를 형성할 수 없는 인종이라는 인종주의^{Racism}다. 이런 인종주의가 옳다면, 흑인은 가축과 다름없다. 흑인은 게으르니 백인은 채찍으로라도 그들을 부지런히 움직이도록 만들어야 하고, 흑인은 무지하기에 현명한 백인은 그들을 지도해야 하며, 흑인은 사회를 스스로 형성할 수 없으니 백인은 자기 사회에 그들을 편입시켜 사회성을 갖도록 도와야 한다. 17세기 후반부터 19세기 초반까지 유럽은 나머지 대륙을 식민지로 만들고 그

1부. 종교적인 것과 관조적인 것을 넘어서

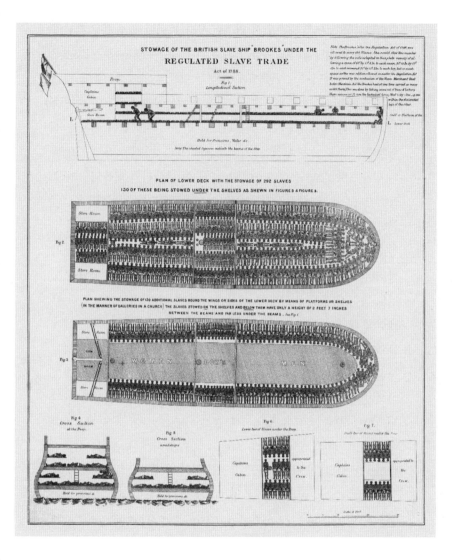

1788년 영국 노예선 브룩스Brookes호의 세부 모습. 노예 무역업자들은 최대한의 이익을 얻기 위해 500~600명의 흑인들을 전혀 움직일 수 없도록 묶은 뒤 배 밑바닥에 실어 미국으로 향했다. 꽁꽁 묶인 흑인들은 배 안에서 많이 죽기도 했다. 17세기 후반부터 19세기 초반까지 유럽은 나머지 대륙을 식민지로 만들고 그 원주민들을 노예로 삼으면서 엄청난 부를 축적했다.

원주민들을 노예로 삼으면서 엄청난 부를 축적했다. 유럽은 자신의 제국주의적 침탈을 정당화하기 위해 이런 인종주의를 만든 것이다. 인종주의는 식민지 주민들에게 인종적 열등의식을 심어주어 백인의 지배를 받아들이도록 만들고, 동시에 백인에게는 열등한 주민들을 계몽한다는 정신승리를 가능하도록 만들어 자신들이 저지른 파렴치한 억압과 수탈행위에 눈을 감게 만든다. 어쨌든 유럽 백인들의 탐욕으로 1200만 명의 아프리카인들이 아메리카 대륙의 노예로 끌려갔다. 그 유명한 삼각무역triangular trade이 시작된 것이다. 유럽의 선박들은 유럽에서 만든 상품들을 가지고 서아프리카에 상륙해 그걸로 흑인 노예와 바꾸었다. 아프리카의 왕이나 추장들, 즉 아프리카 지배계급은 자신의 피지배계급들을 유럽의 상품을 얻기 위해 노예로 파는 경우도 많았다. 노예들은 선박에 실려 대서양을 건너 아메리카 대륙의 농장이나 금광, 은광을 소유했던 백인 정착민들에게 팔렸다. 노예를 내려놓았던 선박은 이번에는 설탕, 담배, 면화, 광물 등을 싣고 유럽으로 다시 돌아갔다. 유럽에서 서아프리카, 그리고 아메리카 대륙으로 이어지는 삼각형은 이렇게 그어진 것이다. 삼각무역이 번성했던 동안 노예선에 실려 이동하는 중 죽은 아프리카인의 수가 150만 명이었으니, 이들의 처우가 어느 정도 열악했는지 말할 필요도 없을 것이다.

마르크스는 19세기 이후 본격화한 산업자본주의를 움직였던 원초적 자본이 바로 이 아프리카인 1500만 명의 땀과 피에서 유래했다는 사실, 노동자를 양산하면서 출현했던 19세기 산업자본은 노예를 양산했던 18세기 상업자본을 그대로 벤치마킹했다는 사실, 그리고 노예가 노동자로 변신하고 농장이나 천연자원의 소유자가 돈을 소유한 자본가로 바뀌었다는 사실을 알고 있었다. 당연히 산업자본체제의 억압성을 직감했던 마르크스가 상업자본주의체제의 잔혹성을 간과할 리 없는 일이다. 불행히도 마르크스가 〈임금노동과 자본〉을 발표했던 1849년, 대부분의 유럽 백인들은 인종주의에 깊게 물들어 자기 체제의 잔혹성과 억압성에 눈을 감고 있었다. 이런 상황에서 '흑인 노예란 무엇인가'라는 질문이 던져진 것이다. 아프리카인과 백인 사이에 어떤 관계가 있었는지 고민조차 하지 않는 백인 본질주의자들은 답한다. "흑인 노예는 흑인종에 속하는 인간"이라고 말이다. 이미 이런 판단에는 흑인종의 본질은 노예이고 자기와 같은 백인의 본질은 주인이라는 인종주의가 깔려 있었던 것이다. 그들 입장에서 보면 흑인 노예는 흑인종 일반이 가진 본질을 실현하고 있는 존재나 다름없다.

그렇다면 '흑인 노예란 무엇인가'라는 동일한 질문에 마르크스는 어떤 대답을 했을까? "흑인은 흑인이다. 규정된 관계 속에서만 그는 노예가 된다." 인종이란 단어를 피하면서 그는 일종의 본질주의라고 할 수 있는 인종주의에서 완전히 벗어나 있다. 먼저 마르크스는 "흑인은 흑인일" 뿐이라고 선언한다. 그러니까 피부색이 검은 사람은 피부색이 검을 뿐이라는 것이다. 마치 피부색이 하얀 사람은 피부색이 하얗듯이 말이다. 이어서 "규정된 관계 속에서만 그는 노예가 된다"고 말하면서 마르크스는 관계주의자로서 자신의 진면목을 보여준다. 본질주의자들에게 흑인종의 본질로 상정된 노예는 결코 흑인들의 본질이 아니라는 것이다. 백인들이 주인 노릇을 하면서 흑인들에게 노예를 강요했을 뿐이다. 그러니까 삼각무역으로 상징되는 야만적 폭력과 착취가 백인종을 주인으로 흑인종을 노예로 만들었다는 것이다. 백인들의 폭력과 착취에 순응하는 순간 흑인들은 자신들이 열등한 종족이라는 걸 받아들이게 된다. 바로 이 순간 우월한 백인 주인들에게 고개를 숙이는 흑인 노예는 탄생하는 것이다. 그런데 자신에게 굽실거리는 흑인 노예를 보는 순간, 백인들은 자신들이 저지른 잔혹행위를 망각한 채 본질주의자, 구체적으로 말해 흑인종은 본질적으로 열등한 종족이고 백인종은 본질적으로 우월한 종족이라고 믿는, 아니 믿고 싶어 하는 본질주의자가 되고 만다.

흑인 노예에 대한 본질주의자의 입장, 아니 정확히 말해 백인 주인에 대한 본질주의자의 입장은 여러모로 포이어바흐의 생각과 맞닿아 있다. 그가 인간의 본질이라고 상정했던 "이성, 사랑, 의지"를 생각해보라. 이것은 흑인 노예가 아닌 백인 주인이나 갖출 수 있는 덕목이다. 노예는 스스로 생각해서는 안 되고, 마음대로 사랑해서도 안 되고, 자유롭게 무언가에 의지를 보여서도 안 된다. 이것은 주인의 덕목이니까 말이다. 그러니 18세기라면 흑인 노예를 부렸던 백인 주인이, 19세기라면 노동자들을 부렸던 부르주아만이 이성과 사랑, 그리고 의지를 마음껏 발현할 수 있을 뿐이었다. 백인 주인이 인간의 본질을 실현할 수 있었던 이유는 다수의 흑인 노예가 인간이 아니라 가축처럼 노동했기 때문이고, 부르주아가 인간의 본질을 실현할 수 있었던 이유는 다수의 노동계급이 참담한 생활을 감내했기 때문이다. 노예도 자신과 같은 인간이라는 의식을 가지면 주인은 노예를 부리기 힘들고, 노동자도 자신과 같은 인간이라는 의식을 가지면 자본가는 노동자를 부리기 힘든 법이다. 그러니 주인과 노예, 혹은 부르주아와 프롤레타리아 사이에는 특정한 관계가 있다는 사실, 다시 말해 전자가 후자를 억압하고 수탈하고 있다는 사실이 가급적 부각되어서는 안 된다.

부정의하고 참혹한 관계를 은폐하기 위해서 백인 주인은 백인 주인으로 그리고 흑인 노예는 흑인 노예로, 아니면 부르주아는 부르주아로 그리고 프롤레타리아는 프롤레타리아로 고립시키는 것이 좋다. 펭귄과 사자처럼 흑인과 백인, 혹은 부르주아와 프롤레타리아는 본질적으로 서로 다른 생명체라고 분리시키는 것이다. 흑인과 백인은 인종주의에 입각해 본질적으로 다른 종류의 인간으로 분리하고 고립시키기 쉽다. 그렇지만 부르주아와 프롤레타리아를 분리하는 것은 쉬운 문제가 아니다. 부르주아나 프롤레타리아는 모두 동일한 백인종이거나 혹은 같은 민족일 가능성이 크기 때문이다. 여기서 신처럼 된 인간과 그렇지 않은 인간이란 구분이 중요한 역할을 담당할 여지가 생긴다. 그러니까 인간 본질을 실현한 계급이 부르주아계급이고, 불행히도 이것에 실패한 계급이 프롤레타리아계급이라는 논리다. 그렇지만 누구나 알지 않은가? 자본계급에게 착취당하기에 노동계급은 이성, 사랑, 그리고 의지의 역량을 자유롭게 발휘하지 못하고, 노동계급을 착취해서 생긴 여유로 자본계급은 인간의 소망스런 본질을 실현할 수 있다는 사실을. 포이어바흐에 대한 여섯 번째 테제에서 마르크스가 포이어바흐는 "현실적인 본질들을 비판하지 못했다"고 지적했던 것도 이런 이유에서다. 마르크스에게 "현실적 본질"이란 바로 '사회적 관계의 앙상블'과 다름없으니까.

그렇다고 포이어바흐가 현실적인 본질들, 즉 현실적인 관계들을 비판할 수 있었지만 이를 비판하지 않고 오히려 정당화했다고 오해하지는 말자. 포이어바흐는 순진한 철학자라고 할 수는 있지만 기만적인 자본주의 이데올로그는 결코 아니었기 때문이다. 자본주의 이데올로그였다면 그가 제국주의와 함께했던 기독교를 그리 신랄하게 비판하지도 않았을 것이다. 어쨌든 유명한 법률가의 아들로 태어난 그는 아버지의 경제적 도움으로 하이델베르크대학과 베를린대학 등에서 공부했다. 후견인이었던 아버지와 형이 죽은 뒤 그는 1837년 도자기공장 공장주의 무남독녀 뢰브^{Bertha Löw}(1803~1883)와 결혼한다. 부인의 도움으로 그는 다른 일에 신경 쓰지 않고 연구와 집필을 지속할 수 있었던 것이다. 그리고 그 결과물 중 하나가 바로 1841년에 출간된 《기독교의 본질》이다. 이렇게 부르주아계급이란 온실에서 벗어난 적이 없었던 포이어바흐다. 이것이 그에게 1938년 프랑스의 철학자 바슐라르^{Gaston Bachelard}(1884~1962)가 《과학정신의 형성^{La Formation de l'esprit scientifique}》에서 말한 인식론적 장애물^{Obstacle épistémologique}을 심어준다. 철학자답게 포이어바흐는 세계와 인간을 이해하려고 했다. 그렇지만 그는 부르주아적 가치관의 한계를 넘어서지 못한 것이다.

따뜻한 방 창문에서 바라보는 설경과 문밖에서 마주친 눈보라가 어떻게 같을 수 있겠는가? 포이어바흐의 세계는 냉혹하고 거친 눈보라의 세계라기보다는 따뜻한 홍차를 마시며 바라본 설경의 세계에 지나지 않았다. 《기독교의 본질》에서 그는 자신이 기독교 신도들과는 달리 '사실^{Sache}'의 세계, '원본^{Original}'의 세계, '현실성^{Wirklichkeit}'의 세계, 그리고 '본질^{Wesen}'의 세계를 보았다고 자부한다. 그렇지만 불행히도 그가 확신했던 진짜 세계는 이미 부르주아적 가치관에 매개된 것이었을 뿐이다. 진짜 현실에서 부르주아와 프롤레타리아의 관계는, 기생충과 숙주 사이의 관계만큼이나 적대적이다. 부르주아의 여유로운 삶은 프롤레타리아의 희생이 없다면 불가능한 법이다. 아내의 도움으로 그는 여유롭게 연구와 출판에 전념할 수 있었다. 그러나 도자기공장 노동자들을 착취하지 않았다면 그녀는 과연 남편에게 경제적 안정을 제공할 수 있었을까? 자신을 둘러싼 '현실적 사회적 관계', 구체적으로 말해 자신과 아내 사이의 관계, 나아가 아내와 노동자들 사이의 관계를 보지 못하는 순간 포이어바흐의 사유는 공회전하기 시작한다. 마르크스는 공회전의 결과가 무엇인지 정확히 지적한다. "현실적인 본질들을 비판하지 않았던 포이어바흐는 역사적 과정을 추상하고, 종교적 감정을 홀로 있는 것으로 고정시키고, 나아가 추상적인―고립된―인간 개인을 전제할 수밖에 없다"고 말이다.

먼저 "현실적 본질", 즉 "사회적 관계의 앙상블"을 이해하지 못하는 순간, 역사는 그의 시야에서 증발된다는 점에 주목하자. 역사, 혹은 역사적 과정이란 무엇인가? 그것은 낡은 사회적 관계가 사라지고 새로운 관계가 들어서는 과정이다. 노동계급은 '울타리 치기'나 '고지대 청소'와 같은 조치를 통해 지배계급과 체제가 새롭게 만들어낸 피지배계급이었다. 산업자본주의체제에 맞게 노예, 농민, 혹은 농노는 노동자로 거듭나야 했던 것이다. 노동력을 제외하고 모든 것을 박탈당한 인간, 즉 노동자가 만들어지지 않으면, 자본가들은 공장을 돌릴 수 없었으니까. 이런 참혹한 역사적 과정에 포이어바흐는 무지했다. 당연히 그의 눈에는 부르주아나 프롤레타리아는 원래부터 계속 존재했던 것으로 보일 뿐이다. 두 번째는 종교적 감정이다. "눈물의 골짜기"에 던져진 노동계급이 교회에 몰려드는 진정한 이유도 그는 사유할 수 없게 된다. 기독교가 감언이설이라고 해도 피안의 행복을 꿈꾸는 동안 노동계급은 차안에서의 냉혹하고 서글픈 삶을 잠시 잊고자 한다. 교회에서 노동계급은 신이 자신의 서글픈 기도를 진지하게 듣는다는 착각, 신이 피안에서 있을 행복을 약속하며 자신을 따뜻하게 보듬고 있다는 착각에 빠질 수 있다. "눈물의 골짜기"에 신음소리가 깊을수록, 노동계급의 종교적 황홀과 희열은 커질 수밖에 없다. 낙담과 비애 속에서 마시는 독주가 더 달콤한 것처럼 말이다. 그렇지만 포이어바흐는 "눈물의 골짜기"에 울려 퍼지는 신음소리를 듣지 않고 교회 안에서 들리는 황홀과 희열에만 시선을 집중한다. 그러니 "종교적 감정은" "눈물의 골짜기"와 무관하게 "홀로 있는 것"으로 사유되었던 것이다. 마지막 세 번째로 주목해야 할 것은 현실적 관계를 도외시했기에 포이어바흐의 눈에는 "추상적인—고립된—인간 개인들"만이 보인다는 사실이다. 바로 여기서 부르주아나 프롤레타리아라는 계급적 구분과 상관없이 모든 개인은 "이성, 사랑, 의지"라는 본질을 가지고 있다는 순진하고 사변적인 주장이 가능했던 것이다. 그래서 마르크스는 최종적으로 진단한다. "포이어바흐에게 인간의 본질은 오직 유類로, 많은 개인들을 자연스럽게 결합시키는 무언의 내적인 보편성으로 이해될 수 있었던 것"이라고.

인간이라면 모두 무언가를 생각할 수 있고, 사랑할 수 있고, 의지할 수 있다. 그럼에도 부르주아와 프롤레타리아라는 계급 구분이 발생하는 이유는 무엇인가? 여기서 부르주아와 프롤레타리아 사이의 구분은 인간 본질을 누가 더 많이 실현했는지의 여부로 바뀔 여지가 생긴다. 이렇게 원인과 결과가 뒤바뀌는 사유의 전도가 일어난다. 부르주아가 프롤레타리아보다 상대적으로 인간 본질을 더 많이 실현할 수 있었던 이유는 그들이 프롤레타리아를 착취한 대가로 삶에서 더 많은 자유와 여유를 향유할 수 있기 때문이다. 인간 본질을 더 많이 실현한 사람이 부르주아계급이 되는 것이 아니라는 말이다. 바로 이 대목이 프롤레타리아를 '작은 자본가'로 규정하면서 자본과 노동 사이의 적대관계를 은폐하려는 자본주의 이데올로그들의 전략과 구조적으로 공명하는 지점이다. 불행히도 포이어바흐는 자신도 모르게 자본주의 이데올로그가 환호할 수 있는 방향으로 자신의 사유를 전개했던 것이다. 그렇지만 생각해보라. 아무리 부르주아와 프롤레타리아를 강요하는 부르주아적 사회관계를 보지 않으려고 해도, 이것이 어떻게 가능한 일이겠는가? 온실 유리창 너머 아름다운 설경을 보더라도 거친 눈보라와 살을 에는 추위를 직감할 수밖에 없는 것과 같은 이치다. 하긴 이미 따뜻한 온실에 머물고 있다는 것 자체가 온실 밖의 냉혹한 환경을 전제하는 행위 아닌가. 포이어바흐의 의식에는 "이성, 사랑, 의지"가 인간의 본질이라는 확신이 머물고 있지만, 그의 무의식에는 자신과 아내가 도자기공장 노동자들의 기생충에 지나지 않는다는 불길한 예감이 도사리고 있을 수밖에 없었던 것이다. 아내의 도자기공장이 문을 닫았던 1860년까지 포이어바흐의 내면은 '부르주아적 의식'이 '삶의 진실에 대한 무의식'과 충돌하던 치열한 전쟁터가 될 수밖에 없었던 것도 이런 이유에서다. 1846년에 마르크스는 포이어바흐의 이런 서글픈 운명을 이미 예감하고 있었다.

> 그는 '사랑'과 '우정'—그것도 관념화된 형태로만—이외에는 '인간의 인간에 대한des Menschen zum Menschen' '인간적 관계menschlichen Verhältnisse'에 대해 알지 못했던 것이다. 그는 현재의 생활조건을 전혀 비판하지 않는다. …… 그래서 건강한 인간들이 아닌, 살이 곪아터지고, 피로에 지치고, 폐병에 걸리고, 굶주림에 지쳐 있는 사람들의 무리를 보게 되면, 그는 '고차원적 직관höheren Anschauung'과 저 관념적인 '유類 안에서의 보상Ausgleichung in der Gattung'으로 도피할 수밖에 없었던 것이다.
>
> −《독일 이데올로기》

'사랑'과 '우정'의 가치를 심각하게 고민하는 "건강한 인간들"이 있다. 이들 소수의 사람과는 달리 다수의 사람들, 다시 말해 "살이 곪아터지고, 피로에 지치고, 폐병에 걸리고, 굶주림에 지쳐 있는 사람들"도 있다. 전자가 부르주아계급이라면, 후자는 프롤레타리아계급이다. 프롤레타리아계급에게 사랑과 우정을 기대하기는 너무나 어려운 일이다. 제 코가 석 자니까 말이다. 포이어바흐도 억압받는 자들, 고통받는 자들을 분명 보았다. 그렇지만 사유하는 자가 그들을 품기에는 너무나 얼핏 보았을 뿐이다. 이런 경향은 1837년 이후 더 심화된다. 1837년 아내 뢰브의 도자기공장이 있던 독일 남부 작은 시골 도시 부르크베르크로 옮겨가면서, 그는 대도시에 범람하던 고통받는 자들로부터 더 멀어지게 되니까 말이다. 도자기공장은 시커먼 연기를 뿜으며 온갖 소음을 양산하는 대도시의 기계화된 공장들과는 질적으로 다르다. 아내가 도자기공장 옆 저택에 남편을 위한 근사한 서재를 꾸며줄 수 있었던 것도 이런 이유에서다. 그렇지만 도자기공장의 노동자들도 노동자일 뿐이다. 노동력을 파는 것 이외에 생계를 유지할 수 있는 방도가 없으니 말이다. 그렇기 때문에 그의 아내는 그들을 고용할 수 있었고, 그 결과 직접 노동을 하지 않아도 경제적으로 풍요로운 삶을 유지할 수 있었던 것이다.

인간을 기독교로부터 해방시키려고 했을 정도로 인문정신으로 충만했던 포이어바흐다. 그렇지만 그는 자본주의체제의 내적 논리에는 눈을 감고 있었다. 아내나 자신의 여유로운 생활이 결국 노동계급에 대한 착취에서 가능했다는 사실을 어떻게 인문정신이 받아들일 수 있다는 말인가? '사랑'과 '우정'이 남의 이야기일 수밖에 없는 노동자들을 보았을 때, 그는 정신승리를 구가하게 된다. 노동자들도 인간 본질을 가지고 있지만 불행히도 실현하지 못하고 있을

1부. 종교적인 것과 관조적인 것을 넘어서

뿐이라는 정신승리다. 인간이라면 누구나 동일한 인간 본질을 소유하고 있다는 그의 주장이 옳다면, 그는 누구는 그것을 실현하고 누구는 그렇지 못한 이유를 파고들어가야만 했다. 그렇지만 그는 그렇게 하지 않았다. 마르크스의 표현처럼 그는 "고차원적 직관과 저 관념적인 유類 안에서의 보상으로 도피하기" 때문이다. 포이어바흐에게 부르주아적 생산관계에 직면한다는 것은 너무나 무서운 일이었다. 그것은 홍차 향기로 충만한 따뜻한 온실을 떠난다는 것, 다시 말해 냉혹한 눈보라의 세계에 몸을 던진다는 것을 의미했기 때문이다. 바로 여기가 포이어바흐와 마르크스가 갈라서는 지점이다.

1841년에 출간된 《기독교의 본질》을 보고 마르크스는 스스로 포이어바흐주의자를 자처할 만큼 열광했다. 따뜻한 온실 속에서도 인간과 세계를 이해할 수 있으리라는 희망을 포이어바흐가 전달했기 때문이다. 포이어바흐가 가르쳐주었던 것처럼 온실 창밖을 응시하다 마르크스는 보고 만다. 포이어바흐가 얼핏 보고 고개를 돌렸던 억압받는 자들, 고통받는 자들, 바로 노동계급을! 마르크스는 그들을 외면할 수 없었다. 포이어바흐나 마르크스의 온실은 너무 좁아 소수의 사람들만이 거주할 수 있을 뿐이다. 아니 정확히 말해 다수의 사람들을 "눈물의 골짜기", 그 차가운 한기에 몰아넣어야 온기가 유지될 수 있었다고 해야 할 것이다. 마르크스는 온실 문을 박차고 냉혹한 세계로 나간다. 1845년에 완성된 〈포이어바흐에 관한 테제들〉은 인문정신이 이제 고통받는 사람들을 포용하겠다는, 나아가 무자비한 세계와 싸우겠다는 선언이었다.

더 이상 다수의 사람을 차갑게 만들어 소수만이 온기를 누리는 사회가 허용되어서는 안 된다. 전체 세계가 모든 사람이 "이성, 사랑, 의지"를 실현할 수 있는 온실이 되어야 한다. 마르크스의 결

19세기 아동노동자들. 당시 자본가들은 더 많은 이익을 얻기 위해 어린이들에게게까지 장시간 노동을 하게 했다. 당시 아동노동자들은 일요일도 없이 하루에 무려 12시간에서 16시간이나 일을 하는 경우도 있었다.

의는 이랬다. 마르크스와 달리 포이어바흐는 외부의 혹한에서 자신을 지켜주던 온실에 계속 머물고자 했다. 불행히도 그의 소망은 1860년 산산이 부서지고 만다. 도자기공장이 문을 닫은 것이다. 부르크베르크를 떠날 수밖에 없었던 그와 그의 아내에게 극도로 궁핍한 삶이 찾아온다. 청년기에는 아버지와 형의 도움, 그리고 중장년기에는 아내의 도움으로 회피할 수 있었던 무자비한 자본주의 세계가 그를 엄습했던 것이다. 1868년 포이어바흐는 마르크스의《자본론》첫째 권을 처음으로 읽는다. 이어서 그는 1869년에 창당한 독일사회민주주의노동당 SDAP, Sozialdemokratische Arbeiterpartei Deutschlands 에 가입한다. 참고로 독일사회민주주의노동당의 창당에는 로자 룩셈부르크 Rosa Luxemburg (1871~1919)와 생사를 함께했던 동지 카를 리프크네히트[Karl Liebknecht(1871~1919)]의 아버지 빌헬름 리프크네히트[Wilhelm Liebknecht(1826~1900)]가 주도적인 역할을 수행했다는 것도 잊지 말자. 포이어바흐! 나약하고 순진한 철학자이기는 했지만 결코 자본주의 이데올로그는 아니었던 셈이다.

> 포이어바흐는 결국 '종교적 감정[religiöse Gemüt]'이 그 자체로 사회적 산물이라는 것을, 그리고 자신이 분석한 '추상적 개인[abstrakte Individuum]'이 실제로 '특정한 사회형식[bestimmten Gesellschaftsform]'에 속한다는 것을 이해하지 못한다.
>
> ─〈포이어바흐에 관한 테제들〉 7

　포이어바흐에 관한 여섯 번째 테제가 독자들에게 너무 복잡하고 어렵다는 인상을 줄까 염려되었나 보다. 그래서 마르크스는 일곱 번째 테제를 덧붙이는 친절함을 보여준다. 이 테제에서 마르크스는 포이어바흐의 한계를 두 가지로 깔끔하게 요약한다. 첫째, 포이어바흐는 "종교적 감정이 그 자체로 사회적 산물이라는 것을" 이해하지 못한다. 포이어바흐에게 신은 인간 본질을 외적으로 대상화해서 만든 것에 지나지 않는다. 《기독교의 본질》을 보면 "감정이 지각하는 신적인 본질은 실제로 그 자체로 황홀해지고 스스로에게 도취된 감정의 본질, 곧 환희에 도취되어 그 자체로 행복을 느끼는 감정에 지나지 않는다"는 구절이 나온다. 자신의 내면에 숨어 있던 자기 본질에 황홀해지고 도취된 감정, 그러니까 자기감정이 종교적 감정이라는 이야기다. 결국 신을 사랑하는 감정이나 신에게서 사랑받는다는 감정, 즉 종교적 감정은 나르시스적인 것이었다. 나르시시즘이라는 이미지에 사로잡힌 포이어바흐는 여섯 번째 테제에서 마르크스가 말한 대로 "종교적 감정을 홀로 있는 것으로 고정시키게" 된다. 한마디로 종교적 감정은 사회와는 무관한 인간의 고유한 감정이라는 것이다. 그렇지만 나르시시즘의 구조와는 달리 기독교 등 종교에서 신과 인간은 질적으로 다른 존재로 그려진다. 사람들은 자기처럼 "살이 곪아터지고 피로에 지친" 존재를, 혹은 "폐병에 걸리거나 굶주림에 지쳐 있는" 존재를 신으로 숭배하지는 않는다. 열등한 존재가 우월한 존재의 힘을 빌리거나 그의 은총을 받으려는 행위가 종교 행위이고, 이때 종교적 감정은 발생한다. 이렇게 종교적 감정에 쉽게 사로잡히는 평범한 사람들은 억압받고 고통받는 사람들이다. 바로 여기서 사회성이 개입한다. 다수의 사람들이 차안에서의 행복을 포기하고 피안에서의 행복이라도 갈구하도록 만드는 참담한 사회성 말이다. 문제는 행복한 소수와 불행한 다수가 존재하는 사회성이자, 차안에서 행복을 꿈꿀 수 없는 절망적인 삶이다. 그래서 마르크스는 강조했던 것이다. 비참한 사회가 사라져야 고통받는 사람들이 신을 찾는 일은 더 이상 없을 것이라고. 건강한 사회가 도래하는 순간 억압받는 사람들은 자각할 것이다. 지금까지 숭배했던 신의 모습이 바로 자신이 꿈꾸던 자기 모습이고, 피안에서의 행복이란 자신이 소망하던 차안에서의 행복이라는 사실을.

둘째, 마르크스는 포이어바흐가 "자신이 분석한 추상적 개인이 실제로 '특정한 사회형식'에 속한다는 것을 이해하지 못한다"고 비판한다. 여기서 핵심은 '특정한 사회형식'이란 표현이다. 이것은 영원불변한 하나의 사회형식이 아니라, 다양한 사회형식이 있다는 것을 전제한다. 결국 마르크스의 속내는 명확하다. 모든 사람은 사회적이면서도 동시에 역사적일 수밖에 없다는 것이다. 조선시대로 건너가 보자. 지주 한 사람을 고립시켜 분석할 수도, 아니면 소작농 한 명을 고립시켜 분석할 수도 있다. 정직한 지성이라면 우리는 '땅-농민' 관계, 즉 땅을 독점한 탓에 무위도식하는 지배계층과 토지사용료를 내고 농사를 지을 수밖에 없는 피지배계층 사이의 불평등한 관계에 이를 것이다. 반면 봉건체제의 이데올로그라면, 아니 더 넓게는 지배체제의 이데올로그라면 우리는 이이李珥(1537~1584)의 글이 얼마나 철학적이었는지, 정철鄭澈(1536~1594)의 시조가 얼마나 문학적이었는지 침을 튀기며 역설할 것이다. 그 결과 대부분의 사람들은 그들이 지주계급 출신이었다는 걸, 소작농의 피와 땀에서 철학과 문학을 할 수 있는 여유를 얻었다는 사실을 쉽게 간과하게 된다. 박정희 개발독재 이후 본격화되어 1997년 신자유주의체제로 공고화된 우리 자본주의체제는 또 어떤가? 한 명의 부르주아를 고립시켜 분석할 수도 있고, 아니면 비정규직 노동자 한 사람을 고립시켜 분석할 수도 있다. 어느 경우든 우리의 분석은 '자본-노동' 관계에 적중해야만 할 것이다. 자본계급의 사회적 책무, 혹은 노블레스 오블리주noblesse oblige 등을 언급하며 이재용李在鎔(1968~)의 사회공헌사업을 칭송하는 순간, 혹은 자본가가 고용을 창출해 공동체의 삶에 이바지한다고 주장하는 순간, 그 누구라도 자본체제의 이데올로그에 지나지 않는다. 이재용이 사회공헌사업에 사용한 엄청난 돈이 모두 노동계급을 착취해 얻어졌다는 진실이나, 아니면 자본가가 자기 이익을 위해 노동자를 고용하기도 하고 정리해고를 하기도 하는 진실은 은폐되니까.

여기서 잠시 억압과 수탈 관계가 어떻게 만들어지는 생각해보자. 생산수단과 생계수단을 누군가 독점하는 순간, '3P의 삼각형the triangle of 3P'으로 작동하는 지배관계는 탄생한다. 먼저 소수가 부유해지면서 다수는 가난해진다. 첫 번째 P는 재산property이고 두 번째 P는 가난^{poverty}이다. 부유한 소수는 가난한 다수를 지배하게 된다. 세 번째 P는 권력^{power}이다. 권력은 재산과 가난 사이의 관계를 영속화하는 이데올로기적 도구이자 공권력이란 이름으로 이 원초적 관계를 지키려는 힘이다. '재산-가난-권력'으로 이루어지는 '3P의 삼각형'은 대부분의 인간을 자기 안에 감금해 피지배계급으로 포획한다. 3P의 삼각형이 만들어지면, 지배관계는 공고화된다. 그러니 권력을 해명하고 싶다면, 우리는 재산과 가난의 문제를 우회해서는 안 된다. 재산을 비판하고 싶다면, 우리는 권력과 가난의 문제를 숙고해야만 한다. 그리고 가난을 해결하고 싶다면, 우리는 권력과 재산의 문제를 극복해야만 한다. 재산과 가난이 분열되면서 권력을 낳고, 재산과 권력이 결합하면서 가난을 지속시키고, 마지막으로 권력이 가난을 적대시하면서 재산은 안정화되기 때문이다. 여기서 한 가지 우리는 중요한 교훈을 얻는다. 대상이 아니라 관계를 사유해야 한다! 이것이 지배계급의 이데올로기에 맞서는 유일한 방법이다. 지배계급 이데올로그들은 소수의 재산과 다수의 가난이 서로 무관하다고, 소수의 재산과 소수의 권력이 서로 무관하다고, 나아가 소수의 권력과 다수의 가난이 서로 무관하다고 역설한다. 이 궤변을 다수의 가난한 자들이 받아들이는 순간, 억압과 착취의 체제는 승리를 구가하게 된다.

역사적으로 생각해보라. 지주가 땅을 독점했기에 소작농은 땅이 없는 것이다. 그렇지만 소작농은 자신과 지주가 서로 무관하다고 착각할 수 있다. 이 경우 소작농은 자신에게는 땅이 없고 지주에게는 많은 땅이 있다는 사실을 당연한 것으로 받아들이게 된다. 이런 착각에 빠진 소작농의 꿈은 분명하다. 지대가 낮아지기를 바라거나 아니면 자신도 지주가 되고자 한다. 결국 '지주-소작농'이란 불평등한 관계는 어떤 도전도 받지 않고 영속화되고 만다. 억압과 착취에서 자유로워지려면 소작농이 지주가 되는 것으로는 충분하지 않다. 그것은 새로운 소작농을 양산하는 길일 뿐, 불평등한 관계 자체를 소멸시키지 못하기 때문이다. 노동자도 마찬가지다. 자본가가 생산과 생계의 절대적 수단, 즉 돈을 독점했기에, 노동자들에게는 팔 수 있는 노동력만 남게 된 것이다. 그렇지만 '자본가-노동자' 관계를 인식하지 못한 노동자는 자신의 처지를 숙명으로 받아들인다. 이제 그에게 남은 꿈은 단순하다. 많은 임금을 받기를 꿈꾸거나 아니면 언젠가 노동자들을 고용하는 자본가가 되는 걸 꿈꾸게 된다. 자본가가 있기에 자기 삶이 비참해졌다는 것을 알았다면 노동자가 이런 헛된 꿈에 매진할 리 없다. 중요한 것은 노동자가 자본가가 되는 것이 아니라 '자본가-노동자' 관계가 소멸되는 것이기 때문이다. 그러니 억압받는 자들은 폐부에 새겨 잊지 말아야 한다. 대상이 아니라 관계를 사유하라! 불평등한 관계가 다수를 "눈물의 골짜기"에 던져넣었다면, 그 억압적 관계를 우리는 돌파해야만 한다. 넘어진 곳이 바로 우리가 일어나야 할 곳이다.

2. 관조에서 역사로

> 추상적 사유^{abstrakten Denken}에 만족하지 못했던 포이어바흐는 직관^{Anschauung}을 원한다. 그러나 그는 인간의 감성^{Sinnlichkeit}을 '실천적인 인간적-감성적 활동^{praktische menschlich-sinnliche Tätigkeit}'으로 생각하지 않는다.
>
> –〈포이어바흐에 관한 테제들〉 5

포이어바흐의 사자후가 기억나는가? "나는 종교의 눈을 뜨게 하고 내부로 향하는 종교의 눈을 외부로 향하게 한다. 다시 말하면 표상 또는 공상 속의 대상을 현실 속의 대상으로 바꾸는 일을 할 뿐이다."《기독교의 본질》〈2판 서문〉에 있는 글이다. 하늘을 올려다보며 신이 거주하는 피안의 세계를 공상하는 인간들에게 죽비를 내리겠다는 것이다. 어두운 밤 깊은 시골길을 걷다보면, 들판에서 무언가 움직이는 느낌이 들어 소스라치게 놀랄 때가 있다. 낯선 사람이나 짐승이 나를 보고 있다고 생각한 것이다. 포이어바흐의 용어를 빌리자면 낯선 사람이나 짐승이 '표상 또는 공상 속의 대상'이라고 할 수 있다. 밝은 날 그 길에 가 들판에 서 있는 나무 한 그루를 본다면, 아마 헛웃음이 나올 것이다. 마침내 '현실 속의 대상'을 본 셈이다. 표상이나 공상의 대상이 아니라 현실 속의 대상! 내부를 응시하는 시선이 아니라 외부를 응시하는 시선! 바로 "직관"이다. 교회에 나가 신에게 기도하거나 피안의 행복을 꿈꾸기보다는 네 주변의 사람들, 구체적으로 말해 가족들을 돌아보라는 것이다. 교회 안의 그로테스크한 풍경에 빠져들지 말고 녹음이 우거진 숲길을 바람을 맞으며 걸으라는 것이다. 인간 본질, 혹은 유類로서의 인간을 사유했던 포이어바흐의 조언 치고는 조금 당혹스럽다. 그렇지만 포이어바흐의 직관은 구체적인 개별자의 직관이 아니라, 인간이라면 누구나 가지고 있는 인간 일반의 직관일 뿐이다. 온실 바깥에서 눈보라를 직관하는 것이 아니라 온실 안에서 창을 통해 눈보라를 직관하는 것이니, 그의 직관은 사변적이고 관조적일 수밖에 없다. 어쨌든 바로 포이어바흐에게서 '직관'이 핵심 개념으로 등장한다는 것이 중요하다. 놀라운 일이다. 포이어바흐는 지금 독일 철학의 진정한 시조라고 할 수 있는 칸트Immanuel Kant(1724~1804)로 돌아가고 있다. 직관은 개념과 함께 칸트 인식론을 떠받치는 두 기둥 중 하나였다. 여기서 잠시 칸트의 주저 《순수이성비판》의 한 대목을 읽어보자.

> 우리의 인식Erkenntnis은 마음의 두 기본 원천에서 발생한다. 하나의 원천은 표상Vorstellungen을 받아들이는 능력인 인상의 수용성 Rezeptivität der Eindrücke이다. 또 하나의 원천은 이런 표상을 통해 대상Gegenstand을 인식하는 능력(개념의 자발성Spontaneität der Begriffe)이다. 전자에 의해 대상이 우리에게 (표상으로) 주어지고, 후자에 의해서 (마음의 규정으로서) 대상의 표상으로 대상은 사유된다. 그러므로 직관Anschauung과 개념Begriffe은 우리 인식의 전체 요소들을 구성한다. ······ 우리 마음이 그 어떠한 방식으로라도 촉발되는

^{affiziert} 한에서 표상을 받아들이는 마음의 수용성을 감성^{Sinnlichkeit} 이라고 한다면, 이와 반대로 스스로 표상을 산출하는 능력, 즉 인식의 자발성이 지성^{Verstand}이다. 직관이 감성적일 수밖에 없다는 것, 즉 우리가 대상에 의해서 촉발되는 방식만을 포함한다는 것은 우리 본성의 필연적 결과다. 반대로 감성적 직관^{sinnlicher} ^{Anschauung}의 대상을 사유하는 능력이 지성이다.

-《순수이성비판》(1787)

칸트에 따르면 우리의 인식은 마음이 가진 두 가지 능력에 근거한다. 감성과 지성, 직관과 개념, 인상의 수용성과 개념의 자발성! 구체적인 사례가 칸트의 인식론을 이해하는 데 도움이 될 것이다. 홀로 산길을 걷다가 "무언가 했더니 사람이구나"라는 인식이 발생했다고 하자. 굽이굽이 휘어져 있는 숲길을 걷다가 갑자기 어떤 X와 마주친 것이다. 먼저 이 X가 우리의 마음에 인상으로 들어와야 한다. 이것이 인상의 수용성이자, 직관이고 감성의 작용이다. 문장으로 생각하자면 '주어'에 해당하는 것이 포착된 것이다. 이어서 우리는 "X는 사람이다"라고 판단한다. '주어'에 '술어'를 붙인 것이다. 지금 사례로 생각해보면 '사람'이란 추상명사, 즉 개념이 사용된 것이다. 이것이 개념의 자발성이자 지성이다. 결국 여기서 중요한 것은 "촉발하다"나 "자극하다"는 뜻의 '아피지렌^{affizieren}'이란 단어다. 무언가 우리 마음에 X라는 인상을 촉발하고, 이에 대응해 우리는 X에 그것을 규정할 수 있는 개념을 붙이게 된다. 이것이 바로 지성이 주도하는 인식이자 사유라는 것이다. 그렇지만 감성과 직관의 능력, 다시 말해 인상을 수용하는 능력이 작동하지 않는다면, 우리는 어떤 인식에도 이를 수 없다. "감성적 직관의 대상을 사유하는 능력이

1부. 종교적인 것과 관조적인 것을 넘어서

칸트에 따르면 우리의 인식은 마음이 가진 두 가지 능력에 근거한다. 감성과 지성, 직관과 개념, 인상의 수용성과 개념의 자발성이 그것이다.

지성"이라고 칸트가 강조했던 것도 이런 이유에서다. 빈틈이 없어 보일 정도로 체계적이기에 칸트의 인식론은 완전한 것처럼 보인다. 그렇지만 칸트 체계에도 아킬레스건은 존재한다.

감성과 지성을 거쳐서 "무언가 했더니 사람이구나"라는 판단을 했다고 하자. 이 판단은 정말 옳은가? 인식이라는 말에 걸맞게 참된 사유인가? 조금 더 가다보니 X는 사람이 아니라 사람의 모양과 유사한 바위일 수도 있다. 그렇다면 이 경우 우리는 "사람이 아니라 바위구나"라고 판단하게 될 것이다. 결국 감성이나 직관은 단순히 인상을 수동적으로 수용하는 기능만 하는 것이 아니다. 감성은 인상을 수용하지만 나아가 지성의 개념적 판단이 옳은지 결정하는 최종적 시금석이기도 하다. 아무리 차갑다고 판단해도 손을 직접 대보면 뜨거운 걸 어떻게 하겠는가? 감성도 나름 판단에 기여한다! 그것도 아주 결정적으로 말이다. 칸트의 인식론은 "무언가 했더니 사람이구나"라는 판단처럼 아주 짧은 순간에만 적용된다. "사람이 아니라 바위구나"라는 판단에 이르면 칸트의 체계는 균열되기 시작한다. 지성이 최종 심판자인 것처럼 보였지만, 사실 감성이 모든 것을 담당하고 있었던 것이다. 감성은 지성에게 퀴즈를 내고 지성은 그 퀴즈를 풀어야 한다. 그리고 퀴즈의 정답을 확인해주는 것도 바로 감성이다. 결국 개념의 자발성으로 포장되었던 지성의 능력은 생각보다 강하지 않을 뿐만 아니라, 협소하기까지 했던 것이다. "X는 사람이다"는 판단은 "X는 사람일 가능성이 많다", 혹은 "X는 사람일까?" 정도의 추측에 지나지 않는다.

감성의 힘이 거대한 대양이라면, 지성의 힘은 거기에 떠 있는 작은 빙상과도 같았던 것이다. 언제든지 빙상은 녹아서 다시 대양으로 돌아가고, 대양은 어느 순간 다시 작은 빙상을 만들어 솟구치도록 할 수 있다. 마르크스가 "인간의 감성을 실천적인 인간적-감성적 활동"이라고 규정했던 것도 이런 이유에서다. 산길을 걷는다. 살아 있으니까 활동이 가능한 것이다. 그러나 어떤 무언가 우리의 마음을 촉발한다. 무언가 우리 앞에 있다. 그다음에 "사람이구나"라는 인식이 생긴다. 이어서 우리는 그것을 사람이라 짐작하고 더 걸어가 본다. 불행히도 다른 인상들이 들어오면서, 우리의 처음 인식은 흔들리게 된다. 마침내 우리는 "사람인 줄 알았는데, 바위구나"라고 판단한다. 그러나 바위라고 판단된 것을 만지기 위해 우리는 더 걸어야만 한다. 이것이 바로 "실천적인 인간적-감성적 활동"이다. 여기서 '실천'도 빼고 '활동'도 빼면, 아니 정확히 말해 이런 능동적인 측면을 추상해버리면, 단지 '인간'과 '감성'만 남는다. 바로 칸트가 말한 감성이다. 인상을 수용한다는 수동적인 측면만 부각된 감성 개념은 이렇게 탄생한 것이다. 그렇지만 감성은 인상을 수용할 뿐만 아니라, 그 인상에 대한 우리의 사유를 심판하는 역할도 담당하는 것이다. 그래서 마르크스는 '인간의 감성' 이외에 '실천적 활동'이란 의미를 강조했던 것이다. "실천적인 인간적-감성적 활동"으로서 감성은 우리의 몸적 인식이자 실천적 인식이기 때문이다. 사실 "무언가 했더니 사람이구나"라는 인식이나 "사람인 줄 알았는데, 바위구나"라는 인식도 이미 이런 몸적 인식을 전제하고 있다. 그러니 지성의 판단이나 개념의 자발성도 결코 몸과 무관한 정신만의 고유한 기능이 아니라, 엄격히 말하면 몸적 인식과 불가분의 관계에 있다고 할 수 있다.

'아피지렌'이란 독일어에 주목해야 한다고 했다. 비가 얼굴에 떨어지면 우리는 그걸 느낀다. 비가 우리를 촉발한 것이다. 태양이 작열하면 우리는 그걸 느낀다. 태양이 우리를 촉발한 것이다. 매혹적인 향내가 나면 우리는 그걸 느낀다. 향기가 우리를 촉발한 것이다. "직관이 감성적일 수밖에 없다는 것, 즉 우리가 대상에 의해서 촉발되는 방식만을 포함한다는 것은 우리 본성의 필연적 결과다." 여기까지 칸트의 말은 옳을 뿐만 아니라 정확하다. 그렇지만 우리 몸이 비오는 날 집 밖에 있었다는 사실, 우리 몸이 여름날 바닷가에 있었다는 사실, 그리고 우리 몸이 엘리베이터 안에 있었다는 사실도 그만큼 중요하다. 온몸으로 물을 느끼려면 대홍수가 날 때까지 기다릴 필요는 없다. 그저 계곡물이나 바닷물, 아니면 욕조물에 몸만 담그면 된다. '아피지렌!' 그것은 무엇보다도 특정 시공간을 점유하는 몸들 사이의 마주침이 전제된 것이다. 일단 마주쳐야 타자든 나든 상대방을 촉발시킬 수 있기 때문이다. 그러니 산길에서 "사람이구나"라고 인식할 때, 우리 몸이 산길을 걷고 있었다는 걸 잊어서는 안 된다. 우리 몸이 산길에 있었고 심지어 길을 따라 움직이고 있었기에, X가 우리를 촉발할 수 있었던 것이다. "사람이 아니라 바위구나"라는 수정된 인식이 가능했던 이유도 생각해보라. "사람이구나"라고 인식한 다음 우리 몸이 그 X에 조금이라도 가까이 다가갔기에 가능했던 것이다. 100미터 거리를 두고 X가 우리를 촉발하는 정도는 20미터 거리를 두고 우리를 촉발하는 정도와는 다르다. 두 몸이 서로를 자극하거나 촉발하는 정도는 둘 사이의 거리에 비례하니까. 그러니 감성의 능력을 수동적인 인상 수용 능력이라고 했던 칸트의 정의는 매우 협소하다. 산길에 땀 흘리며 움직이는 우리 몸의 활동성이나 능동성이 추상되어버리니까 말이다. 바로 이 활동성으로 인해 우리는 "사람이구나"라는 인식을 포기하고 "바위구나"라는 새로운 인식에 이를 수 있었던 것 아닌가.

역으로 생각해보자. 산길을 걷다가 "무언가 했더니 사람이구나"라는 인식에 이르렀다. 이 인식을 바꾸지 않으려면 우리는 어떻게 하면 될까? "마음의 수용성을 감성"이라고 정의하면서 감성의 의미를 축소했던 칸트의 입장을 밀어붙이면 된다. 다시 말해 일체의 미동도 하지 않고 걸음을 멈추고 있으면 된다. 칸트가 감성의 능력을 '직관'이나 '관조'라고 표현했던 것도 이런 이유에서다. '직관'이나 '관조'를 뜻하는 독일어 '안샤우웅Anschauung'은 원래 동사 '안샤우엔Anschauen'에서 유래한 말이다. 이 말은 '거리를 두고 관찰하거나 바라본다'는 의미이기에 보통 '관조한다'는 말로도 번역된다. 결국 대상을 직관하거나 관조하는 칸트식 감성이 작동하려면, 우리 몸은 결코 움직여서는 안 된다. 이런 식으로 X를 관조하면 "무언가 했더니 사람이구나"라는 인식은 수정될 여지가 없다. 바로 이것이 핵심이다. 그래서 마르크스는 감성을 '직관'이나 '관조'의 기능에 국한하지 않고 "실천적인 인간적-감성적 활동"이라고 정의했던 것이다. 칸트의 감성이 수동적 감각에 지나지 않는다면, 마르크스의 감성은 수동성과 능동성을 동시에 가지고 있는 몸적 인식, 혹은 실천적 인식이라고 할 수 있다. 마르크스가 강조했던 감성의 원래 모습을 복원하지 않으면, '바위구나'라는 새로운 인식이 만들어질 여지가 없다. 사실 감성은 수동적이고 지성은 능동적이라는 칸트의 거친 이분법을 고수한다면, 우리의 삶은 제대로 영위될 수조차 없다. 바닥 모를 깊이를 가진 늪을 잔디밭으로 판단한 사람이 어떻게 생명을 부지할 수 있다는 말인가? 자신을 살해할 의도로 접근한 사람을 프러포즈하려는 사람이라고 판단한다면, 어느 누군들 목숨을 유지할 수 있다는 말인가? 자신을 고용한 자본가가 일자리를 준 은인으로 판단한다면, 노동자가 어떻게 부당한 노동행위나 정리해고에 맞설 수 있겠는가? 다행스럽게도 이런 일은 일어나지 않는다. 마르크스의 말대로 원래 감성은 "실천적인 인간적-감성적 활동"이기 때문이다. 잔디밭이라고 인식한 뒤 그곳에서 쉬려고 가까이 가면, 우리는 그곳이 늪이라는 인식에 이를 수 있다. 자신을 사랑하는 사람이라고 인식해서 그와 함께 시간을 보내게 되면, 우리는 그의 살의를 인식할 수 있다. 자본가를 은인이라고 인식해도 노동자 생활을 하다보면, 우리는 자본가가 노동자를 착취하는 존재라는 걸 인식할 수 있다.

조금 복잡하니 논의를 정리하고 나갈 필요가 있다. 포이어바흐, 혹은 칸트의 인식은 사변적이고 관조적이다. 여기서 중요한 것은 그들의 몸이 움직이지 않는다는 점이다. 그러니 그들의 감성은 고정된 망원경의 렌즈처럼 외부 인상을 받아들이는 수동적 능력이 되고 만 것이다. 몸이 대상에 일정 거리를 두고 떨어져 움직이지 않는다는 조건에서, 감성은 수동적이고 관조적이게 되고 지성은 사변적일 수밖에 없다. 그렇지만 우리가 살아 있는 한 우리 몸은 계속 움직일 수밖에 없다. 몸이 움직이니 시각 등 우리의 오감이 포착하는 인상들의 강도도 변하기 마련이다. 막연했던 모습이 뚜렷해지고 애매했던 소리나 냄새가 분명해질 수도 있고, 아니면 그 반대일 수도 있다. 당연히 이에 따라 우리의 판단도 수정되고 보완된다. 분명 대상에 대한 인상이 마음에 주어지고 우리는 대상을 판단한다는 칸트의 주장은 옳다. 마르크스가 이것을 부정하려는 것은 아니다. 단지 칸트의 인식론은 우리가 실천성을 포기하는 특수한 경우, 다시 말해 우리가 몸을 멈추고 대상을 관조하려고 할 경우에만 적용될 뿐이다. 분명 우리의 몸은 움직일 수도 있고 멈출 수도 있지만, 움직이는 경우가 압도적으로 많을 수밖에 없다. 인간의 인식이 관조적이고 사변적일 때도 있지만, 대부분의 경우 몸적이고 실천적인 것도 이런 이유에서다.

언제 우리가 관조적이고 사변적인 경향을 보이는지 생각해보라. 잠시 숨고르기를 하는 경우가 대부분일 것이다. 실천이 여의치 않을 때 우리는 잠시 멈추어 새로운 실천을 준비하며 사태를 관망한다. 문제는 사태에 대한 관망이나 관조가 새로운 실천에 대한 도약대가 아니라 사변적인 삶의 태도로 고착될 수 있다는 데 있다. 마치 칸트처럼, 그리고 마치 포이어바흐처럼. 결국 포이어바흐는 비유하자면 온실 유리창을 통해 세계를 보았던 철학자, 칸트적인 너무나도 칸트적인 철학자다. 이것이 관조나 직관이 아니면 무엇이겠는가. 온실 문을 열고 나가지 않으니, 포이어바흐의 몸은 움직일 일이 없다. 유리창 밖의 사물들을 관조한 뒤, 그는 그것들에 대해 특정한 판단을 했을 것이다. 100미터 앞의 X를 보고 멈추어 선 채 "사람이구나"라고 판단하는 것과 비슷하다. 90미터, 50미터, 30미터 점점 우리 몸이 그 X에게로 다가가면, 우리는 이전의 판단이 옳은지 확인할 수 있거나, 아니면 "바위네"라는 새로운 판단을 할 수 있을 것이다. 불행히도 포이어바흐는 자신의 판단이 옳은지 확신할 수 없다. 아니 정확히 말해 자신의 판단을 의심하지도 않을 것이다. 온실, 즉 부르주아 가치관을 떠나고 싶은 마음이 없기 때문이다. 그래서 그의 직관은 결국 칸트의 그것과 별로 차이가 나지 않는다. 마르크스가 포이어바흐를 비판하면서 칸트의 직관과 감성 개념을 도입했던 것도 이런 이유에서다.

영민한 마르크스는 포이어바흐를 비판하려면, 칸트의 《순수이성비판》을 우회할 수 없다는 걸 알았다. 칸트에게서 직관은 감성이란 능력으로 정당화되기 때문이다. 그렇다면 이제 궁금해진다. "추상적 사유에 만족하지 못했던" 포이어바흐가 직관하고자 했던 세계는 어떤 모습이었을까?

포이어바흐는 자신을 둘러싸고 있는 감성적 세계sinnliche Welt가 영원히 옛날부터 직접 주어진 채로 항상 같은 상태로 남아 있는 것이 아니라, 산업이나 사회 상황Gesellschaftszustandes의 산물이라는 사실을 이해하지 못한다. 그리고 실제로 이런 의미에서 감성적 세계는 역사적인 산물이라는 사실을, 즉 이전 세대의 어깨 위에 서서 자기 세대의 산업과 상호 교류를 발전시키고, 변화된 욕구에 따라 자신들의 사회체제를 바꾸어가는, 일련의 각 세대들의 활동 결과라는 사실을 이해하지 못한다. 가장 간단한 '감성적 확신sinnlichen Gewißheit'의 대상들마저도 오직 사회 발전, 산업 및 상업 교류를 통해서만 그에게 주어진 것이다. 벚나무는 거의 다른 모든 나무와 마찬가지로 다들 알다시피 겨우 수백 년 전에야 교역에 의해 우리가 사는 지역에 이송되었다. 그러므로 일정 시대에 존재하는 특정 사회의 이와 같은 행동을 '통해서만', 이 벚나무는 포이어바흐의 '감각적 확신'의 대상이 될 수 있었다. …… 맨체스터에서 포이어바흐는 단지 공장들과 기계만을 볼 뿐, 100년 전에 그곳에는 물레와 베틀밖에 없었다는 점을 생각하지 못하며, 또한 로마 평원에서 그는 단지 목초와 습지만을 볼 뿐 그곳에 아우구스투스 형제 시대에는 로마 자본가들의 포도원과 별장들이 있었다는 것을 생각하지 못한다.

-《독일 이데올로기》

포이어바흐의 직관은 그야말로 순진하기 이를 데 없다. 그는 "맨체스터에서 단지 공장들과 기계만을 볼 뿐, 100년 전에 그곳에는 물레와 베틀밖에 없었다는 점을 생각하지 못하며, 또한 로마 평원에서 그는 단지 목초와 습지만을 볼 뿐 그곳에 아우구스투스 형제 시대에는 로마 자본가들의 포도원과 별장들이 있었다는 것을 생각하지 못하기" 때문이다. 그냥 그는 자신의 눈에 들어온 것만 응시하고 있을 뿐이다. 이 정도면 그의 직관이 제공한 세계는 풍경화나 아니면 사진이 보여주는 세계와 다를 바 없다. 아무리 직관이니 감성이니 떠들어도 포이어바흐의 사유가 관조적이고 사변적일 수밖에 없는 이유도 바로 이것이다. 한마디로 말해 포이어바흐는 관광객이나 구경꾼의 입장을 취하고 있다는 것이다. 대부분의 사람들은 포이어바흐의 순진함에 혀를 찰 것이다. 그러나 우리는 그를 조롱할 자격이 있는가? 그렇지 않다. 21세기에 살고 있는 우리는 여전히 포이어바흐적인 직관, 혹은 관조를 반복하고 있으니까. 무슨 말일까?

서울 광화문광장에 서서 북쪽을 바라보면, 정면으로는 세종대왕동상, 그 너머로 광화문과 경복궁, 그리고 멀리 북악산이 보인다. 그 북악산 안자락에는 대통령 집무실인 청와대가 숨어 있다. 북서쪽 방향을 보면 세종문화회관, 이어서 정부서울청사 건물이 도열해 있고, 북동쪽 방향으로는 고층을 자랑하는 교보빌딩과 KT빌딩, 이어서 조금 낡은 미국대사관이 보인다. 광화문 근처에 익숙한 성인이라면 누구라도 세종대왕동상을 필두로 수많은 건물들이 무엇인지 식별할 수 있다. 세종대왕동상은 조선시대 군주 이도^{李祹}(1397~1450)를 기리는 동상이라는 사실, 경복궁은 조선왕조의 궁궐이었으며 광화문은 경복궁으로 들어가는 입구였다는 사실, 세종문화회관이 예술 전시와 공연 관람의 메카라는 사실, 교보빌딩 지하에는 우리나라 최대의 대형 서점이 있다는 사실, 미국대사관은 비자 문제를 해결하려면 들러야 한다는 사실 등등. 그렇지만 이것은 그저 식별일 뿐이다. 포이어바흐의 관조나 직관은 다른 것이 아니다. 자기 앞의 대상을 자신과 무관하다는 느낌으로 보거나 아니면 일정 정도 남의 일이라는 거리감으로 보는 것이니까. 마치 유럽 여행을 가서 파리나 로마, 혹은 프라하의 풍물들을 관광하는 것과 같다. 혹여 격렬한 시위로 파리 시내에 교통 체증이 벌어졌다고 하자. 파리 시민들이 체제에 어떤 불만이 있는지 공감하기는커녕, 여행 일정에 차질이 생겼다고 짜증내거나 아니면 시위 현장을 여행 기념으로 담으려고 연신 스마트폰을 누를 수도 있다. 그렇다면 광화문광장에서 주변을 둘러보는 우리는 어떤가? 마치 한국을 들른 외국 관광객처럼 광화문 풍경을 관조하고 있지나 않은지. 광화문광장이나 청계천광장에서 울려 퍼지는 이웃들의 절규에 귀 기울이는 사람들은 갈수록 줄어들고 있다. 그냥 완전히 남의 나라 일처럼 볼 뿐이다. 무표정한 얼굴로 시위대를 얼핏 보며 갈 길을 재촉하거나, 아니면 시위로 인해 길이 막힌다고 짜증을 내는 얼굴들이 점점 늘어만 가고 있다. 이렇게 우리는 점점 포이어바흐가 되어가고 있었던 것이다.

1910년 제국주의 일본이 세운 조선총독부 건물이 1996년 당시 대통령 김영삼金泳三(1927~2015)에 의해 해체되어 흔적도 없이 사라졌다는 것. 광화문은 2006년 대통령 노무현盧武鉉(1946~2009) 때 지금 자리에 준공되어 2010년 대통령 이명박李明博(1941~) 때 공개되었다는 것. 광화문광장은 대통령 이명박 때 2008년 5월 착공되어 2009년 8월 시민에게 개방되었다는 것. 세종대왕동상은 2009년 보수여당 서울시장 오세훈吳世勳(1961~)이 서울시 예산으로 만들었다는 것. 광화문광장 양측 고층 건물, 미국대사관, 세종문화회관, 정부서울청사 등이 즐비한 그 자리에는 과거 조선왕조 시절 관청들이 들어서 있었다는 것. 포이어바흐적인 인간은 결코 생각하기 힘든 역사적 인식이다. 역사적 인식은 무언가 사라지고 무언가 새롭게 생기는 과정에 대한 앎이다. 무엇이 사라졌을까? 무엇이 새롭게 생겼을까? 왜 사라졌을까? 왜 만들어졌을까? 이런 의문은, 오직 무언가 없어지고 무언가 새로 생기는 일은 우리와 무관한 것이 아니라 우리 삶에 밀접한 관련이 있다는 걸 아는 사람만이 가질 수 있다. 여기서 한 가지 예로 광화문광장과 세종대왕동상의 경우만 생각해보자.

교보문고 사거리에서 광화문에 이르는 세종로는 왕복 20차선을 자랑하는 대로였다. 길이 600미터, 너비 100미터 규모로 만들어진 세종로의 드넓은 공간은 독재 등 부당한 정권과 맞서 싸웠던 민주주의의 역사적 공간이었다. 평상시 넓은 대로에는 차들의 통행이 빈번하지만, 유사시에 차 대신 민주주의를 외치는 시민들로 그곳은 뜨겁게 채워졌다. 왕복 20차선 도로만 막으면 족히 수십만 명의 시위대가 이곳에 집결할 수 있다. 세종로가 시위대로 가득 차는 장관은 한국 정치사의 시금석이었다. 1960년 4월혁명 때도 그랬고, 1987년 6월항쟁 때도 그랬다. 다양한 언론 매체를 통해 그 사실이 알려지는 순간, 어느 정권이든 권좌에서 내려올 수밖에 없었으니까. 누군가 권력이 있다는 것은 다수의 사람들이 그 사람에게 권력이 있다고 믿었을 때에만 유효한 법이다. 광화문광장을 가득 메운 군중들은 바로 이런 신뢰와 믿음을 산산이 부숴버렸던 것이다. 바로 이곳에 광화문광장이 만들어진 것이다. 세종로 중앙에 광장이 조성되면서, 왕복 20차선이 왕복 10차선으로 축소됐다. 광화문광장의 탄생! 평상시 아이의 손을 잡고 혹은 유모차를 끌고 가족과의 소중한 추억을 만들려는 사람들로 북적이고, 특별한 때 대규모 공연이 펼쳐져 이곳에는 수많은 군중들이 모여들어 행복한 시간을 보낸다. 시민들에게 여가 공간을 내준 것처럼 보이지만, 사실 광화문광장 조성 사업은 대규모 반정부 시위의 가능성을 축소하려는 일종의 차단막이나 완충 장치로 기획된 것이다.

광화문광장을 둘러싼 왕복 10차선 도로를 오가는 수많은 차량들은 섬을 고립시키는 강물과 같다. 그러니 집회나 시위에 대규모 인파가 한꺼번에 몰리는 걸 방지하는 데 효과적이다. 더군다나 집회에 참가한 시민들은 그렇지 않은 다른 시민들과 갈등에 빠지기 쉽다. 가족과 애인과 함께 좋은 시간을 보내려고 온 시민들에게는 광화문광장이 여가생활 공간일 뿐이기 때문이다. 동일한 공간에서 집회와 여가 공간이란 두 가지 상충된 의미가 충돌하니, 시민들은 그만큼 쉽게 분열되기 쉽다. 당연히 과거처럼 수십만의 군중이 반

1966년 세종로의 모습. 조선총독부 건물이 눈에 들어온다. 세종로에 사람들이 가득 찰 때마다 한국 정치사는 심하게 요동쳤다.

2016년 촛불집회. 당시 600만 명이 넘는 사람들이 참여했다. 세종로 점거는 끝내 대통령을 권좌에서 끌어내리는 원동력이 되었다.

1부. 종교적인 것과 관조적인 것을 넘어서

정부 시위를 벌일 위험성도 그만큼 더 줄어들 것이다. 이런 식으로 세종로는 민주주의의 공간이란 의미를 점점 잃어버리고 있다. 공간의 힘을 잊지 말자! 건축물은 우리의 의식뿐만 아니라 행동까지도 영향을 미친다. 교회라는 건축물에 들어가면 우리는 자기도 모르게 경건해지고, 공연장에 들어가면 우리는 숨소리마저 신경 쓰게 되니까. 세종로 개조 사업은 건설업자 출신답게 대통령 이명박이 오스만Georges-Eugène Haussmann(1809~1891)의 파리 개조 사업을 그대로 벤치마킹했기에 가능했던 것이다. 오스만은 나폴레옹 3세, 즉 나폴레옹 보나파르트Charles-Louis Napoléon Bonaparte(1808~1873)의 명령으로 파리 시내를 개조하는 사업에 착수했던 적이 있다. 그 목적은 파리 시민들의 반정부 시위를 무력화시키거나 혹은 시위를 진압하기 좋은 도시 여건을 만드는 데 있었다. 이명박의 오스만 벤치마킹 사업에 마지막 방점을 찍은 사람이 바로 서울시장 오세훈이었다.

집회와 시위를 힘들게 만들 목적으로 조성된 광화문광장이지만, 이 광장도 작으나마 민주주의 공간이 될 가능성이 있다. 바로 이 가능성을 원천에 봉쇄하려고 오세훈은 세종대왕동상을 설치해버렸던 것이다. 2009년 광화문광장 중간에 설치된 세종대왕동상은 광장을 반 이상 줄여버리는 역할을 수행한다. 높이 6.2미터, 폭 4.3미터 규모의 기단 위에 설치된 세종대왕동상은 그냥 동상만이 아니라 그 주변을 세종 이도의 업적과 관련된 다양한 역사 교육 장소로 만들어버렸다. 심지어 동상 후면 기단에는 지하 전시관으로 들어가는 입구도 설치되었을 정도다. 순진한 학부모들이 아이들을 데리고 광화문광장을 계속 방문하도록 유도한 것이다. 학부모와 학생들로 북적거릴수록 시위와 집회 공간이란 이미지는 점점 위축될 수밖에 없으니까. 한 가지 다행스러운 것은 이명박과 오세훈의 프로젝트를 조롱하는 사건이 벌어진 것이다. 2016년 말에서부터 2017년 초까지 벌어졌던 촛불집회다. 당시 시민들은 광화문광장에 갇히지 않고 세종로 전체를 다시 한 번 점거하는 데 성공한다. 세종로 점거는 정권 종언의 상징이라는 법칙이 이번에도 어김없이 관철된다. 세종로 점거는 끝내 대통령 박근혜를 권좌에서 끌어내리는 원동력이 되었기 때문이다. 하긴 오스만의 파리 개조 사업도 1871년 파리코뮌을 막지 못했으니, 세종로에 국한된 이명박과 오세훈의 사업이 시민들의 민주주의 열망을 막을 수 있다는 것은 어불성설인지도 모른다.

새로 만든 것만이 중요한 것이 아니다. 없어진 것도 그만큼 중요하다. 1996년 조선총독부 건물을 해체했을 때, 대통령 김영삼은 자신이 일본에 당한 굴욕적인 식민지 역사를 청산한다고 짐짓 거들먹거리기까지 했다. 그렇지만 조선총독부 건물 해체는 일본이 우리를 식민지로 지배했다는 가장 인상적인 역사적 증거를 없앤 것에 지나지 않는다. 물론 가장 좋아할 사람들은 당연히 일본 당국자와 자본가들이었다. 역사적 증거가 엄연히 있어도 식민지 지배를 축소하거나 심지어 부정하려는 그들이다. 조선총독부 건물 해체는 그들로서는 손 안 대고 코 푸는 격이었으니 정말 쾌재를 부를 만한 일 아닌가. 이제 일본 사람들은 아무런 거리낌 없이 광화문과 경복궁에 들러 사진을 찍을 수 있고, 우리 이웃도 억압과 굴욕의 기억일랑 깔끔하게 잊고 한복 차림으로 경복궁을 활보하며 미소를 머금을 수 있게 된 것이다. 당연히 이런 분위기가 조성되면 일본 자본과 상품은 한국 경제에 더 많은 지분을 차지할 수 있다. 식민지 역사의 굴욕을 잊는 것은 일본 당국자와 자본가들만이 아니라 우리 보수권력과 자본가들도 원했던 상황이었다. 역사란 지나간 일일 뿐, 그것이 자본주의 발전을 가로막아서는 안 된다! 그래서 자본계급과 그들을 비호하는 보수 정권은 '미래 지향적'이라는 슬로건을 그리도 좋아했던 것이다. 이렇게 김영삼은 한국 자본계급의 이익을 위해, 혹은 세계를 지배하던 신자유주의 경향에 편승하기 위해 일본과의 경제 교류를 막는 상징적 장애물을 제거한 것이다.

2009년 대통령 이명박에 이르러 이런 움직임은 정점을 찍게 된다. 2008년 12월 17일 발표된 '2009 개정 교육과정'에 따르면 고등학교 1학년생의 필수과목이었던 한국사가 선택과목이 되었기 때문이다. 조선총독부 건물 해체와 그 맥을 같이하는 사건이다. 이제 매년 12월 23일 일본대사관에서 열리는 일본 천황 탄생 기념 연회에 우리 정치인들이 발걸음을 옮기기도 편해진 셈이다. 단언하자면 조선총독부 건물이 서울 한복판에 우뚝 서 있었다면, 10억 엔에 '위안부' 할머니들의 자존감을 팔아먹었던 협상, 당시 대통령 박근혜가 주도했던 2015년 12월 28일에 공표된 위안부 협상도 없었거나 지금과는 사뭇 달랐을 것이다. 이제 스스로 되물어보자. 광화문광장에서 우리는 무엇을 보고 있는가? 조선총독부 건물은 해체되어 사라졌으니 보이지 않고, 광화문광장과 세종대왕동상은 새로 생겼으니 보고 있을 뿐이다. 마르크스는 말했던 적이 있다. "포이어바흐는 자신을 둘러싸고 있는 감성적 세계가 영원히 옛날부터 직접 주어진 채로 항상 같은 상태로 남아 있는 것이 아니라, 산업이나 사회 상황의 산물이라는 사실을 이해하지 못한다"고. 그렇지만 이것은 과연 19세기 독일 철학자에게만 한정된 비판일까? 불행히도 광화문광장에 서 있는 우리도 너무나 포이어바흐적이지 않은가.

한 가지 우리의 눈길을 끄는 것이 있다. 광화문광장뿐만 아니라 거대한 건축물을 없애거나 만드는 것은 다수의 피지배계급이 아니라 소수의 지배계급이라는 사실이다. 과거도 그렇지만 현재도 정치권력이나 자본가들이 거대한 건축물 해체와 신축을 주도하고 있다. 사실 권력과 자본이 없다면, 거대한 토목공사는 애초에 불가능한 법이다. 결국 다수 사람들이 할 수 있는 일이라곤 서글프게도 건축물 해체나 신축에 반대하는 일뿐이다. 그나마 과거 경복궁이나 성곽을 지을 때 동원되었던 조선시대 민중들보다 상황은 더 좋았다. 당시 민중들이 왕권이 주도했던 대역사大役事에 왈가불가했다면, 그들은 목숨을 부지하지 못했을 테니 말이다. 어쨌든 건축물 해체나 신축을 아무리 반대한다고 하더라도, 도시를 좌지우지하는 대역사는 어김없이 지배계급의 의지대로 추진된다. '똥개가 짖어도 기차는 간다'는 말이 허언은 아니었던 셈이다. 포이어바흐적 관조가 지속되는 이유는 피지배계급의 이런 무기력감과 일정 정도 그 맥을 같이하기 때문이다. 그렇지만 잊지 말자. 피지배계급의 무기력을 조장하거나 증폭시키는 주범은 항상 지배계급이라는 사실을. 과거부터 지금까지 지배계급은 항상 원한다. 자기 의지가 관철된 모든 것을 피지배계급이 자연스럽고 당연한 것으로 관조하고 순응하기를. 이런 식으로 소수의 지배계급은 다수를 배제한 채 역사의 주체로 등극하는 것이다.

그렇다면 포이어바흐적 관조를 근본적으로 극복하는 방법은 무엇인가? 그것은 다수 피지배계급이 소수 지배계급에 필적할 만큼 분명한 역사의식을 갖는 것이다. 포이어바흐를 비판하면서 마르크스가 들었던 '벗나무'의 비유를 음미해보라. "벗나무는 거의 다른 모든 나무와 마찬가지로 다들 알다시피 겨우 수백 년 전에야 교역에 의해 우리가 사는 지역에 이송되었다." 지금 눈에 보이는 벗나무가 "영원히 옛날부터 직접 주어진 채로 항상 같은 상태로 남아 있는 것"이 아니라는 의식이 중요하다. 바로 역사의식이다. 역사의식이 중요한 이유는 이를 토대로 우리가 실천의식을 가질 수 있기 때문이다. 당연한 일 아닌가. 눈에 보이는 벚나무가 영원한 것이 아니라 역사적이라는 것을 알아야, 우리는 다른 나무를 벚나무 대신 심으려는 생각을 품을 수 있다. 돌아보면 지배계급은 집회와 시위의 공간을 줄이려고 광화문광장과 세종대왕동상을 만들었다. 이것은 이미 그들에게 세종로에 대한 역사의식이 있었다는 것을 말해준다. 반대로 광화문광장에 서서 세종대왕동상을 관조하는 다수 사람들에게는 역사의식이 결여되어 있었던 것이다. 그러니 하나의 공식처럼 기억해두자. 역사의식이 사라지면 우리는 세상을 관조하게 된다는 사실, 그리고 그 순간 우리는 역사의 주체가 아니라 객체로 전락하게 된다는 사실.

〈포이어바흐에 관한 테제들〉을 토대로 마르크스는 당시 독일 철학계 전반을 비판하려고 한다. 1846년 친구 엥겔스와 함께 그가 《독일 이데올로기》를 쓰게 된 것도 이런 이유에서다. 불행히도 출판사를 구하지 못해 이 책의 원고는 수고 형태로만 전해지다, 마침내 모스크바의 마르크스 레닌 연구소Институт К. Маркса и Ф. Энгельса의 랴자노프David Riazanov(1870~1938)에 의해 1936년에 출간된다. 출판본과는 달리 수고에는 수차례 수정된 흔적이 남아 있다. 그중 마르크스가 X로 표기해 제거할 뜻을 비친 구절 하나가 눈에 띈다. 《독일 이데올로기》는 포이어바흐를 다루는 장에서부터 시작된다. 이 포이어바흐 장의 첫 번째 소절이 〈이데올로기 일반, 특히 독일 이데올로기Die Ideologie überhaupt, namentlich die deutsche〉이다. 첫 번째 소절을 완성한 뒤 마르크스는 소절 전체를 다시 읽었던 것으로 보인다. 첫 번째 단락이 완성된 전체 소절의 흐름과는 조금 동떨어진 느낌이 들어서인지, 마르크스는 이 단락을 없애야겠다고 생각하며 펜으로 X 표기를 한 것이다. 어쨌든 1846년 《독일 이데올로기》가 출판되지 않은 것은 우리로서는 다행스러운 일이다. 만약 출판되었다면, 우리는 마르크스 사유의 고유성을 알려주는 중요한 단락 하나를 완전히 잃어버릴 뻔했기 때문이다. 소멸 위기에서 간신히 소생한 그 단락 전체를 읽어보자.

> 우리는 단지 유일한 과학einzige Wissenschaft, 역사의 과학die Wissenschaft der Geschichte만을 알 뿐이다. 역사는 두 가지 측면으로, 즉 자연의 역사die Geschichte der Natur와 인간의 역사die Geschichte der Menschen로 나누어 고찰할 수 있다. 그러나 양 측면은 분리될 수 없다. 인간이 존재하는 한, 자연의 역사와 인간의 역사는 서로 제약한다. 자연과학Naturwissenschaft이라고 불리는 자연의 역사는 여기 우리와는 상관이 없다. 여기서 우리는 인간의 역사만을 검토할 것이다. 왜냐하면 전체 이데올로기는 대부분 인간 역사에 대한 왜곡된 관념에 이르거나 아니면 인간의 역사에 대한 완전한 추상에 이르기 때문이다. 이데올로기는 그 자체로 인간 역사의 한 가지 측면일 뿐이다.
>
> ─《독일 이데올로기》

"우리는 단지 유일한 과학, 역사의 과학만을 알 뿐이다." 마르크스가 남긴 유명한 명언 중 하나다. 이 문장이 담긴 전체 단락이 없어질 뻔했다니 섬뜩한 일 아닌가? 역사의 과학이다! 이것을 흔히 역사학이라고 불리는 과목과 혼동해서는 안 된다. 마르크스가 말한 역사의 과학이란 정확히 말해 관조의 과학이 아니라는 뜻이니까 말이다.

1부. 종교적인 것과 관조적인 것을 넘어서

역사의 과학이란 말은 인간의 모든 학문과 인식이 역사적이라는 사실을 강조한다. 반면 역사학은 과거의 역사를 불변하는 팩트로 고정시킨다. 결국 역사의 과학이 가변성과 실천성을 강조한다면, 역사학은 불변성과 관조성에 기반을 둔다. 여기서 우리는 역사학마저 시대에 따라 부침을 거듭한다는 사실에 주목할 필요가 있다. 조선왕조의 역사학과 지금 시대의 역사학이 동일한 과거를 다뤄도 그 함의가 다른 것도 이런 이유에서다. 역사의 과학과 가장 멀어 보이는 자연과학을 예로 들어보자. 보통 학생들은 물리학이나 화학, 혹은 생물학 교재에 등장하는 자연의 법칙을 영원한 법칙인 듯 공부하고 있다. 포이어바흐적인 과학도인 셈이다. 포이어바흐가 감각적으로 확신했던 벚나무는 사실 "거의 다른 모든 나무와 마찬가지로 다들 알다시피 겨우 수백 년 전에야 교역에 의해 우리가 사는 지역에 이송되었던" 것에 지나지 않는다. 이와 마찬가지로 지금 물리학도들은 양자역학quantum mechanics을 자명한 것으로 배우고 있지만, 100년 전 물리학 교재에는 양자역학, 혹은 양자물리학 자체가 없었다. 화학과 학생들은 열역학thermodynamics 법칙을 당연하다는 듯이 배우고 있지만, 150년 전만 하더라도 엔트로피entropy 등 열역학의 핵심 개념들은 알려지지도 않았던 것이다. 생물학도 마찬가지다. 생물학과 학생들은 누구나 생명의 신비가 DNA에 있다고 이야기하지만, 100년 전만 하더라도 DNA를 알고 있던 생물학자는 별로 없었다. 물리학이든 화학이든 아니면 생물학이든 교재에서 배운 것이 진리라고 맹신하는 학생들은 훌륭한 학자로 자라지 못할 것이다. 포이어바흐적 과학도들이 어떻게 새로운 이론을 만드는 학자가 될 수 있겠는가?

반대로 지금 배운 진리가 '역사적'일 수밖에 없다는 걸 자각한 학생들이 있을 수 있다. 마르크스적인 과학도들인 셈이다. 이들은 자연의 법칙을 새롭게 해명해 언젠가 교재에 자신의 이름이 붙은 법칙을 남길 가능성이 크다. 이제 물리학은 '물리에 대한 역사 과학', 화학은 '물질 변화에 관한 역사 과학', 그리고 생물학은 '생물에 관한 역사 과학'의 줄임말이라고 생각하자. 진정한 물리학자는 물리를 관조하지 않고 실천적으로 개입하고, 진정한 화학자는 변화를 관조하지 않고 변화에 참여하며, 진정한 생물학자는 생물을 관조하지 않고 생명체의 거동에 관여한다. 과학자들의 이런 실천적 참여로 해당 과학의 내용은 급변한다. 그래서 자연과학에서 가장 중요한 과목은 과학사라고 할 수 있다. 과학사는 그 존재 자체로 과학도 역사적이라는 사실, 나아가 과학이 표방하는 객관적 진리도 사실 주관적이라는 사실을 보여주기 때문이다. 과학의 주인이 관조하는 인간이 아니라 실험하는 인간, 즉 실천하는 인간인 이유도 바로 여기에 있다.

삭제될 뻔한 이 단락에서 우리는 역사 일반에 대한 마르크스의 통찰에도 주목해야 한다. "인간이 존재하는 한, 자연의 역사와 인간의 역사는 서로 제약한다." 이 짧은 문장 하나가 20세기를 지나 21세기 지금 모든 인문주의 지성인들을 고뇌로 몰고 간 생태 문제를 예견하고 있지 않은가? 19세기 마르크스의 발등에 떨어진 불은 생태 문제가 아니라, '자본가-노동자'라는 사회적 억압의 문제였다. 그가 《독일 이데올로기》에서는 "인간의 역사만을 다루겠다"고 했던 것도 이런 이유에서다. 20세기나 지금 활동했다면 마르크스는 인간의 역사뿐만 아니라 자연의 역사에도 지대한 관심을 표명했을 것이다. 그렇다면 그는 자연의 역사, 특히 인간의 역사와 상호 제약하는 자연의 역사를 어떻게 해명했을까? 마르크스 대신 이 문제를 간단히 살펴보도록 하자. BC 8000년경 농업혁명이 일어나면서, 지구상의 모든 것은 인간과 인간 아닌 것으로 양분되고 만다. 이제 인간은 수많은 생명체 중 단순한 하나가 아니게 된 것이다. 다른 생명체들을 가축화했을 뿐만 아니라 자연환경마저도 자기 뜻대로 개조하기 시작했으니까. 인간은 동물들을 가축으로 기르고 식물들을 재배하고, 나아가 동식물의 품종마저도 개량했다. 아울러 산과 들을 농지로 만들고 수로를 뚫는 등 농업 생산성 증진 사업은 지리마저 바꾸었다. 이제 인간은 명실상부 과거 공룡들이 누렸던 지위, 즉 지구의 최상위 포식자가 된 것이다.

《성경》의 〈창세기〉는 바로 이 농업혁명의 결과에 대한 신화적 정당화로 독해할 수 있다. 농업혁명은 20만 년 전 지구에 등장한 호모 사피엔스의 삶뿐만 아니라 자연의 운명도 결정해버린다. 이제 자연과 공존하며 이야기를 나누던 수렵채집의 시대는 까마득한 전설이 되고 만다. 흥미로운 것은 자연을 수탈하기 시작하면서 동시에 인간은 다른 인간을 수탈하기 시작했다는 사실이다. 수렵채집생활이 끝나고 농업혁명이 정착되면서 땅은 절대적 생산수단이 되었기 때문이다. 아무리 힘이 세고 기술이 탁월해도 비옥한 땅이 없으면 무엇 하겠는가? 비옥한 땅을 무력으로 독점하거나 선점하려는 사람들이 생겨나는 것은 시간문제였다. 이들이 농업혁명이 낳은 물질적 풍요를 손아귀에 넣으려는 지배계급이 된다. 마침내 억압사회가 탄생한 것이다. BC 3000년 전후 동서양 할 것 없이 거의 동시적으로 발생했던 고대문명은 억압사회가 체계를 완전히 갖추었다는 선언에 지나지 않는다. 나일강과 황하강의 관개사업이나 피라미드나 만리장성과 같은 거대 건축물 축조는 소수 지배계급이 얼마나 효과적으로 다수 피지배계급을 통제했는지 잘 보여준다. 동시에 인

산업혁명으로 인류의 삶은 좀 더 나아졌을까? 좁은 터널을 따라 석탄을 캐는 아이들. 이 작업은 주로 덩치가 작은 여성과 아이들이 담당했다.

간에 의한 최초의 환경 파괴도 이루어진다. 농지 개척이나 관개사업, 그리고 도시 건설은 해당 생태계를 회복 불가능하게 교란시켰던 것이다.

아무리 인류의 삶을 본질적으로 바꾸었다고 하더라도 농업혁명은 양적으로나 질적으로 18세기 중엽 영국에서 시작된 산업혁명의 파괴력에 미치지는 못한다. 산업혁명의 핵심은 인류가 에너지 전환의 원리와 그것을 통제하는 방법을 알았다는 데 있다. 산업혁명을 규정하는 핵심 개념이 '에너지'일 수도 있는 이유가 바로 여기에 있다. 산업혁명을 상징하는 증기기관을 보라. 증기기관은 연료가 열을 만들고, 그리고 열이 일로 바뀌는 기계였다. 구체적으로 화석연료의 연소열은 물을 수증기로 팽창하도록 만든다. 이렇게 얻어진 팽창력은 피스톤 등 적당한 장치와 연결되면서 터빈을 돌린다. 바로 이 증기기관이 없었다면, 공장도 기차나 선박도 만들어질 수 없었다. 이렇게 산업혁명은 증기기관을 앞세워 인류를 산업자본주

1840년 영국 맨체스터 풍경. 방적공장의 수많은 굴뚝들이 보인다. 아무리 인류의 삶을 본질적으로 바꾸었다고 하더라도 농업혁명은 양적으로나 질적으로 18세기 중엽 영국에서 시작된 산업혁명의 파괴력에 미치지는 못한다.

의시대로 몰아넣는다. 지구 전체에 대한 수탈이 본격화된 것이다. 핵심은 에너지다. 석탄이든 석유든 아니면 우라늄이든 상관이 없다. 과거 농업혁명의 자장 안에 있을 때 인간은 지표 수십 센티미터만 파헤쳤다. 그렇지만 이제 에너지를 찾느라 땅속 깊이, 심지어는 깊은 바닷속도 파헤치기 시작한 것이다. 이렇게 찾아진 막대한 에너지는 공장과 대도시의 심장으로 기능하며 그것들을 더 성장시키게 된다. 대도시와 공장이 활기를 띠고 점점 더 커지자, 상품 원료들은 더 많이 필요했고 다시 한 번 대지는 파헤쳐질 수밖에 없었다. 상품을 대량생산하고 소비하는 과정에서 인간은 이제 대지뿐만 아니라 대기와 물마저 오염시키기 시작한다. 공장이나 기차나 선박에서 쏟아지는 매연이나 폐수는 지구 전체에 점점 퍼져가기 시작한 것이다. 마침내 인류는 인류세ㅅ類世, Anthropocene라고 부르는 시대에 돌입한다.

'인류가 지구 환경에 심각한 영향을 주는 시대'라는 뜻의 인류세는 1990년대 네덜란드 대기화학자 크뤼천Paul Jozef Crutzen(1933~)이 사용해 유명해진 개념이다. 그렇지만 이미 1873년에 이탈리아 지질학자 스토파니Antonio Stoppani(1824~1891)도 지구가 "인간 동물의 시대anthropozoic era"에 돌입했다고 지적했던 적이 있으니, 인류세라는 발상은 사실 산업자본주의가 본격화하면서 출현했다고 보는 것이 좋을 듯하다. 산업혁명 이후 인류라는 종이 어떻게 지구 환경에 영향을 미쳤는지 통계가 잘 보여준다. 1900년에 16억 명이었던 인구는 2000년에 돌입하면서 60억 명을 돌파한 뒤 지금도 지속적으로 증가하고 있다. 당연히 다른 종들은 멸종의 길을 걷거나 간신히 명맥을 유지하는 신세로 전락하고 만다. 인간은 엄청난 규모의 숲도 없애고 거대한 댐도 만들고 대도시도 확장하고, 심지어는 기차와 자동차로 대지를, 비행기로는 대기를, 대형 선박으로는 대양을 가로지르고 있다. 환경오염 외에도 다른 종들이 살 수 있는 공간 자체가 협소해진 것이다. 현재 기린은 약 8만 마리, 늑대는 20만 마리, 침팬지는 25만 마리 정도 남아 있다고 한다. 한정된 땅덩어리에 인류의 개체 수가 기하급수적으로 증가하고 생태 환경이 파괴됨에 따라 다른 생물들은 멸종으로 떠밀리고 있는 것이다. 참고로 나무늘보를 포함한 동물원의 동물 대부분은 멸종 위기 상태에 있다. 바로 이것이 인류세의 풍경이다. 인류가 멸종한 뒤, 다른 지적인 생명체가 지구의 역사, 혹은 자연의 역사를 탐구한다고 해보자. 아마 그들은 인류세를 방사능 물질, 이산화탄소, 그리고 플라스틱의 시대였다고 말할 것이다. 혹은 그들은 인류세를 보여주는 지층에서 엄청난 닭

1부. 종교적인 것과 관조적인 것을 넘어서

뼈를 발견하고 경악할지도 모른다. 인류는 한 해 평균 600억 마리의 닭을 먹어치우니, 수백 년 동안 지층에 쌓인 닭뼈의 양은 무시무시할 것이기 때문이다.

농업혁명 이후 자연의 역사는 이제 인간의 역사에 의존적일 수밖에 없다. 농지가 늘어남에 따라, 인구가 증가함에 따라, 도시가 커지거나 새로운 도시가 만들어짐에 따라, 교통망이 확충됨에 따라, 대기와 하천이 오염됨에 따라, 아니면 인간 사이의 대규모 전쟁이 발생함에 따라, 생태계는 근본적인 영향을 받기 때문이다. 그러니까 BC 8000년 이후 인간의 사회구조와 생산력이 어떠했느냐에 따라 자연은 부침을 거듭할 수밖에 없었다는 것이다. 1000년 전 농부가 보았던 자연은 이미 농업경제에 매개된 자연이었고, 현재 노동자가 보는 자연도 산업경제에 매개된 자연일 뿐이다. 물론 인간에 의해 변형된 자연은 인간의 역사에 역으로 영향을 미친다. 무차별한 벌목과 남획에 맞서 자연은 홍수와 가뭄으로 인간에게 맞서고, 대기와 물의 오염에 맞서 자연은 미세먼지나 기후 변화 등으로 인간에게 맞선다. 여기서 잊지 말아야 할 것이 하나 있다. 그것은 인류세라는 용어가 낳을 수 있는 오해와 관련된 것이다. 마치 인류가 환경파괴의 주범이라는 막연한 생각이 나올 수 있으니까. 사실 중요한 것은 소수의 지배계급이 존재하는 억압사회다. 대다수 인류를 생태 파괴의 현장으로 몰아넣고 동시에 그들을 자연 재앙에 제일 먼저 노출시킨 장본인이 누구인가? 바로 소수의 지배계급이다. BC 3000년 전후 인간이 문자로 자기 역사를 기록한 이후 인류의 힘은 비약적으로 커졌고 문명은 발달한 것처럼 보이지만, 억압체제는 외양만 바뀌었을 뿐 구조적으로 그대로 유지되고 있다. 농업혁명의 시대냐 산업혁명의 시대냐의 구분이 중요한 것이 아니다. 농업경제 기반의 억압사회가 산업경제 기반의 억압사회로 바뀌었을 뿐이니까.

토지가 생산수단과 생계수단이란 절대적인 지위를 돈에 양보하고, 지주는 지배계급의 권좌를 자본가에게 물려주고, 그와 동시에 농민, 천민, 혹은 여성 등은 노동력을 제외한 모든 것이 박탈된 새로운 인간형, 즉 노동자라는 새로운 피지배계급이 되었을 뿐이다. 여전히 지배계급은 두 종류의 착취를 지속적으로 자행하고 있다. 하나는 동료 인간을 착취하는 것이고, 다른 하나는 피지배계급을 매개로 자연을 착취하는 것이다. 이런 의미에서 인류세라는 표현은 수정이 필요하다. '지주-농민'이란 사회적 관계를 대신해 등장한 '자본가-노동자'란 사회적 관계가 중요하기 때문이다. 토양과 하천, 나아가 바다까지 오염시키는 방사능 물질. 대기를 치명적으로 교란하는 이산화탄소. 깊은 바닷속 어패류의 소화기관에까지 침투한 플라스틱 조각들. 농업경제 시절 짐작도 못할 정도로 인류는 지구를 망가뜨리고 있지만, 그것이 가능했던 진정한 원인은 인류 전체가 자본주의체제에 포획되어 있기 때문이다. 인류세라는 용어를 '자본세Capitolocene'로 바꾸자는 논의가 나온 것도 바로 이런 이유에서다. 이 용어는 스웨덴의 생태학자 안드레아스 마름Andreas Samuel Magnus Malm(1977~)이 2009년 처음 사용했지만, 그와 무관하게 해러웨이 Donna J. Haraway(1944~)가 2012년 대중강연에서 독립적으로 사용해 유명해진 개념이다.

인류세라는 용어는 환경 파괴의 원인을 막연히 인간 전체로 돌릴 위험이 있다. 이 용어는 지구라는 별에서 인간이 사라져야 생태 문제가 해결되리라는 잘못된 생각을 낳을 수 있기 때문이다. 원인이 제대로 파악되지 않으면 문제를 해결할 수 없는 법이다. 그러니 인류세라는 용어보다 자본세가 더 좋다는 것이다. 생태계 교란과 파괴의 책임은 자본주의체제를 주도하면서 잉여가치에 대한 맹목적 충동에 사로잡힌 자본계급에게 있기 때문이다. 소수의 자본계급이 다수의 인간과 지구 환경을 수탈하고 착취하고 있다는 것은 어김없는 사실 아닌가? 이에 비해 자본계급에게 착취당하는 노동계급, 나아가 자본주의체제와 다르게 살고 있는 사람들은 환경 파괴의 피해자에 가깝다. 그렇다면 우리는 또 같은 문제에 봉착하게 된다. "어떻게 자본주의체제를 극복할 것인가?" 2015년 해러웨이가 자본세라는 용어에 만족하지 못하고, '커스루센Chthulucene'이란 용어를 다시 만들었던 것도 이런 이유에서다.

인간이 부분으로 속해 있는 힘들forces과 역능들powers, 지속적으로 활동하는 지구와 함께하는 이런 힘과 역능들에는 하나의 이름이 필요하다고 나는 주장했다. 물론 지금 이 지속성이 심각한 위기에 빠져 있다. 아마도, 정말 아마도 인간을 포함한 다양한 종들이 풍요로운 앙상블을 이루는 시대가 가능할 것이다. 나는 과거든, 현재든, 그리고 미래든 이런 시대를 커스루센이라고 부르고 있다. 커스루센은 …… 지구 도처에 다양한 방식으로 작동하는 촉수적인tentacular 역능들과 힘들, 그리고 서로 모여 사는 사물들collected things을 본떠 만든 말이다. …… 커스루센은 적어도 하나의 (물론 하나 이상의 함의를 갖는) 슬로건을 요구한다. …… "아이를 만들지 말고 친족을 만들어라Make Kin Not Babies!" …… 지구를 함께 공유하면서sym-chthonically, 그리고 함께 만들어가면서sym-poetically 우리는 친족을 만들 필요가 있다. 우리는 자신이 누구인지 혹은 무엇인지를 지구에 속한 것들과 함께 만들고 생성하고 구성해야만 한다. 나는 친족의 확장과 재구성이 모든 지상의 것들이 가장 깊은 의미에서 친족이라는 사실로 긍정된다고 생각한다. …… 모든 생명체는 수평적으로, 기호학적으로, 그리고 계보학적으로 공통된 '살flesh'을 공유하고 있다. 조상들은 매우 흥미로운 이방인이라는 사실이 분명하지만, 친족은 (우리가 가족이나 부족이라고 생각하는 것 바깥에 있기에) 익숙하지 않고, 기묘하고, 매력적이고, 능동적인 것이다. 작은 슬로건에 너무 많은 것을 부여했다는 사실, 나도 알고 있다. 그렇지만 노력해야만 한다. 지금으로부터 200년이 지나면 아마도 이 혹성의 인간종은 다시 20억이나 30억으로 줄어들고, 동시에 지금까지 목적만이 아닌 수단으로 간주되었던 다양한 인간 존재들과 다른 생명체들의 행복을 증가시키는 역할을 할 수도 있다. 그러니 아이들이 아니라, 친족을 만들자!

- 〈인류세, 자본세, 플렌테이션세, 대지세: 친족 만들기Anthropocene, Capitalocene,

Plantationocene, Chthulucene: Making Kin〉,

《환경 인문학Environmental Humanities》(2015, 6번째 권)

산업혁명 이후 지금까지 자연의 역사, 즉 지구의 역사를 이해하려면 산업자본주의체제와 거기에 포획된 인류의 힘을 우회할 수는 없다. 그래서 이 시대를 규정하려는 다양한 용어들이 만들어진 것이다. 인류세란 용어가 막연히 인류의 힘을 강조했다면, 자본세는 자본주의체제의 무한한 탐욕을 강조한다. 나아가 2014년 덴마크 오르후스대학에서 열린 학술대회에는 플랜테이션세라는 용어가 제안된 적이 있다. 이 용어는 제3세계 국가에 다국적 자본들이 만든 수많은 플랜테이션들이 생태 파괴의 주범이라는 걸 강조한다. 플랜테이션이라고 불리는 기업화된 농장들은 생태 문제뿐만 아니라 심각한 인권 문제를 야기한 것으로 유명하다. 거의 노예제에 가까운 노동조건으로 이주노동자들의 노동을 착취했으니까. 플랜테이션세라는 용어는 전체 인간 세계가 하나의 자본주의체제로 묶이면서 선진국과 제3세계 국가 사이의 관계에도 '자본가-노동자'라는 관계가 관철되고 있다는 것에 주목하고 있다. 선진 자본주의국가들은 자신들의 공장을 제3세계 국가들로 이식하면서, 유럽에만 국한된 생태 문제를 전 지구적 문제로 확산시켰다는 것이다. 인류세든 자본세든, 아니면 플랜테이션세든 모두 지구 환경 파괴를 심각한 문제로 인식하고 있다는 점에서 의견을 같이하는 용어다. 인류세가 인류의 반성을 촉구하고, 자본세가 자본주의체제의 폐단을 강조하고, 플랜테이션세가 자본의 세계화가 낳은 재앙을 경고한다. 이런 용어들로는 우리가 어떻게 하면 자본주의체제를 극복해 생태 위기에서 벗어날 수 있는지 막연하기만 하다. 그래서 해러웨이는 '커스루센'이란 근사한 용어를 고안한 것이다.

2016년 저서 《곤경과 함께하기Staying with the Trouble》에서 그녀는 커스루센이란 용어가 '지상의', 혹은 '대지의'라는 뜻의 희랍어 '크토니오스khthonios'에서 유래한 것이라고 말한다. 그래서 굳이 번역하자면 '대지세'라고 번역하는 것이 좋을 듯하다. 대지세는 하나뿐인 지구에 모든 생명체가 서로 공존하며 사는 시대, 그녀의 표현을 빌리자면 "인간을 포함한 다양한 종들이 풍요로운 앙상블을 이루는 시대"를 가리킨다. 여기서 대지세라는 용어가 인류세나 자본세, 혹은 플랜테이션세와는 다른 이유가 분명해진다. 그것은 산업자본주의체제가 지배하는 시대가 아니라 그걸 극복한 시대를 가리키기 때문이다. 칸트의 말을 빌리자면 인류세, 자본세, 그리고 플랜테이션세가 '구성적인konstitutiv' 용어였다면 대지세는 '규제적인regulativ' 용어였던 셈이다. 대지세는 산업자본주의시대를 해명하려는 용어가 아니라 산업자본주의체제를 극복하고 이루어야 하는 시대를 뜻하니까 말이다. 해러웨이가 대지세를 위한 실천적 강령을 제안한 것도 이런 이유에서다. "아이를 만들지 말고 친족을 만들어라!" 해러웨이의 요구를 친족이 아닌데 친족을 억지로 만들라는 이야기로 오해해서는 안 된다. 그녀에 따르면 "모든 지상의 것들은 가장 깊은 의미에서 친족이고, …… 모든 생명체는 수평적으로, 기호학적으로, 그리고 계보학적으로 공통된 '살'을 공유하기" 때문이다.

　모든 생명체가 공유하는 공통된 살! 그건 지속적으로 살아 있는 지구를 가리킨다. 죽은 몸이나 혹은 무생물에게는 살이라는 용어를 쓰지는 않으니까. 물론 그렇다고 해서 지구상에 존재하는 생명체들과 무관하게 지구가 살아 있다는 의미라고 오해해서는 안 된다. 생명체들이 상호 영향을 주고받으며 공존하고 있기에 지구는 살아 있는 것이다. 그래서 해러웨이는 친족을 확장하고 재구성하라고 요구한다. 인간은 이미 자연과 함께 살아가며, 지구라는 거대한 생태계의 일부분이기 때문이다. 이것은 《성경》에서도 확인되는 인간중심적인 사유, 인간은 자연 바깥에 존재하며 자연을 지배하고 소유하는 존재라는 사유에서 벗어나라는 요구라고 할 수 있다. 그러니까 인간은 다른 종의 생명체뿐만 아니라 동료 인간을 지배하거나 소유하려는 생각을 포기해야 한다는 것이다. "모든 생명체는 수평적으로, 기호학적으로, 그리고 계보학적으로 공통된 '살'을 공유하는" 대등한 존재들이기 때문이다. 이 대목에서 우리는 그녀가 왜 아이를 만들기보다는 친족을 만들라고 요구했는지 이해하게 된다.

　'내 아이', 혹은 '우리 아이'라는 소유의식이 문제였던 것이다. 농업경제 시절 생겼던 오래된 인간중심주의다. 아이들, 특히 남자

　　　　　1부. 종교적인 것과 관조적인 것을 넘어서

아이를 선호한 이유는 그만큼 농사일을 감당할 노동력을 확보할수 있었기 때문이다. 이런 문맥에서 부모와 자식은 양육과 부양이란 교환관계에 묶이고, 이로부터 가족이란 배타적인 공동체가 형성된다. 이런 배타성이 어떻게 "공통된 살"을 공유하는 삶과 공존할수 있다는 말인가? 그러니 아이를 낳더라도 그 아이와 '친족'관계를 유지할 수만 있다면, 아무런 문제가 없다. 내가 낳은 아이든, 남이 낳은 아이든, 아니면 나무늘보든 가시연꽃이든, 그 대상이 무엇이든 간에 공통된 살을 공유하는 친족관계를 만드는 것이 중요하니까. 이렇게 친족이 많아지면 인간이 구태여 많은 아이를 낳을 이유가 있을까? 자기편을 많이 만들려고 노력할 이유가 있을까? 해러웨이가 꿈꾸는 대지세에서 인간의 인구가 줄어드는 것은 어쩌면 당연한 귀결일 것이다. 친족관계를 이루는 것이 많아질수록, 우리의 삶은 충만함에 둘러싸일 테니까. 그래서 그녀는 대지세에 돌입한 지구의 미래를 조심스레 다음처럼 묘사했던 것이다. "지금으로부터 200년이 지나면 아마도 이 혹성의 인간종은 다시 20억이나 30억으로 줄어들고, 동시에 지금까지 목적만이 아닌 수단으로 간주되었던 다양한 인간 존재들과 다른 생명체들의 행복을 증가시키는 역할을 할 수도 있다"고 말이다.

1848년 《코뮌주의정당 선언Manifest der Kommunistischen Partei》에서 마르크스는 자본주의체제를 극복하기 위한 실천적 슬로건을 제일 마지막에 감동적으로 외쳤던 적이 있다. "만국의 노동자여! 단결하라Proletarier aller Länder, vereinigt euch!" 소수는 당근과 채찍으로 다수를 지배하는 법이다. 자기 말을 잘 들으면 직급이나 계급을 올려주어 확실한 경제적 이득을 제공하는 것이 당근이라면, 자기 말에 저항한다면 신분을 강등하고 심하게는 해고해 경제적 불이익을 제공하는 것이 채찍이다. 생계에 위협을 가해 인간의 이기심을 증폭시키는 단순한 방법이지만, 역사는 이보다 억압사회를 유지하는 데 효과적인 방법도 없다는 걸 잘 보여준다. 웬만한 지성과 의지가 아니라면, 당근의 유혹과 채찍의 공포에 길들여지지 않는 사람은 별로 없으니까. 당연히 억압사회를 없애는 방식도 단순하다. 지배계급이 던지는 당근을 거부하고 그들이 휘두르는 채찍에 맞서야 한다. 바로 이것이 소수 지배계급이 꿈에라도 일어날까 두려워하는 상황, 즉 억압받는 자들의 단결이다.

2015년 〈인류세, 자본세, 플랜테이션세, 대지세: 친족 만들기〉라는 글에서 해러웨이는 자본세나 플랜테이션세를 만든 자본주의 체제에 맞서는 실천적 슬로건을 제기한다. "아이를 만들지 말고 친족을 만들어라!" 마르크스의 표현을 빌리자면 그녀의 슬로건은 "세계의 모든 생명체여, 단결하라!"는 말로 바꿀 수 있다. 인간과 자연의 단결이다! 정확히는 노동계급에 속한 인간들과 지구상의 다른 생명체들과의 단결이다! 노동계급과 지구상의 생명체들은 모두 자본계급의 착취 대상이니까. 그렇다고 해서 다른 생물과 친족관계를 맺는다는 말, 혹은 모든 생명체는 단결해야 한다는 말을 오해해서는 안 된다. 자연은 인간에게 '예'라고 하는 존재가 아니라 '아니요'라고 하는 존재이기 때문이다. 그러니 자연과 맺은 '친족관계'는 인간들이 '아니요'라고 하는 자연의 소리를 들을 준비가 되어 있다는 걸 말할 뿐이다. 개여도 좋고 고양이여도 좋고 아니면 늑대나 나무늘보라도 상관이 없다. 가시연꽃이거나 풍란이어도 상관은 없다. 아니면 오염되는 하천이나 유린되는 숲이라도 상관이 없다. 해러웨이의 슬로건을 따르자! 우리는 모든 생명체와 친족을 만들어야 한다. 친족이 된다는 것! 해러웨이의 칸트식 표현을 빌리자면 자연을

"단지 목적만이 아니라 수단으로 간주하지 않는다"는 것이다. 정말 그것들과 친족이 되면, 어떻게 우리가 자본주의체제에 무관심할 수 있겠는가? 잉여가치 확보라는 유일한 목적을 위해 다수의 인간뿐 아니라 자연 전체를 수단으로 치부하는 것이 바로 자본주의체제니까. 정말 그것들과 친족이 되면, 어떻게 자본주의체제가 우리를 분열시켜 지배할 수 있다는 말인가? 모든 생명체를 사랑하는 사람, 다시 말해 그것들과 친족을 맺은 사람만큼 자본주의체제가 두려워하는 것도 없을 테니 말이다.

3. 부르주아사회에서 인간사회로

직관적 유물론anschauende Materialismus, 즉 감성Sinnlichkeit을 실천적 활동praktische Thätigkeit으로 이해하지 않는 유물론Materialismus이 도달할 수 있는 가장 높은 지점은 '부르주아사회bürgerlichen Gesellschaft' 속의 개개인들에 대한 직관Anschauung일 뿐이다.

- 〈포이어바흐에 관한 테제들〉 9

관념론觀念論 vs. 유물론唯物論! 영어로는 아이디얼리즘idealism vs. 매터리얼리즘materialism! 혹은 독어로는 이데알리스무스idealismus vs. 마터리알리스무스materialismus! 서양철학의 역사를 정리하는 데 가장 많이 사용되는 핵심 대립 구도다. 관념론은 정신적인 것이 가장 기본적인 실재라고 생각하며 물질적인 것은 그 정신적인 것의 현상이거나 표현에 불과하다고 주장한다. 반면 유물론은 정신적인 것을 포함한 존재하는 모든 것이 물질적인 것, 즉 물질들, 물질적 힘들, 혹은 물리적 과정들로 구성되거나 환원된다고 주장한다.

관념론이든 유물론이든 너무나도 사변적이고 형이상학적이다. 진정한 실재를 정신적인 것으로 보든 아니면 물질적인 것으로 보든, 관념론이나 유물론은 모두 개별자의 개체성individuality이나 단독성

singularity을 너무 쉽게 경시하기 때문이다. 무슨 말인지 정확히 이해하기 위해 《영혼론^{Peri Psychēs}》 등에서 피력된 아리스토텔레스^{Aristotle}(BC 384~BC 322)의 생각을 따라가 보자. 파산한 뒤 궁핍한 삶을 사는 포이어바흐가 있다고 하자. '바로 이' 포이어바흐가 아리스토텔레스가 말한 개별 존재, 즉 '우시아^{Ousia, οὐσία}'의 한 가지 사례다. 불행하게도 정신적으로나 육체적으로 아주 빛났던 청년 포이어바흐는 어디론가 사라지고 그 자리에 노후를 걱정하는 초췌한 늙은이가 등장하게 될 것이다. 그럼에도 우리는 이 사람을 계속 포이어바흐라 부르고, 심지어 포이어바흐도 자신을 포이어바흐라고 말할 것이다. 아무리 늙어도 포이어바흐는 포이어바흐니까. 이런 자기 동일성이 추상적으로는 이데아^{idea, ἰδέα}이고, 구체적으로는 영혼^{psyche, ψυχή}이라고 불리는 측면이다. 반면 포이어바흐는 그의 성장에 따라, 그의 영양 상태에 따라, 그의 정치경제학적 외부 환경에 따라 변하기 마련이다. 한 개체의 이런 가변적인 측면이 추상적으로는 질료^{hyle, ὕλη}로, 구체적으로는 몸^{sôma, σῶμα}이라고 불린다. 모든 개별 존재는 질료와 형상의 합성물이라고 주장하는 아리스토텔레스의 형상질료론^{hylomorphism}은 이렇게 탄생한다. 포이어바흐를 예로 들면 '포이어바흐라는 개체=포이어바흐라는 형상+포이어바흐의 질료', 혹은 '포이어바흐라는 개체=포이어바흐의 영혼+포이어바흐의 몸'이라는 것이다.

비록 플라톤^{Plato}(BC 428?~BC 348?)에게 비할 바는 아니지만 아리스토텔레스도 나름 형이상학적이고 사변적이었던 철학자다. 그도 형상이나 영혼이 질료나 몸보다 더 중요하다고 주장했으니까. 그럼에도 아리스토텔레스는 '우시아'라고 불리는 개별 존재를 한 번도 경시했던 적이 없다. 반면 관념론과 유물론은 지상에 존재하는 개

별 존재, 항상 감각으로 확인되는 개별 존재를 아주 쉽게 삭제하고
만다. 저 형이상학적 관념론의 이야기를 들어보라. 불멸하는 영혼
과 형상이 머무는 저 피안의 세계를, 플라톤에게서 이데아의 세계
라고 불리든 기독교에서 천국이라고 불리든, 저 죽음의 세계를 찬
양하고 있지 않은가. 아니면 저 형이상학적 유물론의 노래를 들어
보라. 개별 존재들을 구성하는 원자들이나 에너지는 영원히 파괴되
지 않는다고 영원불멸의 물질세계를 노래하고 있지 않은가. 하늘의
피안이든 아니면 대지의 피안이든, 무슨 차이가 있는가? 눈에 보이
지 않기는 이데아의 세계나 천국, 혹은 원자들의 세계나 에너지의
세계나 마찬가지니까. 형이상학적 관념론과 형이상학적 유물론은
하늘과 땅 사이의 세계, 생성하고 소멸하는 차안세계를 끌어안지
못하고 다른 세계를 보고 있었던 것이다.

　　여기서 한 가지 안타까운 일이 있다. 모든 유물론은 형이상학
적 관념론, 즉 피안주의를 비판하면서 출발한다. 피안의 세계에 몰
두하느라 대부분의 이웃들이 한 번밖에 없는 소중한 삶을 방치하는
것이 안타까웠을 뿐만 아니라, 피안주의를 조장해 다수의 민중들이
차안의 세계에 무관심하도록 만드는 지배계급의 농간에 분노했기
때문이다. 그러니까 유물론의 최종 목적지는 피안주의로 왜곡되고
방치된 차안의 세계를 구원하는 데 있다. 불행히도 적과 싸우면 적
을 닮는다는 이야기가 맞기는 맞나 보다. 유물론은 형이상학적 관
념론과 싸우다가 자신도 모르게 형이상학화되기 때문이다. 형이상
학적 유물론은 브레이크를 못 잡고 차안의 세계를 지나쳐버린 불행
한 승용차와 같다. 신이나 정신, 혹은 이데아 등을 부정하고 현실세
계로 질주하다가, 유물론은 현실세계를 지나쳐 그것을 물질적인 것
으로 정당화하는 형이상학이 되어버린 것이다. 결국 형이상학적 유

	형이상학적 관념론	형이상학적 유물론	마르크스의 입장
실재	정신적인 것 (신, 정신, 보편자 등)	물질적인 것 (원자, 양자, 에너지 등)	단독적인 것 (개체들, 관계들)
입장	"물질적인 것은 정신적인 것의 표현이다."	"정신적인 것은 물질적인 것의 표현이다."	"세계의 해석이 아니라 변혁이 중요하다."
기원	플라톤Plato (BC 428?~BC 348?)의 이데아론	데모크리토스Democritus (BC 460?~BC 370?)의 결정론적 원자론	에피쿠로스Epicurus (BC 341~BC 270)의 우발적 원자론
양상 (대표자)	• 신적 관념론 theistic idealism : 버클리George Berkeley (1685~1753) • 선험적 관념론 transcendental idealism : 칸트Immanuel Kant (1724~1804) • 절대적 관념론 absolute idealism : 헤겔Georg Hegel (1770-1831)	• 자연주의적 유물론 naturalistic materialism : 돌바크Baron d'Holbach (1723~1789) • 기계론적 유물론 mechanistic materialism : 라플라스Pierre Laplace (1749~1827) • 변증법적 유물론 dialectical materialism : 플레하노프Georgi Plekhanov (1856~1918)	• 차안의 세계, 생성의 세계, 역사 세계를 긍정한다. • 완전한 결정론과 절대적 자유론을 모두 부정한다. • 감성적 실천주의와 인문적 민주주의를 표방한다.
정치성	보수적, 엘리트주의적	비판적, 민중적	혁명적, 실천적
친족	기독교, 신학	무신론, 자연과학	역사과학

물론은 균형 잡기에 실패한 유물론이다. 피안주의에 의해 가치 폄하되고 무시되었지만, 차안세계는 그들의 생각보다는 훨씬 크고 풍성하고 변화무쌍한 곳이다. 차안세계는 형이상학적 유물론이 표방하는 원자나 에너지로 정당화되어야 할 정도로 나약하지 않다.

사실 미시세계의 입자들의 힘과 상호관계로 모든 것을 해명하기 힘든 곳이 바로 이 현실세계 아닌가. 아무리 자연과학과 공학기술이 발달해도 기상 예측 자체가 불확실한 이유도 바로 여기에 있다. 기상만 그런가? 차안세계의 한 축을 담당하고 있는 인간들의 다양한 행동과 그 복잡한 내면, 그들이 속한 특정한 사회적 관계, 그리고 그 사회적 관계의 변화 등은 또 얼마나 복잡한가? 결국 피안주의를 아무리 철저하게 비판한다고 해도, 차안세계를 긍정하지 않으면 유물론은 자신의 본령을 잃었다고 해야 한다. 이 점에서 포이어바흐는 진정한 유물론자가 되려고 했던 사람이라고 할 수 있다. 다섯 번째 테제에서 마르크스가 말한 대로 "추상적 사유에 만족하지 못했던 포이어바흐는 직관을 원했기" 때문이다. 기독교의 피안주의를 해체하고 신의 권좌에 인간, 정확히는 인간 본질을 그 자리에 올려놓았던 포이어바흐다. 그렇지만 그는 이런 "추상적 사유"에 만족하지 않는다. 그는 차안세계를 보려고 했으니까. 그의 눈에 산, 개울, 나무, 구름, 교회나 집, 공장 등이, 그리고 아버지, 형, 장인, 아내, 친구, 하녀, 노동자 등이 들어오는 것도 이런 이유에서다. 분명 그가 플라톤주의나 기독교에서 벗어나 있었다는 건 명백하다. 피안세계가 아니라 차안세계를 긍정하니까. 마르크스가 포이어바흐에게 유물론이란 용어를 기꺼이 사용하는 것도 이런 이유에서다. 잊지 말자. 마르크스에게 '유물론적'이라는 말은 '차안주의적'이라는 표현과 다를 바 없었다는 사실을.

분명 포이어바흐는 차안의 세계를 보려고 한다. 유물론자가 맞다. 그렇지만 포이어바흐의 눈에는 사물과 사람들만 보일 뿐이다. 아니 정확히 말해 사물과 사람들을 관조할 뿐이다. 불행히도 그에게는 관계와 역사는 보이지 않는다! 관계와 역사가 보이지 않으면 실천과 개입은 시작할 곳을 찾지 못한다. 고립된 개별자들만 보이고 그들을 묶고 있는 관계나 역사가 포착되지 않았다는 것, 이것이 포이어바흐의 치명적인 맹점이자 한계다. 그의 유물론은 유물론적

1부. 종교적인 것과 관조적인 것을 넘어서

이기는 하지만 무언가 하자가 있는 유물론이었던 셈이다. 포이어바흐는 일종의 관광객이었을 뿐이다. 관광객에게 관광지의 모든 것, 사물들뿐만 아니라 사람들은 고립되어 서로 무관한 것으로 펼쳐지는 법이니까. 그래서 마르크스는 포이어바흐의 유물론을 직관적이라고 비판했던 것이다. 여기서 잠시 《독일 이데올로기》를 넘겨보자. 아홉 번째 테제에서 왜 마르크스가 포이어바흐를 비판했는지, 그 이유가 더 명확해질 테니까.

> 그는 인간을 단지 '감성적 대상sinnlicher Gegenstand'으로만 이해할 뿐, '감성적 활동sinnliche Tätigkeit'으로서 이해하지 않는다. 그 이유는 그가 여전히 이론과 사유의 영역에서만 인간을 이해할 뿐, 인간을 그 주어진 사회적 연관gesellschaftlichen Zusammenhange 속에서, 현재 생활 조건—곧 그들을 현재 존재하는 대로의 그들로 만든—하에서 파악하지 못했기 때문이며, 또한 실제로 존재하고 활동하는 인간에 도달하지 못하고 '인간'이라는 추상에서 멈춰버렸으며, 다만 '현실적이고 개별적이며 육체적인 인간wirklichen, individuellen, leibhaftigen Menschen'만을 감성적으로 인식했을 뿐이기 때문이다. …… 유물론자Materialist인 한 포이어바흐는 역사Geschichte를 다룰 수가 없고, 역사를 고찰하는 한 그는 결코 유물론자가 아니다. 그에게 유물론과 역사는 완전히 결별하고 만다.
>
> −《독일 이데올로기》

관광객에게 낯선 도시에서 만나는 사람들은 서로 고립되어 무관한 것처럼 보인다. 그것들이 연관되는 관계들과 역사가 바로 포착되지 않기 때문이다. 카페에서 일하던 점원은 그저 아르바이트하는 젊은이로 보이고, 근사한 서점에서 그곳을 운영하는 중년 노인은 고상하고 지적이게 보인다. 어느 곳에서나 만날 수 있는 사람들은 미소를 머금고 길 안내에 친절하기만 하다. 그에게 낯선 도시의 모든 사람은 마르크스의 표현처럼 관조되어 식별되는 "현실적이고 개별적이며 육체적인 인간들"에 지나지 않았던 것이다. 그렇지만 관광객이 부득이한 사정으로 이 도시에서 살게 되면 그에게 무슨 일이 벌어질까? 아마 그는 조금씩 관광객의 인식, 즉 관조적인 인식을 버릴 것이다. 카페 점원이 철학 박사학위를 받았지만 경기 위축으로 일자리를 잡는 데 실패했다는 사실, 심지어 카페 점원이 자신이 방문했던 근사한 서점 주인의 아들이라는 사실, 관광 수입을 제외하고 별다른 수익원이 없어서 도시 사람들 전체가 외지인에 대해 일종의 호객행위를 집단적으로 하고 있었다는 사실도 알게 될 것이다. 이렇게 조금씩 관광객은 무관해 보였던 사물과 사람들 사이의 관계를, 그리고 그 관계를 지배하는 역사를 인식하게 된다. 낯선 도시를 풍경으로만 보았던 관조적 주체가 그곳의 사물과 사람들과 몸을 부대끼며 자신도 모르게 실천적 주체로 변한 셈이다. 실천적 주체가 되었기에 그는 "인간을 그 주어진 사회적 연관 속에서, 현재 생활 조건─곧 그들을 현재 존재하는 대로의 그들로 만든─하에서 파악하면서" "실제로 존재하고 활동하는 인간에 도달할" 수 있었던 것이다.

거리를 두고 사람을 관조하는 것, 그리고 그들의 삶에 뛰어드는 것! 둘 사이에는 이렇게 건널 수 없는 심연이 도사리고 있었던 셈이다. 후자는 전자가 줄 수 없는 수많은 것들을 가르쳐준다. 그중 중요한 것 두 가지만 언급해보자. 첫째, 타인들의 삶에 뛰어들면 누구나 자신의 과거 관계를 자각하게 된다. 한마디로 말해 그 누구도

1부. 종교적인 것과 관조적인 것을 넘어서

백지 상태에서 새로운 관계에 돌입할 수 없다는 것이다. 둘째, 그는 자신처럼 타인들도 자신만의 고유한 관계와 역사를 전제한다는 걸 알게 된다. 타인을 이해하려면, 첫인상이나 직업 등 그에 관한 표면적인 정보로는 부족하다. 우리는 그가 어떤 관계를 맺고 있는지, 그리고 과거에 어떤 관계를 맺었는지 그 역사도 알고 있어야 하기 때문이다. 외국에 가야 자신이 한국인이라는 걸, 나아가 자신이 특정 삶의 형식에 따라 살았다는 걸 자각하는 법이다. 결국 타인들의 삶이 낯설어 보였던 이유는 우리 자신이 특정 사회관계에 적응했기 때문이다. 그러니 낯선 도시를 관광하는 것보다 그곳에 사는 것이 더 많은 것을 우리에게 가르쳐준다. 낯선 사람들이 내면화한 관계와 우리 자신이 내면화한 관계가 모두 드러나니 말이다.

유유상종이란 만고불변의 진리가 여기서도 그대로 적용된다. 실천하는 주체는 실천하는 타인을 만나게 되고, 관조하는 주체는 관조하는 타인을 만나게 된다. 마르크스는 포이어바흐가 "인간을 단지 '감성적 대상'으로만 이해할 뿐, '감성적 활동'으로서 이해하지 않는다"고 말했다. 관조적 주체에게는 '감성적 대상'으로서 인간이 주어진다면, 실천적 주체에게는 '감성적 활동'으로서 인간이 주어진다는 의미다. 여기서 '감성적 활동'이란 개념이 중요하다. 불가피하게 여행지에서 새로운 삶을 꾸밀 수밖에 없는 사람을 다시 떠올려보자. 그는 낯선 사람들을 지배하는 관계들을 인식해야 하고 그에 맞게 자기 행동을 결정해야만 한다. 이것이 바로 '감성적 활동', 즉 실천이다. 모든 실천은 이처럼 수동적이면서 동시에 능동적일 수밖에 없는 행위다. 주어진 관계나 조건을 수용한다는 점에서 수동적이지만, 자기 행동을 조정해 새로운 관계를 맺는다는 점에서 능동적이기 때문이다. 하긴 나무로 조각을 만들려고 할 때도 우리는 나무의 결을 부정하고 조각을 만들 수 없고, 수영을 하려고 해도 우리는 물의 흐름을 부정하고 강을 건널 수는 없는 법이다. '관조적 사변'이 아니라 '감성적 활동'이다.

어쨌든 감성적 활동에 돌입한 순간, 관광지에 뿌리를 내리려는 그 여행객은 카페 점원도 자기처럼 '감성적 활동'의 주체라는 걸 발견하게 된다. 서점을 오래 운영했던 아버지를 두었기에 어려서부터 그는 책을 자연스럽게 접하게 되었다. 이런 가족 환경, 혹은 가족관계가 그를 철학도가 되도록 만든 절대적 원인은 아니다. 그것은 단지 조건일 뿐이고, 그는 여기에 능동적으로 대응해 철학을 전공하게 된 것이다. 박사학위를 받는 과정에도 그의 감성적 활동은 지속되었을 것이다. 마침내 학위를 받았지만, 불행히도 신자유주의 열풍에 휩쓸린 대학들은 철학 관련 전임 교원을 신규 채용할 생각이 없었다. 이를 받아들이고 그는 낮에는 아르바이트를 하고 밤에는 집필을 하기로 자기 행동을 결정했던 것이다. 카페 점원만 그럴까? 그가 만나는 모든 사람도 나름대로 '감성적 활동'의 주체들이기 때문이다. 물론 그들 중 소수만이 자신의 삶을 규정하는 관계를 극복해서 새로운 관계를 만들려고 분투하지만 말이다. 관광객에 머물러 있었다면, 마르크스의 표현을 빌리자면 인간의 "감성을 실천적 활동으로 이해하지" 않았다면, 결코 얻을 수 없었던 진실을 그는 마침내 포착한 것이다.

관광객의 비유는 식상한 것처럼 보인다. 여행 목적으로 단기간 외국에 다녀오거나 아니면 유학이나 업무 등의 이유로 장기간 외국에 체류하는 경험을 떠올리면, 누구나 쉽게 공감할 수 있는 비유니까. 그렇지만 관광객의 비유는 동시에 매우 심오한 진실을 알려주기도 한다. 우리의 일상이 어떻게 영위되는지에 관한 진실 말이다.

1부. 종교적인 것과 관조적인 것을 넘어서

이렇게 되물어보자. 지금 우리의 일상적 삶은 관광객이 아니면서도 관광객처럼 영위되고나 있지 않은지. 관광객의 내면을 생각해보라. 우선 그는 자신이 속한 사회적 관계에서 잠시나마 벗어나고 싶었다. 낯선 도시에서 그가 제일 싫어하는 것은 그곳 사람들도 자신처럼 특정 사회적 관계에 엮여 있다는 걸 보는 것이다. 이것은 자기도 특정 사회적 관계에 속해 있다는 사실, 애써 잊으려는 이 사실을 상기하도록 만들고, 현지 주민들을 더 이상 신기한 구경거리로 관조할 수 없게끔 만들기 때문이다. 달러나 신용카드는 관광객과 현지 주민을 연결하는 유일한 줄이자 동시에 양자가 직접 관계를 맺지 않도록 하는 유리창이기도 하다.

이제 생각해보자. 직장에서 우리는 관광객이지 않은가? 자신이 다니는 회사가 어떻게 작동하며 무엇을 생산하는지, 그리고 그 상품이 우리 사회에 어떤 영향을 끼치는지 고민하지 않으니까. 심지어 우리는 직장 동료들이 어떤 관계를 맺고 어떤 역사를 가지고 있는지 보려고 하지 않는다. 그저 업무상 관계로만 연결되어 있을 뿐이기 때문이다. 관광객의 달러나 신용카드처럼 월급은 직장관계의 유일한 혈액이 된다. 가족들과 함께할 때도 우리는 관광객이지 않은가? 시부모나 친정부모도 심지어는 남편이나 아내, 혹은 자식들을 고립된 개인들로 식별하고 관조하고 있으니까. 돈과 선물이 가족관계를 유지하는 가느다란 끈이 되고 만다. 편의점이나 카페, 극장 등에 들를 때도 우리는 관광객이지 않은가? 계산을 해주는 젊은이들이나 안내를 해주는 젊은이들의 내면과 그들의 역사를 읽으려고조차 하지 않기 때문이다. 그저 돈을 받은 만큼 그에 어울리는 서비스를 행해야만 하는 사람들로 보일 뿐이니까. 여기서는 돈과 신용카드가 유일한 연결 줄이 된다.

여기에 스마트폰까지 가세하면 우리의 관광객 모드는 그야말로 정점을 찍게 된다. 파리의 시위 현장을 보면서 혀를 끌끌 차는 것처럼, 이제 액정화면은 마치 영화를 보듯 세상을 관조하도록 만들기 때문이다. 댓글을 달면서 사회에 참여하고 있다는 만족감이 들 수도 있다. 그렇지만 이것은 영화를 보면서 주인공에 공감하고 악당을 욕하는 행위와 어떻게 다른가? '사변적 관조'가 아니라 '감성적 활동'이다. 관광객적 인식이 아니라 주체적 인식이다. 오직 그럴 때에만 우리는 자신뿐만 아니라 타인도 모두 특정한 사회적 관계에 규정되어 있다는 걸 자각할 수 있다. 소망스럽고 새로운 사회적 관계를 모색하려면, 우리는 먼저 자신이 어떤 관계에 포획되어 있는지 봐야 하는 것 아닐까? 직관적 유물론이 온전한 유물론이 되려면, 포이어바흐는 고립된 사물과 사람들만이 아니라 그것을 규정하는 관계와 역사를 포착했어야 했다. 차안의 세계는 개체, 관계, 그리고 역사라는 세 가지 계기로 구성되어 있으니 말이다. 물론 관계와 역사가 별개라고 이해되어서는 안 된다. 사회적 관계가 극적으로 변하는 경우가 있다. 우리가 '역사적'이라고 부르는 경우가 바로 이것이다. 관계의 변화가 바로 역사의 동력이다. 아니 더 단호하게 말한다면 관계의 변화 자체가 역사라고 할 수 있다.

그렇다고 관계와 역사를 파악하는 일이 만만하다고 속단해서는 안 된다. 예를 들어 벤치에 앉아 있는 두 사람을 보고 둘 사이의 관계를 포착하는 것은 여간 어려운 일이 아니다. 처음에는 순간적으로 고립된 두 개체만 보일 것이다. 한 사람은 안경을 착용한 30대의 젊은 여성으로 청바지를 입고 있고, 이어폰으로 음악을 들으며 리듬을 타고 있다. 다른 한 사람은 편안한 차림의 캐주얼 복장을 한 40대 초반의 남성으로 책장을 넘기고 있다. 여기까지가 포이어

1부. 종교적인 것과 관조적인 것을 넘어서

바흐의 직관적 유물론이 적용되는 지점이다. 그렇지만 벤치에 앉아 있는 두 사람이 어떤 관계에 있는지, 나아가 두 사람이 각각 과거에 어떤 관계를 맺었는지를 아는 것은 그리 만만한 일이 아니다. 아주 천천히 두 사람을 관찰해야만 한다. 다행스럽게도 남성이 손을 들어 여성의 어깨를 감싼다면, 우리는 쉽게 두 사람이 연인관계라는 걸 알게 될 것이다. 그렇지만 둘은 언제 어디서 만났을까? 둘은 왜 서로를 사랑하게 되었을까? 연인일까, 아니면 부부일까? 그것도 아니면 불륜관계일까? 벤치의 관찰만으로 해명되지 않는 것이 너무나 많다. 그들을 계속 따라다니며 관찰해야 하고, 나아가 그들이 남긴 과거 흔적들을 찾아 헤매야만 한다. 아리스토텔레스의 책 제목을 빌리자면 개체들의 식별이 '피지카Physica'의 영역이라면, 관계와 역사는 '메타피지카Metaphysica'의 영역이니까 말이다.

아리스토텔레스가 《형이상학Metaphysica》에서 개체들과 그것들의 운동을 가능하게 하는 원인들을 해명하려고 했다면, 마르크스는 개체들로 하여금 지금 그렇게 행동하도록 만드는 관계와 역사를 포착하려고 했던 것이다. 마르크스가 포이어바흐를 비판하고 나아가 그를 넘어서는 가장 결정적인 지점이다.

총기와 같은 새로운 전쟁도구의 발명과 함께 군대 내부 조직 전체가 필연적으로 변화하고, 개인들이 군대를 형성하고 군대로서 작용할 수 있게 하는 관계들이 변화했으며, 각 군대의 상호관계도 변했다. 개인들이 그 속에서 생산을 행하는 사회적 관계, 즉 사회적 생산관계Produktionsverhältnisse도 물질적 생산수단, 생산력의 변화 및 발전과 더불어 변화하고 변모한다. 그 전체성 속에 있는 생산관계는 사람들이 사회적 관계, 사회라고 말하는 것을 형성하며, 더 정확히 말해 일정한 역사적 발전 단계^{geschichtlicher Entwicklungsstufe}에 있는 어떤 사회, 특유한, 다른 것들과 구별되는 성격을 갖는 사회를 형성한다. 고대사회^{die antike Gesellschaft}, 봉건사회^{die feudale Gesellschaft}, 부르주아사회^{die bürgerliche Gesellschaft}는 그런 생산관계의 총체이며, 이 생산관계 각각은 동시에 인류 역사에서의 특수한 발전 단계들을 가리킨다.

－〈임금노동과 자본〉(1849)

새로운 전쟁도구의 출현은 군대조직과 관계를 변동시켜 군인으로 복무하는 개인들도 변화시킨다. 칼과 방패라는 전쟁도구가 발명되었을 때, 말이 전쟁에 사용되었을 때, 총기나 자동차가 전쟁도구로 사용되었을 때, 핵무기가 등장했을 때를 각각 비교해보라. 개인들의 역할 변화 정도라고 생각해서는 안 된다. 관계의 변화는 개인들의 몸과 영혼까지 영향을 미치기 때문이다. 칼과 방패는 보병의 정신과 몸을 바위처럼 만들고, 말은 기병의 정신과 몸을 사자처럼 만들고, 총기와 장갑차는 기갑병의 영혼과 몸을 소심한 고슴도치로 만들어버린다. 자동차가 대중화되면서 우리의 정신과 몸이 어떻게 변했는지, 혹은 컴퓨터나 스마트폰의 발달로 우리의 정신과 몸이 어떻게 변했는지 생각해보는 것으로 충분할 것이다. 마르크스는 이야기하지 않았지만, 사실 군대조직 자체는 단순히 전쟁도구의 발명으로만 변하는 것이 아니다. 군대조직은 사회조직에 속하기 때문이다. 폭력수단을 독점하는 국가기구가 존재하기 때문에 상비군 제도가 가능한 법이다. 그래서 보병이든 기병이든 기갑병이든 차이는 나지만, 상비군으로서 군인들은 적을 살해하는 전쟁기계로서 역할을 공유할 수 있었던 것이다. 폭력수단의 독점을 허용하지 않는

	존속 기간	독점된 생산수단	가난 poverty	재산 property	권력 power	3P에 대한 저항 (코뮌사회)
고대 사회	BC 3000~ AD 650	노동력/토지	• 노예 • 소농	노예주 (귀족)	고대 제국 (예: 로마제국)	• 스파르타쿠스Spartacus
봉건 사회	650~1500	토지	• 농노 • 장인	영주 (지주)	봉건국가 (예: 노르망디공국)	• 타보르파Táborité • 재세례파Anabaptist
부르주아 사회	1500~현재	자본	• 노동자 • 소농	자본가	부르주아국가 현대 제국 (예: 미국제국)	• 파리코뮌 • 러시아혁명 • 스파르타쿠스동맹 • 스페인내전 • 프랑스 68혁명

민주적 사회가 도래하면 상비군제도 자체가 소멸된다. 파리코뮌 시기처럼 장교 등 지휘관마저 투표로 선출하고 항상 소환할 수 있으니까. 당연히 공격 전투는 사라지고 공동체를 지키려는 수비 전투만 남게 된다. 자유로운 개인들의 공동체에 속한 군인들, 임시로 그리고 자발적으로 참여한 군인들은 상비군과는 다른 영혼과 몸을 가지리라는 사실은 자명한 일이다. 그렇지만 국가기구 자체가 군대조직 등 관계 일반을 규정하는 최상의 관계는 아니다.

'3P의 삼각형'을 기억해보라. 권력power은 재산property과 가난poverty을 통해서 형성되고 재산과 가난 사이, 즉 부유한 소수와 가난한 다수 사이의 위계를 지키는 기능을 한다. 마르크스가 사회적 생산관계에 주목하는 것도 이런 이유에서다. 완전히 복불복이다. 우리가 로마제국 시절에 태어났다면 노예였을 확률이 가장 크고, 다음으로는 소농이나 평민으로 태어났을 확률이 클 것이다. 운이 정말 좋다면 노예주 귀족으로 태어났을지도 모른다. 봉건사회 때도 마찬가지고, 부르주아사회 때도 마찬가지다. 홀로 외국에 던져진 사람처럼 우리는 자신에게 던져진 사회적 관계를 받아들여야만 한다. 그래야 생존할 수 있으니까. 노예로 태어났으면 채찍을 피하기 위해서 주인을 섬겨야 하고, 소작농은 농사지을 땅을 빌린 대가로 소작료를 영주에게 바쳐야 한다. 노동자는 자기 노동력을 근사한 상품으로 만들어 자본가에게 보여주어야 한다. 살아가려면 반드시 고용되어 임금을 받아야만 하니까. BC 3000년 이후 지금까지 억압적 사회관계는 구조적으로 그리고 본질적으로 인류의 역사에 그대로 각인되어 있다. 역사의 DNA가 된 것이다. 물론 억압적 구조가 작동하는 양상이 변한 것은 사실이다. 이것도 발전이라면 발전이라고 할 수 있을까? 그렇지만 이것을 발전이라고 말하는 것은 너무나 부끄러운 일이다. 노예에서 농노가 되었다고 해서 이것이 발전인가? 농노에서 노동자가 되었다고 해서 이것이 발전인가? 중요한 것은 어느 경우든 생산수단과 생계수단을 독점하는 계급과 반대로 그걸 빼앗긴 계급으로 양분되는 억압체제가 그대로 존속하고 있기 때문이다.

노예는 채찍으로 만들어진 인간 가축이다. 당연히 노예주는 그의 노동력을 자기 것으로 가질 수 있다. 자유인이었다가 노예로 사로잡힌 사람은 오랫동안 감금과 훈육 대상이 된다. 그래도 자유인으로 살았던 기억이 있으니 노예 1세대는 그나마 자유를 되찾을 수도 있다는 희망을 품을 수 있다. 그렇지만 태어날 때부터 노예였던 2세대 노예들은 사정이 완전히 다르다. 노예가 아닌 다른 삶을 꿈꾸기가 거의 불가능하니까. 아무리 억압과 수탈을 당해도 이제 노예사회를 떠나서는 살 수 없게 된 것이다. 봉건사회나 부르주아사회에서 지배계급이 피지배계급에게 채찍을 휘두르거나 목줄을 해놓지 않는 이유도 바로 여기에 있다. 땅만 장악하고 있으면 아무리 수탈을 해도 도망가지 않고, 자본만 부여잡고 있으면 언제든지 이력서를 내밀기 때문이다. 극단적으로 말해 노예주에게 감금된 노예가 출퇴근하는 노예로, 타율적 복종에서 자율적 복종으로 바뀌었을 뿐이다. 그러니 얼마나 참담한 일인가. 체제의 이데올로그들에게 속은 탓일 수도 있고, 아니면 자발적 복종에서 '자발'이란 개념만을 강조하는 정신승리 탓일 수도 있다. 대부분 사람들은 인간이 더 자유롭게 되었다고 그만큼 인류사는 진보하고 있다고 믿는다. 그러나 생각해보라. 노예의 몸을 가지니 노예의 노동력을 가질 수 있었던 고대사회, 그리고 노동자의 노동력을 가지니 노동자의 몸을 가질 수 있는 부르주아사회. 둘 사이에 정말로 양태적 차이 외에 질적인 차이가 있다는 말인가?

1863년 1월 1일 당시 미국 북부 지역의 지지를 받던 대통령 링컨^Abraham Lincoln(1809~1865)은 〈노예해방 선언^Emancipation Proclamation〉을 발표한다. 1861년 4월 12일 시작된 미국 남북전쟁^American Civil War이 북부 지역의 승리로 끝나리라는 확신을 링컨이 피력한 셈이다. 흔히 남북전쟁은 인권과 자유의 전쟁이고, 링컨은 민주 투사로 기억된다. 그렇지만 남북전쟁의 이면은 인권, 자유, 혹은 민주주의와는 아무런 상관이 없다. 남북전쟁은 산업자본주의체제에 맞게 값싼 노동자가 필요했던 미국 북부 지역과 목화농장을 위해 400만의 흑인 노예가 필요했던 미국 남부 지역 사이의 충돌이었기 때문이다. 마침내 고대사회와 부르주아사회가 기이하게 병존했던 신대륙 국가 미국은 1865년 4월 9일 북부 지역의 최종 승리로 400만 흑인 노예를 흑인 노동자로 만드는 데 성공한 것이다. 해방된 흑인 노예들은 이미 노

〈노예해방 선언〉을 읽는 링컨 대통령. 프랜시스 카펜터의 그림(1864). 마침내 고대사회와 부르주아사회가 기이하게 병존했던 미국은 1865년 북부 지역의 최종 승리로 400만 흑인 노예를 노동자로 만드는 데 성공한다.

예로 태어난 노예 1세대의 까마득한 후예들에 지나지 않는다. 1619년 처음으로 흑인 노예 19명이 영국 식민지였던 북미대륙 버지니아주 제임스타운에 들어온 이후로 수많은 노예선이 엄청난 흑인 노예를 실어 날랐다. 조상들의 땅 아프리카는 상상도 할 수 없는 그저 까마득한 전설의 땅에 지나지 않았기에, 해방된 흑인들 대부분은 그곳으로 돌아갈 생각조차 하지 않았다. 결국 가진 것이 몸뚱어리밖에 없었던 그들로서는 노동계급으로, 그것도 최하의 노동계급으로 편입되었다. 그것이 그들의 유일한 선택지였던 것이다.

관계의 변화가 역사의 핵심이다! 문제는 그 관계가 억압적 관계라는 데 있다. BC 3000년부터 지금까지 지배계급은 억압의 양상을 변화시키면서 억압적 관계라는 본질은 그대로 유지해왔다. 역사

1부. 종교적인 것과 관조적인 것을 넘어서

의 발전을 외치는 모든 지식인이 기본적으로 지배계급의 이데올로 그일 수밖에 없는 것도 이런 이유에서다. 그들은 과거보다 지금이 낫고, 지금보다 미래가 낫다는 진보의 이념을 표방하기 때문이다. 노예제를 극복하고 농노제가 들어온 것도 진보이고, 농노제가 사라지고 자본주의체제가 들어온 것도 진보라는 것이다. 그렇지만 소수 지배계급과 다수 피지배계급으로 구성된 근본적 억압구조는 조금도 변한 적이 없지 않은가. 단지 지배계급이 노예주에서 영주로, 그리고 자본계급으로 그 스타일만 바뀌었을 뿐이다. 그리고 그 결과 노예는 목줄에서 벗어났지만 땅에 묶인 농노가 될 수밖에 없었고, 땅에 묶인 농노는 돈에 목을 매는 노동자가 되었을 뿐이다. 어차피 다수 피지배계급이 3P의 삼각형 안에 포획되어 억압과 수탈을 감내하기는 마찬가지였던 것이다. 다행히도 BC 3000년 이래 피지배계급 중 소수의 자유 영혼이 있었다. 가축으로 길들여지지 않고 자유로운 심장을 가지고 있었던 사람들, 목숨을 걸지 않으면 억압과 수탈에 맞설 수 없다는 걸 알았던 사람들이 있었다.

3P의 삼각형이 노예제의 얼굴로 나타나자, 그 자유정신은 노예제와 맞서 싸웠다. 로마제국의 노예제에 도전했던 노예 검투사 스파르타쿠스Spartacus(BC 111?~BC 71)와 6만의 해방된 노예들이 바로 그들이다. 3P의 삼각형이 농노제로 변형되자, 이번에 그 자유정신은 농노제와 맞서 싸웠다. 1534년에서 1535년까지 제빵사 얀 마티스 Jan Matthys(1500?~1534)와 재단사 얀 반 레이덴Jan van Leiden(1509~1536) 등이 이끄는 재세례파가 독일 뮌스터에 억압이 없는 공동체, 즉 코뮌을 구성해 봉건체제와 맞서 싸웠던 것이다. 3P의 삼각형이 이번에는 자본주의체제로 변신하자, 다시 자유정신은 이 자본주의체제와의 싸움에 목숨을 걸었다. 1871년 3월 18일에서 5월 28일까지 블랑

독일 뮌스터에 억압이 없는 공동체, 즉 코뮌을 구성해 봉건체제와 맞서 싸웠던 얀 마티스(왼쪽)와 얀 반 레이덴.

키^{Louis Auguste Blanqui}(1805~1881)의 정신으로 무장한 파리 시민들이 파리 코뮌으로 부르주아 정권과 맞섰던 것도 이런 이유에서다. 여기서 조금의 오해도 있어서는 안 된다. 스파르타쿠스 군단은 노예제 대신 농노제를 원했던 것이 아니다. 마찬가지로 얀 마티스와 얀 반 레이덴이 농노제 대신 자본주의체제를 원했던 것이 아니다. 파리코뮌 전사들 역시 자본주의체제 대신 스탈린의 국가독점자본주의체제를 원하지 않았다. 그들이 모두 원했던 것은 코뮌, 즉 자유로운 개인들의 공동체였을 뿐이다. 바로 이 점이 중요하다. 스파르타쿠스가 1871년 파리에 있었다면 자본주의체제와 맞서 싸웠을 것이고, 얀 마티스와 얀 반 레이덴이 BC 72년 로마에 있었다면 자유군단에 속했을 것이고, 블랑키가 1535년 독일 뮌스터에 있었다면 봉건체제의

1부. 종교적인 것과 관조적인 것을 넘어서

포위를 뚫으려고 분투했을 것이다.

잠시 스파르타쿠스 군단을 추억해볼 필요가 있다. 억압체제에 대한 가장 강력한 최초의 저항이었지만, 로마제국 이후 화려한 변신을 거듭했던 억압체제와 그 이데올로그들은 그들의 저항과 승리, 그리고 그 찬란했던 패배의 이야기를 희석하거나 왜곡해왔다. 스파르타쿠스 군단 이야기를 알려주는 가장 직접적인 문헌으로는 살루스티우스Gaius Sallustius Crispus(BC 86~BC 35?)의 《역사Historiae》, 플루타르코스Plutarch(46?~120)의 《플루타르코스 영웅전Bíoi Parállēloi》, 그리고 아피아누스Appianus Alexandrinus(95?~165?)의 《로마사Historia Romana》가 있다. 불행히도 이 세 자료는 매우 단편적일 뿐만 아니라 지엽적이다. 그래도 비천한 노예들의 반란 이야기를 남겼다는 것만으로 고마운 일이다. 이런 단편적 기록들과 당시 다른 간접 자료들을 비교해보면, 부족하나마 당시 상황을 그릴 수 있다. 모든 일은 스파르타쿠스를 포함한 노예 검투사 74명이 무장을 한 채 탈출했던 BC 73년 가을에 시작된다. 얼마 지나지 않아 수천 명의 노예가 74명의 노예 검투사에 합류하고, 그 기세가 눈덩이처럼 커져 마침내 스파르타쿠스 군단은 6만 명에 이른다. 당시 이탈리아 본토에는 대략 100만에서 150만 명의 노예가 있었으니 전체 노예의 5퍼센트 정도가 봉기에 합류한 것이다. 스파르타쿠스의 탁월한 전략에 자유를 사수하려는 불굴의 정신이 합쳐지면서, 자유군단은 2년 동안 남부 이탈리아를 점거하며 반란을 진압하려는 로마군을 아홉 차례나 격퇴한다. 심지어 제국의 심장 로마에 일주일이면 도달할 정도까지 점점 그 세력은 커진다.

BC 71년 4월, 150년 뒤 폭발해 폼페이를 집어삼킬 베수비우스 산 근처에서 반란군과 진압군 사이에 최후의 결전이 벌어진다. 크라수스Marcus Licinius Crassus(BC 115?~BC 53)가 지휘하는 로마 정예부대 4

헤르만 포겔의 〈스파르타쿠스의 죽음〉(1882).
스파르타쿠스 군단의 반란 사건은 억압체제에
대한 최초의 가장 강력한 저항이었다. 그러나
전투는 안타깝게도 스파르타쿠스 군단의
패배로 끝나고 말았다. 스파르타쿠스는 전사한
동료들과 함께 매장되었다.

　　　　　　　　1부. 종교적인 것과 관조적인 것을 넘어서

만 명과 스파르타쿠스가 이끄는 자유군단 3만 명이 정면으로 마주친 것이다. 전투는 안타깝게도 스파르타쿠스 군단의 패배로 끝난다. 최소 자유군단 소속 1만 명 정도가 전장을 피로 적시며 전사하고 만다. 전사자 중에는 스파르타쿠스도 있었지만, 로마군 그 누구도 그의 시신을 찾아낼 수 없었다. 지위에 따라 복장이 달랐던 로마군과는 달리 자유군단의 투사들은 복장이 거의 동일했기 때문이다. 스파르타쿠스도 예외는 아니었던 것이다. 다행히 시신이 모독당하지 않고 스파르타쿠스는 전사한 동료들과 함께 땅에 매장된다. 한편 전투에서 살아난 나머지 투사들은 각지로 흩어져 치열한 게릴라전을 펼친다. 그렇지만 자유군단은 이미 가장 강력한 전술가를 잃은 뒤였다. 저항하던 동료들도 크라수스의 군대에 의해 각개 격파되어 6000여 명이나 포로로 잡힌다. 로마제국은 100만여 명의 노예들에게 공포심을 안겨주기 위해 그들을 남부 이탈리아 카푸아에서 북으로 로마에 이르는 대로, 그 유명한 아피아 가도Via Appia에서 십자가형에 처한다. 아피아 가도 양측에 가로수처럼 3000개의 십자가가 세워졌고 십자가 사이의 간격이 5미터 정도라고 추정한다면, 그 참혹한 죽음의 길은 적어도 15킬로미터는 되었을 것이다. 이렇게 스파르타쿠스와 그의 자유군단은 역사를 넘어 전설이 된다.

스파르타쿠스가 무모했다고 이야기하는 역사가들이 많다. 로마제국을 압박하던 2년 동안 그는 해방된 노예들과 함께 알프스산맥을 넘어 로마제국을 탈출하거나, 아니면 제국의 심장 로마를 정복했어야 했다는 논지다. 반란 노예들이 이탈리아에 계속 머무는 것은 자살행위로 보였던 것이다. 실제로 로마제국이 자유군단을 궤멸할 힘을 금방 회복하리라는 건 기정사실이었다. 그러니 지혜로웠다면 스파르타쿠스는 자유군단을 이끌고 하루 속히 이탈리아를 떠

표도르 브로니코프가 스파르타쿠스 군단의
아피아 가도 십자가형을 묘사한 그림(1878).
로마제국은 100만여 명의 노예들에게
공포심을 안겨주기 위해 스파르타쿠스의
동료들을 처참하게 살해하고 시체를 전시했다.

1부. 종교적인 것과 관조적인 것을 넘어서

나야 했다는 것이다. 심지어 어떤 연구자는 스파르타쿠스가 공식적으로 노예제를 폐지하려고 하지 않았다는 사실을 강조한다. 스파르타쿠스는 정치적 감각이 없는 반란 노예의 괴수에 지나지 않았다는 취지다. 연구자들의 평가는 옳은가? 우선 스파르타쿠스 곁에 6만 명의 노예들이 자발적으로 모여들었다는 사실을 기억하라. 이것은 스파르타쿠스가 탁월한 전술가이기 이전에 사상가이자 웅변가였다는 걸 보여준다. 그가 외쳤던 자유와 평등, 그리고 용기의 이념이 노예들의 잠자던 자유정신을 끓어오르게 하지 않았다면, 그가 몸소 실천했던 자유로운 공동체의 모습이 노예들의 희망에 불을 지피지 않았다면, 어떻게 그들이 목숨을 걸고 그에게 합류하는 일이 가능했겠는가. 실제로 1831년 8월 21일 미국 버지니아 사우스햄튼에서 노예 반란을 일으킨 흑인 지도자 냇 터너^{Nathaniel Nat Turner}(1800~1831)에 호응했던 흑인 노예들은 고작 200명을 넘을 뿐이었다. 당시 흑인 노예의 수가 400만 명이 넘었으니, 냇 터너의 영향력은 고작 0.005 퍼센트의 흑인 노예들에게만 미쳤을 뿐이다. 자유정신은 타인의 지배를 받아들이지 않고 타인을 지배하려고 하지도 않는다. 당시 스파르타쿠스는 자유정신의 화신이었다. 이런 그가 또 어떻게 로마를 점령하려고 했겠는가? 점령은 누군가를 지배하려는 행위니까 말이다. 처음부터 그는 동료들과 똑같은 복장으로 싸웠고, 그들과 함께, 아니 그들보다 앞서서 싸웠다. 돌격하라고 명령하지 않았다! 적진에 돌격해야 한다면, 그저 묵묵히 자신이 앞장설 뿐이었다. 마지막 전투, 목숨이 다하는 그 순간까지 스파르타쿠스는 자신의 자유정신을 보여주지 않았던가?

이제 스파르타쿠스가 6만 명의 자유군단을 이끌고 이탈리아를 뜨지 않은 이유도 짐작이 된다. 먼저 물어보자. 스파르타쿠스 군단이 이탈리아를 뜨는 걸 가장 원했던 사람들은 누구일까? 당연히 로마제국의 지배계급이다. 스파르타쿠스 군단은 단순한 무장 세력을 넘어 자유로운 공동체로 기능했다. 그러니 이 자유군단은 로마제국 입장에서는 체제 안에서 자라고 있는 암세포로 보였다. 자유와 평등을 전파하는 암세포 말이다. 95퍼센트의 나머지 노예들에게 자유정신이 전파된다는 것은 체제로서는 생각하기도 싫은 일이다. 생각해보라. 스파르타쿠스 군단에 합류하는 노예의 수가 늘어날수록, 로마제국의 토대는 모래성처럼 조금씩 무너져 내릴 수밖에 없다. 바로 이것이 위험을 감수하더라도 스파르타쿠스 군단이 이탈리아를 떠나지 않았던 이유 아닐까. 마지막으로 스파르타쿠스가 노예제를 공식적으로 폐지하지 않았던 이유다. 누군가 노예제를 폐지하면 노예들은 정말 자유인이 될까? 오히려 그들은 노예제를 폐지한 사람의 눈치를 보게 되는 것 아닌가? 노예제는 노예가 스스로 자유인이 되었을 때 소멸되는 것이지, 누군가가 자유를 부여한다고 해서 사라지는 것은 아니다. 자유는 남이 주는 것이 아니라 스스로 쟁취하는 것이니까. 남이 허락한 자유는 언제든 바로 그 사람에 의해 취소될 수 있다. 스파르타쿠스는 이것을 알았던 것 아닐까? 스파르타쿠스 군단을 신뢰하지 못하고 노예로 있기로 결정한 100만 명은 측은하지만, 그렇다고 해서 로마를 점령해 그들에게 강제로 자유를 부여할 수는 없는 법이다. 자유인은 스스로 자유로워져야만 한다. 그래야 누군가 자유를 뺏으려 할 때 그에 맞서 싸울 수 있으니까.

그래서 스파르타쿠스 군단은 묵묵히 다짐했던 것 아닐까. 굴종이 아니라 자유를 선택한 노예가 생명의 위협을 느끼면 그를 도울 준비를 하자고, 위험을 무릅쓰고라도 그를 도울 수 있는 가까운 곳에 머물자고. 실제로 베수비우스 전투에서 살아남은 1만여 명의 자유정신들 대부분은 생명의 위협에도 불구하고 이탈리아를 떠나지 않았다. 비록 스파르타쿠스라는 탁월한 동료를 잃었지만 그가 남기고 간 자유정신은 그들에게 고스란히 살아 있었다. 그리고 그들은 최후의 일인까지 자유롭게 죽기를 갈망했다. 크라수스가 이들의 투쟁을 진압하는 데 5개월이란 시간이 더 필요했던 것도 이런 이유에서다. 크라수스가 사로잡은 포로 6000여 명은 짧지만 2년 동안 자유로운 공동체를 경험했던 사람들, 다시는 노예로 만들 수 없는 사람들이었다. 죽일 수밖에 없다면 이 6000여 명을 다수의 노예들에게 저항의 대가를 가르쳐주는 본보기로 삼자. 이것이 로마제국의 최종 결정이었다. 반란 노예들에 대한 로마제국의 잔인성은 봉건사회에서도 그리고 부르주아사회에서도 그대로 반복된다. 1535년 식량 보급을 차단해 굶겨 죽이는 전략으로 뮌스터코뮌을 붕괴시킨 봉건체제는 이듬해 1536년 1월 상당수의 코뮌 지도자들을 뮌스터 시장 가운데서 잔인하게 고문한 뒤 처형했다. 체제는 다시 한 번 피지배계급에게 저항의 대가를 경고했던 것이다. 1871년 5월 21일에 파리에 입성한 부르주아 정권도 5월 28일까지 자그마치 2만여 명 정도의 파리 시민들을 본보기로 학살했다. 체제에 도전한 대가를 정말 가혹하게도 지불한 것이다.

포이어바흐! 그는 관계도, 그리고 역사도 인식하지 않았던 사람이다. 그저 자신 앞에 있는 것을 관조했던 순진한 철학자였다. 그가 로마시대에 살았다면 그는 노예는 노예로, 귀족은 귀족으로 보았을 것이다. 노예는 귀족의 발을 씻겨주고, 귀족은 역사와 삶을 논하는 풍경을 그저 당연한 이치로 여겼을 것이다. 주인뿐만 아니라 로마제국과 맞섰던 스파르타쿠스를 보았다면, 그는 이걸 일회적 사건으로 치부했을 것이다. 사실 노예가 주인에게 반기를 드는 사건은 아주 드물게 일어난다. 권력이 귀족들의 노예 소유권을 공권력으로 확실히 뒷받침하기 때문이다. 순종하는 노예와 자애로운 귀족 사이의 조화와 평화, 그리고 질서는 이렇게 억압적으로 유지되었던 것이다. 스파르타쿠스의 봉기는 화려한 외양을 자랑하는 로마 제국의 피 묻은 뼈대, 즉 고대사회의 사회적 관계와 그 역사를 백일하에 폭로한 사건이다. 포이어바흐는 스파르타쿠스를 통해 고대사회 전체를 지탱했던 억압구조를 간파했어야 했지만, 불행히도 그는 그것을 일시적 일탈로만 보았으리라. 《독일 이데올로기》에서 마르크스가 "유물론자인 한 포이어바흐는 역사를 다룰 수가 없고, 역사를 고찰하는 한 그는 결코 유물론자가 아니다. 그에게 유물론과 역사는 완전히 결별하고 만다"고 말했던 것도 이런 이유에서다. 포이어바흐에게 노예는 주인의 발을 씻겨준다고 관조될 뿐이다. 그러니 그는 노예가 어떤 경로를 거쳐 주인의 발을 씻겨주게 되었는지 그 역사를 다룰 수 없다. 반대로 노예의 역사를 알았다면, 어떻게 그가 정의롭지도 아름답지도 않은 노예제를 방치할 수 있겠는가? 아마 그가 노예의 역사를 알았다면 노예를 해방시키려는 실천을 감행했을 것이다. 그 순간 그가 지향했던 직관적 유물론, 혹은 관조적 유물론은 파탄을 맞게 된다. 결국 마르크스의 이야기처럼 포이어바흐의 직관적 유물론은 "역사와는 완전히 결별되어" 있는 절름발이 유물론에 지나지 않았던 셈이다.

불행한 것은 봉건사회에 태어났어도 직관적 유물론자로서 포이어바흐의 길은 별반 다르지 않았으리라는 점이다. 귀족의 거대한 농장에서 농노들이 올리브를 수확하는 장면이나 아니면 귀족의 저택에서 주인의 발을 씻겨주는 농노의 부인의 모습이 그의 눈에는 조화롭고 평화로운 풍경화처럼 보였을 것이고, 여우 사냥을 즐기러

나온 영주를 보고 잠시 농사일을 멈추고 경의를 표하는 농노의 모습이 아름다운 풍경화로 들어왔을 테니 말이다. 물론 간혹 소작료에 저항하는 농노도 나오겠지만, 포이어바흐는 이것도 일시적 일탈로 치부했을 것이다. 영주와 농노를 관조하는 그에게 땅을 미리 독점해 무위도식할 수 있는 영주의 계급성이 보일 리 없으니까. 직관적 유물론의 맹점은 부르주아사회에도 그대로 적용된다. 이미 부르주아사회로 돌입한 19세기 부르주아국가 독일에서 태어났기에 포이어바흐의 눈에는 도자기공장, 자기 장인과 아내와 같은 자본계급, 그리고 노동자들이 평화로운 풍경화처럼 들어온다. 아내와 자신은 가까운 냇가에서 돗자리를 깔고 일몰을 응시하고 도자기공장에서 노동자들은 휴식시간에 해맑게 대화를 나눈다. 혹은 그가 공장에 들르기라도 하면 그곳 노동자들은 하나같이 밝은 모습으로 자신에게 인사를 건넨다. 물론 그 자신도 노동자들에게 따뜻한 미소를 보내는 걸 잊지 않는다. 자본가는 자본가이고 노동자는 노동자일 뿐이고 양자 사이에 존재하는 수탈관계를 볼 수 없기에 그의 마음은 편하기만 하다. 파업이라는 이례적인 사건이 벌어져도, 포이어바흐에게 이것은 노동자들의 일시적 일탈로 보일 뿐이다. 그는 노동자의 파업이 부르주아사회의 억압적 구조가 드러나는 징후라는 걸 알 수 없었고 알려고도 하지 않았으니까. 세계를 관조했던 대가는 이렇게 치명적이다. 자신도 모르게 포이어바흐는 부르주아사회를 유지하는 데 일조하기 때문이다.

아홉 번째 테제에서 마르크스는 "직관적 유물론이 도달할 수 있는 가장 높은 지점은 부르주아사회 속의 개개인들에 대한 직관일 뿐"이라고 말했다. 달리 표현하자면 자본가나 노동자로 식별되는 개개인들을 직관하느라 포이어바흐는 부르주아사회의 내적 구조와 그 역사를 보지 못했다는 것이다. 나무를 보느라 숲을 보지 못한 것일까? 숲을 보지 않으려고 나무에만 집중했던 것일까? 모를 일이다. 어쩌면 두 질문은 잘못 던져진 것인지도 모른다. 포이어바흐는 나무에도 집중했고 숲에도 집중했을 테니까. 단지 그가 하지 않았던 건, 아니 할 수 없었던 것은 나무로 그득한 숲에 한 번도 들어가지 않았다는 것이다. 실천이 아니라면 삶에서 남는 것은 관조일 뿐이다. 불행히도 그는 마르크스의 지적처럼 이 불행한 관조의 길을 걸었던 셈이다.

> 낡은 유물론의 입장^{Standpunkt}은 '부르주아사회^{bürgerliche Gesellschaft}'이며, 새로운 유물론의 입장은 '인간사회^{menschliche Gesellschaft}' 또는 '사회적 인간^{gesellschaftliche Menschheit}'이다.
>
> ―〈포이어바흐에 관한 테제들〉10

열 번째 테제에서 마르크스는 유물론의 입장에 대해 이야기한다. 입장^{Standpunkt}! 즉 "서 있는 곳"이다. 포이어바흐의 직관적 유물론, 즉 낡은 유물론이 서 있는 곳이 부르주아사회였다면, 자신이 표방하는 새로운 유물론이 서 있는 곳은 '인간사회'나 '사회적 인간'이다. 여기서 우리의 눈길을 끄는 것은 마르크스의 "사회적 인간"이란 개념이다. "부르주아사회"가 소수 부르주아가 다수 노동계급을 지배하는 사회라면, "인간사회"는 지배와 피지배라는 억압체제를 극복하고 모든 인간이 공동체의 운명을 결정하는 데 참여하는 사회다. 바로 이 대목에서 마르크스는 "사회적 인간"을 이야기한다. 인간사회에서 모든 인간은 사회에 참여하는 인간일 수밖에 없다는 이야기이고, 모든 인간은 자신이 살고 있는 사회의 운명을 타인에게 맡기지 않는다는 이야기다. 결국 "인간사회"는 "사회적 인간들"의 공동체라는 생각이다.

어쨌든 부르주아사회가 자본계급이 주도하는 사회라면, 인간사회는 물론 특정 계급이 아니라 인간 전체가 주도하는 사회라는 의미다. 당연히 인간사회는 노예주가 주도하는 사회도 아니고, 영주나 지주가 주도하는 사회도 아니고, 스탈린주의를 표방했던 구소련이나 중국, 혹은 북한체제처럼 당이나 지도자가 주도하는 사회도 아니다. 모든 인간이 주도하는 사회, 그러니까 소수가 다수를 이끌거나 지휘하는 사회가 아니라는 것이다. 여기서 약간의 현기증이 난다. 새로운 유물론의 입장, 즉 새로운 유물론이 서 있는 곳이 애매하기 때문이다. 노예제의 고대사회에 '인간사회'가 있었는가? 농노제를 기반으로 했던 중세사회에 인간사회가 있었는가? 아니면 마르크스가 살고 있던 19세기 부르주아사회에 '인간사회'가 있었는가? 물론 아주 간혹 있었다는 것은 숨길 수 없는 사실이다. 로마제국에 맞섰던 스파르타쿠스 군단에 잠시 머물다 떠났고, 봉건질서에 도전했던 독일 뮌스턴코뮌에도 잠시 있다가 떠났고, 자본주의체제를 넘어서려고 했던 파리코뮌에도 잠시 있다가 떠났으니까. 그렇지만 '서 있는 장소' 치고는, 아니 서 있기에는 너무나 협소하고 불안정하지 않은가?

반면 19세기 독일 포이어바흐가 '서 있는 곳'은 넓고 심지어 안정적이기까지 하다. 당시 독일 사회를 지배했던 것이 자본주의체제였으니까 말이다. 하긴 중세사회에 살았어도, 아니면 고대사회에 살았어도 포이어바흐가 '서 있는 곳'은 항상 넓고 튼튼하기만 했을 것이다. 봉건사회에 살았더라면 포이어바흐는 '봉건사회'에 서 있었을 것이고, 고대사회에 살았더라면 포이어바흐는 '고대사회'에서 있었을 테니 말이다. 모든 억압적 역사가 종언을 고하고 인간사회가 열리면, 포이어바흐는 역시 '인간사회'에 서 있었을 것이다. 여기서 우리는 마르크스의 입장, 다시 말해 새로운 유물론의 입장이 목숨을 걸고 서 있으려는 집요함, 아무리 협소하고 불안정해도 반드시 서 있겠다는 끈덕짐과 관련된다는 사실을 알게 된다. 노예가 귀족에게, 농노가 영주에게, 노동자가 자본가에게 "당신과 나는 동등한 인간이다"라고 선언하는 것, 나아가 동등한 인간임을 스스로 증명하는 것이 어떻게 쉬운 일이겠는가.

"우리는 단지 유일한 과학, 역사의 과학만을 알 뿐이다."《독일 이데올로기》에 등장하는 마르크스의 말이다. 로마제국과 스파르타쿠스 군단이 충돌하는 현장에 있었다면, 마르크스는 로마군이 아니라 스파르타쿠스 군단에 서 있겠다고 다짐한다. 봉건체제가 식량 보급을 끊어 아사 직전에 이른 독일 뮌스터에 있었다면, 마르크스는 굶주린 뮌스터 주민들 옆에 서 있겠다고 다짐한다. 피의 주간에 파리에 있었다면 마르크스는 시민들을 학살하는 부르주아 정권이 아니라 학살되는 시민들 속에 서 있겠다고 다짐한다. 이것이 마르크스가 "유일한 과학"으로서 역사를 읽어내는 방식이었다. 인간이 같은 인간을 가축으로 만들고 그들을 억압하고 수탈하는 것은 옳지 않다! 옳은 것은, 십자가형에 처해져도, 굶주려 죽을지라도, 총알에 맞아 쓰러지더라도, 옳은 것이다. 억압받는 자들과 함께 서 있는 것! 억압받는 자들의 투쟁에 함께하는 것! 이것이 새로운 유물론이다. 노예제가 옳은가? 자문해보라. 누구나 그르다고 할 것이다. 농노제가 옳은가? 누구나 그르다고 할 것이다. 그렇다면 자본주의체제는 옳은가? 아마 대답을 주저하거나 장단점을 너저분하게 열거하기 쉽다. 그만큼 우리 주변에는 너무나 포이어바흐적인 사람들,

주어진 억압체제를 관조하는 사람들이 많다. 마르크스가 새로운 유물론의 입장, 즉 '인간사회' 혹은 '사회적 인간'을 형상화하고자 했던 이유도 바로 여기에 있다. BC 3000년 이후 지금에 이르러 더욱더 가축이 되어버린 우리 이웃들이 자유를 다시 꿈꾸도록 하기 위해서.

마르크스가 억압체제가 국가나 문명이란 이름으로 자리를 잡는 순간, 그러니까 첫 단추가 잘못 채워진 시점에 주목하는 것도 이런 이유에서다. 잘못 채워진 첫 단추는 두 번째 단추, 세 번째 단추에 계속 영향을 미치니까. 그러니까 인류사의 비극이 탄생하는 서막은 노동의 분업과 함께한다.

> 육체노동materiellen Arbeit과 정신노동geistigen Arbeit의 분화가 나타나는 순간부터 노동 분업Die Teilung der Arbeit이 진정으로 노동 분업이 된다. 〔마르스크 주: 이데올로그의 첫 번째 형식인 사제가 함께 출현한다.〕 …… 노동의 분배가 현실화되자마자 모든 개인은 특정한 '배타적 활동 영역ausschließlichen Kreis der Tätigkeit'을 갖게 된다. 이 활동은 그에게 강요되는 것이며 그는 이로부터 벗어날 수가 없게 된다. 그는 한 사람의 사냥꾼, 한 사람의 어부, 아니면 한 사람의 목동, 한 사람의 비평가일 뿐이며, 생계수단을 잃지 않으려 하는 한 그는 계속 그렇게 살아야 한다. 이에 비해 코뮌사회kommunistischen Gesellschaft에서는 누구도 하나로 국한된 배타적 활동 영역을 갖지 않으며, 모든 사람이 그가 원하는 분야에서 자신을 완성할 수가 있다. 그리고 사회가 생산 전반을 통제하게 되므로 각 개인은 자신이 하고 싶은 대로 오늘은 이 일을, 내일은 저 일을, 즉 아침에는 사냥하고, 오후에는 낚시하고, 저녁때

는 소를 몰며, 저녁 식사 후에는 비평을 하면서, 그러면서도 사냥꾼으로도, 어부로도, 목동으로도, 비평가로도 되지 않는 일이 가능하게 된다.

–《독일 이데올로기》

　노동의 분배! 바로 분업이다. 분업의 핵심은 정신노동과 육체노동의 분할에 있다. 말이 좋아 정신노동이지, 이것은 직접 노동하지 않는 계급을 정당화하는 말이다. 마르크스가 주석에서 "이데올로그의 첫 번째 형식인 사제가 함께 출현했다"고 말했던 것도 이런 이유에서다. 왕과 신민, 지주와 소작농, 그리고 자본가와 노동자 사이에 정신노동과 육체노동이라는 원초적 분업이 관통하고 있다. 그러니까 원초적 분업의 발생은 사실 계급사회의 발생이라고 말할 수 있다. 정신노동이 육체노동을 지배하고, 육체노동은 정신노동을 먹여 살리는 그림이다. 아예 동아시아의 경우 이런 원초적 분업, 혹은 원초적 위계를 뻔뻔하게 정당화했던 철학자가 있다. 바로 맹자孟子라고 불리는 맹가孟軻(BC 372?~BC 289?)다. "어떤 사람은 마음을 수고롭게 하고, 어떤 사람은 몸을 수고롭게 한다. 마음을 수고롭게 하는 사람은 다른 사람을 지배하고, 몸을 수고롭게 하는 사람은 다른 사람에게 지배를 받는다. 다른 사람에게 지배를 받는 사람은 그 사람을 먹이고, 다른 사람을 지배하는 사람은 그 사람에게서 먹을 것을 얻는다. 이것은 하늘 아래 모든 곳에서 통용되는 원칙이다.或勞心, 或勞力. 勞心者治人, 勞力者治於人. 治於人者食人, 治人者食於人. 天下之通義也."《맹자》〈등문공滕文公〉상편에 나오는 말이다. "마음을 수고롭게 하는 사람은 다른 사람을 지배하고 그 사람에게서 먹을 것을 얻는다"고 맹자는 말하지만, 사실은 반대라는 건 어린아이라도 다 안다. 피지배자를 수탈하는 지배자가 자신의 불의를 정신노동으로 합리화한 것에 지나지 않으니까.

지금도 편하게 살려는 사람, 다시 말해 남의 노동에 기생해서 살려고 하는 사람은 높은 지위로 올라가려고 하고, 아니면 자본을 움켜쥐려고 한다. 부르주아사회에서 권력과 돈은 정신노동을 보장하는 티켓이니까. 어쨌든 지배와 피지배 관계라는 원초적 분업이 발생한 뒤 다수 피지배자들의 육체노동에 대한 세분화가 이루어진다. 피라미드 공사 현장, 경복궁 건설 현장, 아니면 일반 기업의 업무 현장을 보라. 지위가 낮을수록 세분화된 업무를 맡고 있다. 자본가는 생산부서와 영업부서를 자유롭게 오가지만, 노동자들은 자기 부서의 일밖에 알지 못한다. 하급 노동자일수록 이런 경향은 더욱 커진다. 당연히 그들은 자기가 속한 회사가 무엇을 생산하는지, 제대로 생산하는지 알 길이 없다. 그건 모두 자본가가 결정할 테니 말이다. 사실 자본가가 회사를 좌지우지할 수 있는 것도 분업에 포획된 노동자 대부분이 전체 생산과정을 알지 못하기 때문에 가능했던 것이다. 분업체계가 무서운 이유는 이것이 노동자들을 전인적 인격이 아니라 부품적 인격, 아니 그냥 회사에 특화된 부품으로 만들기 때문이다. 회사를 나가서는 아무런 쓸모가 없게 되니, 노동자들은 점점 더 자본가에게 종속된다. 마르크스가 "노동의 분배가 현실화되자마자 모든 개인은 특정한 '배타적 활동 영역'을 갖게 된다"고 말했던 이유도 바로 여기에 있다.

배타적 활동 영역을 갖는 개인! 부르주아사회 이데올로그들이 '전문가'라고 찬양하는 분업체계의 희생양이다. 정확히는 고가의 전문 부품이 되어버린 존재로, 20세기 이후 대학이란 제도에서 육성된다. 후에 체제에 의해 버려지는 순간 전문가는 자신이 다른 것은 아무것도 할 수 없는 기형적 존재로 길러졌다는 걸 자각할 테지만, 때늦은 후회에 불과하다. 어쨌든 전문가든 아니든 체제는 개인들을 자기로부터 도망가지 못하게 분업체계로 훈육한다. 농부, 어부, 사냥꾼, 백정, 광대, 도공, 컴퓨터 프로그래머, 프로스포츠 선수, 변호사, 연예인, 대학교수 등등. 마침내 마르크스의 말대로 개인들은 "한 사람의 사냥꾼, 한 사람의 어부, 아니면 한 사람의 목동, 한 사람의 비평가일 뿐이며, 생계수단을 잃지 않으려 하는 한 그는 계속 그렇게 살아야 하는" 신세로 전락하게 된다. 고대사회의 검투사들이나 노예들도 그렇고, 봉건사회의 농노나 장인들도 그랬다. 물론 부르주아사회에서 '배타적 활동 영역'의 강요는 그 정점에 이른다. 아니나 다를까, 노동계급의 저항도 이제 쉽지만은 않다. 그저 회사에서 해고되지 않기를, 아니면 임금 인상을 요구하는 것이 전부일 뿐이다. 분업체계를 받아들인 다음의 저항이고, 계속 분업체계에 머물겠다는 저항이고, 분업체계에서 노동력을 파는 대가로 더 많은 임금을 받겠다는 저항이다. 한마디로 지금 자신이 하고 있는 활동을 그만두면 생계수단이 없다는 수동적인 저항인 셈이다.

자본계급 대신 공장을 접수해 생산을 통제하겠다는 능동적 저항은 그야말로 까마득한 옛 이이야기가 되고 만다. 이에 반해 스파르타쿠스 군단이, 뮌스터코뮌이, 파리코뮌이 원했던 자유로운 개인들의 공동체, 혹은 마르크스의 새로운 유물론이 서고자 했던 인간사회는 단호하게 분업체계와 배타적 활동을 거부하는 공동체다. "사회가 생산 전반을 통제하게 되므로 각 개인은 자신이 하고 싶은 대로 오늘은 이 일을, 내일은 저 일을, 즉 아침에는 사냥하고, 오후에는 낚시하고, 저녁때는 소를 몰며, 저녁 식사 후에는 비평을 하면서, 그러면서도 사냥꾼으로도, 어부로도, 목동으로도, 비평가로도 되지 않는 일이 가능하게 된다." 너무나 목가적인 냄새가 물씬 나는 이야기라고 치부하지 말자. 여기서 자유로운 개인들의 공동체가 지향하는 두 가지 원칙만 확인하면 되니까. 첫째, 사회가 생산 전반을 통제해야 한다는 점이다. 예를 들어 자본가 한 사람이 생산을 장악하는 것이 아니라 노동자들 전체가 생산을 장악해야 한다는 것이다. 두 번째, 자신이 원하는 일을 할 수 있는 자유는 그 일을 언제든지 멈출 수 있는 자유를 전제한다는 점이다. 생산의 사회성과 노동의 자유! 인간사회, 혹은 사회적 인간의 두 다리다.《독일 이데올로기》에서 마르크스가 "참된 현실적 공동체der wirklichen Gemeinschaft 속에서, 각 사람들은 그들의 연합Assoziation 속에서, 그 연합을 통해서만이 자신의 자유Freiheit를 획득하게 된다"고 말했던 것도 이런 이유에서다. 연합과 자유다. 자유로서 연대하고 연대로 자유로워져라! 인간사회, 혹은 코뮌사회의 슬로건은 바로 이것이다.

다시 불러보는 인터내셔널의 노래

1871년 5월 28일 영원할 것만 같아 끔찍했던 피의 주간 ^{la Semaine} sanglante도 막을 내린다. 파리에 남은 것이라고는 수많은 건물 잔해와 피 묻은 바리케이드들, 그리고 코뮌 전사들의 시신이었다. 옳았지만 패배한 싸움이 사실 얼마나 많은가? 옳은 것이 승리하지 못하고 강한 것이 승리하는 역사가 BC 3000년 이후 인류 역사를 규정한다. 불행히도 역사는 항상 승자의 전리품이다. 그 찬란했던 패배, 승리보다 더 값진 패배를 부르주아 정권이 제대로 기록할 리 없다. 그들은 파리코뮌의 찬란한 빛을 흐리면서 체제에 저항했던 민중들의 처참한 말로만을 기록하려고 할 것이다. 그러니 1871년 3월 18일에서 5월 28일까지 지속되었던 파리코뮌의 찬란함을, 코뮌이 표방했던 자유와 연합의 가치를 기록하는 임무는, 후대에 파리코뮌 그 영광의 역사를 남겨주는 임무는 부르주아 정권이나 그 이데올로그들에게 맡길 수 없다. 그것은 생존한 코뮌 전사들만이 감당할 수 있는, 아니 감당해야만 하는 과업이다.

6월 철도 노동자 출신 시인 외젠 포티에^{Eugène Edine Pottier}(1816~1887)가 눈물을 흘리며 글을 써내려갔던 것도 이런 이유에서다. 실제로 코뮌 의회^{Conseil de la Commune}의 대표자 중 한 사람으로 선출되었던 그는 파리코뮌 내내 대표자로서 자신의 역할에 충실했던 코뮌 전사였다. 그런 그가 어떻게 자신을 선출했던 파리 시민들의 죽음을 그냥 방관할 수 있었겠는가. 수만 명의 코뮌 전사들이 무엇을 위해 살았고 무엇을 위해 죽어갔는지, 그리고 그들의 죽음이 결코 무가치하지 않다는 걸 기록해야만 한다. 책 등의 출판물도 적당하지 않다. 하긴 파리코뮌이 괴멸된 지 채 한 달도 되지 않았다. 부르주아 정권이 파리코뮌 참여자들을 색출하려 혈안이 되어 있는 시기에 코뮌 전사들을 기리는 글을 출판한다는 것은 언감생심이다. 사실 출판될 리도 없다. 부르주아 정권의 서슬 퍼런 감시의 눈초리 아래에서 어느 출판사가 포티에의 글을 출판하겠는가? 결국 구전의 전략이 최고다. 마침 포티에는 시인이기도 했다. 근사한 운율의 시는 듣는 사람이 암기하고 타인에게 전하기에 안성맞춤이다. 더군다나 지금 포티에가 시로써 전달하려는 코뮌 전사들의 영혼은 파리코뮌 100여 일 동안 파리 시민이라면 누구나 공감할 수 있는 이야기다. 아니나 다를까, 파리 나아가 프랑스 민중들은 바로 그 시를 노래하기 시작한다.

처음 포티에의 시는 1792년 루제 드 릴^{Claude Joseph Rouget de Lisle}(1760~1836)이 작사하고 작곡한 〈라 마르세예즈^{La Marseillaise}〉의 선율에 따라 불려졌다. 〈라 마르세예즈〉는 1789년 프랑스혁명을 기리는 노래이자 현재 프랑스 국가이기도 하다. 비록 중세 왕정을 비판하기는 하지만 국가주의와 부르주아적 가치가 물씬 풍기는 노래다. "일어나라! 조국^{la Patrie}의 자녀들아! 영광의 날이 이르렀다! 우리에 맞서서, 폭군의 피 묻은 깃발이 올라왔으니." 중세시대 봉건질서를 파괴하고 부르주아적 질서를 만들려는 부르주아계급의 의지가 노골적으로 드러난다. 그러니 아직도 프랑스 국가로 기능하고 있는 것이다. 이것이 못마땅했던가? 1888년 섬유 노동자 출신 드 제이테^{Pierre Chrétien}

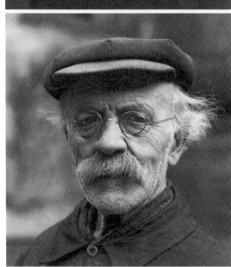

〈인터내셔널 찬가〉를 만든
철도 노동자 출신 시인 외젠
포티에(위)와 섬유 노동자 출신
피에르 드 제이테(아래).

1부. 종교적인 것과 관조적인 것을 넘어서

De Geyter(1848~1932)가 포티에의 시에 곡을 붙이게 된다. 바로 이렇게 〈인터내셔널 찬가〉가 제대로 탄생한 것이다. 철도 노동자와 섬유 노동자의 만남으로 탄생했으니 말이다.

일어서라! 대지의 저주받은 자들les damnés de la terre이여!
일어서라! 기근의 죄수들les forçats de la faim이여!
이성raison은 화산처럼 요동친다.
이것은 종말의 분출l'éruption de la fin이다.
과거를 백지table rase로 만들자.
노예가 된 대중들Foule esclave이여! 일어서라! 일어서라!
세계의 토대가 바뀌고 있다.
우리는 아무것도 아니지만, 모든 것이다.

〈코러스: 마지막 싸움이다.
함께 모이자, 그리고 내일
인터내셔널L'Internationale은
인류le genre humain가 되리라.〉

최상의 구원자는 존재하지 않는다.
신도 아니고, 케사르도 아니고, 호민관도 아니다.
생산자들Producteurs이여! 스스로를 구하라.
공동의 구원le salut commun을 포고하라!
도둑이 자기가 먹은 것을 토해내고
정신이 자기 감옥에서 풀려나올 수 있도록.
우리 스스로 풀무질을 하고,

뜨거울 때 쇠를 두드려라.

〈코러스〉

국가$^{L'État}$는 억압하고, 법$^{la\ loi}$은 기만하고
세금$^{L'impôt}$은 피 흘리게 한다, 불운한 자들$^{le\ malheureux}$을.
어떤 의무도 부유한 자에게 부과되지 않고
가난한 자의 권리는 공허한 말일 뿐.
감시는 충분히 힘들 만큼 견뎠다.
평등$^{L'égalité}$은 다른 법을 원한다.
의무^{devoirs} 없이는 권리^{droits}도 없다고 새로운 법은 말한다.
평등하게 권리 없이는 의무도 없다고.

〈코러스〉

찬양에 몸을 숨긴
광산의 왕들과 철도의 왕들!
그들은 지금까지 노동$^{le\ travail}$을 훔치는 일 외에
무슨 일을 했었나!
도둑들의 견고한 금고 안에는
노동이 창조했던 것들이 들어가 있다.
그 도둑들에게 그걸 되돌려주라고 명령하자.
민중들은 단지 자기 몫만 원할 뿐.

〈코러스〉

1부. 종교적인 것과 관조적인 것을 넘어서

왕들은 우리를 연기^{fumées}에 취하게 했다.

왕들은 우리를 연기fumées에 취하게 했다.

우리 안의 평화, 폭군에 대한 전쟁!

군대들이 파업해,

진압을 포기하고 서열을 해체하도록 만들자!

만일 그들이 완강히 버틴다면, 이 카니발들은

우리를 영웅으로 만들 것이고,

그들은 곧 알게 될 것이다. 우리의 총탄이

우리 장군들에게 향한다는 사실을.

〈코러스〉

일꾼들Ouvriers이여! 농민들paysans이여! 우리는

노동자들travailleurs의 가장 큰 부분이다.

대지La terre가 인간들에 속할 때만.

게으른 자L'oisif는 다른 곳에 머물 것이다.

얼마나 많은 우리의 살을 그들은 소진시켰는가?

그러나 성직자들les corbeaux, 고리대금업자들les vautours이

어느 날 사라진다면,

태양은 언제나 항상 빛나리라.

〈코러스〉

－〈인터내셔널 찬가〉(1871)

1871년 파리코뮌 이후 1917년 러시아혁명 때도 1918년 독일혁
명 때도, 1935년 스페인내전 때도 1968년 68혁명 때도 억압받는 자

테오필 슈타인렌의 〈인터내셔널 찬가〉(1895). 〈인터내셔널 찬가〉는 억압받는 사람들이 억압체제에 맞서 싸울 때마다 불렀던 노래다.

들이 억압체제에 맞서 싸우면서 혹은 결의를 다지면서 항상 불렀던 노래다. 〈인터내셔널 찬가〉가 모든 것을 노래하고 있으니, 여기서 무슨 사족을 붙이겠는가? 그래도 굳이 파리코뮌 전사들의 세계 인식이 얼마나 냉철했는지 다시 부연할 필요는 있다. 생산수단과 생계수단을 독점하는 지배계급이 등장하면서, 다수 인간들은 가축처럼 훈육되고 수탈되어 억압받는 피지배계급으로 전락한다. 재산과 가난의 탄생이다. 무위도식하는 지배계급에 대한 피지배계급의 분노와 저항은 불가피하다. 이때 국가는 독점한 폭력수단으로 지배계급을 옹호하는 역할을 담당한다. 군대와 법은 피지배계급을 억압하는 권력이 가진 두 자루의 칼이었던 셈이다. 병이 진단되었다면 치료는 바로 이루어지면 된다. 첫째, 생산수단과 생계수단을 공유共有한다. 공유公有라고 수식되는 국유國有가 아니라 다수가 공동 소유한다는 공유다. 둘째, 폭력수단 독점을 막아 국가라는 억압기구를 무력화해야 한다. 파리코뮌에서는 대대장마저 선거로 뽑았고, 언제든지 부대원들이 그를 소환할 수 있었다는 것을 기억하라. 셋째, 정치수단의 독점을 방지하기 위해 대표자들에게 권력이 집중되는 것을 막아야 한다. 파리코뮌은 대표 선거보다 대표 소환이 민주주의의 꽃이라는 걸 알았다. 100여 일 이런 자유로운 개인들의 공동체, 즉 연합과 자유의 공동체가 실제로 작동했다는 사실이 중요하다. 부르주아 정권이 부르주아 계급뿐만 아니라 국가기구의 사활을 걸고 파리코뮌을 괴멸하려고 했던 것도 이런 이유에서다. 더 방치했다가는 프랑스, 나아가 전 세계에 자본주의체제와 국가기구는 존재할 수도 없을 테니 말이다.

파리코뮌은 1917년 러시아혁명으로 화려하게 되살아나는 듯 보였다. 혁명 초기 소비에트soviet, 즉 평의회는 혁명 이후 러시아에 민주주의를 관철하는 주된 힘이었다. 그렇지만 점점 평의회가 가진 힘은 공산당과 국가 관료의 손으로 옮겨가게 된다. 축출된 기득권 세력들의 반혁명도 속출했고 낙후된 러시아 경제가 러시아혁명의 코뮌정신을 악화시키는 명분으로 사용되었다. 파리코뮌의 두 가지 심장이 '자유'와 '연합'이었다면, 점점 더 혁명 이후 러시아, 즉 소비에트연방은 국가 주도의 '연합'을 추구하면서 '자유'라는 다른 중요한 심장, 어쩌면 연합의 목적이었다고도 할 수 있는 '자유'를 무력화시키고 만다. 마침내 공산당과 국가 관료가 유일한 자본계급이 되고 나머지 민중들은 모조리 평등하게(?) 노동계급으로 전락하는 거대한 하나의 회사, 혹은 공장이 러시아에 들어서게 된다. 1924년 등장한 스탈린의 '일국사회주의Socialism in One Country, Социализм в одной стране'론은 그 불길한 징조였다고 하겠다. '일국', 즉 '하나의 국가'다. 국가에 포획된 사회주의의 소유형식은 파리코뮌의 '공유共有'와는 너무나 먼 '공유公有', 즉 '국유'일 수밖에 없으니까. 그래도 스탈린은 자신이 파리코뮌뿐만 아니라 마르크스의 배신자라는 걸 은폐하려고 애썼다. 벼룩도 낯짝은 있으니까.

1944년 3월 15일까지 스탈린의 소련에서 공식적인 국가로 〈인터내셔널 찬가〉의 러시아 버전을 불렀던 것도 이런 이유에서다. 〈인터내셔널 찬가〉는 국가, 법, 세금을 부정하니, 당시 러시아의 국가는 국가 아닌 국가였던 셈이다. 그렇지만 1944년 3월 15일 스탈린은 파리코뮌과 마르크스를 배신했다는 걸 만천하에 선포하고 만다. 〈소비에트연방 국가Государственный гимн СССР〉를 공식 국가로 선포하고 〈인터내셔널 찬가〉를 폐기하고 만다. 이 대목에서 다시 〈인터내셔널 찬가〉를 읽어볼 필요가 있다. 그래야 낯부끄러운 다음 소련 국가가 더 귀에 잘 들어올 테니 말이다.

자유로운 공화국들의 부서질 수 없는 연합이여!
위대한 러시아는 영원히 지속하도록 융합되었네.
민중의지의 창조여! 영원하라!
통일된 전능한 소비에트연합이여!

〈코러스: 영광 있어라! 우리 자유로운 조국이여!
민중들 우정의 확고한 중심이여!
소비에트의 깃발! 민중의 깃발!
승리로부터 승리까지 휘날리리라!〉

1부. 종교적인 것과 관조적인 것을 넘어서

폭풍을 거쳐 자유의 태양은 우리를 비추고,
위대한 레닌은 우리가 가는 길을 밝혔네.
스탈린은 우리를 진실하라고 일으켜 세웠네.
민중에, 노동에, 그리고 그가 고무했던 영웅적 행동에.

〈코러스〉

우리는 전투에서 우리 군대를 길렀고,
우리는 우리 앞의 사악한 침입자를 쓸어버릴 것이네.
우리는 전투에서 다음 세대의 운명을 결정할 것이네.
우리는 우리 조국을 영광스럽게 만들 것이네.

〈코러스〉

−〈소비에트연방 국가〉(1944)

이 엽기적인 국가는 알렉산드르 알렉산드로프^{Alexander Vasilyevich} ^{Alexandrov}(1883~1946)가 작곡하고, 거기에 동화작가이자 우화작가였던 세르게이 미할코프^{Sergey Vladimirovich Mikhalkov}(1913~2009)와 시인 가브리엘 엘−레지스탄^{Gabriyel El-Registan}(1899~1945)이 가사를 붙여 만든 것이다. 코뮌 전사들이 무덤에서 벌떡 일어날 국가가 탄생한 것이다. 코뮌의 이름으로 국가를 찬양한 국가를 만들다니. 코뮌은 고사하고 마르크스도 무덤에서 벌떡 일어나 씩씩거릴 일이다. 1848년 마르크스는 《코뮌주의정당 선언》에서 말하지 않았던가? "노동계급에게는 조국이 없다^{Die Arbeiter haben kein Vaterland}"고. 스탈린의 패기일까, 아니면 똘기인가? 국가는 그렇다고 치고 더 놀라운 것은 스탈린은 스스로를 신적인 존재로 우상화하고 있다는 점이다. 〈인터내셔널 찬가〉에서 코뮌정신은 무어라 했던가? "최상의 구원자는 존재하지 않는다. 신도 아니고, 케사르도 아니고, 호민관도 아니다. 생산자들이여! 스스로를 구해야 한다!" 그런데 이제 최상의 구원자를 넘어서는 초절정 울트라 절대 구원자가 등장한다. 레닌과 스탈린이 바로 그들이다.

"위대한 레닌은 우리가 가는 길을 밝혔네. 스탈린은 우리를 진실하라고 일으켜 세웠네. 민중에, 노동에, 그리고 그가 고무했던 영웅적 행동에." 스탈린의 권력욕은 이미 죽은 레닌마저도 반혁명의 구렁텅이로 끌어들인 것이다. 어쨌든 스탈린은 소련 민중들에게 "민중에, 노동에, 그리고 영웅적 행동에" 진실하라고 격려한다. 국가독점자본주의체제의 유일한 회사 소련의 최고 총수 스탈린의 격려다. 말이 격려지 이건 명령이다. 마치 창의력을 강요하는 재벌 총수나 사랑을 강요하는 가부장과 같다. 어쨌든 1944년 3월 15일! 최소한 소련에서 코뮌주의가 공식적으로 끝장난 날이다. 이제 파리코뮌의 자유정신을 가진 사람들은 시장자본주의뿐만 아니라 독점자본주의와도 싸워야 하는 버거운 미래가 열린 셈이다. 그러나 낙담하거나 좌절할 필요는 없다. 우리에게는 〈인터내셔널 찬가〉가 있으니. 다시 숨을 깊게 마시고 노래해보도록 하자. 파리코뮌 전사들의 숨결, 그 심장의 박동이 느껴질 때까지. "생산자들이여! 스스로를 구해야 한다. …… 마지막 싸움이다./ 함께 모이자, 그리고 내일/ 인터내셔널은/ 인류가 되리라." 파리코뮌 만세! 인터내셔널 만세!

1부. 종교적인 것과 관조적인 것을 넘어서

역사철학

2장

파리코뮌을 보아버렸던 시인 랭보

1871년 3월 18일에 시작되어 5월 28일 공식적으로 끝난 파리 코뮌 시대는 자유로운 개인들의 공동체, 혹은 사랑과 자유의 공동체를 꿈꾸는 민주주의자나 인문주의자들에게는 영원한 영감의 원천이죠. 그러니 여기서 파리코뮌 시절을 승리한 자의 시선이 아니라 패배한 자의 시선에서 다시 조망할 필요가 있을 겁니다. 다시 말해 당시 파리 시민들의 입장에서 파리코뮌이 어떻게 건설되었고, 또 어떤 의미가 있었는지 명확히 할 필요가 있다는 겁니다. 코뮌의 탄생은 1870년 9월 2일 사건으로 거슬러 올라가야 할 것 같습니다. 이날 나폴레옹Napoleon Bonaparte(1769~1821)의 조카라는 후광으로 대통령으로 선출되고 최종적으로 황제의 자리까지 오른 루이 나폴레옹Louis-Napoléon Bonaparte(1808~1873)은 프러시아와의 전쟁 중에 허무하게 포로가 되죠. 장군 39명, 장교 2700명, 그리고 사병 8만 4000명과 함께 말이지요. 같은 해 7월 19일 보무도 당당하게 프러시아에 선전포고했던 프랑스로서는 정말로 황당한 결말이었던 셈이지요. 최고 통치권자가 없어지자 혁명 아닌 혁명이 일어나게 됩니다. 루이 나폴레옹, 그러니까 나폴레옹 3세가 포로로 잡힌 이틀 뒤 9월 4일 제정을 반대했던 공화파 정치 지도자들과 파리 시민들은 파리

1부. 종교적인 것과 관조적인 것을 넘어서

시청을 점거하고 공화국을 선포해버린 겁니다. 이어서 국민방위정부Gouvernement de la Défense nationale라는 공식 명칭을 갖고 있던 임시정부가 출범합니다. 문제는 국민방위정부의 지도자들이 파리 출신 의원들로 부르주아 성향이 강했던 보수적인 인사였다는 데 있습니다. 만일 당시 출범한 국민방위정부에 파리 민중들의 대표나 진보적 인사들이 많이 참여했다면, 1871년 3월 18일 파리코뮌은 출범할 필요도 없었을지 모릅니다.

제정 대신 공화정이 시작되었다고 해서 프러시아와의 전쟁이 바로 막을 내린 것은 아닙니다. 실제로 1870년 9월 19일 프러시아 군대는 파리를 포위해버렸으니까요. 1871년 1월 28일까지 지속되는 그 유명한 '파리 포위Siège de Paris'가 시작된 겁니다. 당시는 파리가 프랑스이고 프랑스가 곧 파리였던 시절이었습니다. 보수적인 국민방위정부 지도자들이나 파리 민중들도 예외 없이 알고 있던 사실이지요. 그래서일까요, 겉으로는 정부나 민중들은 모두 파리를 사수하는 데 뜻을 같이합니다. 실제로 파리 시민들은 국민방위대Garde nationale에 가입해 프러시아로부터 파리를 지키려고 했습니다. 당시 파리의 국민방위대는 전체 34만 명으로 254개 대대로 편성되어 있었습니다. 이 국민방위대의 중핵을 이루는 대대장Chef de bataillon들은 모두 병사들의 직접선거로 선출되었을 정도로 국민방위대는 민주적이고 민중적인 군대였습니다. 당연히 권력을 장악한 국민방위정부 지도자들에게는 이 국민방위대가 눈엣가시 같은 존재였을 겁니다. 폭력수단을 국가가 독점해야 지배력을 행사할 수 있는데, 파리 민중들의 자치 군대는 이것을 원천적으로 막고 있으니 말입니다. 파리 포위 기간 동안 파리 시민들의 삶은 그야말로 척박했습니다. 파리 포위 시기 9월과 12월의 물가를 비교해보면, 1.80프랑이었

에르네스트 메소니에의 〈파리 포위〉(1870).
파리가 프랑스이고 프랑스가 곧 파리였던 시절,
프러시아 군대는 파리를 포위해버린다. 기록에
따르면 파리 포위 시기 영양 부족으로 죽은
유아의 수가 4800명이 넘었을 정도였다고 한다.

던 달걀 12개 가격이 24.00프랑으로 오르고, 2.00프랑이었던 치즈 1파운드 가격이 30.00프랑으로 오릅니다. 심지어 12월이 되면 그동안 식용으로 쓰지 않던 고양이나 쥐도 판매 대상이 됩니다. 고양이 고기 1파운드가 6.00프랑에 팔렸고 쥐는 0.50프랑에 팔렸다고 합니다. 당연히 이 시기 동안 사망률은 급증합니다. 기록에 따르면 영양 부족으로 죽은 유아의 수가 4800명이 넘었을 정도라고 하니 다른 참담한 일은 말해 무엇 하겠습니까? 그렇지만 파리 시민 대부분에게 프러시아에 항복한다는 건 생각할 수도 없는 일이었습니다. 1789년 프랑스혁명의 자유정신이 여전히 파리 시민의 심장을 뜨겁게 하고 있었기 때문이지요.

불행히도 국민방위정부의 지도자들은 생각이 달랐습니다. 그들은 어떤 식으로든지 프러시아와 휴전협정을 맺어 자신들의 기득권을 유지하려는 데 골몰했으니까요. 실제로 당시 정부 지도자들은 파리가 포위된 지 한 달이 지난 1870년 10월 30일부터 프러시아와의 휴전협정을 파리 시민들 몰래 준비하고 있었을 정도였습니다. 물론 겉으로는 결사항전을 외치면서 말이지요. 당시 휴전을 앞장서서 추진했던 국민방위정부를 이끈 대표적인 지도자는 티에르 Adolphe Thiers(1797~1877)와 파브르 Jules Favre(1809~1880)였습니다. 국민방위정부 지도자들은 나폴레옹 3세 대신 지배자가 되려고 했던 겁니다. 그러기 위해서는 먼저 프러시아와의 전쟁을 종식시켜야 했죠. 그래야 자신들의 병력을 파리 민중들을 억압하는 데 사용할 수 있으니까요. 마침내 그들의 노력으로 1871년 1월 28일 프러시아와의 휴전협정이 체결됩니다. 휴전협정이 발효되기 전, 아니 휴전협정이 탄생했을 때부터 국민방위정부는 프러시아와 전쟁하면서 동시에 파리 민중들과도 전쟁을 하고 있었다고 할 수 있지요.

안톤 폰 베르너의 〈독일제국의 선포〉(1885). 프러시아는 1871년 1월 28일 파리를 포위한 뒤 베르사유궁전을 점거, 독일제국이 탄생했음을 선포했다. 그림에 이날 황제로 즉위한 빌헬름 1세의 모습이 보인다.

휴전협정이 발효되자 국민방위정부는 파리 민중들을 과거 왕정처럼 완전히 억압하고 지배하려는 전쟁, 즉 피지배계급과의 전쟁에 착수합니다. 이것이 바로 휴전협정이 가진 역사적 의미였지요. 실질적으로 국민방위정부를 이끌던 티에르는 자신의 《회고록Souvenirs》에서 이야기했던 적이 있습니다. "업무를 개시했을 때 나는 바로 두 가지에 관심을 갖고 있었다. 하나는 프러시아와 강화를 추진하는 것이고, 다른 하나는 파리를 복종시키는 일이었다." 노회한 정치가 티에르는 프러시아 군대가 대부분의 프랑스 지역을 점령하고 있던 때 졸속으로 치러진 1872년 2월 8일 국민의회l'Assemblée

1부. 종교적인 것과 관조적인 것을 넘어서

^{nationale} 총선거, 그리고 같은 해 2월 15일에 열린 국민의회를 통해 임시정부 수반이 됩니다. 국민의회 선거 결과와 티에르의 집권은 파리 시민들에게는 황당하기 이를 데 없는 사건이었습니다. 총의석 768석 중 약 400석이 군주제를 지지하는 왕정파가 차지하게 되었으니 말입니다. 노련한 정치력으로 티에르는 프랑스의 심장 파리를 고립시켜버린 겁니다.

정부 수반이 된 지 얼마 되지 않은 2월 26일, 티에르는 베르사유에서 지금까지 비밀리에 비스마르크와 논의되었던 강화조약을 맺습니다. 강화조약에 따라 프러시아 군대는 3월 1일 보무도 당당하게 파리에 진주해 승리의 노래를 부르며, 파리 시민들에게 굴욕을 안겨줍니다. 말이 평화를 위한다는 강화조약이지 그냥 항복 선언이라고 해도 좋을 듯합니다. 조약에 따르면 프랑스는 알자스와 로렌 지방 대부분을 프러시아에 넘겨주고, 50억 프랑의 전쟁 배상금을 지불하되 지불이 완료될 때까지 프러시아 군대는 프랑스에 주둔하게 됩니다. 더군다나 프랑스는 프러시아 군대가 승리의 상징으로 이틀 동안 파리에 진주하는 것을 허용해야 했습니다. 프러시아를 이끌던 비스마르크^{Otto von Bismarck}(1815~1898)와 강화조약 협상을 진행하던 과정 중 한 가지 주목해야 할 것이 있습니다. 당시 비스마르크가 프랑스 국내 치안을 위해서 3개 사단의 정규군은 인정하겠지만 당장 국민방위대는 해산해야 한다고 주장했을 때, 파브르는 정규군을 한 개로 줄이더라도 국민방위대를 해산하기는 어렵다고 난색을 표합니다. 파브르는 국민방위대를 지키고 싶었던 것일까요? 결코 아닙니다. 물론 그에게 국민방위대를 해산하고 싶은 마음은 굴뚝같았지만, 현실적으로 그것은 너무나 위험한 일이었던 겁니다. 국민방위대를 해산하려 시도했다가 실패하는 순간, 파리 민중들의

1871년 3월 파리를 가로지르는 프러시아군의 퍼레이드. 1871년 2월 26일 국민의회는 베르사유에서 프러시아와 강화조약을 체결한다. 1870년 9월 19일부터 프러시아군의 포위에 맞서 처절하게 농성 중이던 파리 시민들은 티에르 정부로부터 뒤통수를 제대로 맞은 셈이었다.

저항으로 국민방위정부가 전복될 가능성도 있었기 때문이지요.

침략과 억압에 대해 결사항전을 표방했던 파리 민중들! 그리고 이들 민중의 단결된 힘을 상징하는 국민방위대! 국민방위대는 프러시아와 프랑스 사이의 전쟁에서 그만큼 중요한 조직이었습니다. 실제로 정부의 정규군이 거의 괴멸된 당시로서는 국민방위대가 프러시아와 맞서 싸울 수 있는 거의 유일한 무력이었다고 할 수 있습니다. 그러니 협상 과정 중 국민방위대의 존치 여부가 쟁점이 된 겁니다. 국민방위정부도 억압적인 국가기구로 작동하기 위해서는 국민방위대를 해체해야 했고, 비스마르크의 프러시아도 실질적으로 프랑스를 지배하기 위해서는 국민방위대가 괴멸되어야 했던 겁니다. 그러니까 간단히 말해 강화조약은 프러시아가 1차 지배자이고, 프러시아의 지배를 받는 국민방위정부가 2차 지배자가 되는 협상이었다고 할 수 있지요. 결국 국민방위대와 파리 민중은 이제 이중의 지배 야욕에 노출된 셈이 됩니다. 다행스럽게도 당시 파리의 민중들은 우매하지 않았습니다. 그들은 '파리 포위' 기간 동안 두 차례, 1870년 10월 31일과 1871년 1월 22일 봉기를 일으켜 강화조약으로 이어질 휴전협상의 분위기에 저항했을 정도였으니까요. 정말로 파리 시민들에게는 너무나 분주한 파리 포위 기간이었던 셈입니다. 포위된 채 매일 계속되는 프러시아 군대의 포격도 견뎌야 하고, 동시에 민중들의 힘을 와해하려는 국민방위정부의 야욕에 경계를 게을리하지 않아야 했으니까 말입니다.

그러나 이제 허무하게도 강화조약이 맺어진 겁니다.《회고록》에서 이야기했던 것처럼 이제 티에르에게 남은 것은 하루라도 서둘러 파리를 복종시키는 일뿐입니다. 이미 프러시아와의 강화조약으로 국민방위대와 파리 민중들의 분노는 임계점에 이르고 있었기 때문이지요. 마침내 티에르는 결정합니다. 파리 민중들의 저항에 먼저 선수를 치기로 말입니다. 3월 18일 새벽 4시, 티에르는 마침내 몽마르트르에 있던 국민방위대 소유의 대포를 탈취하려는 작전을 감행합니다. 폭력수단을 민중의 손에서 뺏어 국가가 독점하려는 의도였지요. 그렇지만 파리코뮌의 여걸 루이즈 미셸Louise Michel(1830~1905)을 중심으로 일어났던 민중들의 저항과 파견된 사병들의 반란으로 대포 탈취 계획은 수포로 돌아갑니다. 나아가 민중들과 국민방위대의 반격이 시작되면서, 티에르의 작전은 성공은커녕 파리 민중들의 봉기에 기폭제 노릇을 하게 되지요. 결국 티에르와 정부 각료들은 모조리 파리를 떠나게 되고, 이제 파리는 민중들의 손에 들어오게 된 겁니다. 마침내 파리코뮌의 시대, 1871년

1889년 무렵의 루이즈 미셸. 국민방위대에 가담해 파리를 지키기 위해 선봉에 선 그녀는 파리코 뮌 이후에도 혁명운동을 계속 이어나갔다.

3월 18일에서부터 5월 28일까지의 짧았지만 찬란했던 직접민주주의 시대가 열립니다. 그렇지만 더 시선을 넓혀보면 파리코뮌의 정신은 나폴레옹 3세가 포로로 잡혔던 1870년 9월부터 파리코뮌이 붕괴된 1871년 5월까지 지속되었다고 봐야 할 겁니다. 민중자치 군대였던 국민방위대가 프러시아에 맞서 파리를 지키던 시절, 이미 코뮌은 싹을 틔우고 있었다고 해야 할 테니 말입니다. 실제로 국민방위대는 프러시아와 맞서 싸웠을 뿐만 아니라 민주주의를 와해시키려는 티에르 정부와도 끝까지 맞서 싸웠던 민중들의 힘이었습니다. 국민방위대의 괴멸이 바로 파리코뮌 시대의 종말인 이유도 바로 여기에 있지요. 비록 프러시아나 티에르 정부가 민주주의를 억압하는 데 성공했지만, 파리코뮌의 뜨거웠던 민주주의 정신마저 죽이지는 못했습니다.

영국 런던에서 마르크스는《프랑스내전》이란 작품으로 파리코

　　　　　　　　　　　　　　1부. 종교적인 것과 관조적인 것을 넘어서

총을 들고 서 있는 국민방위대. 국민방위대는
프러시아와 맞서 싸웠을 뿐만 아니라
민주주의를 와해시키려는 티에르 정부와도
끝까지 맞서 싸웠던 민중들의 힘이었다.

뮌의 정신을 보존하려고 했고, 벨기에 브뤼셀에 망명해 있던 위고
는 《끔찍한 해》로 승리자가 역사를 왜곡하지 못하도록 파리코뮌의
심장 소리를 기록해두었으니까 말입니다. 주목해야 할 것은 마르크
스도 위고도 파리 바깥에서 코뮌을 관찰하고 기억하고 있었다는 사
실입니다. 물론 사태를 있는 그대로
보려면, 일정 정도 거리를 두는 것은
불가피한 법입니다. 그렇지만 동시에
거리감은 파리코뮌이 어떻게 탄생했
으며, 그 속에서 파리 시민들이 어떻
게 성장했는지, 그 역동적인 생성의
장을 포착하기 어렵게 만들 수도 있
습니다. 다행스럽게도 파리와 함께,

1871년 파리 시민들이 내걸었던 깃발.
"코뮌 만세"라고 쓰여 있다.

열일곱 살 무렵의 랭보. 랭보는
파리코뮌과 함께 뒹굴고 호흡한
시인이었다.

파리코뮌과 함께, 혹은 파리 안에서 그리고 파리코뮌 안에서 뜨겁게 성장했던 근사한 시인이 존재합니다. 파리코뮌이 자신의 뜨거운 피와 격정적인 호흡을 불어넣어 만든 시인, 바로 랭보Jean Nicolas Arthur Rimbaud(1854~1891)입니다. 흔히 상징주의Symbolisme와 초현실주의Surréalisme라는 스타일을 개척한 시인, 20세기 문학을 넘어서 현대 예술 전반에 지대한 영향을 끼친 시인으로 유명합니다. 그러나 그의 시가 지닌 상징성과 초현실성은 그가 의도적으로 새로운 스타일을 도모해서 만들어진 것이 아닙니다. 그것은 그가 파리코뮌과 함께 호흡하고 함께 뒹굴었기 때문에 저절로 생긴 것이니까요.

흔히 상징주의가 자연주의Naturalisme에 대립된다면, 초현실주의는 현실주의, 혹은 사실주의Réalisme에 대립된다고 이해합니다. 여기서 역사적으로 혹은 정치적으로 자연적이고 사실적인 것이 무엇이

1부. 종교적인 것과 관조적인 것을 넘어서

었는지 생각해보세요. 그것은 통치자와 피통치자라는 위계질서가 존재하는 정치체제일 겁니다. 반면 이것이 사라진다면, 그래서 자유로운 개인들의 공동체가 만들어진다면, 억압받는 자들이 꿈에서나 그리던 것이 현실화되는 셈이죠. 현실이었던 것이 흘러간 꿈이 되고 꿈이었던 것이 새로운 현실이 되는 극적인 순간이 발생한 겁니다. 70여 일 짧은 시간 동안 유지된 파리코뮌이었습니다. 그렇지만 그 찬란했던 순간에 랭보는 코뮌의 핑크빛 후광을 받은 파리와 파리 시민들을 가장 자연적으로 그리고 가장 사실적으로 묘사했던 겁니다. 그러나 70여 일이 지나 파리코뮌이 괴멸되고 과거의 위계질서가 복원된 뒤 돌아보면, 1871년 3월 18일에서부터 5월 28일까지 존속했던 그 찬란했던 시간은 마치 꿈인 것처럼, 마치 상징인 것처럼, 마치 초현실적인 것처럼 보이게 됩니다. 그냥 간단히 이렇게 정리해보죠. 파리코뮌 시기에 랭보의 시는 가장 현실적이고 가장 자연적인 것이었다고, 그렇지만 그 찬란했던 시기가 지나고 나자 이제 그의 시는 상징적이고 초현실적인 것으로 보이기 시작했다고 말입니다. 이런 착시효과는 현재 우리의 의식에도 그대로 적용되죠. 파리코뮌의 인문주의나 민주주의에 온몸으로 공명하는 독자라면 랭보의 시는 심장을 바로 뛰게 할 정도로 구체적이고 현실적인 감동을 바로 전달할 겁니다. 반대로 권위적인 정치질서나 신자유주의로 노골화된 자본주의체제에 적응한 독자라면 랭보의 시는 상징적이고 초현실적인 것으로, 그만큼 난해하고 추상적인 것으로 간신히 머리로만 이해될 수 있을 겁니다.

　　마르크스와 위고는 자기 나름대로 이미 성숙한 세계관으로 파리코뮌을 분석하고 느끼고 있었지만, 파리코뮌 당시 열일곱 살이었던 랭보는 그냥 온몸으로 파리코뮌을 살아버렸던 시인이었습니다.

그러니까 거리상으로도 그리고 성숙의 정도로도 마르크스와 위고는 일정 정도 파리코뮌에 거리를 두고 있었지만, 랭보는 파리코뮌에 너무나 가까워 그냥 코뮌 그 자체의 정신을 호흡했다는 겁니다. 그렇습니다. 랭보는 파리코뮌의 화신이자, 코뮌이 키운 정신이었던 겁니다. 코뮌은 랭보가 숨 쉬었던 공기였습니다. 들이마신 공기는 내뱉는 숨에도 그대로 반영되는 법입니다. 결국 이렇게 코뮌을 호흡하면서 랭보는 시인으로 성장할 수 있었던 겁니다. 자, 파리코뮌 당시 랭보가 어떤 격한 숨을 내뱉었는지 살펴볼까요? 파리로부터 간신히 탈출한 티에르 정부가 프러시아의 도움으로 1871년 4월 2일부터 파리를 포격하기 시작합니다. 드디어 티에르 정부가 민주주의를 무력화시키려는 자신의 본모습을 노골적으로 드러낸 셈이지요. 밤마다 포격이 불꽃놀이처럼 펼쳐지던 위기의 순간에도, 열일곱 살 시인은 코뮌이 티에르의 야욕을 좌절시키리라 확신합니다.

봄은 분명하다. 왜냐고
녹음이 우거진 땅 한가운데
티에르Thiers와 피카르Picard가 훔친 것이
그 찬란한 광채들을 펼쳐놓고 있으니

오 5월이여! 얼마나 정신 나간 것들이냐!
세브르Sèvres, 뫼동Meudon, 바뇌Bagneux, 아니에르Asnières —
들어보라. 반가운 자들이 봄과 같은 것들을
흩뿌리는 소리를!

저자들이 가진 것은 군모와 장검, 그리고 탐탐 북일 뿐.

1부. 종교적인 것과 관조적인 것을 넘어서

그 낡은 촛불 상자도,
붉어진 호수의 수면을
결코, 결코…… 가르지 않았던 보트들도 아니네.

이제 점점 더 우리는 함께 흥겨울 것이네.
이 특이한 새벽 내내
우리가 사는 누추한 곳에 둥근 보석들이
쏟아져 내릴 때마다!

티에르와 피카르는 에로스,
해바라기의 약탈자들.
저들은 석유로 코로Corot 화풍의 그림을 그리고,
자기 군대를 풍뎅이로 만들어 박멸되도록 하는구나.

저들은 위대한 사기꾼Grand Truc의 지인들……!
그래서 글라디올러스 꽃밭에 누워 있으면서도, 파브르Favre는
눈을 깜박거려 거짓 눈물을 흘리고,
후추 냄새를 맡아 거짓 콧물을 만드는구나.

저들의 석유 세례에도 불구하고
이 대도시의 포석은 여전히 뜨겁기만 하네.
정말 우리는 너희가 너희 임무로부터
벗어나도록 해야겠구나……

그리고 오래오래 웅크리고 앉아

태평스러운 시골뜨기들은

붉은 바스락거림들 속에서

잔가지 부러지는 소리 듣게 되리라!

- 〈파리 전투의 노래Chante de Guerre Parisien〉

티에르, 파브르, 그리고 피카르Ernest Picard(1821~1877)는 파리코뮌을 괴멸하는 데 프러시아의 비스마르크보다 더 열심이었던 인물들이었습니다. 티에르는 정부 수반이었고, 파브르는 외무상, 피카르는 내무상이었습니다. 파리에서 간신히 탈출한 그들은 파리 근교, "녹음이 우거진 땅" 베르사유궁전에서 파리를 공격할 날만 기다리고 있었죠. 바로 이곳에서 티에르 정부는 파리를 한 번에 점령하기 위해 베르사유군의 전열을 다시 정비하게 됩니다. "위대한 사기꾼" 비스마르크에게는 고개를 숙여도 파리 민중들에게는 절대로 고개를 숙일 수 없다는, 한마디로 말해 국가는 팔아먹어도 자신의 기득권과 지배권을 유지하려고 그들은 발버둥쳤던 겁니다. 그렇다고 해서 비스마르크에게 국가를 팔아먹은 일을 노골적으로 프랑스 민중들에게 보일 수는 없는 법입니다. 그래서 강화조약을 맺은 뒤 파브르는 "눈을 깜박거려 거짓 눈물을 흘리고, 후추 냄새를 맡아 거짓 콧물을 만들었던" 겁니다. 물론 티에르 정부의 핵심 인사들이 독단으로 강화조약을 맺었던 것은 아닙니다. 프랑스가 수모를 겪어도 자기 땅만 온전히 유지되면 상관없다고 생각했던 "태평스런 시골뜨기들", 그러니까 시골 출신 국민의회 의원들과 한때 나폴레옹 3세를 지지했던 분할지 자영농들도 강화조약을 맺는 데 한몫 단단히 했기 때문입니다.

4월 2일에 시작된 파리 포격에는 프러시아로부터 지원받은 군

오노레 도미에가 그린 외무상 쥘
파브르(1849).

앙드레 질이 그린 내무상 에르네스트
피카르(1871).

장 밥티스트-카미유 코로의 〈파리 팡테옹 풍경〉(1820).

수 장비가 무수히 사용됩니다. 특히나 당시 파리 포격에서 위력을 발휘했던 것은 프러시아제 "석유" 폭탄이었죠. 랭보가 말한 것처럼 티에르 정부가 가진 무력이란 "군모, 장검, 그리고 탐탐 북" 정도가 전부였으니까요. 사실 이런 무기들로 프러시아의 첨단 무기들과 맞섰기에 나폴레옹 3세가 포로로 잡혔을 정도로 프랑스 군대는 완패했던 겁니다. 적의 무기를 빌려 같은 동족을 살육하려고 했던 것이니, 티에르 정부에 대한 파리 민중들의 분노가 미루어 짐작이 되는 일입니다. 티에르 정부는 프랑스 민족의 앙숙이었던 프러시아, 즉 독일 민족과 협력해 자기 국민들을 학살하고 있기 때문이죠. 어쨌든 티에르 군대는 이 가공할 석유 폭탄으로 마치 코로Jean-Baptiste-Camille Corot(1796~1875)의 유명한 탁하고 어두운 풍경화처럼 파리 외곽을 그야말로 초토화시켰습니다. 그러나 석유 폭탄과 같은 압도적인 살상 무기는 파리코뮌 전사들의 사기를 약화시키기는커녕 오히려 그들

1부. 종교적인 것과 관조적인 것을 넘어서

프러시아로부터 지원받은 폭탄으로 파괴된 파리. 티에르 정부는 적의 무기를 빌려 자기 국민들을 학살했다. 그러나 석유 폭탄과 같은 압도적인 살상무기는 파리코뮌 전사들의 사기를 약화시키기는커녕 오히려 그들의 저항정신을 더 불붙게 했다.

의 저항정신을 더 불붙게 합니다. 그래서 랭보는 노래하죠. "저들의 석유 세례에도 불구하고, 이 대도시의 포석은 여전히 뜨겁기만 하다"고 말입니다. 코뮌 전사들의 자유정신, 그리고 불굴의 기상이 랭보의 시를 통해서 그대로 옮겨지고 있습니다. 물론 이것이 가능했던 것은 랭보도 코뮌이 마련해준 자유로운 공기를 호흡하고 있었기 때문일 겁니다.

　1871년 5월 파리코뮌이 가장 치열하게 티에르 정부와 맞서던 때, 랭보는 시에 코뮌정신을 관철하기 위해 분투하게 됩니다. 코뮌적인 내용과 형식을 갖춘 시를 랭보는 쓰려고 합니다. 완전한 자유와 뜨거운 연대의 시! 억압을 강요하고 분열을 조장하는 체제에 맞서는 시! 생산수단이나 폭력수단을 소수가 독점하던 시절, 대표를 뽑아도 임기 동안 대표의 전횡을 방기할 수밖에 없었던 시절. 이런 시절에도 문학이 있었고 시가 있었습니다. 실질적인 자유가 아니라

시인 폴 베를렌이 그린
랭보(1872). 랭보는 '견자의
미학'을 추구하며 과거의 낡은
시를 극복하고 코뮌정신에 맞는
시를 쓰기 위해 분투한다.

관념적인 자유를 구가했던 시일 겁니다. 아니면 더 불행하게는 권
력자나 체제의 권능을 찬양하는 시였겠지요. 그러니 "자유롭고 연
합적인 노동free and associated labour"을 토대로 한 "자유로운 개인들의 공
동체"에 걸맞은 문학과 시가 필요한 겁니다. 그리고 과거의 낡은 시
를 극복하고 코뮌정신에 맞는 시를 쓸 수 있는 방법도 모색해야겠
지요. 바로 이 과업을 랭보는 기꺼이 감당합니다. 그 결과물이 바
로 두 통의 편지로 전해지는 랭보의 '견자見者, voyant 이론', 혹은 '견자
의 미학'입니다. 코뮌이 풍전등화에 이르렀다는 불길한 예감 때문
이었는지, 랭보는 5월 13일 학교 은사였던 이장바르Georges Alphonse Fleury
Izambard(1848~1931)에게 새로운 미학을 피력한 편지를 보냅니다.

1부. 종교적인 것과 관조적인 것을 넘어서

폴 베를렌과 랭보. 펠릭스
레가시의 그림(1872).

　선생님은 원리적으로 주관적 시poésie subjective만을 보고 계신 것
같습니다. 대학이란 외양간으로 돌아가려는 선생님의 집요함
이—제 말을 용서해주세요!—이것을 증명합니다. 그렇지만 선
생님은 항상 어떤 것도 하지 못하고 어떤 것도 하려고 하지 않
는 자기만족적인 사람에서 벗어나지 못할 겁니다. 선생님의 주
관적 시는 항상 지독하게 무미건조하게 될 겁니다. 많은 다른
사람들처럼 저도 언젠가 선생님에게서 객관적 시poésie objective를
보기를, 선생님보다 더 간절히 보기를 희망합니다. 저는 노동
자travailleur가 될 겁니다. 광적인 분노가 저를 파리의 전투로 내몰
때, 저는 이런 생각에 사로잡혔습니다. 제가 선생님께 편지를
쓰고 있는 지금 이 순간에도 수많은 노동자들이 죽어가고 있습

니다! 지금 노동하고 있냐고요. 아닙니다. 아닙니다. 저는 지금 파업 중입니다. 저는 지금 가능한 한 제 자신을 타락시키고 있습니다. 왜냐고요? 저는 시인이 되고 싶고, 스스로 견자見者, voyant가 되려고 분투하고 있습니다. 선생님은 이해할 수 없을 것이고 저도 선생님께 어떻게 설명해야 할지 모르겠습니다. 핵심은 모든 감각들의 착란le dérèglement de tous les sens을 통해 미지l'inconnu에 이르는 데 있습니다. 고통은 무지막지합니다만, 우리는 시인으로 탄생하기 위해 강해져야만 합니다.

－〈1871년 5월 13일 이장바르에게À Georges Izambard: 13 mai 1871〉

티에르 정부로부터 교사 직위를 다시 받으려는 학교 은사 이장바르는 '주관적 시'에 매몰되어 있고, '노동자'를 꿈꾸는 자신은 '객관적 시'를 모색하고 있다는 내용입니다. 한때 자신에게 강한 영향을 주었던 스승의 시론을 랭보는 무자비할 정도로 비판합니다. 랭보에 따르면 '주관적 시'는 세계와 거리 두거나, 잘해야 세계를 관조하는 시일 수밖에 없습니다. 그러니 스승 이장바르는 아무런 거리낌 없이 티에르 체제에 투항했던 겁니다. 이것은 스승이 자유와 연대의 정신을 버렸다는 걸 의미하죠. 그러나 자유와 연대의 정신이 없다면, 시가 무슨 소용이 있을까요? 지배계급의 눈치를 보면서 피지배계급에 대한 애정을 포기하는 순간, 문학은 그리고 시는 억압체제에 대한 찬가가 될 테니 말입니다. 그래서 "자신은 노동자가 되겠다"는 랭보의 말이 중요한 겁니다. 여기서 랭보가 꿈꾸는 '노동자'는 생산수단을 자본가에게 빼앗긴 노동자가 아니라, '자유롭고 연합적인 노동'에 참여하는 코뮌의 '노동자'라는 것에 주의해야 합니다. 그래서 "제가 선생님께 편지를 쓰고 있는 지금 이 순간에도 수많은 노동자들이 죽어가고 있다"는 랭보의 말이 중요한 겁니다. 이렇게 죽어가는 노동자들은 코뮌 전사들일 수밖에 없으니까요. 이들은 이제 더 이상 자본가가 원하는 것을 아무런 감정도 없이 만드는 노동자가 아니죠. 당시 파리의 노동자들은 공동체나 자신이 동시에 원하는 것을 만들 수 있는 자유로운 노동자였으니까 말입니다.

어쨌든 '주관적 시'에서 '객관적 시'로 전회하기! 이것이 바로 랭보가 자신의 시론으로 이야기하고자 했던 겁니다. 주관적 시가 '세계와는 무관하게 시인 자신의 감정이나 사유를 피력하는 것'이라면, 객관적 시는 '세계를 있는 그대로 묘사, 혹은 재현하는 것'일까요? 그러나 그렇지 않습니다. '시'를 뜻하는 '포에지poésie'의 그리스 어원 '포이에시스poiesis, ποίησις'는 '제작'이란 뜻을 가지고 있다는 점에 주목해야 합니다. 그러니까 '객관적 시'라는 표현에서 '객관'이 내 의지나 바람과는 무관하게 내 앞에 주어진 것을 가리킨다면, '시'는 그 객관에 가해지는 모종의 제작을 의미합니다. '주관'과 '객관'은 짝이 되는 개념입니다. 그렇지만 랭보에게서 '객관'은 정확히 옮기면 '대상'이라고 해야 할 듯합니다. 그에게 외부 세계는 관조되는 것이 아니라 실천이 가해지는 표적이니까요. 결국 마르크스가 인간의 본질이라고 규정했던 '대상적 활동objective activity'이 시에서 구현된 것이 바로 '객관적 시'라고 할 수 있지요. '대상적 시' 혹은 '대상에 개입하는 시'가 맞는 표현이지만, 여기에서는 그냥 '객관적 시'라고 쓰도록 하겠습니다. 어쨌든 랭보의 시 쓰기도 바로 노동자가 노동을 통해서 하는 것과 마찬가지 아닌가요? 주어진 대상으로서 강철은 항상 물보다 비중이 커서 물에 가라앉지만, 노동자는 노동으로 강철을 배로 만들어 그 강철 배를 물에 띄울 수 있습니다.

바로 이것이 노동이죠. 객관과 주관의 결합, 대상과 주체의 결합, 혹은 수동과 능동의 결합입니다.

'주관적 시'는 객관에 대한 투철한 인식 없이, 그냥 주관이 백일몽을 꾸는 것에 비유할 수 있습니다. 그러니까 그냥 강철 덩어리가 물에 둥둥 뜨는 몽상에 빠지고 희희낙락하는 것에 비유할 수 있죠. 반면 '객관적 시'는 실현 불가능한 백일몽이 아니라, 세상을 변하게 만들 수 있는 힘을 가지고 있습니다. 그러니 '객관적 시'는 강철의 속성들을 정확히 알고, 그 속성을 어기기는커녕 그걸 이용해 물에 뜰 수 있는 강철 배를 설계하는 것에 비유할 수 있죠. 그러나 무엇보다도 먼저 '객관적 시'가 가능하려면, '객관(=대상)'에 대한 정확한 인식이 선행되어야 합니다. 만일 이런 인식이 없다면 아무리 '객관적 시'를 썼다고 해도 그것은 바로 '주관적 시'로 전락할 테니 말입니다. 그러니 '객관(=대상)'을 정확히 인식한 사람이 없다면, '객관적 시'는 불가능한 법입니다. 바로 이것이 랭보가 "저는 시인이 되고 싶고, 스스로 견자가 되려고 분투하고 있다"고 말했던 이유입니다. 견자는 글자 그대로 보는 사람을 말합니다. 그러나 내 의지나 바람에 따라 보는 것이 아니라, 내 의지나 바람을 좌절시키면서 내 앞에 주어진 것을 봐야 합니다. 만일 내 의지나 바람, 혹은 감정에 따라 본다면, 그것은 객관적으로 본 것처럼 보이지만 사실 주관적으로 본 것에 지나지 않을 테니 말입니다. 내가 보고 싶은 것을 대상에서 보는 것이 아니라, 내가 보고 싶지 않더라도 대상이 보라고 강요하는 것을 볼 수 있는 사람, 바로 그가 견자입니다. 결국 견자가 되려면, 우리는 이미 훈육되어 익숙한 사유나 감정들, 혹은 우리 내면에 이미 각인되어 작동하는 견해나 감정, 그리고 의지를 해체해야만 합니다. 랭보가 견자가 되는 방법으로 "모든 감각들의 착란"을 이야기했던 것도 이런 이유에서입니다.

모든 감각들이 착란에 빠질 때, 가장 당혹스러운 것은 모든 감각들을 통제한다는 사유일 겁니다. 전통적으로 사유와 감각 사이에는 중심과 주변이란 위계 논리가 작동된다고 생각합니다. 결국 감각들의 착란, 혹은 동요는 사유의 지배성을 와해시키게 된다는 게 중요합니다. 그래서 정치적으로 독해하자면 모든 감각들의 착란은 감각들의 코뮌화라고 이야기할 수 있을 것 같네요. 대표를 뽑지만 항상 민중들이 필요에 따라 소환할 수 있는 것과 마찬가지로, 사유는 항상 감각들의 착란으로 소환될 수 있으니까 말입니다. 이것만 보고 저것은 보지 말라고 하는 체계는 우리를 훈육하고, 그 결과 우리는 정말 눈에 보이는 것마저 부정하게 됩니다. 그러니 보지 말라는 것을 보았을 때 우리에게는 불안감과 불쾌감이 엄습할 겁니다. 보이는 대로 보려면, 아니 정확히 말해 이렇게 보라고 강요하는 대상을 제대로 보려면, 우리는 감각의 질서를 규정하는 지배적인 사유체계와 가치체계를 전복해야만 합니다. 결국 견자가 된다면, 우리는 자유로운 주체로 태어나게 됩니다. 지금까지 스스로를 노예로 자처했던 노동자들이 당당히 주인이라고 선언했던 것이 파리코뮌이라면, 체제가 강요하는 감각들의 질서를 뒤죽박죽 만드는 것이 바로 랭보의 견자였던 셈입니다. 감각들의 착란을 통해 견자가 되었을 때, 그가 보는 것은 지금까지 자신이 보지 못했던 것일 수밖에 없을 겁니다. 바로 이것이 랭보가 말한 '미지l'inconnu'입니다. 한국어로 '미지의 것'으로 번역된 프랑스어 '랭코뉘l'inconnu'는 이외에도 '보잘것없는 것'이나 '경험해보지 못한 생소한 것'을 뜻하기도 합니다. 사실 무언가 신비스러운 느낌을 주는 '미지'라는 뜻보다 '경험해보지 못한 생소한 것'이란 의미가 훨씬 더 랭보가 말한 '랭코뉘'의 뜻에 가까울 듯합니다. 그렇지만 편의상 관례대로 '미지'로 번역하는 것이 경제적일 듯하네요. 아무래도 '경험해보지 못한 생소한 것'이라는 번역어는 지나치게 장황하고 길기만 하니까 말입니다.

결국 랭보가 제안했던 '견자의 미학'은 다음과 같이 요약할 수 있을 겁니다. 자유로운 주체, 즉 견자가 되면 지금까지 경험해보지 못한 생소한 것을 보게 된다고 말입니다. 경험해보지 못한 생소한 것을 보게 된 견자가 그것을 언어적으로 표현하는 데 성공한다면, 그는 시인이 될 수 있습니다. 랭보가 말한 '객관적 시'는 바로 이렇게 탄생하게 되지요. 이 대목에서 우리로서는 다행스러운 일이 하나 있습니다. 랭보의 미학을 확증할 수 있는 편지가 하나 더 있기 때문이지요. 스승에게 보낸 '견자의 미학'이 불충분하다고 느껴져서인지, 랭보는 두 번째 '견자의 편지'를 씁니다. 스승 이장바르에게 첫 번째 견자의 편지를 보낸 지 이틀 뒤, 그러니까 1871년 5월 15일 드메니[Paul Demeny](1844~1918)에게 보낸 편지가 바로 그것입니다. 이 두 번째 '견자의 편지'는 첫 번째 편지와 거의 유사하게 견자의 미학을 설명하는 부분, 견자의 미학에 입각해 프랑스 문학사를 설명하는 부분, 그리고 견자의 미학을 새로운 관점에서 조망하는 부분으로 구성되어 있습니다. 여기서는 이 셋째 부분만을 읽어보도록 하죠.

관리들[fonctionnaires]이나 글쟁이들[écrivains]이 존재했지, 작가[auteur], 창작자[créateur], 시인[poète]은 존재했던 적이 없습니다. …… 시인은 진실로 불의 도둑입니다. 인류, 심지어는 동물까지도 모두 그는 짊어집니다. 그는 자신이 만들어낸 것을 느껴보게, 만지게, 그리고 듣게 해야만 합니다. 그가 저곳에서 가지고 온 것에 형식이 있다면, 그는 형식[forme]을 부여합니다. 만일 그것에 형식이

1부. 종교적인 것과 관조적인 것을 넘어서

없다면, 그는 무형식l'informe을 부여합니다. 그러니 하나의 언어langue를 찾아내야만 합니다. 게다가 모든 말parole은 관념idée이기에, 보편적 언어의 시대가 찾아올 겁니다. …… 이 언어는 영혼에서 영혼으로 전달되며, 모든 사물, 향기들, 소리들, 색깔들을 압축하고, 다른 사유와 연결되는 사유pensée라고 할 수 있습니다. 시인은 자기의 시대에서 보편적 영혼에 의해 깨어난 '미지의 양la quantité d'inconnu'을 규정합니다. 그는 자기 사상을 공식화하거나 진보를 향한 그 자신의 행진을 보여주는 것 이상의 것을 줍니다. 그가 보여준 '비규범적인 것Enormité'은 '규범적인 것norme'이 되어 모든 사람에 의해 흡수될 겁니다. 그러니 그는 '진보의 배율기multiplicateur de progrès'가 될 수 있는 겁니다. 당신이 이해하는 것처럼 이런 미래는 유물론적일matérialiste 겁니다.

―〈1871년 5월 15일 드메니에게à Paul Demeny: 15 mai 1871〉

랭보의 자신감은 하늘을 찌를 듯합니다. 지금까지 제대로 된 "작가, 창작자, 시인은 존재했던 적이 없다"는 선언, 그러니까 오직 랭보 자신만이 명실상부한 작가이자, 창작자이자, 시인이라는 선언을 주저 없이 하고 있으니까요. 물론 그렇다고 해서 랭보는 시인이 세상과는 무관한 작품을 창조한다고 주장하는 것은 아니죠. 그에게 "시인은 진실로 불의 도둑"이기 때문입니다. 제우스의 경고에도 불구하고 인간에게 불을 건네준 프로메테우스! 시인은 바로 프로메테우스 같아야 한다는 겁니다. 권력자나 지배계급의 불이 힘이 있는 이유는 다수 피지배계급에게 불이 없어서입니다. 어둠 속에서 공포와 탄식의 삶을 피지배계급이 영위하는 것도 지배계급이 불을 독점했기 때문이죠. 프로메테우스처럼 그 불을 훔쳐 피지배계급에게 가져와 암흑 속에서 허우적거리는 그들이 갈 길을 명료히 보도록 도와야만 합니다. 이것이 바로 시인의 소임이자 자부심의 원천이죠. "인류, 심지어는 동물까지도 모두 젊어지는 것!" 신화에서 프로메테우스가 그리고 1871년 랭보가 감당하려고 했던 것은 바로 이것입니다.

불이 지배계급에서 피지배계급의 수중으로 오는 순간, 차안의 세속 세계는 밝아집니다. 지금까지 볼 수 없었던, 아니 정확히 말해 지배계급이 보지 못하도록 했던 수많은 것들이 백일하에 드러납니다. 형식이 없는 것들도 있고, 형식이 있는 것들도 있습니다. 사물과 대상과 관련된다면 형식이 있을 것이고, 감정과 이념과 같은 것이라면 형식이 없을 겁니다. 불의 도둑으로서 시인의 시는 그래서 일종의 등불인 셈이죠. "형식이 있다면 형식을" 혹은 "형식이 없다면 무형식을" 부여하는 것이 시이고, 형식을 부여하고 무형식을 부여하는 언어를 찾아내야 완성되는 것이 시이니까요. 시라는 등불로 이제 피지배계급은 삶의 진실을 "느끼고, 만지고, 들을" 수 있게 됩니다. 그러니 얼마 되지 않아 그들은 시인처럼 노래하고 표현할 수 있게 되죠. 자기 목소리, 지금까지 지배계급이 억눌렀던 자기 목소리를 되찾게 된 셈이죠. 바로 이 순간 랭보가 갈망했던 "보편적 언어의 시대"는 기적처럼 도래합니다. 바로 이것이 시인의 힘이죠. 시가 아니었다면 "미지"로 남았을 삶의 진실이 폭발할 수 없었을 테니 말입니다. 이제 앞서거니 뒤서거니 시인과 피지배계급은 억압을, 착취를, 수치를, 굴욕을, 나아가 자유를, 연대를, 당당함을, 용기를 노래하고 살아내게 됩니다.

랭보는 관료들과 글쟁이들을 작가, 창작자, 시인과 구별합니다. 그에 따르면 기존의 규칙, 기존의 이성, 혹은 기존의 사유에 따라

1부. 종교적인 것과 관조적인 것을 넘어서

글을 쓰는 사람들이 바로 관료들이나 글쟁이들입니다. 그러나 감각들을 착란시켜 기존의 규칙, 이성, 사유를 전복시켜서 감각들의 우위를 확보하지 못한다면, 과거에 없었던 새로운 글들이 출현할 수 없는 법이지요. 바로 이래야 진정한 시인, 혹은 진짜 시인이 탄생하는 것 아닌가요. 반대로 가짜 시인도 존재하죠. 그것은 관료처럼 글을 쓰는 시인들, 과거 위대한 시들에서 규칙과 테크닉을 축출해 그에 따라 시처럼 보이는 시들을 쓰는 시인일 겁니다. 진정한 시인은 이런 식으로 탄생할 수 없습니다. "관료나 글쟁이"가 아니라 "작가, 창작자, 시인"은 파리코뮌의 메커니즘에 의해 작품을 쓰니까요. 파리 민중들이 코뮌 의원을 선출하는 것처럼, 기존 사유에서 해방된 감각들은 새로운 사유를 대표로 뽑을 수 있죠. 랭보가 자신이 꿈꾸던 '객관적 시', 언젠가 도래할 시를 "유물론적"이라고 규정했던 것도 이런 이유에서일 겁니다. 사유가 중심이라면 시가 '관념론적'일 수밖에 없고, 해방된 감각들이 중심이라면 시는 '유물론적'일 수밖에 없기 때문이지요. 기존 사유에서 해방된 감각, 혹은 착란된 감각으로 세계를 느끼는 사람이 견자라면, 이렇게 느낀 세계에 새로운 언어를 부여하는 사람이 바로 진정한 작가이자 창작자, 그리고 랭보의 경우에는 시인이라고 할 수 있습니다.

감각들의 착란으로 기존 사유가 붕괴됩니다. 자유와 해방은 바로 여기서 가능해지는 셈이지요. 바로 이 해방된 감각들의 힘으로 견자는 세계를 보게 됩니다. 그리고 마침내 보아버린 세계에 대한 새로운 사유와 새로운 언어를 만들어내는 순간, 견자는 시인이 됩니다. 이렇게 탄생한 시는 과거 유행했던 시와는 확연히 다를 수밖에 없지요. 시에서의 진보가 이루어진 셈입니다. 그렇지만 관례에 따라 살아가는 사람들이나 '주관적 시'를 쓰는 시인들에게 견자의 삶이나 시는 무언가 '비규범적인 것'으로 보일 것이고, 당연히 저주받고 모욕당하기 쉽지요. 그러나 어느 순간 랭보의 말대로 '비규범적인 것'을 모든 사람이 받아들이는 순간 '규범적인 것'이 될 겁니다. 이런 식으로 견자의 시는 전체 사회를 더 좋게, 그리고 풍성하게 만드는 데 일익을 담당한다고 할 수 있지요. 랭보가 시인이 된 견자를 '진보의 배율기'라고 강조했던 것도 이런 이유에서일 겁니다. 자본, 국가, 종교라는 사유에 의해 억압된 감각들을 해방시킴으로써, 아니 정확히 말해 감각들을 일종의 소요 상태로 만들어서 권위적인 사유를 전복시킴으로써, 랭보는 견자가 되었고 견자로서 그는 세계의 '미지'에 직면합니다. 기존 사유나 가치관의 잣대로 보면 '보잘것없는 것'이자 '경험해보지 못한 생소한 것'이니 말입니다. 이것에 언어를 부여했기에, 랭보의 작품은 흔히 상징주의라고 불리며 난해한 시로 치부되었습니다. 불행한 것은 아직도 랭보의 시가 악마적이고 비규범적이라는 이해가 횡행하고 있다는 점입니다. 이런 이해가 아직도 해소되지 않는 이유는 무엇일까요? 그것은 일반 사람이나 문학평론가마저도 아직도 자본, 국가, 종교를 절대적인 가치로 생각하고 있기 때문일 겁니다.

파리코뮌은 그래서 중요한 겁니다. 인간을 압도하는 자본, 국가, 종교가 전복되는 경험이었으니까 말입니다. 파리코뮌을 경험했던 사람들이나 지금 새로운 코뮌을 꿈꾸는 사람들의 눈에는 랭보의 작품은 너무나 규범적이고 쉬워 보일 겁니다. 반대로 파리코뮌을 부정하거나 애써 회피하면서 자본, 국가, 종교에 포획되어 있는 사람들이라면 랭보의 시는 비규범적이고 난해해 보일 테죠. 그런 의미에서 파리코뮌이 괴멸된 1871년 5월 28일 이후 랭보가 견자로서 보았고 시인으로서 쓴 시 한 편을 읽어보도록 하죠.

1부. 종교적인 것과 관조적인 것을 넘어서

겁쟁이들아! 바로 여기다. 기차역에서 흘러넘쳐라!
태양이 뜨거운 숨을 불어
며칠 전 밤에는 야만인들로 북적대던 대로를 말끔하게 치웠네.
바로 여기 서양의 토대, 성스러운 도시가 있다네.

......

마셔라! 방탕한 엉덩이의 여왕을 위하여!
들어보라! 어리석지만 애절하기만 한 술 취한 소리를.
들어보라! 투덜거리는 바보, 늙은이, 꼭두각시, 하인들
그들이 욕정의 밤으로 뛰어드는 소리를.

오! 더러운 심장들아! 역겨운 입들아!
더 강렬하게 움직여라! 악취 나는 입들아!
비열한 마비를 위한 한 잔의 포도주를, 이 테이블 위에……
너희들의 배는 치욕으로 녹는구나! 오 승리자여!

......

매독 환자들아, 미치광이들아, 왕들아, 꼭두각시들아, 복화술사
들아.
너희의 영혼, 너희의 육체, 너희의 독, 너희의 누더기가
저 매춘부 파리에게 무엇을 할 수 있다는 말이냐?
그녀는 너희들, 심술궂고 타락한 너희들을 뿌리치리라.

......

오! 고통의 도시여! 오! 거의 죽은 도시여!
미래를 향해 얼굴과 두 가슴 과감히 내던지고,
희미한 여명에 그 무수한 문들을 열어젖히는,
어두운 과거만이 축복할 수 있는 도시여!

견디기 힘든 고통으로 민감함을 되찾은 육체.
그대는 다시 끔찍한 삶을 마신다! 그대는 느낀다.
그대 혈관에 창백한 벌레 떼들이 솟구쳐 오르고,
그대 맑은 사랑 위로 차가운 손가락이 배회한다는 사실을!

그런데 그것도 나쁘지는 않다. 벌레들, 창백한 벌레들이
이젠 그대의 진보Progrès의 숨결을 방해하지는 못하리라.

......

시인은 안으리라. 치욕스런 자들Infâmes의 눈물,
도형수들Forçats의 분노, 저주받은 자들Maudites의 절규를.
그래서 그의 사랑의 빛은 여인들Femmes에게 던져지리라.
이렇게 그의 시구들은 뛰놀게 되리라. 자! 봐라! 악당들아!

―사회여! 이제 모든 것이 회복되었다―향연은
옛날 매음굴에서의 그 옛날 헐떡임에 눈물을 흘린다.
정신착란의 가스등은, 붉은 담벼락에서,

1부. 종교적인 것과 관조적인 것을 넘어서

새벽녘 여명의 하늘을 향해 불길하게 타오르는데.

— 〈파리의 향연 혹은 파리가 다시 붐비다 L'Orgie Parisienne ou Paris se Repeuple〉

프러시아가 이겼고, 티에르 정부가 이겼습니다. 그러니 파리를 떠나 있던 기득권 세력들이 의기양양하게 파리로 돌아왔고, 파리 안에서 숨죽이고 있던 기득권 세력들이 다시 파리 거리로 몰려나와 북적거리게 된 겁니다. "사회여! 이제 모든 것이 회복되었다." 이제 다시 자본이 생산수단을 독점하게 되고, 이제 다시 국가가 폭력수단을 독점하고 소환제를 거부하게 되고, 이제 다시 기독교는 현세의 삶을 부정하며 내세의 삶을 강요하게 된 겁니다. 파리의 대다수 민중들은 다시 기득권 세력들에게 겁탈당하는 신세가 된 것이니, 랭보의 말대로 코뮌의 둥지였던 파리는 다시 "매춘부 파리"로 전락한 셈이지요. 파리코뮌이 긍정했던 '보잘것없는 것'이자 '경험해보지 못한 생소한 것'들이 다시 어두운 시궁창으로 전락한 것처럼 보이지만, 이제 코뮌마저 경험했던 파리가 매춘부의 굴욕적인 삶을 곧이곧대로 견딘다는 것은 있을 수 없는 일입니다. 자유의 환희를 맛보지 않았으면 그만이지만, 한번 맛보았다면 그 환희를 어떻게 잊을 수 있겠습니까? 그래서 랭보는 자신합니다. "매독 환자들아, 미치광이들아, 왕들아, 꼭두각시들아, 복화술사들아/ 너희의 영혼, 너희의 육체, 너희의 독, 너희의 누더기가/ 저 매춘부 파리에게 무엇을 할 수 있다는 말이냐?/ 그녀는 너희들, 심술궂고 타락한 너희들을 뿌리치리라." 지금은 비록 매춘부로 다시 전락했지만, 언제든 파리는 다시 코뮌으로 부활하리라는 기대입니다.

파리코뮌 전사들이 사라지고 파리가 과거로 회귀한 다음, 열일곱 살의 유물론적 시인은 코뮌에 대한 꿈을 포기하지 않겠다는 각

에두아르 마네의 〈내전〉(1871). '피의 주간'
동안 학살된 2만여 명의 파리 시민들 이외에도
10만여 명의 시민들이 체포되었고, 그중 4만여
명이 줄에 묶인 채 베르사유까지 끌려가
군사법정에 회부되었다. 자유로운 공동체를
만들려는 코민 사람들의 싸움은 이렇게
비극으로 끝나고 말았다.

1부. 종교적인 것과 관조적인 것을 넘어서

오를 다집니다. 그리고 자신에게 남은 임무를 되새기게 되죠. "시인은 안으리라. 치욕스런 자들의 눈물, 도형수들의 분노, 저주받은 자들의 절규를. 그래서 그의 사랑의 빛은 여인들에게 던져지리라. 이렇게 그의 시구들은 뛰놀게 되리라." '피의 주간' 동안 학살된 2만여 명의 파리 시민들 이외에도 10만여 명의 시민들이 체포되었고, 그 중 4만여 명이 줄에 묶인 채 베르사유까지 끌려가 군사법정에 회부되었죠. 자유로운 공동체를 만들었고, 그것을 지키려고 티에르 정부에 저항했다는 죄 아닌 죄 때문이었습니다. 바로 이들, 파리코뮌이 괴멸된 뒤 둥지를 잃은 아기 새처럼 탄압받았던 사람들이 "치욕스런 자들, 도형수들, 저주받은 자들"입니다. 랭보는 이들을 자신이 따뜻하게 품어줘야 할 "여인들"이라고 상징합니다. 여기서 여인이란 비유는 이중적입니다. 파리코뮌 이전의 가부장적 사회나 파리코뮌 이후 회복된 가부장적 사회에서 여인은 가장 '보잘것없고 생소하고 그만큼 미지의 것'을 상징하지만, 파리코뮌 시절 여인은 가장 '두드러지고 친숙하며 그만큼 익숙한 것'을 상징했기 때문입니다. 실제로 파리코뮌 당시 여성들은 코뮌을 지키는 투쟁에 주도적으로 나선 것으로 유명하죠. 베르사유 군사법정에 서게 되었던 루이즈 미셸의 당당한 모습은 당시 여인들의 속내를 대표하기에 충분할 겁니다. 지금도 전설로 기억되는 그녀의 법정 증언을 들어볼까요. "나는 자기변호를 하고 싶지도, 변호를 받고 싶지도 않습니다. 나는 사회혁명에 모든 것을 바치고 있습니다. 그리고 나의 행위의 모든 책임은 내가 지겠습니다. …… 만일 당신들이 나를 살려둔다면 나는 계속 복수를 외칠 겁니다. 그리고 특사위원회의 살인자들을 고발하고, 내 형제들의 복수를 할 겁니다."

너무나 어렸던 탓일까요? 랭보는 자신의 의지를 배신하고 맘

줄스 지라르데트의 〈루이즈 미셸의 체포〉(1871).
파리코뮌 당시 루이즈 미셸을 비롯한 여성들은
가장 주도적으로 코뮌을 지키는 투쟁에 나섰다.
루이즈 미셸은 체포된 뒤 군사법정에서 "만일
당신들이 나를 살려둔다면 나는 계속 복수를
외칠 겁니다"라고 외쳤다.

1부. 종교적인 것과 관조적인 것을 넘어서

동생 이사벨이 그린 〈죽어가는 랭보〉(1891). 스물한 살의 나이에 시의 세계를 떠나버린 랭보는 이후 유럽은 물론, 중동, 자바, 아프리카 등지를 돌아다니면서 노동자, 용병, 건축 감독 등으로 일하게 된다. 아프리카에서 병이 난 그는 프랑스로 돌아와 다리 절단 수술을 받았지만 곧이어 사망한다. 서른일곱의 나이였다.

니다. '여인'으로 상징되는 민중들을 품어주기보다 그는 독한 압생트absinthe와 동성애, 그리고 끝도 모를 방랑벽에 몸을 맡기기 때문입니다. 아니 어쩌면 이것은 랭보 본인의 잘못이라기보다는 70여 일로 단명했던 파리코뮌 탓인지도 모릅니다. 랭보가 완전한 시인으로, 파리코뮌의 시인으로 성숙되기에는 70여 일은 너무나 짧았으니까요. 자유로운 개인들의 공동체란 이념이 '비규범적인 것'에서 완전히 '규범적인 것'으로 되기에는 파리코뮌이나 랭보에게는 정말 너무나 짧은 시간만이 허락되었던 겁니다. 아직 완전히 성장하기도 전에 파리코뮌이란 자궁이 파괴되어버렸으니, 랭보는 사실 미숙아의 상태로 위계적 질서가 회복된 파리 거리로 매몰차게 내던져진 꼴이었죠. 이 작은 미숙아가 '코뮈나르의 벽'을 쓰다듬는 것도, 그리고 이 작은 미숙아가 다시 굴욕적인 삶에 빠진 노동계급을 품는 것도 사실 거의 불가능에 가까운 일일 겁니다. 마침내 1875년 스물한 살의 랭보는 영영 시를 떠나버리고 맙니다. 결국 자신의 "시구들은 뛰놀게" 될 것이라는 다짐을 랭보는 더 이상 지킬 수 없게 되었습니다. 자신의 시가 '객관적 시'가 아니라 '주관적 시'로 전락하는 걸 견디기 힘들었던 탓일까요? 아니면 파리코뮌이 자신을 한때 견자로 만들었지, 스스로의 힘으로 견자가 되는 데 실패했다는 사실을 확인했던 탓일까요? 모를 일입니다. 그러나 한 가지 확실한 건 있지요. 랭보! 그는 파리코뮌의 견자였고, 그리고 파리코뮌의 시인이었다는 사실 말입니다.

2부

마르크스의 철학, 마르크스의 과학

역사철학
3장

우금치의 하늘 같은 님들

1894년 음력 11월 9일, 그러니까 양력으로는 12월 5일입니다. 이미 입동立冬이 지난 지 벌써 한 달이니, 아침저녁으로는 싸늘한 냉기를 느낄 때이지요. 공주와 부여를 연결하는 우금치牛金峙 고개에는 차가운 겨울바람만 속절없이 지나가고 있을 뿐, 그렇게 구슬프게 울었던 새들마저도 행적이 묘연했습니다. 이미 새벽에 모리오 마사이치森尾雅一 대위는 자신의 직속 주력 부대 250명과 아울러 조선 정부군를 지휘하여 우금치에 진을 치고 있었기 때문이지요. 아마 새들도 익숙하지 않은 언어, 군복, 그리고 장비에 놀랐나 봅니다. 모리오 대위는 직감하고 있었습니다. 동학농민군의 주력 부대, 즉 전봉준全琫準(1855~1895)이 이끌던 1만 명의 대군이 우금치를 통과하리라는 사실을 말이지요. 그만큼 우금치는 중요한 곳이었지요. 이 고개만 넘으면 바로 공주가 코앞이었고, 공주를 점령하는 순간 동학농민군의 영향력은 조선 정부의 수도 한양을 뒤흔들 수도 있었기 때문입니다. 오전 10시 마침내 전봉준은 농민군에게 우금치로 진격하라고 명령하게 됩니다. 1894년 12월 5일 오전 10시! 갑오농민전쟁 중 동학농민군의 기세와 힘이 최절정에 달했던 순간입니다.

　　우금치 전투는 본격적으로 오전 10시 40분경부터 오후 1시 40

1894년 신식 소총으로 무장한 일본군의 모습.

청일전쟁 당시 종군화가로 활동했던 구보타 베이센의 그림(1894). 그림에 개틀링 기관총이 보인다. 당시 일본군은 미국 남북전쟁에서 맹위를 떨쳤던 개틀링 기관총으로 동학농민군을 학살했다.

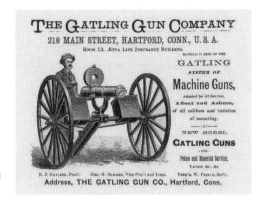

1894년 개틀링 건 컴퍼니의 광고 전단.

2부. 마르크스의 철학, 마르크스의 과학

동학농민군의 무기였던 화승총과 장태(오른쪽). 장태는 일본군의 총알을 막는 방패 역할을 했다. 이 밖에 동학농민군은 죽창과 각종 농기구를 무기로 사용했다.

분경까지 벌어집니다. 그야말로 혈전이었지요. 불행히도 혈전은 오직 동학농민군에게만 해당하는 것이었습니다. 압도적 무기로 무장한 모리오의 군대는 지형적 유리함까지 더해져 심하게 말하면 동학농민군을 3시간 동안 학살했다고 할 수 있으니까요. 당시 모리오 대위의 일본 군대는 미국 남북전쟁에서 맹위를 떨쳤던 개틀링 기관총^{Gatling gun}과 1870년 프랑스·프러시아 전쟁 당시 프랑스를 괴멸했던 독일산 대포 크룹포^{Krupp gun}로 무장하고 있었습니다. 특히나 농민군에게 치명적이었던 것은 바로 개틀링 기관총이었습니다. 1개의 축에 10개의 총신이 달린 이 기관총, 아니 정확히 말해 개틀링 기관포는 분당 3000발을 쏠 수 있었으니까 말입니다. 대부분 구식 화승총으로 무장하고 있던 농민군 3000명을 개틀링은 1분 안에 대적할 수 있었던 셈이지요. 더군다나 농민군이 넘으려고 했던 우금치 고갯길은 양쪽에 가파른 능선을 끼고 있는 일종의 협곡이었으니, 1만

명의 대군이 가진 압도적 군사력도 무용지물일 수밖에 없었지요.

농민군이 우금치의 협곡으로 들어서자, 일본군은 일제 사격을 감행합니다. 얼마 지나지 않아 우금치는 농민군의 피가 모여 내를 이루게 되지요. 그렇지만 이에 굴하지 않고 농민군은 다시 우금치로 오르고, 이어서 일본군의 개틀링 기관총이 다시 불을 뿜습니다. 당시 조선 정부의 《관보官報》의 기록처럼 "이렇게 하기를 40~50차례를 하니 시체가 산에 가득 찰" 수밖에 없지요. 생각해보세요. "드르륵 드르륵!" 개틀링 기관총이 불을 한 번 뿜으면, 신음소리와 피 냄새만 남는 우금치 고개 협곡을요. 그러나 놀라운 것은 농민군은 조금도 굴하지 않고, 다시 개틀링 기관총 앞으로 전진했다는 사실입니다. 죽기를 각오하지 않고서는 불가능한 일이지요. 나중 기록에 따르면 우금치에서 퇴각한 전봉준이 자신의 주력 부대를 점검해보니 3000명 정도였다고 합니다. 결국 이 우금치에서 7000여 명의 주검들이 그야말로 피의 강을 이루고 산처럼 쌓였던 셈이지요.

도대체 무엇이 지금까지 관리와 지주의 수탈에 찍 소리도 못하고 순종했던 무지렁이와 같았던 농민들을 죽음도 두려워하지 않는 전사로 만들었던 것일까요? 이건 우리만이 품은 의구심은 아니었던가 봅니다. 당시 일본군이나 조선 정부군도 마찬가지였을 겁니다. 특히 지주라는 경제적 토대로 관료가 되었던 조선 정부군 명령권자들의 눈에는 더 충격적으로 다가왔나 봅니다. "농민군의 전사들이 과연 자신이 향리에서 알던 그 농민들과 같은 사람들이란 말인가? 정말 저들이 자기 앞에서 허리를 굽히고 쩔쩔매던 그 농민들이란 말인가?" 당시 일본군을 도와 자기 민족을 도륙하는 데 앞장섰던 조선 정부군의 좌선봉左先鋒 이규태李圭泰(?~?)의 눈에 비친 농민군들의 모습을 한번 살펴볼까요.

아! 저 비류匪類의 몇 만 무리들이 40~50리나 둘러 뻗쳐 있어 길이 있으면 싸워 빼앗고 높은 산은 싸워 차지하여 동쪽에서 소리 지르고 서쪽에서 내달리며 왼쪽에서 번쩍하더니 오른쪽으로 사라지고 깃발을 휘두르며 북을 쳐대고 목숨을 버리면서 먼저 오르려 하니 저들의 의리는 무엇이며, 저들의 담략은 어찌 된 것입니까? 그들이 하는 짓을 생각하면 뼈가 떨리고 마음이 섬뜩해집니다.

−《순무사정보첩巡撫使呈報牒: 음력 11월 9일》

이규태는 1894년 10월 11일부터 12월 20일까지 갑오농민전쟁과 관련된 첩보들을 당시 조선 정부군 전체를 지휘했던 순무사巡撫使 신정희申正熙(1833~1895)에게 보냈습니다. 전체 104개 첩보들을 모은 책이 바로《순무사정보첩》이지요. 방금 읽은 구절은 양력 12월 5일 우금치 현장에 있었던 이규태의 첩보에 등장합니다. 우금치에서 직면했던 농민군은 이규태에게는 두렵고 경이로운 존재로 보였습니다. 생각해보세요. 죽음의 자리에는 어떤 명령도 유야무야有耶無耶합니다. 그만큼 죽음은 모든 생명체라면 본능적으로 피하려는 것이지요. 그래서 권력은 삶을 볼모로 인간의 자유를 억압하는 겁니다. 대부분의 경우는 생물학적 삶을 위해 권력에 굴종하는 쪽을 선택합니다. 그러나 간혹 생명을 내놓고 억압을 거부하는 경우도 발생하지요. 바로 이 순간 권력은 그를 죽일 수 있을지언정 그를 노예로 부릴 수는 없다는 걸 자각하게 될 겁니다. 그러나 이런 자유정신은 얼마나 힘든 일입니까. 이규태가 본 것은 바로 더 이상 누군가의 부당한 말을 듣기를 단호하게 거부했던 자유정신이었던 겁니다. 군주에 대한 충성이란 명분으로 상명하복을 당연히 여기고 있던 이규태로서는 압도적 힘에 맞서는 농민군들이 무서웠던 겁니다. "그들이 하는 짓을 생각하면 뼈가 떨리고 마음이 섬뜩해집니다."

12월 5일 이규태의 첩보에는 동학농민군 참여자들을 체포하고 그들이 소지하고 있던 것을 압수수색한 경과도 기록되어 있습니다. 우금치 전투를 앞두고 일본군과 조선 정부군은 동학농민군의 기세를 미리 막기 위해, 사전에 광범위한 조치를 수행했던 것으로 보입니다. 누군가 즐겨 사용하는 물건을 확인할 수 있다면, 우리는 쉽게 그 사람의 내면을 알 수 있는 법입니다. 그러니 우금치에서 쓰러져 간 농민군들의 속내를 알려면 그들이 가지고 있던 물건들을 살펴보는 것이 도움이 될 겁니다. 이를 통해 마침내 "저들의 의리는 무엇이며, 저들의 담략은 어찌 된 것이냐"는 이규태의 의문도 어렵지 않게 풀리게 되겠지요.

> 이천옥李千沃의 집에서는 총 17자루가 나왔는데 9자루는 파손되어 쓸 수가 없었고 또 양창洋槍 9자루, 창 80자루, 철환鐵丸 500개, 환도 4자루와 이른바 《동학동경대전東學東經大全》 판각본 2권이 나와 본진으로 운송하였습니다. …… 지명석池命石의 집을 수색하니 무수장삼舞袖長衫, 홍기紅旗 1폭, 뇌장雷杖 1건件, 용천검龍泉劍 1건이 나왔습니다.
>
> -《순무사정보첩: 음력 11월 9일》

일단 억압에 맞설 수 있는 폭력수단을 당시 농민군들이 가지고 있다는 것이 명확해 보입니다. 서양 제국주의의 무기들로 압도적 폭력수단을 갖춘 일본군과 조선 정부군에 맞서기에는 역부족이지만, 그래도 맞서려면 최소한의 폭력수단은 갖추어야 합니다. 여기

2부. 마르크스의 철학, 마르크스의 과학

〈최제우 제세주법상濟世主法像〉.
최제우는 '시천주侍天主', 즉 "하늘님을
모셔야 한다"고 가르쳤다. 이것은
존귀한 하늘을 모시자는 뜻이 아니라,
자신의 존귀함, 자신의 자유를 스스로
지키는 것을 뜻했다.

서 우리 눈에 들어오는 것은 《동학동경대전》이란 책, 그리고 무수
장삼이나 용천검 등 특이한 용품들입니다. 먼저 《동학동경대전》을
살펴보죠. 동학의 창시자 최제우崔濟愚(1824~1864)의 사유가 체계적으
로 피력되어 있는 경전이 바로 《동경대전東經大全》입니다. 결국 우금
치에서 죽음을 불사했던 농민들의 정신에는 최제우의 가르침이 녹
아 있었던 겁니다. 그렇다면 최제우는 동학을 무엇이라고 가르쳤
던 것일까요? 그것은 '시천주侍天主', 즉 "하늘님을 모셔야 한다"는 겁
니다. 《동경대전》에는 한자로 열세 글자의 주문이 등장합니다. "시
천주조화정侍天主造化定, 영세불망만사지永世不忘萬事知"가 바로 그것입니다.
"하늘님을 모시어 조화가 내게 자리를 잡으니, 언제나 잊지 않으면
만사가 다 알아질 것이네!"라고 풀이할 수 있습니다.

　　열세 글자 주문의 핵심은 '시천주'에 있습니다. 하늘님을 모시

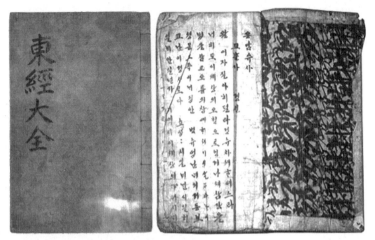

동학의 기본 경전인 《동경대전》과 《용담유사》. 한문으로 쓰여 있는 《동경대전》은 지식인을 위한 것이었고, 한글로 쓰여 있는 《용담유사》는 농민, 여성, 천민을 위한 것이었다.

는 데 성공한다면, 나머지 것들은 저절로 파생될 테니 말이지요. 그런데 하늘님이라고 하는 순간, 동학을 잘 모르는 사람들은 무언가 초월적인 것을 연상하며 하늘을 올려다볼지도 모릅니다. 최제우가 정말로 원하지 않았던 풍경이지요. 《용담유사龍潭遺詞》〈도덕가道德歌〉에 등장하는 최제우의 육성을 하나 들어보죠. "저 하늘 위로 하늘님이 옥경대에 계신다는 듯이 말을 하는데, 이것은 자연의 법칙은 말할 것도 없이 허무한 이야기 아닐런가." 그렇습니다. 최제우에게 하늘님은 초월적인 존재로 설정되지 않습니다. 그건 그냥 수식어일 뿐입니다. 결국 '하늘님'에서 중요한 것은 '하늘'이 아니라 '님'이란 글자일 겁니다. 한자로 보자면 천주天主에서 중요한 것은 '천天'이 아니라 '주主'라는 겁니다. 결국 '하늘님'은 '하늘'이란 초월자에 존칭어 '님'을 붙인 것이 아니라, '님'에 '하늘'이란 수식어가 붙은 것으로 이해해야 한다는 겁니다.

《동경대전》〈논학문論學文〉 편을 보면 '하늘'을 뜻하는 '천天'은 해석하지 않고 '님'의 한자어 '주主'에만 해석을 단 것도 이런 이유에서가 아니었을까요. 같은 편을 보면 1860년 음력 4월 5일, 그러니까 양력 5월 25일 최제우는 '하늘님'의 소리를 듣게 되는 신비한 체험을 한 적이 있습니다. 처음 최제우는 자신에게 말을 건네는 '하늘님'이 초월적인 존재라고 착각했던 것 같습니다. 그러나 결국 존귀한 자기 자신이 아직 존귀하지 못한 자신에게 건네는 말이라는 걸 알게 되죠. 하늘님이 최제우에게 말했기 때문입니다. "내 마음이 바로 네 마음이다吾心卽汝心也. 사람들이 어찌 이것을 알겠는가!" 하늘처럼 존귀한 자신은 노예가 아니라 주인일 수밖에 없습니다. 한마디로 말해 자유로운 자신이라는 겁니다. 귀한 사람은 자신의 의지대로 살지만, 천한 사람은 남의 뜻에 따라 살기 때문이지요. 이렇게 최제우의 '하늘님'은 처음에는 '하늘이라는 님'이었다가 '하늘 같은 님'으로 의미가 미묘하게 변하게 된 겁니다. 바로 이 순간 서학과는 다른 동학이 정말로 탄생하게 되지요. '하늘님을 모셔야 한다'는 '시천주'의 가르침은 존귀한 하늘을 모시자는 것이 아니라, 자신의 존귀함, 자신의 자유를 스스로 지켜야 한다는 취지였던 겁니다.

한문으로 쓰인 《동경대전》은 글자깨나 아는 지식인들을 대상으로 쓰인 것이지요. 그러나 모든 사람이 하늘님이라고 믿는 최제우에게 남녀귀천男女貴賤이 따로 있을 수가 없습니다. 가부장제사회에서 자존감이 떨어져 있는 농민들, 여인네들, 그리고 천민들이야말로 그의 가르침이 정말 필요한 사람들이었을 테니 말이지요. 그래서 한글로 쓰인 《용담유사》가 탄생했던 겁니다. 《용담유사》에는 너무나 쉽게 시천주의 가르침을 풀어주는 대목이 있습니다. 한번 읽어보지요.

나는 절대로 믿지 말고 하늘님만을 믿어라.

너의 몸에 모시고 있으니 가까운 것을 버리고 먼 것을 찾아서
야 되겠는가.

나도 역시 하늘님만 완전히 믿기를 바란다.

꿈에서 깨어나지 못한 너희들은 책들은 완전히 집어던지고
수도하기에 힘쓰지만 그 또한 도덕일 뿐이다.

문장이고 도덕이고 헛된 일이 될 수 있다.

열세 글자의 주문을 품으면 만 권이나 되는 책이 무슨 소용이
있겠는가.

마음공부라고 했으니 그 취지를 잊어서는 안 된다.

— 〈교훈가敎訓歌〉, 《용담유사》

1880년대 당시 구어에 가까웠던 내용을 지금 읽기 편하게 과
감히 번역한 겁니다. 동학을 창시한 자신의 이야기도 믿지 말고, 각
자가 하늘님이라는 것을 믿어야 한다고 최제우는 역설하고 있습니
다. 결국 당신은 하늘 같은 님이니 일체 외적인 권위에 의지하지 말
아야 한다는 이야기지요. 이것은 물론 자신만을 권위자로 긍정하는
것을 말합니다. 바로 '하늘님을 모셔야 한다'는 시천주의 정신입니
다. 결국 하늘님은 하늘 저 멀리 높은 곳에 있지 않습니다. 스스로
존귀해지면, 그는 하늘 같은 님, 즉 하늘님이 되기 때문입니다. 결국
마음의 문제이겠지요. 외부에 휘둘리는 노예의 마음이 되거나 아니
면 외부에 흔들리지 않고 자유롭고 당당한 주인의 마음이냐의 문제
일 겁니다. 물론 머릿속에서나 말로 "나는 하늘님과 같다"고 다짐하
거나 외치는 것으로 충분하지 않습니다. 자신이 존귀하다고 아무리
되뇌어도, 누군가만 만나면 금방 비굴해지기 쉬운 것이 인간이니

2부. 마르크스의 철학, 마르크스의 과학

말입니다. 그래서 정말 온몸으로 하늘 같은 님으로 살아갈 수 있어야만 합니다. 관념이 아니라 실제로 하늘 같은 님으로 살기 위한 일종의 좌우명으로서 최제우가 열세 글자 주문을 강조했던 것도 이런 이유에서입니다.

"시천주조화정, 영세불망만사지." 주문은 힘들 때마다 되새겨보는 일종의 좌우명이자, 평상시 쉽게 기억할 수 있는 시와 같습니다. 최제우의 가르침이 이 열세 글자의 주문으로 요약된다면, 전체 주문을 완전히 음미해볼 필요가 있을 듯합니다. 다행스럽게도 최제우는 이 주문에 스스로 해설을 붙였죠. 그만큼 이 주문은 최제우의 사유의 알파이자 오메가였던 셈입니다.

'시侍'는 안으로는 신령이 있고 밖으로는 기화가 있어서 세상 사람 모두가 알아서 옮기지 않는다는 의미다. '주主'는 그 존귀함이 부모를 모시는 것처럼 해야 한다는 것을 가리킨다. '조화造化'는 억지로 하지 않아도 변화된다는 것이다. '정定'은 조화의 역능에 부합해 조화의 마음을 안정되게 한다는 것이다. '영세永世'는 인간의 한평생을 말한다. '불망不忘'은 생각을 보존한다는 뜻이다. '만사萬事'는 수가 많다는 것이다. '지知'라는 것은 만사의 원리를 알아서 만사의 앎을 받아들인다는 것이다侍者, 內有神靈, 外有氣化, 一世之人, 各知不移者也. 主者, 稱其尊而與父母同事者也. 造化者, 無爲而化也. 定者, 合其德定其心也. 永世者, 人之平生也. 不忘者, 存想之意也. 萬事者, 數之多也. 知者, 知其道而受其知也.

－〈논학문〉, 《동경대전》

한자적 표현과 그 사유에 익숙하지 않은 독자들로서는 무언가 아리송한 느낌이 들 겁니다. 쉽게 풀어볼까요. '모신다' 혹은 '섬긴다'는 뜻의 '시(侍)'를 먼저 살펴보죠. "안으로는 명료한 정신을 갖고 겉으로는 구체적인 실천을 하는 것이자, 동시에 그것을 어기지 않는 것"이 바로 '모신다'는 의미입니다. 자신을 주인으로 모신다는 의미지만, 이해를 돕기 위해 어떤 군주를 모시는 신하를 예로 들어보도록 하죠. 신하는 안으로는 마음을 다하고 겉으로는 몸을 다해 군주에게 충성을 다할 것이고, 이런 충성을 결코 배신하지 않을 겁니다. 스스로를 주인으로 모시는 것도 마찬가지죠. 여기서 잊지 말아야 할 것은 스스로 주인이 되는 순간, 주인에 걸맞은 행위가 자연스럽게 나온다는 점이죠. 철창이 사라지면 자유롭게 뛰어 노는 사자처럼, 새장을 벗어나면 창공을 솟구치는 독수리처럼 말입니다. 바로 이것이 "하늘님을 모시면, 자연스런 행동이 자리를 잡는다", 즉 '시천주조화정'이란 표현으로 최제우가 말하고자 했던 겁니다. 이제 다음은 '영세불망만사지'라는 남은 주문입니다. 사실 나머지 일곱 글자의 주문은 '시천주조화정'의 중요성과 아울러 '시천주조화정'의 효과를 다시 강조하는 후렴구에 지나지 않습니다.

　"나는 하늘님과 같다"는 사실을 죽을 때까지 잊지 않으면, 모든 일을 주관하게 됩니다. 삶의 주인이 되었으니, 모든 일에 주체적으로 개입하게 되는 것은 어쩌면 당연한 일이죠. '지(知)'라는 글자에는 "주관한다" 혹은 "운영한다"는 의미가 있습니다. 농사를 아는 자가 농사를 짓고, 배를 아는 자가 선박을 만들거나 조종합니다. 그래서 '지사(知事)'라는 관직도 생긴 겁니다. 우리의 경우 아직도 '도지사'라는 말을 쓰는 것도 이런 맥락에서죠. 각 도의 일을 주관하는 사람이 바로 도지사니까요. "만사를 안다"는 뜻의 '만사지(萬事知)'는 삶의 주인이 된 자가 모든 일을 주관하거나 운영하게 된다는 의미죠. 더 극적으로 표현하자면, '만사지'는 '지만사(知萬事)'가 성공적으로 이루어진 상태라고 할 수 있습니다. 이 대목에서 '지'라는 글자에 대한 최제우의 생각에 주목할 필요가 있습니다. "'지'라는 것은 만사의 원리를 알아서 만사의 앎을 받아들인다는 것이다!" 꽃을, 소를, 강을, 땅을, 바다를, 여자를, 남자를, 아이를, 할아버지나 할머니를, 자기 뜻대로 개조하고 변화시킨다는 이야기가 아닙니다. 꽃의 조화, 소의 조화, 땅의 조화, 바다의 조화, 남자의 조화, 여자의 조화, 아이의 조화, 할아버지나 할머니의 조화에 따라, 즉 공존과 공생의 원리에 따라 일을 주관하고 운영하겠다는 의지이니까요. 나만 주인이 아니라 다른 사람도, 다른 생명체도 주인이라는 발상입니다. 결국 최제우는 열세 글자의 주문으로 '님들의 공동체'를 꿈꾸었던 겁니다. '놈들의 공동체'도 아니고 '소수의 님과 다수의 놈들로 구성된 공동체'도 아닌, 바로 '모든 사람이 주인인 공동체' 말이지요.

매번 새로운 관계에 들어가거나 새로운 일을 시작할 때마다, 아니 수시로 시천주 주문을 외워야 합니다. "시천주조화정, 영세불망만사지." 그래야 '님'이 아니라 '놈'으로 처신하려는 자신의 오래된 나약함과 비굴함을 경계하고 채찍질할 수 있으니까요. 실제로 1894년 두 차례나 있었던 갑오농민전쟁 당시 동학농민군들은 매번 전쟁에 참여하기 전에 열세 글자 주문을 외웠다고 합니다. 목숨이 위태로워 가장 비굴해지기 쉬운 곳, 자존감을 지키기 너무나 힘든 곳이 전쟁터니까요. "하늘 같은 자기 자신을 모신다! 누구도 나를 노예로 부리게 할 수 없다!" 아마 우금치로 오르는 농민군들은 앞 동료들의 시신들을 밟으며 수차례 "하늘님을 모셔야 한다" "하늘 같은 자신의 존귀함과 자유를 지켜야 한다"고 시천주로 시작되는 열세 글자의 주문을 절절하게 외웠을 겁니다. 그러나 말입니다. 쌍놈이라고 조롱받던 농민들이나 천민들이 하늘 같은 님으로 살려고 할 때, 조선 정부나 지방의 지주들, 나아가 일본제국주의자들이 이것을 묵과할 리 없는 일입니다. 당연히 그들은 '하늘님들'을 다시 '쌍놈들'로 만들려고 했겠지요.

결국 최제우가 강조했던 시천주의 주문은 '놈'이 아니라 '님'으로 살기 위한 다짐이나 각오였던 겁니다. 그러나 조선 정부나 일본제국주의는 그 본성상 대부분의 사람들을 '님'이 아니라 '놈'으로 만들어야 유지될 수 있습니다. 그래야 착취도 하고 수탈도 할 테니 말입니다. 이것이 중요합니다. 이렇게 자신이 자유로운 존재, 즉 하늘 같은 님으로 자각한 사람들은 이런 억압에 어떻게 대응해야 할까요? 다시 말해 자신의 자유를 부정하려는 외압이 있다면, 자유인은 어떻게 해야 할까요? 하늘 같은 자신을 지켜야 할 겁니다. 그것은 당연히 외압에 맞선 치열한 싸움일 수밖에 없을 겁니다. 그러나 무지렁이처럼 생활하는 것에 적응된 농민들이나 천민들이 갑자기 압도적 폭력수단을 독점한 체제와 맞서 싸운다는 것은 쉬운 일이 아닙니다. 1864년 마흔한 살의 나이에 최제우가 체제에 의해 살해되는 결정적 원인이 되었던 〈칼노래〉와 〈칼춤〉은 그래서 탄생하게 되죠.

때로구나! 때로구나! 우리 때로구나! 다시 오지 않을 때로구나!
영원을 꿈꿀 장부에게는 5만 년 만에 도래한 때로구나!
용천검龍泉劍 날카로운 칼을 아니 쓰고 무엇 하겠는가!
무수장삼舞袖長衫을 걸쳐 입고 이 칼이나 저 칼 조용히 들어
광대하고 넓은 세상에 온몸으로 맞서서
칼의 노래 한 곡조를 "때로구나! 때로구나!"라고 불러보니
용천검 빠른 칼은 해와 달을 희롱하고
무수장삼은 우주를 덮는구나!

2부. 마르크스의 철학, 마르크스의 과학

오윤의 판화 〈칼노래〉(1985). 동학농민군은
전쟁에 참여할 때 수시로 진영에서 〈칼노래〉를
부르며 〈칼춤〉을 추었다.

옛날의 명장들은 어디에 있나? 장부 앞에는 대적할 장사도 없구나!

좋구나! 좋아! 우리 때가 좋기만 하구나!

-〈칼노래劍訣〉

《동경대전》〈논학문〉편에서 최제우가 말했던 '시侍'라는 글자에 다시 주목할 필요가 있습니다. "'시侍'는 안으로는 신령神靈이 있고 밖으로는 기화氣化가 있어서 세상 사람들 모두가 알아서 옮기지 않는다는 것이다." 온 마음과 온몸으로 자신의 주인 됨을 지키는 것이 바로 '모신다'는 말의 의미죠. 다시 말해 '놈'이 아니라 '님'의 마음을 유지하고 겉으로도 '놈'이 아니라 '님'의 행동과 태도가 지속적으로 드러나도록 하는 것이 바로 하늘님을 모신다고 할 때의 '모신다'는 말의 속내였던 겁니다. 구체적으로 안으로는 '시천주'라는 열세 글자의 주문으로 스스로를 다잡는 것이고 바깥으로는 아무도 함부로 하지 못할 위엄과 당당함을 기르는 겁니다. 그래서 지금은 잊힌 최제우의 〈칼노래〉와 그에 맞추어 행해졌던 집단 검무, 즉 〈칼춤〉이 중요하다는 겁니다. 자신을 지키지도 못하는 님이 무슨 님일 수 있겠습니까? 결국 '시천주'에서 '시'라는 글자는 '모신다'는 직접적인 뜻과 아울러 '지킨다'는 의미도 가지게 되는 겁니다. 하긴 지키지도 못하면 어떻게 모실 수 있다는 말입니까? 마음공부가 몸공부로 심화되는 계기였던 칼춤이란 수련에는 무수장삼이란 옷과 용천검이란 칼이 사용되었습니다.

1894년 12월 5일 이규태의 첩보에서 동학농민군에게서 압수한 것들 속에《동경대전》과 함께 발견되었던 무수장삼이나 용천검이 중요한 이유도 바로 여기에 있습니다. 1864년 조선 정부가 반역

혐의로 최제우를 처형하는 데 결정적인 증거로 사용되었던 〈칼노래〉와 〈칼춤〉이 30년이 지난 1894년에도 그대로 전해지고 있었다는 사실을 우리가 알 수 있기 때문이지요. 실제로 동학농민군이 전쟁에 참여할 때 수시로 진영에서 〈칼노래〉와 〈칼춤〉을 추었다고 합니다. 자! 이제 개틀링 기관총이 소나기처럼 불을 뿜고 있는 우금치 고개를 올라가는 농민군들의 내면이 보이십니까. 그렇습니다. 그들은 단순한 폭도가 아니었던 겁니다. 그들은 '놈들'이 아니라 '하늘 같은 님들'이었기 때문이지요. 그리고 그들은 무력한 관념론자들도 아니었습니다. '님'으로 살기 위해서는 '님'에 걸맞은 몸과 행동을 익혔던 전사이기도 했던 겁니다. 우금치에 오르기 전 무수장삼을 입고 용천검을 들고 칼춤을 추는 장관들을 연상해보세요. 그리고 자기 자신, 즉 하늘같이 존귀한 자신을 지키겠다고 시천주의 주문을 외는 비장함을 느껴보세요.

우금치 전투에 앞서 동학농민군의 집을 급습해서 여러 무기, 서책, 그리고 수련 장비들을 압수했지만, 조선 정부군과 일본군이 결코 압수할 수 없었던 것이 하나 있습니다. 그것은 개개인들이 가질 수 없는 '사회적인 것'이었기 때문이지요. 우금치 전투는 사실 제2차 갑오농민전쟁의 일환이었습니다. 이미 동학농민군은 음력 1월 11일(양력 4월 25일)에서 음력 5월 7일(양력 6월 10일)까지 벌어졌던 제1차 갑오농민전쟁의 제한적 승리 결과 '님들의 공동체'를 전라도 53개 군현에 만들었습니다. 제2차 갑오농민전쟁이 시작되었던 음력 9월 13일(양력 10월 11일)까지 집강소執綱所를 정점으로 하는 농민 자치 시절이 화려하게 시작된 겁니다. 1871년 두 달 정도 유지되었던 파리코뮌이 부럽지 않은 4개월 동안의 짧지만 강렬했던 집강소 시절이었지요. 그래서 제1차 갑오농민전쟁과 제2차 갑오농민전쟁은 성격이 확연히 다르다고 할 수 있습니다. 제1차 갑오농민전쟁이 체제에 수동적으로 저항하는 성격이었다면, 제2차 갑오농민전쟁은 '님들의 공동체', 즉 집강소체제를 지키기 위한 적극적인 공세였기 때문입니다.

동학의 정신이 자유롭고 당당한 개인들, 즉 님들을 가능하도록 했지만, 그것에는 한 가지 보완점이 필요했습니다. 그것은 바로 경제적인 문제였지요. 생산수단이 없는 사람은 정치적으로나 사회적으로 당당한 자유를 구가할 수는 없는 법입니다. 아무리 스스로 님이라고 자각해도, 먹고살기가 막연하면 구걸할 수밖에 없지요. 바로 여기서 님은 또다시 놈으로 전락하게 됩니다. 그래서 동학을 창시했던 최제우, 그리고 동학을 이론적으로 체계화했던 2대 교주 최시형崔時亨(1827~1898)의 정신을 구체적 삶의 현실에 뿌리를 내리게 했던 전라도 동학 지도자들이 중요한 겁니다. 전봉준全琫準(1855~1895), 김개남金開南(1853~1895), 손화중孫華仲(1861~1895)이 바로 그들입니다. 그렇다면 그들이 그려갔던 집강소 시절은 어떤 모습이었을까요? 결과론적으로 조선 정부군과 일본군에게 동학농민군들의 꿈은 괴멸되었기에, 집강소 시절을 알려주는 많은 자료들은 소실되었고 은폐되었고 심지어 파괴되었습니다. 어쨌든 승자는 패자의 역사를 그대로 방치하지 않는 법이니까요. 그렇지만 모든 동학농민들, 혹은 동학교도들을 죽이는 것은 불가능에 가까운 일입니다. 그래서 다행스럽게도 1940년 간행된 오지영吳知泳(1868~1950)의 《동학사東學史》가 아직 우리에게 남아 있습니다.

제1차 갑오농민전쟁 이후 전라도에 자치 정부를 모색하면서, 동학농민군 지도자들은 집강소 조직의 일종의 공약, 즉 열두 개의 정치 강령을 공포합니다. 《동학사》는 열두 개 조로 구성된 개혁 강

동학의 2대 교주 최시형. 1898년
3월 원주에서 체포되어 서울로
압송, 6월 2일 교수형에 처해졌다.

령을 다음과 같이 기록하고 있습니다.

첫째, 사람의 생명을 함부로 해치는 자는 목을 벤다.
둘째, 탐관오리는 제거한다.
셋째, 포악스런 지주들은 엄징한다.
넷째, 유림과 양반들의 소굴을 공격해서 파괴한다.
다섯째, 가난한 백성들의 병역 문서를 불태운다.
여섯째, 종 문서를 불태운다.
일곱째, 백정의 머리에서 패랭이를 벗기고 갓을 쓰게 한다.
여덟째, 규정되지 않는 세금은 일절 걷지 않는다.

2대 교주 최시형의 정신을 구체적 삶의 현실에 뿌리를 내리게 했던 전라도 동학 지도자들. 위에서 시계 반대 방향으로 전봉준, 김개남, 손화중.

2부. 마르크스의 철학, 마르크스의 과학

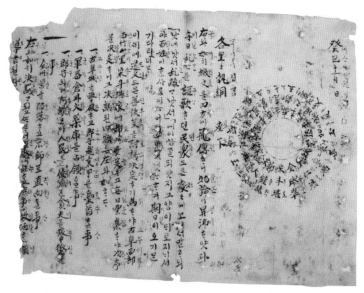

동학농민군의 사발통문. 고부성을 점령하고 군수 조병갑을 효수할 것, 군기창과 화약고를 점령할 것, 군수에게 아첨하여 인민을 괴롭힌 탐리를 격징할 것, 전주성을 함락하고 서울로 직향할 것 등이 적혀 있다.

아홉째, 공사채는 물론하고 과거의 모든 부채는 무효로 한다.

열째, 외적과 연락하는 자는 목을 벤다.

열한째, 토지는 균등하게 나누어 경작한다.

열두째, 농민군의 두레법은 장려한다.

-《동학사》(초고본)

여담이지만 1940년 간행된 《동학사》는 이 간행본 외에 초고본이 따로 있습니다. 흥미로운 점은 간행본에 기록된 열두 개의 강령과 초고본의 열두 개 강령이 미묘하게 차이가 난다는 점입니다. 간행본에는 무언가 노회한 정치가의 냄새마저도 납니다. 전체적으로 농민 자치를 주장하지만, 간행본은 초간본에는 없는 강령이 첫째 강령으로 등장합니다. "동학인과 정부 사이의 해묵은 오해를 없애서 정사에 서로 협력한다"는 강령이 그것이지요. 이와 대조적으로 초고본의 첫째 강령은 "사람의 생명을 함부로 해치는 자는 목을 벤다"는 겁니다. 동학 지도자들의 입장이라기보다는 동학농민들의 입장이 강하지요. 일본제국주의가 절정에 이르렀던 1940년이라는 시대 상황 때문일까요? 오지영은《동학사》를 간행하면서 일본제국주의를 의식하며 열두 개 강령을 부드럽게 완화하고 있는 것처럼 보입니다. 아니면 열두 개 강령이 계속 변해서 다양한 버전의 강령들이 있었던 것일까요? 모를 일입니다. 어쨌든 여기에서는 초고본에 기록된 강령들을 읽어보려고 합니다. 아니나 다를까, 초고본의 강령들이 더 질박하고 직설적이고 박진감이 있습니다.

어쨌든 이 열두 개 강령이 중요한 이유는 집강소가 과거 억압적인 정부처럼 권위적인 정치기구가 아니라 오직 이 강령을 집행하려는 기구였기 때문입니다. '집강소'란 글자를 보세요. '강령綱을 집행하는執 곳所'이라는 뜻입니다. 그러니 열두 개의 강령이 중요하다는 겁니다. 강령들을 보면 우리는 집강소가 일체의 신분 차별이 없는 '님들의 공동체'를 지향하고 있다는 걸 알게 됩니다. 중요한 것은 남녀귀천의 신분 차별을 없애려면 기본적으로 '님들'이 다른 사람에게 의지하지 않고 먹고살 수 있도록 생산수단을 나름대로 확보해야 하는 경제 정책이라고 할 수 있습니다. 이런 경제 정책 없이 신분 차별을 없앤다는 것은 공염불에 지나지 않을 테니 말입니다. 생각해보세요. 신분 차별은 생산수단을 특정 사람이 독점할 때 생기는 겁니다. 생산수단을 독점하는 사람이 지배자가 되고, 몸뚱이 빼고는 가진 것이 없는 사람은 피지배자가 되는 겁니다. 그래서 "종

2부. 마르크스의 철학, 마르크스의 과학

문서를 불태운다"는 다섯째 강령, "부채를 무효화한다"는 아홉째 강령, "토지를 균등하게 나누어 경작한다"는 열한째 강령, 마지막으로 "농민군의 두레법은 장려한다"는 열두째 강령이 중요합니다.

전라도를 장악한 동학 지도자들은 생산수단의 문제를 이미 예리하게 간파하고 있었던 겁니다. 최제우나 최시형이 한수 배워야 할 대목이지요. 열한째와 열두째 강령을 함께 읽으면 농민들에게 생산수단을 균등하게 나누어주고, 동시에 두레의 방법으로 상호 협업도 강조하고 있다는 걸 알 수 있습니다. 《프랑스내전》에서 마르크스가 파리코뮌을 분석하면서 말했던 "자유롭고 연합적인 노동"이 바로 집강소를 통해서 구체화된 겁니다. 님들이 스스로 님으로 있으면서도 다른 님들과 공존할 수 있는 '님들의 공동체'는 바로 이렇게 우리 땅에 뿌리를 내린 겁니다. 제2차 갑오농민전쟁이 언제 시작되었는지 기억해보세요. 균등하게 나눈 땅에서 두레라는 협업을 통해서 이루어졌던 농사의 결실, 즉 '님들의 공동체'가 최초의 수확을 마친 다음이었습니다. 농민들답죠. 일단 수확을 한 후, 자신들의 소망스런 공동체를 괴멸하려는 조선 정부와 일본제국주의에 맞선 전쟁을 단행한 것이지요. 바로 이겁니다. 우금치에서 생명을 바쳐서라도 지키고 싶었던 것은 바로 '님들의 공동체'였던 겁니다. 이 소망스런 공동체가 와해되면, 님들은 다시 땅을 빼앗기고 함부로 부려지는 놈들로 전락하게 되니까 말입니다.

만일 서양 제국주의로부터 유래한 압도적 폭력수단이 일본군이나 조선 정부군에게 없었다면, 예를 들어 개틀링 기관총이나 영국제 슈나이더 소총이 그들에게 없었다면, 한마디로 말해 동일한 무기로 싸웠다면, 동학농민군이 우금치에서 그렇게 처참하게 패퇴하지는 않았을 겁니다. 그러나 어쩌겠습니까? 농민군들이 우금치를 넘어서 억압적 권력에 맞서지 않았다면, 얼마 지나지 않아 더 압도적인 무기와 군사력으로 무장한 일본군이나 조선 정부군이 '님들의 공동체'를 괴멸하려고 우금치를 넘었을 테니 말입니다. 파리코뮌의 경우 파리 민중들은 파리 시내에 바리케이드를 치고 수동적으로 저항했습니다. 그러나 님들로 깨어난 우리 동학농민군들은 개틀링 기관총의 탄막을 뚫고 능동적으로 돌진했습니다. 주력 부대를 이끌던 전봉준으로서는 선택의 여지가 없었던 겁니다. 무언가 최선을 다해서 후회를 남기지 말자는 생각! 이미 제1차 갑오농민전쟁 때도 정치적 계산에 깜빡 휘둘려 조선 정부의 수도 한양으로 진군하지 않았던 패착을 범했던 전봉준이었으니까요.

1894년 12월 5일 동학농민군은 우금치에서 후퇴했습니다. 이 날이 이제 님들의 세상이 꺼져가기 시작한 임계점이 된 날었습니다. 4개월 동안 소망스러웠던 '님들의 공동체', 그 화려했던 집강소 시절은 전설로 사라지기 시작한 셈이지요. 이제 내리막과 조락의 시간이 시작된 겁니다. 충청도 동학을 '북접北接'이라고 하고 전라도 동학을 '남접南接'이라고 하죠. 우금치 전투 이후 남접의 세 지도자는 차례로 체포됩니다. 1894년 12월 2일(양력 12월 28일)에 전봉준은 순창에서, 김개남은 태인에서 체포됩니다. 이어서 12월 11일(양력 1895년 1월 6일) 손화중이 고창에서 체포됩니다. 전봉준이나 손화중도 마찬가지지만 김개남에게도 자신을 지키는 1000여 명의 친위부대가 있었습니다. 그런데도 세 지도자가 허무하게 사로잡힌 이유는 무엇일까요? 그들은 친위부대를 대동하고 다닐 수 없었기 때문입니다. 일본군과 조선 정부군이 장악해버린 전라도 땅에서 이렇게 눈에 띄는 부대와 함께 다닌다는 것은 자살행위나 다름없지요. 그러니 남접의 세 지도자는 몇몇 측근들과 소규모로 움직였던 겁니다. 바로

2부. 마르크스의 철학, 마르크스의 과학

이것이 허무하게 이 3명의 지도자들이 쉽게 체포되었던 이유입니다. 흥미로운 것은 전봉준과 손화중은 체포되어 한양으로 압송되어 형식적인 재판을 받고 처형되지만, 김개남은 한양으로 압송되지 않고 전주에서 바로 처형된다는 사실입니다. 왜 압송을 하지 않았던 것일까요?

김개남과 그의 친위부대와의 관계는 전봉준이나 손화중보다 더 돈독했습니다. 전봉준과 손화중은 어찌저찌해서 한양으로 압송했지만, 김개남은 경우가 달랐던 것 같습니다. 상대적으로 김개남을 위해 목숨을 기꺼이 던질 수 있는 1000여 명의 친위부대는 정말 결사적으로 그를 구출하려고 했던 것으로 보입니다. 그러니 한양으로 가는 길이 어떻게 편할 수 있었겠습니까? 그런데 궁금하지 않습니까? 이들 친위부대의 정체가 말입니다. 그들은 천민 출신 사람들이었습니다. 백정들이나 남사당패들이었죠. 집강소 시절 신분 차별로 죽어가던 자신들을 구원하고 아울러 자신들을 '님'으로 존중했던 사람이 바로 김개남이었던 겁니다. 김개남은 둥지이고 자신들은 새 새끼와 같은 신세였던 겁니다. 둥지가 땅에 떨어지면 새 새끼도 무사할 수 없지요. 그러니 그들은 목숨을 거는 겁니다. 그러나 그것은 단순한 의기만은 아닙니다. 백정은 살아 있는 가축들을 칼로 도살하는 칼잡이들입니다. 남사당패는 외줄 타기 등 일본의 닌자와 유사한 기예를 갖춘 이들입니다. 얼마나 무시무시한 일입니까? 이들이 김개남을 호송하는 와중 어딘가에서 칼을 휘두르며 나타날지도 모르니 말입니다.

그래서 1894년 음력 12월 13일(양력 1895년 1월 8일) 김개남은 체포된 지 10일이 지나자마자 형식적인 재판마저 받지 못하고 전주 남문 초록바위 근처에서 서둘러 처형된 겁니다. 더 비극적인 것은 김개남은 죽어서도 편하지 않았다는 겁니다. 유학자 입장에서 갑오 농민전쟁을 자세히 관망했던 황현黃玹(1855~1910)은 그의 죽음을 다음과 같이 기록합니다.

전라감사 이도재는 혼란을 초래하는 것이 두려워 감히 서울로 개남을 압송하지 못하고 곧바로 참수했다. 배를 갈라 내장을 끄집어내 커다란 동이에 담았는데, 보통 사람의 내장보다 훨씬 크고 많아 한가득 찼다. 개남에게 원한을 품은 가문의 사람들이 다투어 내장을 씹었으며, 개남의 살점을 나누어 가지고 가서 개남에게 희생된 사람들의 제사를 지냈다. 그리고 그의 머리는 상자에 담아 대궐로 보냈다. 미친 사람같이 망령되고 포학한 개남의 행동은 도적들 가운데 가장 심했던 것이다.

—《오하기문梧下紀聞》

종을 빼앗겨 모든 생활을 혼자 힘으로 하게 생겼으니 원한이 생긴 것이고, 곡식을 빌려주면서 농민의 딸이나 혹은 농민 자신의 몸마저 빼앗을 수 있는 차용증서를 받았는데 그것을 태웠으니 원한이 생긴 겁니다. 백정이나 남사당패와 같은 천민들도 자신과 같은 갓을 쓰도록 했으니 원한이 생긴 것이고, 자신이 독점하던 땅을 빼앗아 농민들에게 나누어주니 원한이 생긴 겁니다. 그렇습니다. 김개남은 집강소의 열두 개 강령들을 원칙적으로 그리고 추호의 양보도 없이 관철했던 겁니다. 당연히 전라도 땅 지주들의 원성을 한몸에 사게 되었고, 동시에 농민들, 나아가 천민들의 지지를 한몸에 받게 된 겁니다. 그러니 민중들은 목숨을 걸고 김개남을 구하려고 했고, 지주들은 자신들의 한을 풀기 위해 김개남의 시신을 토막 내

2부. 마르크스의 철학, 마르크스의 과학

서 그의 내장들을 나누어 씹었던 겁니다. 어쩌면 남접의 세 지도자 중 진정으로 '님들의 공동체'를 위해 헌신했던 인물, 그러니까 갑오 농민전쟁과 집강소 시절 모든 님들로부터 추앙을 받았던 상징적인 인물은 전봉준이라기보다 김개남이었는지도 모를 일입니다. 실제로 제2차 갑오농민전쟁을 처음으로 시작했던 것은 전봉준이 아니라 김개남이기도 하니까요.

당시 민중의 마음에서 '님들의 공동체'의 수호신은 김개남이었지만, 시간이 흐른 뒤 갑오농민전쟁의 상징은 전봉준이 됩니다. 그것은 아마도 전봉준이 한양에서 재판을 받아 여러 자료를 남기기 때문이었고, 그리고 동시에 김개남을 부각시키지 않으려는 기득권층들의 집단적 보호본능의 발로 때문일 수도 있습니다. 심지어 1895년 음력 3월 29일(양력 4월 23일) 교수형을 당한 뒤 잘려진 전봉준의 머리는 가족의 품에 안길 수 있었지만, 김개남의 머리는 전주와 한양을 왔다 갔다 했을 뿐 끝내 가족의 품에 안기지 못했습니다. 혹여 김개남의 머리가 하나의 상징이 되어 동학농민군을 다시 혁명으로 이끌까 두려웠던 겁니다. 현재 전라북도 정읍시 산외면에 있는 김개남의 묘는 그의 몸뚱어리 한 점도 들어 있지 않는 가묘假墓, 즉 가짜 묘일 뿐이지요. 그러나 김개남은 어떤 식으로든지 완전히 망각되지는 않았습니다. 아니 정확히 말해 망각하려고 하면 할수록 더 기억할 수밖에 없다고 할 수 있을 겁니다. 그는 정말 오랫동안 숨겨진 영웅으로 민중들에게 그리움의 대상이 되었고, 반대로 아주 오랫동안 악마와 같은 인물로 양반층과 그 후손들에게 저주의 대상이 되었기 때문이지요. 박경리朴景利(1926~2008)의 대하소설《토지》를 보세요. 김개남은 김개주라는 인물로 이름이 바뀌어 소설의 다른 등장인물 윤씨 부인을 겁탈하는 악한으로 등장할 정도입니다. 김개

일본군과 조선인 짐꾼(1905년 4월 23일 자
《륄리스트라시옹L'Ilustration》에 실린 사진).
갑오농민전쟁은 기본적으로 일본제국주의에
대항한 전쟁이었다. 일본군은 필사적으로
동학정신을 궤멸하려고 했다. 스스로 하늘처럼
존귀하다는 당당한 자유정신을 궤멸하지 않고,
어떻게 조선을 식민지로 만들 수 있겠는가?

2부. 마르크스의 철학, 마르크스의 과학

주, 즉 김개남이 양반 부인을 겁탈한다는 무의식적 상징구조가 흥미롭습니다. 여전히 양반 지주 입장의 시선이지요. 나름 신분사회가 철폐된 시대에 살고 있는 작가가 김개남에 대해 이런 시선을 가지고 있다는 사실이 놀랍기만 한 일입니다.

또 한 가지 숙고해야 할 것이 있습니다. 그것은 갑오농민전쟁의 의의와 관련된 것입니다. 우금치 전투를 실질적으로 지휘했던 것은 모리오 마사이치 대위라고 했습니다. 이것은 제2차 갑오농민전쟁의 성격이 일본제국주의와 조선 민중 사이의 갈등이라는 것을 상징하고 있지요. 실제로 일본제국주의는 1894년부터 조선 관료들과 정부군들, 그리고 일본 낭인들을 동원해 동학정신을 궤멸하려고 전국을 돌아다닙니다. 스스로 하늘처럼 존귀하다는 당당한 자유정신을 궤멸하지 않고, 어떻게 조선을 식민지로 만들 수 있겠습니까? 님을 없애지 않으면 놈이 만들어지지 않으니 말입니다. 그 결과는 참혹했습니다. 오지영은 《동학사》에 "전후 피살자들은 계산하면 무릇 30~40만에 이르렀고, 가옥 등은 죄다 불 속에 들어갔으며, 그 밖에 부녀 강탈, 능욕 등은 차마 다 말할 수 없었다"라고 기록합니다. 결국 1894년부터 일본제국주의는 제대로 작동하고 있었던 겁니다. 이미 조선 정부는 아무런 힘도 쓰지 못했으니까요. 이 점에서 한양으로 압송된 전봉준과 손화중은 모든 것을 상징합니다. 두 사람은 조선 정부의 감옥이 아니라 일본 공사관 감방에 투옥되었고, 심지어 정식 재판 이전에 이루어진 비공식적인 심문은 모두 일본 측에서 독점하여 이루어졌다고 합니다. 조선 정부! 1910년 한일합방 이전 이미 1894년에 수명이 다한 겁니다. 안녕! 집강소 시절! 안녕! 조선왕조여!

갑오농민전쟁의 이념! '님들의 공동체'라는 이념은 지금도 심각하게 왜곡되거나, 축소되어 있습니다. 야만적인 부르주아 공동체가 '놈들의 공동체'를 표방하는 시대입니다. BC 3000년 이후 국가주의적 공동체가 '소수의 님과 다수의 놈으로 구성된 공동체'를 당연히 여기는 시대입니다. 부르주아국가에서 '님들의 공동체'는 억압될 수밖에 없고 억압되어야만 했던 겁니다. 심지어 최제우의 사상마저 그 혁명성을 잃고, 종교적인 것으로 변질된 지 오래입니다. "나는 하늘처럼 존귀하다"는 인내천의 가르침도 사람이 아니라 하늘에 무게 중심이 가해져버렸으니까요. 경주 부근 최제우가 동학을 창시했던 용담에 가보세요. 아니면 최제우가 처형당한 대구 달성공원에 가보세요. 근사한 최제우의 동상이 있을 겁니다. 어느 경우든 동상의 최제우는 오른손을 들어 하늘을 가리키고 있죠. 사람을 가리켜야 하는데 하늘을 가리키도록 강요하는 후손들의 무지입니다. 차라리 관람객에게 절을 하는 최제우의 동상이 훨씬 근사하죠. "바로 당신이 놈이 아니라 님입니다!"

그렇지만 너무 절망하지 마세요. 프로이트^{Sigmund Freud}(1856~1939)도 말하지 않았던가요. "억압된 것의 회귀^{Rückkehr der Unterdrückten}!" 1919년에도, 1960년에도, 1987년에도, 그리고 2016년과 2017년에도 억압된 이념, 1894년의 '님들의 공동체'라는 이념은 돌아옵니다. 그렇지만 그 회귀는 완전하지 않았죠.《일상생활의 정신병리학^{Zur Psychopathologie des Alltagslebens}》에 등장하는 프로이트의 말이 또 떠오릅니다. "표현되지 않은 감정들은 결코 죽지 않는다. 그것들은 산 채로 매장되어 추한 방식으로 나중에 나올 것이다." 체제에 의해 '님들의 공동체'라는 이념은 산 채로 매장된 셈입니다. 이 이념이 흙을 더듬고 나오니, 더러워진 채로 추하게 나오는 겁니다. 결국 지금 당장 우리가 개입해야 합니다. 땅을 파고 조심스레 '님들의 공동체'라는

경주 용담에 있는 최제우 동상.
최제우가 오른손을 들고 하늘을
가리키고 있다.

이념과 '하늘 같았던 님들'을 꺼내고, 정갈한 물로 씻어주어야 합니다. 모든 것이 표현되고, 모든 것이 분출되고, 모든 것이 이야기되어야 하니까요. 바로 그 순간 우리도 1894년 우금치에서 쓰러져갔던 님들만큼이나 님이 될 겁니다. 산 채로 매장된 님들과 그들이 꿈꾸었던 '님들의 공동체'는 지금 이곳 우리의 모습이자 우리의 이념이기 때문이죠. 우리가 '님들의 공동체'를 떠안을 때, 우금치를 아직도 배회하는 1894년의 님들은 해맑은 얼굴로 미소를 머금은 채 푸른 하늘이 될 겁니다. 그리고 우리도 땀을 닦으며 푸른 하늘을 올려다보게 될 겁니다. 이렇게 '님들의 공동체'는 커져갈 겁니다.

파리코뮌만큼 찬란했던 집강소 시절

1894년 6월 11일은 억압받는 자들에게는 기억될 만한 날이다. 이날 전주화약 全州和約이 정부군과 농민군 사이에 체결된다. 마침내 6월 21일과 22일 중앙에서 파견된 정부군은 200명 정도만 전주에 남기고 떠나면서, 이제 전라도 땅은 농민들의 수중에 들어온다. 자유로운 개인들의 공동체, 즉 집강소 시절이 짧지만 화려한 서막을 연 것이다. 자치규약이라고 할 수 있는 열두 개의 강령 중 자유와 관련된 규약은 "종 문서를 불태운다"는 여섯째 강령, "백정의 머리에서 패랭이를 벗기고 갓을 쓰게 한다"는 일곱째 강령, 그리고 "토지는 균등하게 나누어 경작한다"는 열한째 강령이 대표적이다. 농민들은 생산수단과 생계수단을 갖지 못하면 자유란 공염불에 지나지 않는다는 것을 잘 알고 있었다. 그러니 열한째 강령이 출현한 것이다. 여기서 우리가 주목할 것은 '종'과 '백정'이란 신분을 없애겠다는 집강소의 의지다. 사극이나 소설을 통해 '종'이라는 단어에 너무 익숙해진 탓에, 이 강령의 파괴력을 잘 감지하지 못하는 사람이 많다.

종, 노예를 말한다. 로마제국 시절 스파르타쿠스와 같은 이민족 노예나 19세기 미국의 냇 터너와 같은 흑인 노예만이 노예는 아니다. 1485년 간행된 《경국대전經國大典》은 양천제良賤制를 신분제도로 표방

2부. 마르크스의 철학, 마르크스의 과학

한다. 양인良人은 양반, 중인, 상민으로 세분화되는데, 권리와 의무의 주체들이다. 반면 천인賤人은 노비, 기생, 백정, 광대, 장이, 승려, 무당, 상여꾼 등 팔천八賤이라고 불리는 사람들로서 권리도, 의무도 없는 사람들이다. 천인 중에 천인, 천인 중 대다수를 차지했던 계급이 바로 종, 즉 노비였다. 당연히 이들은 군대도 가지 않고 세금도 내지 않는다. 집에서 기르는 개나 돼지가 군대를 가지 않는 것과 같은 이치다. 신분사회, 혹은 위계적 사회는 항상 피라미드 구조로 움직인다. 그러니까 제일 상층부를 차지하는 사람은 왕을 정점으로 아주 극소수이고, 피라미드 하층부로 갈수록 숫자는 현저히 늘어날 수밖에 없다. 조선왕조는 평균 1000만 명 내외의 인구를 유지한다. 그중 노비의 비율은 자그마치 30~40퍼센트 정도였다고 하니, 평균 300만 명의 노비들이 조선왕조라는 피라미드를 떠받치느라 등골이 휘고 있었던 셈이다. 참고로 조선왕조의 수도 한양의 인구 중 70~80퍼센트가 노비였다고 한다. 왕족, 문신 관료, 무신 관료 등이 집결한 곳이라 평균보다 훨씬 많은 노비들이 필요했던 것이다.

조선왕조를 포함한 동아시아의 억압사회는 서양식으로 말하자면 고대사회의 노예제와 봉건사회의 농노제가 기묘하게 결합되어 작동했다. 대부분의 피지배계급은 몸을 주인에게 빼앗겼기에 노동력을 착취당하거나, 땅을 지주에게 빼앗겼기에 소작료 형식으로 노동력을 착취당했다. 그러니 대부분 사람들은 노비로 살거나 아니면 소작농으로 살았던 것이다. 노비 등 천인을 해방시키고 농민들이 직접 생산수단을 갖자! 이 슬로건은 조선왕조를 뒤흔들 만한 선언이었던 셈이다. 반면 농민들뿐만 아니라 노비 등 천인들에게 이 슬로건은 그야말로 새로운 하늘이 열리는 개벽開闢 선언이었을 것이다. 조선왕조의 포이어바흐 황현黃玹(1855~1910)이, 갑오농민전쟁에 대한 자

함경남도 문천군 관노비 모습. 조선왕조는 평균 1000만 명 내외의 인구를 유지한다. 그중 노비의 비율은 자그마치 30~40퍼센트 정도였다고 하니, 평균 300만 명의 노비들이 조선왕조라는 피라미드를 떠받치느라 등골이 휘고 있었던 셈이다.

신의 비망록 《오하기문梧下紀聞》에서 "사노私奴, 역인驛人, 무당巫夫, 떠돌이 천민水尺 등 모든 천인들이 가장 즐거워하면서 집강소를 따랐다"고 기록했던 것도 다 이유가 있었던 셈이다. 스파르타쿠스 군단에 당시 노예 6만 명이 모여들었던 것처럼, 당시 소작농들과 노비들이 얼마나 많이 전라도로 모여들었을지 미루어 짐작이 가는 일이다. 이 와중에 놀라운 일이 벌어진다. 조선왕조가 공노비와 사노비로 이루어진 노비제도 등 일체의 신분제도를 폐지하겠다고 선언해버린 것이다. 1894년 7월 단행된 갑오개혁甲午改革, 혹은 갑오경장甲午更張이 바로 이것이다.

　무슨 이유로 조선왕조는 신분제를 폐지하자는 동학농민군의 뜻을 수용했던 것일까? 4월 25일 시작된 농민군의 봉기를 반체제운동

　　　　　2부. 마르크스의 철학, 마르크스의 과학

황현은 자신의 비망록
《오하기문》에서 갑오농민전쟁을
두고 "사노, 역인, 무당, 떠돌이 천민
등 모든 천인들이 가장 즐거워하면서
집강소를 따랐다"고 기록했다.

으로 규정해 신속하게 진압군을 파견했던 조선왕조다. 그런데 무슨
이유로 체제는 자신의 토대였던 신분 피라미드를 스스로 해체하려
고 했던 것일까? 모든 것은 농민군을 진압하기 위해 청제국의 군대
를 불러들였던 조선왕조의 오판에서 시작된다. 정예병을 파견해 나
름 농민군의 예봉을 꺾는 데 성공하자, 조선왕조는 외세를 불러들
인 걸 후회한다. 그렇지만 때늦은 후회일 뿐이다. 6월 9일 조선왕조
의 반대에도 청제국 군대가 아산에 상륙했고, 청제국과 함께 한반도
헤게모니를 다투던 일본도 6월 10일 해병 420명을 인천에 상륙시켰
기 때문이다. 이어서 6월 18일 일본은 군함 10척과 5000명의 병사를
더 파견하고, 그중 4000명의 병력이 한양에 진주하게 된다. 이제야
전주화약을 서둘러 맺고 6월 21일과 22일에 조선 정예병들이 서울

1894년 《일러스트 런던뉴스》에 실린 일본군 평양 입성 장면. 갑오농민전쟁이 일어나자 무능한 조선왕조는 청에 지원 요청을 했고, 이에 청이 조선에 파병을 하자 일본 또한 파병함으로써 조선 땅에서 청일전쟁이 일어났다. 오지영은 《동학사》에 "전후 피살자들은 계산하면 무릇 30~40만에 이르렀고, 가옥 등은 죄다 불 속에 들어갔으며, 그 밖에 부녀 강탈, 능욕 등은 차마 다 말할 수 없었다"라고 기록했다.

로 서둘러 복귀한 이유가 분명해진다. 당장 농민 봉기보다는 일본 군대가 문제였던 것이다. 아니나 다를까, 압도적 무력에 힘입어 오토리 게이스케大鳥圭介(1833~1911) 일본 공사는 조선왕조가 결코 거부할 수 없는 개혁 조치를 강요한다. 심지어 7월 23일 조선왕조의 궁궐 경복궁을 점령하는데, 그 누가 일본이 강요한 내정 개혁 요구에 맞설 수 있다는 말인가?

일본제국은 조선왕조를 압박하면서까지 신분제를 폐지하려고 했던 이유는 무엇일까? 첫째, 일본제국은 조선왕조의 정치경제학적 토대를 와해하려고 했던 것이고, 둘째, 일본제국은 봉건제와 노예제에 속박된 다수의 조선 민중들을 스스로 노동력을 팔 수 있는 임금노

2부. 마르크스의 철학, 마르크스의 과학

동자로 만들려고 했던 것이다. 그러니까 신분제의 폐지는 일본제국의 입장에서 일거양득의 묘책이었던 셈이다. 그만큼 일본제국은 자본주의의 메커니즘을 정확히 이해하고 있었고, 자신들의 운명이 제국주의 정책의 성패로 결정 난다는 걸 자각했던 것이다.

산업자본가들 입장에서 길드의 수공업 장인뿐만 아니라 부의 원천을 장악하고 있는 봉건 영주들도 몰아내지 않으면 안 되었다. 이런 측면에서 본다면 그들의 발흥은 봉건 세력과 그 전횡적 특권에 대해 싸워 얻은 성과이고, 또 '생산의 자유로운 발전과 인간에 의한 인간의 자유로운 착취'에 길드들이 부과했던 구속에 대해 싸워 얻은 성과로 나타난다. …… 역사적으로 보아 본원적 축적ursprünglichen Akkumulation의 역사에서 획기적인 사건—이미 스스로 형성되어가고 있던 자본가계급에게 지렛대 구실을 하게 되는 모든 변혁 중에서도 획기적인 사건—은 대량의 인간이 갑자기 폭력적으로 자신의 생계수단에서 분리되어 보호받을 길 없는 프롤레타리아로서 노동시장에 내던져진 그 사건이다.

-《자본론》1권(1867)

BC 3000년 이래 인간 역사는 억압형식 변화의 역사일 뿐이다. 다수 피지배계급은 고대사회에서는 노예로 중세사회에서는 농노로 살면서 소수의 지배계급을 부양했다. 소수의 자유와 행복을 위해 다수가 구속과 불행을 감당하는 사회였던 셈이다. 말이 사회이지, 정확히 말해 인간이 그것도 소수의 인간이 다수 동료 인간들을 가축으로 훈육하고 수탈하는 인간 농장이었다. 문제는 부르주아사회의 도래다. 이 사회가 유지되려면 생계수단과 생산수단을 돈으로 수렴시키는 데 성공한 자본계급만으로는 충분하지 않다. 자신의 노동력을 노동시장에 자유롭게 팔 수 있는 임금노동자들이 존재해야, 그것도 많이 존재해야 한다. 노동자들의 수가 적으면, 임금이 올라갈 수밖에 없는 것이 자본계급이 강조하는 시장 원리니까. 결국 노예도 노동자로 바꾸어야 하고, 농노도 노동자로 바꾸어야 한다. 귀족이나 지주, 나아가 신분제도를 없애지 않고는 불가능한 일이다. 바로 여기서 부르주아사회의 핵심 이데올로기, '자유'와 '평등'이란 이념이 등장한다. '자유'는 인간이 노비나 농노라는 구속에서 벗어나야 한다는 선언이고, '평등'은 인간을 구속하는 신분제가 철폐되어야 한다는 선언이다. 자유와 평등의 이념이 인간해방으로 미화되지만, 그 이면에는 새로운 피지배계급으로서 노동자들을 양산하는 자본계급의 음흉한 욕망이 전제되어 있다. 자기 노동력을 팔 수도 있고 팔지 않을 수도 있을 때, 우리는 노동자가 자유롭다고 이야기할 수 있다. 그렇지만 노동력을 제외한 일체의 생산수단과 생계수단이 박탈되어 양산된 노동자들은 노동력을 팔지 않을 수 없다. 이것이 무슨 자유인가? 동등하게 노동시장에 노동력을 판다고 해서 평등이라고 말해서는 안 된다. 이미 돈과 노동력 사이에는 근본적인 불평등이 도사리고 있으니 말이다.

부르주아사회가 도래하면서 영국의 경우만 하더라도 자본계급은 자유와 평등의 이념을 앞세워 노동자들을 강제로 양산하는 폭력을 행했다. 언어와 문화가 같은 사람들에게도 자본가계급은 이런 폭력을 자행했는데, 이질적인 문화와 언어를 가진 사람들에게 자본주의체제는 얼마나 가혹했겠는가? 일본제국의 경우 평균 이윤율이 점차로 줄어들 때, 침략을 통해 식민지를 확보하지 않을 수 없었다. 영국의 부르주아 정부와 자본계급이 협력해 수행했던 자국민 노동자

만들기 과정을, 일본제국은 그대로 한반도에 적용했던 것이다. 제국주의에게 식민지는 노동시장일 뿐만 아니라 소비시장이기도 하니까. 더군다나 언어와 문화도 다르니 양심의 가책을 받을 일도 없다. 실제로 갑오경장 이후 해방된 수많은 노비들은 대부분 저임금 일용직노동자로 전락하고, 이들 중 또 많은 수는 농촌에 흘러들어가 머슴이 되거나, 도시에서는 빈민으로 전전하게 된다. 동시에 조선왕조를 지탱하던 신분 피라미드도 붕괴되면서, 조선왕조는 이제 조금씩 모래성처럼 무너지게 된다. 결국 갑오경장은 조선왕조가 붕괴되고 한반도 전체가 식민지의 비극을 겪게 되는 첫 단추였던 셈이다.

간혹 뉴라이트 학자들은 일본제국주의는 나쁘지만, 일본제국주의를 통해 우리도 근대사회로 돌입했다고, 우리 사회가 진보했다고 선전하는 경우가 많다. 민족주의마저 가볍게 버리고 세계화 시대에 발맞추어 그냥 노골적으로 자본주의체제 이데올로그가 되어버린 것이다. 지배계급 입장이 아니라 다수인 피지배계급 입장에서 생각해보라. 노동자가 노비와 소작농으로 있을 때보다 얼마나 나아진 것일까? 주인집에 출퇴근하는 노예가 주인집을 떠나지 못한 노예보다 더 신세가 좋아진 것일까? 더군다나 퇴근한 다음 소비자로 변신한 노동자들은 자신과 동료 노동자들이 생산한 상품들을 소비하는 기능을 수행한다. 정확히 말해 바로 이것이 부르주아사회가 출퇴근이 가능한 노비들을 양산한 한 가지 이유이기도 하다. 결과적으로 노동-임금-소비-노동-임금-소비라는 악무한에 노동자들이 허우적거리는 동안 자본계급은 안정적으로 잉여가치를 확보하는 셈이다.

동학농민군은 신분제를 타파하려고 했다. 로마제국 시절보다 훨씬 더 많은 300만 노비들을 해방시키려고 했고, 백정 등 나머지 천인들도 신분제의 굴레에서 해방시키려고 했다. 그렇지만 노동력을 제외한 모든 생산수단을 박탈하기 위해서, 다시 말해 자본계급이 요구했던 노동자들을 양산하기 위해서가 아니다. 그들은 마르크스처럼 '인간사회' 혹은 '사회적 인간'을 지향했던 것이다. 동학사상의 슬로건 '인내천人乃天'이 가진 의미다. 소작농도 혹은 노비도 하늘이라는 선언이니, 이것이 인간적 사회의 슬로건이 아니면 무엇이겠는가. "토지는 균등하게 나누어 경작한다"는 열한째 강령을 보라. 실질적 자유는 생산수단을 나름 가지고 있어야 한다는 걸 명확히 하고 있지 않은가. 노동력만 가지고 있으면 일용직노동자, 머슴 혹은 도시 빈민이 되어 토지나 돈 등 생산수단을 독점한 자들의 지배를 받을 수밖에 없다. 그렇지만 토지가 균등하게 분배되어 경작되는 공동체에서는 생산수단을 독점한 사람이 없기에 지배관계가 발생하지 않을 뿐만 아니라, 자기 노동력을 팔기 위한 동료들과의 처절한 경쟁도 생각할 수 없다. 분배된 생산수단을 토대로 이루어진 자족적 생활보다는 필요할 때 서로 돕는 상호부조의 생활이 생산량의 측면에서나 정서적 측면에서 훨씬 바람직하다. 그렇지만 생산수단을 가지고 있는 사람들이기에 상호부조는 강요가 아니라 자발적으로 이루어질 수밖에 없다. 동학농민군이 열두째 강령에서 "두레법을 장려한다"고 했던 이유도 여기에 있다.

1894년 6월 11일! 그 누구도 지배하려고 하지 않고 그 누구의 지배도 받으려 하지 않은 자유인들의 공동체는 이렇게 탄생한다. 파리코뮌을 부럽지 않게 만들어준 우리 선조들에게 고마움을 느낄 일이다. 파리코뮌처럼 집강소도 개체성과 집단성, 혹은 자유와 연합의 통일을 모색했고 그 결실을 맺고 있었던 것이다. 자유인들의 공동체가 자멸하기는커녕 한반도에 점점 더 뿌리를 내리자, 조선왕조와 일본 제국은 불안감에 사로잡힌다. 조선왕조는 이 새로운 공동체의 '자유'

이념이 영 마음에 들지 않았다. 신분제를 복원하지 않으면 조선왕조는 체제로서 작동할 수 없을 테니까. 반면 일본제국은 또 다른 이념 '연합'이 마음에 들지 않았다. 마치 '노조'를 편집증적으로 와해하려는 최고의 재벌그룹 삼성처럼 말이다. 자유인들의 공동체! 그것은 숙명적으로 조선왕조나 일본제국의 공동의 적이다. 두 억압체제가 공동 작전을 모색한 것도 이런 이유에서다. 이때 동학농민군으로서는 사실 선택지가 별로 없었다. 자유인들의 공동체가 뿌리를 내린 전라도에서 적들의 동맹에 맞설 것이냐, 아니면 전라도 바깥에서 맞설 것이냐? 애써 가꾼 텃밭에서의 싸움만큼은 피하려는 것이 농부의 마음이다. 마침내 10월 11일 동학농민군은 억압 동맹의 거점이었던 한양을 향해 진격하기로 결정한다. 제2차 갑오농민전쟁은 이렇게 시작되었지만, 우금치에 설치된 개틀링 기관포와 크룹포는 동학농민군을 차갑게 기다리고 있었다.

파리코뮌 시절과 집강소 시절은 유사점만큼이나 차이점도 분명하다. 티에르 정부와 프러시아제국이 힘을 합쳐 파리코뮌을 괴멸하려고 했던 것처럼, 조선왕조는 일본제국과 힘을 합쳐 '님들의 공동체'를 파괴하려고 했다. 나아가 파리코뮌이나 '님들의 공동체'는 억압체제에 맞서는 관건이 생산수단, 폭력수단, 정치수단 등의 공유共有에 있다는 걸 자각하고 있었다. 놀랄 만큼 유사하지 않은가? 그렇지만 여러 면에서 '님들의 공동체'는 규모 면이나 활동 면에서 파리코뮌을 훌쩍 뛰어넘는다. 전라도 지역의 방대함은 파리라는 작은 도시를 가볍게 뛰어넘고, 아울러 자유로운 공동체의 규모도 '님들의 공동체'가 파리코뮌을 압도한다. 더군다나 전라도는 기본적으로 조선왕조 최대의 곡창 지역이어서 경제적 자립도가 무척 높았다. 반면 파리는 소비 도시여서 외부로부터 생필품이 차단되면 아사의 위험에 노출될 수밖에 없었다. 그럼에도 코뮌 전사들은 파리를 박차고 나와 공세적인 투쟁을 전개하지 않았고 고립을 자초했다. 이것은 경제적 자립에 안주하지 않고 일본제국주의에 공세적으로 맞선 동학농민군의 정치경제학적 안목을 두드러지게 한다. 파리코뮌도 부러워할 '님들의 공동체'의 위엄이다.

정치철학
3장

유물론과 관념론을 넘어서

1. '대상적 활동'이란 개념, 마르크스의 알파와 오메가

지금까지 모든 유물론Materialismus—포이어바흐의 유물론을 포함하여—의 주된 결함은 대상Gegenstand, 현실Wirklichkeit, 감성Sinnlichkeit을 객관이란 형식Form des Objekts이나 직관이란 형식Form der Anschauung으로만 생각했을 뿐 감성적인 인간 활동sinnlich menschliche Tätigkeit이나 실천Praxis으로, 주체적으로subjektiv 생각하지 못했다는 데 있다. 그렇기 때문에 활동의 측면tätige Seite은 유물론과 대비되어 관념론Idealismus에 의해 발전되었지만, 관념론은 현실적이고 감성적인 활동 자체를 알지 못하기 때문에 그 발전은 단지 추상적일 뿐이었다. 포이어바흐는 사유 대상Gedankenobjekten들과는 현실적으로 분리된 감성 대상들sinnliche Objekte을 원했지만 인간의 활동 자체를 대상적 활동Gegenständliche Tätigkeit으로 생각하지 않는다. 따라서 그는 《기독교의 본질Wesen des Christenthums》에서 오직 이론적 태도만을 진정한 인간의 태도로 간주하며, 반면 실천은 그 더러운 유대인적 현상 형태로만 파악되며 고정되어 있다. 그러므로 그는 '혁명적인' 활동, 다시 말해 '실천-비판적인' 활동의 의미를 이해하지 못하고 있다.

2부. 마르크스의 철학, 마르크스의 과학

　　나이는 중요하지 않다. 1845년 27세에 마르크스는 자기 철학을 완성한다. 〈포이어바흐에 관한 테제들〉은 그 찬란한 결실이다. 21세기 현재 우리 관점에서 보면 완성을 이야기하기에는 너무 젊은 나이다. 우리는 정보통신체계 등 기계화가 고강도로 진행되면서 인간이 기계의 시종이 되는 교육이 그만큼 전문화되고 길어진 사회에 살고 있기 때문이다. 현재 30대를 넘어 40대가 되어야 간신히 얻을 수 있는 안목과 성숙은 19세기에는 20대면 충분히 가능했던 것이다. 이런 시대적 차이를 간과하면 27세는 너무나 미숙한 나이로 보인다. 이런 이유로 '청년 마르크스young Marx'라는 말이 학계에서 아무런 문제 제기 없이 통용되고 있다. 여기에 또 한 가지 주목해야 할 것이 있다. '청년 마르크스'라는 표현에서 마르크스의 완성된 철학을 무시하거나 폄하하려는 일종의 음모가 도사리고 있다는 사실. 생각해보라. 실제로 《독일 이데올로기》를 엥겔스와 함께 집필했던 1846년 이후의 마르크스를 학자들은 '장년 마르크스mature Marx'라고 부른다. 그러니까 '청년 마르크스'와 '장년 마르크스'의 분기점은 28세에 집필한 《독일 이데올로기》가 되는 셈이다. '청년 마르크스'와 '장년 마르크스'라는 표현은 이미 어떤 가치평가를 강요하고 있다. 청년이 열정적이고 낭만적이지만 즉흥적이고 미숙하다면, 장년은 청년 시기보다는 진중하고 사려가 깊어 성숙하다는 가치평가 말이다. 흥미로운 점은 '청년 마르크스'라는 말은 부르주아국가 지식인들뿐만 아니라 제도권 사회주의국가들에서도 진실처럼 자리를 잡았다는 사실이다. 그러니까 관념론자들이나 유물론자들 모두 '청년 마르크스'의 사유는 그다지 중요하게 다룰 필요가 없다는 데 일치된 견해를 보인다는 것이다. 여기서 주목해야 할 것이 있다. '청년 마르크스'와 '장년 마르크스'를 가르는 기준에 엥겔스가 결정적인 역할을 한다는 것이다. 철학자 마르크스와 정치경제학자 엥겔스의 만남과 교류가 없었다면, 청년 마르크스는 성숙할 수 없었다는 인상은 바로 이 대목에서 만들어진다. 마르크스-엥겔스주의라는 신화다. 그러나 이런 신화는 과연 정당한가? 세상물정을 모르는 젊은 철학자가 산전수전 다 겪은 엥겔스에게 세상을 배웠던 것일까? 여기서 우리는 엥겔스 사유의 특징을 생각할 필요가 있다. 엘리트주의에 입각한 정당주의, 그리고 생산력발전을 중시하는 경제주의가 그것이다. 20세기 초 독일의 사회민주당이나 러시아의 볼셰비키 당 지도부들이 엥겔스를 좋아했던 이유도 바로 여기에 있다. 반면 마르크스는 노동계급의 자발성과 노동계급의 공동체로서 코뮌을 강조한다. 이것은 엘리트주의적 정당주의를 표방하는 제도권 사회주의자들에게는 여간 불편한 것이 아니었다. 노동계급의 지도자, 혹은 모세를 꿈꾸었던 그들로서는 노동계급이 자신의 운명을 스스로 개척할 수 있다는 마르크스의 주장이 어떻게 탐탁하게 들렸겠는가? 바로 여기서 제도권 사회주의자들은 묘한 저글링을 시도한다. 노동계급을 위한다는 이념은 마르크스에게 귀속시키고, 노동계급의 공동체를 만드는 구체적 절차나 제도는 엥겔스의 생각에 따르는 것이다. 이것은 노동계급의 공동체, 즉 코뮌이 만들어지려면, 엘리트주의적 정당이 우선 억압하는 계급에 맞서 노동계급을 이끌어야 한다는 주장으로 구체화된다.

마르크스-엥겔스주의도 그렇고 마르크스-레닌주의도 그렇다. 엥겔스나 레닌이란 색안경으로 바라본 마르크스주의에 지나지 않는다. 강력한 엘리트주의와 생산력발전주의가 억압이 없는 사회, 즉 인간적 사회를 꿈꾸던 마르크스에게 덧씌워진 셈이다. 당연히 제도권 사회주의자들은 철학 이외에 정치나 경제를 고민했던 청년 정치경제학자로서의 마르크스를 은폐해야만 했다. 세상물정을 모르는 젊은 철학자라는 '청년 마르크스'의 신화가 바로 그 결과물이다. 그렇지만 박사학위를 받은 이후 그리고 엥겔스와 만나기 이전 마르크스는 자기 철학을 완성하려는 마지막 고비를 넘고 있었으면서도 동시에 정치경제학적 연구를 본격화했다. 이 시기 그가 만든 방대한 초록과 비망록이 그 증거라고 할 수 있다. 엥겔스를 만나기 전 마르크스는 엥겔스의 저작뿐만 아니라 리카도^{David} ^{Ricardo}(1772~1823) 등의 저작도 꼼꼼히 읽고 있었다. 결국 '청년 마르크스'의 시기는 다음과 같이 정리할 수 있다. 마르크스 철학의 완성기이자, 동시에 마르크스가 완성된 철학에 근거해 정치경제학적 연구에 시동을 걸었던 시기라고 말이다. 심지어 정치경제학 연구의 측면에서 엥겔스와의 지적 교류는 아이러니하게도 마르크스에게 혼돈의 시기, 심하면 암흑기를 가져다준다는 사실도 잊어서는 안 된다. 1848년 엥겔스와의 공저《코뮌주의정당 선언》의 정치경제학과 1867년《자본론》의 정치경제학을 비교해보라. 생산력(발전)주의로부터 생산수단주의로의 전회라고 불릴 만한 변화가 두드러진다.

크게 보면 30세 전후로 마르크스가 변한 것은 맞다. 마르크스의 65년 생애를 돌아보면, 30세 이전 그는 철학적 연구에 몰두하고 30세 이후는 정치경제학적 연구에 집중하기 때문이다. 30세 전후에 마르크스는 20대 자신의 철학적 사유를 미성숙하다고 폐기 처분한 것일까? 그렇지 않다. 더 이상 그는 철학적 작업을 수행할 필요를 느끼지 않았을 뿐이다. 왜냐? 〈포이어바흐에 관한 테제들〉로 그는 자기 철학을 완성했기 때문이다. 여기서 나이만큼이나 분

노트 집필 시기	철학	정치경제학·사회과학	비고
1842년까지 (베를린 시절)	①에피쿠로스Epicurus ②독일 고전철학 ③아리스토텔레스Aristotélēs ④라이프니츠Gottfried Wilhelm Leibniz ⑤데이비드 흄David Hume ⑥스피노자Baruch Spinoza ⑦헤겔Georg Wilhelm Friedrich Hegel(《법철학》) ⑧칸트Immanuel Kant ……	①마이너스Christoph Meiners (《비판적 종교사 개론》) ②콩스탕Benjamin Constant (《종교에 대해》) ③드 브로스Charles De Brosses (《페티시 신들dieux fétiches의 숭배에 대해》) ④뵈티거Karl August Böttiger (《예술-신화학 이념》) ……	• 독일 본, 베를린 생활 • 철학사 연구 • 박사학위 논문 준비 • 종교에 대한 비판적 연구 •《데모크리토스와 에피쿠로스 자연철학의 차이》(박사 논문, 1841년) 【참고】MEGA 4부, 1번째 권:《초록과 비망록-1842년까지 Exzerpte und Notizen-Bis 1842》
1843년 ~ 1845년 1월 (파리 시절)	①루소Jean-Jacques Rousseau ②몽테스키외Montesquieu ③마키아벨리Niccolò Machiavelli ④크세노폰Xenophôn ⑤헤겔(《정신현상학》) ……	①애덤 스미스 Adam Smith(《국부론》) ②데이비드 리카도 David Ricardo (《정치경제학과 과세의 원리》) ③맥컬록 John Ramsay MacCulloch (《특수한 대상의 기원과 진보, 그리고 정치경제학의 중요성에 대한 논고》) ④장바티스트 세 Jean-Baptiste Say (《정치경제학론》) ⑤외젠느 뷔레 Eugène Buret (《영국과 프랑스 노동계급의 비참에 대해》) ⑥프리드리히 엥겔스 (《국민경제 비판 개요》) ⑦크리스토프 하인리히 Christoph Gottlob Heinrich (《프랑스 역사》) ⑧랑케Leopold von Ranke (《개혁 시대의 독일 역사》) ⑨러셀John Russell (《영국 정부와 정부조직 역사》) ⑩피에르 다뤼Pierre Daru (《베니스공화국의 역사》) ……	• 1843년 10월 프랑스 파리 생활 시작 • 헤겔《정신현상학》연구 • 독일 관념론 이외에 유럽 사회철학과 정치철학 연구·정치경제학과 역사 연구 개시 •《헤겔 법철학 비판》(1843년) •《1844년 경제학-철학 수고》(1844년) 【참고】MEGA 4부, 2번째 권:《초록과 비망록-1843년부터 1845년 1월까지 Exzerpte und Notizen-1843 Bis Januar 1845》

1845년 여름 ~ 1847초 (브뤼셀 시절)	헤겔(《정신현상학》)	①잔 로Jean Law 《통화와 상업에 대한 고찰》) ②루이 세Louis Say 《부유함의 주요 원인들》) ③오귀스트 가스파랭Auguste de Gasparin(《기계에 대한 고찰》) ④아돌프 블랑키Adolphe Blanqui 《유럽 정치경제학 역사》) ⑤이삭 드 핀토Isaac de Pinto 《유통과 신용에 대한 논고》) ……	• 1845년 2월 벨기에 브뤼셀 생활 시작 • 마르크스 철학의 완성 • 정치경제학 연구에 몰두 • 〈포이어바흐에 관한 테제들〉(1845년) 【참고】 MEGA 4부, 3번째 권: 《초록과 비망록- 1844년 여름에서 1847년 초까지Exzerpte und Notizen- Sommer 1844 Bis Anfang 1847》

량도 중요하지 않다. 니체의 차라투스트라를 기억하는가? "보라! 나는 너무나 많은 꿀을 모은 벌처럼 나의 지혜에 지쳤다. 그러므로 이제는 나를 향해 내미는 손들이 있었으면 한다. 나는 베풀어주고 나누어주려 한다. 인간들 가운데에서 현명한 자들이 다시 그들의 어리석음을 기뻐하고 가난한 자들이 다시 그들의 넉넉함을 기뻐할 때까지. 그러기 위해 나는 저 심연으로 내려가야 한다." 1883년 《차라투스트라는 이렇게 말했다Also sprach Zarathustra》는 이렇게 시작된다. 마르크스는 차라투스트라와 유사하다. 마지막 열한 번째 테제를 떠올려보라. "철학자들은 단지 세계를 다양한 방식으로 해석해왔다interpretirt. 그러나 중요한 것은 세계를 변화시키는verändern 것이다." 첫 번째 테제에서부터 열 번째 테제까지 열 개의 테제로 마르크스는 자기 철학을 완성한 것이다. 그리고 열한 번째 테제에서 세계를 변화시키는 데 참여하는 최초의 철학자가 되고자 결의를 다진다. 마르크스가 억압받는 다수들에게 체제의 맨얼굴을 보여주려는 정치경제학적 연구에 매진한 것도 이런 이유에서였다.

세계를 해석하는 철학이 아니라 세계를 변화시키는 철학, 관조하는 철학이 아니라 실천하는 철학을 모색한다. 혹은 실천하는 철학의 이름으로 세계를 다양하게 해석했던 과거 철학자들을 옴짝 달싹 못하게 감금한다. 바로 이것이 마르크스의 철학이고, 그는 27세에 이걸 완성했던 것이다. 1845년 어느 날 마르크스는 지금은 《1844-1847년 노트북Notizbuch aus den Jahren 1844-1847》이라고 불리는 평범한 노트에 〈포이어바흐에 대해ad Feuerbach〉라는 제목을 가진 짧은 글을 정성스레 써내려간다. 바로 이것이 지금은 〈포이어바흐에 관한 테제들〉로 불리는 글이다. 이 열한 개 테제들이 완성된 구체적인 날짜를 모른다는 것은 마르크스를 아끼는 사람 입장에서 너무나 안타까운 일이지만, 어쨌든 이 짧은 글은 마르크스 철학의 정점이 된다.

1845년까지 마르크스의 인생 여정을 생각해보라. 1835년 17세에 본대학Rheinische Friedrich-Wilhelms-Universität Bonn에 입학하고 이듬해 1836년 18세에 베를린대학Humboldt-Universität zu Berlin으로 학교를 옮긴 뒤 법학과 철학을 동시에 공부했던 마르크스다. 변호사였던 아버지 하인리히 Heinrich Marx(1777~1838)의 요구로 법학을 공부했지만, 사실 그의 열정은 철학에 있었다. "철학이 없이는 어떤 것도 달성될 수 없다"는 말은 청년 마르크스가 항상 주문처럼 읊조렸던 것이다. 당시 베를린대학의 지성계는 이미 죽은 헤겔Georg Wilhelm Friedrich Hegel(1770~1831)의 망령이 강력하게 지배하고 있었다. 마르크스에게는 양자택일만 남은 것이다. 헤겔의 앵무새가 될 것인가, 아니면 망령의 퇴마사가 될 것인가? 마르크스답게 그는 후자, 즉 고난의 길을 선택한다. 이 선택은 그가 베를린대학에서 박사학위를 취득하는 것을 힘들게 만들고 만다. 1841년 마르크스는 완성된 박사학위 논문 〈데모크리토스와 에피쿠로스 자연철학의 차이Differenz der demokritischen und epikureischen Naturphilosophie〉를 베를린대학이 아니라 예나대학Friedrich-Schiller-Universität Jena에 제출하고, 같은 해 4월 박사학위를 취득한다. 박사학위 논문에서 마르크스는

2부. 마르크스의 철학, 마르크스의 과학

야코프 슐레징어의 헤겔 초상화(1831).
당시 베를린대학의 지성계는 이미 죽은
헤겔의 망령이 강력하게 지배하고 있었다.
마르크스에게는 양자택일만 남은 것이다.
헤겔의 앵무새가 될 것인가, 아니면 망령의
퇴마사가 될 것인가?

데모크리토스의 결정론적 원자론이 지닌 필연성보다는 에피쿠로스의 비결정론적 원자론이 함축하는 우발성에 손을 들어주는데, 이런 입장은 필연성을 강조했던 헤겔의 아성 베를린대학과는 어울리기 힘들었던 것이다.

박사학위를 받은 뒤에도 헤겔 철학을 극복하려는 그의 시도는 멈추지 않는다. 본능적으로 마르크스는 직감했던 것이다. 헤겔이란 암벽을 넘지 않으면 그는 세상에 나갈 수 없을 뿐만 아니라 헤겔이란 감옥에 갇히는 신세가 되리라는 사실을. 1843년 완성한 《헤겔 법철학 비판Zur Kritik der Hegelschen Rechtsphilosophie》은 그 증거라 할 수 있다. 이걸로 충분하지 않다. 헤겔 철학의 뿌리는 1807년에 출간된 그의 《정신현상학Phänomenologie des Geistes》이니까. 독일 베를린을 떠나 프랑스 파리에 머물기 시작한 1843년 10월 이후, 마르크스는 헤겔 철학의 아킬레스건을 찾아 《정신현상학》을 꼼꼼히 읽기 시작한다. 헤겔의 아우라가 너무나 강력했던 베를린을 떠난 것은 여러모로 그에게 행운이었다. 공간적 거리는 비판적 거리를 제공하기에 충분할 뿐만 아니라, 파리에서 헤겔은 사변적인 한 명의 독일 철학자에 지나지 않았으니까. 더군다나 그에게는 헤겔을 거의 극복하기 직전까지 갔던 철학자를 관찰할 수 있는 기회마저 주어진다. 바로 포이어바흐다. 비록 헤겔을 완전히 정복하지는 못했지만 정상 근처까지 이르렀던 그의 경험과 최종적 실패는 마르크스에게는 정말 귀중한 반면교사였다.

1845년 브뤼셀에서 완성된 것으로 보이는 《1844-1847년 노트북》은 MEGA, 즉 《마르크스/엥겔스 전집Marx/Engels Gesamtausgabe》 4부 3번째 권 《초록과 비망록-1844년 여름에서 1847년 초까지Exzerpte und Notizen-Sommer 1844 Bis Anfang 1847》의 도입부에 들어 있다. 《1844-1847년 노트북》 53쪽, 54쪽, 55쪽, 56쪽, 그리고 57쪽에 〈포이어바흐에 대해〉, 즉 〈포이어바흐에 관한 테제들〉이 마르크스의 육필로 채워져 있다. 또 한 가지 주목해야 할 것은 이 공책 23쪽에는 〈(정신)현상학에 대한 헤겔적 구성Hegel'sehe Construction der Phänomenologie〉이란 흥미로운 단편도 들어 있다는 점이다. 이 두 문건을 제외하고 전체 57쪽을 채우고 있는 것은 정치경제학적 메모들뿐이다. 최소한 이 노트에서 마르크스는 헤겔이란 암벽 정상부에 이르려는 마지막 고투를 벌이고 있었던 것이다. 포이어바흐가 도달한 부분까지는 올라가기 쉽다. 그러나 포이어바흐의 흔적이 끊긴 부분에서부터는 마르크스 혼자서 올라가야 하는 전인미답의 위험한 길이다. 다행히도 마르크스는 포이어바흐가 올라갔던 지점을 지나 헤겔이란 고봉의 정상에 오르는 데 성공한다. 바로 이날 〈포이어바흐에 관한 테제들〉이 탄생한 것이다.

헤겔을 발아래 두는 데, 다시 말해 지금까지 "철학자들은 단지 세계를 다양한 방식으로 해석해왔다"고 당당히 선언하는 데 10년이란 시간이 필요했다. '청년 마르크스'라는 이름으로 가볍게 치부하기 힘든 오랜 시간이다. 더군다나 이 10년은 "청년 마르크스는 철학, 장년 마르크스는 정치경제학"이란 도식마저도 무색하게 하는 시간이기도 했다. 마르크스의 정치경제학적 연구는 20대 중반부터 본격적으로 개시되기 때문이다. 이미 본능적으로 마르크스는 "중요한 것은 세계를 변화시키는" 일이라는 걸 알고 있었던 것이다. 〈포이어바흐에 관한 테제들〉 이후 마르크스가 본격적으로 정치경제학적 연구에 매진하는 것은 사실이다. 그렇지만 이것이 마르크스가 10년 동안 지속되고 결실을 맺은 자기 철학을 폐기했다는 걸 의미하지는 않는다. 오히려 정반대다. 자기 철학을 완성했기에, 다시 말해 포이어바흐도 성공하지 못한 헤겔이란 장벽을 넘었기에, 그는 세상으로 당당히 나온 것이다. 사변 세계가 아닌 현실 세계에는 배울 것이 넘쳐난다. 변호사가 되라는 아버지의 요구, 베를린대학 시절의 격정, 예니와의 연애와 결혼, 뜻을 함께하는 동지들과의 불화와 결별, 아버지가 죽은 뒤 찾아온 경제적 궁핍, 부르주아체제의 정치적 억압 등등. 그의 삶은 과거에도 그랬지만 현재에도 돌파하기 힘든 수많은 난관들로 점철되어 있다. 억압받는 다수 이웃들의 삶은 더 심각하다. 부모의 무지와 폭력에 노출된 아동 시절, 가족 부양의 부담과 취업의 문제, 가혹한 노동조건과 부당한 임금 수준 등등. 아무리 자기 철학을 완성했다고 해도 이 모든 삶의 문제들을 어떻게 하겠는가? 생각만으로는 돌 하나 옮기는 것도 불가능하기 때문이다. 그만큼 정리해야 할 것도 숙고해야 할 것도 많다. 연구가 힘들 때마다 경제적 여건이 악화될 때마다 혹은 정치적 상황이 불리해질 때마다, 27세에 완성한 철학은 마르크스에게 모든 곤란을 돌파할 힘을 다시 부여했던 버팀목이자 방향타가 되어준다. 그렇다면 궁금해진다. '청년 마르크스'라는 이름으로 사회주의 지식인들이나 혹은 부르주아 지식인들이 폄하하거나 억누르려고 했던 마르크스 철학의 핵심은 무엇인가?

철학을 거칠게 유물론과 관념론으로 양분한다면, 거의 모든 유물론자나 관념론자들이 애써 망각하려고 했던 〈포이어바흐에 관한 테제들〉의 정수는 무엇인가? 테제로 이루어진 모든 글이 그렇지만 첫 번째 테제가 가장 중요하다. 첫 번째 테제의 모든 문장은 해를 바라보는 해바라기들처럼 하나의 개념을 바라보고 있다. "대상적 활동Gegenständliche Tätigkeit!" 유물론이든 관념론이든 세계를 해석하는 데 만족하는 철학자들의 손에는 모래처럼 빠져나가지만, 세계를 작게 나마 변화시키려고 했던 평범한 사람들, 즉 노동하는 사람들이라면 모두 삶으로 알고 있는 개념이다. '대상적 활동'은 해석이 아니라 변화와 관련된 개념, 관조가 아니라 실천과 관련되기 때문이다. 일단 철학사적 흐름에서 대상적 활동 개념이 어떤 의미를 갖는지 알아보기 전에, 이 개념 자체를 이해하는 것이 먼저다. 활동Tätigkeit이란 말은 사물이 아니라 생명체에만 적용되는 개념이다. 활동하는 고양이라는 말은 써도 활동하는 바위라는 말은 쓰지 않는다. 그러니까 활동은 모든 생명체가 가진 능동성을 가리키는 개념이라고 하겠다. 결국 핵심은 '대상적'이라는 형용사에 들어 있는 '대상Gegenstand'이라는 말이다. 이 독일어는 '거스르다', '반대하다', '저항하다'는 뜻의 '게겐Gegen'이란 어근과 '서 있다'라는 뜻의 '슈탄트stand'라는 어근이 결합된 말이다. 게겐슈탄트는 "우리에게 맞서서 서 있는 타자"나 "우리의 뜻에 거스르는 외부의 무언가"를 의미하는 말이다. 한마디로 우리의 활동을 제약하는 것, 우리의 활동을 멈칫하게 만드는 것이 바로 게겐슈탄트라는 것이다. 그래서 일본어에서 기원한 한자어 대상對象은 게겐슈탄트의 번역어로는 적절하지 않다. 짝이나 대립을 뜻하는 '대對'라는 글자는 그런대로 괜찮지만, '표상'이나 '상징'을 의미하는 '상象'이란 글자는 게겐슈탄트가 함축하는 강력한 타자성을 포착하는 데 영 힘이 없기 때문이다.

대상이란 개념이 관조나 평화의 느낌이 강하다면, 게겐슈탄트는 역동성과 불화의 아우라에 감싸인 개념이다. 이미 관례로 굳어진 번역어를 굳이 손댈 필요는 없지만, 게겐슈탄트가 가진 뉘앙스를 잊어서는 안 된다. 우리의 뜻을 좌절시키고 우리의 삶을 불편하게 만들고 나아가 우리의 힘을 시험하는 그 무엇! 삶에서 만나는 회피할 수 없는 어떤 저항과도 같은 그 무엇! "우리에게 맞서서 우리뜻에 거스르며 당당히 서 있는 것", 바로 그것이 게겐슈탄트다. 결국 마르크스가 '대상적 활동' 개념으로 포착하고자 했던 것은 이런 게겐슈탄트에 맞서 우리는 활동할 수밖에 없는 존재라는 사실이다. 대상적 활동 개념이 관조적 상황이 아니라 실천적 상황에서 의미를 갖는 것도 이런 이유에서다. 동아시아의 고전 《장자莊子》에 등장하는 '수영 이야기'는 대상적 활동 개념에 생생한 이미지를 제공할 수 있으니, 이 흥미로운 이야기를 한번 읽어보도록 하자.

공자가 여량呂梁이라는 곳에서 풍경을 바라보고觀 있었다. 그곳의 폭포수가 삼십 길이나 되었는데, 그 폭포수에서 떨어져 나온 물거품이 사십 리나 튈 정도로 험해서, 자라나 물고기 등도 수영할 수 없을 정도였다. 그런데 한 사나이가 그런 험한 곳을 수영하는 것을 목도하게斅 되었고, 공자는 그 사람이 어떤 피치못할 사정으로 자살하려고 물에 들어간 것이라고 여겼다. 공자는 제자들로 하여금 물길을 따라가서 그 사나이를 건지게 하였다. 그 사나이는 한참이나 물속에서 물결을 따라 흘러가다가 마침내 나와, 젖어 흐트러진 머리로 노래를 부르며 둑 아래를 유유자적하면서 걸어갔다. 공자는 그를 따라가서 물어보았다. "나는 그대가 귀신인 줄 알았네. 그러나 지금 보니 자네는 귀신이 아니라 사람이군. 물을 건너는 데 도道가 있는지 묻고 싶네."

그 사나이가 대답했다. "없어. 내게는 도道가 없어. 나는 과거에서 시작했지만 본성을 길렀고 명령을 완성했을 뿐이야始乎故, 長乎性, 成乎命. 물이 소용돌이쳐서 빨아들이면 나도 같이 들어가고, 물이 밀어내면 나도 같이 그 물길을 따라 나오지. 물의 길을 따를 뿐 여기에 사사로움을 개입하지 않아." 그러자 공자가 물어보았다. "'나는 과거에서 시작했지만 본성을 길렀고 명령을 완성했을 뿐'이라고 그대는 말했는데, 무슨 말인가?" 그 사나이가 대답했다. "내가 육지에서 태어나 그곳에서 편해진 상황이 과거故이고, 내가 현재 물에서 자라 물에서 편해진 상황이 본성性이고, 내가 어떻게 그렇게 하는지 모르지만 그렇게 하는 상황이 명령命이야."

－〈달생達生〉, 《장자》

수많은 책을 읽어 당대 최고의 지식인으로 명망 높았던 공자孔子, 즉 머리가 커서 짱구라는 애칭이 그대로 이름으로 굳어진 공구孔丘(BC 551~BC 479)가 여량이란 곳에서 거대한 폭포와 폭포가 만든 급류를 바라보고 있다. 관광觀光이다. 한마디로 공구는 풍경을 '관觀'하고 있었던 것이다. 그에게 폭포수는 '게겐슈탄트'가 아니라, 영화관에서 영화를 보듯 관조하는 풍경에 지나지 않는다. 그런데 그는 급류를 건너는 어떤 사람을 보게 된다. 한자에서 '견見'은 '관觀'과는 달리 수동의 뉘앙스가 있다. 그러니까 어떤 대상이 너무나 강렬해 우리의 시선을 끌어 이를 볼 수밖에 없었을 때 우리는 '견'이란 단어를 쓴다는 것이다. 공구에게 폭포가 만든 급류는 물고기도 헤엄칠 수 없을 만큼 수영이 불가능한 곳이었다. 급류에서 헤엄치는 그 남자를 보고, 공구는 그가 투신자살을 시도한 사람이라고 생각한다.

2부. 마르크스의 철학, 마르크스의 과학

사람을 아끼는 것으로 유명한 공구 아닌가. 그는 제자들에게 그 남자를 구하라고 명령을 내린다. 그러나 이미 그 남자는 급류를 무사히 건너 자기 길을 표연히 갈 뿐이다. 공구는 수영 달인을 만난 셈이다. 여기서 한 가지 확인해야 할 것은 폭포와 급류가 공구와 달인에게는 전혀 다른 의미를 갖는다는 사실이다. 공구에게는 평상시 쉽게 볼 수 없었던 풍광, 즉 관조의 대상이지만, 달인에게는 온몸으로 관계를 맺어야 하는 활동의 대상, 즉 실천의 대상이었기 때문이다. 아니 정확히 말해 달인에게 폭포가 만든 급류는 생활의 장소이자 실천의 장소였던 셈이다. 이런 사실을 알 리 없는 공구는 그 남자를 붙들고 질문을 던지기 시작한다. 자라나 물고기도 건너지 못하는 급류를 건널 수 있는 비법, 즉 공구가 평생 동안 찾았던 그 '도 道'를 알고 있는 사람인 것처럼 보였기 때문이다. 그런데 그 남자의 대답이 걸작이다. 그런 도는 없다는 것이다. 그리고 이어서 그는 자기 삶의 여정과 함께 급류를 헤엄쳐 건널 때 물속에서 무슨 일이 있었는지 담담히 이야기하기 시작한다.

공구와 마찬가지로 처음 그도 육지에서 태어나 육지에 적응했던 사람이었다. "내가 육지에서 태어나서 그곳에 편해진 상황이 과거"라고 그가 자신의 과거를 회상한 것도 이런 이유에서다. 정치적 환난을 피하려고 했던 것일까? 아니면 생계를 찾아 폭포와 급류의 고장에 들어섰던 것일까? 어쨌든 어느 시점에 물에 의지해서 살아갈 수밖에 없는 삶이 그에게 찾아온다. 어부인지 아니면 뱃사공인지, 혹은 폭포와 급류 근처에서만 자라는 약초를 캐는 사람인지는 명확하지 않다. 확실한 것은 폭포와 급류를 헤엄치지 못하면 살수 없는 인생이 시작되었다는 점이다. 육지에 적응했던 그에게 물은 처음에는 그야말로 '게겐슈탄트'였다. 물에 뜨고 싶었던 마음도 앞으로 나아가려는 마음도 물은 조롱하듯 좌절시켰으니까. 더군다나 계절에 따라 강수량에 따라 물은 너무나 다양한 얼굴로 그를 압박했다. 폭포 근처의 급류 사정은 더 심각하다. 표면의 물은 흐르다 소용돌이를 만들며 밑으로 꺼져 들어가기도 하고 밑의 물은 다시 위로 솟구쳐 표면으로 올라오기를 반복하기 때문이다. 급류라는 게 겐슈탄트에 대응했기에 그는 무사히 급류를 건너게 된 것이다. 마침내 "내가 현재 물에서 자라서 물에 편해진 상황이 본성"이라고 천연덕스럽게 읊조릴 수 있는 경지에 이른 것이다. 본성은 주어진 것이 아니라 관계 속에서 만들어지는 것이라는 지적도 중요하다.

본성은 사전적 본질이 아니라 사후적으로 구성된 것이라는 생각이니까. 어쨌든 수영 달인은 이렇게 탄생한다. 그렇지만 물고기나 자라도 물이 불어 급하게 흐르면 몹시 긴장하듯 이 달인도 물 흐름이 변하면 처음 수영을 배울 때처럼 긴장할 수밖에 없다. 지금까지와는 전혀 다른, 느끼지도 못했던 격류도 탁류도 만날 수 있으니 말이다. 일단 헤엄을 치기 시작해야 물의 상황을 짐작할 수 있는 법이다. "물이 소용돌이쳐서 빨아들이면 나도 같이 들어가고, 물이 밀어내면 나도 같이 그 물길을 따라 나오지. 물의 길을 따를 뿐 여기에 사사로움을 개입하지 않아." 명령命을 듣는 것처럼 물의 흐름을 인정하고 거기에 맞게 수영할 수 있어야 한다. 물이 빨아들일 때 그것에 저항하거나 반대로 물이 밀어낼 때 그것에 저항하면 힘만 빠질 뿐 수영에는 별다른 도움이 되지 않는다. 물론 그렇다고 해서 모든 것을 물의 흐름에 맡겨서도 안 된다. 그것은 물에 떠가는 나뭇가지나 시체와 다름없기 때문이다. 물의 명령에 완전히 저항해도 안되고 완전히 몸을 맡겨도 안 된다. 헤엄을 쳐서 반대편 물가에 이르렀다면 한 가지 확실한 것이 있다. 물의 명령을 들으면서도 동시에

2부. 마르크스의 철학, 마르크스의 과학

반대편 물가에 이르려는 달인의 노력이 근사하게 어울렸으리라는 사실이다. 달인이 물의 "명령을 완성할 뿐이야"라고 말했던 이유도 바로 여기에 있다.

가장 지혜롭다는 인간, 성인聖人이라고 불리는 공구에게 전한 달인의 가르침의 핵심은 '성호명成乎命'이라는 세 글자로 요약된다. "명령을 완성할 뿐이다!" 명령에 복종하는 것이 아니라 명령을 완성한다. 생각해보라. 수영 달인은 어떻게 가능한가? 물의 다양한 흐름과 그 물을 가로질러 건너려는 실천적 의지가 만나야만 가능한 일이다. 물이라는 수동적 조건만으로, 수영하겠다는 능동적 의지만으로 수영을 할 수 있는 것은 아니다. 수동성과 능동성이 그야말로 제대로 만나야 한다. 달인이 "내가 어떻게 그렇게 하는지 모르지만 그렇게 했다"고 말한 상황, 즉 수영을 어떻게 그렇게 했는지 말하기는 힘들지만 그렇게 했다는 상황이 발생한 것이다. 수영을 배운다는 것! 혹은 수영을 한다는 것! 이것은 물과 인간 어느 한쪽만으로는 설명될 수 없다. 잊지 말아야 할 것은 수영 달인도 항상 처음 수영을 배울 때의 긴장된 마음으로 수영한다는 사실이다. 새로운 급류를 만났을 때, "이렇게 수영하면 되겠지!"라는 너저분한 생각은 수영하는 데 도움이 되지 않을 뿐만 아니라 잘못하면 그의 목숨마저 앗아갈 수 있다. 그래서 "물의 길을 따를 뿐 여기에 사사로움을 개입하지 않는다"는 달인의 말은 매우 중요하다. 처음 수영을 배웠을 때도 달인으로서 수영할 때도 가장 중요한 것은 자신이 몸을 담근 물의 단독적인 흐름일 테니 말이다. 새롭게 헤엄치는 법을 배우듯, 달인은 새로운 흐름에 새롭게 헤엄치는 법을 익혀야만 한다. 수영을 하지 않으면 그만이지만 수영을 계속하려면 달인은 자신이 조우한 물의 명령에 따라 수영을 해서 물의 명령을 완성해야 한다는 것이다. 전자가 게겐슈탄트, 즉 대상의 측면이라면, 후자가 바로 활동의 측면이다. 이렇게 수영 달인은 바로 마르크스가 말한 '대상적 활동'의 화신이었던 셈이다.

1845년 완성된 마르크스의 철학, 혹은 '대상적 활동' 개념을 2000년 전의 고전, 그것도 동아시아의 고전으로 해명하는 것이 못마땅한 사람도 있을 것이다. 플라톤 이후 서양철학사 일반이 '추상적이고 사변적인 사유'에 매몰되었기에, 그나마 실천적인 경향이 강한 동아시아 사유 전통을 빌려온 것이다. 물론 20세기에 이르러 다행히도 마르크스가 '대상적 활동' 개념으로 응축시켰던 실천철학 전통을 계승한 철학자가 등장한다. 바로 들뢰즈^{Gilles Deleuze}(1925~1995)다. 놀랍게도 그도 수영을 비유로 실천이 가진 함의를 풀어내려고 한다.

수영하는 사람^{nageur}의 운동은 물결^{la vague}의 운동과 유사하지 않다. 그리고 정확히 말해 우리가 모래 위에서 재생하는 수영 교사^{maître-nageur}의 운동은, 우리가 기호들^{signes}처럼 실천 속에서 감각적으로 접했을 때에만 피하는 법을 배울 수 있는 물결의 운동과는 전혀 관련이 없다. 그렇기 때문에 학습이 어떻게 가능한지를 말하는 것은 너무나 어렵다. 태어날 때부터 가지고 있거나 혹은 나중에 획득하게 되는, 기호들과의 실천적 친밀함^{familiarité pratique}이 존재한다. 이 친밀함은 모든 교육을 요염하며 ^{amoureux} 또한 치명적인^{mortel} 어떤 것으로 만든다. 우리는 우리에게 "나처럼 하라^{fais comme mou}"고 말하는 사람에게서 아무것도 배울 수 없다. 우리의 유일한 스승들은 우리에게 "나와 같이하자^{fais avec moi}"라고 말하는 사람들, 우리에게 재생해야 할 몸짓들

들뢰즈는 세계는 동일성이 아니라 차이가 지배하는 곳이며, 자기만의 단독성을 가진 개체들이 치열하게 마주치는 곳이라고 말한다.

을 제시하는 대신 다질성$^{l'hétérogène}$ 안에 펼쳐질 기호들을 발산할 줄 아는 사람들이다. 달리 말하자면 의식-운동$^{idéo-motricité}$은 없으며 감각-운동$^{sensori-motricité}$만이 있다. 신체$^{le corps}$가 자신의 특이점들$^{points remarquables}$을 물결의 특이점들과 결합했을 때, 신체는 어떤 반복^{répétition}의 원리와 관계를 맺는다. 이 반복은 더 이상 '같은 것$^{le Même}$'의 반복이 아니며, '다른 것$^{l'Autre}$'을 포함하고 있고 하나의 물결과 하나의 몸짓에서 또 다른 물결과 또 다른 몸짓으로의 차이^{différence}를 포함하고 있다.

－《차이와 반복$^{Différence et Répétition}$》(1968)

대상적 활동 개념에 대한 설명 중 이보다 철학적인 것이 또 있을까. 1964년 들뢰즈는 《프루스트와 기호들$^{Proust et les signes}$》에서 "우리로 하여금 사유를 강요하는 것이 바로 기호"라고 말했던 적이 있다. 애인의 침묵이 우리로 하여금 생각을 강요한다면, 이 침묵은 기호가 된다. 애인의 침묵은 내가 했던 이야기 때문일까, 아니면 회사에서 무슨 일이 있었기 때문일까, 아니면 집에서 아빠와 갈등이라도 있었던 것일까? 애인의 기호에 대한 나의 해석이 옳다면 애인과의 관계는 금방 원활해질 것이고, 그렇지 않다면 관계는 더 급속하게 악화될 것이다. 여기서 해석이나 생각은 사실 실천적 감각에 가깝다. 내일 애인과 만나서 어떻게 즐거운 시간을 보낼까라는 생각과는 질적으로 다르기 때문이다. 이런 생각은 구체적인 상황에 온몸으로 개입하기 전, 막연하게 내일 시행할 이벤트를 생각하고 그걸 관철하려는 사변일 뿐이다. 이것은 생각이 먼저이고 실천이 다음인 상황이다. 그렇지만 아무리 근사한 이벤트를 펼치면 무엇 하는가? 애인의 침묵과 짙은 어둠은 이 모든 이벤트를 무력하게 만들 테니 말이다. 만약 현실에서 마주친 애인이 뿜어대는 기호들을 읽지 못한다면, 데이트는 오히려 심각한 파국으로 흐를 수도 있다. "내가 얼마나 시간과 돈을 들여 이벤트를 만들었는가? 그런데도 당신은 지금 무미건조하기만 하다. 내 정성을 받아들이지도 않다니." 이런 불만에 사로잡힐수록, 애인의 기호들은 이벤트를 준비한 사람의 감각에는 포착되기 어렵다.

사랑에 빠진 사람이라면 어떻게 애인이 은밀히 뿜어대는 기호들에 무관심할 수 있다는 말인가? 자기가 들인 시간과 돈일랑 완전히 망각하고, 당장 애인을 감싸는 질식할 것 같은 어둠과 침묵을 제거하는 데 집중할 것이다. 사랑은 우리로 하여금 애인을 가르치려 들기보다는 애인에게서 배우겠다는 생각을 갖도록 만드는 감정이니까. 들뢰즈가 "실천적 친밀함은 모든 교육을 요염하며 또한 치명적인 어떤 것으로 만든다"고 강조했던 것도 이런 이유에서다. 이 대목에서 들뢰즈는 기호와 마주쳤을 때 우리에게는 "의식-운동은 없으며 감각-운동만이 있다"고 말한다. '의식-운동'이 이벤트를 생각해(의식) 애인과 무관하게 이벤트를 계획대로 진행하는(운동) 능력을 말한다면, '감각-운동'이란 애인에게 발산되는 기호를 포착하고(감각) 그에 맞게 대응하는(운동) 능력이다. 부단히 재조정되는 감각-운동은 애인의 검은 침묵이 사라지는 순간 고요해질 것이다. 수영 달인이 말했던 것처럼 애인의 "명령을 이미 완성"했으니까. 마르크스가 말한 '대상적 활동'이 '감각-운동'이 아니면 무엇이겠는가? 대상이나 감각이 인간이 마주친 수동적 조건과 상황을 함축한다면, 활동과 운동은 주어진 조건과 상황을 넘어서려는 인간의 능동적인 의지를 함축하기 때문이다. 사랑과 수영이 얼마나 차이가 있겠는가. 급류 등 물결이 펼치는 기호들을 읽어낸다면, 물결과 사람은 정말 에로틱하게 애무를 서로 주고받을 것이다. 반대로 물결에 대해 감각-운동이 실패한다면, 물은 자신에게 함부로 달려든 사람에게 그 대가로 생명을 요구할 것이다. 수영뿐만 아니라 사랑도 "요염하며 또한 치명적"이기는 마찬가지다. 성공했을 때 사랑은 혼자서는 결코 맛볼 수 없는 희열을 우리에게 제공하지만, 실패했을 때 사랑은 차라리 사랑에 빠진 것을 후회할 만큼 우리의 심신을 붕괴시킬 테니 말이다.

들뢰즈의 수영 이야기에서 흥미로운 대목은 수영 교사를 도입하는 부분이다. 《장자》의 '수영 이야기'에서 공구가 맡았던 배역을 수영 교사에게 맡긴 셈이다. 들뢰즈는 수영 교사에게 두 가지 유형이 있다고 이야기한다. 한 사람은 "나처럼 하라"고 말하는 수영 교사이고, 다른 유형은 "나와 같이하자"고 말하는 수영 교사다. 들뢰즈의 표현을 빌리자면 전자가 "동일성의 반복"을 강조하는 수영 교사라면, 후자는 "차이의 반복"을 강조하는 수영 교사라고 하겠다. 동일성의 교사와 차이의 교사! 두 종류의 수영 교사는 모두 자기 "신체가 자신의 특이점들을 물결의 특이점들과 결합하는" 데 성공했던 사람이다. 그러나 동일성의 교사는 자기 신체와 학생들의 신체가 '차이'가 난다는 것, 그리고 자기가 헤엄쳤던 물결과 학생들이 헤엄칠 물결 사이에 '차이'가 존재하는 사실을 모른다. 그러니 이 교사는 "나처럼 하라"고 이야기할 수 있었던 것이다. 어쩌면 이 교사는 수영 교본을 출판해 베스트셀러 작가가 될지도 모른다. 물론 이 교본은 수영을 배우려는 사람에게 수영을 잘하리라는 헛된 희망만을 줄 뿐 실제로 별다른 도움이 되지 않을 것이다. 반면 차이의 교사는 자기 신체와 학생들의 신체 사이에, 그리고 자신의 물결과 학생들의 물결 사이에 '차이'가 존재한다는 걸 안다. 그러니 차이의 교사는 "나와 같이하자"라고 학생들에게 말했던 것이다. 학생들의 신체와 자기 신체의 차이를 알려면, 혹은 그 차이를 학생들에게 알려주려면, 별다른 방법이 없으니 말이다. 물론 차이의 교사는 수영 교본을 집필할 생각조차 하지 않는다.

집 앞에서 키스하는 누나와 오빠를 통해 우리는 키스를 제대로 배울 수 있다. 반면 온갖 제스처를 동원해가며 우리에게 자신처럼 키스하라는 친구들로부터 우리가 무슨 키스를 배운다는 말인가? 사족이지만 들뢰즈의 도움으로 우리는 여량이란 곳을 관광했던 공구가 결국 차이의 교사가 아니라 동일성의 교사였으리라 짐작하게 된다. 하긴 그러니 공구는 수영 달인에게 동일성의 진리, 즉 '도道'를 물을 수 있었던 것이다. 세계는 동일성이 아니라 차이가 지배하는 곳이다! 세계는 자기만의 단독성을 가진 개체들이 치열하게 마주치

　　　　　　　　　2부. 마르크스의 철학, 마르크스의 과학

는 곳이다! 들뢰즈만의 가르침은 아니다. 사변적 세계가 아니라 실천적 세계, 추상적 세계가 아니라 구체적 세계, 혹은 피안세계가 아니라 차안세계를 긍정했던 철학자들, 동서양 구분할 것 없이 도도하게 흐르는 실천철학 전통이 공유했던 생각이었으니까. 장자도 그렇고 마르크스도 마찬가지다. 풍경으로서 세계와 저항하는 세계는 질적으로 완전히 다른 것이다. 아웃도어 광고에 속아 캠핑의 낭만에 젖은 사람이 있다. 실제 자연에 들어가 하룻밤을 지내려면 이 사람은 경악할 것이다. 아무리 모닥불을 피워도 여름 새벽 추위는 만만치 않고, 모기 등 얼마나 많은 벌레들이 우리 살 냄새를 맡고 달려드는지. 마찬가지로 공구가 관조했던 급류와 수영 달인이 헤엄쳤던 그곳은 질적으로 다른 것이다. 누군가 여유롭게 수영하는 것을 보고 과감하게 물에 들어갔다가 낭패를 본 경험은 누구나 해봤을 것이다. 생각과 현실은 유사한 듯 보이지만 이렇게 질적으로 확연히 다르다.

〈포이어바흐에 관한 테제들〉중 첫 번째 테제 첫 문장을 보라. 마르크스는 "대상을 …… 객관이란 형식으로만 생각하는" 사유의 맹점을 이야기한다. 마르크스도 알고 있었던 것이다. 대상^{Gegenstand}과 객관^{Objekts}은 질적으로 다른 것이라고. 객관이란 관조된 대상에 지나지 않는다. 〈포이어바흐에 관한 테제들〉이 마지막을 장식했던 《1844-1847년 노트북》 23쪽에 있던 〈(정신)현상학에 대한 헤겔적 구성〉이 중요한 이유도 바로 여기에 있다. 마르크스는 헤겔의 《정신현상학》이 어떻게 구성되었는지 네 가지로 요약한다.

1. 인간$^{des\ Menschen}$ 대신 자기의식^{Selbstbewußtsein}. 주관^{Subjekt}. 객관^{Objekt}.
2. 중요한 사항의 차이. 자기차이로서 실체, 자기차이, 다양성,

존재한다고 이해된 생각의 활동성. ……

3. 대상성^{Gegenständlichkeit}의 지양^{Aufhebung}과 동일시되는 소외^{Entfremdung}
의 지양.

4. 현실적인 대상의 지양과 동일시되는, 마음에 떠오르는 대상
^{vorgestellten Gegenstandes}—의식 대상으로서 대상—의 지양. 감성적
행동^{sinnlichen Action}, 실천^{Praxis}, 그리고 실재 활동^{realen Thätigkeit}과 구
별되는 사유^{Denken}로부터 기원하는 것.

-〈(정신)현상학에 대한 헤겔적 구성〉,《1844-1847년 노트북》

첫 번째와 네 번째 메모만 주목하자. "인간 대신 자기의식. 주
관. 객관"이라는 첫 번째 메모로 마르크스가 말하고자 한 것은 분명
하다. 헤겔이 인간 대신 자기의식을 강조하는 순간, 인간과 대상이
라는 범주 대신 주관과 객관이란 범주가 부각된다는 것이다. 반면
네 번째 메모에서 중요한 것은 "현실적인 대상의 지양과 동일시되
는, 마음에 떠오르는 대상—의식 대상으로서의 대상—의 지양"이라
는 구절이다. 헤겔은 '마음에 떠오른 대상'을 '현실적 대상'과 동일
시하고 있다는 것이다. 바로 이것이 헤겔 철학의 토대다. 핵심 구조
를 파악했다면, 그걸 붕괴시키는 건 시간문제일 뿐이다. 마침내 마
르크스는 헤겔이 동일시했던 '현실적 대상'과 '마음에 떠오르는 대
상', 혹은 '대상'과 '객관' 사이에 칼날을 집어넣어 양자를 분리해버
린다. '대상'이 '인간'의 실천적 활동의 전제나 조건이지만, '객관'은
단지 '자기의식'이나 '주관'이 관조하는 풍경에 지나지 않기 때문이
다. 결국 마르크스에게 헤겔은 잘해야 들뢰즈의 표현을 빌리자면
동일성의 수영 교사, 그리고《장자》의 표현을 빌리자면 모든 것에
통용되는 도^道가 있으리라 생각했던 공구에 지나지 않았던 것이다.

사실 1843년 10월부터 프랑스 파리에 머물면서 이미 마르크스는 헤겔의 《정신현상학》 분석을 본격화한다. 단순히 분석을 넘어 마르크스는 1844년 4월에서부터 8월 사이에 헤겔 철학의 한계를 폭로하는 글을 집필한다. 《1844년 경제학-철학 수고Ökonomisch-philosophische Manuskripte aus dem Jahre 1844》가 3개의 수고로 완성된 것이다. 헤겔과 관련된 치열한 투쟁의 결과물은 마지막 세 번째 수고, 그중 다섯 번째 부분 〈헤겔 변증법과 철학 일반에 대한 비판Kritik der Hegelschen Dialektik und Philosophie überhaupt〉에 기록되어 있다. 결국 1845년 집필된 〈포이어바흐에 관한 테제들〉과 〈(정신)현상학에 대한 헤겔적 구성〉은 일회적이고 즉흥적인 작업이 아니라, 1843년 10월 이후 강도 높게 진행되었던 지적 숙고의 산물이었던 것이다.

1836년 베를린대학에 입학하면서 이미 마르크스는 헤겔을 돌파하고자 했다. 《1844년 경제학-철학 수고》에서, 특히 〈헤겔 변증법과 철학 일반에 대한 비판〉에서 우리는 헤겔이란 고봉 정상부에 자기 깃발을 꽂는 마르크스의 모습을 보게 된다. 당연히 이 글은 헤겔적인 요소와 마르크스적인 요소가 혼재해 있을 수밖에 없다. 헤겔을 발로 밟고 있지만 여전히 헤겔과 함께 있었던 상태니까. 《1844년 경제학-철학 수고》의 마르크스가 여전히 헤겔 철학에 사로잡혀 있다는 평가가 가능했던 것도 이런 이유에서다. 그렇지만 1844년 마르크스는 헤겔을 이미 발로 밟고 있었다는 사실, 다시 말해 헤겔을 포함해 그가 보지 못한 것을 조망할 수 있는 철학적 높이에 1844년 마르크스가 도달했다는 사실을 잊어서는 안 된다. 위에서 내려다보면 산 정상에 서 있는 사람은 거대한 산의 일부분처럼 보이지만, 옆에서 본다면 그는 분명 정상보다 더 높은 곳에, 정상보다 더 많은 것을 보고 있는 법이니까.

《1844년 경제학-철학 수고》 구성

수고	첫 번째 수고	두 번째 수고	세 번째 수고
세부 목차	1. 노동임금Arbeitslohn 2. 자본의 이윤Profit des Kapitals (1)자본Das Kapital (2)자본의 이득Der Gewinn des Kapitals (3)노동에 대한 자본의 지배와 자본가의 동기 Die Herrschaft des Kapitals über die Arbeit und die Motive des Kapitalisten (4)자본의 축적과 자본가 사이의 경쟁 Die Akkumulation der Kapitalien und die Konkurrenz unter den Kapitalisten 3. 지대Grundrente 4. 소외된 노동Die entfremdete Arbeit	사적 소유의 관계 Das Verhältnis des Privateigentums	1. 사적 소유와 노동 Privateigentum und Arbeit 2. 사적 소유와 코뮌주의 Privateigentum und Kommunismus 3. 욕구, 생산과 분업Bedürfnis, Produktion, Arbeitsteilung 4. 화폐Geld 5. 헤겔 변증법과 철학 일반에 대한 비판Kritik der Hegelschen Dialektik und Philosophie überhaupt

정상을 찍은 다음 마르크스는 헤겔이라는 산에서 내려온다. 그렇지만 헤겔을 발로 밟고서 보았던 수많은 진실들을 그대로 품고 내려온다. 바로 이것이 〈포이어바흐에 관한 테제들〉이 지닌 가치다. 마르크스는 《1844년 경제학-철학 수고》를 〈포이어바흐에 관한 테제들〉로 응결시켰던 것이다. 헤겔적인 것들, 다시 말해 그의 개념, 논리, 그리고 뉘앙스마저 완전히 증발되었고, 그 과정에서 투명한 결정이 만들어진 셈이다. 바로 '대상적 활동' 개념이다. 20세기 최고의 실천철학자 들뢰즈는 1968년 《스피노자와 표현의 문제Spinoza et le problème de l'expression》에서 말하지 않았던가. "어떤 철학의 힘은 자신이 창조하고 그 의미를 변화시킨 개념들, 즉 사물과 행동에 일련의 새로운 분할들을 부과하는 개념들로 측정된다"고. 이것은 마르크스 철학에도 그대로 적용된다. 마르크스 철학의 힘은 이 '대상적 활동'이란 개념으로만 측정될 수 있으니까. 물론 이 개념이 하늘에서 뚝 떨어진 것은 아니다. 마치 능숙한 대장장이가 수천 번의 담금질로

명검을 벼리는 것처럼, 마르크스는 헤겔과의 치열하고 끈덕진 투쟁 끝에 '대상적 활동' 개념을 창조했다. 우리가 《1844년 경제학-철학 수고》에 주목해야 하는 것도 이런 이유에서다. 이 수고는 '대상적 활동' 개념이 탄생한 자궁, 즉 마르크스의 숨겨진 대장간이었으니까.

비대상적 존재ungegenständliches Wesen는 비존재Unwesen다. 스스로 대상Gegenstand도 아니고 또 어떤 대상도 갖지 않는 존재를 가정해보자. 그런 존재는 우선 유일한 존재일 것이고, 그것 바깥에는 어떤 존재도 없을 것이며, 고독하게 홀로 있을 것이다. 내 바깥에 대상들이 존재하자마자, 내가 홀로가 아니자마자, 나는 다른 것, 즉 내 바깥의 대상과는 다른 현실이기 때문이다. …… 자신의 바깥에 대상을 갖고 있지 않은 존재는 결코 대상적 존재gegenständliches Wesen가 아니다. …… 내가 어떤 대상을 가지자마자, 이 대상은 나를 대상으로 삼는다. 그러나 비대상적 존재는 비현실적이고 비감성적인, 단지 사유되었을 뿐인 존재, 다시 말해서 상상 속에서만 있는 존재, 추상적 존재다. 감성적이라는 것, 다시 말해서 현실적이라는 것은 감성의 대상이라는 것, 감성적 대상이라는 것, 따라서 자기 바깥에 감성적 대상들을 가진다는 것, 자기 감성의 대상들을 가진다는 것이다. 감성적 존재Sinnlich sein는 겪는 존재leidend sein다. 그러므로 대상적·감성적 존재gegenständliches sinnliches Wesen로서 인간은 겪는 존재이고 자신이 겪는다는 것을 느끼는 존재이므로 열정적 존재leidenschaftliches Wesen이다.

-《1844년 경제학-철학 수고》

"비대상적 존재는 비존재다!" 대상적 존재만이 존재한다는 마르크스의 선언이다. 여기서 핵심은 '비대상적'이나 '대상적'이라는 수식어에 공통적으로 사용되는 '대상' 개념이다. 1844년 헤겔의 《정신현상학》과 씨름할 때 '게겐슈탄트'라는 개념이 마르크스의 화두였다는 것을 보여준다. 우리 앞에 우리의 의지에 저항하는 무언가가 버티고 서 있다. 바로 이것이 게겐슈탄트, 즉 대상이다. 그 대상이 내 앞을 가로막는 급류일 수도 있고, 비바람일 수도 있고, 산길에서 만난 뱀일 수도 있고, 다리를 다친 고양이일 수도 있고, 정리해고를 계획한 자본가일 수도 있고, 권위적인 직장 상사일 수도 있고, 굶주린 아이일 수도 있고, 짐을 든 노인일 수도 있고, 달려오는 자동차일 수도 있고, 건물 위에서 떨어지는 물건일 수도 있다. 이렇게 대상과 마주칠 때, 우리는 '대상적 존재'가 된다. 다시 한 번 강조하지만 마르크스에게 대상과 객관은 완전히 다르다. 삶의 차원에서 마주치는 타자가 대상이고, 의식 차원에서 관조되는 대상이 바로 객관이니까. 달리 말해 대상은 우리 삶에 무언가 저항의 힘을 발휘한다면, 객관은 그저 관조하는 풍경일 뿐 우리에게 저항으로 다가오지 않는다는 것이다. 예를 들어 수영 달인에게 물결이 대상이었다면 공구에게 그것은 객관이었을 뿐이라고 말할 수 있다. 달인과 물결 사이에는 '실천적 친밀함'이 있지만, 공구와 물결 사이에는 '관조적 거리감'이 있다는 것에 주목해야 한다. 그래서 마르크스도 말했던 것이다. "내가 어떤 대상을 가지자마자, 이 대상은 나를 대상으로 삼는다"고. 실천적 친밀함을 생각하지 않고서는 할 수 없는 말이다. 여기서 수영 달인이 폭포와 급류를 헤엄쳤던 상황을 다시 생각해볼 필요가 있다. 달인은 물결을 대상으로 가지지만, 동시에 그 물결도 달인을 대상으로 갖게 된다. 물결은 헤엄을 방해하기에 분명 달인에게는 대상이지만, 동시에 달인도 물의 흐름에 방해되기에 물에게는 대상일 수밖에 없지 않은가? 달인이 수영을 할 때 물결에 변화가 생기는 것도 이런 이유에서다. 우리가 물결에 맞서 자신의 운동을 관철하려는 대상적 존재였던 만큼이나 물결도 우리의 의지에 반하면서 자신을 유지하려는 대상적 존재로 드러나는 대목이다.

마르크스는 대상적 존재를 부각하기 위해 '비대상적 존재'를 이야기한다. 비대상적 존재는 정의상 "스스로 대상도 아니고 또 어떤 대상도 갖지 않는 존재"라고 할 수 있다. 철학사적으로 본다면 지금 마르크스는 헤겔의 변증법을 문제 삼고 있는 것이다. 1817년 출간된 《철학강요Enzyklopädie der philosophischen Wissenschaften im Grundrisse》에서 헤겔은 순수 존재reine Sein를 시작으로 절대정신의 변증법적 운동을 설명하고 있지 않은가? 순수 존재가 시작이다. 나무든 급류든 자본가든 자동차든 어떤 개체성도 생각하지 않고 단지 존재한다는 것으로 논의를 시작하자는 추상적인 이야기다. 마르크스가 '대상적 존재' 혹은 '대상'에서 시작하는 것과 확연한 차이를 보이는 대목이다. 헤겔에게는 수영 달인도 존재이고 그를 집어삼킬 만큼 강렬한 급류도 존재다. 결국 그의 눈에는 급류에 맞서 견디며 분투하는 수영 달인, 혹은 대상과 인간 사이의 치열한 상호작용이 보일 리 없다. 현실적으로 생각해보면 헤겔의 순수 존재가 적용될 수 있는 사례는 달인과 물결 사이의 관계가 아니라 공구와 물결 사이의 관계인 것도 이런 이유에서다. 폭포와 급류를 바라보면서 공구는 생각할 수 있다. "폭포도 존재하고 급류도 존재하고 하늘도 존재하고, 그리고 나도 존재한다." 폭포도, 급류도, 하늘도, 그리고 공구 자신도 비대상적 존재가 된 셈이다. 이런 비대상적 존재는 "우선 유일한 존재일 것이고, 그것 바깥에는 어떤 존재도 없을 것이며, 고독하게 홀로 있을 것이다". 마치 영화관의 스크린이나 스마트폰의 액정화면으로 세상을 관조하는 것과 같은 상태. 혹은 대상이 객관이 되어버린 상태이거나 대상적 활동이 주관이 되어버린 상태라고도 할 수 있다. 그렇지만 이런 비대상적 존재는 모두 대상적 존재에서 사후적으로 추상화된 것에 지나지 않는다. 마르스크가 "비대상적 존재는 비현실적이고 비감각적인, 단지 사유되었을 뿐인 존재, 다시 말해서 상상 속에서만 있는 존재, 추상적 존재"라고 이야기했던 것도 이런 이유에서다. 헤겔 철학의 핵심 범주 '주관'과 '객관'은 대상적 존재와 대상에서 추상화된 논의에 지나지 않는다는 이야기다. 비바람을 헤치고 간신히 집에 들어와 젖은 머리를 말리는 사람이 있다. 몸을 녹이려고 따뜻한 커피를 마시며 그는 비바람을 생각할 수 있다. 그가 생각하는 비바람(객관)과 그의 몸을 적신 비바람(대상)은 다른 것이며 그가 생각하는 비바람은 몸을 적신 비바람에서 유래한 것일 뿐이다. 마르크스의 입장은 분명하다. 대상과의 마주침이 먼저이고 주관과 객관은 사후적으로 구성되는 것일 뿐이라는 것이다.

대상과 마주치는 대상적 존재는 당연히 감성적 존재일 수밖에 없다. 보통 시각, 청각, 후각, 미각, 그리고 촉각을 다섯 가지 감각이라고 한다. 대상적 존재의 감성에는 이 오감이 마치 교향곡의 악기들처럼 함께 어울린다. 수영 달인이 급류를 어떻게 느꼈을지 떠올려보라. 세차게 흘러가는 물결, 물살이 귀에 부딪혀 만드는 물소리, 상쾌한 듯 맑은 물 냄새, 간혹 입에 들어오는 물의 비린 맛, 그리고 무엇보다 몸을 간질이며 지나가는 물살. 반면 주관이라고 불리는 비대상적 존재에서 감성은 주로 한두 가지 감각에만 국한되는 경우가 많다. 폭포와 급류를 구경했던 공구가 그 좋은 예일 듯하다.

그를 지배했던 감각은 오감 중 시각이나 청각이었을 것이다. 40리까지 물보라가 튀는 장관과 귀를 압도하는 폭포수 소리. 그래서 대상적 존재와 비대상적 존재를 구별하는 가장 결정적인 감각은 아마도 촉각일 듯하다. 만져지는 것을 허락하지 않고는 결코 만질 수 없다. 바로 이것이 촉각이 가진 고유성이다. 온몸을 휘감는 물결, 그리고 물살을 헤치는 손과 발! 내가 물에 관능적으로 몸을 담그는 순간, 물도 내 온몸을 감싸고 간지럽힌다. 이처럼 "감성적 존재는 겪는 존재"일 수밖에 없다. 그리운 사람을 꿈에서 만날 때가 있다. 본능적으로 우리는 잠결에 손을 휘저어 그 사람을 잡으려고 한다. 아무리 해도 잡을 수 없다면 우리는 꿈을 꾸고 있는 것이고, 반대로 잡을 수 있다면 우리는 현실에 살고 있는 셈이다. 간혹 반가운 사람을 만나면, 우리가 그를 안거나 얼굴을 쓰다듬게 되는 것도 이런 이유에서다. 오매불망 그리워하던 사람이 지금 내 앞에 '대상'으로, '현실'로, 혹은 '감성'으로 있다는 걸 확인하고 싶은 탓이다. 한마디로 말해 우리는 그 사람을 "겪고" 싶은 것이다. 마르크스에게 '대상적인 것'이 '감성적인 것'이나 '현실적인 것'의 동의어로 사용되는 것도 이런 이유에서다. 꿈에서 우리는 비대상적 존재에 지나지 않지만, 현실에서 우리는 대상을 겪고 느끼는 대상적 존재일 수밖에 없기 때문이다. 애인이 침묵 속에 뿜어내는 기호를 온몸으로 겪어내는 일, 혹은 물결이 드러내는 그 미묘한 변화를 온몸으로 겪어내는 일은 얼마나 긴장된 것인가? 여기에 현실에서, 삶에서 인간이 갖는 모든 고난과 열정의 신비가 놓여 있다. 그래서 마르크스도 문학적으로 묘사할 수 있었던 것이다. "대상적·감성적 존재로서 인간은 겪는 존재이고 자신이 겪는다는 것을 느끼는 존재이므로 열정적인 존재"라고.

《1844년 경제학-철학 수고》는 대상적 존재를 더 숙고한다. 대상과 마주쳐서 인간은 새로운 무언가를 만든다. 수영 달인의 이야기를 기억해보라. 처음 그는 육지라는 대상에 적응해서 살았지만, 물결을 새로운 대상으로 만나 스스로를 수영 달인으로 만들지 않았는가? 수영을 못하던 남자가 물결과 물살이란 험난한 대상과 마주쳐 자신을 수영 달인으로 만든 셈이다. 중요한 것은 존재가 아니라 활동이다. 대상적 활동이 없다면, 대상적 존재도 그렇지만 새로운 산물도 아무런 의미가 없으니까.

견고하게 대지에 굳건히 서 있는 인간, 모든 자연적 힘들을 호흡하는 인간, 다시 말해 현실적이고 육체적인 인간은 자기외화Entäußerung를 통해 자신의 현실적이고 대상적인 존재의 힘들wirklichen gegenständlicher Wesenskräfte을 낯선 대상들fremde Gegenstände로 정립한다setzt. 이런 과정에서 정립 작용을 하는 것은 주관Subjekt이 아니다. 정립 작용을 하는 것은, (다른 것에 의해) 자신의 행동이 대상적인 것일 수밖에 없는, 대상적인 존재의 힘들을 가진 주체Subjektivität다. '대상적인 존재gegenständliche Wesen'는 대상적으로 작용한다. …… 이런 정립행위에서 대상적인 존재는 자신의 '순수한 활동reinen Tätigkeit'에서 대상을 창조하는 상태로 하강하는 것은 아니다. 반대로 자신의 대상적 산물gegenständliches Produkt이 그의 대상적 활동gegenständliche Tätigkeit, 다시 말해 대상적이고 자연적인 존재의 활동을 확증할 뿐이다. 여기에서 우리는 철저하게 관철된 자연주의Naturalismus 또는 인간주의Humanismus가 어떻게 해서 관념론Idealismus 및 유물론Materialismus과 구별되며 동시에 이 양자를 통합하는 진리인지 알게 된다. 또한 우리는 어떻게 자연주의만이 세계사Weltgeschichte의 움직임을 파악할 수 있는지를 알게 된다.

《1844년 경제학-철학 수고》에서 마르크스는 헤겔의 입장을 다음과 같이 요약했던 적이 있다. "헤겔에게는 인간의 본질이나 인간은 자기의식으로 간주된다Das menschliche Wesen, der Mensch, gilt für Hegel=Selbstbewußtsein"고. 자기의식과 관련된 논의를 이해하려면 피히테Johann Gottlieb Fichte(1762~1814)의 1794년 저작《전체 지식론의 기초Grundlage der gesammten Wissenschaftslehre》를 넘겨보는 것으로 충분하다. "명제 'A는 A이다(A ist A), A=A'는 누구나 인정하는 것이며, 그것도 그에 대해 최소한의 의심도 갖지 않고 인정하는 것이다. …… 그와 같이 의심할 여지없는 보편적 인정을 가지고 주장함으로써 우리는 자신에게 어떤 것을 단적으로 정립Setzen하는 능력을 부여한다. …… 나=나Ich=Ich, 나는 나다." 어제 처음으로 만난 사람을 오늘 다시 만나면, 나는 그 사람이 누구인지를 안다. '오늘 만난 사람은 바로 어제 만난 그 사람이다.' 'A=A'라는 공식은 바로 이것을 말한다. 그러나 이런 판단이 가능하려면, 나는 자신이 어제 그 사람을 만났다는 것을 기억하고, 어제의 내가 바로 오늘의 나와 같다는 것을 알아야만 한다. '나=나'라는 공식의 의미다. 이렇게 과거의 나를 기억하는 현재 의식의 운동이 바로 자기의식이다. 이런 자기의식이 있기에 주관(나=나)뿐만 아니라 객관(A=A)도 가능하다는 것, 이것이 바로 피히테 이후 헤겔까지 독일 관념론이 공유했던 자기의식 논의다. 어려우면 중증 치매나 기억상실증에 걸리면 자신이 누구인지뿐만 아니라 어머니나 아버지도 구별하지 못하는 상황을 떠올리면 된다.

자기의식의 논의는 그럴듯하다. 그렇지만 이 논의는 모든 상황에 적용되기 어렵다. 두 가지 경우만 생각해보자. 첫째, 낯선 타자를 만날 때가 있다. '오늘 만난 사람은 바로 어제 만난 그 사람이다'라는 'A=A'라는 공식 자체가 무용지물이 되는 경우다. 자기의식의 논리가 낯선 타자와의 마주침을 사유하는 데 취약한 보수적 논의로 흐르는 이유도 바로 여기에 있다. 심지어 자기의식의 논리는 타자를 배제하는 유아론으로 흐를 수 있다. 'A=A'의 기초가 '나=나'라는 주장이니 어쩌면 이것은 당연한 귀결 아닐까. 둘째, '나=나'라는 의식이 강할수록 'A=A'라는 대상에 대한 의식은 약해진다는 점이다. 어제 만난 사람을 오늘 만났을 경우, 내가 그 사람을 만났던 어제의 나를 생각한다고 해보자. 바로 이 순간 어제의 나를 기억하는 데 정신이 팔린 나는 내 앞에 서 있는 그 사람에게 관심을 기울이기 힘들다. 자기의식이 강해지면 대상의식이 강해지는 것은 아니다. 오히려 현실적으로 자기의식은 대상의식과 반비례 관계에 있다. 결국 'A=A'의 기초가 '나=나'라는 피히테와 헤겔의 주장은 의심의 여지가 많다. 누군가를 알아볼 때 우리는 치매에 걸리거나 기억상실증에 빠지지 않았다고 말할 수 있다. 바로 이런 상황에서만 자기의식의 논리는 적용 가능하다. 그렇지만 대부분의 경우 '나=나'라는 자기의식은 'A=A'라는 대상의식을 위해 배경으로 물러나야만 한다.

어쨌든 헤겔의 주장은 간단히 요약된다. 자기의식이 있으니 애인, 친구, 커피숍, 모교, 집 등등을 식별할 수 있다는 주장이다. 여기서 문제는 'A=A'라고 판단되는 모든 것은 기본적으로 '실천적 친밀성'이 아니라 '관조적 거리감'을 가지고 있다는 점이다. 애인과 키스를 하거나 친구의 등을 쓰다듬거나 커피숍에서 커피를 마시거나 모교의 캠퍼스에 앉자 모란 향기에 취하거나 집 안 침대에 몸을 눕히는 일은 이차적인 것으로 밀려나 있다. 그저 그 대상들이 무엇인지를 식별하는 것에 만족할 뿐이다. 이것은 모두 'A=A'의 기초가 '나=나'라는 자기의식이기 때문이다. 결국 객관은 주관에 포섭될 수밖에 없기에 A는 의식 대상, 즉 관조적 대상으로 전락한 것이다. 〈(정신)현상학에 대한 헤겔적 구성〉에서 마르크스가 헤겔이 '마음에 떠오른 대상'을 '현실적 대상'과 동일시한다고 지적했던 것도 다 이유가 있었던 셈이다. '마음에 떠오른 대상', 바로 이것이 '객관' 아닌가? 마침내 헤겔에 이르러, 예를 들어 수영 달인이 온몸을 던졌던 폭포수나 급류는 공구가 부채를 부치며 바라보았던 폭포수나 급류와 동일한 것이 되어버린 것이다.

헤겔에 따르면 주관이든 객관이든 모두 자기의식이 있기에 가능한 것이다. 〈(정신)현상학에 대한 헤겔적 구성〉의 첫 번째 메모가 생각나는 지점이다. 마르크스는 헤겔의 사유구조를 네 단어로 깔끔하게 정리하지 않았던가? "인간 대신 자기의식. 주관. 객관." 정말 영민한 젊은 철학자다. 진단이 나오면 처방도 이어지는 법. 헤겔로 수렴되는 독일 관념론 사유를 극복하려면, "인간 대신 자기의식"이라는 발상을 뒤집으면 된다. 자기의식이 있어 인간이 있는 것이 아니라, 인간이 있어 자기의식이 있는 것이다. 숙면에 들어 자기의식이 희미해진 경우도, 인간은 인간이니까. "자기의식 대신 인간으로!" 이 간단한 전도로 주관에 가려진 주체, 그리고 객관에 가려진 대상은 회복된다. "주관 대신에 주체로!" "객관 대신에 대상으로!" 자기의식이 아니라 인간이다. 헤겔이 자기의식으로 설명했던 인간이 아니라 못 배운 사람이나 어린아이도 알 수 있는 인간이다. 인간은 다양하고 복잡하다. 자기의식이 강할 때도, 대상의식이 강할 때도, 멍하니 있을 때도, 숙면을 취할 때도, 극도로 흥분할 때도 있다. 이런 다양한 의식 상태 중 어느 하나를 절대화하는 순간, 우리는 인

헤겔과 마르크스의 사유구조 비교

	헤겔	마르크스
인간의 본질	자기의식Selbstbewußtsein	인간des Menschen
인간의 작용	사유Denken	대상적 활동gegenständliche Tätigkeit
내부 or 내면	주관Subjekt	주체Subjektivität
외부 or 외면	객관Objekt	대상Gegenstand

간의 전체 모습을 포착하기 어렵게 된다.

자기의식이 인간의 본질이 아니라면, 마르크스는 인간을 어떻게 이해하고 있었을까? 그는 《1844년 경제학-철학 수고》에서 말한다. 인간은 "견고하게 대지에 굳건히 서 있는" 존재이자 "모든 자연적 힘들을 호흡하는" 존재, 한마디로 말해 "현실적이고 육체적인" 존재라는 것이다. '대지에 굳건히 서 있을 수 있다'는 것은 인간이 살아 있다는 것을 의미한다. 죽으면 대지에 쓰러질 수밖에 없는 것이 인간이니까. '모든 자연적 힘들을 호흡한다'는 말은 인간이 유한자라는 것을 의미한다. 무한자가 스스로의 힘으로 존재를 유지하는 것과는 달리 유한자는 자기 바깥에 의존해야만 존재를 유지할 수 있다. 물, 음식, 공기 등이 없다면 생명을 유지할 수 없는 것이 인간이라는 말이다. 그래서 인간에게서 자기의식보다 수천 배 중요한 것은 육체라고 할 수 있다. 인간의 육체성은 우리가 마음먹은 대로 바로 수영의 달인이 될 수 없는 이유를, 원한다고 해서 바로 축구를 잘할 수 없는 이유를, 생각한 대로 바로 바이올린을 연주할 수 없는 이유를 설명해준다. 또 반대로 한번 익힌 수영 능력이, 축구 능력이, 바이올린 연주 능력이 쉽게 우리를 떠나지 않는 이유도 설명해준다. "인간은 현실적이고 육체적인 존재다." 이것이 마르크스가 이해하는 인간이다.

그렇다면 인간은 어떻게 살아가는가? 바로 이 대목에서 헤겔의 자기의식에 준하는 마르크스의 대상적 활동 개념이 출현한다. "인간은 자기외화를 통해 자신의 현실적이고 대상적인 존재의 힘들을 낯선 대상들로 정립한다." 평범한 사람이 수영 달인이 되는 과정을 생각하면 쉽다. '자기외화'란 육지에 익숙해진 자신을 포기하고 낯선 물에 들어가는 행위를 가리킨다. 물결의 신체와 인간의 신체가 결합되기를 반복하면서, 점점 그는 수영 달인이 되어간다. 그에게 "대상적 존재의 힘", 즉 대상적 활동의 힘이 있었기 때문에 가능한 것이다. 수영 달인은 자신을 '낯선 대상'으로 정립하는 데 성공한 사람이다. '정립한다setzt'라는 말은 감각적으로 확인할 수 있게 무언가를 만들어 앞에 세워둔다는 의미니까. 어쨌든 수영 달인은 물결 입장에서나 일반 사람 입장에서도 급류에 편안해하는 사람이기에, 다시 말해 물결인 듯 사람인 듯 헤엄치는 사람이기에 낯설기만 하다. 《장자》에서 공구가 "나는 그대가 귀신인 줄 알았네"라며 감탄했던 것도 이런 이유에서다.

바로 이 대목에서 마르크스는 자신이 여전히 헤겔을 의식하고 있다는 걸 보여준다. 마르크스는 물어본다. 평범한 사람이 자신을 수영 달인으로 정립하는 과정에서 이 정립을 가능하게 한 것이 무엇이냐고. 우리의 대답을 기다리지도 않고 마르크스는 스스로 답을 내놓는다. "이런 과정에서 정립 작용을 하는 것은 주관이 아니다. 정립 작용을 하는 것은, (다른 것에 의해) 자신의 행동이 대상적인 것일 수밖에 없는, 대상적인 존재의 힘들을 가진 주체"라고. 먼저 얕은 물에서 시작해 깊은 물과 유속이 빠른 물로 점진적으로 들어가서 물의 신체에 대응해 자신의 신체를 만들어야 한다. 독일 관념론의 표현을 빌리자면, 수영할 수 있는 신체를 정립해야 한다. 수영 동영상을 아무리 반복해서 본다고 해도 수영하는 신체가 저절로 만들어지지 않는다. 수영 교본을 달달 외우고 교본 안의 사진을 숙지한다고 해도 마찬가지다. 혹은 강가에 앉아 물의 유속과 깊이, 그리고 부력을 과학적으로 생각한다고 해도 마찬가지다. 헤겔의 주관은 어떤 것도 정립하지 못한다. 수영의 경우처럼 물결과 마주쳐서 자기 자신을 만들 수 있는 것은, 혹은 조각의 경우처럼 나무와 마주쳐 근사한 나무 인형을 만들 수 있는 것은 "대상적인 존재의 힘을 가진 주체", 즉 생각과 육체가 불가분의 관계에 있는 인간 주체일 뿐이다.

수영하는 자신을 보고 놀란 공구를 보고 수영 달인은 자신이 어떻게 수영을 잘하게 되었는지 이야기했던 적이 있다. 오직 이 경우에만 우리는 수영 달인의 '주관'을 이야기할 수 있을 뿐이다. 헤겔의 자기의식도 그렇지만 주관도 그리고 객관도 이렇게 제한적이다. 아니 정확히 말해 사후적이다. 수영을 마치고 나온 뒤에만 수영 달인의 자기의식은 작동한다. 하긴 자기의식이 일종의 기억의식이니 이것은 당연한 귀결인지도 모른다. 강가에 올라와 귀신처럼 수영하게 된 이유를 공구에게 설명할 때, 수영 달인은 주관이고 그가 설명하는 급류는 객관이다. 그냥 공식처럼 외워둘 필요가 있다. 세상으로부터 거리를 두거나 세상을 관조할 때, 주관과 객관은 사후적으로 탄생한다고. 공구와 이야기를 마치고 다시 물에 뛰어들었다면, 수영 달인은 객관과 주관뿐만 아니라 자기의식마저 버려야 한다. 수영을 할 때 수영 달인은 "사사로움을 개입하지 않아야 한다"는 걸 잘 안다. 주관의 작용은 "대상적 존재의 힘"을 약화시킬 수밖에 없으니까. 어쨌든 주관은 사후적으로 해석하거나 설명할 뿐, 작은 돌 하나라도 옮길 수 없다.

수영 달인이 된다는 것! 물이라는 대상이 전제되어야 하고, 동시에 물의 신체에 맞게 자기 신체를 정립하는 활동도 전제되어야 가능하다. 유한자로서 인간은 분명 "대상적인 존재"일 수밖에 없다. 그렇지만 대상적 존재로서 가지는 힘, 즉 대상적 활동의 힘을 어떤 대상도 없이 바로 삶에 실현할 수는 없는 법이다. 한마디로 말해 물에 뛰어들지 않고서는 수영 달인이 될 수 없다는 것이다. 마르크스의 말대로 "정립행위에서 대상적인 존재는 자신의 '순수한 활동'에서 대상을 창조하는 상태로 하강하는 것은 아니기" 때문이다. 다시 은근히 마르크스는 헤겔을 비판하고 있다. '순수한 활동' 개념은 '순수 존재'로부터 절대정신의 변증법적 운동을 시작했던《철학강요》, 그리고 자기의식의 활동을 강조했던《정신현상학》을 염두에 두고 있기 때문이다. 사실 순수한 활동 자체가 존재하기라도 하는 것일까? 생각해보라. 강가에 앉아 아무리 노력을 해도 우리는 수영 달인이 될 수는 없다. 일단 물에 발을 담가야만 한다. 그래야 우리에게 수영 달인이 될 수도 있다는 희망이 있으니까. 그러니 대상과 인간, 혹은 대상과 주체 사이의 마주침이 중요하다. 인간 주체의 의지나 욕망을 거스르고 막고 방해하는 대상이 먼저 주어져야 한다는 것이다. 그다음에 대상적 힘을 가진 주체의 개입이 시작된다. 그렇지만 불행히도 수영 달인이 되지 못하고 중도에 포기하거나 아니면 물에 빠져 죽는 비극이 발생할 수도 있다. 이 경우 우리는 대상적 힘을 가진 주체를 확인할 수 있는 방법이 없다. 반면 수영 달인, 사랑 달인, 운동 달인, 음악 달인, 그리고 혁명 달인이 존재하는 경우, 우리 앞에 이런 달인들이 나타나는 경우가 있다. 오직 이런 경우에

에드바르트 뭉크의 〈노동자와 아이〉(1908). 마르크스는 10년 동안 헤겔의 관념론과 씨름하다 드디어 자기 철학을 완성한다. 그것은 양반들의 철학이 아니라 농부들의 철학, 집주인의 철학이 아니라 노동자의 철학이었다.

만 우리는 대상적 활동이 수행되었다는 걸, 그것도 성공적으로 수행되었다는 걸 알 수 있다. "결국 자신의 대상적 산물이 그의 대상적 활동, 다시 말해 대상적이고 자연적인 존재의 활동을 확증할 뿐"이라고 마르크스가 말했던 것도 이런 이유에서다.

10년 동안 헤겔의 관념론과 씨름하다 마르크스는 자기 철학을 완성한다. 《1844년 경제학-철학 수고》에서 마르크스는 자기 철학의 방향과 윤곽을 거의 확정한다. 그는 자기 철학의 심장으로 '대상적 활동' 개념을 품는다. 남의 노동에 기생하는 사람이라면 파악하기 힘들지만 직접 노동하는 사람이라면 누구나 쉽게 알 수 있는 개

2부. 마르크스의 철학, 마르크스의 과학

넘이다. 수영하는 사람을 관조하는 공구의 철학이 아니라 직접 물에 몸을 던져 수영하는 사람의 철학! 정자에 앉아 논밭을 바라보는 양반들의 철학이 아니라 뙤약볕 아래 땅에서 구슬땀을 흘리는 농부들의 철학! 부동산 매매가격을 수시로 점검하는 집주인의 철학이 아니라 안전띠에 의지해 골조 작업을 하는 건설 노동자의 철학! 육체노동자의 철학이다. 마주친 대상에 능동성을 발휘해, 끝내 대상과 자신을 변모시키는 건강한 철학이다. 이들 노동자들이 물이 아니라, 땅이 아니라, 건물이 아니라, 억압체제를 대상으로 받아들인다면 어떻게 될까? 억압체제에 맞서는 대상적 활동, 그것이 혁명이 아니면 무엇이겠는가?

마르크스는 자기 철학을 "자연주의Naturalismus"나 "인간주의Humanismus"라고 부른다. 그러니까 대상적 활동을 긍정하는 이념을 자연주의나 인간주의라고 부르자는 것이다. 자연주의는 세계는 다양한 대상들로 북적이며, 나아가 새로운 관계들은 이런 대상들의 마주침을 통해 가능하다는 이념이다. 자연주의의 반대에는 초자연적인 신이나 세계를 초월하는 원리를 긍정하는 초월주의Transzendentalismus가 놓여 있다. 반면 인간주의는 인간이 육체적 존재라는 사실, 나아가 인간에게는 대상적 활동의 힘이 있다는 사실을 긍정하는 이념이다. 인간주의의 반대편에는 인간의 육체성을 부정하는 정신주의Spiritismus 전통이 놓여 있다. 바로 이 대목에서 마르크스는 흥미로운 이야기를 한다. 자연주의나 인간주의는 "관념론 및 유물론과 구별되며 동시에 이 양자를 통합하는 진리"라고 말이다. 대상적 활동을 생각해보면 어려운 일도 아니다. 나무를 조각해 늑대 인형을 만든다고 해보자. 나무, 즉 '대상'은 인간이 어쩔 수 없이 받아들여야 하는 물질적 조건이다. 이런 대상적 측면이 바로 유물론을 가능하게 한다. 물질이 정신을 지배한다는 입장이 유물론이니까. 반대로 늑대 인형이 가능했던 것은 나무라는 물질에 굴하지 않고 나무에 늑대 모양을 강요했던 인간의 활동이 전제되어 있다. 물론 이런 활동이 가능하기 위해서는 사유가 전제되어야 한다. "이 나무로 근사한 늑대 인형을 만들 수 있겠는걸." 늑대 디자인을 떠올리는 것과 그걸 나무로 구현하려는 인간의 의지는 관념론적이다. 정신이 물질을 지배한다는 것이 관념론이니까. 그냥 간단히 정리해도 된다. '대상적 활동'에서 '대상'이 인간의 육체성, 수동성, 조건성, 비자발성을 강조하는 유물론적 사유와 관련된다면, 이와 달리 '대상적 활동'에서 '활동'은 인간의 정신성, 능동성, 자유, 자발성을 설명하는 관념론적 사유와 관련된다고 말이다. 결국 인간의 육체성, 수동성, 조건성, 비자발성을 부정할 때 출현하는 것이 관념론이고, 반대로 인간의 정신성, 능동성, 자유, 혹은 자발성을 무시할 때 출현하는 것이 유물론이었던 것이다.

마르크스의 철학은 우리에게 섬세한 사유를 요구한다. '대상적 활동' 개념은 의미론적으로 '육체적 정신성', '수동적 능동성', '조건적 자유', '비자발적 자발성', 혹은 '유물론적 관념론'이란 표현과 그 맥을 같이하기 때문이다. 불행히도 그의 야심 찬 친구 엥겔스뿐만 아니라 마르크스주의를 표방했던 대부분의 지식인들은 마르크스를 독해하기에 충분한 섬세한 감각을 결여하고 있었다. 그렇기에 살아 있을 때도, 그리고 1883년 세상을 떠난 뒤 지금까지도 마르크스는 일체의 관념론을 거부한 철저한 유물론자로 간주되었던 것이다. 〈포이어바흐에 관한 테제들〉열 번째 테제에서 마르크스가 '낡은 유물론'과 '새로운 유물론'을 구분했던 이유를 제대로 숙고하지 않았던 후유증이다. '낡은 유물론'에 속했던 엥겔스 이하 마르크스주의자들은 마르크스마저 낡은 유물론에 귀속시켜버렸다. 그 후 아무도 마르크스의 육성을 귀담아들으려고 하지 않았다. 아니 그의 목소리가 들리기라도 하면 아예 귀를 막았다고 해야 할 것이다. 마르크스는 인간의 자발성과 자유만을 강조하는 관념론자도 아니었고, 인간이 외적 환경이나 경제적 조건, 혹은 물질적 상황에 규정된다는 유물론자도 아니었다. 그는 철학사의 해묵은 대립, 즉 관념론과 유물론 사이의 갈등을 '대상적 활동' 개념으로 해소하는 데 성공하니까.

마르크스, 그는 가장 탁월한 자연주의자naturalist 또는 인간주의자humanist였던 것이다. 그는 저 멀리 하늘로 상징되는 관념론도 거부하고, 저 깊이 땅속으로 상징될 수 있는 유물론도 동시에 거부한다. 대지의 철학 혹은 차안의 철학은 인간을 포함한 수많은 대상들이 우글거리는 세계를 긍정하면서 시작된다. 마침내 마르크스는 자연주의와 인간주의를 이념으로 하는 '새로운 유물론', '대상적 활동'의 철학을 완성한 것이다. 첨언하자면 마르크스 철학에서 거친 사적 유물론이 자리를 잡을 수 없다는 것도 분명해진다. 물질적인 것, 생산력과 생산관계가 인간의 모든 것을 결정한다고 주장한다면, 사적 유물론도 낡은 유물론에 지나지 않기 때문이다. 아니나 다를까 《1844년 경제학-철학 수고》에서 마르크스도 분명히 말하고 있지 않은가? "또한 우리는 어떻게 자연주의만이 세계사의 움직임을 파악할 수 있는지를 알게 된다"고. 생산력이나 생산관계는 주어진 조건, 즉 대상적 조건에 지나지 않는다. 중요한 것은 바로 이 대상적 조건에 던져져 '대상적 활동'을 수행하는 주체다. 결국 세계사, 나아가 모든 종류의 역사는 대상과 주체 사이의 팽팽한 긴장의 역사일 수밖에 없다는 것이다.

《1844년 경제학-철학 수고》는 헤겔과의 전쟁터였다. 당연히 헤겔의 흔적이 농후할 수밖에 없다. 1845년 〈(정신)현상학에 대한 헤겔적 구성〉으로 마르크스는 헤겔 철학의 한계를 규정한다. 이제 그에게 남은 것은 《1844년 경제학-철학 수고》에서 헤겔 철학의 모든 흔적을 날려버리고, 자기만의 철학을 응결시키는 일뿐이었다. 〈포이어바흐에 관한 테제들〉은 바로 이렇게 탄생한 것이다. 《1844년 경제학-철학 수고》에서 결론이었던 '대상적 활동'이 〈포이어바흐에 관한 테제들〉에서는 11개의 테제를 이끌어가는 서론으로 등장한다. 첫 번째 테제가 중요한 이유도 바로 여기에 있다. 10년 동안의 헤겔과의 싸움을 '대상적 활동' 개념을 중심으로 하는 하나의 테제로 요약하고 있으니까. "지금까지 모든 유물론—포이어바흐의 유물론을 포함하여—의 주된 결함은 대상, 현실, 감성을 객관이란 형식이나 직관이란 형식으로만 생각했을 뿐 감성적인 인간 활동이나 실천으로, 주체적으로 생각하지 못했다는 데 있다. 그렇기 때문에 활동의 측면은 유물론과 대비되어 관념론에 의해 발전되었지만, 관념론은 현실적이고 감성적인 활동 자체를 알지 못하기 때문에 그 발전은 단지 추상적일 뿐이었다."

첫 번째 테제에 등장하는 "감성적 인간 활동"이나 "실천", 혹은 "현실적이고 감성적인 활동"은 모두 '대상적 활동'을 말하는 것이나 다름없다. 마르크스의 입장은 분명하다. 지금까지 유물론은 '대상적 활동'에서 '대상'만 보았을 뿐 '활동'을 부정했고 관념론은 '대상적 활동'에서 '활동'만 보았을 뿐 '대상'을 간과했다는 것이다. 달리 말하자면 유물론은 인간의 수동성만을 강조했고, 관념론은 인간의 능동성만을 강조했다는 것이다. 여기서 우리는 포이어바흐가 마르크스에게 얼마나 큰 도움을 주었는지 알아야만 한다. 포이어바흐는 자기의식만을 강조했던 헤겔의 관념론을 넘어서려고 자기의식과 무관한, 혹은 우리의 생각 바깥의 대상을 찾으려고 했다. 마르크스의 이야기처럼 "포이어바흐는 사유 대상들과는 현실적으로 분리된 감성 대상들을 원했기" 때문이다. 헤겔의 사유 대상과는 구별되는 현실적인 감성 대상! 자기의식으로 환원되는 객관이 아니라 지금 우리 앞에 펼쳐지는 감성 대상을 찾고자 했던 것이다. 바로 이것이 포이어바흐의 위대한 점이자 동시에 한계였다.

《장자》의 '수영 이야기'를 예로 든다면, 처음으로 폭포와 급류를 보았던 공구가 포이어바흐였다. 얼마나 놀랍고 장쾌한 광경인가? 한 번도 생각하지 못한, 아니 상상은 해봤지만 이런 상상마저 무력하게 만드는 압도적인 폭포와 급류의 풍경을 처음 보았을 때, 그는 마침내 현실적인 감성 대상을 찾은 듯했을 것이다. 바로 이것이 그가 그토록 찾아 헤맸던 '감성 대상' 아닌가. 그러나 하루이틀 지나, 아니 장관을 본 다음 한두 시간이 지나면, 폭포의 강렬했던 첫인상은 현저히 줄어들 것이다. "여전히 근사하네. 저 물거품을 봐. 하늘에 닿을 듯하군." 바로 이 순간의 공구가 헤겔이라고 할 수 있다. "근사한 폭포=근사한 폭포"라는, 즉 "A=A"라는 객관적 판단을 하는 주관이 되기 때문이다. 이미 폭포는 자기의식, 즉 기억의식 논리에 포획된 것이다. 그렇지만 수영 달인이 온몸을 던져 느꼈던 감성 대상에 비하면, 포이어바흐의 감성 대상은 헤겔의 사유 대상과 너무나 유사한 것 아닌가? 두려움을 줄 만한 폭포를 처음 보았을 때 그 강렬했던 느낌은 물에 뛰어들기 직전의 긴장된 느낌과 유사한 데가 있다. 그렇지만 뛰어들지 않는다면, 어느 사이엔가 첫인상은 그 강렬함을 잃고 헤겔의 객관으로 전락하고 말 것이다.

마르크스가 포이어바흐의 위대함을 이야기한 다음, 바로 그의 한계를 지적하는 것도 이런 이유에서다. 포이어바흐는 "인간의 활동 자체를 대상적 활동으로 생각하지 않는다"고. 그래서 "그는《기독교의 본질》에서 오직 이론적 태도만을 진정한 인간의 태도로 간주하며, 반면에 실천은 그 더러운 유대인적 현상 형태로만 파악되며 고정되어 있다"고 말이다. 실천을 폄하하는 순간, 포이어바흐는 대상적 활동의 중요성을 간과하게 된다. 물과 씨름하면서 자신을 수영 달인으로 만드는 그 "혁명적인 활동"의 의미, 혹은 나무토막과 씨름하면서 시행착오를 거치며 근사한 늑대 인형을 만드는 그 "실천-비판적인 활동"의 의미가 포이어바흐의 사유에서 실종되는 것도 이런 이유에서다. 그렇지만 이것은 포이어바흐만의 한계가 아니다. 그는 자신의 한계를 헤겔에게서, 나아가 관념론과 유물론으로 양립했던 서양철학사 전통에서 물려받았기 때문이다. 마트료시카 матрёшка, Matryoshka라고 불리는 러시아 전통 인형이 있다. 똑같은 모양이지만 크기가 작은 인형들이 인형 안에 중첩해 들어 있다. 제일 겉 인형이 포이어바흐였고, 이 인형을 열어 만나는 두 번째 인형이 헤겔이었다. 헤겔 인형을 열면 그 안에는 유물론 인형이, 유물론 인형을 열면 그 안에는 관념론 인형이, 관념론 인형을 열면 서양철학 인형이 놓여 있었다. 모두 세계를 변화시키기보다는 세계를 관조하고 해석하는 사유 전통이다. 마르크스는 차곡차곡 작은 인형들을 포이어바흐 인형에 넣어 하나로 만든 다음, 이 인형을 발로 차버린 것이다. 그 빈자리에는 '대상적 활동' 개념이 마르크스의 강건한 발과 함께 남아 있다.

2. 잃어버린 대상적 활동의 힘을 찾아서

환경의 변화Veränderung der Umstände와 교육Erziehung에 관한 유물론
적 학설materialistische Lehre은, 환경이 인간에 의해 변화되고 교육
자 자신도 교육되어야 한다는 사실을 망각하고 있다. 따라서
이 학설은 필연적으로 사회를 두 부분—이 가운데 어느 한 부
분은 사회를 초월해über 있다—으로 나누게 된다.
'환경의 변화Aenderns der Umstände' 그리고 '인간의 활동menschlichen
Thätigkeit' 혹은 '자기변화Selbstveränderung' 사이의 일치는 오직 혁
명적 실천revolutionare Praxis으로서만 파악될 수 있으며 합리적으
로 이해될 수 있다.

                                    -〈포이어바흐에 관한 테제들〉3

인간의 본질은 "사회적 관계의 앙상블ensemble der gesellschaftlichen
Verhältnisse"이다. 〈포이어바흐에 관한 테제들〉 중 여섯 번째 테제의 핵
심이다. 이것은 사회적 관계가 변하면 인간의 본질은 달라질 수밖
에 없다는 마르크스의 관계주의다. 한마디로 불변하는 본질 같은
것은 없다는 이야기다. 이 대목에서 《장자》의 수영 달인 이야기를
다시 상기할 필요가 있다. "내가 현재 물에서 자라 물에서 편해진

상황이 본성이다." 관계주의에 입각한 본성, 즉 인간 본질에 대한 근사한 정의다. 본질, 혹은 본성은 사후적 사유의 산물에 지나지 않는다. 인간성, 여성성, 남성성, 야만성, 문명의 본질, 역사의 본질, 교육의 본질 등 어느 경우나 예외는 없다. 본질 혹은 본성의 계보학은 단순하다. 먼저 첫 번째, 자발적이든 타율적이든 관계가 지속된다. 두 번째, 그 관계는 관계에 들어간 개체들에게 지울 수 없는 흔적을 남기게 된다. 마지막으로 세 번째, 바로 이 사후적 흔적, 지속적으로 관찰되는 이 흔적을 우리는 본성이라고 혹은 본질이라고 부른다. 간략히 정리하면 본질, 혹은 본성은 관계가 관계항들에 사후적으로 분배되는 것에 지나지 않는다. 수영 달인은 본성을 새롭게 만드는 장인, 그러니까 새로운 관계를 만들 의지와 용기의 화신이다. 과거 그도 평범한 사람들처럼 육지에서만 편했던 사람이었다. 그럼에도 그는 물결과 마주쳐 새로운 관계를 만들 수 있었던 것이다. 아무나 감당하기 힘든 요염하고 치명적인 과정을 겪는다고 할지라도 말이다.

한 가지 확실한 것은 만약 수영 달인이 인간의 본성은 육지에 사는 것이라고 믿었다면, 한마디로 그가 본질주의자였다면, 그는 수영 달인이 되기는커녕 물에 발도 담그지 않았으리라는 사실이다. 자신에게 어찌할 수 없는 본질이 있다고 믿는 순간, 개개인은 주어진 사회적 관계를 극복할 수 없다. 나는 약한 여자니까 어쩔 수 없어, 나는 노예니까 어쩔 수 없어, 나는 노동자니까 어쩔 수 없어 등등. 본질은 없고 관계만이 있다는 관계주의 입장이 해방적 효과가 있는 이유는 분명하다. 내가 여자의 본성이 있어서 공손한 여자가 된 것이 아니다. 억압구조가 나를 옴짝달싹 못하게 규방에 감금하고 내가 순종적인 여자의 본성을 믿도록 훈육했을 뿐이다. 내가 노예의 본성이 있어서 노예가 된 것이 아니다. 억압구조가 나를 노예로 포획하고 내가 순종적인 노예의 본성을 믿도록 훈육했을 뿐이다. 내가 노동자의 본성이 있어 회사에 출근하는 것은 아니다. 억압구조가 나를 임금노동자로 만들었고 내가 노동을 파는 노동자의 본성을 믿도록 훈육했을 뿐이다. 본질이나 본성이 존재한다는 일체의 입장에 속지 말자! 본질이나 본성에 사로잡히는 순간, 그것을 강요했던 억압구조, 즉 특정한 사회적 관계가 우리 눈에 들어올 리 없으니 말이다.

'대상적 활동'을 강조할 때, 마르크스는 인간이 '수동적 능동자'라는 걸 긍정한다. 주어진 대상적 조건을 능동적으로 극복해 새로운 관계를 만들 수 있는 힘이 인간에게 있다는 이야기다. 한마디로 말해 주어진 관계가 억압적이라면, 인간은 그 관계를 극복해 새로운 관계를 만들 수 있다는 것이다. 1846년 《독일 이데올로기》에서 마르크스가 "개인들Individuen은 활동하고wirken 물질적으로 생산한다. 그러므로 그들은 자신의 의지로부터 독립된 일정한 물질적 제약, 전제, 조건 아래에서 활동하는tätig 개인"이라고 강조했던 것도 이런 이유에서다. 바로 이것이 《1844년 경제학-철학 수고》의 자연주의, 혹은 인간주의의 입장이고, 〈포이어바흐에 관한 테제들〉에서 말한 새로운 유물론의 입장이다. 실제로 《독일 이데올로기》에서 마르크스는 인간의 대상적 조건만을 강조했던 포이어바흐의 낡은 유물론을 비판하면서 자신의 자연주의적 역사관을 피력하기도 한다. 경제적 조건, 혹은 물질적 조건이 인간의 모든 것을 결정한다는 허접한 낡은 유물론이 아니라, 주어진 물질적 조건을 인간이 능동적으로 변형할 수 있다는 것을 강조하는 새로운 유물론의 입장에서 말이다.

이 역사관은 관념Idee으로부터 실천Praxis을 설명하지 않고 물질적 실천^{materiellen Praxis}으로부터 '관념들의 형성^{Ideenformationen}'을 설명하려고 한다. 그 결과 다음과 같은 결론이 도출된다. 즉 의식^{Bewußtseins}의 모든 형태와 산물들이 해소되는 것은 …… 실제의 사회관계들^{gesellschaftlichen Verhältnisse}에 대한 실천적 전복으로만 가능하다. 비판이 아닌 혁명이 역사, 종교, 철학뿐만 아니라 모든 유형의 이론의 추진력이다. 이 역사관은 역사가 '정신에 대한 정신으로서의 자기의식'으로 해소된다고 해서 종결되지 않는다는 사실, 그리고 역사의 매 단계에는 물질적 결과^{materielles Resultat}가 발견된다는 사실을 보여준다. 한 세대가 이전 세대로부터 물려받은 '생산력', 역사적으로 만들어진 '자연과의 관계' 그리고 '다른 인간과의 관계', 다시 말해 생산력^{Produktivkräften}, 자본재^{Kapitalien}, 그리고 환경^{Umständen}의 총합이 바로 그것이다. 이것들은 한편으로는 새로운 세대에 의해 변형되고, 다른 한편으로는 새로운 세대에 대해 생활조건^{Lebensbedingungen}을 규정해 그들에게 특정한 발전 단계와 특수한 성격을 부여하게 된다. 결국 이 역사관은 인간^{die Menschen}이 환경^{die Umstände}을 만드는 것만큼이나 환경도 인간을 만든다는 사실을 보여준다. 모든 세대가 살아갈 때 주어진 것으로 발견하는 생산력, 자본재, 사회적 교류형식^{sozialen Verkehrsformen}의 총합이 바로 철학자들이 '실체^{Substanz}'나 '인간의 본질^{Wesen des Menschen}'이라고 생각했던 것이다.

-《독일 이데올로기》

'대상적 활동' 개념을 마르크스는 '물질적 실천'이라고 표현한다. 대상에 대한 복종이 아니라 활동이고, 물질에 대한 복종이 아니라 실천이다. 그래서 여기서 중요한 것은 '물질적 결과'라는 개념이다. 이것은 주체가 극복해야 할 대상적 조건을 가리키기 때문이다. 마르크스는 물질적 결과, 혹은 대상적 조건을 세 가지로 분류한다. "한 세대가 이전 세대로부터 물려받은 '생산력', 역사적으로 만들어진 '자연과의 관계' 그리고 '다른 인간과의 관계', 다시 말해 생산력, 자본재, 그리고 환경의 총합이 바로 그것이다." 그러니까 노예의 등에 업혀 유지되었던 고대사회, 소농이나 농노의 땀에 의지했던 중세사회, 그리고 노동자의 노동에 기생했던 부르주아사회는 서로 상이한 물질적 조건을 가지고 있었던 것이다. 고대사회든 중세사회든 아니면 부르주아사회든 다수 민중들의 노동력을 착취하는 소수 지배계급은 항상 자기 체제가 불변하기를 원했다. 노예가 있어야 귀족도 존재하고 농노가 있어야 영주도 존재하고 노동자가 있어야 자본가도 존재하는 법이다. 그러니 귀족은 노예를 계속 소유하려고 하고, 영주는 자기 영지를 지키려고 하고, 자본가는 생산수단과 생계수단을 독점하려고 한다. 한마디로 지배계급은 자신을 지배계급으로 만드는 '생산력', '자연과의 관계', 그리고 '인간과의 관계' 등 물질적 조건을 그대로 유지하고 싶었던 것이다. 문제는 억압되고 수탈당하는 다수 민중들의 저항이었다. 그들은 언제든지 억압적 관계를 문제 삼을 수 있으니 말이다. 지배계급이 본질주의를 유포한 것은 이런 이유에서다.

노예는 노예의 본질이 있어서 노예이고 귀족은 귀족의 본질이 있어 귀족이라는 식의 본질주의는 이렇게 탄생한다. 마르크스가 "모든 세대가 살아갈 때 주어진 것으로 발견하는 생산력, 자본재, 사회적 교류형식의 총합이 바로 철학자들이 '실체'나 '인간의 본질'이라고 생각했던 것"이라고 비판했던 것도 이런 이유에서다. 물질적인 조건들을 '실체'나 '본질'이란 개념으로 불변하는 것으로 만들어, 인간의 노력 여하에 따라 변할 수 있다는 사실을 은폐했기 때문이다. 아이러니한 것은 귀족, 영주, 자본가 등 억압적 관계를 강요하는 당사자들은 본질주의를 선전하지만 속으로는 관계주의를 받아들이고 있다는 점이다. 하긴 그러니 자신들의 부당한 억압과 수탈을 은폐하거나 정당화하는 본질주의라는 착각도 유포시킬 수 있었던 것이다. 어쨌든 본질은 불변하는 것이기에 바꿀 수 없는 것으로 상정된다. 본질주의가 항상 모종의 숙명론으로 귀결되는 것도 이런 이유에서다. 본질주의에 포획된 억압받는 다수는 자신이 대상적 활동의 주체라는 걸 망각하게 된다. 그러니 어떻게 노예가, 농노가, 그리고 노동자가 자신을 가축으로 만든 그 억압적인 관계나 구조적 폭력에 맞설 수 있겠는가? 그저 노예로 태어난, 농노로 태어난, 혹은 노동자로 태어난 자신의 숙명적 본질을 묵묵히 받아들일 뿐이다. 마르크스가 본질주의를 거부하기 위해 대상적 활동을 강조하는 자연주의 역사관을 피력했던 것도 이런 이유에서다. 그의 "역사관은 인간이 환경을 만드는 것만큼이나 환경도 인간을 만든다는 사실을 보여주기" 때문이다.

이 대목에서 마르크스가 생산력이나 생산재가 아니라 환경이란 개념을 강조한다는 사실에 주목할 필요가 있다. 그에게 '환경'은 '다른 인간과의 관계'를 의미한다. 결국 환경은 마르크스가 말한 것처럼 생산관계뿐만 아니라 정치관계도 포괄하는 '사회적 관계'를 말한다. '노예-귀족', '농노-영주', 혹은 '노동자-자본가'라는 사회적 관계가 생산력이나 생산재보다 중요하다는 것이다. 경제결정론이나 생산력발전주의와는 민감히 구별되어야 하는 마르크스 특유의 관계주의 입장이다. 하긴 특정 사회의 생산력이나 생산재는 생산수단 소유와 관련된 특정한 사회적 관계에 의해 규정되는 것 아닌가? 생산수단을 독점한 소수는 그것을 박탈당한 다수를 지배하며 사회적 생산을 결정한다. 지배의 최종 목적은 분명하다. 억압받는 다수를 가축처럼 부려서 무위도식하려는 것이다. 억압적 사회관계는 바로 이렇게 직접 노동하지 않고도 노동의 결실을 갖겠다는 소수의 탐욕에서 출현한다. 문제는 이 억압적 사회관계가 화장만 바꾸었을 뿐 그대로 유지되었다는 사실이다. 더 많은 부를 얻기 위해 소수의 지배계급은 지배와 착취의 양식을 변화시켰다. 그래서 그들은 귀족, 영주, 그리고 자본가로 변모했고, 아울러 그에 맞게 억압받는 다수는 강제로 노예에서 농노로, 그리고 최종적으로 노동자로 개조되었던 것이다. 바로 이것이 지금까지 혁명이라고 불렸던 것, 혹은 인류의 진보라고 불렸던 것의 맨얼굴이다.

> 지금까지 모든 혁명은 '활동양식die Art der Tätigkeit'을 변화시키지 않은 채, 단지 그 활동의 새로운 분배만을, 즉 다른 사람들에게 노동Arbeit을 새롭게 분배하는 것만을 문제 삼았다. 이에 반해 '코뮌주의혁명die kommunistische Revolution'은 지금까지 존재하는 '활동양식'에 반대하며 '노동'을 없애버리고, 온갖 계급의 지배와 더불어 그 계급들 자체를 없애버린다.
>
> ─《독일 이데올로기》

마르크스에게 진정한 의미에서의 혁명은 일어난 적이 없다. 노예가 농노가 된 것, 혹은 농노가 노동자가 된 것이 무슨 혁명이란 말인가? 주인집에 감금된 노예가 사라지고 출퇴근하는 노동자가 등장했다고 해서 진보를 이야기할 수 있는가? 어차피 다수의 노동에 기생하는 소수 특권계급, 정확히 말해 다수에게 노동을 강요하는 소수 지배계급이 존재하니까. 그렇다면 고대사회에서 중세사회로, 그리고 중세사회에서 부르주아사회로 이행한 것은 혁명이랑 아무런 상관이 없고, 단지 지배양식과 수탈양식의 세련화에 지나지 않는다. 마르크스의 말대로 "지금까지 모든 혁명은 '활동양식'을 변화시키지 않은 채, 단지 그 활동의 새로운 분배만을, 즉 다른 사람들에게 노동을 새롭게 분배하는 것만을 문제 삼았"기 때문이다. 지금까지 활동양식은 정신노동과 육체노동이란 원초적인 분업체제로 요약될 수 있다. 정신노동이 귀족, 영주, 그리고 자본가 등 지배계급에게 할당되었다면 육체노동은 노예, 농노, 그리고 노동자 등 다수 피지배계급에게 할당된다. 말이 분업체계이지 과거 활동양식은 소수 지배계급이 다수 인간들에게 육체노동을 강요하면서 탄생한 억압 논리일 뿐이다. 생산수단의 독점으로 지배계급은 노예, 농노, 그리고 노동자가 육체노동을 거부할 수 없도록 만든 것이다. 그래서 "다른 사람들에게 노동을 새롭게 분배한다"는 표현은 매우 중요하다. 다른 사람들에게 노동을 분배하는 계급이 지배계급이라면, 분배된 노동을 해야만 하는 계급이 피지배계급이다. 피지배계급의 육체노동이 영혼이 없는 노동, 가축의 노동에 지나지 않는 이유도 바로 이 때문이다. 생산과 관련된 모든 것을 결정하는 것은 지배계급의 소관이니 말이다.

자신이 원하는 것을 하는 사람이 주인이라면, 타인이 원하는 것을 하는 사람은 노예다. 고대사회의 노예도, 중세사회의 농노도, 그리고 부르주아사회의 노동자도 자기가 원하는 것이 아니라 주인이 원하는 걸 하기는 마찬가지다. 그러니 "다른 사람들에게 노동을 분배하는", 혹은 "노동을 강요하는" 것이 가능한 사회는 본질적으로 노예제사회일 뿐이다. 혁명은 다른 것이 아니다. 노예제사회의 극복이 혁명이 아니면 무엇이겠는가? 자신이 원하는 것을 하는 사회! 모든 개인이 대상적 활동의 주체가 되는 사회! 물론 이것이 가능하려면 "지금까지 존재하는 활동양식에 반대하고 '노동'을 없애"버려야 한다. 바로 이것이 진정한 혁명이다. 정신노동을 담당하는 소수가 지배계급이 되고, 육체노동을 담당하는 다수가 피지배계급이 되는 활동양식을 극복해야 한다. 그래야 더 이상 '노동', 즉 육체노동이 피지배계급을 상징하는 저주가 되기를 그치고, 인간이라면 누구나 긍정하는 대상적 활동이라는 자기 자리를 찾게 된다. 바로 이것이 마르크스가 말한 코뮌주의혁명이다. 모든 사람이 노동하기에 더 이상 노동이 피지배계급의 저주가 아닌 사회! 남에게 노동을 강요하고 무위도식하는 소수의 지배계급이 사라진 사회! 어느 누구도 대상적 활동을 부정당하지 않는 사회! 바로 이것이 코뮌이란 사회니까.

"다른 사람들에게 노동을 새롭게 분배하는"일에는 "다른 사람들에게 노동을 분배했던" 최초의 사건이 전제된다. 들뢰즈의 표현을 빌리자면 동일성의 반복인 셈이다. 최초의 억압, 최초의 불평등, 혹은 최초의 계급이 어떤 논리로 탄생했는지 해명하는 것이 중요하다. 첫 단추가 잘못 채워졌기에 두 번째 단추도 그리고 세 번째 단추도 잘못 채워진 것이니 말이다. BC 3000년 전후의 일이다. 당시까지는 생소하기만 했던 지배와 복종 관계가 마침내 인간 사이에 발생하고 만다. 지구상의 어떤 생명체도 하지 못한 일을 인간이 해낸 셈이다. 인간이 동료 인간에게 노동을 강요하고 그 결실을 수탈할 수 있는 인간농장이 탄생한 것이다. 인간농장은 사실 동물농장을 벤치마킹한 것에 지나지 않는다. 다시 말해 '피지배자=육체노동, 지배자=정신노동'이란 억압구조는 '가축=육체노동, 인간=정신노동'이란 도식에서 유래했다는 것이다. 그래서 BC 8000년 전후 발생한 농업혁명, 인류에게 축복이라고 여겨지는 이 농업혁명은 사실 인류에게는 재앙이자 저주였던 셈이다. 도대체 무슨 일이 있었던 것일까? 다른 동물들을 가축으로 길들이는 가축화domestication가 그 저주의 서막이 된다.

가축화의 계보학은 간단히 재구성될 수 있다. 농업혁명은 최초의 음모가와 함께한다. "동물을 사냥하거나 식물을 채집하는 것보다 그것들을 길러 먹는 것이 더 효과적이지 않을까?" 살리거나 기르는 목적은 필요할 때 죽이거나 먹기 위한 것이다. 최초의 잔인성의 출현이다. 바로 사냥해서 먹는 것이 아니라 정성을 들여 키워서 잡아먹는 것이다. 정신분열이 아니면 이것을 어떻게 감당할 것인가? 오랫동안 가족처럼 지냈던 가축을 죽여야 하니 말이다. 물론 정들었던 인간에게 죽임을 당하는 가축 입장에서도 황당한 일이지만 말이다. 이어 두 번째 음모가가 출현한다. "소나 말은 잡아먹기보다 농사를 짓는 데 사용하면 더 좋지 않을까?" 그의 기발한 생각이 현실화되면서 최초로 소외라는 문제가 지상에 출현한다. 노동의 산물을 자신이 가질 수 없는 소외라는 문제는 인간 대신 노동에 투여된 소나 말 등의 가축에게서 먼저 일어난 셈이다. 야생 상태에서 소나 말은 뛰고 싶으면 뛰었고 뛰기 싫으면 뛰지 않았다. 그러나 가축이 된 순간 소나 말은 움직이기 싫어도 일을 해야 하는 신세로 전락한다. 더군다나 인간 열 명이 해야 할 일을 너끈히 하지만 그 결실은 모조리 인간에게 돌아가고 소나 말에게 남는 것은 알량한 축사와 보잘것없는 여물뿐이었다. 최초의 수탈도 가축에게서 일어났던 셈이다. 세 번째로 마지막 음모가가 출현하게 된다. "소나 말도 가축으로 부릴 수 있는데, 사람은 왜 안 되는가? 더군다나 사람은 말귀를 알아들으니 비록 소나 말보다 힘이 없어도 부리기가 더 좋지 않을까?" 마지막 음모가의 끔직한 생각이 떠오른 날, 그리고 이 저주받은 생각을 실행에 옮기는 날, 드디어 인류는 만물의 영장이 되고 만다. 모든 생명체 중 가장 잔인하고 분열되고 저주받은 종이 된 것이다. 나무늘보, 다람쥐, 까마귀, 고등어를 보라. 그들 중 어느 동물종이 동류를 가축으로 만들어 착취하는가?

루소Jean-Jacques Rousseau(1712~1778)는 바로 이 비극적인 인류 역사를 진지하게 숙고했던 최초의 자연주의자였다. 그의 말을 들어보자.

어떤 자가 폭력으로 지배하면, 다른 사람들은 다만 그 주먹에 굴복하여 한탄하면서 시달림을 받게 될 것이다. 이것은 우리 사회에서 흔히 볼 수 있는 일이다. 그러나 이런 일은 야생인들des hommes sauvages 사이에서는 찾아볼 수 없다. 그들에게 복종servitude과 지배domination가 무엇인지 이해시키기조차 어려울 것이다. 어떤 사람이 남이 따온 과일이나 잡아온 먹이 또는 은신처인 동굴을 빼앗을 수는 있을 것이다. 그렇지만 그가 어떻게 남들을 복종시킬 수 있겠는가? 게다가 아무것도 소유하지 않은 사람들 사이에 어떤 의존적 사슬les chaînes de la dépendance이 있을 수 있겠는가? 한 나무에서 쫓겨났다면 그때는 다른 나무로 옮겨가면 그만이다. 또 만일 어떤 장소에서 고초를 당할 경우 내가 다른 장소로 옮겨가는 것을 그 누가 방해한다는 말인가? …… 복종관계les liens de la servitude란 사람들의 상호의존la dépendance mutuelle과 그들을 결합시키는 상호욕구besoins réciproques가 있지 않으면 성립되지 않는다. 그러므로 어떤 사람을 복종시킨다는 것은, 미리 그를 다른 사람이 없이는 살아가지 못하는 상황situation에 두지 않는 한 불가능한 일이다. 이것은 누구나 알 수 있다. 그런데 이와 같은 상황은 자연상태$^{l'état de nature}$에서는 존재할 수 없으므로, 거기에서는 누구나 구속을 벗어나 자유의 몸이며 강자의 법$^{la loi}$이 무용지물이 되고 만다.

−《인간 불평등 기원론$^{Discours sur l'origine et les fondements de l'inégalité parmi les hommes}$》

(1754)

　　루소의 논의에는 수렵채집경제에서 농업경제로의 극적인 변화가 전제되어 있다. BC 8000년에서 BC 3000년까지 이 5000년은 인간이 땅에 목을 매도록 만드는 데 충분한 시간이었다. 이제 농사지을 수 있는 땅을 무력으로 독점하면 그만이다. 국가라는 최초의 억압체제는 이렇게 탄생한다. 국가의 땅이니 농사를 짓고 살고 싶다면 토지사용료와 함께 노동력도 제공하라는 강압이 가능해진 것이다. BC 3000년 전후 동시다발적으로 발생한 인류 최초의 문명들이 모두 하천 주변의 비옥한 땅에서 출발했다는 것을 잊지 말자. 비옥한 땅을 떠날 수 없었던 사람들로서는 이런 황당한 상황을 그냥 수용할 수밖에 없다. "어떤 자가 폭력으로 지배하면, 다른 사람들은 다만 그 주먹에 굴복하여 한탄하면서 시달림을 받게 되는" 상황, 즉 지배와 복종이란 억압적 관계가 최초로 만들어진 것이다. BC 8000년 전 수렵채집경제 때는 상상조차 할 수 없었던 상황이 마침내 벌어진 셈이다. 당시에도 분명 강자가 있었고 약자가 있었다. 강자는 약자의 수확물을 강탈할 수도 있다. 직접 동물을 사냥하고 열매를 따는 것보다는 더 편리하니까 말이다. 그렇지만 강자가 약자를 지배하거나 약자가 강자에게 복종하는 일은 있을 수 없었다. 약탈자를 피해 도망가면 그뿐이었으니까. 그래서 루소도 말했던 것이다. "한 나무에서 쫓겨났다면 그때는 다른 나무로 옮겨가면 그만이다.

루소는 인간이 인간을 가축화하는
비극적인 인류 역사를 진지하게 숙고했던
철학자였다. 앨런 램지의 그림(1766).

또 만일 어떤 장소에서 고초를 당할 경우 내가 다른 장소로 옮겨가
는 것을 누가 방해한다는 말인가?" 당연한 이야기다. 다른 곳에서도
충분히 동물을 사냥할 수 있고 열매도 딸 수 있으니 말이다.

　수렵채집경제 상태, 루소가 "자연상태"라고 말한 것이 이것 아
니면 무엇이겠는가? 루소는 말한다. "자연상태에서는 누구나 구속
을 벗어나 자유의 몸이며 강자의 법이 무용지물이 되고 만다"고. 농
업경제는 이 모든 것을 바꾸어놓은 것이다. 땅을 떠나서는 살 수 없
는 사람들은 땅을 빼앗아 수탈을 자행하는 강자에게서 벗어날 수
없다. 당연히 그들은 강자가 정한 법에 복종해야만 한다. 물론 이
법의 핵심은 세법稅法과 형법刑法이다. 전자가 수탈의 범위와 양을 명
령하는 것이라면, 후자는 국가의 명령을 보호하는 역할을 하니까.
세법이든 형법이든 강자의 법은 농업경제와 그에 따른 정착민을 전
제로 해야 기능할 수 있다. 수렵채집생활을 하는 사람에게 세금을

거두려고 그가 살던 곳에 가면 무엇 하는가? 혹은 세금을 납부하지 않거나 노동력을 제공하지 않아서 그를 체포하러 가면 무엇 하는가? 그는 콧방귀를 뀌며 표연히 사라져버릴 테니 말이다. 자연상태에서 분통이 터지는 것은 약자라기보다는 강자일 것이다. 그러나 마침내 다수의 약자들이 땅에 의지해 생계를 유지하는 시대가 오자, 강자는 쾌재를 부르게 된다. 수확이 코앞에 이른 시기에 농부가 농지와 집을 버리고 도망갈 일은 웬만하면 없을 테니 말이다. "미리 그를 다른 사람이 없이는 살아가지 못하는 상황에 두어야 한다"고 말했을 때, 루소가 생각했던 것은 바로 이것이다. 강자는 농부나 노동자 등 육체노동자들에게서 노동력을 제외한 일체의 생산수단을 박탈해 그들을 벌거벗은 노동력의 상태로 만들 수 있어야 한다. 오직 이럴 때에만 지배와 복종의 억압체제는 지속성을 확보할 테니 말이다.

야생동물을 가축화하면서 인간은 힘든 노동에서 벗어날 수 있었을 뿐만 아니라 생산력도 비약적으로 발전시켰다. 그렇지만 이것은 가축화라는 어려운 과정, 즉 말이나 소를 길들이는 과정이 없었다면 불가능한 일이었다. 조련의 과정이다. 인간은 동물농장의 논리를 그대로 동료 인간들에게 적용한다. 인간의 놀라운 응용력이다. 인간의 경우 조련은 훈육이나 혹은 교육이라고 불린다. 여기서 중요한 것은 언어, 특히 문자다. 소나 말에게 고삐와 재갈이 있다면, 인간에게는 언어가 그 역할을 담당하기 때문이다. 소의 고삐는 아무리 길어도 100미터가 될 수는 없고, 항상 주인은 그 고삐를 잡고 있어야 한다. 그렇지만 노예에게 내린 명령은, 즉 언어는 이런 한계를 가볍게 넘어설 뿐만 아니라, 주인은 한번 뱉은 말을 계속 염두에 둘 필요도 없다. "오후에 손님이 올 테니, 농장에서 가장 근사한 포도를 따와라."고삐는 소에게 전진, 후진, 우회전, 좌회전 등 단순한 몇 가지 행동만을 명령할 수 있지만, 언어를 통해 주인은 자신이 생각하는 모든 것을 노예에게 명령할 수 있다. 다시 말해 고삐는 현재에만 통용되지만 언어는 과거, 현재, 그리고 미래에도 모두 통용된다. 바로 이것이 동물농장보다 인간농장이 더 근사한 이유다. 그러나 여기에도 한 가지 전제가 있다. 그것은 노예가 주인의 언어를 알아들어야 한다는 점이다. 로마제국 시절 리비아의 어떤 사람이 전쟁 포로로 로마로 끌려와 노예가 되었다고 하자. 제일 먼저 주인은 무엇을 해야 하는가? 노예로부터 리비아 언어를 배우지 않으려면 그는 노예에게 라틴어를 가르쳐야만 한다."포스트메리디아누스postmeridiánus","콘비바convíva","윌라villa", 혹은 "위눔vínum" 등이 각각 '오후', '잔치 손님', '농장', 혹은 '포도'를 의미한다는 것을 모른다면, 노예는 있어도 아무런 쓸모가 없을 테니 말이다. 노예가 언어 습득 능력이 떨어진다고 해서 주인이 리비아 언어를 배울 수는 없다. 노예로 좀 편히 지내보려는 주인이 어떻게 노예의 언어를 배우는 수고로움을 감당하겠는가. 물론 귀족 주인이 직접 노예에게 언어를 가르칠 필요는 없다. 그에게는 노예에게 언어를 가르쳐주는 숙련된 노예 조련사가 있을 테니 말이다.

동물농장의 동물 가축들을 고삐로 통제했다면, 인간농장의 인간 가축들을 통제하는 데에는 고삐 외에 언어가 필요하다. 바로 이것을 간파했던 것이 루소의 후배 레비스트로스Claude Lévi-Strauss(1908~2009)였다. 선배 루소가 다양한 책들을 접하면서 '자연상태'와 '인간농장'을 구분했지만, 후배 레비스트로스는 프랑스라는 인간농장을 떠나 몸소 자연상태를 헤매고 다녔다. 그 결과 그는 선배가 주목하지 않았던 놀라운 사실, 인간농장을 유지하는 비밀을 발견한다. 그것은 문자와 관련된 교육의 문제였다. 그가 최초의 인간농장을 상징하는 기념물 피라미드에서 보았던 것은 바로 이것이었다.

문자l'écriture의 출현과 문명la civilisation의 어떤 다른 특징들을 관련시키고자 한다면, 우리는 다른 곳에서 그 관련성을 찾아야만 한다. 여기서 항상 수반되는 한 가지 현상은 도시와 제국의 형성la formation des cités et des empires이다. 이것은 상당수 개인들을 하나의 정치체제 속으로 병합intégration하는 것이자 이 개인들을 카스트와 계급으로 위계화hièrarchisation하는 것이다. 어쨌든 이런 현상이 문자가 처음으로 등장했을 순간에 이집트에서 중국에까지 발견되는 발달이다. 이 현상은 인간의 계몽illumination보다는 오히려 인간에 대한 수탈exploitation을 조장하는 듯하다. 이 수탈은 노동자를 수천 명씩이나 모아서 그들의 체력이 닿는 데까지 강제로 일을 시킬 수 있었다. 이 점과 관련해 우리가 알고 있는 건축의 탄생la naissance de l'architecture은 이런 수탈에 의존해 있었음을 알아야만 한다. 만약 나의 가설이 옳다면 의사소통의 한 수단으로서 문자의 일차적 기능은 (다른 인간 존재에 대한) 노예화l'asservissement를 촉진하는 데 있다. 공정한 목적des fins désintéressées을 위한 문자의 사용, 그리고 지적이거나 미적인 만족des satisfactions intellectuelles et esthétiques을 위한 문자의 사용은 문자 발명의 이차적 결과물에 지나지 않으며, 심지어 문자의 일차적 기능을 강화하고renforcer 정당화하거나justifier 혹은 은폐하는dissimuler 방식에 지나지 않을 수 있다. …… 문자는 인간의 인식connaissances을 공고하게 만들지는 않았고, 지배les dominations를 영속화하기 위해 불가결한 존재가 되어왔던 것 같다. 우리와 더 가까운 상황을 고려해보자. 19세

레비스트로스는 인간이 문자와
교육을 통해 인간농장을 유지할 수
있었다고 말한다.

기 의무교육을 지향했던 유럽 국가들의 체계적 조치는 군복무
service militaire의 확장과 (민중들의) 프롤레타리아화la proletarisation와 그
맥을 같이한다. 문맹과의 투쟁은 때때로 권력le Pouvoir에 의한 시
민 통제 강화와 구별되지 않는다. 왜냐하면 모든 사람이 읽을
수 있을 때에만, "누구도 법을 모른다고 여길 수 없다nul n'est cense
ignorer la loi"고 선포할 수 있으니까.

−《슬픈 열대Tristes tropiques》(1955)

BC 8000년의 농업혁명은 막대한 잉여 생산물을 남기게 되는
데, 이것이 무위도식하는 지배자와 지배계급을 탄생시킬 물질적 조
건이 된다. 마침내 BC 3000년쯤 이집트에 파라오Pharaoh라는 최고 지
배자가 군림했던 최초의 제국이 세워진다. 정확히는 BC 3150년경

이집트 제1왕조^{First Dynasty of Egypt}가 탄생한 것이다. 90퍼센트의 피지배
계급이 육체노동으로 10퍼센트의 지배계급을 먹여 살렸던 억압사
회다. BC 2613년에서 BC 2494년까지 지속되었던 이집트 제4왕조
^{Fourth Dynasty of Egypt}는 매우 상징적이다. 제4왕조는 피라미드^{Pyramid}의 왕
조였기 때문이다. 피라미드는 왕조의 최고 지배자 파라오의 무덤이
지만, 동시에 이집트왕조의 복잡한 위계질서를 그대로 구현한 상
징이기도 했다. 피라미드의 제일 하단은 이집트왕조의 피지배계급
을 상징한다면 피라미드 상단은 파라오를 정점으로 하는 지배계급
을 상징하기 때문이다. 지금도 피라미드가 위계구조를 비유하는 말
로 사용되는 것도 이런 이유에서다. 제4왕조는 어느 전투에서 1만
1000명의 포로와 13만 100마리의 양을 전리품으로 얻었다고 하니,
당시 이집트 제4왕조의 인구는 못해도 500만 명 이상은 되었을 것
으로 보인다. 이렇게 많은 사람들을 통제하고 수탈하려면 문자와
숫자 체계가 완비되어야 하며, 동시에 피지배계급도 이런 문자와
숫자 체계를 알아야 한다. 그래야 포고문만으로 혹은 통지서만으로
지배와 복종 관계가 원활해질 수 있을 테니까. 물론 노예 등 최하
지배계급은 문자와 숫자를 배울 필요는 없다. 그렇지만 노예는 반
드시 주인의 음성언어는 이해할 수 있도록 훈육되어야 한다. 그래
야 주인이 노예를 부릴 수 있을 테니 말이다.

문자체계의 발달이 억압체제에 얼마나 중요한지 알려면, 제
4왕조 시절 기자^{Giza}에 건설된 피라미드를 상기하는 것으로 충분할
듯하다. 이 피라미드는 높이 146.5미터와 밑변 230.4미터의 규모
로 전체 5900만 톤에 달하는 약 230만 개의 석회암과 화강암 덩어
리로 이루어져 있다. 이 피라미드는 약 10만 명의 인력이 매일 일해
20년 정도 걸려서 완공되었다고 추정된다. 10만 명이다. 일사불란

2부. 마르크스의 철학, 마르크스의 과학

이집트의 피라미드 중 가장 웅장한 규모를 자랑하는 기자 피라미드.

한 언어체계가 없으면 공사장은 그저 난장판이 되기 십상이다. 한 두 명의 노예를 부리는 것이라면 말로도 충분하겠지만, 10만 명의 인력을 부리려면 문자와 숫자에 대한 명료한 체계가 전제되어야 한 다. 가장 하급 관리자는 상부에서 받은 명령문을 이해할 수 있어야 하고, 직접 돌을 운반하는 노예들도 최소한 하급 관리자의 구두 명 령 정도는 알아들어야 한다. 《구약》의 첫 장인 〈창세기〉에 등장하 는 바벨탑 이야기는 여러모로 의미심장하다. 오만하게도 인간이 하 늘에 닿는 탑을 쌓으려고 하자 신은 인간의 그 공사를 좌절시키려 고 한다. 그 방법은 무엇이었을까? 통일되어 있던 "그들의 언어를 혼잡하게 해 그들이 상대방의 말을 이해할 수 없도록 만드는" 방법 이었다.

통일되고 체계적인 문자가 없다면, 거대한 피라미드도 만들 수 없을 뿐만 아니라 이집트왕조도 유지될 수 없었다. 그러니 문자와 숫자, 나아가 음성언어에 대한 교육은 억압체제를 유지하는 데 필 수불가결한 조치였다. 레비스트로스가 "문자", "문명", "수탈", "위계

화", "건축", "노예화"를 인간농장의 최초 징후라고 독해한 것도 이런 이유에서다. 인간을 가축으로 부릴 때 언어는 가장 효과적이고 결정적인 고삐가 된다. 누구를 지배하고 싶은가? 나아가 자신의 수고로움을 누군가 대신하도록 강제하고 싶은가? 그럼 그 사람에게 자신의 말을 강제로라도 가르쳐주어야만 한다. 명령을 알아듣고 이해하지 못하는 인간은 동물 가축과 다름없기 때문이다. 일본이 조선을 식민지로 만들 때, 가장 먼저 한 조치가 일본어 교육이었다는 걸 잊어서는 안 된다. 조선 민중을 사랑해서 그들을 근대인으로 개화시키려고 했던 것이 아니라, 그들을 가장 효과적으로 부리기 위해서다. 조선 민중들이 일본말을 모르면 한반도에서 주인 노릇을 하려는 그들의 모든 노력은 공염불에 지나지 않을 테니 말이다. '렌가れんが'가 '벽돌'이란 것을 모르면 어떻게 조선 민중들에게 벽돌을 나르게 할 수 있다는 말인가? 하긴 일상에서도 이것은 그대로 관찰된다. 아이에게 심부름을 시키려면, 부모는 최소한 그 아이에게 기초적인 말은 가르쳐주어야 하는 것 아닌가? 가르치는 입장과 배우는 입장 사이의 관계가 중요하다. 너무나 일상적인 이 관계에는 지배자와 피지배자라는 관계가 전제되어 있다. 교육이 권력의 문제인 이유도 바로 여기에 있다.

인간을 가축화할 때 재갈과 고삐보다 말과 문자가 더 효율적이라는 것을 지배계급은 알았던 것이다. 5000년이 지난 기자의 피라미드가 말해주는 것도 바로 이것 아닌가? 말과 소, 혹은 코끼리처럼 엄청난 힘을 자랑하는 가축들도 하지 못했던 일이다. 분명 인간은 개별적으로는 가축들의 힘에 미치지 못한다. 그렇지만 인간들이 말과 문자로 조직되는 순간, 강력하고 거대한 사회 유기체, 즉 홉스Thomas Hobbes(1588~1679)가 말한 '리바이어던Leviathan'은 탄생한다. 바로

토머스 홉스의 《리바이어던》 표지. 인간들이 말과 문자로 조직되는 순간, 강력하고 거대한 사회 유기체, 즉 홉스가 말한 '리바이어던'은 탄생한다. 바로 이 리바이어던의 혈관 속에서 지치지 않고 흐르는 혈액이 바로 말과 문자, 즉 언어였던 셈이다.

이 리바이어던의 혈관 속에서 지치지 않고 흐르는 혈액이 바로 말과 문자, 즉 언어였던 셈이다. 말과 문자들이 피처럼 순환하지 않았다면 피라미드는 완성될 수 없었다. 10만 명 인력이 주인의 말과 문자를 알아듣지 못했다면, 이것이 어떻게 가능이라도 했겠는가. 기자의 피라미드에서 레비스트로스는 거대한 암석 덩어리들 틈에서 무언가를 느꼈다. 10만 명 민중들의 피와 땀을 뽑아냈던 말과 문자의 가공할 힘! 마침내 레비스트로스는 문자, 나아가 언어에 대한 충격적인 결론을 내린다. "의사소통의 한 수단으로서 문자의 일차적 기능은 (다른 인간 존재에 대한) 노예화를 촉진하는 데 있다"고. 물론 레비스트로스는 노예화와 관련된 일차적 기능 이외에 언어에 다른 기

	고대사회 분야	핵심 기능	부르주아 대학 분과	비고
공정성 (善)	종교, 사법, 정치	노예화 강화	법학, 정치학, 사회과학	체제 위계성을 전제하면서도 정 의를 논한다는 언어
지적 만족 (眞)	철학, 수학	노예화 정당화	자연과학 및 응용과학	체제의 후원을 받으면서도 자연 과 인간의 진리를 순수하게 탐 구한다는 언어
미적 만족 (美)	시, 수사학	노예화 은폐	문학, 미술, 음악, 예술	체제 위계성에 따른 구별짓기 욕망에 봉사하면서도 순수하게 아름다움에 기여한다는 언어

능도 있다는 걸 알고 있다. 표면적으로 문자가 노예화와 무관하게 사용된 사례로 그는 세 가지를 든다. 하나는 "공정한 목적"을 위한 문자 사용, 두 번째는 "지적인 만족"을 위한 문자 사용, 그리고 세 번째는 "미적인 만족"을 위한 문자 사용이 바로 그것이다. 그렇지만 정신노동과 육체노동이란 근본적 위계구조가 전제된 이상, 언어 사용의 이차적 기능은 언어의 노예화 기능을 강화하고 정당화하거나 아니면 은폐할 수밖에 없다는 것이 레비스트로스의 냉정한 판단이다.

먼저 사회 정의와 관련된 언어 사용을 생각해보자. 예를 들어 인구 100만 명을 지배했던 바빌로니아제국이 BC 1800년경에 제정한 '함무라비 법전Code of Hammurabi'을 보자. 196조항은 "만일 귀족 남자가 다른 귀족 남자의 눈을 멀게 한다면 그의 눈도 멀게 만든다"고 되어 있다. "눈에는 눈"이 대응하니 무언가 공정하다는 느낌이 든다. 그렇지만 198조항과 함께 읽으면 이런 인상이 부적절하다는 것이 분명해진다. "만일 귀족 남자가 평민의 눈을 멀게 하거나 뼈를 부러뜨린다면 그는 은 60세겔을 저울에 달아 피해자에게 주어야 한다." 공정한 목적의 언어 사용을 상징하는 함무라비 법전은 귀족과 평민이란 위계질서가 전제되어 있는 법률이었던 것이다.

바빌로니아제국이 BC 1800년경에 제정한 함무라비 법전 맨 윗부분.

지적인 만족을 위한 문자 사용도 상황이 그리 좋은 것은 아니다. 1620년 《신기관Novum Organum Scientiarum》에서 베이컨Francis Bacon(1561~1626)은 "아는 것은 힘이다"라고 이야기했지만, 이것은 사실 근대 부르주아사회에만 통용되는 슬로건은 아니다. 기자 피라미드를 생각해보라. 이 거대 건축물의 설계자는 이 공사 현장에서 최상위 지위를 누렸을 것이다. 그는 피타고라스 정리 등 수학적 이해, 건축물에 대한 건축학적 메커니즘, 나아가 건축 재료에 대한 공학적 이해에 정통했을 것이다. 아니 정확히 말해 정통했기에 최상의 지위에 올랐을 것이다. 여기서 진리에 얼마만큼 정통하느냐에 따른 위계질서가 발생한다. 피타고라스 정리를 모르면 돌을 직접 나르는 육체노동에 종사하고, 정확히 알면 육체노동에서 벗어날 수 있으니 말이다. 당연히 최고 지배자는 모든 것에 대한 신적인 앎을 가진 사람으로 상정된다. 노예화는 바로 이런 식으로도 정당화될 수 있는 것이다.

BC 1200년경 트로이전쟁Trojan War을 배경으로 쓰인 호메로스Ὅμηρος의 《일리아스Ἰλιάς》와 《오디세이아Ὀδύσσεια》를 보라. 두 서사시는 아킬레스건을 제외하고 화살로 뚫을 수 없는 몸을 가진 아킬레우스Ἀχι λλεύς의 비극과 아테네 여신의 비호를 받는 오디세우스^{Ὀδυσσεύς}의 모험담을 다루고 있다. 호메로스는 자신이 트로이전쟁에 관한 아름다운 이야기를 만들었다고 생각했을 것이고, 동시에 그의 독자들도 그의 서사시를 읽고 깊은 감동을 받았을 것이다. 모든 소설이 마찬가지겠지만 역사 소설을 읽으면 누구나 주인공에 감정을 이입하기 쉽다. 그런데 아킬레우스든 오디세우스든 주인공들은 기본적으로 지배계급에 속하고 그들이 표현하는 것은 지배계급의 가치. 이것은 소수 지배계급을 제외한 다수 피지배계급 독자들의 내면에 심각한 문제를 낳을 수 있다. 스스로 피지배계급임에도 불구하고 그들의 내면은 지배계급의 가치에 동화되어버릴 수 있으니까. 피지배계급이 지배계급의 가치를 받아들이는 순간, 억압사회의 맨얼굴은 은폐되고 그만큼 억압사회는 피지배계급의 저항을 걱정하지 않아도 된다. 레비스트로스가 미적인 만족을 위해 사용된 언어가 노예화의 은폐를 야기한다고 지적했던 것도 이런 이유에서다.

고대문명은 인간 가축화의 서막에 지나지 않고, 그 가축화에는 문자가 핵심 역할을 수행한다! 이것이 레비스트로스의 생각이다. 거대 건축물이 인류 문명의 보고라는 편견에 대한 조롱이기도 하다. BC 3000년 전후 동시다발적으로 발생한 세계 4대 문명은 문명이라기보다 문명의 탈을 쓴 야만의 시작을, 혹은 인간이 동료 인간을 가축화하는 비극을 상징하기 때문이다. 레비스트로스는 자신의 통찰을 고대사회에만 국한시키지 않는다. 이 루소의 후예는 피라미드의 야만을 18세기 이후 본격화한 부르주아사회에서도 그대로 목도한다. 전 세계에 파라오가 꿈꾸지 못했던 피라미드가 경쟁적으로 만들어지고 있으니까. 2010년 완공된 아랍에미리트의 높이 828미터 163층 버즈 칼리파^{Burj Khalifa, خليفة برج}, 2010년 완공된 중국의 632미터 128층의 상하이타워Shanghai Tower, 上海中心大厦, 그리고 2017년 서울 잠실에 완공된 556미터 123층의 롯데월드타워 등이 그것이다. 피라미드가 유일한 절대자 파라오의 위엄을 상징한다면, 이 거대한 건축물들은 자본계급의 위대함을 상징한다. 물론 그사이에 작은 변화들은 있었다. 노예가 노동자로 바뀌었고, 파라오가 자본가들로 바뀌었으니까. 그렇지만 여전히 변하지 않은 것도 있다. 피라미드의 인부들 중 그 누구도 피라미드에 묻힐 수 없었던 것처럼, 안전띠를 매고 아찔한 철골 구조에 몸을 맡긴 노동자들 중 그 누구도 이 거대한 건물에 입주할 수 없다. 폭력수단을 독점해 노예와 민중을 지배했던 파라오나 생산수단과 생계수단을 독점해 노동자들을 지배했던 자본가들은 여전히 정신노동이란 미명하에 육체노동자들을 착취했던 것이다. 한 가지 흥미로운 것은 파라오나 자본가들은 자신들의 기득권을 영원히 보존하려는 종교적 열망을 공유한다는 사실이다. 피라미드나 고층빌딩이 신의 자리를 넘보듯 하늘로 치솟고 있는 것도 이런 이유에서일 것이다. 권좌의 영원성과 자본의 영원성을 꿈꾸면서.

파라오 시대와 자본계급 시대 사이의 가장 큰 차이점은 폭발적인 인구 증가에서도 찾을 수 있다. 농업혁명 이후 인구가 폭발했지만 인류는 산업혁명 이전 대략 10억 명 내외의 인구를 유지했다. 진정한 인구 폭발, 기하급수적 인구 증가는 산업혁명의 산물이다. 1800년에 10억이었던 인구는 1927년에는 20억, 2011년에는 마침내 70억을 넘어섰고, 2055년에는 드디어 100억을 넘어설 것으로 추정된다. 인구가 증가한 만큼 문자와 아울러 교육의 중요성도 그만큼 커지게 된다. 파라오 시절 500만 명을 통제하면 대제국이었지만, 19세기 이후 근대국가는 가볍게 1000만 명에 육박할 정도의 인구를 자랑했다. 이제는 정말 음성만으로 노동계급을 통제하기에는 역부족이 된 것이다. 바로 여기서 전 국민을 상대로 한 의무교육의 필요성이 대두한다. 물론 의무교육의 핵심은 문자 해독 능력, 다시 말해 문자로 쓰인 주인의 명령을 정확히 이해하고 시행할 수 있는 능력의 함양이다. 레비스트로스는 말한다. "19세기 의무교육을 지향했던 유럽 국가들의 체계적 조치는 군복무의 확장과 (민중들의) 프롤레타리아화와 그 맥을 같이한다"고.

19세기 이후 본격화한 유럽의 국민국가들을 상징하는 것은 식민지 쟁탈 경쟁이었다. 패권주의로 무장한 국가들은 경쟁에서 우위를 점하기 위해 우월한 군사력과 압도적인 생산력을 먼저 확보해야 했다. 군사력과 생산력의 기원은 결국 국민들, 혹은 민중들의 노동력일 수밖에 없다. 그래서 유럽 국가들은 전체 국민을 효과적으로 동원하고 조직하고 운용하는 방법을 고민하게 되었고, 그 결과물이 당시 유럽 국가들이 경쟁적으로 시행했던 의무교육이었다. 이제 피지배계급은 구두 명령이든 문서 명령이든 지배계급의 명령을 이해할 수 있는 기본적인 능력을 기르도록 강제된 것이다. 레비스트로스가 말한 노예화가 제도화된 셈이다. 당연히 의무교육에서 복종의식을 함양하는 작업은 필수적이다. 아무리 명령을 이해하는 문자 해독 능력을 갖추어도 이해된 명령을 따르지 않으면 아무런 소용이 없으니 말이다. 자유인으로서는 감당하기 힘든 굴욕이지만 의무교육이란 미명으로 이 복종 교육은 별다른 무리 없이 진행된다. 의무교육의 대상은 어린아이들이기 때문이다. 나치 독일 때도 일제 시절에도 체제에 대한 충성 맹세가 어린아이들의 입에서 울려 퍼졌다. 1892년 국기 페티시즘을 처음으로 드러냈던 미국은 1953년 냉전체제 때 국기에 대해 맹세를 읊도록 했고, 그 맹세는 21세기 지금

2부. 마르크스의 철학, 마르크스의 과학

도 다양한 피부색의 미국 아이들의 입에서 흘러나오고 있다. 우리의 경우 박정희^{朴正熙}(1917~1979) 군사독재정권이 지배하던 1972년부터 아이들은 조회 때마다 국기를 보며 충성을 맹세했다.

지금 우리 아이들이 외우고 있는 충성 맹세문은 2007년 참여정부를 자처하며 진정한 민주주의를 표방했던 노무현^{盧武鉉}(1946~2009) 정권 때 개정된 것이다. 1972년 〈국기에 대한 맹세〉가 일본제국이 우리 아이들을 훈육했던 〈황국신민서사^{皇国臣民ノ誓詞}〉의 정신과 미국의 국기 페티시즘이 결합된 형태였다면, 2007년부터 우리 아이들이 동요라도 되는 듯 외우고 있는 버전은 그냥 노골적으로 1953년부터 지금까지 미국 아이들이 외우는 〈충성의 맹세^{Pledge of Allegiance}〉의 짝퉁 버전이다. 19세기 이후 지금까지 국민들을 노예화하려는 부르주아국가들의 속내를, 그들이 만들어 강요했던 낯부끄러운 충성 맹세문의 파노라마를 통해 확인해보자.

나는 성스러운 맹세를 신에게 바칩니다.
나는 독일제국과 민중의 지도자이자 군대 최고사령관 아돌프 히틀러에게
무조건적인 충성을 바칠 겁니다.
나는 용감한 병사로서 항상 이 맹세에 나의 생명을 바칠 준비를 할 겁니다.

　　　　　－〈아돌프 히틀러에게 바치는 충성 서약^{Die Vereidigung der Wehrmacht auf Adolf Hitler}〉

(1934)

1. 우리는 대일본제국의 신민입니다^{私共ハ、大日本帝國ノ臣民デアリマス}.
2. 우리는 마음을 합하여 천황 폐하에게 충의를 다합니다^{私共ハ、}

心ヲ合ワセテ天皇陛下ニ忠義ヲ盡シマス.

3. 우리는 인고 단련하고 훌륭하고 강한 국민이 되겠습니다私共

八、忍苦鍛錬シテ立派ナ强イ國民トナリマス.

– 〈황국신민서사〉(1937)

나는 미합중국의 국기에 대해, 그리고 이것이 표상하는, 모든
사람을 위해 자유liberty와 정의Justice가 함께하고 (기독교의) 신 아
래에서 갈라질 수 없는 하나의 국가, 공화국에 대해 충성을 맹
세합니다.

– 〈충성의 맹세〉(1953)

나는 자랑스런 태극기 앞에 조국과 민족의 무궁한 영광을 위하
여 몸과 마음을 바쳐 충성을 다할 것을 굳게 다짐 합니다.

– 〈국기에 대한 맹세〉(1972)

나는 자랑스러운 태극기 앞에 자유롭고 정의로운 대한민국의
무궁한 영광을 위하여 충성을 다할 것을 굳게 다짐합니다.

– 〈국기에 대한 맹세〉(2007)

주권은 국민에게 있다는 말이 얼마나 허황된 미사여구인지 분
명해진다. 국기도, 국가도, 관료도 국민의 위에 있는 것이 아닐 때에
만 주권은 국민에게 있다는 말이 의미를 가진다. 국가가 내용에나
형식에서 국민들, 즉 사회의 하부에 있어야만 한다. 이것이 바로 민
주주의니까. 그렇지만 나치 때도, 일본제국주의 시절에도, 독재 시
절에도 심지어 지금 시대에도 여전히 국가에 대한 충성을 맹세한

　　　　2부. 마르크스의 철학, 마르크스의 과학

다. 당연히 이것은 국가의 최고 실권자에 대한 충성일 수밖에 없다. 2007년 개정된 〈국기에 대한 맹세〉를 읽어보라. 부르주아체제에서 자유는 사유재산을 가질 수 있는 자유와 그것을 처분할 수 있는 자유를 의미한다. 부르주아체제에서 정의는 토지를 가진 사람, 돈을 가진 사람, 그리고 노동력만을 가진 사람 사이에 생산물을 공정하게 분배하는 정의를 의미한다. 결국 "자유롭고 정의로운 대한민국"은 우리 국가가 민주주의국가가 아니라 부르주아국가라는 것을 명시화하고 있는 것이다.

〈국기에 대한 맹세〉는 부르주아국가에 대한 맹세이고 나아가 자본계급에 대한 충성 맹세와 다름없다. 대부분 임금으로 생계를 유지할 운명 아닌 운명에 사로잡힌 아이들에게, 즉 귀여운 예비 노동자들에게 자본가에게 충성을 바치라는 맹세를 강요하고 있는 셈이다. 〈국기에 대한 맹세〉가 울려 퍼지는 국가에서 의무교육의 일차적 목적은 너무나 자명하지 않은가. 지배계급의 명령을 이해할 수 있는 기본적인 문자 교육과 그 명령에 복종하는 것을 제2의 천성으로 만드는 것이다. 물론 체제의 유지와 발전에 도움이 되는 실무교육도 아울러 병행된다. 이렇게 지배계급으로서, 혹은 지배계급의 이익과 함께하는 국가기구로서 의무교육은 일석이조, 아니 일석삼조의 묘책이었던 셈이다. 물론 부르주아체제는 기회 균등을 이야기하면서 자기 속내를 효과적으로 은폐한다. 다시 말해 교육은 민중들 자신을 위한 것이지 국가나 지배계급을 위해서 강요되는 것이 아니라는 이야기다. 황당한 일이다. 생각해보라. 정말로 민중들을 위하는 것이라면 교육을 '의무'의 형태로 강요하는 일이 어떻게 발생할 수 있다는 말인가? 어쨌든 의무교육은 19세기 유럽에만 국한된 낡은 유물이 아니라 21세기 현재에도 세계 도처에서 통용되는 트렌드다. 물론 우리 경우도 예외는 아니다. 1948년 7월 17일 공표되어 1987년 10월 29일 마지막으로 개정된 우리 헌법을 보라.

제31조 〔교육을 받을 권리·의무, 평생교육 진흥〕
① 모든 국민은 능력에 따라 균등하게 교육을 받을 권리를 가진다.
② 모든 국민은 그 보호하는 자녀에게 적어도 초등교육과 법률이 정하는 교육을 받게 할 의무를 진다.
……
제32조 〔근로의 권리·의무, 최저임금제, 여자·연소자 보호, 국가유공자에 대한 기회 우선〕
① 모든 국민은 근로의 권리를 지닌다. 국가는 사회적·경제적 방법으로 근로자의 고용의 증진과 적정 임금의 보장에 노력하여야 하며, 법률이 정하는 바에 의하여 최저임금제를 시행하여야 한다.
② 모든 국민은 근로의 의무를 지닌다. 국가는 근로의 의무의 내용과 조건을 민주주의의 원칙에 따라 법률로 정한다.

—대한민국 헌법

권리는 힘이다. 개인에게 어떤 것에 대해 권리가 있다는 것은 그걸 할 수도 있고 하지 않을 수도 있는 자유가 있다는 것을 의미한다. 따라서 교육이 권리라면, 그것은 교육을 받지 않을 권리도 함축해야 한다. 근로, 즉 노동이 권리라면, 그것은 노동을 하지 않을 권리도 함축해야 한다. 그렇지만 우리 헌법은 얼마나 모순되는가? 교육이든 노동이든 권리라고 말하자마자, 입에 침이 마르기도 전에 바로 교육과 노동을 의무로 규정하니까. 구조도 똑같다. 31조나 32조 모두 ①항은 권리를 이야기하고, ②항은 의무를 이야기한다. 바보가 아닌 이상 ①항은 ②항에 의해 강제된다는 사실, 나아가 ①항은 ②항을 은폐하는 미사여구에 지나지 않는다는 사실을 모를 리없는 일이다. 결국 교육은 강제되고 노동도 강제된다. 물론 그 주체는 국가이고 그 객체는 민중들이다. 헌법 31조와 32조만큼 부르주아사회의 자기 분열을 보여주는 조항도 없을 것이다. 교육과 노동이 권리이자 의무라고 규정하고 있으니 말이다. 아니 자기 분열이아니라 억압체제의 민낯을 가리려는 비열한 술책이라고 해야 할 듯하다. 교육과 노동을 민중들에게 강요하면서 그것이 자본계급이나국가기구의 이익을 위해서가 아니라 민중들에 대한 애정에 기인한다고 재주를 부리니 말이다

　　바로 이 대목에서 중요한 것은 의무교육이 민중들을 프롤레타리아로 만드는 과정과 같이한다는 레비스트로스의 지적이다. 프롤레타리아화! 이것은 민중들에게서 노동력을 제외하고 모든 생산수단과 생계수단을 박탈하는 과정이다. 이 과정이 어느 정도 완성되어야 이제 노동자로 개조된 민중들은 생계를 위해 자본계급에게 노동력을 팔려고 할 것이다. 노동력을 파는 데 성공하면 노동자들은그 대가로 임금을 받아 생계를 유지할 수 있다. 이제 노동자들은 자신을 자본계급이 구매할 수 있는 매력적인 상품으로 만들어야만 한다. 더 매력적인 상품일수록 더 높은 가격으로 팔리니까. 자본주의체제는 돈을 가진 자에게 그렇지 않은 자보다 더 큰 우월성을 부여하는 체제니까 말이다. 생존을 위한 자기 보존의 욕망이어도 좋고아니면 남보다 풍족한 삶에 대한 욕망이어도 좋다. 이렇게 시간이갈수록 노동자들에게 교육은 타율적 강요가 아니라 점점 자발적 복

종의 중요한 메커니즘으로 변질된다.

일본제국주의 시절을 생각해보라. 일본어를 하는 우리 노동자는 그렇지 않은 동료를 지도하는 십장이 되어 있을 것이다. 더 많이 배울수록 직접적이고 힘든 육체노동에서 벗어날 수 있으니, 식민지 시대 불행한 우리 선조들은 일본제국주의가 원하는 걸 더 많이 습득하려고 애썼다. 아마도 당시 그 정점은 경성京城에 있었던 조다이じょうだい, 城大, 즉 경성제국대학京城帝國大學일 것이다. 일본에 거주했던 일본인을 위한 제국대학이었지만, 일본제국은 조선 사람들을 위해 조다이를 일정 정도 개방해서 대략 3분의 1은 조선 학생으로 채웠다. 1924년 개교한 조다이에 입학한 조선 학생들, 매년 적게는 19명, 많게는 49명의 조선 학생들 중에는 우리 헌법을 기초했으며 현재 민주당 계열의 대부라고 할 수 있는 유진오兪鎭午(1906~1987), 조선총독부 경무계에서 검열 담당 관리로 일하기도 했던 소설가 이효석李孝石(1907~1942), 일본제국주의뿐만 아니라 이승만과 박정희 독재정권과 함께했던 시인이자 1호 조다이 여학생으로 유명한 모윤숙毛允淑(1910~1990)도 들어 있다.

그렇다고 해서 유진오를, 이효석을, 그리고 모윤숙을 너무 조롱하지는 말자. 하급 노예가 아니라 상급 노예가 되고 싶은 이기적 욕망, 무지렁이 노예들을 지휘하는 박식한 노예가 되고 싶은 천박한 욕망은 지금 사회에서도 그대로 통용되는 것 아닌가? 국가기구를 차지하는 고위 관료와 자본계급이 일본인에서 한국인으로 바뀌었고, 〈황국신민서사〉가 〈국기에 대한 맹세〉로 바뀌었을 뿐이다. 결국 이민족 상전이 동족 상전으로 바뀌었을 뿐, 변한 것은 아무것도 없다는 것이다. 내가 원하는 것을 배우는 것이 아니라 국가나 자본이 원하는 것을 배운다! 국가나 자본의 간택을 받아야 생계를 도모할 수 있고 나아가 풍요로운 삶도 누릴 수 있다! 그래서 지금 우리는 조다이 대신 서울대 등 명문대, 그것도 가급적 국가기구의 간택을 염두에 둔 법학 계열이나 자본계급의 간택을 염두에 둔 경영학 계열로 진로를 결정하고 있지 않은가? 동료 노예들을 부리는 노예 십장이 되기 위해서.

철학적으로 자신이 원하는 것을 하는 사람이 주인이라면, 타인이 원하는 것을 하는 사람은 노예다. 자, 이제 냉정히 물어보자. 지금 우리는 노예인가, 아니면 주인인가? 어쨌든 중요한 것은 의무교육이 타율적 훈육이 아니라 자발적 학습, 즉 타율적 복종이 아니라 자발적 복종으로 타들어가는 도화선의 불꽃이었다는 사실이다. 주변을 둘러보라. 중학교까지 9년 동안 지정된 의무교육에 만족하는 사람이 누가 있는가? 대부분의 사람들은 고등학교, 대학교, 나아가 대학원까지 진학하려고 한다. 국가기구나 자본계급이 간택할 수 있을 만큼 매력적인 자신을 만들려는 발버둥인 셈이다. 지배계급의 십장, 지배계급의 마름이 되려는 욕망에 불타는 사람들을 가혹하게 비판하지는 말자. 그들을 이렇게 내몰았던 억압체제가 수십 배, 수백 배 더 사악하니 말이다. 폭력수단과 생산수단 독점이라는 구조적 문제를 돌파하지 못하고, 억압적 구조 아래에서 동료 인간들을 발로 밟고서라도 스스로 살겠다는 몸부림만큼 서글프고 안타까운 일이 또 어디에 있겠는가.

레비스트로스는 말했던 적이 있다. "공정한 목적을 위한 문자의 사용, 그리고 지적이거나 미적인 만족을 위한 문자의 사용은 문자 발명의 이차적 결과물에 지나지 않으며, 심지어 문자의 일차적 기능을 강화하고 정당화하거나 혹은 은폐하는 방식에 지나지 않는다"고. 문자 학습을 중심으로 전개되는 교육에도 이것은 그대로 적용된다. "자발적인 학습은 교육이란 제도 발명의 이차적 결과물에 지나지 않으며, 심지어 교육의 일차적 기능을 강화하고 정당화하거나 은폐한다"고 말이다. 그러니 민중들을 노예화하려는 문자의 일차적 사용과 함께하는 교육의 일차적 기능에 우리는 시선을 집중해야만 한다. 레비스트로스가 교육의 이차적 기능이 일차적 기능을 거의 은폐하던 20세기가 아니라 19세기에 주목했던 것도 이런 이유에서다. "문맹과의 투쟁은 때때로 권력에 의한 시민 통제의 강화와 구별되지 않는다. 왜냐하면 모든 사람이 읽을 수 있을 때에만, '누구도 법을 모른다고 여겨질 수 없다'고 선포될 수 있다." "누구도 법을 모른다고 여겨질 수 없다"는 말은 '법을 몰랐단 것이 타당한 핑계가 될 수 없다'는 서양 법학의 아주 오래된 격언이다.

예를 들어 '낙서 금지'라는 경고문을 읽지 못하는 사람이 낙서를 했을 때, 집주인은 그를 나무라기 힘들다. 이 경우 낙서를 한 사람은 글을 읽지 못한다고 변명할 테니 말이다. 그러니 보통 집주인은 경고를 무시한 사람에게 따지게 된다. "낙서 금지를 읽지 못했나요?" 꿀병에 어머니가 경고문을 붙일 수도 있다. "애들아. 꿀을 먹지 마라." 어머니의 경고를 무시하고 형제는 꿀을 먹는다. 그러나 어머니는 형만을 나무랄 것이다. 동생은 글을 모르기 때문이다. 만약 모든 사람이 문자를 모른다면, 강자는 몸소 벽을 감시하거나 꿀병을 지키고 있어야만 한다. 그러나 모든 사람의 문맹을 없애는 순간, 이제 강자 대신 경고문이 사람들을 충분히 통제할 수 있다. 돌아보라. 조세와 관련된 모든 세법 조항들, 재산권과 관련된 민법 조항들, 국가기구의 명령과 관련된 형법 조항들. 모두 기본적으로 일종의 경고문이다. 물론 특이점도 있다. 경고문과 달리 법률 조항들은 금지를 어겼을 때 어떤 처벌을 받는지 명기하고 있으니까. 참고로 노무

현 정권 때, 정확히는 2007년 그 전문이 개정된 황당한 민주 악법 '집회 및 시위에 관한 법률'을 보자.

제10조 〔옥외집회와 시위의 금지 시간〕 누구든지 해가 뜨기 전이나 해가 진 후에는 옥외집회나 시위를 하여서는 아니 된다.

……

제11조 〔옥외집회와 시위의 금지 장소〕 누구든지 다음 각 호의 어느 하나에 해당하는 청사 또는 저택의 경계 지점으로부터 100m 이내의 장소에서는 옥외집회 또는 시위를 하여서는 아니 된다.

1. 국회의사당, 각급 법원, 헌법재판소
2. 대통령 관저, 국회의장 공관, 대법원장 공관, 헌법재판소장 공관

……

제23조 〔벌칙〕 제10조 본문 또는 제 11조를 위반한 자는 다음 각 호의 구분에 따라 처벌한다.

1. 주최자는 1년 이하의 징역 또는 100만 원 이하의 벌금
2. 질서유지인은 6개월 이하의 징역 또는 50만 원 이하의 벌금·구류 또는 과료

−집회 및 시위에 관한 법률

조선시대에 백정은 대낮에 한양 거리를 걸어 다닐 수가 없었다. 심지어 여성이 거리에 나올 시간마저 정해져 있었다. 장소와 시간마저 규제하는 것은 왕조적 법률체계의 특징이다. 향·소·부곡^鄕^{所·部曲}이란 거주지에 천민들을 몰아넣은 것이 그 대표적인 예라 하겠다. 그런데 지금 일몰 이후에는 특정한 장소에서 집회를 하지 말라

는 법이 21세기에 통용되고 있다. '집회 및 시위에 관한 법률'은 민주주의를 표방하는 국가에서는 발설하기조차 어려운 부끄러운 내용으로 가득 차 있다. 더군다나 이 법률은 헌법 1조 ②항 "대한민국의 주권은 국민에게 있고, 모든 권력은 국민으로부터 나온다"는 규정과 21조 "언론, 출판, 집회, 결사의 자유"를 근본적으로 희화화하기까지 한다. 국민들의 대표자라는 대통령과 국회의원 앞에서 불만을 토로하지 못하고, 설악산이나 지리산 깊은 곳에서 그것도 대낮에 조용히 시위를 하라는 이야기 아닌가. 선출된 대표를 다수 민중들이 견제하지 못하도록 하는 법률이니, 반민주적 악법의 좋은 사례라고 하겠다. 하긴 예나 지금이나 권력자들은 편안히 휴식을 취하는 걸 즐기니 이해할 수 있는 발상이기도 하다. 어쨌든 여기서 우리는 부르주아사회 대의제도의 맹점을 다시 한 번 확인하게 된다. 부르주아체제에서 법률은 대표자들의 자의로 제정되고, 대표자들의 입법행위를 대표자 선거에 참여한 민중들이 통제할 수 있는 방법은 거의 없다는 사실이다.

어쨌든 중학교까지 의무교육을 받았기에, 이제 국민들은 글을 읽을 수 있다고 전제된다는 사실이 중요하다. 법률이 무엇을 금지했는지 알 수 없다면, 처벌도 힘들기 때문이다. 법률의 구체적인 내용을 실제로 미리 알고 있었다는 것이 아니라 그것을 알 수 있었다는, 혹은 그것을 읽을 수 있었다는 그 가능성만이 중요한 것이다. 바로 이것이 "누구도 법을 모른다고 여겨질 수 없다"라는 말의 진정한 의미다. 사실 체제는 법률 내용을 민중들이 정확히 이해하는 것을 원하지 않는다. 법령의 내용은 의무교육 과정의 아이들뿐만 아니라 고등교육에서조차도 전공이 아닌 이상 가르치지 않는 이유다. 의무교육, 나아가 교육의 목적은 체제의 명령을 이해하고 따르는 데 있지, 체제의 명령을 회의하고 비판하는 데 있지 않기 때문이다. 초등학생에게 헌법 제31조와 제32조를 가르친다고 해보자. 아직 체제의 훈육이 완성되지 않은 아이들은 교사에게 반문할 것이다. "권리이면서 의무일 수가 있나요? 여행할 권리가 있다면, 여행을 하지 않아도 되는 것 아닌가요. 그런데 여행이 의무라면, 반드시 우리는 여행을 가야 하잖아요." 코흘리개도 고개를 갸우뚱거리게 만들 법률은 정말 부기기수로 많다. 그러니 국가기구 입장에서 법령을 가르치는 것은 위험천만한 일일 것이다.

BC 3000년 이후 지금까지 인류 역사는 지배양식의 변화, 혹은 가축화나 노예화 양식의 변화로 점철된다. 그동안 대부분의 인간들은 소수 지배계급에 의해 노예로, 농노로, 그리고 노동자로 강압적인 개조를 겪었다. 귀족의 채찍에 피를 흘렸던 노예보다 영주의 땅에 종속된 농노의 삶이 더 나아진 것 아니냐는 헛소리는 하지 말자. 농노보다는 자유롭게 구직 시장을 전전하는 노동자가 더 나은 삶을 살고 있다는 헛소리도 하지 말자. 이것을 역사의 발전이나 진보라고 찬양한다면, 인간에 대한 조롱이자 모욕이다. 더 많이 그리고 더 안정적으로 지배하고 수탈하기 위해 소수 지배계급은 노예화 양식을 변화시켰을 뿐이니까. 예나 지금이나 사회적 관계, 즉 억압구조의 핵심은 생산수단 독점의 문제로 귀결된다. 생산수단을 탈취한 자는 생산수단을 빼앗긴 자를 지배하는 법이다. 그래서 땅을 가진 자는 농민을, 자본을 가진 자는 노동자를 지배한다. 지주와 농민 사이의 사회적 관계, 혹은 자본가와 노동자 사이의 사회적 관계는 이렇게 출현한 것이다. 《독일 이데올로기》에서 마르크스는 이것을 "다른 인간과의 관계"나 "사회적 교류형식"이라고 부르기도 하고, 간단히 "환경"이라고 부르기도 한다. 그러니 마르크스가 말한 환경은 자연환경이 아니라 억압적 사회구조, 즉 인위적 환경을 의미했던 것이다.

바로 이 환경을, 사회의 억압적 교류양식을 원활하게 기능하도록 하는 목적으로 만든 것이 19세기부터 발달했던 교육제도다. 표면적으로 체제는 교육이 균등한 기회를 제공하기에 민중들에게 유리한 제도라고 역설한다. 기회 균등의 논리는 단순하다. 교육의 기회는 모두에게 주어지니, 성적으로 교육을 잘 받았다는 것을 증명하라는 것이다. 만약 증명에 성공한다면 노동자에게는 부르주아에 가까운 삶이 제공될 것이고, 실패한다면 고단한 육체노동에서 벗어날 수 없을 것이다. 결국 부와 가난, 혹은 성공과 실패는 주어진 교육의 기회를 잡지 못한 개개인들의 탓이지 사회구조 탓이 아니라는 것이다. 이렇게 19세기 이후 의무교육이란 이름으로 강조되었던 교육은 부르주아사회의 새로운 노예, 즉 노동자들을 상호 경쟁으로 내모는 미끼였을 뿐이다. 치열한 경쟁은 억압적 환경 전체를 구조적으로 성찰할 여유를 노동자들에게 주지 않을 뿐만 아니라, 자본계급이 아니라 동료 노동자들을 적대시하는 잘못된 감성을 노동자들의 내면에 각인한다. "입사 경쟁률이 왜 이리 높아. 저들이 원서만 내지 않았어도 이런 일은 없었을 텐데."

자, 이제 우리에게 심각한 결단의 순간이 찾아왔다. 노예화를 강요하는 억압적 구조에 맞서 싸우는 것이 현명한 일인가, 아니면 주어진 환경에 순응해 그나마 안정된 삶을 확보하는 것이 현명한 일인가? 대부분의 사람들은 후자를 선택한다. 물론 "똥이 무서워서 피하는 것이 아니라 더러워서 피한다"는 정신승리를 구가하면서 말이다. 진짜 더럽다고 생각하는 똥이 우리 길을 가로막고 있다면, 그것을 치우는 것이 정상 아닌가? 결국 극복해야 할 것은 압도적인

2부. 마르크스의 철학, 마르크스의 과학

환경을 더러운 똥이라고 보는 우리의 태도, 충분히 극복할 수 있지만 손에 똥을 묻히기 싫어 피한다는 허위의식이라고 할 수 있다. 차라리 자신은 압도적인 환경에 짓눌려 있다는 사실을 솔직히 인정하는 것이 수천 배 좋은 정신 상태라고 할 수 있다. 자신을 휘감는 무기력과 굴욕감은 절치부심이 되어 언젠가 억압적 구조에 맞설 수 있는 힘을 낳을 수도 있을 테니 말이다. 마르크스에게는 이런 비겁하고 유약한 태도는 찾아볼 수 없다. 그는 인간을 대상적 활동의 주체로 긍정했기 때문이다. 주인과 노예라는 억압적 환경, 그리고 이 환경을 강요하는 노예화 교육! 그에게 이것은 적응과 순응의 대상이 아니라 파괴와 극복의 대상일 뿐이다. 하긴 '인간적 사회'를 꿈꾸었던 그가 어떻게 억압적 환경과 교육을 방치할 수 있다는 말인가? 귀족사회도, 영주사회도, 그리고 부르주아사회도 아닌 인간적 사회를 꿈꾸는 사람이 소수가 다수를 억압하고 착취하는 상황을 용인할 수는 없는 법이다.

문제는 포이어바흐의 낡은 유물론이다. 관조적 유물론은 그 이름에 걸맞게 인간의 능동성보다는 인간의 수동성을, 인간의 주체성보다는 인간의 환경을 강조하기 때문이다. 한마디로 말해 낡은 유물론, 즉 관조적 유물론은 인간이 환경과 교육의 산물이라는 사실만을 강조한다는 것이다. 사실 이것만으로도 관조적 유물론은 탁월한 데가 있다. 억압적 상황을 '실체'나 '본성' 등으로 정당화하는 본질주의 형이상학보다 관조적 유물론은 더 인문적이기 때문이다. 본질주의 형이상학은 노예에게는 노예의 본성이, 주인에게는 주인의 본성이 있어서 주인과 노예라는 위계가 생겼다고 주장한다. 결과를 원인으로 생각하는 전형적인 목적론적 오류에 빠진 생각이다. 사실 선천적으로 주인과 노예로 태어나서 억압적 구조가 형성되는 것이 아니라, 억압적 구조가 동등한 사람들을 누구는 주인으로 혹은 누구는 노예로 만드는 것이기 때문이다. 바로 이것이 관조적 유물론이 가진 매력이다. 억압적 구조, 즉 환경이 먼저이고 이 환경이 주인도 만들고 노예도 만든다는 걸 알았으니까. 문제는 그다음이다. 이 억압적 환경을 어떻게 해야 하는가? 바로 여기서 관조적 유물론은 자신의 발걸음을 멈추고 만다.

논리적으로 생각해보라. 주인도 노예도 환경에 의해 결정되었다면, 주인과 노예는 이 환경을 극복할 수 없다. 만약 노예가 억압적 환경을 극복하려고 한다면, 이것은 노예가 환경에 의해 노예로 결정되었다는 전제와는 모순되기 때문이다. 결국 인간은 환경과 교육의 산물이기에 환경과 교육을 극복할 수 없다는 이야기다. 달리 말하면 노예화를 거친 노예는 주인에게 저항할 수 없다는 것이다. 마치 잘 길들여진 개처럼 그는 주인에게 복종하는 노예가 되었으니 말이다. 이런 추론은 너무 논리적이고 그만큼 너무 사변적인 생각이다. 결국 의도했든 그렇지 않든 포이어바흐의 낡은 유물론이 억압적 환경을 수동적으로 긍정하게 된 것도 이런 이유에서다. 〈포이어바흐에 관한 테제들〉 중 세 번째 테제에서 마르크스가 관조적 유물론의 한계가 "환경이 인간에 의해 변화되고 교육자 자신도 교육되어야 한다는 사실을 망각하고 있다"고 지적했던 것도 이런 이유에서다. 다시 마르크스의 대상적 활동 개념이 빛을 발하는 대목이다. 인간은 환경의 영향을 받지만 동시에 환경을 변화시킬 수 있는 존재이기 때문이다.

노예제를 극복해 노예 신분에서 벗어나고자 했던 스파르타쿠스 자유군단, 농노제에 도전해 농노 신분을 털어내려고 했던 뮌스터코뮌, 노동자제를 무너뜨리고 임금노동에서 벗어나고자 했던 파리코뮌을 생각해보라. 길들여진 개는 주인을 물지 않고, 길들여진 소는 뿔로 주인을 들이받지 않는다. 그렇지만 인간은 완전히 가축화할 수 없는 존재다. 아무리 노예라고 해도, 아무리 농노라고 해도, 아무리 노동자라고 해도 인간은 대상적 활동의 힘을 가지고 있다. 단지 압도적 대상, 달리 말해 억압적 환경의 힘에 눌려 있기에, 같은 인간으로 태어나 다른 인간에 의해 가축 취급을 받는 굴욕감을 잠시 억누르고 있을 뿐이다. 인간은 주어진 조건에 지배를 받는 수동적인 존재지만 동시에 그걸 넘어서려는 주체적 의지를 가진 능동적 존재이기도 하다. 수동적인 능동자! 불행히도 낡은 유물론은 이 능동성의 측면, 활동의 측면, 혹은 주체의 측면을 간과하고 있다. 하긴 주어진 조건이란 수동적 측면이나 대상성의 측면, 나아가 인간은 육체적 존재라는 주장에만 매몰되어 있는 낡은 유물론으로서 이것은 어쩌면 당연한 귀결인지도 모른다.

그렇지만 본질주의, 혹은 본질의 형이상학을 비판하면서 출현했던 관조적 유물론이다. 이 사유 전통이 인간들 사이의 억압구조를 노골적으로 긍정하지 않는 것도 이런 이유에서다. 포이어바흐를 보라. 그는 신으로 대변되는 본질과 본성이란 질곡에서 인간을 해방시키려고 하지 않았던가? 그렇다면 이제 남은 문제는 자명하다. 어떻게 인간이 억압과 수탈로부터 자유로워질 수 있을까? 인간이 환경과 교육의 산물이라는 관조적 유물론의 맹신이 해답의 실마리가 된다. 인간의 구속을 낳는 기존의 환경과 교육을 폐지하고, 인간의 자유를 낳는 새로운 환경과 교육을 만들어야 한다. 여기서 다시 관조적 유물론은 멈칫하게 된다. 관조적 유물론은 기존의 환경과 낡은 교육에 영향을 받지 않는 인간을 생각할 수밖에 없었기 때문이다. 다시 말해 억압체제에 전혀 영향을 받지 않는 특이한 인간, 혹은 새로운 교육과 새로운 환경을 만들 수 있는 인간이 요청된다는 것이다. 마르크스가 낡은 유물론이 "필연적으로 사회를 두 부분—이 가운데 어느 한 부분은 사회를 초월해 있다—으로 나누게 된다"고 지적했던 것도 이런 이유에서다.

표면적으로는 '환경과 교육' 그리고 '인간'이 사회의 두 부분이라고 할 수 있고, 심층적으로는 '환경과 교육의 산물로서 인간'과 '환경과 교육을 만드는 다른 종류의 인간'이 사회의 두 부분이라고 할 수 있다. 결국 환경을 만들고 교육을 결정하는 인간이 환경과 교육을 통해 나머지 다른 인간을 변화시키는 그림이다. 여기서 잊지 말아야 할 것이 있다. "필연적으로 사회를 두 부분—이 가운데 어느 한 부분은 사회를 초월해 있다—으로 나누"는 순간, 관조적 유물론은 인간을 두 종류로 구분할 수밖에 없다는 사실이다. 환경과 교육에 지배되는 인간, 그리고 환경과 교육을 만드는 인간! 여기서 관조적 유물론은 자신의 이론적 맹점을 드러낸다. 모든 인간이 환경과 교육의 산물이라는 주장을 견지한다면, '새로운 환경과 교육을 만들 수 있는 인간'은 어떻게 가능한가? 어쨌든 관조적 유물론은 다른 인간을, 나아가 사회를 초월한 인간을 긍정하게 된다. 환경과 교육에 영향을 받지 않는 아주 예외적인 인간! 마치 유대인을 가나안 땅으로 이끌었던 모세^{Moses, משה}처럼 거의 신적인 인간! 강력한 엘리트주의다. 이것은 포이어바흐가 스스로 세상을 관조하고 진리를 인식하는 철학자로 자임했던 것과 무관하지 않을 것이다.

관조적 유물론의 엘리트주의는 역사적으로 제도권 사회주의 국가에서 강력한 힘을 발휘했다. 19세기 후반에서 20세기 초까지 독일 정치에 깊은 영향을 주었던 독일사회민주당^{Sozialdemokratische Partei Deutschlands, SPD}뿐만 아니라, 소련의 스탈린^{Joseph Vissarionovich Stalin}(1878~1953)

체제, 중국의 마오쩌둥毛澤東(1893~1976)체제, 나아가 한반도의 김일성金日成(1912~1994)체제에까지 정치적 엘리트주의는 그대로 관철되니까. 20세기 내내 억압받는 자들은 자신들을 억압이 없는 미래로 이끌어나갈 정당이나 정권의 인도나 지도를 받는다. 사이비 사회주의나 사이비 코뮌주의가 마침내 탄생한 것이다. 소수 지배계급이 다수 인간들에게서 대상적 활동을 박탈할 때, 억압사회는 등장하는 법이다. 그래서 억압사회에서는 소수 지배계급만이 대상적 활동의 힘을 향유한다. 당연히 억압받는 다수는 지배자의 명령을 수동적으로 따르는 대상, 혹은 사물과도 같은 상태에 처하게 된다. 아무리 억압받는 자들을 위한다고 해도 정치적 엘리트주의로 무장한 사이비 사회주의나 사이비 코뮌주의가 새로운 억압체제일 수밖에 없는 것도 이런 이유에서다. 억압받는 자들에게 대상적 활동이 허락되지 않기는 마찬가지이기 때문이다. 그렇지만 독일사회민주당 지도자들도, 스탈린도, 마오쩌둥도, 그리고 김일성도 자신들의 사이비성을 정당화하는 논리를 쉽게 찾는다. 억압받는 자들은 억압사회라는 환경과 교육의 산물이기에 스스로의 힘으로는 억압의 굴레를 벗기 힘들다는 것이다.

사이비성의 정점이자 막장이라고 할 수 있는 북한의 경우를 보라. '주체헌법'의 약칭으로 유명한 '조선민주주의인민공화국 사회주의 헌법' 서문에 보면 김일성은 "민족의 태양"으로까지 숭배되고 있을 정도다. 흥미로운 것은 사회를 이분화하는 이런 정치적 엘리트주의는 직접적으로는 엥겔스에게서 유래한다는 점이다. "정치활동은 혁명을 준비하고 혁명을 위해 노동자를 교육해야 한다. …… 노동자 당은 그 어떤 부르주아 당의 꼬리로 건설되어서는 안 되며, 오히려 자신 고유의 목표, 자신 고유의 정책을 가진 독자적인 당으로 건설되어야 한다." 1871년 9월 21일 작성되었던 엥겔스의 자필 초고《노동자계급의 정치활동에 관하여Uber die politische Aktion der Arbeiterklasse》에 등장하는 구절이다. 정치활동을 하는 노동자 당과 교육을 받아야 하는 노동자로 이분화가 이루어지고, 노동자 당은 독자적이고 초월적인 부분으로 노동자들 위에 군림하고 있지 않은가? 공산당이나 혁명 지도자는 과거 낡은 환경의 산물이 아닌 무오류의 존재, 혹은 새로운 환경을 만드는 신

1868년 무렵의 엥겔스. 엥겔스는 공산당이나 혁명 지도자는 과거 낡은 환경의 산물이 아닌 무오류의 존재, 혹은 새로운 환경을 만드는 신적인 존재로 그리고 있다. 이런 면에서 그는 마르크스가 아닌 포이어바흐 편에 서 있는 셈이다.

적인 존재로 그려지고 있다. 마르크스의 친구이자 그의 사상의 대변인으로 자처했던 엥겔스다. 이런 그가 지금 마르크스가 아닌 포이어바흐 편에 서 있다는 것은 정말 아이러니한 일이다.

포이어바흐의 낡은 유물론이 망각하고 있었던 것, 그리고 엥겔스 이후 사이비 사회주의자들이 의도적으로 망각하고 있었던 것을 마르크스는 결코 잊지 않고 있다. "환경이 인간에 의해 변화되고 교육자 자신도 교육되어야 한다!" 환경이 인간에게 영향을 주는 것은 맞지만, 바로 이 인간이 환경을 변화시킬 수 있다. 이것이 바로 마르크스의 근본 입장이다.《독일 이데올로기》에서 그가 "인간이 환경을 만드는 것만큼이나 환경도 인간을 만든다"고 강조했던 것도 이런 이유에서다. 억압을 받는 것도 인간이지만 억압을 극복하는

2부. 마르크스의 철학, 마르크스의 과학

것도 바로 그 동일한 인간이니까. 여기에는 포이어바흐도, 엥겔스도, 스탈린도, 마오쩌둥도, 김일성도 필요가 없다. 그래서 마르크스에게 사회는 두 부분으로 나뉠 필요가 없다. 아니 나뉘어서는 안 된다는 것이 마르크스의 속내다. 정신노동과 육체노동의 분할, 혹은 지배계급과 피지배계급의 분할 자체가 바로 억압의 가장 분명한 징후니까 말이다. 사실 이분화는 모두 인간이 가진 대상적 활동의 힘을 절단하는 데서 찾아온다. 대상의 측면만을 감당하는 사람들이 육체노동에 종사하는 피지배계급이라면, 활동의 측면을 독점하는 사람들이 정신노동에 종사하는 지배계급이니 말이다. 이 점에서 엥겔스 이후 제도권 사회주의국가들은 이분화에 참여하기는 마찬가지다. 정당이나 정권이 활동의 측면을 독점하고 나머지 노동계급에게는 대상의 책무만 주어지니까. 새로운 가축화와 노예화, 그것도 아주 자기 기만적인 억압체제가 등장한 셈이다.

결국 억압받는 자들이 억압에서 자유로워지는 방법은 다른 데 있는 것이 아니다. 빼앗긴 활동, 능동성, 자유를 지배계급으로부터 되찾아오는 것이다. 그러나 인간이 살아 있는 한, 어떻게 활동을 빼앗길 수 있겠는가? 그것은 땅이나 돈과 같은 사물이 아니기 때문이다. 억압적 환경에서 인간은 단지 자신의 활동성을 자의 반 타의 반 억누르고 있을 뿐이다. 언제든 노동계급은 억압된 활동과 자유를 표현할 수 있다. 인간으로 살아가는 한, 대상적 활동의 힘은 심장의 박동처럼 그들을 떠나지 않기 때문이다.

경제적 조건들은 우선 그 나라의 민중들la masse을 노동자들travailleurs로 변형시킨다. 자본의 지배domination du capital는 이 민중들에게 공통된 상황situation commune, 공통된 이해intérêts communs를 만들어준다. 따라서 이 대중은 이미 자본에 반하는 하나의 계급이 지만, 자기 자신에 대해서는 그렇지 않다. 우리가 이미 몇몇 구절로 지적했던 투쟁la lutte 속에서 이 민중은 결합하고 스스로를 대자적 계급classe pour elle-même으로 구성한다. 이에 따라 민중들이 옹호하는 이해는 계급이해intérêts de classe가 된다. 계급에 대한 계급의 투쟁이 바로 정치투쟁이다.

-《철학의 빈곤Misère de la philosophie》(1847)

방금 읽은 구절이 없었다면 루카치György Lukács(1885~1971)의 1923년 주저 《역사와 계급의식Geschichte und Klassenbewußtsein》이 나올 수 있었을까? 어쨌든 헤겔 《정신현상학》의 핵심 개념 '즉자卽自, an sich, en soi'와 '대자對自, für sich, pour soi'를 사용하면서 마르크스는 억압받는 자들이 대상적 활동의 주체로 변하는 과정, 다시 말해 억압에 순응했던 자들이 억압에 저항하고 그것을 극복하려는 주체로 변하는 과정을 이야기한다. 직관적으로 즉자와 대자 개념은 다음과 같이 이해하면 좋다. 곧 의자와 같은 사물이 즉자라면 사람은 대자가 되는 것이다. 글자 그대로 즉자는 자신에게 매몰되어 있는 상태, 그리고 대자는 자신을 반성하거나 타인의 시선에서 자신을 돌아볼 수 있는 상태를 의미한다. 그러니까 자신을 반성하거나 타인을 의식할 수 없는 상태가 즉자이고, 자신을 반성하고 타인을 의식하는 상태가 대자라고 정리해두면 좋다. 문제는 사람도 사물처럼 즉자 상태에 있을 수 있다는 점이다. 의자는 우리가 동쪽으로 밀면 동쪽으로 밀리고 서쪽으로 끌면 서쪽으로 끌린다. 주인이 무릎을 꿇으라고 하면 노예는 무릎을 꿇고, 엎드리라고 하면 엎드린다. 심지어 옷을 벗으라고 하면 옷을 벗는다. 사물처럼 수치심과 모욕감도 없다. 바로 이것이 루카치가 사물화, 혹은 물화^{Verdinglichung}라고 불렀던 비극적인 상황이다. 완벽한 노예는 사물화된 노예, 다시 말해 즉자적 노예라고 할 수 있다. 그렇지만 아무리 사물처럼 박제가 되었다고 해도 인간은 인간일 수밖에 없다. 어느 순간 수치심과 모욕감이 찾아올 때, 완벽한 노예는 사라지고 만다. 자신의 신세를 돌아보고 한숨을 쉬거나 분노하고 자신의 삶을 굴욕적으로 생각하는 노예가 그 자리를 차지하게 된다. 대자적 노예의 탄생이다.

여기서 한 걸음만 나아가면 노예는 스파르타쿠스가 된다. 농노도 마찬가지고 노동자도 마찬가지다. 즉자적 농노에서 대자적 농노로, 그리고 즉자적 노동자에서 대자적 노동자로 변신하는 것은 시간문제이기 때문이다. 대자적 노예는 노예라는 신분을 넘어서려고 할 것이다. 이제 귀족과의 목숨을 건 투쟁, 혹은 노예제사회에 대한 전면적 투쟁만이 남는다. 이것은 대자적 농노나 대자적 노동자에게도 마찬가지다. 환경에 순응하는 것이 아니라 환경을 바꾸려는 대상적 활동의 주체는 바로 이렇게 탄생한다. 모세가 나타나 노예를 귀족의 수중에서, 농노를 영주의 수중에서, 노동자를 자본가의 수중에서 해방시키는 것이 아니다. 이것은 노예가, 농노가, 노동자가 새로운 주인으로 모세를 섬겨야 한다는 것을 의미하기 때문이다. 그 자신이 스스로 모세가, 혹은 메시아가 되어야 한다. 대상적 활동의 힘을 회복해야만 한다. 그래서 마르크스는 말했던 것이다. "환경의 변화 그리고 인간의 활동 혹은 자기변화 사이의 일치는 오직 혁명적 실천으로서만 파악될 수 있으며 합리적으로 이해될 수 있다"고.

인간은 자신이 살고 싶은 세계를 선택해서 태어날 수 없다. 이미 주어진 세계, 설령 그것이 억압적인 세계일지라도, 그런 세계에 던져지며, 삶을 시작한다. 그래서 노예로 살고, 농노로 살고, 그리고 노동자로 산다. 인간이 환경과 교육의 산물이라는 말은, 즉 인간이 즉자적으로 산다는 것을 의미했던 것이다. 그러나 어느 순간 인간은 자신의 삶을 당연시하는 것이 아니라 회의하게 된다. 대자적 삶이 찾아온 것이다. 마르크스는 바로 이것을 '자기변화'라고 개념화한다. 환경에 순응하는 즉자적 인간이 환경에 맞서는 대자적 주체가 되지 않는다면, 환경의 변화는 꿈조차 꿀 수 없다. 물론 억압받는 자들이 바라는 환경은 분명하다. 억압이 사라진 환경, 다시 말해 자유인들의 "사회적 교류형식"이다. 구체적으로 그것은 국가에 의한 생산수단 국유화나 자본계급에 의한 생산수단 사유화가 사라진 사회, 생산수단을 공유共有하거나 생산수단 독점이 불가능한 사회, 모든 인간의 대상적 활동을 긍정하는 인간적 사회, 즉 코뮌이다. 불행히도 역사를 통해 우리가 확인하는 것처럼 대자적 주체로 변형된 억압받는 사람들이 억압적 환경 자체를 바꾸는 데 성공한 적은 없다. "인간의 활동", 즉 "자기변화"가 "환경의 변화"를 낳는 데 역부족이었던 탓이다. 즉자적 인간이 대자적 주체가 되었지만, 다시 말해 억압받는 자들이 대상적 활동의 주체가 되었지만, 불행히도 그들의 저항은 환경을 바꾸는 데 실패했다는 것이다. 언젠가 대상적 활동은 환경의 변화를 낳을 수 있을 것이고, 낳아야만 한다. 바로 이것이 혁명적 실천이 아니면 무엇이겠는가?

〈포이어바흐에 관한 테제들〉 중 세 번째 테제는 두 단락으로 구성되어 있다. 방금 살펴본 "환경의 변화 그리고 인간의 활동 혹은 자기변화 사이의 일치는 오직 혁명적 실천으로서만 파악될 수 있으며 합리적으로 이해될 수 있다"는 구절은 두 번째 단락에 해당한다. 영민한 독자라면 무언가 미진하다는 느낌을 받았을 것이다. 첫 번째 단락은 환경 이외에 교육도 함께 언급하고 있는데, 두 번째 단락에는 교육과 관련된 언급 자체가 빠져 있기 때문이다. 첫 번째 단락을 기억해보라. 마르크스는 낡은 유물론이 하나는 알고 둘은 몰랐다고 비판한다. 그러니까 관조적 유물론은 인간이 환경과 교육의 산물이라는 사실을 간파했지만, "환경이 인간에 의해 변화되고 교육자 자신도 교육되어야 한다는 사실을 망각하고 있다"는 것이다. 이제 미진한 느낌이 어디서 유래하는지 명확해진다. 두 번째 단락에서 마르크스는 "교육자 자신도 교육되어야 한다"는 자기 입장을 해명하지 않았던 것이다. 무의식적인 실수였을까? 아니면 의도적인 것이었을까? 레비스트로스가 아니더라도 마르크스가 의무교육 등 교육이 기본적으로 민중들을 효과적으로 지배하려는 노예화 전략이란 걸 모를 리 없다. 결국 억압체제가 사라지면 교육도 그 존재 이유를 상실하게 된다. 뿌리가 뽑히면 가지들은 저절로 시들어질 테니 말이다. 그래도 의구심은 완전히 사라지지 않는다. 만약 그렇다면 왜 첫 단락에서 마르크스는 굳이 교육을 이야기했던 것일까? 억압적 환경과는 별도로 교육을 논했던 이유는 무엇일까? 이런 다양한 의혹을 해결하는 출발점은 "교육자 자신도 교육되어야 한다"는 마르크스의 언급이다. 여기서 교육자는 좁게는 선생을, 넓게는 부모, 선배, 어른, 지식인 등 앞선 세대 전체를 가리킨다면, 교육 대상도 좁게는 학생을, 넓게는 자식, 후배, 어린아이, 민중 등 후속 세대 전체를 가리킨다고 하겠다. 논의를 단순화하기 위해 교육자는 선생이고 교육 대상은 학생이라고 하자. 이제 "인간이 환경을 만드는 것만큼이나 환경도 인간을 만든다"는 《독일 이데올로기》의 표현을 빌리자면 "선생은 학생들을 가르치는 것만큼이나 학생들에게 가르침을 받아야 한다"는 말이 가능해진다.

여기서 반전은 바로 후자, 즉 선생도 학생들에게 가르침을 받아야 한다는 주장에 있다. 선생이 학생이 되고 학생은 선생이 된다는 이야기니까. 그렇다고 이 말을 학생들이 선생을 직접 가르쳐야 한다는 이야기로 오해해서는 안 된다. 이건 "선생은 학생들에게 배워야 한다"는 의미니까 말이다. 선생은 학생들에게 무엇을 배우는가? 시를 가르치는 선생이 학생들에게 시를 배울 수는 없는 법이다. 수영을 가르치는 선생이 학생들에게 수영을 배울 수는 없는 법이다. 나아가 양자역학을 가르치는 선생이 학생들에게 양자역학을 배울 수는 없는 법이다. 피아노를 가르치는 선생이 학생들에게 피아노를 배울 수는 없는 법이다. 농사를 가르치는 선생이 학생들에게 농사를 배울 수는 없는 법이다. 그럼 선생은 학생들에게 무엇을 배워야 하는가? 그것은 바로 차이다. 혹은 체제나 선생 자신이 원하는 것이 아니라 학생들이 원하는 것이다. 이럴 때 선생은 들뢰즈가 《차이와 반복》에서 말한 것처럼 "'나처럼 하라'고 말하는" 동일성의 교사가 아니라 "'나와 같이하자'라고 말하는" 차이의 교사가 된다. 일방적인 명령이나 지시가 아니라 학생들과 함께한다. 수영도 하고, 시도 읽고, 피아노도 연주하고, 감자도 심는다. 이를 통해 차이의 교사는 아이들이 자신과 어떤 차이가 있는지, 혹은 아이들이 서로 어떤 차이가 있는지 배우게 되고, 동시에 바로 이 차이들을 학생들이 알도록 한다.

수영을 할 때 해맑은 아이도 있고, 시를 읽을 때 행복한 아이도 있다. 피아노 선율에 홍조를 띠는 아이도 있고, 텃밭에서 감자 싹트기를 기다리는 아이도 있다. 결국 학생들은 다양한 잠재적 꽃들이라고 하겠다. 잠재적 찔레꽃을 개나리로 착각하거나 반대로 잠재적 개나리를 찔레꽃으로 착각해서는 안 된다. 찔레꽃은 6월 산기슭이나 계곡에서 꽃피고, 개나리는 4월 양지바른 산기슭 등에서 꽃피기 때문이다. 잠재적인 찔레꽃을 개나리로 착각해 영향을 주는 순간, 혹은 잠재적 개나리를 찔레꽃으로 착각해 영향을 주는 순간, 꽃들은 제대로 피어날 수 없는 법이다. 잠재적 찔레꽃은 약간 음지이고 습한 곳을 원하고 6월의 태양과 바람을 원한다. 잠재적 개나리는 양지바른 곳을 원하고 4월의 태양과 바람을 원한다. 결국 교육은 선생이 원하는 것을 학생들도 원하도록 훈육하는 것이 아니라, 학생들이 자신이 원하는 것을 스스로 찾아내도록 하는 데 있다. 마르크스는 말했다. "선생은 학생들을 가르치는 만큼이나 학생들에게 배워야 한다"고. 선생은 학생들의 잠재적 차이를 아직 모르고, 동시에 학생들도 자기의 차이를 모르기에, "선생이 학생들을 가르친다"는 것은 다양한 경험을 하도록 유도한다는 것을 의미한다. 물론 학생들에게 제공한 다양한 경험의 기회들은 선생 입장에서 아이들이 꽃필 수 있다고 확신하는 것들이다. 그렇지만 선생은 자신의 확신을 항상 접을 준비가 되어 있어야 한다. 바로 이것이 "선생이 학생들에게 배워야 한다"는 말의 의미다.

반면 동일성의 교사는 잘해야 자신이 원하는 꽃이 되라고, 심하면 체제가 원하는 꽃이 되라고 학생들에게 강요한다. 당연히 동일성의 교사가 학생들에게 배울 일은 없다. 5월에 피는 장미꽃에 대한 수요가 많으니, 잠재적 개나리를 장미처럼 보이게 품종을 개량하고 잠재적 찔레꽃을 장미처럼 보이게 품종을 개량하는 것이 교육이라고 생각하기 때문이다. 물론 품종 개량이 힘들거나 제대로 이루어지지 않은 아이들은 열등한 아이로 간주된다. 동일성의 교사는 어떤 아이는 4월에 혹은 어떤 아이는 6월에 근사하게 꽃을 피울 수 있다는 걸 생각하지도 않는다. 이 선생에게 아이들은 어떤 그림이나 그려 넣을 수 있는 백지로 이해되기 때문이다. 물론 동일성의 교사는 확신에 차 있다. 자신의 교육이 진정으로 학생들에게 도움이 된다는 확신 말이다. 팔리지 않는 꽃들이 무슨 의미가 있겠는가? 팔릴 꽃들에 대해서만 체제가 물과 영양분을 제공하는 것 아닌가? 동일성의 교사 밑에서 학생들은 법률 조목들을 외워 체제의 명령을 집행하는 방법을 배우거나, 자본의 이윤을 증식시키는 기법을 익히거나, 아니면 체제가 소유한 기계와 장비들의 시종이 되는 기술을 배운다. 상급 노예가 되려는 교육에 자발적으로 참여하면서 학생들의 내면에는 체제에 순종하는 습성도 자리를 잡는다.

　단도직입적으로 생각해보자. 동물이든 동류 사람이든 간에 가축들에게서 주인이 바라는 덕목은 무엇일까? 겸손, 온순, 성실, 화목, 충직, 정직, 희생, 인내심, 끈기, 근면 등등. 이런 품성이 갖추어지지 않으면, 귀족이, 영주가, 자본가가, 그리고 동일성의 교사가 어떻게 자신이 원하는 것을 노예, 농노, 노동자, 그리고 학생들에게 강요할 수 있겠는가? 이렇게 체제의 노예화가 이루어질 때 아이들의 차이를 부정하는 동일성의 교사는 체제의 충실한 대리인이 될 수밖에 없는 것이다. 인간은 환경의 산물인 동시에 교육의 산물이라는 낡은 유물론에 맞서, 마르크스가 "교육자 자신도 교육되어야 한다"고 주장한 이유가 분명해진다. 아이들의 차이로부터 배우지 않으면, 선생은 체제의 명령을 학생들에게 강요하는 동일성의 교사가 될 수밖에 없다. 바로 여기서 선생은 결단의 자리에 서게 된다. 체제가 원하는 교육을 수행하는 임금노동자이기 때문이다. 체제의 노예화에 봉사할 것인가? 아이들의 차이를 긍정할 것인가? 혹은 학생들을 가르치기만 할 것인가? 아이들에게 배울 것인가? 혹은 자신의 임금을 사랑할 것인가? 학생들을 사랑할 것인가?

　마지막으로 한 가지 주목해야 할 것은 〈포이어바흐에 관한 테제들〉에 관한 판본이 두 종류가 있다는 사실이다. 첫 번째는 《1844-1847년 노트북》에 실려 있는 〈포이어바흐에 관한 테제들〉, 즉 마르크스가 육필로 작성한 〈포이어바흐에 관한 테제들〉이고, 두 번째는 1886년 《루트비히 포이어바흐와 독일 고전철학의 종말Ludwig Feuerbach und der Ausgang der klassischen deutschen Philosophie》에 엥겔스가 부록으로 수록한 〈포이어바흐에 관한 테제들〉이다. 문제는 마르크스의 테제와 마르크스의 것이라고 엥겔스가 소개한 테제가 미묘하지만 중요한 차이가 난다는 점이다. 특히나 결정적인 부분은 지금 다루고 있는 세 번째 테제와 관련된다. 1845년 마르크스는 말했다. "환경의 변화 그리고 인간의 활동 혹은 자기변화 사이의 일치는 오직 혁명적 실천으로서만 파악될 수 있으며 합리적으로 이해될 수 있다"고. 그러나 1883년 마르크스가 세상을 떠난 지 3년 뒤인 1886년 엥겔스는 마르크스의 육필 수고에 손을 대고 만다. 엥겔스는 마르크스의 지적 유산 관리인이면 해서는 안 되는 일, 정말 주제 넘는 짓을 자행하고 만 것이다. 엥겔스는 마르크스의 육성을 검열해 "환경의 변화와 인간 활동의 변화와의 일치는 오직 혁명적 실천으로서만 파악될 수 있으며 합리적으로 이해될 수 있다"고 고쳐버린다. 무엇이 바뀌었는지 살펴보라. 엥겔스는 "인간적 활동, 혹은 자기변화menschlichen Thätigkeit od. Selbstveränderung"를 "인간적 활동menschlichen Thatigkeit"으로 바꾸어버린다. 엥겔스가 "자기변화"라는 개념을 삭제해버린 것이다! 인간은 환경과 교육의 산물이라는 낡은 유물론의 입장을 취하고 있었기에, 엥겔스는 '자기변화'라는 개념이 너무나도 못마땅했던 것이다. 노동자를 교육 대상으로 보았던 엥겔스가 노동계급에게 자기변화의 역량을 긍정하는 마르크스의 논의가 마음에 들 리 없다. 마르크스에게서 자기변화란 대상적 활동의 힘을 상실한 억압받는 자가 스스로 대상적 활동의 힘을 회복해 억압에 저항하는 주체가 되는 것이기 때문이다. 노동자들이 부르주아체제에 맞서는 저항에 주체적으로 참여하게 되면, 그들을 지도하고 인도하는 정당과 정권, 즉 노동자 정당과 노동자 정부가 무슨 필요가 있다는 말인가.

그나저나 여기서 우리는 엥겔스가 결코 마르크스의 지적 유산에 대한 충실한 수호자가 아니라는 걸 알게 된다. 아니 정반대다. 1883년 마르크스가 죽은 뒤 엥겔스는 친구 마르크스의 유고들을 독점하면서 동시에 마르크스에 대한 지적 콤플렉스에서 벗어나려고 무던히도 애를 쓴다. 특히 마르크스가 가진 철학적 능력은 엥겔스로서는 따라잡기 힘든 것이었다. 마르크스가 죽은 다음 엥겔스가 철학적 저작 집필에 집중했던 것도 이런 이유에서였다. 《루트비히 포이어바흐와 독일 고전철학의 종말》도 그 일환으로 나온 것이다. 1845년 〈포이어바흐에 관한 테제들〉에서 친구 마르크스가 했던 것처럼 1886년 엥겔스도 독일 고전철학의 마지막 계승자 포이어바흐를 근사하게 비판하고 싶었던 것이다. 그렇지만 엥겔스는 대상적 활동 개념을 이해할 만큼 철학적으로 영민하지 않았다. 그 결과 그는 노동계급의 자기변화를 부정하는 입장에 서게 된다. 엥겔스가 인간은 환경과 교육의 산물에 지나지 않는다는 낡은 유물론으로 흘러가게 되는 것도 이런 이유에서다. 얼마나 황당한 일인가? 표면적으로 포이어바흐를 비판하지만, 엥겔스는 포이어바흐의 중요한 전제를 수용하고 만다. 낡은 유물론을 선택하는 순간, 그가 주체의 능동성을 강조했던 마르크스의 새로운 유물론을 받아들인다는 것은 불가능에 가까운 일이다. 그래서 그는 마르크스의 육필 수고에 등장하는 '자기변화'라는 개념을 삭제하게 된 것이다. 아니 삭제해야만 했던 것이다.

2부. 마르크스의 철학, 마르크스의 과학

3. 대상적 활동을 증명하고 또 증명하라!

대상의 진리gegenständliche Wahrheit가 인간 사유menschlichen Denken로 귀속될 수 있는지의 문제는 이론의 문제가 아니라 실천의 문제praktische Frage다. 실천에서 인간은 자기 사유의 진리, 즉 현실성Wirklichkeit과 힘Macht, 차안성Diesseitigkeit을 증명해야beweisen 한다. 실천으로부터 유리된 사유가 현실적인가 비현실적인가를 논하는 것은 순전히 스콜라적인 문제scholastische Frage에 지나지 않는다.

-〈포이어바흐에 관한 테제들〉2

'대상적 활동'이란 개념이 마르크스 철학의 심장이라면, '인간사회'라는 이념은 마르크스 철학의 머리라고 할 수 있다. 대상적 활동과 인간사회는 이렇게 마르크스에게서 통일되어 있다. 하긴 모든 인간이 대상적 활동을 향유하는 사회가 바로 인간사회니까 말이다. 반대로 귀족사회나 영주사회, 혹은 부르주아사회는 소수 귀족이나 소수 영주, 혹은 소수 자본가들만이 대상적 활동의 힘을 향유한다. 물론 이것이 가능했던 이유는 소수 지배계급이 다수 인간들의 대상적 활동을 효과적으로 억제하거나 무력화할 수 있었기 때문이다. 결국 중요한 것은 대상적 활동 개념에서 주체의 능동성이나 자유를 함축하는 '활동'이라는 단어다. 소수 지배계급은 다수 사람들의 대상적 활동에서 바로 이 '활동'을 도려내는 데 성공했던 것이다. 활동이 부정당한 인간에게 남는 것은 대상성밖에 없다. 활동성이 부정당하면, 인간은 살아도 시체와 같은 사물로 전락하게 된다. 시체를 보라. 발로 차도 아픈 줄 모르고 침을 뱉어도 화낼 줄 모른다. 뒤집어놓으면 뒤집어진 채로 있고, 바로 누이면 바로 누운 채로 있지 않은가? 이렇게 활동성이 억압된 인간은 지배계급에게는 하나의 대상에 지나지 않는다. 바로 이것이 가축화가 아니면 무엇이겠는가?

들소를 잡아다가 우리에 가두고 재갈을 물리고 채찍으로 때리고 코뚜레를 하는 이유도 다른 데 있는 것이 아니다. 들소가 활동하고 싶을 때, 혹은 활동해야만 할 때 활동하지 못하도록 하기 위해서다. 그래야 들소를 부리고 싶을 때 주인이 부릴 수 있으니까. 인간 가축의 경우 이런 물리적 폭력 외에도 언어를 토대로 한 교육도 중요한 역할을 한다. 그러나 엄격히 말해 인간에게서 대상적 활동을 완전히 제거할 수는 없다. 정말 제거하고 싶다면 인간을 죽여야만, 비유가 아니라 진짜로 인간을 시체로 만들어야만 한다. 현대사회를 지배하는 노동자제를 생각해보라. 노동자는 자본가가 원하는 것을 하는 대가로 임금을 받아 생계를 유지하도록 만들어진 존재다. 자신의 활동이 아니라 자본가가 원하는 활동을 하는 존재이니 노동자는 현대판 노예라고 할 수 있다. 노예는 타인이 원하는 것을 하는 존재니까 말이다. 자본가가 철저하게 왕 노릇을 하는 회사나 공장의 풍경을 들여다보라. 민주주의는 정말 딴 나라 이야기다. 기자의 피라미드를 연상시키는 위계구조의 최하층에는 다수의 하급 노

세계산업노동자동맹(IWW)이 1911년 내건 포스터 〈자본주의 시스템
피라미드〉. 피라미드 맨 꼭대기에는 '자본주의'가 있고, 그 밑에
'국가'("우리가 너희를 지배한다"), 그 밑에 '종교'("우리가 너희를
속인다"), 그 밑에 '군대'("우리가 너희를 쏴 죽인다"), 그 밑에
'상류계급'("우리가 너희를 위해 먹는다"), 그 밑에 '민중계급'("우리는
모두를 위해 일한다" "우리가 모두를 먹인다")이 있다.

동자가 포진되고 피라미드 상층부로 올라갈수록 직접적 육체노동을 면제받은 상급 노동자가 있다. 물론 이 피라미드 정점에는 파라오처럼 자본가가 존재한다.

견고한 아스팔트 도로에도 풀이 자라듯, 거대한 위계구조에 짓눌린 하층 바닥에도 작은 저항은 미미하나마 시작된다. 예를 하나 들어볼까? 갓 입사한 신입 사원이 있다. 그는 직속상관부터 팀장에 이르기까지 나아가 가끔 임원들이 자신의 일거수일투족을 감찰한다는 느낌을 받는다. 의식적이든 의식적이지 않든 그는 이 상황에서 나름 능동성을 발휘하게 된다. 컴퓨터 등 사무기구를 재배치하거나 서류들을 쌓아서 직장 상사의 직접적 시선을 가로막는 장벽을 만들 수 있으니까. 주어진 조건에 대한 나름 미미한 저항이라고 비웃지는 말자. 이것도 작지만 '대상적 활동'의 한 가지 사례니까. 불가피한 대상적 조건에 맞서 나름 주체적 능동성을 발휘하는 것이 대상적 활동이 아니면 무엇이겠는가? 1852년 《루이 보나파르트의 브뤼메르 18일Der 18te Brumaire des Louis Napoleon》에서 마르크스는 말했던 적이 있다. "인간은 자신의 역사를 만들어가지만, 자신이 바라는 꼭 그대로의 역사를 만들어가지는 못한다. 다시 말해서 그들 스스로 선택한 환경 아래서가 아니라 과거로부터 곧바로 맞닥뜨리게 되거나 그로부터 조건지어지고 넘겨받은 환경하에서 역사를 만들어가는 것"이라고.

마르크스는 억압체제 전체 차원에서 꿋꿋하게 진행되는 인간의 대상적 활동을 이야기한 것이다. 그러나 이것은 아주 사소한 개인들의 일상에서도 그대로 관찰될 수 있다. 직장생활에 투여되는 에너지를 줄여 가족과 애인에게 정성을 기울이는 직장인, 오른손에 가짜 붕대를 감고 원치 않은 모임에 참여하는 여성, 돈이 떨어져도

히치하이킹을 해서 여정을 계속하는 젊은이, 예비군 훈련장에서 만화책을 가져와 들키지 않고 보는 젊은이, 지도교수가 건넨 술잔을 교묘히 딴 그릇에 버리는 대학원생, 혹은 추울 때 따뜻한 물을 담은 물병을 껴안고 잠을 청하는 사람. 이런 모든 사람이 대상적 활동의 작은 촛불들이다. 그렇지만 이런 작은 불꽃들이 모이지 않으면 어떻게 전체 억압사회를 불태울 수 있는 거대한 산불이 만들어질 수 있겠는가? 마르크스의 대상적 활동 개념이 보편성을 띠는 것도 이런 이유에서다. 인간이 살아 있는 한 대상적 활동은 사라질 수 없으니 말이다.

어떤 경우든 인간은 주어진 대상적 조건에 순응하지 않고 그것에 능동적으로 개입해 자기만의 역사를 만들어간다. 바로 이것이 인간이고 인간의 삶이다. 1845년에 완성된 〈포이어바흐에 관한 테제들〉 중 첫 번째 테제가 중요한 이유도 바로 여기에 있다. 이 테제에서 마르크스는 인간의 삶이 '대상적 활동'으로 규정될 수 있다는 것을 밝혔기 때문이다. 더불어 그는 이 개념으로 서양철학사, 나아가 인류 지성사를 양분했던 두 가지 사유 전통도 가볍게 넘고 있다. 유물론적 사유 전통이 인간의 삶에 강하게 영향을 끼치는 대상적 조건만을 강조한다면, 반대로 관념론적 사유 전통은 인간의 자발성과 능동성만을 중시해왔다. 이런 해묵은 철학사적 대립은 마르크스의 '대상적 활동' 개념으로 해소되고 만다. 대상적 활동 개념은 인간의 삶이 비자발적 자발성, 수동적인 능동성, 혹은 조건적인 자유라는 걸 해명했기 때문이다. 바로 이것이 27세 젊은 철학자 마르크스의 영민함이자, 아울러 그가 느꼈을 철학자로서 자부심의 정체였다. 1846년 엥겔스와 함께 집필했던 《독일 이데올로기》에서도 마르크스의 대상적 활동 개념은 여전히 중심적 지위를 누리고 있다. 낡은 유물론적 사유로 정치경제학적 연구에 몰두했던 엥겔스와의 공동 작업도 마르크스의 철학을 흔들 수는 없었던 것이다. 하긴 대상적 활동 개념으로 유물론 전통도 포섭했던 마르크스로서는 별다른 문제도 되지 않았을 것이다. 오히려 19세기 노동계급이 어떤 대상적 조건에 처해 있는지 이해하는 데 마르크스는 엥겔스의 정치경제학적 지식을 요긴하게 이용했다고 할 수 있다. 공동 작업의 결과물이었던 《독일 이데올로기》에서 대상적 활동 개념이 희석되기는커녕 오히려 풍성해진 것도 이런 이유에서다.

〈포이어바흐에 관한 테제들〉 중 첫 번째 테제가 함축하는 의미를 새롭게 보여주는 《독일 이데올로기》의 구절을 하나 읽어보자.

의식Bewußtsein이 삶Leben을 규정하는 것이 아니라 삶이 의식을 규정한다. 의식을 살아 있는 개인lebendigen Individuum으로 간주하는 첫 번째 접근 방식이 의식에서 출발하는 데 반해, 현실 삶에 일치하는 두 번째 접근 방식은 '현실의 살아 있는 개인들wirklichen lebendigen Individuen'에서 출발해 의식을 단지 '그런 개인들'의 의식으로서만 고찰한다. 이러한 고찰 방식이 무전제적인 것은 아니다. 그것은 현실의 전제에서 출발하여 잠시도 그것을 버리지 않는다. 그 전제는 환상적으로 고립되고 고정된Abgeschlossenheit und Fixierung 인간이 아니라, 현실적이고 경험적으로 직관할 수 있는 특정한 조건 아래에서 생성 과정Entwicklungsprozeß unter bestimmten Bedingungen에 있는 인간이다.

—《독일 이데올로기》

'의식'도 아니고 '육체'도 아니고 '살아 있는 개인들'과 '개인들의 삶'이다. 바로 이것이 마르크스의 출발점이다. 정신이 물질을 규정하는가? 아니면 물질이 정신을 규정하는가? 의식이 육체를 규정하는가? 아니면 육체가 의식을 규정하는가? 경험이 생각을 규정하는가? 아니면 생각이 경험을 규정하는가? 마르크스는 이런 너저분한 이분법에 사로잡히지 않는다. 살아가는 개인들, 혹은 개인들의 삶이 먼저이기 때문이다. 마르크스는 처음부터 단호하게 말한다. "의식이 삶을 규정하는 것이 아니라 삶이 의식을 규정한다"고. 동일한 방식으로 육체에 대해서도 말할 수 있다. "육체가 삶을 규정하는 것이 아니라 삶이 육체를 규정한다"고. 정신적인 것이 삶을 규정한다는 관념론적 입장과 육체적인 것이 삶을 규정한다는 유물론적 입장을 모두 극복한 마르크스이기 때문이다. 사실 삶이 존재한 다음에 우리는 의식이나 육체에 대해 말할 수 있다. 의식과 육체, 혹은 정신적인 것과 육체적인 것은 삶이 표현되는 두 가지 방식이기 때문이다. 삶에서 유래한 것들, 정확히 말해 삶에서 추상화된 것들을 숭배하거나 강조해서는 안 된다. 바로 이것이 마르크스의 사유다. 하긴《1844년 경제학-철학 수고》에서 마르크스는 인간의 대상적 활동을 긍정하는 입장을 '자연주의'나 '인간주의'로 부르지 않았던가.

개체의 삶이 대상적 활동이라면, 정신적인 것과 육체적인 것도 대상적 활동으로 작동할 수밖에 없다. 다시 말해 정신적인 차원에서도 수동성과 능동성이 동시에 있고, 육체적인 차원에서도 수동성과 능동성이 동시에 있다는 것이다. 물론 어떤 때는 정신적인 것이 우리의 삶을 주도적으로 표현할 때가 있고, 어떤 때는 육체적인 것이 중심이 될 때도 있다. 사랑에 빠진 사람이 애인을 그리워할 때도 있고, 아니면 아픈 애인을 업고 병원으로 달리는 때도 있는 것처럼 말이다. 그래서 정신적인 것과 육체적인 것은 우리 삶을 이끄는 두 다리로 비유하는 것이 좋다. 생각해보라. 우리는 걸을 때 왼발, 오른발, 왼발, 오른발, 혹은 오른발, 왼발, 오른발, 왼발 이런 식으로 걷는다. 첫걸음이 왼발이냐 오른발이냐는 중요하지 않다. 정신적인 것과 육체적인 것도 마찬가지다. 정신적인 것, 육체적인 것, 정신적인 것, 육체적인 것, 이런 식으로 삶이 진행될 수도 있다. 사랑과 관련된 영화에 감동해 사랑하는 사람을 찾아 나설 수도 있고, 아니면 마르크스의 책을 읽고 시위 현장에 나설 수도 있다. 반대로 우리의 삶은 육체적인 것, 정신적인 것, 육체적인 것, 정신적인 것, 이런 식으로 진행될 수도 있다. 길거리에서 우연히도 몸이 부딪친 사람과 사랑에 빠질 수도 있고, 우연히 집회에 참여했다가 민주주의에 대한 열망을 품을 수도 있으니까.

왼발을 땅에 붙이고 오른발만 앞으로 움직여보라. 혹은 오른발을 땅에 붙이고 왼발만 움직여보라. 얼마 지나지 않아 우리의 다리는 180도로 찢어져 우리 몸은 땅바닥에 붙어버릴 것이다. 정신적인 것과 육체적인 것도 마찬가지다. 정신적인 것, 정신적인 것, 정신적인 것…… 이런 식으로 우리 삶이 진행되거나 혹은 육체적인 것, 육체적인 것, 육체적인 것…… 이런 식으로 우리 삶이 진행된다면, 우리는 삶을 제대로 영위할 수 없을 것이다. 간혹 지행합일知行合一이나 이론과 실천의 합일, 혹은 경험과 인식의 통일 등에 대해 이야기하는 경우가 있다. 분명 정신적인 것과 육체적인 것이 일치되는 때가 있기는 하지만, 그것은 단지 순간적인 경우에만 한정된다. 걸을 때를 생각해보라. 오른발과 왼발이 부단히 교차해야 우리는 어디론가 걸을 수 있다. 이 경우 교차할 때마다 오른발과 왼발이 일직선상에 있는 순간이 찾아온다. 뒤에 있던 왼발이 앞에 있던 오른발을 지나

제일 앞으로 가려면, 왼발은 반드시 땅에 붙어 있는 오른발 옆을 지나기 때문이다. 정신적인 것과 육체적인 것도 마찬가지다. 정신적인 것이 첫발을 내딛어 우리 삶의 특정한 국면이 시작되면 뒤에 남겨진 육체적인 것은 정신적인 것을 따라 움직인다. 그렇지만 육체적인 것이 멈추는 지점은 정신적인 것이 멈추어 있는 지점보다 훨씬 앞일 수밖에 없다. 이렇게 우리 삶은 진행된다.

삶의 매 국면마다 생각이 경험을 앞지르고 경험이 생각을 앞지르는 이유도 바로 여기에 있다. 만약 지행합일을 매 경우에 고수하려고 한다면, 두 다리가 일직선상에 있어 움직이지 않거나 아니면 두 다리로 동시에 뛰고 착지하기를 반복해야 한다. 전자의 경우 우리는 앞으로 나아갈 수 없이 정지한 상태이고, 후자라면 우리는 중국 영화에 등장하는 강시僵尸처럼 우스꽝스럽게 통통 튀며 앞으로 가게 될 것이다. 다행히도 우리 삶의 두 다리인 정신과 육체, 이론과 실천, 혹은 인식과 경험은 멈추는 일도 강시가 되는 일도 없다. 정신적인 것이 먼저 발을 디디면 육체적인 것은 그것에 따라 정신적인 것 앞에 놓일 테니 말이다. 잊지 말아야 할 것은 정신적인 것이 전면에 부각되었다고 해도 육체적인 것이 자기 기능을 멈추는 것이 아니라는 점이다. 정신적인 것이 나가도록 버팀목이 될 뿐만 아니라, 정신적인 것이 어느 정도 나가야 할지 그 한계도 정해주기 때문이다. 이것은 육체적인 것이 전면에 부각될 때도 마찬가지다. 변증법, 그것 별거 아니다. 정신과 육체, 이론과 실천, 그리고 인식과 경험을 각각 두 다리로 생각하고 대범하게 당당하게 앞으로 걸어가는 것, 바로 그것이 변증법이니까.

마르크스가 "의식을 살아 있는 개인으로 간주하는 접근 방식", 즉 헤겔식 사유를 비판했던 이유는 이제 분명해진다. 이것은 마치 육체라는 오른발을 간과한 채 의식이란 왼발만을 움직이겠다는 생각과 같기 때문이다. 헤겔은 절름발이의 인간만을 봤을 뿐, 살아가는 개인 혹은 삶을 살아내야 하는 개인을 보는 데 실패했던 것이다. 잘해야 헤겔식 인간은 세상을 관조하는 인간일 뿐이다. 매력적인 사람을 보고서 그 매력에 빠질 뿐, 그 사람에게 다가가 프러포즈를 하지 않는 인간! 근사한 산을 보고 풍경화를 보듯 매료되지만, 그 산에 땀 흘리며 올라가지 않는 인간! 노모를 사랑한다고 하지만 전화기 버튼 한번 누르지 않는 인간! 사랑하는 마음이 있지만 그 사람에게 키스조차 하지 않는 인간! 정리해고된 이웃을 안타깝게 생각할 뿐 그 사람에게 힘이 되어주지 않는 인간! 이와 달리 마르크스의 인간은 의식이 움직이면 몸이 움직이고 몸이 움직이면 의식도 이어서 움직이는 인간이다. 한마디로 말해 헤겔의 인간이 의식이 의식을 낳고 또 이 의식이 또 다른 의식을 낳는 절름발이의 인간이라면 마르크스의 인간은 의식과 육체의 작용이 드라마틱하게 교차되는 건강한 인간, 혹은 살아가는 인간이다. 그래서 마르크스는 자기가 파악한 인간은 "환상적으로 고립되고 고정된 인간이 아니라, 현실적이고 경험적으로 직관할 수 있는 특정한 조건 아래에서 생성 과정에 있는 인간"이라고 이야기했던 것이다.

"환상적으로 고립되고 고정된 인간"이란 외부 대상과 관계하지 않는 인간을 말한다. 관계하지 않으니 이런 인간은 어떤 변화도 겪을 리 없다. 고립되고 고정된 인간은 이렇게 탄생한다. 현실적으로 고립되고 고정된 인간은 세계를 의식으로 관조할 뿐 몸소 세계에 뛰어들지 않는 인간이라고 하겠다. 이와 달리 마르크스는 "특정한 조건 아래에서 생성 과정에 있는 인간"을 강조한다. 특정 대상과 마주치고 관계해야 하나의 특정한 조건이 만들어진다. 결국 '특

2부. 마르크스의 철학, 마르크스의 과학

정한 조건'이란 대상과 관계할 수밖에 없는 인간이 처한 조건이나 상황을 가리킨다. 대상적 조건이 어떤 것이든 간에 인간은 여기에 전적으로 함몰되지 않고 능동적으로 개입하는 존재다. 그 결과 그는 과거와 다른 사람으로 변하게 된다. 바로 이것이 생성이다. 자동차 운전에 익숙한 다리와 산행에 익숙한 다리가 모두 달랐던 것도 이런 이유에서다. 브레이크와 클러치와 관계하면 다리는 그에 맞게 생성되고, 급경사를 이룬 등산로와 관계하면 다리는 또 다르게 생성되는 법이니까. 육체적인 것만 생성될까? 그렇지 않다. 자동차에 많은 시간을 보내는 사람의 정신은 높은 산 대피소에서 머물고 있는 사람의 정신과는 사뭇 다른 법이다. 한마디로 대상적 활동은 우리의 삶 전체를 변화시킨다는 것이다.

《1844년 경제학-철학 수고》에서 마르크스는 "대상적·감성적 존재로서 인간은 겪는 존재이고 자신이 겪는다는 것을 느끼는 존재이므로 열정적 존재"라고 말했던 적이 있다. 인간의 외부에는 대상들이 존재한다, 아니 우글거린다. 이런 대상들은 때로는 불청객처럼 때로는 반가운 손님처럼 인간의 삶을 엄습한다. 우리 삶에 예기치 않게 육박해 들어온 대상을 우리는 회피할 수 없기에, 인간은 겪는 존재라는 것이다. 미세먼지일 수도 있고, 길을 가로막는 암벽일 수도 있고, 무지개일 수도 있고, 정리해고일 수도 있고, 사랑일 수도 있고, 전쟁일 수도 있다. 어떤 대상은 인간에게 날개를 달아주기도 하고 또 어떤 대상은 인간을 사슬에 묶기도 하니, 대상과의 마주침은 그야말로 복불복의 여지를 남겨준다. 바로 여기에 인간이 느끼는 모든 열정이 그 자리를 잡는다. 기쁨과 슬픔, 환희와 좌절, 혹은 행복과 분노. 그래서 간혹 기쁨과 환희, 그리고 행복을 찾아 우리가 몸소 대상들을 찾아가는 때도 있다. 이 경우 우리의 몸보다 우리의 생각이 더 중요한 역할을 담당한다. 정신적인 것이 육체적인 것을 끌고 가는 경우니까. 그것이, 그곳이, 혹은 그가 내게 삶의 힘을 주리라 생각하니, 우리의 몸도 그것으로, 그곳으로, 그에게 이끌린 것이다.

그러나 대상이 나를 엄습하거나 혹은 내가 대상에 접근하거나 무슨 차이가 있는가? 대상과 마주치기, 대상을 겪기, 그래서 우리가 변하는 것은 마찬가지니까 말이다. 어느 경우든 우리는 이 모든 것, 그것을, 그곳을, 혹은 그를 때로는 기쁘게 때로는 슬프게 겪어야만 한다. 아니 겪을 수밖에 없다. 다행히도 우리는 단순히 겪지만은 않는다. 인간은 주어진 조건을 만들 수는 없지만 그것에 능동적으로 대응할 수 있는 대상적 활동의 힘을 가지고 있으니까. 구체적으로 대상적 활동은 정신적인 것과 육체적인 것을 두 다리로 삼아 이루어진다는 사실을 잊어서는 안 된다. 대상에 대해 정신적인 것이 먼저 움직일 때도 있고, 혹은 육체적인 것이 먼저 움직일 때도 있다. 그렇지만 우리의 걸음처럼 첫걸음이 왼발인지 오른발인지는 전혀 중요하지 않다. 왼발, 오른발, 왼발, 오른발도 좋고, 아니면 오른발, 왼발, 오른발, 왼발도 좋다. 중요한 것은 앞으로 걸어가는 일이니까. 대상적 활동의 경우에도 마찬가지다. 대상에 대해 정신적인 것이 먼저 움직이든 육체적인 것이 먼저 움직이든 중요한 것은 정신적인 것과 육체적인 것이 정당한 간격과 리듬으로 지속되어야, 우리는 대상적 활동의 힘을 향유할 수 있다는 사실이다.

구체적으로 대상적 활동이 어떻게 이루어지는지 알고 싶으면 암벽을 등반하는 클라이머climber를 생각해보면 쉽다. 클라이머가 깎아지른 암벽을 올려다보는 상황에서 논의를 시작하자. 바로 이 순간 대상적 활동은 이미 시작된 것이다. 정신적인 것이 먼저 앞장을 서고 있으니까. "저기 50미터 돌출부까지는 크랙^{crack}이 있어 별다른 어려움이 없겠지만, 그곳부터 100미터까지는 수직 벽이네. 암석의 질이 무르기에 하켄^{haken}을 박기도 만만치 않을 거야. 저기, 그다음에는 저기, 그다음에는 저 부분쯤 하켄을 박아야겠다. 평소보다는 간격을 조금 더 두어야지." 클라이머의 생각은 옳은가? 아직 모를 일이다. 그렇지만 그가 옳다고 확신했을 때에만 그는 암벽을 오르기 시작할 것이다. 정신적인 것에 이어 육체적인 것이 기능하기 시작한 것이다. 〈포이어바흐에 관한 테제들〉 중 두 번째 테제에서 마르크스는 말한다. "대상의 진리가 인간 사유로 귀속될 수 있는지의 문제는 이론의 문제가 아니라 실천의 문제"라고. 클라이머의 비유로 우리는 마르크스가 말한 대상의 진리가 무엇인지 정확히 알게 된다. 그것은 인간과 무관한 객관적 진리를 의미하는 것이 아니라, 인간이 마주친 대상에 대한 진리, 혹은 인간과 관계하는 대상에 대한 진리다. 결국 대상의 진리에는 대상과 마주친 인간의 모든 역사와 경험, 그리고 힘을 전제한다. 그러니 정확히 말해 마르크스가 말한 대상의 진리는 대상과 인간 사이에 이루어지는 관계의 진리라고 말할 수 있다.

암벽이란 대상에 대한 그의 모든 생각이 옳았는지의 여부, 즉 암벽의 진리는 그가 실제로 암벽에 오르는 데 성공하는 경우에서만 확인될 수 있다. 오직 실천만이 "대상의 진리가 인간 사유로 귀속되는지"의 여부를, 다시 말해 생각 속의 진리가 실제로 진리인지의 여부를 결정하는 법이다. 이렇게 사유는 실천으로 검증되어야만 한다. 조금 더 정확히 이야기하자면, 사유가 육체적인 것이 잠시 숨을 고르고 정신적인 것이 작동하는 것이라면, 실천은 정신적인 것이 잠시 숨을 고르고 육체적인 것이 작동하는 것이다. 그렇지만 인간의 삶에는 정신적인 것과 육체적인 것이란 두 가지 계기가 항상 함축되어 있다는 것이 중요하다. 아무리 사유에서 정신적인 것이 부각되고 육체적인 것이 배경으로 물러나고, 실천에서 육체적인 것이 전면에 부각되고 반대로 정신적인 것이 배경으로 물러난다고 할지라도 말이다. 어쨌든 어느 순간 클라이머는 등반을 잠시 멈추고 다시 암벽을 올려다보게 되는 지점에 이를 것이다. 오른발, 왼발, 오른발로 걸어가는 것처럼, 이제 육체적인 것 대신에 정신적인 것이 다시 앞으로 나온 것이다. 바로 이것이다. 클라이머의 대상적 활동은 이렇게 이루어진다. 정신적인 것, 육체적인 것, 정신적인 것, 육체적인 것……

암벽이 아니어도 좋다. 팀장이나 임원도 대상이고, 애인의 그늘진 얼굴도 대상이고, 처음 도착한 낯선 곳도 대상이고, 심지어 억압사회 전체도 엄연한 대상이다. 생계를 위해서라도 당분간 회사에 있어야 한다면, 팀장이나 임원의 지나친 감시와 부당 노동행위를 어떻게든 극복해야 한다. 애인과의 사랑을 유지할 의지가 있다면 애인이 무슨 일 때문에 어두워졌는지 판단을 내려야 한다. 낯선 곳에서 잠시라도 머물려면 어떤 식으로 체류 기간을 보낼 것인지 결정해야 한다. 억압사회를 극복하고 싶다면 억압사회의 아킬레스건을 확정해야만 한다. 팀장과 임원에 대한 나의 생각, 어두워진 애인에 대한 나의 생각, 낯선 곳에 대한 나의 생각, 억압사회에 대한 나의 생각은 그 자체로는 참인지 거짓인지 확인될 수 없다. 왼발 다음에 오는 오른발이 제대로 땅을 밟아야, 우리는 사후적으로 왼발이 제대로 땅을 밟았다는 사실을 확인할 수 있다. 마찬가지다. 대상에 대한 사유가 옳았는지 여부는 대상에 대한 실천으로만 사후적으로 평가될 수 있을 뿐이다. 두 번째 테제에서 마르크스가 "실천에서 인간은 자기 사유의 진리, 즉 현실성과 힘, 차안성을 증명해야 한다"고 말했던 이유도 바로 여기에 있다.

명심해야 한다. 대상적 활동을 영위하는 모든 주체는 자기 사유의 진리를 증명해야만 한다. 마르크스에게 육체적인 것도 대상에 대한 육체적인 것이고, 정신적인 것도 대상에 대한 정신적인 것이다. 당연히 사유도 대상에 대한 사유이고, 실천도 대상에 대한 실천일 뿐이다. 그래서 마르크스는 말한다. "실천으로부터 유리된 사유가 현실적인가 비현실적인가를 논하는 것은 순전히 스콜라적인 문제에 지나지 않는다"고. 실천으로부터 유리된 사유는 관조적인 사유일 수밖에 없으니까. 암벽에 오를 의지를 가지지 않은 채 바라본 암벽은 그저 웅장한 풍경에 지나지 않고, 애인의 우울함을 풀어주려는 의지를 가지지 않고 바라본 애인은 이미 사랑하는 사람이 아니다. 그러니 아무 생각이나 해도 무관하다. 어차피 나의 삶과 관계없는 것들이니, 무슨 생각인들 못하겠는가. 그래서 마르크스는 우리에게 요구했던 것이다. 당신은 대상적 활동의 주체인가? 그렇다면 당신의 생각이 옳다는 것을, 다시 말해 당신의 생각이 현실적이라는 것을, 당신의 생각이 힘이 있다는 사실을, 당신의 생각이 공회전하는 사유가 아니라는 사실을 실천을 통해 증명하라! 왼발이 제대로 땅을 밟았다는 것을 오른발로 증명하고, 오른발이 제대로 땅을 밟았다는 것을 왼발로 증명하라! 결국 우리의 삶은 우리 자신의 현실성, 힘, 차안성을 증명하는 부단한 과정이다. 복잡하다면 이렇게 정리해도 좋다. 우리는 숨이 끊어질 때까지 자신이 대상적 활동의 주체라는 걸 항상 증명해야만 한다고! 증명하고 또 증명하라^{Beweis}!

사회적 삶^{gesellschaftliche Leben}은 본질적으로 실천적이다. 이론을 신비주의로 잘못 이끌어가는 모든 신비들^{Mysterien}은 인간의 실천과 이 실천의 이해 속에서 자신에 대한 합리적 해법^{rationelle Lösung}을 발견한다.

-〈포이어바흐에 관한 테제들〉 8

인류 역사를 돌아보라. 어떤 사람이 귀족이 되면 어떤 사람은 노예가 될 수밖에 없다. 어떤 사람이 영주가 되면 어떤 사람은 농노가 될 수밖에 없다. 그리고 어떤 사람이 자본가가 되면 어떤 사람은 노동자가 될 수밖에 없다. 핵심은 남의 노동의 결실을 강제로 빼앗아 무위도식할 수 있는 계급이 생겼다는 사실이다. 정신노동과 육체노동의 분할, 혹은 지배계급과 피지배계급의 분할! BC 3000년 이후 본격화된 이 야만을 야만이라고 말하는 사람들은 별로 없다. 아니 정확히 말해 그렇게 말하는 것은 금지되고 검열되어 있었다고 하는 것이 옳을 듯하다. 그러나 이것만으로 충분하지 않다. 무위도식하는 계급의 존재, 다시 말해 억압구조를 정당화하는 근사한 포장도 필요하다. 하긴 정신노동과 육체노동이란 구분 자체도 사실 화려한 포장지에 지나지 않는다. 정신노동이란 말 자체가 소수 지배계급의 무위도식적인 삶, 육체노동을 할 필요가 없는 삶을 정당화하기 위해 만들어진 것이니까. 정신노동도 개념적으로 노동에 속한다는 느낌을 주니, 듣는 사람으로서는 헷갈리는 일이다. 지배하느라, 감시하느라, 수탈하느라, 통제하느라 너무나 힘들다고 지배계급은 푸념을 늘어놓을지도 모른다. 그러나 지배자의 수고로움은 자신들이 자초한 것이지, 피지배계급이 강제한 것이 아님을 잊지 말자. 달리 말해 피지배계급의 육체노동이 자신이 아니라 지배계급에 의해 강요되는 반면, 지배계급의 정신노동은 자신이 선택한 노동이라는 것이다. 그러니 '노동'이란 말에 속아서는 안 된다. 육체노동과 정신노동은 질적으로 같은 노동의 두 가지 종류가 아니다. 육체노동에는 강제성이 수반되는 반면, 정신노동에는 그런 강제성이 존재하지 않기 때문이다. 결국 정신노동과 육체노동이란 노동 분업을 받아들이는 순간, 억압구조는 영속성을 확보하게 된다.

그러나 어느 노예가 정치와 문학을 논하는 귀족이 노동을 하고 있다고 생각하겠는가? 어느 농노가 영지의 수확량을 계산하고 있는 영주가 노동을 하고 있다고 생각하겠는가? 그리고 어느 노동자가 잉여가치를 위해 정리해고할 노동자들의 수를 헤아리는 자본가가 노동을 하고 있다고 생각하겠는가? 바보가 아닌 이상 있을 수 없는 일이다. 그러니 정신노동과 육체노동이란 분업 논리보다 더 근사한 포장지, 혹은 정신노동과 육체노동이란 원초적이고 억압적인 분업을 정당화하는 장치가 필요하다.

어떤 시대에서도 지배적 사상herrschenden Gedanken은 곧 지배계급의 사상Die Gedanken der herrschenden Klasse이다. 즉 사회의 물질적 힘을 지배하는 계급은 동시에 사회의 정신적인 힘도 지배한다. …… 따라서 그들이 하나의 계급으로서 지배하고 한 역사 시대의 범위와 한계를 결정하는 한, 당연히 그들은 모든 영역에 걸쳐 그 지배를 행할 것이며, 따라서 무엇보다도 사고하는 자로서, 사상의 생산자로서 지배하고, 그래서 그 시대의 사상의 생산과 분배를 규제할 것이다. …… 만약 우리가 역사 과정을 파악할 때 지배계급의 사상을 지배계급 그 자체에서 분리시켜 독자적인 존재라고 간주한다면, 혹은 그 어떤 시대에는 이러저러한 사상이 지배했다고 말하기만 하고 그 사상들이 만들어지게 되는 조건 및 그 생산자에 대해서는 생각하지 않는다면, 혹은 그 사상의 원천이라고 할 수 있는 각 개인들과 세계상태Weltzustände를 무시한다면, 우리는 예를 들어 귀족이 지배하던 시대에는 '명예Ehre', '충성Treue' 등의 개념이 지배적이었고, 부르주아가 지배하던 시대에는 '자유Freiheit', '평등Gleichheit' 등의 개념이 지배적이었다고만 말해도 될 것이다.

—《독일 이데올로기》

한 시대를 지배하는 사상은 그 시대 지배계급의 사상에 지나지 않는다. 정확히 말해 자신의 우월한 지위를 유지하거나 같은 말이지만 피지배계급의 저항을 효과적으로 피하기 위해 지배계급이 만든 것이 바로 특정 시대의 지배적 사상이라는 것이다. 물론 정신노동을 담당하고 있으니, 이 정도 작업은 그들로서는 쉬운 일이다. 더군다나 지배계급은 사회의 물질적 힘을 지배하고 있다. 이런 물질적 조건을 토대로 자신들이 만든 사상을 피지배계급에게 유통하고 분배해 그들의 뇌리에 심어주는 것도 지배계급으로서는 별로 어려울 리 없는 일이다. 그들에게는 제도적으로 교육과 훈육을 강제할 수 있는 힘이 있으니까. 귀족사회, 즉 소수 귀족이 다수를 지배하던 사회에서 지배계급은 '명예'와 '충성' 등과 같은 개념을 만들어 유포시킨다. 피지배계급은 '명예'와 '충성'의 회로에 걸려드는 순간, 서로 대립하고 경쟁하는 입장에 내던져지게 된다. 지배자에게 누군가 '충성'을 바치면, 지배자는 그에게 그에 어울리는 '명예'를 부여한다. 동서양을 불문하고 어느 귀족사회에서나 확인되는 차등적이고 복잡한 작위爵位제도는 이렇게 탄생한 것이다. 작위는 체제가 유지되는 한 세습된다. 군주의 지위를 자식에게 세습하기 위해 모든 작위를 세습하도록 만든 것이다. 왕조를 개창할 때 충성을 다했고 그 결과 명예를 부여했던 신분제적 구조를 영원히 반복하려는 시도라고 할 수 있다. 이 구조를 정당화하기 위해 피의 형이상학, 아니 피의 종교가 뒤따르는 경우가 많다. 1445년 세종 이도李祹(1397~1450)가 완성한 《용비어천가龍飛御天歌》를 보라. 자기 아버지 이방원李芳遠(1367~1422), 할아버지 이성계李成桂(1335~1408), 그 위로 4대조까지를 신화적 동물 용龍으로 찬양하는 낯부끄러운 찬가다. 한마디로 조선의 군주는 용의 아들이라는 것이다. 이외에도 신라 시절부터 내려오는 뼈대 있는 가문 이야기도 있다. 성스러운 뼈다귀(성골聖骨), 진짜 뼈다귀(진골眞骨), 육등급 뼈다귀(육두품六頭品) 등등. 여기서 잠시 작위 제도가 가진 구조적 기능에도 주목하도록 하자. 이 제도는 지배계급과 피지배계급 사이의 첨예한 대립을 완화하면서 동시에 억압구조를 유지하는 기능을 담당한다. '천민-농민-무반-문반-왕족-왕.' 천민과 왕을 제외하고 그 사이에 있는 사람은 지배자이면서 동시에 피지배자가 되는 구조다. 천민과 마찬가지로 동일한 피지배계급임에도 농민이 천민을 멸시할 수 있는 구조가 만들어진 것이다. 역시 다수를 소수가 지배하는 방법은 그들을 깨알처럼 분열시키고 경쟁시키는 데 있다는 오래된 지배 공식이 다시 확인되는 대목이다.

부르주아사회, 즉 소수 자본가가 다수 노동자를 지배하는 사회에서 지배계급이 유통시키는 사상은 귀족사회 때와는 다르다. '명예'와 '충성'이란 키워드가 '자유'와 '평등'이란 키워드로 바뀌기 때문이다. 여기서 자유와 평등은 상품 판매나 구매와 관련된 자유와 평등, 한마디로 돈의 자유와 평등이다. 10만 원을 가진 사람은 그 액수에 해당하는 어떤 상품이라도 구매할 수 있는 자유, 심지어 상품을 구매하지 않을 수 있는 자유를 가진다. 동시에 그는 어떤 신분, 학력, 성별, 그리고 연령을 갖더라고 차별받지 않아야 한다. 이것이 바로 10만 원을 갖고 있는 사람이 누리는 평등이다. 부르주아 법률이 외치는 자유와 평등이 항상 재산권, 즉 소유권과 관련되는 이유도 바로 여기에 있다. 여기서 생각해봐야 할 것이 하나 있다. 부르주아사회의 자랑 자유와 평등 개념은 상품을 가진 사람, 특히 노동력만을 갖고 있는 노동자들에게도 적용될까? 적용은 되지만 묘하게 뒤틀린 채로 적용된다. 노동자들은 원칙적으로 자신들의 노동력을 팔지 않을 자유가 있다. 문제는 노동력 이외에 그들은 모든 생산수단과 생계수단을 박탈당했다는 사실이다. 결국 이 자유를 구가하려면, 그는 굶어죽어야 한다. 노동자들은 회사나 공장을 고를 자유가 있다. 문제는 그들을 고용하고 말고는 전적으로 자본가의 몫이라는 사실이다. 나아가 원칙적으로 노동자들은 신분, 학력, 성별, 연령의 차별을 받지 않고 취업 원서를 자본가에게 낼 수 있다. 그러니 노동자의 구직활동은 평등하다. 물론 현실적으로 학력이나 연령, 혹은 성별의 제약이 명기되는 경우가 더 많지만 말이다. 그러나 무엇 하겠는가? 그들을 뽑고 말고는 자본가의 재량에 맡겨진 일이니 말이다. 이렇게 노동계급은 서로 대립하고 경쟁할 수밖에 없는 신세로 전락하고 만다. 다시 다수 피지배계급을 깨알처럼 분열시키는 경쟁이다. 그렇지만 경쟁에 실패한 노동계급은 부르주아사회를 원망하기보다는 자기 자신을 나무라기 쉽다. 충분한 경쟁력만 갖추었으면 취업에 성공할 수도 있었고 정리해고도 당하지 않았을 것이라 믿기 때문이다. 귀족사회의 피의 형이상학과 달리, 부르주아사회가 자유와 평등이란 미명으로 유포시켰던 능력의 형이상학이 제대로 먹혀들어간 셈이다. 그렇지만 역사적으로 부르주아사회는 과거 노예나 농노들, 혹은 장인들에게서 생계수단과 생산수단을 박탈해 피지배계급 전체를 노동자로 개조했다. 생계수단과 생산수단을 독점한 자본계급에게 노동자가 노동력을 팔 수밖에 없는 이유도 바로 여기에 있다. 노동력을 팔지 못하면 생계수단인 돈을 벌 수 없으니. 한 가지 중요한 것은 임금을 받아 노동자들이 소비자로 환골탈태하는 순간, 그들은 자본이 긍정한 자유와 평등을 구가하게 된다는 사실이다. 그렇지만 상품 구매에서 소비자들이 누리는 자유와 평등은 결국 자신이나 동료 노동자들이 만든 상품을 사는 것으로 귀결될 뿐이다. '노동-임금-소비-노동-임금-소비……'라는 무한순환을 통해 잉여가치를 남기는 것은 결국 자본계급이었던 셈이다. 그렇지만 이 서글픈 수레바퀴 속을 전전하면서 노동자들은 노동자이면서 동시에 자본가라는 내면을 갖추게 된다. "돈을 더 벌 수 있다면 얼마나 좋을까?" 귀족사회의 평범한 사람들이 지배자이면서 동시에 피지배자였던 것처럼, 부르주아사회의 평범한 사람들은 노동자이면서 동시에 자본가라는 분열적인 내면을 갖게 된 셈이다.

귀족사회에서 육체노동에 종사했던 피지배계급은 아버지를, 할아버지를, 그리고 조상을 원망했다. 부르주아사회에서 육체노동에 종사하는 피지배계급은 교육 기회를 제공하지 않은 부모를 원망하면서도 동시에 노력하지 않았던 자신을 탓하기 쉽다. 어쨌든 귀족사회에서 정신노동은 '명예'와 '충성'이란 개념과 피의 형이상학으로 정당화되었고, 부르주아사회에서 정신노동은 '자유'와 '평등'이란 개념과 능력의 형이상학으로 정당화되었다. 그렇지만 작은 파도에 빠져 심연에 느리지만 거대하게 움직이는 해류를 놓쳐서는 안 된다. BC 3000년 이후 지금까지 그야말로 장기적으로 지속되었던 정신노동 정당화의 논리, 너무나 지속적이어서 보편적인 진리처럼 보이는 기만적인 억압의 논리들이 우리 주변에 아직도 유령처럼 떠돌고 있기 때문이다. 여성을 모성의 화신으로 찬양하는 인문학자들, 신의 사랑을 전하겠다는 종교인들, 인간 사유의 고유성과 우월성을 강조하는 철학자들, 배려와 공존 등 공동체적 윤리를 역설하는 설교자들. 모두 좋은 사회를 꿈꾸고 있지만 그들은 자신이 억압사회를 지속시키는 데 일조하고 있다는 걸 모른다. 정신노동과 육체노동이란 구분법이 통용되는 억압적 구조를 정면으로 응시해서 돌파하려고 하지 않기 때문이다. 21세기 지금 마르크스가 살아 있었더라면, 그는 무척 슬퍼했을 것이다. 우리는 아직 "현실에 활동하는 인간"과 "현실적인 삶의 과정"을 간과하고 있으니까.

하늘에서 대지로 내려오는 독일 철학과는 반대로 우리는 대지에서 하늘로 올라간다. 다시 말해 우리는 사람이 말하고 상상하고 생각한 바에서, 또는 서술되고 생각되고 상상되고 개념화된 인간에서 출발해 육체를 가진 인간에 도달하려고 하지 않는다. 오히려 우리는 '현실에서 활동하는 인간wirklich tätigen Menschen'에서, 그리고 인간이 겪는 '현실적 삶의 과정wirklichen Lebensprozeß'이라는 토대 위에서 출발해, 그 삶의 과정에 대한 이데올로기적 거울상과 메아리들ideologischen Reflexe und Echos을 설명한다. 인간의 두뇌에서 만들어지는 환상들 역시 항상 삶의 과정, 즉 경험적으로 확인 가능하고, 물질적 조건들에 연결되어 있는 인간이 겪는 삶의 과정의 필연적인 승화물notwendige Sublimate이다. 그래서 도덕, 종교, 형이상학과 그 밖의 이데올로기 그리고 그것들에 대응하는 여러 가지 의식 형태들은 더 이상 자립적인 모습을 가질 수가 없다. 이것들에는 어떤 역사도 없고 어떤 생성도 없다. 오히

려 자신들의 물질적 생산과 물질적 교류를 발전시키는 인간만
이 자신들의 현실과 함께, 자신들의 사유와 그 산물들을 변화
시킨다.

-《독일 이데올로기》

하늘과 대지는 마르크스의 이야기에 근사한 사유 이미지가 된
다. 하늘은 기독교의 신을, 플라톤의 이데아를, 헤겔의 절대정신을,
보편자를, 남성성을, 혹은 고상한 세계나 불변하는 세계를 상징하
고, 대지는 인간을, 현실을, 감성을, 개별자를, 여성성을, 혹은 열등
한 세계나 생성하는 세계를 상징하기 때문이다. 더 중요한 것은 하
늘은 정신의 세계를, 대지는 육체의 세계를 상징하면서, 정신노동
과 육체노동이란 분업을 정당화한다는 점이다. 하늘의 세계와 대지
의 세계 사이의 관계를 상징적으로 보여주는 것은 기독교의 발상이
라고 하겠다. 기독교는 신이 인간을 창조했다고 강조한다. 그렇지
만 마르크스는 단호하다. 포이어바흐를 따라 그는 신이 인간을 창
조한 것이 아니라 인간이 신을 창조했다고 주장하니까. 마르크스는
말한다. "하늘에서 대지로 내려오는 독일 철학과는 반대로 우리는
대지에서 하늘로 올라간다"고. 독일 철학이 기독교적 전통과 아울
러 플라톤 전통의 적장자라는 것은 철학사적 상식이다. 절대정신을
유일한 실체로 간주하는 헤겔의 절대관념론은 바로 그 독일 철학의
정점이었다. 헤겔은 하늘에서 대지로 내려온다. 하늘과 대지라는
두 세계가 전제되어 있다. 물론 대지보다 하늘은 더 현실적이고 더
사실적이고 더 충실하게 존재한다. 반면 마르크스는 자신이 대지에
서 하늘로 올라가려고 한다고 말한다. 바로 이 부분에서 혼란이 없
어야 한다. 지금 마르크스가 대지를 떠나서 이미 확고하게 존재하

는 하늘로 올라가겠다고 이야기하는 것은 아니니까 말이다. 오히려 그가 말하고자 하는 것은 하늘이란 대지를 본떠서 날조된 것, 혹은 하늘이란 대지에서 추상화된 것에 지나지 않는다는 점이다.

논리적으로 말하면 마르크스의 속내가 더 분명해질 수 있다. 강신주, 마르크스, 포이어바흐, 헤겔 등 개별자들이 존재한 다음에 '남자'나 '인간'이란 보편자가 가능하지, 그 역은 아니라는 것이다. 마르크스가 자신은 "사람이 말하고 상상하고 생각한 바에서, 또는 서술되고 생각되고 상상되고 개념화된 인간에서 출발해 육체를 가진 인간에 도달하려고 하지 않는다"고 단언했던 것도 이런 이유에서다. 개념화된 인간, 추상적인 인간, 혹은 인간 일반에서 출발해서는 육체를 가진 인간, 혹은 단독적인 인간에 이를 수 없기 때문이다. 마르크스에게 하늘의 세계에 살고 있는 모든 가족, 즉 기독교의 신, 플라톤의 이데아, 절대정신, 보편자 등은 "인간이 겪는 '현실적 삶의 과정'에 대한 이데올로기적 거울상과 메아리들"에 지나지 않는다. 거울에 비친 모습은 자립적인 형태가 아니고 메아리도 자립적인 소리는 아니다. 거울 앞에서 소녀가 울면 거울 안의 소녀도 울고, 소녀가 웃으면 거울 안의 소녀도 웃는다. 계곡에서 '야호' 소리치면 메아리도 '야호' 하고 답하며, '악' 하고 소리치면 메아리도 '악' 하고 화답한다. 여기서 흥미로운 것은 신성한 가족들이 현실적 삶의 과정을 흉내 내는 단순한 거울상이나 메아리가 아니라, 이데올로기적인 거울상이나 메아리라는 마르크스의 지적이다. 다시 말해 신, 이데아, 절대정신, 보편자 등의 생산에는 정치경제학적 동기가 숨어 있다는 것이다.

그것은 무엇일까? 중요한 것은 바로 "인간이 겪는 현실적 삶의 과정"이다. 정신노동을 자처하는 소수 지배계급이 다수 피지배계급의 육체노동을 강요하고 수탈하는 억압사회에서 이루어지는 것이 바로 현실적 삶의 과정 아닌가. 결국 하늘의 세계가 날조한 이데올로기적 목적은 정신이 수행하는 능동성, 혹은 정신노동의 힘을 긍정함으로써 현실세계의 지배계급의 지위를 공고히 하는 데 있었던 것이다. 생각해보라. 기독교의 신은 물질마저 창조한 순수하고 절대적인 정신노동의 결정체 아닌가.《구약》의 첫 장인 〈창세기〉를 보라. "신이 '빛이 있으라' 하고 말하자, 빛은 존재했다." 파라오가 명령하면 피라미드가 만들어지고, 황제가 지휘봉을 휘두르면 군대가 움직이며, 자본가가 업무를 지시하면 신상품이 만들어지는 것처럼 말이다. 결국 신과 피조물 사이의 관계는 통치자와 피통치자 사이의 관계를 추상화한 것에 지나지 않았던 것이다. 신과 피조물 사이의 관계만이 이데올로기적 거울상이나 메아리는 아니다. 절대정신과 현실세계도, 이데아와 물질세계도, 영원의 세계와 생성의 세계도, 보편자와 개별자도, 혹은 정신과 육체도 모두 정신노동과 육체노동, 혹은 지배계급과 피지배계급에 대한 이데올로기적 거울상과 메아리들이기 때문이다. 〈포이어바흐에 관한 테제들〉 중 여덟 번째 테제에서 마르크스는 "이론을 신비주의로 잘못 이끌어가는 모든 신비들"에 대해 이야기한다. 신, 절대정신, 영원의 세계, 보편자, 정신 등 신비는 많기도 하다. 그렇지만 이 신비들의 목적은 매우 단순하다. 육체노동에 대한 정신노동의 고유성과 우월성을 긍정하는 것이다.

신비화는 단순한 논리로 이루어진다. 정신노동도 육체노동만큼이나 정당한 노동일 뿐만 아니라 육체노동보다 더 고귀한 노동이라고 주장하면서, 수탈과 지배로 무위도식하는 지배계급의 지위를 정당화하는 것이니까. 그래서 마르크스는 말했던 것이다. "이론을 신비주의로 잘못 이끌어가는 모든 신비들은 인간의 실천과 이 실천의 이해 속에서 자신에 대한 합리적 해법을 발견한다"고. 합리적 해법! 그것 별것 아니다. 신비해 보이는 이론들을 정신노동, 혹은 노동을 하지 않는 계급을 정당화하는가 아닌가의 여부로 검토해본다는 것이다. 예를 들어 모성이란 신비를 보라. 모성 논리를 받아들이는 순간 여성들의 아이 양육은 자연스러운 일이 되고 만다. 모성은 육아라는 육체노동을 여성에게만 할당하는 분업 논리를 정당화한다. 그렇다면 모성 논리를 생산한 사람들은 누구일까? 육아와 관련된 직접적인 육체노동에서 벗어나려는 남성들일 수밖에 없다. 신에게 기도하는 사람은 인간 지배자가 하지 못하는 역능을 초월적 지배자에게 갈망한다. 나쁜 지배자 대신 절대로 나빠질 수 없는 지배자를 찾는 셈이다. 결국 신에 대한 숭배는 피지배계급에게 억압관계 자체를 극복하려는 의지보다는 좋은 억압관계를 갈망하는 수동적인 마음을 갖도록 만든다고 할 수 있다. 철학자들이 인간 사유의 고유성과 우월성을 강조하는 경우가 많다. 그렇지만 바로 이 순간 그들은 지배계급에게 면죄부를 주고 있는 것 아닌가? 정신의 독자적인 활동을 긍정하는 순간, 정신노동을 이야기하며 노동을 하지 않으려고 했던 지배계급은 자기 정당성을 확보하기 때문이다. 인간에게는 배려와 공존의 마음이 있다고 설파하는 설교자들은 또 어떤가? 억압사회는 폭력수단과 생산수단을 독점해서 육체노동을 하지 않아도 되는 계급과 삶의 수단들을 빼앗겨 육체노동을 하지 않을 수 없는 계급이 존재하는 사회다. 이런 사회 속에서 배려와 공존은 무슨 의미가 있다는 말인가? 단지 억압체제 내부의 갈등, 그 삐거덕거림을 완화시키는 윤활유로만 기능한 것 아닌가?

이제 우리에게 마지막 남은 숙제는 분명하다. 어떻게 하면 이데올로기적 거울상이나 메아리에서 벗어날 수 있을까? 물론 노동하지 않고 먹고사는 계급이 사라진 사회, 모든 사람이 육체노동을 노예의 소관이라고 비하하지 않고 삶의 주체가 누릴 당당한 권리라고 긍정하는 사회가 되어야 한다. 소수 귀족이 다수 인간을 지배하는 귀족사회도, 소수 영주가 다수 인간을 지배하는 영주사회도, 그리고 소수 자본가가 다수 인간을 지배하는 부르주아사회도 아니다. 인간이 누구도 지배하지 않고 누구의 지배도 받지 않는 사회, 〈포이어바흐에 관한 테제들〉 중 열 번째 테제에서 마르크스가 말한 '인간 사회'다. 《독일 이데올로기》에서 마르크스가 "자신들의 물질적 생산과 물질적 교류를 발전시키는 인간만이 자신들의 현실과 함께, 자신들의 사유와 그 산물들을 변화시킨다"고 말했던 이유도 바로 여기에 있다. 귀족이나 영주나 자본가를 위한 물질적 생산과 물질적 교류가 아니다. 노동하는 사람들 자신의 물질적 생산과 물질적 교류다. 주인들의 생산이자 주인들의 교류다. 바로 이럴 때 하늘의 유리 궁전은 파괴되고 그 파편들은 대지에 비처럼 떨어지게 될 것이다. 싱그러운 바람이 지나가는 파란 하늘만 남겨둔 채.

철학자들은 단지 세계를 다양한 방식으로 해석해왔다interpretirt. 그러나 중요한 것은 세계를 변화시키는verändern 것이다.

–〈포이어바흐에 관한 테제들〉 11

1835년 17세의 나이로 마르크스는 본대학에 입학한다. 당시 독일 지성계의 권좌는 죽은 지 5년이 지났지만 여전히 헤겔이 차지하고 있었다. 평화로운 5년이었다. 철학사적으로 보면 헤겔은 기독교의 신과 인간의 자기의식을 절대정신 개념으로 통일했던 철학자였다. 헤겔 이후 세계는 이 절대정신이 인간을 매개로 현실화한 것이고, 이 현실화의 과정이 바로 역사라고 이해되었다. 당연히 절대정신이 완전히 현실화하는 순간, 역사는 종언을 고하게 된다. 기독교의 신이 세계를 창조한 다음 일정 정도 거리를 두었다면, 헤겔의 절대정신은 창조에서 완성까지 모든 진행 과정에 개입하는 새로운 신이었다고 할 수 있다. 기독교의 신과 헤겔의 절대정신은 같은가?《성경》을 보면 신은 세계와 만물을 창조한 뒤 인간에게 자유의지를 주면서 조금은 관조적인 자세를 취한다. 그렇지만 이것은 신의 전지전능과 완전성과는 모순될 수밖에 없다. 315년 밀라노 칙령Edictum Mediolanense으로 기독교가 로마제국의 공인을 받은 이후 지금까지 기독교 신학자들은 《성경》을 확대 해석할 수밖에 없었다. 신학자들의 연구 방향은 명확했다. 신을 전지전능한 절대자로 만들고자 한 것이다. 당연히 신은 창조 과정 이후에도 세계와 만물을 지속적으로 지배해야만 한다. 신의 섭리divine providence가 신학자들의 키워드가 된 것도 이런 이유에서다. 당연히 헤겔 철학은 당시 독일 기독교계뿐만 아니라 체제 입장으로부터 절대적인 환호와 갈채를 받는다. 절대정신으로 신의 섭리를 철학적으로 정당화했으니 기독교계로서도 좋고, 절대정신이 현실화하는 하나의 과정으로 부르주아사회를 정당화했으니 부르주아국가로서도 좋은 일이었으니까. 기독교계도 인정하고 국가도 인정하고 자본계급도 인정하니, 헤겔이 당시 독일 사회의 국가대표 철학자가 된 것은 어쩌면 당연한 귀결이었는지도 모른다. 헤겔의 품안에 정신노동을 자임했던 종교인, 자본가, 국가관료, 대학교수 등이 모두 안겨 있는 형국이었던 것이다.

　　헤겔을 정점으로 완성된 평화로움을 1835년 한 권의 책이 뒤흔들어버리고 만다. 신학자 슈트라우스David Friedrich Strauss(1808~1874)가

예수가 신의 아들이라는 증거는 뒤에
첨가된 허구에 지나지 않는다고
주장해 당대를 뒤흔들었던 신학자
다비트 슈트라우스.

헤겔 우파를 대표하는 철학자
요한 에르트만.

헤겔 좌파를 대표하는 철학자
모제스 헤스.

《비판적으로 고찰된 예수의 삶Das Leben Jesu, kritisch bearbeitet》이라는 저서를 출간했던 것이다. 이 책에서 슈트라우스는 예수의 존재를 부정하지는 않았지만,《신약》에 등장하는 기적들, 다시 말해 예수가 신의 아들이라는 증거로 이해되는 기적들은 뒤에 첨가된 허구에 지나지 않는다고 주장했다. 예수의 권위를 뒤흔든 슈트라우스의 신성 비판은 독일 지성계에 큰 화제가 된다. 심지어 슈트라우스의 입장을 부정하느냐 아니면 긍정하느냐에 따라 헤겔의 품에 안겼던 헤겔주의자들도 분열되기까지 했다. 예수의 신성이 흔들리면, 신의 전지전능도 흔들리고, 아울러 헤겔의 절대정신도 흔들린다. 나아가 신의 섭리로 정당화되었던 지배계급의 정신노동마저 회의의 대상이 된다. 그래서 헤겔을 신처럼 떠받들던 정통 헤겔주의자들은 슈트라우스를 비판하면서 지성계를 1835년 이전으로 되돌리려고 했다. 바로 이들이 노장 헤겔주의자로서 흔히 헤겔 우파로 불린다. 그 대표자로는 1834년 헤겔의 교수직을 물려받은 가블러Georg Andreas Gabler(1786~1853)와 철학사가 에르트만Johann Eduard Erdmann(1805~1892)을 들 수 있다. 반면 슈트라우스의 주장을 학문적 주장으로 긍정했던 젊은 지성인들도 있었다. 이들이 바로 청년 헤겔주의자로서 헤겔 좌파로 불리던 사람들이다. 그 대표자로는 종교 비판을 시도했던 포이어바흐Ludwig Feuerbach(1804~1872)와 바우어Bruno Bauer(1809~1882), 그리고 정치 비판을 시도했던 헤스Moses Hess(1812~1875)와 루게Arnold Ruge(1802~1880)를 들 수 있다. 물론 당시 마르크스를 포함한 대부분 젊은 지성인들은 청년 헤겔주의자에 속했다. 특히나 이들에게 강력한 자극을 주었던 철학자는 바로 포이어바흐였다. 박사학위를 받은 다음 마르크스가 거의 3년 이상 포이어바흐의 사유에 몰두했던 것도 이런 이유에서였다.

처음 마르크스는 포이어바흐가 헤겔을 극복했다고 믿었다. 그러나 영민했던 마르크스는 얼마 지나지 않아 포이어바흐로 상징되는 청년 헤겔주의의 한계를 감지하고 만다. 포이어바흐가 슈트라우스보다 더 근본적인 주장을 했던 것은 맞다. 슈트라우스에게 예수가 표적이었다면, 포이어바흐에게는 신이 표적이었기 때문이다. 포이어바흐의 생각은 기독교가 지배적이었던 독일사회에 단순한 지적 센세이션을 넘어 충격을 안겨준다. 신이 인간을 창조한 것이 아니라, 인간이 인간성 일반, 혹은 인간 본질을 투사해서 만든 것이 신이라고 주장했기 때문이다. 문제는 포이어바흐가 말한 인간 일반이란 지배계급으로부터 추상된 것이라는 데 있다. 기독교가 아니더라도 모든 종교에서 숭배하는 신이 노예보다는 왕이나 최고 통치자를 닮은 것도 이런 이유에서다. 결국 신은 최상의 지배자나 최선의 지배자로 상상된 존재에 지나지 않는다. 왜 가난한 민중들이 신의 궁전에 찾아가 그에게 무릎을 꿇는지 이해가 되는 대목이다. 현실의 군주에게 억압받고 수탈당하자, 그들은 천상의 군주에게 사랑받는 노예가 되고 싶었던 것이다. 지배와 피지배 관계로 점철된 현실적 억압구조가 사라져야 천상의 선한 군주, 혹은 천국의 지배자라는 환각도 사라질 것이다. 이것이 마르크스의 속내였다. 〈포이어바흐에 관한 테제들〉 중 네 번째 테제에서 마르크스가 "세속 가족이 신성 가족의 비밀임이 밝혀진 다음에, 세속 가족 자체는 이론적으로 그리고 실천적으로 파괴되어야만 한다"고 말했던 것도 이런 이유에서다.

　　포이어바흐에 대한 열광이 식어가면서 마르크스에게 근본적 의문이 찾아왔을 것이다. 포이어바흐는 신을 없애고 싶었던 것일까? 그는 신으로부터 인간을 해방시키려고 했던 것일까? 그렇기도

하고 그렇지 않기도 하다. 인간이 인간으로서 자기 본질, 혹은 인간성 일반을 외부로 대상화해서 만든 것이 신이다. 인간이 창조주이고 신이 피조물이니, 인간은 마침내 신의 지배에서 벗어난 것처럼 보인다. 진보적인 느낌이 드는 대목이다. 그렇지만 결코 신은 부정되지 않는다. 신을 부정하는 것은 인간 본질을 부정하는 것이 되니, 어떻게 신을 노골적으로 부정한다는 말인가? 여전히 《성경》을 읽는 것도 교회나 성당에 나가는 것도 부정되지 않는다. 신을 자기랑 무관한 초월적 대상으로 숭배하지 않으면 아무런 문제가 없다. 《성경》은 인간 본질에 대한 이야기이고, 교회나 성당도 인간 본질을 찬양하는 장소가 되니까. 신의 숭배가 인간 본질 숭배로 바뀐 것뿐이다. 정말 웃기는 일 아닌가? 인간은 신을 만들었지만 반드시 기독교의 신만을 만들 수밖에 없다. 기독교의 신은 실현된 인간 본질을 상징하니까 말이다. 신을 부정하는 진보적 제스처를 취하자마자, 포이어바흐는 신을 긍정하는 보수주의자의 면모를 드러낸 것이다. 겉으로는 경천동지할 만한 근본적인 주장을 하는 것처럼 보이지만 속으로 변한 것은 거의 없다. 흥미롭게도 이런 특징은 포이어바흐에게만 국한되지 않고 거의 모든 청년 헤겔주의자들에게 관찰된다는 점이다.

노장 헤겔주의자Die Althegelianer는 모든 것을, 그것이 헤겔의 논리적 범주로 환원되기만 하면 '이해했다begriffen'. 반면 청년 헤겔주의자Die Junghegelianer는 모든 것을, 그것을 종교적 관념으로 귀속시키거나 혹은 신학적인 문제라고 선언함으로써 '비판했다kritisierten'. 종교, 개념, 보편자가 현실세계를 지배한다고 믿는다는 점에서 청년 헤겔주의자는 노장 헤겔주의자와 마찬가지다. 다만 청년 헤겔주의자가 그 지배를 찬탈이라고 공격하는 데 반해, 노장 헤겔주의자는 그것이 정당하다고 환호했을 뿐이다. 청년 헤겔주의자는 자립적 의식^{verselbständigten Bewußtseins}의 산물, 즉 표상^{Vorstellungen}, 사상^{Gedanken}, 개념^{Begriffe}이야말로 인간을 얽어매는 쇠사슬이라고 생각하기 때문에(이것들을 인간사회의 참된 관계라고 생각하는 노장 헤겔주의자와 마찬가지로), 그들이 단지 이런 의식의 환각들^{Illusionen des Bewußtseins}에 대해서만 투쟁해야 했다는 것은 분명하다. 청년 헤겔주의자의 공상에 따르면 인간들 사이의 여러 가지 관계들, 인간의 모든 활동과 충돌들, 게다가 인간의 속박과 한계까지도 인간의 의식이 만들어낸 산물이다. 그 논리적 귀결로 그들은 "'현재 의식^{gegenwärtiges Bewußtsein}'을 '인간적인, 비판적인 혹은 자기중심적인 의식^{menschlichen, kritischen oder egoistischen Bewußtsein}'으로 바꾸어 한계들을 제거하라"는 도덕적인 요망 사항을 인간에게 부과한다. 의식을 변화시키라는 이런 요청은 결국 현존하는 세계에 대한 해석 방식을 변화시키라는 것, 즉 다른 해석 방식을 통해 세계를 승인하라는 요구로 귀결된다. 청년 헤겔주의자들은 '세계를 뒤흔들어대는' 그들의 말투에도 불구하고 가장 충실한 보수주의자들^{Konservativen}이었던 셈이다.

-《독일 이데올로기》

가장 정의로운 존재, 가장 자유로운 존재, 가장 선한 존재, 모든 것에 대해 평등한 존재, 모든 것을 알고 있는 존재. 서양 사유 전통에서 이것은 신이라는 존재로 귀결된다. 마르크스가 〈포이어바흐에 관한 테제들〉에서 포이어바흐와 그의 주저 《기독교의 본질》에 집중했던 것도 이런 이유에서다. 신이란 개념에는 정의, 진리, 아름다움, 선함 등의 개념들이 함축되어 있기 때문이다. 신이 인간 의식이 만든 것이라면, 당연히 정의, 자유, 평등, 진리, 아름다움, 선함 등등도 모두 인간 의식의 산물일 수밖에 없다. 결국 신을 회의하는 순간, 인간이 자랑하는 모든 가치도 의심스러워진다. 마르크스가 신에 도전했던 포이어바흐만으로 청년 헤겔주의자들의 사유를 포괄할 수 있다고 생각했던 것도 이런 이유에서다. 포이어바흐는 인간이 신을 만들어놓고 그 신에 복종하는 것은 우스운 일이라고 말한다. 당연히 신뿐만 아니라 정의, 자유, 평등, 진리, 아름다움, 선함 등등 모든 개념도 외부에 실재한다고 믿어서는 안 된다. 포이어바흐에게 외부에 존재한다고 믿어지는 의식의 산물이 바로 "의식의 환각들"이고, 이것이 삶을 옭아매는 쇠사슬이니까. 물론 노장 헤겔주의자들은 반대로 생각한다. 그들에게 정의, 자유, 평등, 진리, 아름다움, 선함 등등은 절대정신의 산물이기에, 인간의 개별적 의식과는 무관한 실재적이고 현실적인 것이었다.

노장 헤겔주의자와 극명히 맞섰다고 해서 청년 헤겔주의자들이 신, 정의, 자유, 평등, 진리, 아름다움, 선함 등등을 부정하고 있다고 속단해서는 안 된다. 그것들은 인간 본질이 의식을 통해서 드러난 것들이기 때문이다. 단지 그들이 부정하고 있는 것은 인간 의식과 무관하게 이런 것들이 외부에 실재한다고 믿는 의식 상태일 뿐이다. 사막에 나타나는 신기루를 실재한다고 믿거나 영화관의 영상이 보여주는 사건들이 실재한다고 믿는 환각이 문제라는 것이다. 잊지 말자. 부정되는 것은 의식의 산물이 아니라 의식의 산물을 외부에 실재한다고 보는 환각일 뿐이다. 결국 그들이 싸웠던 것은 신, 정의, 자유, 평등, 진리, 아름다움, 선함 등등 그 자체가 아니라 그것이 외부에 실재한다고 믿는 환각이었다. 그래서 마르크스는 청년 헤겔주의자들의 주장을 다음과 같이 요약한다. "'현재 의식'을 '인간적인, 비판적인 혹은 자기중심적인 의식'으로 바꾸어 한계들을 제거하라!" 여기서 '현재 의식'이 신, 정의, 진리, 아름다움, 선함 등이 외부에 실재한다고 믿는 의식이라면, '인간적인, 비판적인 혹은 자기중심적인 의식'은 이런 것들이 단지 인간 의식의 산물에 지나지 않는다는 것을 자각하는 의식이다. 예를 들어 이제 교회에 나가 신에게 절하는 것은 아직 실현되지 못한 나의 인간 본질의 실현을 꿈꾸며 그것에 절하는 것이 된다. 그러니 강요되는 종교적 제도와 절차 등을 묵수하는 것은 어리석은 일이며, 이것들은 제거되어야 할 한계에 지나지 않는다. 그러나 신이 외부에 존재한다는 의식 상태에서 신이 인간 의식의 산물이라는 의식으로 바뀐다고 해서, 무엇이 달라지는가? 여전히 신은 부정되기보다는 다른 식으로 정당화되고 있을 뿐이니까.

BC 3000년 이후 지배계급은 정신노동과 육체노동이라는 분업 논리로 억압체제를 정당화해왔다. 이 와중에 탄생한 것이 바로 신이었다. 모든 것을 창조하고 지배할 수 있는 순수한 정신적 존재! 신은 정신노동의 고귀함과 탁월함을 정당화하는 가장 오래된 이데올로기였다. 고대사회에도, 중세사회에도, 그리고 부르주아사회에도 지배계급이 항상 신을 숭배하는 종교에 관용적이었던 것도 이런 이유에서다. 지금도 국가기구는 종교단체들에 대해 세금을 면제해줌으로써 그들의 공을 인정하고 있지 않은가? 신은 정신노동을 자임했던 지배계급의 아이콘이자 보호막이었다. 신을 만들어 유포시키자마자, 지배계급으로서는 생각하지도 못했던 부수 효과도 발생한다. 노동계급 등 억압받는 자들이 신을 찾아 마음의 평화를 얻으려고 했으니까. 바로 여기서 종교는 최상의 지배 이데올로기로서 완성된다. 억압받는 자들의 시선을 차안이 아니라 피안으로 돌리게 만들고, 동시에 억압받는 자들에게서 저항의지를 효과적으로 박탈할 수 있기 때문이다.

한마디로 종교는 인간에게서 대상적 활동의 힘을 고사시키는 지배계급의 가장 강력한 무기였다. 생각해보라. 삶에서 마주치는 타자들을 간과하고 천상의 행복만을 몽환적인 눈빛으로 응시하니, 대상적 활동이 함축하는 대상성의 계기는 부정된다. 동시에 대상적 조건을 극복하려는 활동보다는 신의 구원에만 목을 매니, 대상적 활동의 또 다른 계기인 활동성도 제거되고 만다. 이렇게 지배계급 입장에서 신은 일거양득의 묘책이 된다. 신은 억압체제를 정당화하고 동시에 피지배계급에게 무기력을 선사하니까. 이것은 BC 3000년 이후 지금까지 아직도 지속되는 우울한 진실, 한 치의 어긋남도 없는 진리다. 마르크스의 눈에 청년 헤겔주의자들의 시도가 기만적으로 보였던 것도 이런 이유에서다. 신을 외부에 실제로 존재하는 대상으로 해석하든 아니면 인간이 자기 본질을 투사해서 만든 것이라고 해석하든, 신은 사라지지도 부정되지도 않으니까. 이제 마르크스의 분통이 손에 잡히는 듯하다. "의식을 변화시키라는 이런 요청은 결국 현존하는 세계에 대한 해석 방식을 변화시키라는 것, 즉 다른 해석 방식을 통해 세계를 승인하라는 요구로 귀결"될 뿐이다.

물론 청년 헤겔주의자들은 마르크스의 비판에 할 말은 있을 것이다. 지금까지 인간을 옥죄던 신을 자신들이 극복했다고 자신했을 테니까. 불행히도 그들은 신과 인간 사이의 위계를 인간 본질과 개별 인간 사이의 위계, 혹은 추상적 인간과 구체적 인간 사이의 위계로 바꾸었을 뿐이다. 결국 새로운 위계가 탄생하고 만다. 인간 본질을 더 많이 실현한 사람과 그렇지 않은 사람 사이의 위계다. 노골적으로 질문해보자. 가장 높은 수준의 교육을 받은 사람, 시나 문학, 혹은 철학과 정치에 깊은 안목을 갖고 있는 사람, 봄 여름 가을 겨울 대자연에 몸을 던져 자유를 만끽하는 사람, 예술의전당에서 베를린필^{Berliner Philharmoniker}의 교향곡을 듣는 사람, 가난한 노숙자에게 코트를 벗어줄 수 있는 사람은 노동계급에 속하겠는가, 아니면 자본계급에 속하겠는가? 평범한 부모를 둔 탓에 생계를 둘러싸고 이웃들과 아등바등하는 노동계급이 정의를, 자유를, 평등을, 진리를, 아름다움을, 그리고 선함을 지향하기는 무척 힘든 일이다. 결국 인간 본질을 실현한(?) 사람들은 노동계급을 육체노동으로 몰아넣은 대가로 정신노동을 향유하는 자본계급일 수밖에 없다. 그러니 청년 헤겔주의자들은 모든 것을 뒤집어 생각했던 것이다. 지배계급은 정의롭고 자유롭고 아름답고 선해서 지배계급이 된 것이 아니라, 지배계급이 되었기에 정의롭고 자유롭고 아름답고 선한 제스처라도 할 수 있었을 뿐이다.

어쨌든 초월적 존재였던 신이 의식의 산물이 되어버린 순간, 마침내 지배계급은 자신을 신이라고 선언하게 된다. 결국 억압사회는, 혹은 억압 세계는 그대로 존재하게 된다. 아니 더 노골적으로 존재하게 된다. 귀족이나 영주가 그나마 신의 눈치를 보는 척이라도 했다면, 이제 자본가는 더 이상 신의 눈치조차 볼 필요가 없어졌으니까. 바로 이것이 의도했든 의도하지 않았든 청년 헤겔주의자가 만든 상황이었다. 이제 아예 노골적으로 정신노동과 육체노동의 분할, 혹은 생산수단 독점과 생산수단 박탈, 결국 지배계급과 피지배계급 사이의 위계구조는 긍정되고 만 것이다. 그래서 마르크스는 냉정하게 진단한다. "청년 헤겔주의자들은 '세계를 뒤흔들어대는' 그들의 말투에도 불구하고 가장 충실한 보수주의자들이었다"고.

〈포이어바흐에 관한 테제들〉 중 열 번째 테제에서 마르크스가 포이어바흐와 청년 헤겔주의자들의 사유가 결국 "부르주아사회"를 지향한다고 말했던 것도 이런 이유에서다. 인간사회가 아니라 부르주아사회다.

1845년은 청년 헤겔주의가 가장 급진적이고 가장 불온하다고 평가되던 때였다. 그러니 청년 헤겔주의자들로서는 마르크스의 등장은 너무나 불행한 일이었다. 마르크스는 이 새로운 사유가 가장 급진적이거나 가장 불온한 척만 했을 뿐, 실제로는 보수적이고 타협적이라고 폭로했기 때문이다. 청년 헤겔주의자의 기만성은 분명하다. 신을 포함한 정의, 자유, 평등, 진리, 아름다움, 선함 등등을 모두 의식의 산물이라고 주장했지만, 그들은 결코 이런 부르주아사회의 개념들을 파괴하고 인간사회를 위한 개념들을 새롭게 만들어야 한다고 주장하지는 않았다. 그들은 부르주아사회, 나아가 억압사회를 떠받치는 개념들이 비록 의식의 산물이지만 인간 본질에서 유래한 것이라 생각했기 때문이다. 단지 의식의 산물, 즉 표상이 외부에 실재한다는 환각만을 그들은 극복하고자 했던 것이다. 예를 들어 신이 외부에 진짜로 존재해 인간의 삶을 일거수일투족 감시한다고 전전긍긍하거나, 혹은 교회나 성당에 가서 마치 신이라도 있는 듯 조심하고 두려워하지 말자는 것이다. 의식을 바꾸어 "한계들을 제거하자"고 청년 헤겔주의자들이 외쳤던 것도 이런 이유에서다. 하긴 어두운 밤 산길을 걷다가 나뭇가지를 사람으로 착각하는 상황은 얼마나 우매한 일인가? 의식의 산물이 도리어 자신을 만든 의식 주체를 지배하는 꼴이니까.

《독일 이데올로기》〈서문Vorrede〉에는 이와 관련된 마르크스의 흥미로운 이야기, 청년 헤겔주의에 대한 조롱도 예술의 경지에 이를 수 있다는 걸 보여주는 구절이 하나 등장한다.

옛날 어떤 용감한 친구wackrer Mann는 사람들이 물에 빠지는 이
유가 그들이 중력이라는 사유Gedanken der Schwere에 사로잡혀 있기
때문이라는 생각을 가지고 있었다. 만일 그들이 그것이 미신
abergläubige이나 종교적 표상religiöse Vorstellung에 지나지 않는다고 말하
면서 자신들의 머릿속에서 그 관념을 떨궈낼 수만 있다면, 그
들은 물로부터의 어떤 위험에도 자유로워질 것이다. 살아가
는 동안 계속 그는 중력이란 환각에 맞서 싸웠다. 중력이란 환
각Illusion der Schwere이 초래하는 모든 해로운 결과에 대해 모든 통계
자료들은 그에게 새롭고 다양한 증거를 제공하기도 했다. 이
용감한 친구는 독일의 새롭고 혁명적인 철학자들의 전형이라
고 할 수 있다.

－《독일 이데올로기》

무식하면 용감하다는 말이 있다. 청년 헤겔주의자들에게 해당
하는 말이다. 마르크스는 중력이란 사유를 벗어나고자 했던 어떤
용감한 사람의 이야기를 꺼낸다. 그는 중력이란 사유에 사로잡혔기
에 사람들이 물에 빠진다고 생각했다. 물론 이것은 경험을 통해 나
름 설득력 있는 추론이다. 흔히 수영을 배우는 초보자들에게 하는
이야기가 있다. "정말 물에 빠져 죽는다고 생각하고 물에 들어가면
몸이 뜰 수 있어요. 생각해보세요. 시체는 물에 떠오르잖아요. 왜 그
러겠어요? 시체는 물에 빠지면 죽는다고 생각하지 않아서 그래요.
물에서 버둥거리지 않으니 뜰 수 있는 겁니다." 사실 수영을 배우는
사람들에게 물에 빠진다는 공포는 불가피한 것이다. 공포가 심해서

빠지지 않으려고 고개를 물 밖에 내미는 순간, 몸은 오히려 물속으로 가라앉는다. 이것은 수영 초보자라면 누구나 경험했던 일이다. 용감한 사람은 이런 경험을 일반화해 하나의 공식을 만든다. "사람들이 물에 빠지는 이유가 그들이 중력이라는 사유에 사로잡혀 있기 때문이다." 여기서 '중력이라는 사유'는 정확히 말해 자신처럼 중량을 가진 물체는 물에 빠질 수밖에 없다는 두려움이라고 할 수 있다. 마침내 오랜 고민 끝에 용감한 사람은 물에 빠지지 않는 방법을 제안하게 된다. 청년 헤겔주의자의 일반화된 공식처럼 "'현재 의식'을 '인간적인, 비판적인 혹은 자기중심적인 의식'으로 바꾸어 한계들을 제거하라!"는 것이다.

이 용감한 사람의 경우 공식은 다음과 같이 구체화될 수 있다. "중량을 가진 물체는 물에 들어가면 빠진다는 의식을 없애고 그 대신 중력에 대한 사유는 단지 우리 의식의 산물이라는 사실을 자각하는 의식을 확보해, 물을 두려워하거나 혹은 물에 빠지게 되는 한계를 극복하라!" 마침내 그는 중력이란 환각에 맞서 싸우는 고독한 투쟁, 평생 동안 지속되었던 투쟁을 시작한다. 물론 마음속의 환각과 싸우는 전투이니, 그것은 외향적인 방법이기보다는 승려들의 참선처럼 내향적인 방법일 수밖에 없다. 그러나 이것만으로 그는 "물로부터의 어떤 위험에도 자유로워지는" 경지에 이를 수 없었나 보다. 중력에 대한 사유가 미신이라는 것을 자신과 사람들에게 설득하기 위해, 그가 "중력이란 환각이 초래하는 모든 해로운 결과에 대해 모든 통계 자료들"을 수집했던 것도 이런 이유에서다. 마르크스의 이야기를 읽다보면 한 가지 흥미로운 사실이 확인된다. 그것은 용감한 친구가 한 번도 물에 들어가지 않는다는 사실이다. 물론 그가 물에 들어가지 않는 이유는 자명하다. 아직도 그는 중력에 대한 사유를 의식 속에서 완전히 제거하지 못했기 때문이다. 사실 이것은 예견된 비극인지도 모른다. 호주머니에 있던 돈을 잃어버린 사람이 있다고 하자. "이미 잃어버린 돈이니 깨끗하게 잊어야지." 이런 노력을 지속할수록 잃어버린 돈에 대한 생각은 더 가중될 수밖에 없는 법이다. 그냥 빈 주머니를 의식하지 않고 영화를 본다든가 친구를 만난다든가 아니면 책을 보는 것이 돈에 대한 집착을 해소하는 더 좋은 방법일 것이다. 물에 빠질 것이라는 공포감을 제거하려고 하면 할수록, 이 공포감이 더욱더 커지는 이유도 마찬가지다. 결국 중력에 대한 사유도 물을 무서워하게 만들었지만, 중력에 대한 사유를 제거하려는 내향적 노력도 물을 무서워하게 만든 셈이다.

도대체 이런 아이러니가 발생한 이유는 무엇일까? 그것은 인간의 대상적 활동, 즉 실천에서 해답을 찾아야만 한다. 물이라는 주체가 어찌할 수 없는 대상성과 그것을 극복하려는 주체의 활동! 물과 관련된 대상적 활동이 제대로 이루어지지 않으면, 우리는 물에 휩쓸려버리기 쉽다. 극단적인 경우라면 익사할 수도 있고, 다행히 얕고 고요한 물이라고 해도 엄청 허우적거리는 공포를 경험할 것이다. 중력에 대한 사유, 즉 중량을 가진 물체는 물에 빠진다는 사유는 이럴 때 발생한다. 다행히도 대상적 활동이 성공적으로 이루어진다면, 사정은 완전히 달라진다. 중량을 가진 물체는 물에 빠진다는 사유, 혹은 물에 빠질 것이라는 공포감은 씻은 듯이 사라질 테니 말이다. 오히려 강물이 없었다면 어떻게 이곳에서 저곳까지 쉽게 이동할 수 있었겠냐는 생각도 가능할 것이다. 바로 이것이다. 중력에 대한 사유가 탄생하는 것도, 그리고 중력에 대한 사유가 사라지는 것도, 다시 말해 물에 대한 공포가 탄생한 것도, 그리고 물에 대한 공포가 사라지는 것도 모두 대상적 활동의 경험에 근거한다. 결국 우리는 알게 된다. 마르크스의 용감한 친구는 결코 중력에 대한 사유에서 자유로울 수 없다는 사실을. 그는 물에 빠지리라는 공포 감이 언제 생기는지 전혀 이해하지 못하기 때문이다. 그래서 〈포이어바흐에 관한 테제들〉 중 여덟 번째 테제에서 마르크스가 말하지 않았던가? "이론을 신비주의로 잘못 이끌어가는 모든 신비들은 인간의 실천과 이 실천의 이해 속에서 자신에 대한 합리적 해법을 발견한다"고.

중력에 대한 사유! 이것은 신에 대한 사유, 정의에 대한 사유, 진리에 대한 사유, 아름다움에 대한 사유, 자유에 대한 사유, 평등에 대한 사유, 선함에 대한 사유 등 일체의 사유에 대한 아주 강력한 은유다. 중력에 대한 사유가 물을 건널 수밖에 없는 상황에서 나오는 것처럼, 신에 대한 사유도 억압사회에 살 수밖에 없는 상황에서 나오는 것이다. 참선하는 승려처럼 아무리 중력에 대한 사유를 마음에서 쫓아내려고 해도, 혹은 쫓아냈다고 확신한다고 해도, 어느 경우든 온몸을 휘말아버릴 정도의 검푸른 강물이 우리 앞에서 사라지는 것은 아니다. 정신노동의 고유성과 탁월성을 긍정하는, 다시 말해 억압체제를 정당화하는 일체의 개념들도 마찬가지다. 아무리 신이든 정의든 진리든 아름다움이든 자유든 평등이든 선함과 관련된 사유를 마음속에서 쫓아낸다고 해도, 혹은 쫓아냈다고 확신해도, 우리 앞에서 억압체제가 사라지는 것은 아니다. 수영을 해도 좋고, 튼튼한 배나 교량을 만들어도 좋다. 아니면 거대한 바위로 강물을 메워도 좋다. 대상적 활동을 개시해야 한다. 바로 이럴 때 물에 빠질 수 있다는 공포감, 혹은 중력에 대한 사유는 우리 뇌리에서 조금씩 사라지게 될 것이다. 남에게 노동을 강요해서 노동하지 않고 생계를 유지하는 지배계급을 제거하라! 사유私有든 국유國有든 어떤 식으로라도 생산수단 독점을 보호하는 억압체제를 파괴하라! 육체노동을 조롱하며 정신노동의 우월성을 긍정하는 모든 신학적 형이상학을 단념하라! 이렇게 대상적 활동은 시작되어야 한다. 마침내 청년 헤겔주의자들이 미신이나 종교적 표상이라고 거부했던 모든 사유는 우리 뇌리에서 천천히 시들어가게 될 것이다. 그래서 〈포이어바흐에 관한 테제들〉 중 마지막 테제를 마무리하면서 마르크스는 이야기했던 것이다. "철학자들은 단지 세계를 다양한 방식으로 해석해왔다. 그러나 중요한 것은 세계를 변화시키는 것"이라고. 세계를 변화시킨다는 것! 대상적 활동의 주체가 아니면 어떻게 이것을 감당할 수 있겠는가.

정치철학
4장
─────────────
다시 마르크스를 위하여

1. 마주침의 유물론, 혹은 타자성의 변증법

에피쿠로스는 허공에서 이뤄지는 원자들의 삼중 운동을 가정했다. 첫 번째는 직선으로 낙하하는 운동이고, 두 번째는 원자가 직선에서 벗어나면서 생기는 운동이며, 세 번째는 많은 원자들이 충돌을 통해 정립되는 운동이다. 첫 번째와 세 번째 운동에 대해서는 데모크리토스와 에피쿠로스 모두 받아들였다. 그러므로 직선으로부터 원자의 기울어짐Deklination des Atoms이 두 사람의 차이인 셈이다. …… 원자와 대립되는 상대적 실존relative Existenz, 원자가 부정해야만 하는 존재형식은 직선이다. 직선 운동의 직접적인 부정은, 공간적으로 생각해본다면, 하나의 다른 운동, 즉 직선으로부터의 기울어짐Deklination von der geraden Linie이다. 원자는 순수하게 자립적인 물체rein selbständige Körper이거나, 천체처럼 절대적이고 자립적이라고 인식되는 물체다. 그렇기 때문에 원자는 천체처럼 직선으로 움직이지 않고 사선schrägen Linien으로 움직인다. 반면 낙하운동Bewegung des Falls은 비자립적 운동Bewegung der Unselbständigkeit이다. …… 그래서 루크레티우스가 기울어짐은 '운명의 구속fati foedera'을 깨뜨린다고 주장했을 때 그는 옳았다. 그리고 그가 이것을 바로 의식에 적용했던 말을 빌린다면, 원자에 대해서도 기울어짐은 맞서 싸우고 저항할 수 있는 원자의 가슴속에 있는 어떤 것이라고 말할 수 있다. …… 직선으로부터 원자의 기울어짐은 에피쿠로스 자연학에서 우연히 생겨난 규정이 아니다. 그것이 표현하는 법칙은 오히려 에피쿠로스 철학 전체를 관통하고 있는 말할 것도 없이 자명한 것이지만, 이 법칙 발현의 규정성은 그 법칙이 작용되는 영역에 의존해 있다.

–《데모크리토스와 에피쿠로스 자연철학의 차이Differenz der demokritischen und

epikureischen Naturphilosophie》(1841)

1982년 6월 파리에는 비가 내렸다. 1980년 11월 26일 정신착란으로 아내를 교살했던 60대 중반의 노 철학자는 창밖에 내리는 비를 응시한다. 비가 파리 시내 포석을 적시듯, 그의 펜은 종이를 조금씩 채워나간다. 노 철학자는 마침내 결단을 내린다. 글을 써야 한다고. 글, 더군다나 철학적인 글을 쓴다는 것은 무엇인가? 그건 자신이 가장 합리적이고 가장 안정적인 마음 상태에 있다는 걸 전제하는 행위다. 그러나 평범한 사람이 아니라 정신착란으로 아내를 교살했던 철학자니까 문제가 된다. 생각해보라. 글을 쓰게 되면 아내 살인에 법적 면죄부를 주었던 정신착란을 부정하는 것이고, 글을 쓰지 않으면 철학자로서는 아무것도 아닌 신세다. 이런 딜레마 때문에 1년여 이상 펜을 잡지 않은 그였다. 한번 펜을 잡자 그의 글은 비처럼 멈추지 않았다. 창밖에 내리는 비들이 그의 글쓰기를 재촉했던 탓일까? 사실 그는 철학적 글을 쓸 생각은 아예 없었다. 그냥 비에 대한 단상이나 끄적거리려고 했으니까. 낙서와 같은 것! 신문이나 전단지 여백에 별다른 뜻 없이 적어가는 낙서와 같은 것을 의도했으리라. 그러나 비에 대해 써내려가면서, 18개월 동안 글로 표현하지 못한 그의 철학적 사유는 걷잡을 수 없이 폭발하고 만다. 18개월 동안의 사유만이 아니라, 사실 그의 평생 철학적 사유가 폭발한 것이다. 무미건조하게 내리는 빗소리를 들으며 신들린 듯 글을 써내려가는 이 노 철학자, 바로 알튀세르^{Louis Althusser}(1918~1990)다.

'마르크스에 철학을 부여하자!' 혹은 '마르크스로 돌아가자!'는 그의 강렬했던 슬로건은 1960년대 이후 프랑스 지성계를 강타했다. 그의 입장은 단순하다. 1867년 출간된《자본론^{Das Kapital}》으로 마르크스의 과학은 완성되었으니 마르크스의 과학을 부르주아체제의 이데올로기적 공세로부터 지켜줄 철학이 필요하다는 것이다. 마르크스에게는 자신이 완성한 과학을 지켜낼 철학이 부재하다는 이야기이기도 하다. 그리고 새로운 발전을 이끌 철학은 부재하다는 것이다. 1965년 제자들과 함께 출간했던《자본론 읽기^{Lire 'le Capital'}》에서 알튀세르는 외쳤다. "마르크스 철학이 일관적으로 존재하기 위해 필수불가결한 최소한의 요건들을 정립하자!" 이것이 알튀세르가 자신에게 부여한 과제였다. 이것은 그가 1845년 이전 마르크스의 철학 저작들을 그야말로 완전히 부정했다는 걸 의미한다. 알튀세르의 판단에 따르면 청년 마르크스의 철학은《자본론》의 과학과는 아무런 상관이 없을 뿐만 아니라, 심지어 그 과학을 오독하도록 만드는 '인식론적 장애물^{obstacle épistémologique}'일 뿐이기 때문이다.

알튀세르의 판단은 얼마나 오만한가? 지금 그는〈포이어바흐에 관한 테제들〉로 완성된 마르크스의 철학을 쓰레기통에 던져버리고 있으니까. 1960년대 알튀세르는 당시 통용되던 '변증법적 유물론^{dialectical materialsm}'과 '사적 유물론^{historical materialism}'이란 구분을 일단 전제한다. 1948년 8월 이후 프랑스공산당^{Parti communiste français, PCF}에 가

알튀세르는 1982년 결정론적이었던 '변증법적 유물론'이 아니라 우발적인 '마주침의 유물론'에 관한 글을 발표한다.

입했던 알튀세르다. 이것은 그가 제도권 사회주의와 일정 정도 문제의식을 공유하고 있다는 걸 말해준다. 1920년 12월 30일 창설된 프랑스공산당은 1919년 레닌이 설립했던 제3인터내셔널, 즉 코뮌주의자 인터내셔널The Communist International, Comintern의 자장 안에 있었다. 그래서 프랑스공산당도 그랬지만 알튀세르도 아무런 거부 반응 없이 소련에서 사용되던 '변증법적 유물론'이란 개념을 받아들인 것이다. 핵심은 '변증법적 유물론'이다. 1883년 마르크스가 세상을 떠난 뒤 1888년에 엥겔스Friedrich Engels(1820~1895)는《루트비히 포이어바흐와 독일 고전철학의 종말》을 출간한다. 이 책에서 그는 '유물론적 변증법'을 마르크스의 철학이라고 규정한다. 정신을 포함한 모든 사물은 운동하는 물질적인 것들의 효과일 뿐이고(유물론), 물질적인 것의 운동은 대립자의 통일, 부정의 부정, 그리고 양질전화라는 세 가지 변증법적 법칙에 지배된다는 것이다(변증법). 당연히 변증법적 유물론은 인간의 사회나 역사의 경우 '경제적인 것'에 우선성을 부여한다. 변증법적 법칙에 따라 생산력과 생산관계의 변화가 정치나 법률 등 상부구조를 결정하기 때문이다. '변증법적 유물론'은 엥겔스의 '유물론적 변증법' 개념을 순서만 바꾸어 소련 국가대표 철학자 플레하노프Georgi Valentinovich Plekhanov(1856~1918)가 만든 신조어다. 사실 마르크스는 '유물론적 변증법'이나 '변증법적 유물론'과 같은 용어를 사용하지 않았다. 모든 것이 변증법적 법칙에 의해 결정된다는 형이상학적 주장은 마르크스의 눈에는 '낡은 유물론'에 지나지 않았기 때문이다.

물질적인 조건이나 환경이 압도적이라고 하더라도 인간은 그것을 헤쳐나갈 능동성이 있다는 것, 바로 그것이 '대상적 활동' 개념으로 마르크스가 말하려고 했던 것 아닌가. 그럼에도 엥겔스나 플레하노프는 마르크스에게 '유물론적 변증법'이나 '변증법적 유물론'이란 철학, 아니 형이상학을 부여했던 것이다. 이렇게 마르크스에게 철학을 부여하려는 최초의 시도가 이루어진다. 그러나 알튀세르의 눈에는 엥겔스나 플레하노프가 설명했던 마르크스의 철학은 여간 못마땅한 게 아니었다. 《자본론》의 과학을 반대자들에게서 지키고 새로운 발견을 추진하기에는 두 사람이 마르크스에게 부여한 철학은 너무나 허술하고 낡았기 때문이다. 특히 엥겔스가 '유물론적 변증법'을 모든 것을 설명할 수 있는 형이상학으로 만들기 위해 19세기 자연과학의 성과를 이용한 부분이 문제가 된다. 20세기 들어와 비약적으로 발전한 자연과학은 19세기 자연과학이 얼마나 낡고 오류투성이인지 잘 보여주지 않았던가? 1965년 출간된 《마르크스를 위해Pour Marx》에서 알튀세르가 '변증법적 유물론'을 새롭게 업데

'변증법적 유물론'이란 용어를 최초로 쓴 소련의 국가대표 철학자 플레하노프. 사실 마르크스는 '유물론적 변증법'이나 '변증법적 유물론'과 같은 용어를 사용하지 않았다. 모든 것이 변증법적 법칙에 의해 결정된다는 형이상학적 주장은 마르크스의 눈에는 '낡은 유물론'에 지나지 않기 때문이다.

이트하려고 했던 것도 이런 이유에서다. 자연과학의 영역이 아니라 사회과학 영역에 이론적인 힘을 발휘하기 위해 변증법적 유물론을 새롭게 다듬겠다는 것, 이것이 알튀세르의 생각이었다.

1965년 출간된 《자본론 읽기》와 《마르크스를 위해》는 알튀세르를 당시 지성계의 스타로 만든다. 특히 후자 《마르크스를 위해》에 실린 논문들은 엥겔스나 플레하노프를 뒷방으로 보내고 알튀세르를 최고 마르크스 전문가로 만들어버린다. 그의 논문들 중 압권은 〈모순과 중층결정Contradiction et surdétermination〉, 그리고 〈유물론적 변증법에 대해Sur la dialectique matérialisme〉이다. 그는 엥겔스를 읽고 레닌을 읽고 마오쩌둥毛澤東(1893~1976)을 읽는다. 그리고 1859년에 출간된 마르크스의 《정치경제학 비판을 위하여Zur Kritik der Politischen Ökonomie》〈서문〉

에 등장하는 그 유명한 '상부구조/토대'론에 목을 맨다. '상부구조/토대'론은 생산력과 생산양식, 즉 경제적인 것이 법과 정치 등 상부구조를 지배하는 토대라는 입장이다. 불행히도 알튀세르는 마르크스의 '상부구조/토대'론이 엥겔스의 생산력발전주의를 벗어나지 못했다는 사실, 그리고 1867년《자본론》1권에서 마르크스 자신이 '상부구조/토대'론을 은근히 폐기한다는 사실을 알아채지 못한다. 그럼에도 영민했던 그로서는 '상부구조/토대'론을 그대로 답습하기도 어려웠다. 알튀세르는 파리의 고등사범학교École Normale Supérieure, ENS가 자랑하는 최고 지성이었으니까. 모든 것이 생산력과 생산양식으로 결정된다면, 새로운 사회를 꿈꾸는 철학적 사유나 정치적 행동을 설명하기 힘들다. '상부구조/토대'론의 근본적 틀을 유지하면서 알튀세르가 상부구조의 자율성을 제한적이나마 긍정한 이유도 바로 여기에 있다. 알튀세르의 트레이드마크 '중층결정론'은 이렇게 탄생한다. "생산양식le mode de production(경제적인 것économique)에 의한 최종층위dernière instance에서의 결정"을 받아들이면서 동시에 "상부구조superstructures의 상대적 자율성과 고유한 효과"도 인정하자는 것이다. 한마디로 말해 정치나 법, 철학 등의 영역이 상대적으로 혁명에 영향을 줄 수 있지만 "경제가 최종층위에서 역사의 흐름을 결정한다"는 것이다. 이것이 〈모순과 중층결정〉에서 알튀세르가 주장한 것들이다.

상부구조의 자율성을 긍정하는 중층결정론 때문에 알튀세르는 엥겔스나 플레하노프가 표방했던 거친 경제결정론에서 한 걸음 정도 앞으로 나아가게 된 것이다. 한 걸음 그 이상은 아니다. 어차피 최종층위에서 경제가 역사의 흐름을 결정하니 말이다. 알튀세르 기획의 핵심은 "마르크스의 철학적 반인간주의L'anti-humanisme philosophique de

Marx"라는 표현으로 웅축된다. 이것은 《마르크스를 위해》에 실린 또 다른 논문 〈마르크스주의와 인간주의Marxisme et Humanisme〉에 등장하는 표현이다. 1867년 《자본론》 〈1판 서문Vorwort zur ersten Auflage〉에서 마르크스는 말했던 적이 있다. "나는 자본가와 토지 소유자를 장밋빛이 아니라 특정한 계급관계와 계급이해의 담지자Träger로 다룬다"고. 장밋빛을 띠는 주체나 인간은 사실 특정한 계급관계와 계급이해, 즉 구조의 지배를 받는다는 이야기다. 당시 프랑스 지성계를 강타했던 구조주의structuralisme의 세례를 받은 그가 마르크스의 이 이야기를 놓칠 리 없다. 이렇게 1960년대 알튀세르는 마르크스를 반인간주의를 표방했던 일종의 구조주의자로 만들어버린다. '구조주의적 마르크스주의structural Marxism'의 탄생이다.

생산양식, 생산관계, 그리고 계급이 바로 구조의 핵심이다. 이런 경제적 구조가 인간을 규정한다는 것이 구조주의적 마르크스주의의 기본 입장이었다. 구조주의라는 프레임이 너무나 강했던지, 그는 자신도 모르게 '낡은 유물론'에 발을 디디게 된다. 생각해보라. 구조주의는 '대상적 활동'에서 '활동'을 사장할 때 탄생하는 입장 아닌가. 활동이 사장된 혹은 부정된 인간은 주어진 계급관계, 혹은 사회구조에 맹목적으로 규정될 수밖에 없으니까. 어쨌든 1970년대 초반까지 알튀세르는 마르크스의 정치경제학, 즉 마르크스의 과학에 철학을 부여했다고 확신했다. 그럴수록 1845년 이전 마르크스의 철학 저작들에 대한 그의 무관심은 커져만 갔다. 이런 무관심에는 자신이 마르크스학계에서 엥겔스나 레닌에 버금가는 전설이 되었다는 자부심도 한몫한다. 알튀세르의 영향으로 그의 제자들과 수많은 학자들 사이에는 1850년대 중반 이후 수행된 마르크스의 정치경제학적 연구들, 출판된 저작들뿐만 아니라 수고들을 집중적으로 연구하는 붐이 일어났을 정도였다.

1970년대 중반부터 구조주의적 마르크스주의 내부에 조그만 균열이 발생하기 시작한다. 마르크스의 사유와 관련해 과학과 철학이란 문제틀을 만들어 유행시켰던 알튀세르 본인이 자신이 선택했던 구조주의적 접근법에 회의하게 된 것이다. 근사한 이론과 발상으로 수많은 추종자를 만든 창시자가 자신이 만든 교리를 부정하는 황당한 일이 벌어지기 직전이었다. 그와 아주 가까운 제자들만 스승의 변화를 직감하고 불안해할 뿐이었다. 이 와중에 1980년 11월 26일 알튀세르가 엘렌$^{Hélène Rytmann (1910~1980)}$을 교살하는 사건이 벌어진 것이다. 이 비극적인 사건으로 그는 학계 등 공적 생활에서 물러나게 되었고, 동시에 자신이 만든 구조주의적 마르크스주의에 대한 책임감에서도 일정 정도 벗어나는 자유를 얻었다. 1982년 6월 비가 추적추적 내리던 날, 드디어 그는 내리는 비에 취해 글을 쓰기 시작한다. 무슨 글이냐고? 마르크스에게 철학을 부여하려는 글이다. 중층결정이든 반인간주의든 구조주의적으로 정당화했던 유물론적 변증법을 새롭게 다듬는 글이 아니라, 완전히 새롭게 마르크스에게 철학을 부여하려는 글이다. 결정론적이었던 '변증법적 유물론'이 아니라 우발적인 '마주침의 유물론'이다. 내용에서나 문체에서 알튀세르 생애 최고의 글은 이런 아이러니한 조건에서, 그리고 비가 추적추적 내리는 어떤 날에 시작된다.

비가 온다$^{Il pleut}$.

그러니 우선 이 책이 그저 비에 관한 책이 되기를.

말브랑슈$^{Nicolas Malebranche (1638~1715)}$는 "왜 바다에, 큰길에, 해변의 모래사장에 비가 오는지"를 자문했었다. 다른 곳에서는 농토를 적셔주는 이 하늘의 물이, 바닷물에 대해서는 더해주는 것이 없으며 도로와 해변에서도 곧 사라져버리기에.

그러나 하늘이 도운 다행스러운 비인지 아니면 불행한 비인지 이런 비가 문제인 것은 아니리라.

그와 전혀 달리 이 책은 유다른 비에 대한 것, 철학사 전체를 관통하는 주제, 진술되자마자 즉각 반박되고 억압된 심오한 주제에 관한 것, 허공 속에서 평행으로 내리는 에피쿠로스Epicurus(BC 341~BC 270)의 원자들의 '비pluie', 그리고 마키아벨리Niccolò Machiavelli(1469~1527), 홉스Thomas Hobbes(1588~1679), 루소Jean-Jacques Rousseau(1712~1778), 마르크스Karl Marx(1818~1883), 하이데거Martin Heidegger(1889~1976)와 또 데리다Jacques Derrida(1930~2004)와 같은 이들에게서 보이는, 스피노자Baruch Spinoza(1632~1677)의 무한한 속성들의 평행이라는 '비'에 대한 것이다.

－〈마주침의 유물론이라는 은밀한 흐름 Le courant souterrain du matérialisme de la rencontre〉, 《철학적 그리고 정치적인 글쓰기Écrits philosophiques et politiques》(1권)

'변증법적 유물론'이 아니라 '마주침의 유물론'이다. 결정론이 아니라 비결정론이다. 《마르크스를 위해》에서 '유물론적 변증법'을 고민했던 알튀세르가 지금 새로운 유물론을 이야기한다. 비가 오고 있으니, 비에 대한 이야기로 그의 글은 시작된다. 비가 내린다. 누구에게? 바로 우리에게. 이미 여기에서 비와 우리 사이에는 마주침la rencontre이 발생한 것이다. 오래된 가뭄으로 노심초사하는 농부에게 그 비는 다행스러운 비일 것이고, 애인과 휴가를 떠나려고 했던 사람에게 그 비는 저주의 비일 것이다. 여기서 중요한 것은 비는 비 나름대로의 원리에 따라 내리고 있고, 농부도 농사일의 원리에 따

2부. 마르크스의 철학, 마르크스의 과학

라 농사를 짓고 있었고, 애인과의 휴가를 계획했던 사람도 자기 스케줄과 애인의 스케줄에 따라 휴가를 정했을 것이라는 사실이다. 비, 농부, 휴가를 예정한 사람 모두 나름의 인과율에 지배받고 있었던 것이다. 그러니까 비는 대기학적 필연성에 따라 내렸던 것이고, 농부는 자연적 질서에 따라 농사를 짓고 있었던 것이고, 휴가를 예정한 사람은 자신과 애인의 사회적 일정에 따라 휴가를 계획한 것이다. 문제는 비와 농부가 마주쳤다는 것이고, 휴가를 떠나려는 사람이 비와 마주쳤다는 것이다. 비는 무심하다. 그러나 가뭄으로 속이 타들어가는 농부에게 비와의 마주침은 신의 은총으로 느껴질 정도로 극적이고, 휴가를 떠나려는 사람에게 비와의 마주침은 악마의 저주로 느껴질 정도로 극적이기만 하다.

다른 경우도 있다. 추수해서 더 이상 논이나 밭에 신경을 쓰지 않을 때 비가 올 수도 있고, 휴가를 마친 뒤 비가 올 수도 있다. 전자의 경우 툇마루에 앉아서 막걸리를 마시면 그뿐이고, 후자의 경우 카페에 앉아 근사한 음악에 젖으면 된다. 더 심각한 것은 우리와 마주치지 않은 비들이 엄청 많다는 사실이다. 말브랑슈의 표현처럼 "왜 바다에, 큰길에, 해변의 모래사장에 비가 오는지?" 이런 경우 비는 정말 무의미한 비라고 할 수 있다. 바다에 쏟아지는 비를 생각하라. 지구 표면적의 70퍼센트가 바다니, 얼마나 많은 비가 우리가 내리는 줄도 모르는 상태에서 내리고 있는가. 이렇게 마음과 사유가 세계에 활짝 열리는 순간, 우리는 유물론자, 정확히는 '마주침의 유물론'을 긍정하는 사람이 된다. 일단 우리와 비는 마주쳐야 한다. 물론 가뭄을 걱정하거나 휴가 일정을 잡았다면, 그 마주침은 더 극적일 것이다. 주체와 타자라고 해도 좋고 주체와 대상이라고 해도 좋다. 일단 마주쳐야 주체도 대상도 의미가 있는 법이다. 마르크스의 가르침 '대상적 활동'을 생각하면, 가뭄을 노심초사하던 농부가 비가 내리자 비를 맞으며 물꼬를 정비하는 모습이 떠오른다. 너무 비가 많이 오면 논과 밭은 해갈은커녕 침수될 수도 있으니까. '대상'은 내리는 비이고 '활동'은 농부의 몫이다.

비의 이미지로 서양 사유 전통에 '마주침의 유물론'이란 은밀한 흐름이 존재한다고 이야기하면서 알튀세르는 마침내 오랜 침묵을 깨고 있다. 이 전통은 에피쿠로스에서 시작되어 마르크스를 지나 20세기에까지 도도하게 흘러왔다는 것이 그의 생각이다. 이 은밀한 흐름의 최초 발원지인 에피쿠로스가 중요할 수밖에 없다. 이 철학자의 사유에 '마주침의 유물론'의 정수가 담겨 있을 테니까. 이제 에피쿠로스가 전하는 "허공 속에서 평행으로 내리는 원자들의 비"에 대한 알튀세르의 감동적인 이야기를 읽어보자.

> 에피쿠로스는 세계 형성 이전에 무수한 원자들^{atomes}이 허공^{vide} 속에서 평행으로 떨어졌다고 설명한다. 원자들은 항상 떨어진다. …… 클리나멘^{Clinamen}이 돌발한다. …… 클리나멘은 무한히 작은, '최대한으로 작은' 기울어짐^{Déviation}으로서, 어디서, 언제, 어떻게 일어나는지 모르는데, 허공에서 한 원자로 하여금 수직으로 낙하하다가 '빗나가도록', 그리고 한 지점에서 평행 낙하를 극히 미세하게 교란시킴으로써 가까운 원자와 '마주치도록', 그리고 이 마주침이 또 다른 마주침을 '유발하도록' 만든다. 그리하여 하나의 세계가, 즉 연쇄적으로 최초의 기울어짐과 최초의 마주침을 유발하는 일군의 원자들의 집합이 탄생한다. …… 좀 더 나아가 보자. 기울어짐이 한 세계를 탄생시키는 하나의 마주침을 발생시키는 것이기 위해서는 이 마주침은

지속적인 것이어야 한다. 이것은 '짧은 마주침brève rencontre'이 아니라, 모든 현실성réalité, 모든 필연성nécessité, 모든 의미Sens 그리고 모든 근거Raison의 토대가 되는 '지속적인 마주침rencontre durable'이어야 한다. 그러나 마주침은 지속되지 않을 수도 있으며, 그러면 세계는 존재하지 않는다. …… 이 모든 것은 달리 말할 수 있다. 세계는 사후적 사실le fait accompli, 일단 사실이 완성된 후에 그 속에 근거Raison, 의미Sens, 필연성Nécessité, 목적Fin의 지배가 확립되는 그런 사후적 사실이라고. 그러나 사실의 이런 완성cet accomplissement du fait은 우발성contingence의 순수한 효과일 뿐이다. 그것은 클리나멘의 기울어짐에 기인하는 원자들의 우발적인 마주침la rencontre aléatoire에 의존하기 때문이다. …… 코나투스conatus를 타고난, 다시 말해 자신의 존재를 집요하게 유지하려는 힘 및 의지, 그리고 자신들의 자유의 공간을 마련하기 위하여 자기 앞을 비워두려는 힘 및 의지를 타고난 개인들이 (나중에 마주치게 될) '사회의 원자들atomes de société'이다. 원자화된 개인들individus atomisés, 그리고 그들의 운동 조건으로서의 공백le vide comme la condition de leur mouvement.

— 〈마주침의 유물론이라는 은밀한 흐름〉, 《철학적 그리고 정치적인 글쓰기》(1권)

왜 알튀세르가 비 이야기로 자기 논의를 시작했는지 이해가 된다. 원자들이 계속 평행으로 허공 속에서 떨어지는 장면을 상상해보라. 기독교의 신도 없고, 플라톤의 이데아도 없고, 헤겔의 절대정신도 없다. 서로 평행 상태를 유지하며 떨어지는 수많은 원자들과 무한한 공백만 존재한다. 공백은 원자들이 운동할 수 있는 필요조건이라는 것도 명심하자. 이 상태라면 세계는 만들어질 수 없다.

원자들이 모여야, 그것도 엄청난 수의 원자들이 모여야 세계가 만들어질 테니까. 에피쿠로스는 여기서 클리나멘이란 흥미로운 개념을 이야기한다. 알튀세르가 말한 대로 그것은 "무한히 작은, '최대한으로 작은' 기울어짐"의 운동이다. 언제, 어디서 그것이 발생하는지 중요하지 않다. 원자들이 모여 세계가 만들어지려면, 반드시 발생해야만 하는 운동이니까. 결국 클리나멘은 존재론적 사유의 대상이라고 하겠다. 어쨌든 평행으로 비처럼 내리는 원자 하나가 최대한 작게 평행에서 벗어나 기울어진다. 평행에서 벗어난 이 원자는 옆에서 평행으로 움직이는 다른 원자와 마주친다. 두 원자의 마주침은 지속적이어야만 한다. 그래야 마주침을 유지하는 두 원자는 옆으로 다시 기울어져 제3의 원자와 마주칠 수 있다. 물론 이 경우 '최대한 작았던' 최초의 클리나멘보다 두 번째 클리나멘은 더 작을 수밖에 없다. 이런 식으로 마주침이 계속 지속되고 연쇄적으로 마주침이 발생해야 한다. 무한히, 어느 순간 우리가 감각적으로 확인할 수 있는 세계, 그리고 사물들이 만들어질 때까지 무한히.

히말라야에서 눈사태가 나는 것과 비슷하다. 아주 작은 돌멩이, 아니 돌가루가 정상 부분 쌓인 눈에 떨어진다. 그렇다고 눈사태가 바로 발생하는 것은 아니다. 그 작은 돌멩이가 눈과 지속적으로 마주치고, 그 마주침이 옆의 눈과의 마주침을 연쇄적으로 낳아야 한다. 어쨌든 확실한 것은 눈사태가 난다면 아주 작지만 지속적인 마주침이 반드시 있어야 한다는 사실이다. 지속적인 마주침이 있다는 건 원자들 사이에 공백이 최소화된다는 것이다. 그렇지만 원자들은 계속 움직이고 있다. 이것은 공백이 결코 사라지지 않는다는 것을 의미한다. 공백이 없으면 운동도 논리적으로 불가능할 테니까. 세계에도 돌에도 꽃에도 심지어 우리 인간에도 원자들은 계속 움직이고 있다. 어쨌든 원자들이 운동하고 지속적인 마주침이 유지되고 있다는 미시적 측면이 우리 눈에 보이는 거시적 세계 이면의 맨얼굴이다. 그러나 이런 유동성과 불확실성은 얼마나 불안한가? 그래서 인간은 만들어진 사실, 혹은 만들어진 세계를 영원한 것으로 만들려고 발버둥친다. "사후적 사실"에 "근거, 의미, 필연성, 목적"을 부여하려고 하는 이유도 바로 여기에 있다. 마주침의 또 다른 비유를 하나 생각해보자.

남자와 여자가 마주쳤다. 거래처와의 미팅을 서두르는 남자와 서점에 들러 주문한 책을 찾으려는 여자다. 두 사람은 어느 건물을 돌다가 부딪친다. 남자가 들고 있던 커피가 쏟아지고 남자 양복은 엉망이 되고 만다. '짧은 마주침'이 일어난 것이다. 서로 유감을 표하고 헤어질 수도 있지만, 두 사람은 무엇에 이끌린 듯 연락처를 주고받으며 그들의 '짧은 마주침'은 '지속적인 마주침'으로 변한다. 두 사람은 연인이 된다. 연인이 된 후 두 사람은 놀라게 된다. 그들은 같은 시기, 같은 대학에 다녔다. 심지어 그들은 가까운 곳에 살았고 더군다나 같은 지하철을 타기도 했다. 더 놀라운 것은 친구의 결혼식에 함께 참여했던 적도 있었다는 사실이다. 건물을 돌다가 커피를 쏟게 된 마주침 외에 그들은 마주치지 않았던 것이다. 대학 교정에서도 동네에서도 지하철에서도 심지어 친구 결혼식장에서도 그들은 평행으로 내리는 빗방울 같았다. 아니 마주치지 않았던 것이 신기할 정도였다. 그렇지만 무언가 불안하지 않은가? 만남은 어떤 식으로라도 반드시 헤어지게 되어 있지 않은가? 회자정리會者定離의 불길한 진리가 연인이 되어버린 두 사람을 감싼다. 여기서 연인에게는 '지속적인 마주침', 혹은 '사후적 사실'에 근거, 의미, 필연성, 목적을 부여하고 싶은 애절한 욕망이 출현한다. 우발적인 마주침을 영원불변한 것으로 만들려고 아주 대못을 박아버리려는 것이다. 의미로 충만한 관계, 필연적인 관계, 근거가 있는 관계, 혹은 만나려는 목적이 실현된 관계! 우발적인 만남을 우발적이지 않게 보려는 절절한 의지다.

알튀세르의 새로운 유물론은 두 종류의 사유를 도입한다. 사전적 사유ex-ante thinking와 사후적 사유ex-post thinking! 우발성과 우연, 그리고 마주침의 가능성을 긍정하는 사유가 사전적 사유다. 반면 사후적 사유는 지속적인 마주침의 세계, 즉 사후적 사실을 불변하는 것으로 만들려는 사유라고 할 수 있다. 더 이상 관계를 지속하지 않으려는 사람이 있다고 해보자. 당연히 스피노자의 표현을 빌리자면 그 관계가 "자신의 존재를 집요하게 유지하려는 힘 및 의지", 즉 '코나투스'를 강화하기는커녕 악화시키기 때문이다. 한때 자신의 코나투스를 증진해주었던 지속적인 만남이 이제 족쇄가 되는 비극이 발생한 셈이다. 자신의 삶을 위해 이미 만들어진 관계를 끊으려면 제일 먼저 사후적 사유를 해체해야 한다. 두 사람의 관계에 부여된 '근거, 의미, 필연성, 목적'에 사로잡혀 있는 한, 관계를 끊을 수는 없으니까. 이렇게 사후적 필연성이나 근거 등이 해체되면, 우리의 눈에는 "우발적인 마주침"의 진리가 들어온다. 바로 이 대목에서 알튀세르는 과감하게 세계를 구성하는 원자들을 사회를 구성하는 개인들로 치환한다. 자신은 벌거벗은 노동력이니까 노동력을 팔아야 한다고 생각하는 노동자가 있다. 그는 자본주의적 생산관계를 사후적으로 사유하고 있기 때문이다. 사후적 사유에 지배되는 순간, 이 노동자는 자본주의체제를 극복하려고 하지 않을 것이다. 반면 자본가와 노동자라는 관계를 사전적으로 사유하면, 그는 자본주의체제가 필연적인 근거를 가진 영원불변한 체제가 아니라는 걸 알게 된다. 마침내 그는 '지속적인 마주침'에서 떨어져 나온 원자가 되고, 그만큼 그의 눈에는 자신이 새롭게 마주침을 시도할 수 있는 공백들이 보인다. 새로운 관계, 혹은 새로운 공동체를 만들려면 개인들은 반드시 "원자화된 개인들"이 되어야 한다. 일종의 리셋이다. 사후적 사실로서 굳어진 지배체제가 해체되는 것이다. 원자화된 개인들은 평행으로 내리는 비처럼 자유와 독립성을 되찾았기에, 이들에게는 클리나멘이 다시 돌발할 수 있는 공백도 아울러 주어진다. 원자화된 개인들! 바로 이들이 혁명의 주체였던 셈이다.

생산력이 발전하면 그에 맞게 생산관계도 변한다. 이것이 물질적인 것이고 모든 사회적이고 정치적인 것을 규정하는 동력이다. 엥겔스도 플레하노프도 그리고 1960년대 알튀세르도 변증법적 유물론으로 정당화하고자 했던 생산력발전주의, 혹은 경제중심주의가 바로 이것이다. 그런데 1982년 비가 추적추적 내리던 날 알튀세르는 변증법적 유물론이 아니라 마주침의 유물론을 생각하고 있다. 토대가 상부구조를 결정한다는 논의가 아니라, 토대 자체는 항상 사후적 생각의 결과물일 수밖에 없다는 입장이다. 이제 《자본론》 등 마르크스의 정치경제학적 연구들, 즉 마르크스의 과학에는 변증법적 유물론이 아니라 마주침의 유물론이 철학적 동반자가 되어야 한다. 그렇다면 마주침의 유물론은 마르크스의 과학을 어떻게 지키고 어떻게 발전시킬 그림을 제공하는가? 짧게나마 알튀세르가 마르크스의 과학에 새롭게 부여한 철학의 면모를 이야기하는 대목을 읽어보자.

수없이 많은 구절에서 마르크스는 자본주의 생산양식은 "돈 많은 사람"과 노동력을 제외한 모든 것을 박탈당한 프롤레타리아의 '마주침rencontre'으로 탄생했다고 우리에게 설명한다. 이런 마주침이 발생했음이, 그리고 '응고pris'가 있었음이 '발견된다'. 이는 그것이 발생하자마자 소멸한 것이 아니라 지속되었고 사후적 사실le fait accompli이 되었다는 것을 말한다. 안정적인 관계들과 필연성, 연구되어 '법칙들lois'—정확히 이해하자면 경향적 법칙들—을 부여받는 그러한 필연성을 유발하는, 이 마주침이라는 사후적 사실 말이다. 이 법칙들이란 자본주의적 생산양식의 발전법칙들이다: 가치법칙, 교환법칙, 순환적 위기의 법칙, 생산양식의 위기 및 해체의 법칙, 계급투쟁의 법칙하에서 사회주의적 생산양식으로의 이행의 법칙 등등. 이런 관념에서 중요한 것은 법칙들의 발굴 따라서 하나의 본질을 발굴하는 것보다는, 그 사후적 사실을 발생시키는 이 마주침의 "응고"가 가진 우발적 성격le caractère aléatoire, 우리가 그것에 대해 법칙들을 진술할 수 있는, 이 마주침의 응고라는 우발적 성격이다. 이를 달리 말할 수도 있다. 마주침이 응고의 결과로 나오는 모든 것은 요소들의 "응고"에 선행하는 것이 아니라 그것에 뒤이어 나오며, 이 사실로 말미암아 그것은 "응고하지" 않을 수도 있고, 더구나 "마주침이 발생하지 않을 수도 있다"고 말이다. 이 모든 것은 우리에게, 분명히 몇 마디 암시 속에서이긴 하지만, 마르크스의 공식을 통해 '돈 많은 사람homme aux écrus'과 '벌거벗은 노동력la force de travail nue'의 "마주침das Vorgefundene"에 대해 이야기한다. 심지어 더 나아가 역사에서 이 마주침은 그것이 서유럽에서 응고하기 전에도 여러 번 일어났으나 당시에는 한 요소의 결여 또는 몇몇 요소들의 배치의 결여로 "응고하지" 않았다고 추측할 수 있다. 18세기와 19세기 포강 유역의 이탈리아 국가들이 그 증거가 된다. 그곳에는 돈 많은 사람들과 테크놀로지와 (강의 수력으로 가동되는 기계들의) 에너지와 숙련 인력(실업 상태의 장인들)이 있었으나 그럼에도 그 현상은 "응고하지" 않았다. 아마(아마도, 이것은 하나의 가설이다) 거기에는 마키아벨리가 민족국가를 건설하자는 호소 형태로 필사적으로 추구한 것이, 즉 가능한 생산을 흡수하기에 적절한 내부 시장이 결여되어 있었다.

– 〈마주침의 유물론이라는 은밀한 흐름〉, 《철학적 그리고 정치적인 글쓰기》(1권)

알튀세르의 논의는 단순한 만큼 강력하다. 자본가, 프롤레타리아, 기술, 에너지, 국가, 시장 등등은 자본주의체제를 구성하는 원자들 중 대표적인 것이다. 이것들이 마주치지 않으면 자본주의체제라는 사후적 사실은 만들어지지 않는다. BC 3000년 이후 억압사회가 태동하면서, 돈 많은 사람들은 항상 있었다. 날품팔이 등도 항상 있었고, 기술자들도 그리고 나름 기술도 있었다. 심지어 토지나 민중에 대한 배타적 지배력을 가진 국가기구도 있었다. 문제는 이런 다양한 원자들이 평행으로 내리는 비처럼 서로 마주치지 않을 수도 있었다는 사실이다. 서로 마주치고 지속하고 하나의 거시 세계로 응결해야 한다. 그래야 자본주의체제가 만들어질 수 있으니 말이다. 자본주의적 생산관계에만 시선을 집중하면, 돈 많은 사람들과 벌거벗은 노동력이 우선 마주치고 이 마주침이 지속되면서 다른 요소들과의 마주침으로 확장되어야만 한다. 마치 작은 돌멩이나 돌가루가 눈과 마주쳐서 눈사태라는 거대한 사실을 만들어내는 것처럼. 돈과 벌거벗은 노동력의 마주침이 지속적이고 확대되면, 농노나 노예, 혹은 소규모 생산을 하는 직접 생산자들을 강제로 벌거벗기는 폭력도 발생할 수 있다. 바로 이것이 《자본론》의 24장 〈이른바 본원적 축적^{Die sogenannte ursprüngliche Akkumulation})에서 마르크스가 해명하려고 했던 것 아닌가. 어쨌든 자본주의체제가 사후적 사실로 굳어지면, 알튀세르의 표현을 빌리자면 사후적 사실로 '응고'되면, 자본주의체제는 "안정적인 관계들과 필연성"을 갖고 있는 것으로 보인다. 그래서 자본주의체제를 정당화하는 사람이든 이 체제를 극복하려는 사람이든 자본주의체제의 법칙들을 찾으려고 혈안이 된다. 전자가 찾는 것이 자본주의체제를 영원불변한 것으로 만들려는 법칙이라면, 후자가 찾는 법칙은 자본주의체제가 영원하지 않다는 걸 보여주는 체제의 아킬레스건이라는 차이뿐이다. 마르크스의 과학이 해명했던 "생산양식의 발전법칙들", 즉 "가치법칙, 교환법칙, 순환적 위기의 법칙, 생산양식의 위기 및 해체의 법칙, 계급투쟁의 법칙하에서의 사회주의적 생산양식으로의 이행의 법칙 등등"이 출현한 것도 이런 이유에서다. 여기서 알튀세르는 우리의 주의를 환기시킨다. 마르크스의 과학은 아무리 혁명적이고 비판적이라고 할지라도 사후적 사유의 한 가지 사례에 지나지 않다고. 더 중요한 것은 자본주의체제가 돈과 노동력 등 다양한 요소들이 마주쳐서 응고되어 탄생한 사후적 사실이라는 점, 그래서 그것은 기본적으로 우발적 성격을 가지고 있다는 점이다.

알튀세르가 마르크스에게 부여한 새로운 철학은 무시무시한 파괴력을 지닌다. 이제 우리는 마르크스가 과학적으로 해명한 자본주의 법칙들을 맹신해서는 안 된다. 잘못하면 자본주의체제라는 사후적 사실을 정당화하는 데 일조할 수 있기 때문이다. 생산력을 발전시켜야 자본주의적 소유관계가 붕괴된다는 엥겔스, 혹은 국유화로 엥겔스의 생산력발전주의를 실현하려고 했던 레닌이나 스탈린이 될 수는 없는 일이다. 이것은 코나투스를 타고난 개인들을 좌지우지하겠다는 발상이기 때문이다. 최소한 1867년《자본론》이후 마르크스의 정치경제학, 혹은 그의 과학은 자본주의체제에 응고된 개개인들을 다시 원자화하려는 목적을 가지고 있었다. 그렇지만 그것은 "자신의 존재를 집요하게 유지하려는 힘 및 의지"를 가진 사회적 원자들이 감당해야 할 몫이지, 외부의 누군가가 강제로 사람들을 사회적 원자로 만들어 집단농장이나 국영기업에 편입시켜야 하는 문제가 아니다. 원자화된 개인들은 스스로 자유를 쟁취한 개인들이고, 이런 자유로운 개인들에게만 새로운 클리나멘과 새로운 마주침을 희망할 수 있으니까. 마르크스는 자본주의체제가 어떻게 인간을 포함한 수많은 요소들의 마주침과 응고로 만들어졌는지를 보여주려고 했다. 그래야 우리는 자본주의체제로 응결된 혹은 강요된 마주침에서 벗어나 원자화된 개인들로 돌아갈 수 있으니까. 항상 분해는 결합의 역순인 법이다. 이것이 바로 알튀세르가 이해한 마르크스의 과학이었다. 마르크스가 자본주의체제를 넘어선 코뮌사회를 이야기한 것은 맞다. 그렇지만 마르크스의 이야기를 자본주의체제가 발달하면 필연적으로 코뮌사회가 도래한다는 식으로 곡해해서는 안 된다. 코뮌사회는 원자화된 개인들과 그들이 운동할 수 있는 공백이 회복될 때에만, 다시 말해 자본주의라는 거시 세계가 새로운 가능성으로 충만한 원자화된 개인들의 미시 세계로 해체되어야 가능하기 때문이다.

1982년 알튀세르는 흔히 말한 '장년 마르크스'의 과학에 철학을 부여하는 작업을 마무리한 것일까? 1860년대 이후 자본주의에 대한 정치경제학적 연구에 몰두하느라 마르크스가 소홀히 했다고 하는 철학적 정당화의 작업을 알튀세르는 완성한 것일까? 우리는 '아니다'라고 말해야 한다. 이미 마르크스는 1845년 〈포이어바흐에 관한 테제들〉로 자기만의 철학적 입장을 명료히 했기 때문이다. 모든 비극은 마르크스의 친구 엥겔스로부터 시작된다. 그가 마르크스의 철학을 '유물론적 변증법'으로 규정하면서부터, 20대 마르크스의 철학적 작업은 미숙한 것으로 치부되고 마니까. '청년 마르크스'의 신화가 생긴 것이다. '유물론적 변증법'은 경제결정론, 혹은 생산력발전주의의 기초다. 한 개인이 좌지우지할 수 없기에 경제나 생산력의 문제는 국가기구의 소관일 수밖에 없다. 이렇게 '유물론적 변증법'이나 '변증법적 유물론'은 경제결정론, 생산력발전주의, 그리고 국가독점자본주의의 철학적 토대로 기능했다. 그래서 소련 등 제도권 사회주의자들은 '청년 마르크스'를 부정하거나 폄훼할 수밖에 없었다. 모든 개인을 '대상적 활동'의 주체로, 한마디로 자발적 주체로 긍정하는 것이 '청년 마르크스'의 근본적인 입장이었으니까. 청년 마르크스의 꿈, 코뮌주의가 무엇이었던가? 대상적 활동이 부정되지 않는 공동체, 즉 자유인들의 공동체라는 이념이었다. 소수가 우매한 다수를 이끌어가는 그림이 아니라, 자유로운 다수가 자신들의 공동체적 삶을 결정하는 그림이다. 마르크스의 코뮌주의는 청년 때에만 국한되는 것이 아니라 그의 생애 전체를 관통하는 입장이었다. 1871년 출간된 《프랑스내전》은 가장 확실한 증거라고 할 수 있다. 이 책에서 마르크스는 생산수단, 정치수단, 나아가 폭력수단까지 민중들의 손안에 두려는 파리코뮌의 의지를 극찬하고, 이것이 바로 진정한 코뮌주의, 혹은 가능한 코뮌주의라고 주장했기 때문이다. 이것은 공산당이나 국가기구가 모든 것을 결정했던 제도권 사회주의의 엘리트주의와는 완전히 다른 것이다.

　　민중의 민주적 자발성 vs. 엘리트의 자애로운 지도. 민중주의 vs. 엘리트주의. 결국 '성숙한 마르크스'에게 철학이 없었던 것이 아니다. '청년 마르크스'의 철학이 '성숙한 마르크스'의 과학을 추진하던 동력이었으니까. '대상적 활동'이 인간의 본질이라면, 극복해야 하는 '대상'의 성격과 본질을 정확히 해명해야만 한다. 그래서 마르크스는 자본주의체제의 맨얼굴을 파악해 다수 노동계급에게 보여주려고 했던 것이다. "당신들의 자유로운 삶을 가로막는 억압체제, 당신들을 노동자로 만들어 착취하는 자본주의체제는 바로 이것입니다. 자, 이제 이걸 극복하세요." 실제로 1867년 출간된 《자본론》이 1868년 제1인터내셔널 브뤼셀 대회에서 극찬을 받은 이유도 바로 여기에 있다. 네 차례나 구성된 인터내셔널 중 유일하게 노동계급 중심이었던 것이 제1인터내셔널이었다는 것을 잊지 말자. 어쨌든 이제 노동자들에게는 정복해야 할 험준한 산의 등산 지도가 주어진 셈이다. 바로 이것이 성숙한 마르크스가 하려고 했던 과학의 정체였다. 누가 '장년 마르크스'의 과학에 철학이 없다고 이야기하는가? 아니 질문이 잘못되었다. 누가 '장년 마르크스'의 철학을 무시하고 그 위에 유물론적 변증법이나 변증법적 유물론이란 '낡은 유물론'을 덧칠했는가? 엥겔스이고 플레하노프이고 레닌이고 마오쩌둥이다. '유물론적 변증법' 혹은 '변증법적 유물론'은 '청년 마르크스'의 철학과 공존할 수 없으니, 그들은 '청년 마르크스'를 미숙하다고 폄훼하고 부정했던 것이다.

모스크바 마르크스-레닌 연구소에서 1920년대 발간하기 시작한 《마르크스-엥겔스 저작집MEW, Marx-Engels Werke》을 보라. 연도순으로 구성된 전집 첫 번째 권에는 청년 마르크스의 철학적 성과가 응축된 박사학위 논문 〈데모크리토스와 에피쿠로스 자연철학의 차이〉와 《1844년 경제학-철학 수고》는 쏙 빠져 있다. 다행히도 편집자도 양심이 있었던지, 혹은 청년 마르크스의 철학적 사유에 대한 거부

반응이 줄었던지, 아니면 청년 마르크스의 두 저작을 첫째 권에서 누락한 것에 대한 불만이 커져서인지, 이 두 편의 저작은 이 전집 40권에 드디어 게재된다. 최소한 소련에서 청년 마르크스의 철학은 변증법적 유물론과는 무언가 이질적이라는 자각이 있었다는 방증이다. 도둑이 제 발 저린 형국이지만, 결과적으로 사회주의라는 화장을 칠한 국가독점자본주의체제가 얼마나 청년 마르크스를 곤혹스러워했는지 미루어 짐작이 가는 일이다. 불행히도 1960년대 알튀세르도 예외는 아니었다. 변증법적 유물론, 유물론적 변증법, 경제결정론, 생산력발전주의, 국가독점자본주의, 엘리트주의 등등은 제도권 사회주의의 풀 패키지였다. 이 패키지 안에서 알튀세르는 나름 재주를 부렸던 것이다. 그러나 누구보다 마르크스를 많이 읽었던 알튀세르 아닌가. 점점 그는 제도권 사회주의 패키지에서 벗어난다. 1978년 4월 알튀세르는 《르몽드Le Monde》에 〈공산당 내에서 더 이상 지속될 수 없는 것Ce qui ne peut plus durer dans le parti communiste〉이라는 기고문을 25일, 26일, 27일, 28일에 연속 게재한다. 당시 자신의 심경을 알튀세르는 그의 자서전에서 다음과 같이 술회한다.

> 나는 싫든 좋든 간에 어쨌든 극히 어려운 조건 속에서 한몫을, 제대로 한몫을 했던 것이다. 그런데 그것은 엘렌과 마찬가지로 나 역시 몹시 싫어한 당 정치를 위해서가 아니라, '현실 사회주의'와 소련식으로 변질된 그 가증스러운 예를 따르지 않는 코뮌주의의 이념을 위해서, 즉 프랑스뿐만 아니라 전 세계에서 상품관계에서 벗어난 사회, 왜냐하면 내가 수없이 되풀이하듯이 코뮌주의라는 개념이란 간단히 말해 그 어떤 상품관계도 없는 인간공동체이기에, 바로 그런 사회가 언젠가—그런데 언제

2부. 마르크스의 철학, 마르크스의 과학

가 될까?―도래할 것을 믿고자 했으며 아직 믿고자 하는 그런 사람들의 희망과 이념을 위해 한몫을 한 것이다.

―《미래는 오래 지속된다L'avenir dure longtemps》(1992)

알튀세르! 마침내 그는 경제결정론자가 아니라 코뮌주의자가 된 것이다. 1980년 아내 엘렌을 정신착란으로 교살하게 된 비극적인 사태 이후, 코뮌주의자로서 알튀세르는 변증법적 유물론을 정교하게 다듬으려고 하지 않는다. '마르크스로 돌아가자!' 혹은 '마르크스의 과학에 철학을 부여하자!'는 그의 슬로건이 폐기되었다는 것은 아니다. 말 그대로, 그리고 일체의 유보 없이, 그는 마르크스로 돌아가려고 한다. 제도권 사회주의의 관례대로 무관심에 방치해두었던 '청년 마르크스'의 저작들을 다시 넘기기 시작한 것도 이런 이유에서이리라. 청년 마르크스의 철학적 작업은 어떻게 이루어졌는가? 1841년 23세에 마르크스는 에피쿠로스가 피력했던 우발적 유물론의 고유성을 해명한 박사학위 논문 〈데모크리토스와 에피쿠로스 자연철학의 차이〉를 완성한다. 1843년 25세에 마르크스는 헤겔 철학을 비판하는 《헤겔 법철학 비판》을 완성한다. 1844년 26세에 마르크스는 자본주의와 헤겔 철학에 대한 포괄적 비판을 시도하고, 그 결과물로 《1844년 경제학-철학 수고》를 남기게 된다. 부르주아 사회가 헤겔 철학으로 정당화되기에, 코뮌사회를 위해서는 자본주의체제뿐만 아니라 헤겔 철학도 비판할 수밖에 없었던 것이다. 이어 1845년 27세에 마르크스는 기존의 모든 사유 전통을 포이어바흐라는 상자 안에 집어넣은 다음, 이 상자를 발로 차 쓰레기통에 넣어버린다. 〈포이어바흐에 관한 테제들〉이다. 1839년 에피쿠로스 연구에 착수한 뒤 6년 만에 마르크스는 자신의 철학적 입장을 꾸준히 다지고 있었던 셈이다. 인간의 수동적인 측면만을 강조하는 '낡은 유물론'과 인간의 능동적 측면만을 강조하는 '관념론'을 넘어서는 새로운 철학적 입장, '대상적 활동'과 '인간적 사회'라는 개념을 토대로 '새로운 유물론'을 정초했으니까. 가장 영민한 젊은 시절 6년은 결코 짧은 시간이 아니다. 더군다나 그 기간 동안의 철학적 사유를 감당했던 사람이 박사학위 논문을 완성한 젊은 철학 박사였다면 이야기가 달라진다. 모든 분야에서도 마찬가지지만 박사학위 논문은 한 연구자의 연구 방향과 일생을 결정하는 법이다. 체계성이나 성숙도의 문제가 아니라 방향의 문제다. 예를 들어 일본의 식민지가 되면서 한국사회에 근대화가 이루어졌다는 취지의 박사학위 논문을 작성했던 젊은 학자가 있다고 하자. 그는 신자유주의 이념을 찬양하는 교수로 자라게 될 것이다. 반대로 갑오농민전쟁을 반제국주의와 민주주의운동이라는 취지의 논문을 작성했던 학자가 있다면, 그는 신자유주의의 고용 불안 정책, 즉 정리해고제를 비판하는 지식인이 되었을 것이다.

박사학위 논문은 어떤 지성의 방향과 정신을 결정하는 중요한 문건이다. 마르크스의 박사학위 논문도 예외는 아니다. 고대 그리스 철학에서 유물론적 사유를 감당했던 원자론이 마르크스의 사유 주제였다. 원자론의 두 기둥이라고 할 수 있는 데모크리토스와 에피쿠로스를 비교하면서 마르크스는 데모크리토스가 아니라 에피쿠로스의 손을 들어준다. 〈포이어바흐에 관한 테제들〉의 용어를 빌리자면 그의 눈에는 데모크리토스의 원자론이 '낡은 유물론'이고 에피쿠로스의 그것은 '새로운 유물론'의 선조로 보였으니까. 바로 이것이다. 1980년대 알튀세르는 에피쿠로스와 손을 잡으려 했던 청년 마르크스의 속내를 읽어낸 것이다. 그 결과로 탄생한 것이 바로 〈마주침의 유물론이라는 은밀한 흐름〉이다. 크게는 에피쿠로스로부터 시작된 새로운 유물론의 전통이 은밀하게 흘러 스피노자를 거쳐 마르크스에게까지 이르렀다는 것이고, 좁게는 에피쿠로스의 정신이 청년 마르크스와 장년 마르크스, 혹은 숨을 거둘 때의 마르크스 이면에 은밀하게 흘렀다는 이야기다. '은밀한 흐름courant souterrain'이라는 표현에 등장하는 '수테랭souterrain'은 원래 '땅 밑', 즉 '지하'라는 의미다. 결국 이렇게 땅 밑에서 에피쿠로스로 상징되는 새로운 유물론의 흐름이 도도하게 흐르고 있었던 것이다. "장년 마르크스에게 유물론적 변증법이나 변증법적 유물론이란 철학을 부여하려고 했으니, 얼마나 우스운 일인가?" 추적추적 내리는 비를 보며 알튀세르가 중얼거렸던 말은 바로 이것이었으리라. 너무 늦었다. 죽음에 가까울수록 정신착란이 심해지는 이 노 철학자는 지금 간신히 23세 마르크스의 속내에 접속했으니까. 그에게 시간이 조금만 더 허용되었더라면, 그는 우리를 27세의 마르크스(〈포이어바흐에 관한 테제들〉), 49세의 마르크스(《자본론》 1권), 그리고 53세의 마르크스(《프랑스내전》)로 안내해주었을 것이다. 그러나 다 만시지탄晩時之歎일 뿐이다.

고대 그리스 원자론은 플라톤의 본질주의나 정신주의를 비판하면서 출현한다. 기독교와 마찬가지로 플라톤은 불멸하는 영혼을 인정한다. 《파이돈Phaedo, Phaidōn》이나 《국가The Republic, Politeia》를 보면 이데아의 세계에 존재했던 영혼이 육신을 만나 삶을 영위하다 육신을 버리고 다시 이데아의 세계로 간다는 도식이 전개된다. 이런 생각을 한 번에 날려버리려고 했던 것이 바로 사제지간이었던 레우키포스Leucippus(BC 5C?)와 데모크리토스Democritus(BC 460?~BC 370?), 즉 고대 그리스 최초의 원자론자들이었다. 모든 관찰 가능한 것들은 원자라는 불멸하는 실체들이 모여서 만들어진 것이다. 당연히 원자들이

루카 조르다노가 그린
데모크리토스(1690).
레우키포스와
데모크리토스의 원자론은
원자들이 유일한
실체들이라는 주장 외에
원자들의 운동은 필연성을
띤다고 주장한다.

1493년에 출간된 역사책
《누렘베르크 연대기Nuremberg
Chronicle》에 실린 에피쿠로스
삽화. 에피쿠로스는 원자들에게
클리나멘, 즉 기울어짐이라는
운동을 부여한 비결정론적
원자론을 피력했다. 따라서
최초의 원자론과는 달리
에피쿠로스의 원자론은 필연성을
강조하는 결정론이 아니다.

흩어지면, 그 순간 눈에 보이는 모든 대상도 사라진다. 눈에 보이는 것들, 나아가 정신적인 것들도 모두 원자들이 모여서 이루어지는 효과에 지나지 않으니, 원자들이 흩어지면 그런 것들은 모두 사라질 수밖에 없다는 것이다. 결국 이데아, 신, 영혼 등이 존재한다고 믿는 것은 헛된 미신에 지나지 않는다. 고대 그리스 사회를 떠받치고 있던 종교와 신화는 이렇게 원자론자들에 의해 강력한 도전장을 받는다. 신과 인간 사이의 위계나 혹은 정신과 육체 사이의 위계는 항상 정신노동과 육체노동 사이의 위계, 혹은 지배계급과 피지배계급 사이의 위계와 함께 간다. 그러니 영혼 불멸을 옹호하는 문제는 단순한 철학적 쟁점을 넘어 정치적인 쟁점이기도 했다. 아니나 다를까 아리스토텔레스^Aristotle(BC 384~BC 322) 등 체제 이데올로그들의 반격은 거셌고, 그 결과 원자론자들의 저서는 지금 거의 전해지지 않는다. 다행히도 당시 고대 그리스 사회에 풍미했던 원자론, 특히 데모크리토스의 원자론은 아리스토텔레스의 저서 《물리학^Physics, ^Phusike akroasis》에 단편적이나마 남아 있다. 아리스토텔레스는 원자론자들을 비판하기 위해 그들의 주장도 소개할 수밖에 없었던 것이다. 레우키포스와 데모크리토스의 원자론에서 특이점은 원자들이 유일한 실체들이라는 주장 외에 원자들의 운동은 필연성을 띤다는 주장에 있다. "어떤 것도 무의미하게 일어나지 않는다. 모든 것은 법칙^logos으로부터 그리고 필연성^ananke에 의해서 발생한다"는 최초 원자론자들의 말이 중요한 이유다. 그들의 말이 옳다면 인간은 원자들의 운동이 가지는 필연성에 순종해야 할 뿐 거기에 저항할 수는 없다.

아리스토텔레스는 데모크리토스의 원자론과는 결이 다른 원자론이 출현하리라고는 예상도 하지 못했을 것이다. 그가 죽은 뒤 에피쿠로스^{Epicurus}(BC 341~BC 270)라는 새로운 원자론자가 탄생하기 때문이다. 모든 원자론자의 숙명처럼 그도 반박되고 망각되는 운명에 처해지지만, 다행히도 그에게는 자신을 숭배하던 로마제국의 시인 루크레티우스^{Lucretius}(BC 96?~BC 55)가 있었다. 루크레티우스의 철학적 서사시《사물의 본성에 관하여$^{De rerum natura}$》는 시라는 이유로 체제의 이데올로그들의 공격에서 자유로울 수 있었다. 그 결과 에피쿠로스의 원자론은 이 서사시에 실려 아직도 우리에게 전해진다. 최초의 원자론과는 달리 에피쿠로스의 원자론은 필연성을 강조하는 결정론이 아니었다. 에피쿠로스는 원자들에게 클리나멘, 즉 기울어짐이라는 운동을 부여한 비결정론적 원자론을 피력했기 때문이다. 마르크스가 박사학위 논문에서 주목했던 것도 바로 이 대목이다. "에피쿠로스는 허공에서 이뤄지는 원자들의 삼중 운동을 가정했다. 첫 번째는 직선으로 낙하하는 운동이고, 두 번째는 원자가 직선에서 벗어나면서 생기는 운동이며, 세 번째는 많은 원자들이 충돌을 통해 정립되는 운동이다. 첫 번째와 세 번째 운동에 대해서는 데모크리토스와 에피쿠로스 모두 받아들였다. 그러므로 직선으로부터 원자의 기울어짐이 두 사람의 차이인 셈이다." 무엇 때문에 에피쿠로스는, 그리고 마르크스는 원자의 기울어짐에 주목했던 것일까? 해답의 실마리는 다음 마르크스의 이야기에서 찾을 수 있다. "루크레티우스가 기울어짐은 '운명의 구속'을 깨뜨린다고 주장했을 때 그는 옳았다. 그리고 그가 이것을 바로 의식에 적용했던 말을 빌린다면, 원자에 대해서도 기울어짐은 맞서 싸우고 저항할 수 있는 원자의 가슴속에 있는 어떤 것이라고 말할 수 있다."

세계와 원자들 사이의 관계는 사회와 개인들 사이의 관계와 구조적으로 같다! 아니 이것은 구조적 유비만의 문제가 아니라 논리적으로 분석할 수 있는 사항이다. 세계의 모든 필연성은 원자들의 운동이 따르는 필연성으로 환원될 수 있으니 말이다. 원자가 인간을 결정하고, 인간은 사회를 결정한다. 이 경우 사라지는 것은 바로 인간의 자발성, 능동성, 혹은 자유다. 반대로 원자의 기울어짐을 긍정하면, 이것은 인간의 기울어짐도 긍정하게 되고, 나아가 사회의 기울어짐도 긍정하게 된다. 여기서 인간의 자발성과 자유는 구원받을 수 있다. 마르크스가 에피쿠로스에게서 찾았던 것이 바로 이것이다. 데모크리토스의 원자론은 신, 영혼, 이데아 등 불변하는 정신적 실체를 하나의 미신으로 괴멸시켰다. 더 이상 우리는 정신적 실체의 지배를 받을 필요가 없게 된 것이다. 그러나 그 대가는 어떤가? 이제 우리는 운동하는 원자들이 따르는 법칙과 필연성에 복종해야 한다. 원자들이 눈에 보이지 않는다는 점에서 그것들의 법칙과 필연성도 눈에 보이지 않는다. 그렇다면 이런 물질적 법칙과 필연성은 이성으로만 파악 가능하다는 이데아의 법칙과 필연성과 무슨 차이가 있다는 말인가? 에피쿠로스가 새로운 원자론을 피력한 이유는 바로 이것 아니었을까? 원자론이 정신적 실체의 결정론적인 법칙을 반박했다면, 원자론은 물질적 실체의 결정론적인 법칙도 반박해야 한다. 그래야 차안세계의 자율성, 혹은 인간의 자발성을 긍정할 수 있으니 말이다. 영민한 마르크스는 에피쿠로스의 속내를 정확히 읽었던 것이다. 방금 읽은 구절에 마르크스가 《사물의 본성에 관하여》에 등장하는 두 구절을 주석으로 붙인 것도 이런 이유에서다. 첫째는 "운명의 구속, 즉 원인과 결과라는 영원한 연쇄를 파괴하는 새로운 운동을 발생시키기 위해, 원자들이 기울어지지 않는다면……"이라는 구절이고, 두 번째는 "인간의 가슴속에는 이런 힘과 싸우고 저항할 수 있는 어떤 것이 존재한다"는 구절이다.

	낡은 유물론	새로운 유물론
기원	• 결정론적 원자론 (데모크리토스)	• 비결정론적 원자론(에피쿠로스)
특징	• 형이상학적 유물론 • 유물론적 변증법(엥겔스) • 변증법적 유물론(플레하노프)	• 실천적 유물론 • 타자성의 변증법(마르크스) • 우발적 유물론(알튀세르)
적용	• 생산력발전의 문제 • 국유화와 국영화 • 국가독점자본주의 • 제도권 사회주의국가들	• 생산수단과 생산관계의 문제 • 협업, 그리고 생산수단 공유共有 • 코뮌주의 • 파리코뮌
연관 인물	• 엥겔스 • 1848~1859년의 마르크스 • 플레하노프 • 레닌 • 알튀세르(1960년대)	• 청년 마르크스 • 1860년대 이후의 마르크스 • 보그다노프Alexander Aleksandrovich Bogdanov (1873~1928) • 알튀세르(1980년대)

　　인간이 완전히 자유롭다는 이야기가 아니다. 주어진 조건과 상황을 어찌할 수는 없지만, 그것에 맹목적으로 순응하는 것이 아니라 저항할 수 있다는 이야기일 뿐이다. 중력의 지배를 받아 위에서 아래로 떨어지는 원자들이 직선 운동에서 조금 기울어지는 것처럼 말이다. 필연성에 지배되지만 완전히 그것에 굴종하지 않는 원자들처럼, 인간도 마찬가지 아닌가? 신의 지배에 저항하다가 원자의 지배를 받아들일 수는 없는 법이다. 신의 지배에 저항했던 것은 인간의 자유를 긍정하기 위해서였지, 다른 지배자를 찾으려고 했던 것은 아니니까. 분명 원자론은 모든 정신적 실체를 거부한다는 점에서 유물론적 전통이다. 그렇지만 법칙과 필연성에 복종하는 결정론이 되는 순간, 원자론은 물질의 탈을 쓴 새로운 지배 논리로 변질될 수 있다. 누군가 이것이 원자들이 따르는 법칙과 필연성이라고 강

요한다면, 그리고 그 누군가가 강력한 권력자라면, 문제는 아주 심각해진다. 그러니 데모크리토스의 원자론이 낡은 유물론이고 에피쿠로스의 원자론은 진정한 유물론이자 새로운 유물론이라고 할 수 있다. 결국 마르크스는 유물론이 가질 수 있는 두 가지 경향을 미리 식별했던 것이다. 원자들의 자발성, 나아가 개인들의 자발성을 긍정하는 유물론과 그것을 부정하는 유물론! 혹은 우발적인 유물론과 결정론적인 유물론! 〈포이어바흐에 관한 테제들〉에서 마르크스가 시도했던 '낡은 유물론'과 '새로운 유물론'이라는 구분은 바로 그의 박사학위 논문에서 시작되었던 셈이다. 분명 마르크스는 1848년《코뮌주의정당 선언》에서부터 1859년《정치경제학 비판을 위하여》〈서문〉까지 생산력발전주의나 경제결정론을 받아들이고 있다. 진화론이 지배했던 19세기 담론 분위기도 그렇고 동료였던 엥겔스의 생산력발전주의도 마르크스를 미혹에 빠뜨린 것이다. 그렇지만 1867년《자본론》이후, 특히 1871년《프랑스내전》이후 마르크스는 〈포이어바흐에 관한 테제들〉로 정리된 새로운 유물론의 정신을 완전히 되찾게 된다. 강요된 직선 운동에서 벗어나려는 원자들처럼 인간도 주어진 사회적 조건에서 기울어질 수 있는 '사회적 원자'라는 사실을!

나의 변증법적 방법dialektische Methode은 근본적으로 헤겔의 그것과 다를 뿐만 아니라 오히려 그것과 정반대direktes Gegenteil다. 헤겔에게는 그가 이념Idee이라는 이름 아래 자립적인 주체selbständiges Subjekt로까지 변형시킨 사유 과정Denkprozeß은 현실 세계의 창조자Demiurg이고, 현실세계는 사유 과정의 외적 현상Erscheinung에 지나지 않는다. 나에게는 반대인데, 관념적인 것das Ideelle은 '인간의 머릿속에 옮겨지고 번역된 물질적인 것 das im Menschenkopf umgesetzte und übersetzte Materielle'에 지나지 않는다. 나는 약 30년 전에 헤겔 변증법이 아직 유행하고 있던 그 당시에 헤겔 변증법의 신비화된 측면을 비판했다. 그러나 내가 《자본론》 제1권을 저술하고 있던 때에는, 독일의 지식인들 사이에서 활개 치는 불평 많고 거만하고 또 형편없는 아류들이, 일찍이 레싱Lessing 시대에 용감한 모제스 멘델스존Moses Mendelssohn이 스피노자를 대하듯이, 헤겔을 바로 '죽은 개'로 취급한 것을 기쁨으로 삼기 시작했다. 그러므로 나는 자신을 이 위대한 사상가의 제자라고 공언하고 가치론에 관한 장에서 군데군데 헤겔의 특유한 표현 방식을 흉내 내기까지 했다. 변증법이 헤겔의 수중에서 신비화되기는 했지만, 그러나 다름 아닌 헤겔이 처음으로 변증법의 일반적 운동 형태를 포괄적으로 또 의식적으로 서술했던 것이다. 변증법은 헤겔에서 머리로 서 있다Sie steht bei ihm auf dem Kopf. 변증법을 뒤집을 필요가 있다Man muß sie umstülpen, 신비한 껍질mystischen Hülle 속에 들어 있는 합리적인 핵심rationellen Kern을 찾아내려면.

– 〈2판 후기Nachwort zur zweiten Auflage〉, 《자본론》(1873년 1월 24일)

생산력발전주의는 생산력 발달 수준에 따라 귀족-노예, 영주-농노, 자본가-노동자라는 계급관계가 만들어진다고 주장한다. 이 입장에 따르면 BC 3000년 이후 억압과 굴종으로 점철된 인류 역사의 흐름을 관통하는 것, 혹은 인류 역사를 추동하는 것은 생산력이다. 생산력이 자본가-노동자라는 관계를 자기 발전을 가로막는 족쇄로 느낄 때, 마침내 부르주아사회는 붕괴되고 그 자리에 코뮌사회가 들어오게 된다는 것이다. 당연히 자본주의가 충분히 발달하지 않는 곳에서 코뮌사회를 달성하려는 노력은 실패로 끝날 수밖에 없다. 생산력이 코뮌사회를 뒷받침하지 않으니까. 생산력결정론이라고 할 수도 있는 생산력발전주의는 1847년 엥겔스가 《코뮌주의의 원칙들Grundsätze des Kommunismus》에서 처음으로 피력한 뒤, 1848년 마르크스와 엥겔스가 함께 집필했던 《코뮌주의정당 선언》에도 그대로 관철된다. 어쨌든 생산력발전주의가 옳다면 생산력이 충분히 발전할 때까지 코뮌사회는 유보되어야 한다. 1848년에서 1859년까지 마르크스는 엥겔스의 생산력발전주의를 수용하지만 무언가 찜찜한 느낌을 버리지 못했다. 데모크리토스의 결정론적 원자론이 아니라 에피쿠로스의 비결정론적 원자론에 손을 들어주었던 마르크스 아니었던가? 법칙에 순종하는 것이 아니라 거기에 능동적으로 대응할 수 있는 인간의 자발성, 즉 대상적 활동을 강조했던 마르크스 아니었던가? 1844년 엥겔스와 본격적으로 교류하기 이전, 그는 생산력발전주의자가 아니라 코뮌주의자였다. 대상적 활동의 주체들, 즉 자유인들의 공동체를 지향하는 것이 코뮌주의다. 원자들의 운동 법칙에 지배되는 인간이나 생산력발전에 지배되는 인간은 대상적 활동의 주체일 수는 없다.

1860년대 이후 마르크스가 생산력이 중심이 아니라 생산수단과 생산관계를 중심으로 하는 정치경제학적 연구에 홀로 몰두하게 되는 이유도 바로 여기에 있다. 마르크스는 생산력발전 여부를 떠나 대상적 활동의 주체에게 그들이 극복해야 할 대상의 진면목을 보여주려고 했다. 노동자들이 자신이 어떻게 노동 노예로 만들어지고 길러지고 착취되는지 알려주는 일이다. 여러모로 마르크스는 외과 의사를 닮았다. 냉정하게 보일 만큼 진단 결과를 있는 그대로 환자에게 알려주지만, 그것이 외과 의사가 환자에게 할 수 있는 가장 큰 애정인 법이다. X레이 사진이나 CT 사진으로 환부를 정확히 보여주면, 어느 환자가 치료에 열의를 보이지 않겠는가? 그렇지만 의사가 치료를 강요할 수는 없는 일이다. 체제가 강요하는 굴욕과 굴종의 현실을 정확히 보여주면, 노동계급도 억압이 없는 코뮌사회를 만들려고 할 것이다. 물론 마르크스가 이걸 강요할 수는 없는 일이다. 바로 이것이 1860년대 이후 정치경제학을 연구할 때 마르크스가 지향했던 것이다. 생산력발전주의에 입각한 정치경제

1861년 무렵의 마르크스. 1860년대 이후 마르크스는 생산력 중심이 아니라 생산수단과 생산관계를 중심으로 하는 정치경제학적 연구에 몰두한다.

학이 아니라 코뮌주의에 입각한 정치경제학이다. 당신이 따라야만 하는 자본주의 법칙을 소개하는 정치경제학이 아니라 당신이 극복해야만 하는 자본주의 법칙을 보여주는 정치경제학이다.

마침내 그 결과물이 1867년에 출간된 《자본론》이었다. 그래서 1871년에 성립된 파리코뮌은 마르크스에게는 일종의 복음이었다고 할 수 있다. 코뮌주의는 생산력발전이나 경제발전의 명목으로 유보될 수도 없고, 유보되어서도 안 되고, 유보될 필요도 없다는 것을 파리코뮌 자체가 입증했으니까. 생각해보라. 산업자본주의가 발달한 영국에서나 혁명이 가능하다고 엥겔스는 예언하지 않았던가? 그러나 현실은 달랐다. 영국에 비해 자본주의 발달이 현저히 뒤처

졌던 프랑스에서 코뮌사회가 만들어진 것이다. 파리코뮌은 1867년 출간한 《자본론》의 연구 방향이 옳았다는 확신뿐만 아니라, 1844년 이전 자신이 정식화했던 철학적 사유가 유효하다는 확신을 마르크스에게 심어준다. 그로서는 당당함이고 자부심이고 뿌듯한 일이었다. 이런 마르크스의 속내는 1873년 1월 24일에 작성된 《자본론》〈2판 후기〉에 고스란히 묻어난다. 이제 마르크스는 자신이 일급의 철학자일 뿐만 아니라 정치경제학의 대가가 되었다고 확신하게 된 것이다. 먼저 그는 1867년 자신이 출간한 《자본론》이 생산력발전주의와는 아무런 상관이 없다는 사실을 밝힌다.

> 페테르부르크에서 발행되는 《유럽통신Vyestnik Evropy》에 실린 한 논문(1872년 5월호, 427~436쪽) …… 나는 이 필자에 대해서 그가 행한 비평 가운데 몇 군데를 발췌하는 것 이상으로 답변을 해줄 수 없지만, 이 발췌문은 러시아 원본을 구할 수 없는 많은 독자들에게 아마 흥미를 불러일으킬 수 있으리라 생각한다. …… "경제생활의 일반 법칙은 똑같은 것이고 그것이 현재에 적용되든 과거에 적용되든 마찬가지라고 말하는 사람도 있을 것이다. 마르크스는 바로 그것을 부정한다. 마르크스에 따르면 그런 추상적인 법칙abstrakte Gesetze은 존재하지 않는다. …… 오히려 그 반대로 마르크스의 견해에 따르면 모든 역사적 시기에는 저마다 독자적인 법칙eignen Gesetze이 있다. …… 생명은 일정한 발전 시기를 경과하고 나면, 즉 하나의 단계에서 다른 단계로 이행하고 나면 곧바로 다시 다른 법칙의 지배를 받기 시작한다. …… 똑같은 하나의 현상도 각 유기체들의 전체 구조의 차이, 각 구성 기관의 차이, 각 기관이 기능을 수행하는 조

건의 차이 등에 따라서 완전히 다른 법칙의 지배를 받는다. 예를 들어 마르크스는 인구 법칙이 언제 어디서나 똑같이 적용된다는 것을 부인한다. 오히려 그 반대로 그는 모든 발전 단계마다 독자적인 인구 법칙이 있다고 단언한다. …… 생산력발전의 차이에 따라서 제반 사회적 관계는 물론 그것을 규정하는 법칙들도 변한다. 마르크스는 이런 관점에서 자본주의적 경제 질서를 연구하고 해명한다는 목표를 세웠기에, 경제생활에 대한 모든 세밀한 연구가 가져야 할 목표를 엄격하게 과학적으로 정식화했을 뿐이다. …… 그런 연구의 과학적 가치는, 다른 고도의 사회적 유기체에 의해 대체될 때까지, 주어진 사회적 유기체gesellschaftlichen Organismus가 탄생하고, 존속하고, 발전하고, 그리고 죽어가는 과정을 규정하는 특수한 법칙besondren Gesetze을 해명하는 데 있다. 그리고 마르크스의 책은 사실상 바로 그런 가치를 지니고 있는 책이다." 이 필자는 그가 나의 참된 방법이라고 불렀던 바로 그것을 참으로 정확히 묘사했으며 또한 그 방법을 내가 어떻게 사용했는지에 대해서도 매우 적절하게 서술했는데, 그가 서술한 바로 이것이 변증법적 방법die dialektische Methode이 아니면 무엇이겠는가?

-〈2판 후기〉, 《자본론》(1873년 1월 24일)

여기서 마르크스가 언급하는 필자는 당시 페테르부르크대학 정치경제학 교수였던 카우프만Illarion Iganatevich Kaufman(1848~1916)이다. 1872년 그는 《자본론》에 대한 리뷰를 《유럽통신》(5월호)에 기고한다. 〈정치경제학적 비판에서의 카를 마르크스의 관점: 《자본론: 정치경제학 비판》에 대한 리뷰Karl Marx's Point of View in his Political-Economic Critique: A

2부. 마르크스의 철학, 마르크스의 과학

〉라는 글이 바로 그것이다. 이 리뷰에서 카우프만은 《자본론》을 집필했던 마르크스의 속내를 잡아낸다. "모든 시대에 통용되는 추상적인 경제 법칙은 존재하지 않는다"고. 그러니까 고대사회는 그 사회 나름의 경제 법칙이 있고, 중세사회는 그 사회 나름의 경제 법칙이 있고, 부르주아사회도 그 사회 나름의 경제 법칙이 있다는 것이다. 이것은 달리 말해 "모든 역사적 시기에는 저마다 독자적인 법칙이 있다"는 입장이다. 이런 입장에 생산력발전주의가 발 하나라도 걸칠 수 있겠는가? 생산력발전주의는 모든 시대를 관통하는 생산력이란 원리를 긍정하기 때문이다. 생산력발전주의는 자본주의 생산력이 자본주의적 생산관계를 족쇄로 느낄 만큼 폭발하는 경우에만 코뮌주의가 도래할 수 있다고 예언한다. 간단히 말해 제3세계 가난한 국가들에서 코뮌사회는 실현 불가능하다는 이야기다. 결국 이런 저개발 사회에서 민중들이 할 수 있는 일이라곤 생산력이 충분히 발전할 때까지 억압을 그냥 감내하는 것뿐이다.

그렇지만 생산력발전주의가 신화로 판명되면 이야기가 완전히 달라진다. 생산력이 발달한 사회이건 그렇지 않은 사회이건 간에 민중들은 억압에 맞서 싸울 수 있다. 모든 역사적 시기에 존재한다는 독자적인 법칙을 생각해보라. 사실 이 법칙은 억압의 법칙과 다름없다. 고대사회는 노예의 등에 업혀 유지되었고, 중세사회는 농노의 노동을 착취해서 유지되었고, 부르주아사회는 노동자의 피땀으로 유지되었으니까. 노예들이 더 이상 노예가 아니게 되었다면, 고대사회는 그 순간 코뮌사회로 변했을 것이다. 농노들이 토지를 장악했다면 중세사회는 그 순간 코뮌사회로 변했을 것이다. 노동자들이 공장이나 회사의 생산을 장악한다면, 부르주아사회는 그 순간 코뮌사회로 변할 것이다. 어느 경우든 코뮌주의는 관철되어야한다! 지금은 부르주아사회다! 그러니 이 사회에서 코뮌주의를 관철해야만 한다.《자본론》에서 마르크스가 자본주의체제가 자행하는 억압과 착취의 법칙에만 집중했던 것도 이런 이유에서다. 소련 교과서에 등장하는 '사적 유물론'이나 '변증법적 유물론', 형이상학적 진리로까지 승화된 이런 결정론적 유물론이 숨도 쉴 수 없는 단호한 입장이다.

자본주의를 연구하는 마르크스의 방법은 엥겔스나 플레하노프, 혹은 레닌이 생각했던 변증법과 성격이 다르다. 사적 유물론이나 변증법적 유물론이 모든 시대를 관통하는 진리를 표방한다면, 마르크스는 부르주아사회만이 가지고 있는 "독자적인 법칙"을 해명하려고 한다. 그래서 마르크스가 해명한 자본주의체제의 법칙은 중세사회를 설명하는 데도, 나아가 언젠가 도래할 코뮌사회를 설명하는 데도 별다른 도움이 되지 않는다. 사적 유물론이나 유물론적 변증법이 '연속성'의 논리를 따르는 반면, 마르크스의 연구 방법은 '불연속성'의 논리에 기반을 두고 있으니까. "마르크스는 인구 법칙이 언제 어디서나 똑같이 적용된다는 것을 부인한다. 오히려 그 반대로 그는 모든 발전 단계마다 독자적인 인구 법칙이 있다고 단언한다"고 카우프만이 말했던 것도 이런 이유에서다. 카우프만의 이야기를 꼼꼼히 읽다보면, 우리는 마르크스의 방법이 불연속성에 기반을 두고 있다는 외적 특징 외에 그 내적 특징도 확인하게 된다. 카우프만은 마르크스가 수행한 "연구의 과학적 가치는, 다른 고도의 사회적 유기체에 의해 대체될 때까지, 주어진 사회적 유기체가 탄생하고, 존속하고, 발전하고, 그리고 죽어가는 과정을 규정하는 특수한 법칙을 해명하는 데 있다"고 결론을 내린다. 카우프만의 판

2부. 마르크스의 철학, 마르크스의 과학

단대로라면 마르크스의 방법은 자본주의체제라는 전대미문의 유기체가 탄생하고 유지하고 발전하는 과정, 이 유기체의 생존 방식에 대한 법칙을 해명하는 것이다.

유기체란 무엇인가? 자전거와 같은 비유기체는 해체한 뒤 사나흘 지나서 다시 결합하면, 원래대로 아무런 문제없이 돌아간다. 그렇지만 사람과 같은 유기체는 해체한 뒤 사나흘 지나서 다시 결합한다고 해서 원래대로 완전히 돌아갈 수 없는 법이다. 유기체의 경우 전체는 부분들의 단순한 총합 이상이라는 사실이 중요하다. 요리를 하다 살점이 조금 잘려나갈 때가 있다. 놀랍게도 얼마 지나지 않아 상처는 아물고 잘려나간 부분에 새 살이 돋는다. 이렇게 전체가 필요한 부분을 만들기도 한다. 전체가 부분들의 단순한 총합 이상이라는 증거다. 물론 손가락이 잘리는 등 골격과 관련된 큰 외상의 경우 유기체의 자기 복원력은 제한적일 수밖에 없지만 말이다. 유기체는 사물들의 단순한 집적이 아니라 부분들의 통일로 규정된다. 유기체가 전체주의의 논리에 지배되는 것도 이런 이유에서다. 유기체의 논리에 포섭된 개체들은 전체를 위해 언제든지 희생될 수 있는, 혹은 다른 것과 바꿀 수 있는 부분에 지나지 않으니까. 유기체로 이해된 사회에서 개체들의 자발성은 철저하게 부정된다. 그래서 자본주의체제를 유기체로 보려는 마르크스의 속내를 오해해서는 안 된다. 마르크스는 코뮌주의자이지 전체주의자가 아니다. 개개인들에게 '대상적 활동'의 주체성과 자발성을 부여하는 마르크스가 어떻게 전체주의를 수용할 수 있다는 말인가? 그래서 부르주아사회, 혹은 자본주의체제를 유기체로 연구하려고 했던 마르크스의 시도는 비극적인 데가 있다. 상자나 자전거는 그냥 밀어 넘어뜨리면 된다. 그렇지만 자기 보존력과 자기 복원력을 갖춘 사람은 밀어도 바로 넘어지지 않을 뿐만 아니라 금방 다시 일어난다. 자본주의체제가 유기체라는 것은 그래서 섬뜩한 진단일 수밖에 없다.

돌아보라. 노동자가 회사에서 과로사를 하든 아니면 공장 컨베이어 벨트에서 사망하든, 자본주의체제는 웬만하면 흔들리지 않는다. 파업과 점거농성을 해도 아니면 불매운동을 해도 자본주의체제는 휘청거릴 뿐 오뚝이처럼 다시 제자리로 돌아온다. 바로 여기서 마르크스가 《자본론》에서 감당하려고 했던 소임의 무거움이 드러난다. 유기체처럼 자생력과 복원력을 얻는 데 성공한 이 억압체제의 숨통과 아킬레스건을 찾아야 하는 과제니까 말이다. 야수를 잡을 때 숨통을 제대로 잡지 못할 바에는 공격하지 않는 것이 더 나을 때가 있다. 잘못하면 야수의 반격을 받아 치명적인 결과가 나올 수도 있으니까. 그래서 마르크스는 주도면밀하게 그리고 냉정하게 자본주의체제를 분석하려고 했던 것이다. 일단 자본주의라는 괴물이 탄생한 것을 받아들이고, 이 괴물이 유기체로 "탄생하고, 존속하고, 발전하고, 그리고 죽어가는 과정"의 법칙들을 찾아내야 한다. 자연스러운 유기체가 아니라 인위적 유기체이기에 자본주의체제가 자연사할 리는 없다. 더군다나 마르크스가 살았던 19세기에도 그렇지만 지금 21세기에도 자본 유기체는 죽을 기미마저 보이지 않고 있지 않은가? 어쨌든 자본 유기체가 죽는 과정은 어떻게 인간이 자본 유기체, 즉 자본 전체주의를 살해해서 그 사체를 거름 삼아 코뮌사회를 만들 것이냐의 문제와 관련된다. 그러니 마르크스에게 실제로 남은 과제는 자본 유기체의 탄생과 생존, 그리고 발달 과정을 해명하는 것이다.

카우프만은 마르크스가 《자본론》에서 자본주의를 유기체로 다루려고 한다고 지적한다. 카우프만의 리뷰에 대한 마르크스의 입장은 어땠을까? 극찬 일색이다. 마르크스는 행복감에 카우프만이 하지 않았던 이야기마저 덧붙인다. "이 필자는 그가 나의 참된 방법이라고 불렀던 바로 그것을 참으로 정확히 묘사했으며 또한 그 방법을 내가 어떻게 사용했는지에 대해서도 매우 적절하게 서술했는데, 그가 서술한 바로 이것이 변증법적 방법이 아니면 무엇이겠는가?" 유기체라는 관점에서 자본주의체제를 해명하려는 시도, 바로 그것이 마르크스의 변증법이다. 잊지 말자. 고대사회에서 중세사회로, 혹은 중세사회에서 부르주아사회로의 역사적 이행을 다루는 데 변증법을 사용하려는 것이 아니다. 오직 자본주의체제를 해명하는 데 유기체적 시선, 즉 변증법을 사용한다. 어쨌든 마르크스의 변증법은 헤겔의 변증법과는 다른 것일 수밖에 없다. 젊은 시절 헤겔 철학을 그리도 비판했던 마르크스가 헤겔의 변증법을 그대로 사용할 수는 없는 일! 아니나 다를까 마르크스는 《자본론》〈2판 후기〉에서 자신의 변증법이 "헤겔의 그것과 다를 뿐만 아니라 오히려 그것과 정반대"라고 선언한다. 이제 헤겔의 변증법과는 다른 마르크스의 변증법이 무엇인지 구체적으로 해명할 차례다. 마르크스가 자본주의체제를 해명하는 데 사용했던 "참된 방법", 마르크스의 변증법은 무엇이었을까? 먼저 헤겔의 변증법을 이해하는 게 순서일 듯하다.

1820년 출간된 《법철학 Grundlinien der Philosophie des Rechts》에 등장하는 헤겔의 말이 실마리가 된다. "이성적인 것이 현실적인 것이고 Was vernünftig ist, das ist wirklich, 현실적인 것이 이성적인 것이다 was wirklich ist, das ist vernünftig." 무슨 말일까? 먼저 우리 눈앞에 PC가 있다고 해보자. 이것이 바로 '현실적인 것'이다. 그렇지만 이 현실적인 PC는 인간 이성이 고안해 만든 것이다. PC를 고안한 인간의 마음이 바로 '이성적인 것'이다. 이것이 "현실적인 것은 이성적인 것이다"라는 말의 의미다. 불행히도 대부분의 사람들은 "현실적인 것이 이성적인 것이다"는 사실을 자각하지 못한다. 그래서 만들어진 PC를 능숙하게 사용하는 데 대부분의 에너지를 투여할 뿐, PC에 무언가 조작을 가할 생각을 하지 않는다. 그렇지만 누군가는 어떤 장소에 고정된 PC를 이동하면 더 편하지 않을까 생각할 수 있다. 당연히 이동성을 확보하려면 PC는 충분히 가벼워져야 한다. 전파를 이용한 휴대용 전화를 이용하면 어떨까라는 아이디어도 이어진다. 바로 이 과정이 '이성적인 것'의 영역이다. 마침내 이 '이성적인 것'은 스마트폰으로 구체화된다. 새로운 '현실적인 것'이 탄생한 것이다. 이것이 "이성적인 것이 현실적인 것이다"라는 말의 의미다. 결국 역사는 별것 아니다. "이성1-현실1-이성2-현실2……"로 이성, 즉 인간의 사유가 추진하는 것이 역사이기 때문이다. "이성적인 것이 현실적인 것이고 현실적인 것이 이성적인 것"이라는 헤겔의 말은 인간의 사유 과정을 설명하는 데 나름 설득력을 지닌다. 그러나 헤겔은 여기에 만족하지 않고 이런 인간의 사유 과정을 전체 우주에 적용되는 형이상학적 실체로 만들어버린다. 1807년 출간된《정신현상학》의 '절대정신'은 바로 이렇게 탄생한 것이다. 돌도끼, 괭이, 옷, 집, 자동차, PC, 휴대폰, 스마트폰, 나아가 앞으로 탄생할 모든 새로운 사물과 기술은 모조리 절대정신 속에 있었던 것이다.

이제 우리는 1822년 1828년 그리고 1830년 베를린대학에서 말년의 헤겔이 행했던 강연을 들을 준비가 된 듯하다. 이 강연은 그가 죽은 뒤 1837년《역사철학강의Vorlesungen über die Philosophie der Geschichte》라는 제목의 책으로 출간된다.

정신Geist은 자기 본성을, 자신을 실현할 수 있는, 즉 잠재적으로 존재하는 것을 현실화할 수 있는 활동으로 판단한다. 이런 추상적 정의에 따라 세계사Weltgeschichte에 대해 동일한 것이 말해질 수 있다. 세계사는 잠재적으로 존재하는 인식을 실현하면서 이루어진 정신의 표현die Darstellung des Geistes이다. 식물의 열매가 나무 전체의 본성과 그 과일의 맛과 형태를 간직하고 있는 것처럼, 정신의 첫 번째 발자취는 세계사 전체를 잠재적으로 포함하고 있다. …… 우리는 단언한다. 정신적 세계geistigen Welt의 숙명, 그리고―물리적인 것이 이 정신적인 것에 종속되는 한, 혹은 사변적인 언어로 말하자면 정신적인 것에 반해서는 어떤 진리도 가질 수 없는 한, 정신적 세계는 실체적 세계substantielle Welt이기에―세계의 최종 목적은 정신의 자기 자유Freiheit에 대한 의식이고 사실상 그 자유의 현실성Wirklichkeit이라고. …… 대립과 싸움에 연루되어 위험에 노출되는 것은 일반 이념allgemeine Idee이 아니다. 그것은 침해되지도 상처받지도 않은 채 대립과 싸움 이면에 놓여 있다. 이것이 '이성의 간지die List der Vernunftzu'다. …… 특수한 것Das Partikuläre은 대개 일반적인 것das Allgemeine에 비해 너무 사소하고, 개인들die Individuen은 희생되고 버려진다. 이렇게 이념Idee은 존재Daseins와 변화Vergänglichkeit의 값을 자신이 아니라 개인들의 열정으로 지불한다. …… 세계사는 자유에 대한 의식을 실질적 내용으로 하는 그런 원리의 발전 단계를 드러낸다. …… 첫 번째 단계는 …… 정신이 자연성Natürlichkeit에 함몰된 단계다. 두 번째 단계는 정신이 자연성으로부터 분리되어 자기 자유에 대한 의식으로 나아간 단계다. …… 세 번째 단계는 정신이 이런 특수한 자유besonderen Freiheit로부터 순수한 일반성Allgemeinheit으로 상승하여 정신성Geistigkeit의 본질이 자기의식Selbstbewußtsein과 자기감정

Selbstgefühl 으로 파악되는 단계다.

−《역사철학강의》(1837)

절대정신은 돌도끼에서 시작되어 스마트폰까지도 만들었다. 이것은 "식물의 열매가 나무 전체의 본성과 그 과일의 맛과 형태를 간직하고 있는 것처럼" 모두 절대정신이 잠재적으로 가지고 있던 것을 현실화한 것에 지나지 않는다. 헤겔에게는 이것이 바로 정신의 자유, 혹은 "잠재적으로 존재하는 것을 현실화할 수 있는 활동"이다. 여기서 정신의 자유는 단순히 개개인의 정신, 즉 개별 정신을 넘어선다. 오히려 개별 정신은 실체적 세계라고 부를 수 있는 정신적 세계가 실현되는 매체에 지나지 않기 때문이다. 돌도끼를 만들었던 어느 이름 모를 원시인도, 스마트폰을 만들었던 애플의 스티브 잡스Steve Jobs(1955~2011)도 마찬가지다. 헤겔이 '이성의 간지'를 이야기했던 것도 이런 이유에서다. 절대정신, 실체적 세계, 정신적 세계, 일반 이념, 아니면 줄여서 이념은 자기를 실현하는 과정, 즉 구체적인 물질적 세계를 만드는 과정에서 개개인들의 정신을 수단으로 삼는다는 것이다. 자신을 실현할 때 절대정신은 세 가지 단계를 거친다. 절대정신이 개별 정신을 매체로 실현되니, 이 세 단계는 인간 정신의 전개 과정이기도 하다. 바로 이것이 헤겔의 변증법이다. 첫째는 정신이 자연성에 함몰된 단계다. 헤겔이 말하는 '즉자' 단계다. 예를 들어 어느 사람이 주어진 PC를 매뉴얼대로 사용하는 상태라고 할 수 있다. 마치 PC가 자신에게 명령을 내리는 것처럼 느껴지기에 PC에 온 정신을 빼앗기게 된다. 둘째는 자연성에서 벗어나 정신이 자신의 특수한 자유를 의식하는 단계다. 헤겔이 말한 '대자' 단계다. 예를 들어 PC를 사용하다가 문득 어떤 기능에서 PC를

　　　　　　　　　　　　　　2부. 마르크스의 철학, 마르크스의 과학

만든 정신을 얼핏 느낀 상태에 비유할 수 있다. 이 경우 PC는 더 이상 두려운 존재가 아니게 된다. 마지막 세 번째 단계는 정신이 자신의 보편적 자유, 즉 '자신=본질'을 파악하는 단계로서 완전한 자기의식과 자기감정의 상태다. 헤겔의 용어를 빌리자면 '즉자·대자' 단계다. PC라는 눈에 보이는 제품보다는 그것을 생각해낸 정신과 하나가 되는 상태에 비유할 수 있다. 그러니까 PC는 다루기 힘든 사물로 보이기보다는 인간 정신이 실현된 다양한 현실태 중 하나로 보인다는 것이다. 이 마지막 정신에 이르게 되면 정신은 PC를 넘어 스마트폰도 만들 수 있게 된다.

기본적으로 헤겔의 변증법은 '즉자', '대자', '즉자·대자'라는 3박자로 설명되는 정신적 운동의 논리다. 문제는 '즉자', '대자', '즉자·대자'의 의미가 문맥에 따라 상당히 다양하게 해석될 여지가 있다는 사실이다. 헤겔의 변증법은 개개인의 정신적 발전을 설명할 때도, 절대정신의 발전 과정을 설명할 때도, 아니면 생물의 성장 과정을 설명할 때도 사용되기 때문이다. '즉자', '대자', '즉자·대자'라는 용어를 조금 더 추상화해서 단순화하려는 시도가 등장한 것도 이런 이유에서다. 살리베우스Heinrich Moritz Chalybäus(1796~1862)라는 학자는 1837년《칸트에서부터 헤겔까지 사변철학의 역사적 발전Historische Entwicklung der spekulativen Philosophie von Kant bis Hegel》에서 '정正, These, 반反, Antithese, 합合, Synthese'으로 '즉자', '대자', '즉자·대자'라는 용어를 대체하려고 한다. 얼마나 '즉자', '대자', '즉자·대자'라는 용어가 헤겔에게서 일관적으로 사용되지 않았는지 알 수 있는 방증이라고도 하겠다. 살리베우스를 따라 헤겔 변증법을 정반합으로 도식화해서 이해하는 것은 편하기는 하다. 정이 자신을 부정해서 반이 되고, 반이 다시 자신을 부정해서 합이 된다는 식으로 이해하면 되니까. 결국 합은

헤겔의 변증법 세 단계

	일차적 의미	비유적 의미	사례 1 《정신현상학》	사례 2 《법철학》	사례 3 《역사철학강의》
즉자 an sich	• 자신自에 머무는卽 무반성성 의식 • 타자를 의식하지 않는 마음 상태	• 자기 얼굴을 한 번도 본 적이 없는 사람	【의식】 : 세계에 대한 감각적 확신	【가족】 : 무반성적으로 하나가 되었다는 느낌의 공동체	【동양의 전제사회】 : 자유로운 일인
대자 für sich	• 자신自을 대상화하는對 반성적 의식 • 타자를 의식하는 마음 상태	• 거울로 자기 얼굴을 보는 사람	【자기의식】 : 자신에 대한 반성	【시민사회】 : 자신을 의식하며 서로 대립적인 관계를 맺는 공동체	【그리스·로마 사회】 : 자유로운 특정 인간들
즉자·대자 an und für sich	• 자신에 머물면서卽自 동시에 자신을 반성하는對自 의식 • 자신과 타자의 관계를 동시에 의식하는 마음 상태	• 거울이 없어도 마치 거울을 보는 것처럼 자기 얼굴을 의식하는 사람	【이성, 혹은 정신】 : 세계와 자신에 대한 절대적 확신	【국가】 : 가족 사이의 직접적 애정관계가 시민사회로까지 확장된 공동체	【게르만 사회】 : 자유로운 모든 인간

부정의 부정이 된다. 변증법을 규정할 때 '부정의 부정'이란 개념을 자주 사용하는 것도 이런 이유에서다.

모든 것을 설명하는 형이상학이 되었다고 해도 헤겔의 변증법이 어디에서 기원했는지 우리는 잊어서는 안 된다. 인간에게는 자기 자신을 의식하는 반성 능력이 있다. 바로 이 '자기의식'의 경험을 기초로 헤겔은 그 복잡한 변증법을 고안했던 것이다. 사실 인간의 자기의식을 이해하지 못한다면, 우리는 '즉자', '대자', '즉자·대자'라는 개념들을 이해할 수조차 없다.

《정신현상학》의 〈자기의식〉에 이 세 가지 개념을 설명할 수 있는 흥미로운 이야기가 등장한다.《정신현상학》의 〈자기의식〉 장, 그

2부. 마르크스의 철학, 마르크스의 과학

중에서도 〈자기의식의 자립성과 비자립성: 주인과 노예Selbstbewußtsein: Selbständigkeit und Unselbständigkeit des Selbstbewußtseins-Herrschaft und Knechtschaft〉라는 소절이다. 주인과 사물 사이에 어떻게 노예가 자기의식을 가진 주체로 성장하는지 주목하면서 논의를 따라가 보자. 자기의식에 이르는 노예의 험난한 자유의 여정보다 더 심오한 어떤 진실, 지각은 되지만 잡으려고 하면 연기처럼 흩어지고 마는 어떤 진실에 우리는 이르게 될 것이다.

사물에 형식을 부여하는 활동Das Formieren은, 그 활동 속에서 순수한 대자Für-sich-sein로서 노예의식이 자기 존재를 획득한다는 긍정적인 의미만을 갖는 것이 아니라, 첫 번째 계기, 즉 두려움Furcht의 계기라는 부정적 의미도 아울러 갖고 있다. 왜냐하면 사물에 형식을 부여할 때, 특히 '(자신이) 직면하는 (외부) 존재자의 형식entgegengesetzte seiende Form'을 지양하려고 할 때, '노예 자신의 부정성Negativität', 즉 그의 대자는 그에게 대상으로 의식되기 때문이다. 그렇지만 이 '대상의 부정성gegenständliche Negative'은 노예를 공포로 전율하게 했던 낯선 본질fremde Wesen과 다름없다. 이제 그는 이 낯선 부정성을 파괴하고 스스로를 그런 부정성으로서 사물들의 영원한 질서 속에 설정하게 되고, 그에 따라 자신에 대해 '대자적인 존재자für sich Seiendes'가 된다. 주인 안의 대자는 노예에게 또 하나의 다른 것, 즉 그 주인의 대자일 뿐이다. 주인을 두려워하면서 대자Für-sich-sein는 노예 안에 저절로 생기게 되고, 나아가 사물에 형식을 부여하면서 대자는 노예에게 자기만의 대자가 된다. 마침내 노예는 자신이 '즉자이면서 동시에 대자an und für sich'라는 의식에 이르게 된다.

방금 읽은 구절은 《정신현상학》뿐만 아니라 헤겔 전체 사유에서 가장 중요한 구절로서, 흔히 학자들이 '주인과 노예의 변증법'이라고 부르는 대목이다. 헤겔의 원문을 읽은 사람이라면 누구나 알겠지만, 그는 자기 도식을 관철하려고 쉬운 이야기도 어렵게 만드는 나쁜 취향을 가지고 있다. 이것은 헤겔만이 아니라 사변에 집중하는 모든 체계주의자나 개념주의자에게서 공통으로 확인되는 악취향이기도 하다. 그래도 정공법적으로 해석해보도록 하자. 포이어바흐와 마르크스가 그렇게나 넘어서려고 했던 거봉이니, 예우는 갖출 필요가 있으니까. 헤겔식 표현을 정리하는 것으로 논의를 시작하도록 하자. "사물에 형식을 부여하는 활동"은 노예의 노동을 가리킨다. 날고기를 익히는 행위를 예로 들 수 있다. 날고기가 가진 형식은 익히는 노동을 통해 파괴되어 고기는 먹기 좋은 형식을 갖추게 된다. "대자"는 자신을 반성하는 의식이다. 자신을 돌아볼 수 있기에 인간은 지금까지와는 다른 삶을 개시할 수 있다. 그래서 대자는 자유의식이라고 이해해도 크게 상관이 없다. "노예의 부정성"은 사물들이 가진 고유한 형식을 부정해서 자신이 원하는 형식을 부과하는 주체의 힘을 가리킨다. 노예가 날고기를 익혀서 먹기 좋은 고기를 만들 때, 노예는 날고기를 부정했다고 말할 수 있다. 노예의 부정성이 동시에 날고기에 적응했던 자신을 부정하는 일이라는 것도 잊지 말자. 그래서 노예의 부정성은 노예의 자기의식과 연관된다. 날고기를 먹는 자신을 낯설게 보지 않으면, 어떻게 노예가 날고기를 익힐 생각을 하겠는가? "대상의 부정성"은 자신의 고유한 형식을 지키기 위해 인간의 노동에 저항하는 외부 존재자들의 힘이다. "노예의 부정성"이 대상을 부정하려는 노력이라면, "대상의 부정성"은 이런 "노예의 부정성"에 저항하는 힘으로 경험된다. 결국 "노예의 부정성"이나 "대상의 부정성"은 동시에 일어난 사건의 양 측면이라는 걸 잊어서는 안 된다. "대자적 존재"는 대자가 삶의 차원에서 현실화한 상태를 말한다. 날고기를 익혀서 먹기 좋은 고기로 만드는 데 성공한 노예가 바로 "대자적 존재"라고 할 수 있다. "주인 안의 대자"는 주인이 자신을 주인이라고 의식하는 자기의식이자 동시에 주인의 부정성이라고 할 수 있다. 주인이 부정하려고 하는 대상은 바로 노예다. 노예가 고기를 익히는 과정을 통해 날고기에 먹기 좋은 고기의 형식을 부여했던 것처럼, 주인은 채찍과 당근을 통해 노예에게 부리기 좋은 형식을 부여했던 것이다. "두려움"은 주인에 대한 노예의 두려움을 의미한다. 노예는 주인의 부정성이 자기 삶의 형식을 파괴할까봐 두려웠던 것이다. 칼을 들고 접근하는 사람을 보고 닭이나 돼지가 느끼는 두려움과 유사한 감정이다.

이제 헤겔의 난해한 이야기를 음미할 준비는 모두 갖추어졌다. 먼저 출발점은 주인이 시키면 무엇이든 하는 노예다. 이 노예는 동료 노예나 주인을 의식하지 않는다. 그저 노예로 살고 노예로 생각할 뿐이다. 한 번도 그는 자신이 노예라는 걸 불평하지 않는다. 이것이 즉자다. 사물과 별로 다르지 않은 마음 상태라고 할 수 있다. 어느 날 주인이 자신에게 채찍을 가하면서 노예의 즉자 상태는 동요하고 만다. "내가 무엇을 잘못했기에, 주인님이 나를 때렸을까?" 자기가 무엇을 잘못했는지 살피지 않으면 다시 채찍을 맞을 수도 있다는 두려움으로 그는 자신을 돌아보게 된다. 자신을 대상화하는 마음 상태, 즉 대자는 이렇게 시작된다. 여기서 잊지 말아야 할 것은 노예의 자기반성, 즉 대자는 주인과의 마주침, 그것도 두려워할 만한 마주침에서 유래했다는 사실이다. 사실 낯선 타자와의 마주침이 없다면, 그 누가 자신을 반성하겠는가? 어쨌든 채찍을 든 주인은 노예의 첫 번째 타자다. 그렇지만 공포에서 만들어진 대자는 너무나 소극적이고 수동적이기만 하다. 다행히 이런 수동적인 대자는 능동적인 대자와 결합하면서, 진정한 대자 상태로 이행한다. 구두를 만들거나 밭을 갈려고 할 때, 노예는 가죽이나 땅에 인위적 조작을 가해야 한다. 노예가 가죽의 성질이나 땅의 성질, 헤겔의 표현을 빌리자면 '(자신이) 직면하는 (외부) 존재자의 형식entgegengesetzte seiende Form'을 그대로 받아들여서는 원하는 구두나 원하는 밭을 만들 수 없는 법이다. 그러니 가죽이나 땅이 저항할 때마다 노예는 자기 자신을 부단히 의식해야만 한다. "이렇게 하니 바늘이 안 들어가네. 그럼 가죽을 이렇게 돌려서 꿰매야 하나?" "땅이 너무 건조하네. 돌들을 제거한 다음 거름을 줘야 하나?" 여기서 중요한 것은 노예가 가죽이나 땅이라는 타자와 마주치고 있다는 사실이다. 이렇게 사물들은 노예의 두 번째 타자가 된다. 가죽이나 땅이 타자라는 것은 그것들이 노예 자신이 그것들에 부여하려고 했던 형식과는 다른 자신들만의 '존재자의 형식'을 가지고 있기 때문이다. 어쨌든 가죽이나 땅이 갖고 있던 형식, 즉 노예의 노동에 저항하는 '대상적 부정성'을 극복하는 데 성공하면서, 노예는 근사한 구두와 멋진 밭을 갖게 된다. 자신이 부여하려는 형식을 대상들, 혹은 존재자들에게 관철하는 데 성공한 것이다. 이 순간 그는 주인이 되고 가죽이나 땅은 노예가 된다. "주인이 내게 채찍을 든 이유는 그가 내게 원하던 것이 이루어지지 않았기 때문이었고, 마찬가지로 나도 가죽이나 땅이 내 뜻대로 움직이지 않기에 바늘이나 쟁기를 드는 것 아닌가?" 최소한 노동할 때 노예는 능동적인 대자가 된다. 비록 그 노동이 주인이 강요한 것이라고 할지라도 말이다. 그렇지만 작업이나 경작이 끝난 뒤, 그는 다시 노예로 돌아올 수밖에 없다.

노예는 시계추처럼 주인의 폭력에 대한 공포, 그리고 사물이나 자연에 대한 노동을 반복하게 된다. 수동적인 대자와 능동적인 대자가 점점 근접하면서, 하나의 대자로 결합하는 과정이다. 그에 따라 그는 점점 더 완전한 자기의식을 갖게 된다. 주인이 휘두르는 채찍을 피하려고 노동에 몰두할 수밖에 없는 노예의 현실, 그럼에도 노동할 때 최소한 자신은 노동이 가해지는 대상에 비해 우월한 지위를 누린다는 사실, 나아가 주인은 노예의 노동에 기생해서 호의호식한다는 사실 등등. 점점 노예는 대자의 불완전한 자기의식을 넘어 점점 즉자·대자라는 완전한 자기의식에 이른다. 이제 노예에게 노예라는 즉자적 현실은 극복 대상이 되고 만다. 주인과의 목숨을 건 투쟁만이 그를 조용히 기다릴 뿐이다. 이렇게 인간에게 자유와 자기의식은 밀접히 관련된다. 바로 이 점을 부각할 수 있기에 '즉자', '대자', 그리고 '즉자·대자' 개념은 지금도 매력적이다. 노예 대신 노동자나 여성을 넣어보라. 아니 억압받는 사람들 아무나 대입해보라. '(억압을 자연스러운 것으로 받아들이는) 즉자 상태'→'(억압받는 자신을 대상화해서 바라보는) 대자 상태'→'(억압을 내적으로나 외적으로 극복하려는) 즉자·대자 상태'! 이 세 단계를 거치지 않고 자유를 쟁취하려는 투쟁이 가능할 수 있겠는가? 그렇지만 이 자기의식의 변증법, 혹은 자유의 변증법은 고독한 개별 정신의 자연스러운 발전의 결과물은 아니다. 타자의 타자성이 짙게 개입되어 있기 때문이다. 결국 자기의식은 거대한 빙상 중 눈에 보이는 일각에 지나지 않았다. 빙상의 더 큰 부분이 물 밑에서 떠받치고 있었던 것이다. 바로 타자의 변증법이다. 노예를 둘러싼 상황을 다시 생각해보라. 언제든지 자의적으로 채찍을 휘두를 수 있는 주인이 그를 압도하고 있다. 동시에 노동 현장에서 만나게 되는 수많은 사물과 자연적 상황들, 그리고 동료 노예들이 그를 둘러싸고 있다. 모두 노예가 직면한 타자들이고, 이 타자들에게는 그가 어찌할 수 없는 타자성이 도사리고 있다. 결국 모든 핵심은 '대자'라는 개념에 압축되어 있다고 하겠다. 이 개념에는 '자신을 대상화해서 의식한다'는 일차적 의미보다 더 심오한 어떤 것이 전제되어 있기 때문이다. 대자의 필요조건은 바로 타자와의 마주침이라는 전제다. 더 노골적으로 말하자면 마주친 타자는 인간에게 반성을 강요한다고, 혹은 인간을 대자로 만든다고 말할 수 있다.

1807년 《정신현상학》을 집필할 때 헤겔은 섬세했다. 자유를 향한 인간의 투쟁이 얼마나 많은 마찰과 굴곡을 넘어서야 하는지 그는 잘 알고 있었으니까. 핵심은 바로 타자성의 문제였다. 1947년 러시아 출신 프랑스 철학자 코제브Alexandre Kojève(1902~1968)가 《헤겔 강의 서론Introduction à la Lecture de Hegel》에서 주인과 노예의 변증법을, 그리고 1992년 독일 철학자 호네트Axel Honneth(1949~)가 《인정투쟁Kampf um Anerkennung》에서 헤겔로부터 인정의 논리를 부각했던 것도 이런 이유에서다. 《정신현상학》에서 헤겔이 극적으로 묘사했던 주체와 타자 사이의 드라마틱한 관계가 20세기 철학의 최대 화두 타자성의 문제를 해결하는 데 실마리가 되어준 것이다. 문제는 자기의식의 변증법이 목적론적 형이상학으로 정당화되면서 일이 꼬이게 된다는 점이다. 사실 자기의식의 변증법 자체가 목적론적 구조로 작동한다는 사실도 잊어서는 안 된다. 어쨌든 말년에 가까워질수록 헤겔의 사유에서 목적론과 변증법은 주체와 타자 사이의 마주침이란 문제

2부. 마르크스의 철학, 마르크스의 과학

를 압도하게 된다. 이제 변증법은 목적, 즉 본질을 실현하는 필연적인 단계를 설명하는 사변적 원리가 되고, 그만큼 타자성에 대한 헤겔의 감수성은 점점 약해져간 것이다. 그 결정적인 증거가 1820년대 일련의 강연들을 묶은 《역사철학강의》일 것이다. 이 대목에서 "식물의 열매는 나무 전체의 본성과 그 과일의 맛과 형태를 간직하고 있다"는 헤겔의 사유 이미지가 결정적이다. 열매는 수단이고 나무는 목적이라는 전형적인 목적론적 사유다. 열매와 나무 사이에도 층층이, 아니 무한히 목적론적 단계가 설정된다. 열매와 20센티미터 묘목 사이에도, 20센티미터 묘목과 50센티미터 새끼 나무 사이에도, 50센티미터 새끼 나무와 1미터 어린 나무 사이에도, 1미터 어린 나무와 2미터 나무 사이에도, 2미터 나무와 과일이 열리는 3미터 나무 사이에도 모조리 수단과 목적의 관계가 지배하니까 말이다. 결국 완전히 성장해 과일을 맺는 3미터 나무가 최종 목적이 되는 셈이다.

목적론적 사유는 전형적인 사후적 사유다. 목적론은 '본질'이란 이름으로 원인과 결과를 거꾸로 뒤집고 있으니까. 여기서 목적론이 '거꾸로 뒤집어져 있다'는 말을 기억하라. 사실 마르크스는 1846년에 이미 헤겔의 목적론이 어떻게 구성되었는지 정확히 알고 있었다.

예를 들어 아메리카를 발견한 근저에는 프랑스혁명을 향한 내적 목적이 있었다고 주장할 수 있다. 그때 역사는 자신만의 특별한 목적을 지니게 된다. …… 그렇지만 앞선 역사의 '사명Bestimmung', '목적Zweck', '맹아Keim', '이념Idee'이라고 규정되고 있는 것은 사실 '뒤에 오는 역사späteren Geschichte'로부터의 추상화, 앞선 역사가 후대 역사에 미치는 능동적 영향^{aktiven Einfluß}을 추상화하는 것에 불과하다.

-《독일 이데올로기》

　　1846년 마르크스는 헤겔의 말년 저작《역사철학강의》를 정확히 독해해 그 핵심을 간파한다. 1845년 〈포이어바흐에 관한 테제들〉을 완성할 때까지, 헤겔의《정신현상학》을 중심으로 그의 사유를 극복하려고 무던히 애를 썼던 마르크스다. 이런 그의 눈에 말년에 갈수록 헤겔이 노골적으로 목적론자가 되어가는 모습이 들어오지 않았을 리 없다. 사실 헤겔의 목적론은 개념과 표현의 추상성과 난해함과는 달리 유치할 정도로 단순하다. 열매가 수단이라면 나무가 목적이고, 이 목적은 열매에 본질로서 잠재되어 있다. 헤겔은 이 논리를 역사에도 그대로 적용한다. 1492년에 아메리카 대륙은 유럽인에게 발견되고, 1789년 프랑스에서는 프랑스혁명이 발생한다. 그렇다면 아메리카 발견이 수단이고 프랑스혁명이 목적이 된다. 이어 아메리카 발견이란 역사적 사건에는 프랑스혁명이란 목적이 본질로서 잠재되어 있다. 이 본질로서의 목적이 바로 역사의 '사명', '맹아', 혹은 '이념'이라고 불린다. 그렇지만 마르크스가 보았을 때 이것은 모두 사후적 사유의 결과물에 지나지 않는다. 예를 들어 1788년에《역사철학강의》를 썼다면 헤겔은 과연 1492년의 사건이 함축하는 역사적 목적, 이 사건이 품고 있는 역사적 맹아, 이 사건의 역사적 사명, 혹은 이 사건의 이념으로 1789년 프랑스대혁명을 언급할 수 있었을까? 불가능한 일이다. 사실 사과나무의 경우도 마찬가지다. 사과나무가 다 자라서 사과가 영글 때에만, 열매에 사과나무가 '목적', '이념', '사명', '맹아'로 있었다고 판단할 수 있으니 말이다. 만약 기후나 토양 문제로 사과가 열리지 않는 나무로 자랐다면, 헤겔은 이런 생뚱맞은 나무가 열매의 목적이었다고 주장했을 것이다.

물론 마르크스도 안다. 아메리카 대륙의 발견이 유럽 대륙에서 부르주아계급이 성장하는 데 영향을 주었다는 사실, 이렇게 역사의 전면에 등장한 부르주아계급은 과거 중세사회의 기득권자들과 사회의 패권을 두고 싸울 수밖에 없었다는 사실, 그리고 신흥 세력과 기존 세력과의 갈등은 마침내 프랑스대혁명으로 폭발했다는 사실을 말이다. 그렇지만 이뿐이지, 여기에 목적이니 사명이니 맹아니 이념과 같은 추상적이고 형이상학적인 개념을 도입할 이유는 없다. 이것이 마르크스의 생각이었다. 왜냐고? 아메리카 대륙의 발견이 유럽의 경우에는 부르주아계급을 성장시키는 데 영향을 주었지만, 그렇다고 아메리카 대륙 발견이 필연적으로 부르주아계급을 성장시키는 것은 아니기 때문이다. 사실 지금으로부터 3만 년 전에 아시아 사람들도 아메리카 대륙을 이미 발견했지 않았는가? 그렇지만 아시아 대륙에 부르주아계급이 탄생했다는 이야기는 들어보지 못했다. 똑같은 논리가 프랑스대혁명의 발발에도 적용된다. 당시 프랑스는 영국이나 스페인에 비해 부르주아계급이 그다지 발달하지 않은 곳이었기 때문이다. 결국 헤겔식의 목적론적 사유는 역사가 다양한 요소들의 마주침이라는 사실을 간과하고, 나아가 역사의 흐름을 결정론적이고 일방향적으로 사유하도록 만든다.

생길 수도 있고 생기지 않을 수도 있는 것을 반드시 생길 수밖에 없었다고 주장하는 헤겔식의 독단도 문제지만, 더 심각한 문제는 다른 데 있다. 헤겔의 목적론은 무언가 생기기만 하면, 아무리 반민주적이고 반인문적이라고 할지라도, 그것을 긍정하게 된다. 생기는 무엇이든지 역사의 목적이 실현된 것으로 사유되기 때문이다. 예를 들어 1941년부터 1945년까지 아우슈비츠 강제수용소 Konzentrationslager Auschwitz에서 600만 명이 살해된 사건이나 1980년 군사독재자 전두환全斗煥(1931~)이 광주 시민 3500여 명을 살상한 사건을 생각해보자. 헤겔에게 두 사건은 모두 과거 사건의 역사적 목적이 실현된 것이자, 동시에 미래에 일어날 사건의 맹아를 간직한 것으로 사유된다. 거의 맹목에 가깝게 현실을 절대화하는 헤겔의 이런 유치한 사유가 그의 독단적 주장보다 수천 배나 더 위험한 것 아닐까? 그래서 우리는 마르크스의 목적론 비판에 고마움을 느껴야 한다. 마르크스는 말한다. 목적론은 "뒤에 오는 역사로부터의 추상화"에 지나지 않는다고. 그의 일갈로 우리는 헤겔식의 독단적 사유로부터 자유를 얻을 뿐만 아니라, 현실에 대한 비판적 태도도 회복하게 된다.

어쨌든 목적론은 3미터 크기의 사과나무를 본 다음 원래 열매에 그 결과가 본질로 이미 내재해 있었다고 주장한다. 본질, 혹은 수단과 목적이란 용어가 풍기는 지적인 아우라에 휘말려서는 안 된다. 목적론적 사유는 다음과 같이 간단히 형식화할 수 있으니까. "X가 Y를 하거나 Y가 되면, X에게는 Y를 할 수 있거나 Y가 되는 본질이 이미 존재했다." 이런 목적론에서는 타자성의 문제가 숨을 쉴 수 없다. 사과나무의 열매가 아스팔트에 떨어졌다면, 열매는 그냥 시들어 사라졌을 것이다. 다행히도 열매가 땅에 떨어졌다고 해도 적당한 기온과 토양, 그리고 수분을 만나지 못했다면, 열매는 그냥 썩어갔을 것이다. 물론 열매의 생명력이 강해 토양과 기후의 악조건을 극복할 수도 있다. 그렇지만 이 경우 3미터의 나무로 성장할 힘은 그만큼 줄어들 것이다. 더군다나 다람쥐가 이 열매를 먹어치우기라도 한다면, 모든 상황은 깔끔하게 정리되고 만다. 어느 정도 작은 나무로 자랐다고 해도 태풍과 산불, 그리고 기후 변동 등을 이겨내야만 한다. 3미터의 나무로 자라면 또 무엇 하는가? 도시를 개발한다고 인간이 아무런 거리낌 없이 벌목해버릴 수도 있으니 말이다. 이런 식으로 열매의 생명력 이외에 열매가 극복해야 할 많은 조건들이 존재한다. "식물의 열매는 나무 전체의 본성과 그 과일의 맛과 형태를 간직하고 있다"고 말한다고 해서 쉽게 사장시킬 수 없는 타자성이다.

여기서 불교의 인과론, 즉 연기緣起, pratityasamutpada의 논의가 도움이 될 듯하다. 《구사론俱舍論, Abhidharmakośa》에서 바수반두Vasubandhu, 世親(320?~400?)는 이 세상의 모든 것은 '인연화합因緣和合, saṃniveśa'의 결과물이라고 말했다. 그러니까 우리 자신이나 우리가 보고 있는 사물이나 사건은 다양한 원인因, hetu과 조건緣, pratyaya들의 마주침의 결과물에 지나지 않는다는 것이다. 여기서 중요한 것은 원인과 조건이 인간의 관심에 따라 변할 수 있다는 사실이다. 우리가 사과나무에 관심을 갖는다면, 사과나무의 열매가 원인이 되고 토양, 기후, 인류 문명 등 나머지 것들은 조건이 된다. 또 반대로 토양이 문제가 된다면, 토양이 원인이 되고 기후나 생명체들은 그 조건이 된다. 마르크스와 알튀세르의 마주침의 유물론, 혹은 우발적 유물론이 떠오르는 대목이다. 열매의 성장과 관련된 인과 계열, 토양 변화와 관련된 인과 계열, 기후 변화와 관련된 인과 계열, 인간 문명 발달과 관련된 인과 계열 등등은 평행으로 내리는 비들과 같다. 이런 다양한 인과 계열들이 열매가 사과나무로 성장하는 데 유리한 방향으로 마주쳐야만, 3미터의 사과나무는 근사한 사과를 맺을 수 있다.

1982년 〈마주침의 유물론이라는 은밀한 흐름〉에서 알튀세르는 말하지 않았던가? "세계는 사후적 사실, 일단 사실이 완성된 후에 그 속에 근거, 의미, 필연성, 목적의 지배가 확립되는 그런 사후적 사실이라고. 그러나 사실의 이런 완성은 우발성의 순수한 효과일 뿐"이라고. 3미터의 사과나무도 마찬가지다. "사과나무는 사후적 사실, 일단 사실이 완성된 후에 그곳에 근거, 의미, 필연성, 목적의 지배가 확립되는 그런 사후적 사실이라고. 그러나 사과의 이런 완성은 우발성의 순수한 효과일 뿐"이다. 결국 3미터의 사과나무는 열매만으로는 결코 달성될 수 없다. 당연히 3미터의 사과나무가 열매 안에 본질로서 내재하고 있었다는 목적론적 사유는 터무니없이 과장되었을 뿐만 아니라 황당한 생각이다. 어떤 새로운 인식도 가져오지 않을 뿐만 아니라 보수적인 삶의 태도도 정당화하는 등 목적론적 사유의 해로움은 독과 같다. 생각해보라. 새는 하늘을 날기에 새에게는 하늘을 나는 본질이, 노동자는 자기 노동을 팔기에 노동자에게는 노동력을 파는 본질이, 그리고 여성은 육아와 가사노동을 하기에 여성에게는 육아와 가사노동의 본질이 있었다고 목적론자들은 말한다. 당연히 목적론자들의 눈에 펭귄은 무언가 상태가 좋지 않은 새, 혹은 본질을 실현하지 못한 우스꽝스러운 새로, 파업 노동자는 노동자의 본질을 훼손하는 불행한 사람으로, 직장에서 남성과 경쟁하는 여성은 여성의 본질을 부정하는 기형적인 존재로 보일 것이다.

이제 목적론적 논리를 노예가 주인이 되는 자유의 변증법에 적용해보라. 노예는 열매, 주인은 나무가 된다. 이 경우에도 노예에게 주인의 본질은 그대로 잠재되어 있다. 자신에게 주인의 본질이 있다는 걸 자각하지 못한 노예는 '즉자' 상태에 있고, 주인의 본질을 자각한 노예는 '대자' 상태에 있다. 마침내 주인의 본질을 실현하면서 노예는 점점 사라지고 그만큼 주인이 현실화된다. 이것이 바로 '즉자·대자' 상태다. 목적론적 논리가 자기의식, 혹은 자유의 변증법에서 제거한 것이 눈에 보이는가? 그것은 바로 타자와의 마주침이란 문제다. 노예가 직면했던 주인이나 사물들이 가진 '낯선 본질 fremde Wesen', 즉 대상의 부정성을 기억해보라. 바로 이것이 타자성이다. 타자의 타자성은 주체에게 자유를 포기하라는 압력을 가한다. 한마디로 말해 주체를 즉자 상태, 즉 사물과 같은 상태에 머물라고 강요한다는 것이다. 바로 이것에 저항했기에 노예는 대자라는 의식을 갖게 되고, 혹은 자신의 주체적 부정성을 자각할 수 있었던 것 아닐까? 변증법이 목적론의 노예가 되는 순간, 주체와 타자 사이의 우발적인 마주침과 그 팽팽한 긴장은 헤겔의 시야에서 사라지고 만다.

《자본론》〈2판 후기〉에서 마르크스는 말한다. "변증법이 헤겔의 수중에서 신비화되기는 했지만, 그러나 다름 아닌 헤겔이 처음으로 변증법의 일반적 운동 형태를 포괄적으로 또 의식적으로 서술했던 것이다. 변증법은 헤겔에서 머리로 서 있다. 변증법을 뒤집을 필요가 있다, 신비한 껍질 속에 들어 있는 합리적인 핵심을 찾아내려면." 신비한 껍질! 그것은 바로 목적론적 사유, 혹은 사후적 사유였던 것이다. 헤겔의 목적론적 변증법은 마르크스의 말대로 거꾸로 서 있었다. 3미터 나무라는 사후적 사실, 즉 결과를 열매의 잠재성, 즉 원인으로 설정했으니 말이다. 결과가 원인이 되어버린 것이다. 3미터 사과나무를 땅속에 있는 작은 열매 안에 쑤셔 넣어버리니, 나무가 거꾸로 세워져버린 모양새 아닌가? 아니 거꾸로 세워져버린 정도가 아니라 압축되어 열매 안으로 사라져버리는 촌극마저 발생한 것 아닌가? 이제 마르크스가 '합리적인 핵심'이란 말로 무엇을 말하려고 했는지 저절로 이해가 된다. 주체와 타자의 마주침이란 우발적인 상황, 그리고 이런 상황에서 양자의 부정성 사이에 펼쳐지는 팽팽한 긴장이다. 이것이 〈포이어바흐에 관한 테제들〉의 정수, 즉 '대상적 활동'이 아니면 무엇이겠는가? 대상은 우리 앞을 가로막고 있지만, 우리는 이 대상에 수동적으로 매몰되지 않는다. 이런 수동적 조건에도 불구하고 인간은 능동적인 활동을 관철하려고 하기 때문이다. 《정신현상학》에서 주인이나 사물의 '낯선 본질'에 맞서서 자유를 찾으려고 했던 '노예'는 바로 이 대상적 활동의 화신이었던 것이다.

마르크스는 낡은 유물론의 인간관과 아울러 관념론의 인간관을 동시에 극복하고자 했다. 낡은 유물론이 인간에게 주어진 조건과 한계 등의 필연성을 피력하며 인간의 수동성만을 강조한다면, 관념론은 인간에게 주어진 조건과 한계를 무시하고 인간의 능동성만을 강조하기 때문이다. 대상적 활동 개념으로 마르크스는 수동적이면서 동시에 능동적인 인간의 삶을 설명하려고 한다. 이론적으로 대상적 활동은 항상 붕괴될 수 있다. 만약 인간이 주어진 조건을 그냥 받아들이는 아Q가 된다면, '대상적 활동' 개념에서 '활동성'은 무력화되기 때문이다. 또 반대로 인간이 주어진 조건을 고려하지 않고 풍차에 돌진하는 돈키호테가 된다면, '대상적 활동' 개념에서 '대상성'은 증발하기 때문이다. 아Q나 돈키호테처럼 되기를 포기할 때, 우리는 '대상적 활동'의 주체가 된다. 그러나 대상적 활동의 주체가 되었다고 해서, 항상 해피엔딩이 기다리는 것은 아니다. 스파르타쿠스 군단, 뮌스터코뮌, 그리고 파리코뮌처럼 그 귀결은 비극일 수도 있다. 결국 대상적 활동에 입각한다면, '즉자→대자→즉자·대자'로 표시될 수 있는 자기의식의 변증법에서 오직

2부. 마르크스의 철학, 마르크스의 과학

'대자'만이 남을 수밖에 없다. 합리적 핵심을 가진 변증법이 있다면, 그것은 '대자의 변증법', 혹은 '타자의 변증법'일 뿐이다. 벤야민Walter Benjamin(1892~1940)과 아도르노Theodor Adorno(1903~1969)가 얼핏 본 것도 이것이다. 벤야민의 '정지 상태의 변증법die Dialektik im Stillstand'이든 아도르노의 '부정 변증법Negative Dialektik'이든 간에, 두 사람은 공통적으로 헤겔의 삼박자 변증법 대신, 대자의 변증법을 고민했으니 말이다.

어쨌든 자신에게 저항하는 타자를 의식하거나 혹은 같은 말이지만 타자에 직면해서 자신을 의식하지 않는다면, '즉자'나 '즉자·대자'라는 개념이 무슨 의미가 있겠는가? 한국에서 자신이 한국인이라고 의식하지 않고 살던 사람이 있다고 하자(즉자 상태). 다마스카스에 발을 디딘 뒤 그는 자신이 한국인이었다는 사실을 의식한다(대자 상태). 다마스카스의 삶을 견디면 그는 한국인이면서 동시에 다마스카스 사람이 될 것이다(즉자·대자 상태). 그러나 대자의 변증법이나 타자의 변증법과 같은 사족이 무슨 필요가 있다는 말인가? 그냥 '대상적 활동' 개념 하나로도 충분히 족할 테니 말이다. 그래서 변증법의 합리적 핵심에 이르면, 변증법이란 용어 자체를 쓸 필요도 없다. 마르크스는 헤겔이 걸었던 변증법이란 주문에서 자유를 찾았던 것이다. 그러니 그는 말할 수 있었다. "형편없는 아류들이 헤겔을 바로 '죽은 개'로서 취급한 것을 기쁨으로 삼기 시작했기에, 나는 자신을 이 위대한 사상가의 제자라고 공언하고 가치론에 관한 장에서 군데군데 헤겔의 특유한 표현 방식을 흉내 내기까지 했다"고.

1846년 야심만만했던 친구 엥겔스와 함께 완성한《독일 이데올로기》이후 마르크스는 철학적 사유, 혹은 철학사적 작업을 등한시했다는 이야기가 있다. 1850년대 이후 마르크스는 정치경제학적 작업에만 전적으로 몰두했다는 의견이다. 그렇지만 양보다 질 아닌가? 1872년 작성된 《자본론》 〈2판 후기〉에서 마르크스는 자신의 철학적 영민함뿐만 아니라 성숙함마저 드러낸다. 말년에도 마르크스는 철학자였던 것이다. 당시 마르크스는 변증법을 소름 끼치는 유기체로 탄생한 자본주의체제를 해명하는 방법으로 패러디할 정도로 변증법 자체로부터 자유로웠던 상태였다. 그에게 변증법은 모든 것을 보장하는 진리라기보다 부분들이 모여 유기적 전체를 이루는 경우에만 적용되는 설명법일 뿐이었다. 어쨌든 자본주의체제를 분석할 때 그가 변증법을 사용했다는 것은 어김없는 사실이다. 당연히 그는 자신의 변증법이 헤겔의 그것과는 다르다는 걸 밝힐 필요가 있었다. 그의 육성을 들어보자. "헤겔에게는 그가 이념이라는 이름 아래 자립적인 주체로까지 변형시킨 사유 과정은 현실세계의 창조자이고, 현실세계는 사유 과정의 외적 현상에 지나지 않는다. 나에게는 반대인데, 관념적인 것은 '인간의 머릿속으로 옮겨지고 번역된 물질적인 것'에 지나지 않는다."

먼저 헤겔의 사유구조를 해명하는 부분을 보라. 마르크스는 《역사철학강의》에서 피력된 헤겔 주장의 핵심을 정확히 알고 있다. 이 책에서 헤겔은 "물리적인 것이 정신적 것에 종속된다"고 주장했을 뿐만 아니라 "세계사는 잠재적으로 존재하는 인식을 실현하면서 이루어진 정신의 표현"이라고 선언했기 때문이다. 열매 안에 3미터의 사과나무가 이미 본질로 내재하고 있었던 것처럼, 절대정신 안에 스마트폰도 이미 본질로 내재하고 있었다는 식이다. 목적론적 사유이자 사후적 사유다. 당연히 타자성의 문제는 고려조차 되지 않고 있다. 그러나 마르크스에게 스마트폰은 알튀세르의 표현을 빌리자면 "우발성의 순수한 효과일 뿐"이다. 서로 평행한 상태로 운동하는 다양한 인과 계열들이 마주치지 않으면, 스마트폰은 만들어질

　　　　　　　　　　　　　2부. 마르크스의 철학, 마르크스의 과학

수 없다. 다시 말해 스마트폰은 금융자본의 발달, 영상 매체의 발달, 양자역학의 발달, 액정과 통신 기술의 발달, 개인들의 파편화 심화 등등의 요소들이 마주친 효과, 즉 마주침의 결과일 뿐이라는 것이다. 스마트폰이 탄생한 순서를 재구성해보라. PC, 휴대폰, 통신기술, 영상세대, 신용경제, 고립된 소비자 등등이 마주쳐 스마트폰으로 응결된다. 이것이 사전적 사유다. 불행히도 스마트폰이 나오자마자 사후적 사유가 바로 작동하기 시작한다. 스마트폰이 존재하기 전에 스마트폰의 본질이나 근거가 잠재되어 있었고, 이 본질이 실현된 것이 바로 스마트폰이라는 것이다. 결국 스마트폰이라는 잠재적 본질이 PC, 휴대폰, 통신기술, 영상세대, 신용경제, 고립된 소비자 등등이 마주치지 않고 평행으로 비처럼 내리던 그 상태를 대신하게 된다.

서로 관계하지 않는 다양한 요소들의 병존이 1차 단계, 다양한 요소들의 마주침이 2차 단계, 응결된 사물이나 사실, 즉 사후적 사실의 탄생이 3차 단계, 그리고 사후적 사실만 고립시켜 그 사실에 근거, 의미, 필연성, 목적을 구성해서 투사하는 것이 4차 단계라고 하자. 마르크스가 "관념적인 것은 '인간의 머릿속에 옮겨지고 번역된 물질적인 것'에 지나지 않는다"고 말했던 이유도 바로 여기에 있다. 4차 단계에서 마음이 사후적으로 구성한 것들은 1차 단계, 2차 단계, 3차 단계가 인간의 머릿속에 옮겨지고 번역된 단계에 지나지 않기 때문이다. 주의하라! 지금 마르크스가 정신이 물질을 창조한다는 생각과는 달리 물질이 정신을 창조한다는 식의 너저분한 주장을 하는 것이 아니다. 오히려 마르크스는 '관념적인 것das Ideelle'과 '물질적인 것das Materielle'을 모두 긍정하고 있다. 여기서 '옮겨진umgesetzte'이란 단어도 그렇지만 '번역된übersetzte'이란 단어가 중요하다. '번역한다'는 말은 어떤 말을 독일어에서 한국어로, 혹은 한국어에서 독일어로 옮기는 것을 말한다. 번역에는 두 가지 언어가 전제되어야 한다. 실제로 같은 어원의 말 '강을 건네주다^{übersetzte}'도 강을 사이에 둔 양쪽 강가를 전제로 하는 말이고, '번역된'과 함께 사용된 '옮겨진'이란 말도 옮겨지기 이전의 장소와 옮겨진 다음의 장소를 전제하고 있다. 마르크스에게 관념적인 것과 물질적인 것은 양쪽 강가나 혹은 두 가지 언어로 비유할 수 있다. 물론 강물이 도도하게 흐르기에 양쪽 강가가 가능한 것처럼, 삶이 생동하기에 관념적인 것과 물질적인 것이 가능한 법이다. 그러니 "관념적인 것은 인간의 머릿속에 옮겨지고 번역된 물질적인 것에 지나지 않는다"는 주장만 성립하는 것이 아니다. "물질적인 것은 인간의 머리 바깥에 옮겨지고 번역된 관념적인 것"이라는 말도 충분히 가능하기 때문이다. 여기서 우리는 마르크스에게 '물질적인 것'이 다름 아닌 '실천적인 것'임을 알게 된다. 관념적인 것이 인간의 머리 바깥에 옮겨지고 번역되는 과정이 실천이 아니면 무엇이겠는가? 이와는 대조적으로 물질적인 것이 인간의 머릿속에 옮겨지고 번역되는 과정은 이론에 해당한다. 대상적 활동이란 개념은 1872년에도 여전히 마르크스 사유의 핵심이었다는 증거다. 대상에 대한 주체의 수동적 관조가 이론이고, 대상에 대한 주체의 능동적 활동이 실천이니 말이다.

예수를 망친 것이 기독교이고 싯다르타를 망친 것이 불교도이고 칸트를 망친 것이 칸트학파이듯, 마르크스를 망친 것은 마르크스주의자들이었다. "변증법은 헤겔에서 머리로 서 있으니, 변증법을 뒤집을 필요가 있다"는 마르크스의 말을 고지식하게, 아니 어떤 문학적 상상력이나 철학적 감수성도 없이 읽으려는 사람들이 바로 등장했으니까. 마르크스를 가장 잘 안다고 자칭 타칭 평가받는 엥겔스도 그 예외는 아니었다.

혜겔의 경우 자연과 역사에서 나타나는 변증법적 발전[dialektische Entwicklung], 즉 모든 지그재그 운동과 일시적인 퇴보를 거쳐 관철되는 더 낮은 것에서 더 높은 것으로의 진보의 인과적 연관은, 어딘지는 모르지만 어느 경우든 사유하는 각 인간의 두뇌와 독립하여 영원히 진행되는 개념의 자기 운동[Selbstbewegung des Begriffs]을 복사한 것에 지나지 않는다. 우리[Wir]는 현실 사물[wirklichen Dinge]을 이런저런 단계의 절대 개념[absoluten Begriffs]의 모상[Abbilder]으로 파악하는 대신 우리 머릿속의 개념을 현실 사물의 모상으로 다시 유물론적으로 파악했다. 그래서 변증법은 외부 세계[äußern Welt]뿐만 아니라 인간 사유[menschlichen Denkens]의 일반적 운동 법칙에 대한 과학[die Wissenschaft von den allgemeinen Gesetzen der Bewegung]으로 환원되었다. …… '개념의 변증법[Begriffsdialektik]' 자체는 '현실세계의 변증법적 운동[dialektischen Bewegung der wirklichen Welt]'의 '의식적 반영[bewußte Reflex]'에 지나지 않는다. 따라서 '머리로 선 혜겔의 변증법[Hegelsche Dialektik auf den Kopf]', 또는 '오히려 자기가 딛고 서 있던 머리에서 나온 변증법은 다시 발로 서게 되었다. 몇 년 전부터 이 '유물론적 변증법[materialistische Dialektik]'은 우리의 가장 훌륭한 작업도구이자 우리의 가장 날카로운 무기였다.

－《루트비히 포이어바흐와 독일 고전철학의 종말》(1888)

엥겔스가 《자본론》〈2판 후기〉를 읽고 고개를 갸우뚱거리는 장면이 그려진다. 간만에 철학에 개입한 친구 마르크스가 말하지 않았던가? "변증법은 혜겔에서 머리로 서 있다. 변증법을 바로 세울 필요가 있다. 신비한 껍질 속에 들어 있는 합리적인 핵심을 찾아내려면." 장교 출신답게 엥겔스는 무모할 정도로 거침이 없다. '머리'가 절대정신이나 이념, 혹은 개념 등 관념적인 것을 상징한다는 것 정도는 엥겔스도 알고 있다. 이어서 머리로 서 있는 변증법을 바로 세워야 한다고 마르크스가 주장했으니, 그것은 다리로 서 있는 변증법일 수밖에 없다고 단정한다. 그러나 엥겔스는 마르크스가 헤겔 변증법을 바로 세우려는 진정한 속내를 읽는 데 실패한다. 마르크스가 원했던 것은 '다리로 선 변증법'이 아니다. 마르크스는 '신비한 껍질 속에 들어 있는 (변증법의) 합리적인 핵심'을 찾으려고 헤겔의 변증법을 바로 세우려고 했던 것이니까. 마르크스에게 '합리적 핵심'은 1807년 헤겔이 언뜻 보았지만 끝내 그 중요성을 파악하지 못했던 진실과 관련된다. 주인과 마주쳐 공포에 사로잡힌 노예나 사물과 마주쳐 당혹감에 사로잡힌 노예로 대표되는 '대자'의 논리다. '대상의 변증법'이나 '타자성의 변증법'이라고 부를 수도 있다. 1845년 〈포이어바흐에 관한 테제들〉에서 헤겔 철학의 먹장구름을 뚫고 파란 하늘처럼 빛났던 '대상적 활동' 개념을 기억하라. 청년 마르크스는 헤겔의 《정신현상학》을 돌파하려고 했다. 그 고독한 투쟁의 흔적은 《1844년 경제학-철학 수고》에 고스란히 담겨 있다. 그 결과 청년 마르크스는 헤겔에게서 결코 버릴 수 없는 합리적 핵심 한 가지를 추출하게 된다. 그것이 바로 '대상적 활동' 개념이었다. 이 개념을 만들 때까지 마르크스는 변증법에 포획되어 있는 '대자'라는 개념을 숙고했다. 그의 눈에는 신비한 껍질에 갇힌 '대자'는 지하 감옥 그 깊은 곳에 갇힌 죄수와 같았다. 마르크스는 변증법적 운동의 사슬을 폭발시켜 대자를 해방시키고 '대상적 활동'이란 근사한 이름을 붙였던 것이다. 마르크스의 생각은 단호하다. '대상적 활동'이 발생해야 한다는 것이다. 아니 주체와 타자의 마주침이 발생해야만 한다. 그렇지 않으면 자기반성이나 자기극복은 희망할 수도 없으니까.

'즉자→대자→즉자·대자', 혹은 '정→반→합'이라고 설명되는 변증법적 운동은 '대자'나 '반'이라는 마주침의 운동이 벌어진 다음에나 가능한 사후적 논리에 지나지 않는다. '대자'나 '반'이 바로 '합리적인 핵심'이었으니, 이제 마르크스가 말한 '신비화된 껍질'도 분명해진다. 그것은 '대자'를 앞뒤로 가로막는 '즉자'와 '즉자·대자', 혹은 '반'의 폭발력을 앞뒤에서 가로막는 '정'과 '합'이다. 엥겔스의 불행은 그가 신비한 껍질과 그 안에 감금된 합리적 핵심을 사유하지 못했다는 데 있다. 그는 헤겔의 변증법이 관념론적 변증법이니 뒤집어 유물론적 변증법을 만들면 된다는 순진한 생각에 빠져 있었다. 여기에 "관념적인 것은 인간의 머릿속에 옮겨지고 번역된 물질적인 것"이라는 마르크스 주장에 대한 엥겔스의 곡해도 한몫 단단히 한다. 엥겔스는 말한다. "우리는 현실 사물을 이런저런 단계의 절대 개념의 모상으로 파악하는 대신 우리 머릿속의 개념을 현실 사물의 모상으로 다시 유물론적으로 파악했다." 우리라고? 아니다. 마르크스와 엥겔스가 아니라 엥겔스의 생각일 뿐이다. "관념적인 것은 인간의 머릿속에 옮겨지고 번역된 물질적인 것"이라는 주장과 "우리 머릿속 개념은 현실 사물의 모상"이라는 주장은 서로 전혀 다르다. 마르크스의 주장에는 제대로 옮겨지지 않고 제대로 번역되지 않을 가능성이 전제되어 있다. 〈포이어바흐에 관한 테제들〉 중 두 번째 테제에서 마르크스가 "대상의 진리가 인간 사유로 귀속될 수 있는지의 문제는 이론의 문제가 아니라 실천의 문제"라고 강조했던 것도 이런 이유에서다. 애인이 몸이 아파 내게 짜증을 부린다고 아무리 생각해도 그것이 사실인지의 여부는 생각 자체에서 확인할 수 없다. 애인과의 실천적 장에서만 이 생각이 옳은지, 즉 진리인지가 확인될 테니 말이다. 반면 엥겔스의 주장에는 이런 실천성이란 테마가 들어설 여지 자체가 없다. 디지털카메라의 액정 화면에 찍힌 이미지와 외부 사물 사이처럼 개념과 현실 사물 사이에는 연속성과 필연성이 존재하기 때문이다.

"거꾸로 선 변증법"이란 발상에 "개념은 사물의 모상"에 불과하다는 발상이 결합되면서, 엥겔스는 그야말로 마르크스의 섬세한 사유에 너무나 커다란 상처를 내고 만 것이다. 1888년 마르크스가 죽은 지 5년이 지난 때, 그는 거침이 없었다. "개념의 변증법 자체는 현실세계의 변증법적 운동의 의식적 반영에 지나지 않게 되었다. 따라서 '머리로 선 헤겔의 변증법', 또는 오히려 자기가 딛고 서 있던 머리에서 나온 변증법은 다시 발로 서게 되었다." 지금 엥겔스는 헤겔의 변증법마저 정당화하고 있다. 현실세계의 변증법적 운동이 의식에 반영되었다는 것을 안다면, 헤겔이 표방했던 개념의 변증법은 아무런 문제도 없기 때문이다. 주체와 타자와의 마주침, 그 대자의 운동은 해방되지 못하고, 다시 엥겔스의 유물론적 변증법에 포획되고 만 것이다. 개별자의 활동이 절대정신의 변증법적 운동의 자기표현에 지나지 않는다는 헤겔의 주장과 개별자의 활동이 현실세계의 변증법적 운동의 자기표현에 지나지 않는다는 엥겔스의 주장이 얼마나 큰 차이가 있겠는가? 엥겔스의 유물론적 변증법은 아주 단순하다. 헤겔이 말한 변증법적 운동의 주어를 바꾸면 그만이었으니까. 이제 이념이나 개념이 변증법적 운동을 하는 것이 아니라 물질이나 현실세계가 변증법적 운동을 한다. '즉자→대자→즉자·대자'든 아니면 '정→반→합'이든 변증법적 운동은 이제 면죄부를 받게 된다. 1878년에 출간한 《오이겐 뒤링 씨의 과학 혁명Herrn Eugen Dührings Umwälzung der Wissenschaft》에서 엥겔스가 헤겔의 《논리학》을 토대로 유물론적 변증법을 체계화하려고 했던 것도 이런 이유에서다.

> 표준기압에서 섭씨 0도의 액체 상태에서 고체 상태로 넘어가며 섭씨 100도에서 액체 상태에서 기체 상태로 넘어간다는, 그러므로 이 두 전환점에서 온도의 단순한 양적 변화가 물 상태의 질적 변화를 일으킨다는 변화의 예. 우리는 이 법칙의 증거로 자연에서든 인간사회에서든 이와 같은 사실을 수백 가지도 더 들 수 있을 것이다. …… 요컨대 싹이 튼다. 낟알 자체는 사라지고 부정되며, 그 대신에 낟알에서 자라난 식물, 즉 낟알의 부정이 나타난다. 그런데 이 식물의 정상적인 생애는 어떤가? 그것은 자라서 꽃을 피우고 열매를 맺은 뒤 마지막에 가서 다시 보리 낟알로 사멸하고, 즉 자기 차례를 맞아 부정된다. 이런 부정의 부정의 결과로서 우리는 다시 원래의 보리 낟알을 얻는다.

> −〈변증법: 양과 질Dialektik. Quantität und Qualität〉, 〈변증법: 부정의 부정Dialektik.
> Negation der Negation〉, 《오이겐 뒤링 씨의 과학 혁명》(1878)

변증법을 다룬 12장의 제목이 '양과 질'이고 13장의 제목은 '부정의 부정'이다. 유물론적 변증법, 아니 헤겔의 변증법을 엥겔스는 '양질전화'의 법칙과 '부정의 부정'의 법칙으로 정리해버린 것이다. 마르크스가 변증법의 합리적 핵심을 얻기 위해 헤겔의 변증법을 바로 세우려고 했지만, 엥겔스는 합리적 핵심이고 뭐고 간에 그냥 헤겔의 관념론적 변증법을 뒤집어 유물론적 변증법을 날조해낸 것이다. 운동의 주체, 즉 주어만 바뀌었을 뿐, 그 주어가 겪는 변증법적 운동은 그대로 존속한다. 정신이 차지했던 주어의 자리를 물질이 차지했을 뿐 바뀐 것은 하나도 없는 셈이다. 주인이란 타자와 사물이란 타자에 대한 노예의 활동, 즉 대상적 활동은 이렇게 깔끔하게 증발하고 만다. 그럼에도 엥겔스는 주제넘게도 마르크스마저 자신의 유물론적 변증법에 가두려고 한다. 1888년 엥겔스는 말한다. "몇 년 전부터 이 '유물론적 변증법'은 우리의 가장 훌륭한 작업도구이자 우리의 가장 날카로운 무기였다." 몇 년 전이라고? 1870년대 중반 이후 마르크스는 고질적인 신경통과 아울러 경제적 문제로 창조적인 작업에 몰두하기 어려웠으며, 1883년 세상을 떠나게 된다. 또 우리라고? 1867년 《자본론》 1권을 단독으로 출판한 뒤, 마르크스와 엥겔스는 진지한 작업을 한 번도 함께 수행했던 적이 없었다. 어쨌든 엥겔스를 신뢰하는 순간, 우리는 유물론적 변증법이 엥겔스와 마르크스가 공유하는 철학이라고 믿지 않을 수 없다. 이제 마르크스는 엥겔스라는 탁한 유리벽 속에 감금되고, 오직 이 탁한 유리벽을 통해서만 이해되고 만다. 플레하노프나 레닌 등 러시아 마르크스주의자들도 그랬고, 제도권 공산당의 이데올로그들이나 아니면 마르크스주의자를 자임했던 수많은 지식인들도 그랬다.

　엥겔스주의자이면서도 자신을 마르크스주의자라고 오인했던 대부분의 20세기 진보적 지식인들과는 달리 엥겔스라는 탁한 유리벽에 감금된 마르크스를 언뜻 보았던 지성인이 한 명 있다. 바로 알튀세르다. 엥겔스와 마르크스 사이의 균열, 엥겔스가 메우려고 했던 작지만 엄청난 그 균열을 그는 느꼈던 것이다. 1965년 이전 엥겔스주의자였던 알튀세르가 엥겔스주의를 수정하려고 했던 것도 이런 이유에서다. 유물론적 변증법이란 새로운 형이상학에서 인간의 대상적 활동은 숨도 쉴 수 없다는 불편한 느낌이 들었기 때문이다.

1965년 알튀세르에게 마르크스를 가리고 있던 엥겔스라는 탁한 유리벽은 갈라지고 있었다.

만약 마르크스주의 변증법la dialectique marxiste이 헤겔의 변증법에 대해 '원리적으로dans son principe' 대립한다면, 만약 마르크스주의 변증법이 '신비적이고-신비화되고-신비화시키는mystique-mystifiée-mystificatrice' 것이 아니라 '합리적rationnelle'이라면, 이 근본적인 차이는 마르크스주의 변증법의 본질 속에서, 그 결정성들과 고유한 구조들ses détermination et ses structures propres 속에 드러나야 한다는 것이다. 명료하게 말한다면 이 결론은 부정la négation, 부정의 부정la négation de la négation, 대립물의 통일l'identité des contraires, 지양dépassement, 양질전화la transformation de la qualité en quantité, 모순la contradiction 등등의 헤겔 변증법의 근본적인 구조들이 마르크스에 있어서는 헤겔에서 가졌던 것과는 상이한 구조를 갖는다는 것을 내포한다. 이 결론은 또한 이런 구조상의 차이들différances de structure을 밝히고 묘사하고 규정하고 생각하는 것이 가능하다는 것을 내포한다. 그리고 그것이 가능하다면, 마르크스주의를 위해 필요할 뿐만 아니라 마르크스주의의 '사활이 걸린 것vital'이라고까지 나는 말하려고 한다. 왜냐하면 체계와 방법의 차이, 철학 또는 변증법의 '바로 세움renversement', '합리적인 핵심noyau rationnel'의 추출 등의 근사치들을 …… 무한히 반복하고 있을 수는 없기 때문이다. 나는 사활이 걸려 있다고 했다. 내가 확신하는 바에 의하면 오늘날 마르크스주의의 철학적 발전은 바로 이 과업에 달려 있기 때문이다. …… 헤겔 변증법의 마르크스주의적 '바로 세움'은 순수하고 단순한 추출extraction pure et simple과는 전혀 다른 것이다.

······ 이 변증법 자체의 구조들을 심층적으로 변형시키지 않는다면 우리는, 우리가 원하건 원하지 않건 간에, 그 유명한 '신비한 껍질enveloppe mystique'의 누더기를 헤겔이 죽은 지 150년 후에도, 마르크스가 죽은 지 100년 후에도 걸치고 있어야 할 것이다. ······ 마르크스는 우리에게 '사슬의 양쪽 끝'만을 제시하면서 이 둘 사이에서 찾으라고 한다. 한편으로 '생산양식(경제적인 것)에 의한 최종층위에서의 결정la détermination en dernière instance par le mode de production(économique)'과 다른 한편으로 '상부구조들의 상대적 자율성과 고유한 효력l'autonomie relative des superstructures et leur efficace spécifique'이 그것이다. 바로 이것들을 통해 마르크스는 자기의식(이데올로기)에 의한 설명이라는 헤겔적 원리 그리고 '~의-현상-본질-진리phénomène-essence-vérité-de~'라는 헤겔적 테마와 완전히 결별한다.

－〈모순과 중층결정〉, 《마르크스를 위해》(1965)

파리의 고등사범학교 교정 벤치에서 40대 남자가 신경질적으로 담배 파이프를 뿜어대는 광경이 떠오른다. 바로 20년 동안 고등사범학교의 지적인 총아로 군림했던 알튀세르다. 다시 그는 기도처럼 마르크스의 말을 되뇐다. 1872년 《자본론》〈2판 후기〉에 등장하는 마르크스의 말이다. "변증법이 헤겔의 수중에서 신비화되기는 했지만, 그러나 다름 아닌 헤겔이 처음으로 변증법의 일반적 운동 형태를 포괄적으로 또 의식적으로 서술했던 것이다. 변증법은 헤겔에서 머리로 서 있다. 변증법을 바로 세울 필요가 있다, 신비한 껍질 속에 들어 있는 합리적인 핵심을 찾아내려면." 1850년대 이후 정치경제학적 연구에 몰두한 마르크스에게 철학을 부여하겠다는 소임을 떠맡은 알튀세르 아닌가? 이런 그가 거의 유일할 뿐만 아니라 강력한 마르크스의 철학적 언급, '장년 마르크스'의 너무나도 철학적인 논평을 어떻게 우회할 수 있다는 말인가? 그러나 엥겔스주의에 깊게 물든 그가 마르크스와 접속하는 작업을 완수할 수 있을까? 생각해보라. "마르크스주의적 변증법", "부정의 부정", "대립물의 통일", "지양", "양질전화", "모순" 등 알튀세르가 언급하는 용어들은 제도권 사회주의에서 통용되는 것들로서, 대부분 엥겔스에게서 유래한 것들 아닌가. 더군다나 그는 1859년 출간된《정치경제학 비판을 위하여》〈서문〉에 등장하는 마르크스의 논의, 즉 문제가 많은 '상부구조/토대'론마저 무비판적으로 수용한다. 이 서문에서 피력된 '상부구조/토대'론은 정치경제학적 사유가 성숙하기 이전의 마르크스, 그러니까 엥겔스의 생산력발전주의로부터 자유롭지 않았던 마르크스의 사유를 반영할 뿐인데도 말이다.

1965년까지 알튀세르는 엥겔스주의자였다. 그가 토대, 즉 경제적인 것이 정치, 법률, 철학, 의식 등 상부구조를 규정한다는 유물론적 원칙, 그리고 토대와 상부구조의 운동과 변화를 결정하는 변증법적 법칙을 맹신하기 때문이다. 어쩌면 당시 알튀세르에게 진정으로 필요했던 것은 아마도 그 자신이 그리도 강조했던 '인식론적 단절La coupure épistémologique'이었던 셈이다. 엥겔스주의와의 인식론적 단절! 제도권 사회주의와의 인식론적 단절! 불행히도 알튀세르는 이 단절을 유보하고 만다. "헤겔 변증법의 마르크스주의적 '바로 세움'은 순수하고 단순한 추출과는 전혀 다른 것이다." 이렇게 알튀세르에게도 마르크스는 뒤틀려버리고 만다. 그렇지만 우리는 알고 있지 않은가. 마르크스가 헤겔 변증법을 바로 세우려고 했던 이유는 유물론적 변증법을 만들기 위해서가 아니라, 변증법이라는 신비한 껍질에 감금된 합리적인 핵심을 추출하기 위해서라는 사실을. "신비한 껍질 속에 들어 있는 합리적인 핵심을 찾아내자"는 마르크스의 요구, 알튀세르의 표현을 빌리자면 "합리적 핵심을 추출하자"는 마르크스의 요구는 이렇게 거부된다. "체계와 방법의 차이, 철학 또는 변증법의 '바로 세움', '합리적인 핵심'의 추출 등의 근사치들을 …… 무한히 반복하고 있을 수는 없기 때문"이라고 변명하지만, 사실 엥겔스주의가 그의 인식론적 장애물로 작동했기 때문이다.

대신 알튀세르는 엥겔스의 유물론적 변증법을, 그것이 마르크스의 변증법이라도 되는 양, 개보수하는 데 힘을 쏟고 만다. 그것은 바로 생산력발전주의와 경제결정론의 수정이다. 다시 말해 토대가 상부구조를 결정한다는 논의를 보완하자는 것이다. 머리로 서 있는 헤겔 변증법이든 다리로 서 있는 유물론적 변증법이든 "구조상의 차이"가 없다고 알튀세르는 판단했던 것이다. 구조주의적 마르크스주의자다운 발상이다. '생산양식(경제적인 것)에 의한 최종층위에서의 결정'을 인정하지만 동시에 '상부구조들의 상대적 자율성과 고유한 효력'도 인정하자는 그의 유명한 중층결정의 논리는 이렇게 탄생한 것이다. 엥겔스란 거인의 목 위에 헤겔이란 아주 작은 소년이 올라탄 그림이다. 이렇게 알튀세르는 엥겔스의 유물론적 변증법에 없던 것을 한 가지 추가하게 된다. 유물론적 변증법의 최종적 지배를 받는 관념론적 변증법, 혹은 '상부구조들의 상대적 자율성과 고유한 효력'이 바로 그것이다. '상부구조/토대'라는 비유는 '정치적인 것/경제적인 것', '의식/육체', '정신/물질' 등등을 관통하는 비유다. 결국 상부구조에 상대적 자율성과 고유한 효력을 긍정하자는 이야기는 '정치적인 것', '의식', 그리고 '정신'의 고유성도 인정하자는 이야기다. 헤겔의 절대정신이나 엥겔스의 경제적인 것에 압도당하고 조종되었던 개별자나 개별 정신은 이제 나름 자율성을 가진

2부. 마르크스의 철학, 마르크스의 과학

주체로 구원받은 셈이다. 바로 이 순간 알튀세르는 자신이 마르크스의 "합리적인 핵심"을 보여주었다고 자신했을지도 모른다. 경제적인 것으로부터 최종적 지배를 받지만 그것에 제한적이나마 영향을 끼칠 수 있는 주체, 타율성 속에서 아주 작은 자율성을 허락받은 주체의 가능성을 열었으니 말이다. 불행히도 아직 알튀세르는 마르크스의 "합리적인 핵심"에 도달하지는 못했다. 한 걸음이 더 필요하다.《정신현상학》에 등장하는 노예, 타자와 마주쳐 공포나 당혹감에 사로잡혔던 그 노예에 이르려면, 혹은〈포이어바흐에 관한 테제들〉에 그 모습을 드러냈던 '대상적 활동'의 주체, 즉 대상이 가하는 저항에 맞서 활동하는 실천적 주체에 이르려면 말이다.

알튀세르는 '생산양식(경제적인 것)에 의한 최종층위에서의 결정'에 함축되어 있는 경제결정론, 혹은 엥겔스주의에서 완전히 단절할 수 있을까? 알튀세르는 경제적인 것은 인간이 반드시 따라야 하는 법칙이 아니라, 인간이 극복해야 하는 대상의 법칙이라는 걸 이해할 수 있을까? 그렇지 못하면 알튀세르는 그가 발견한 기묘한 주체와 함께 토대와 상부구조 사이, 그 어딘가를 배회하는 유령에 머물고 말 것이다. 아이러니한 것은 사회적 유령이 되면서 알튀세르는 토대와 상부구조 사이의 연옥에서 탈출한다는 점이다. 1980년 11월 26일 정신착란으로 아내를 교살한 뒤 알튀세르는 살아도 산 것이 아닌 유령 신세로 전락한다. 엥겔스라는 망령에 사로잡힌 철학적 유령이 진짜로 사회적 유령이 되어버린 것이다. 말을 하고 글을 써도 아무도 진지하게 듣거나 읽지 않으려고 했던 이 비극적인 고독의 시간이 찾아온 것이다. 드디어 엥겔스도, 레닌도, 마오쩌둥도, 프랑스공산당도, 그리고 그의 제자들도 잊어버리고, 알튀세르는 마르크스와 제대로 직면하게 된다. 엥겔스라는 두터운 유리벽을 부수고 유물론적 변증법이란 "신비한 껍질"에 감금된 마르크스를 만난 것이다. 1982년 6월 비가 추적추적 내리는 날, 알튀세르는 유물론적 변증법이든 관념론적 변증법이든 변증법이란 목적론적 체계가 문제라는 걸 알게 된다. 엥겔스주의자가 드디어 오랜 방황 끝에 마르크스주의자가 되는 순간이다. 아니면 결정론적 원자론을 표방했던 데모크리토스주의자가 우발적 원자론을 표방한 에피쿠로스주의자가 되는 순간이다. 1986년 알튀세르의 정신착란은 심해졌지만, 그 와중에도 그는 조그만 글, 자전적 에세이에 해당하는 글을 쓴다. "이렇게 그는 스스로 원하지 않았지만 거의 전문가적인 유물론 철학자가 된다: 변증법적 유물론, 이 끔찍한 철학의 철학자가 아니라, 우발적인 유물론의 철학자가." 〈유물론 철학자의 초상^{Portrait du philosophe}

^{matérialiste}〉이란 글의 한 대목이다.

1872년 《자본론》〈2판 후기〉는 마르크스가 보낸 유리병 편지였다. 그 내용은 단순했다. 첫째 변증법을 자본주의체제의 탄생과 발전 과정을 해명하는 요긴한 설명법으로 사용하겠다는 것, 둘째 자본주의체제를 설명하려는 자신의 변증법은 헤겔의 변증법과는 반대라는 것, 셋째 헤겔의 변증법을 뒤집어 신비한 껍질 속에 들어 있는 합리적 핵심을 찾아야 한다는 것. 엥겔스는 첫째 전언과 셋째 전언을 무시하고 헤겔 변증법을 뒤집어 유물론적 변증법을 만들어버린다. 정신의 반대는 물질이라는 그야말로 단순무식한 발상이다. 이제 부르주아사회를 넘어 전체 인간사회, 나아가 전체 자연세계마저도 지배하는 형이상학이 만들어진 것이다. 헤겔 변증법이 함축하는 합리적 핵심을 얻은 뒤 변증법에서 자유를 얻는 마르크스가 다시 유물론적 변증법에 감금된 셈이다. 유물론적 변증법을 마르크스주의의 핵심이라고 공인했던 소련 등 제도권 사회주의국가 이데올

로그들도 여기에 한몫 단단히 했다. 이제 마르크스는 엥겔스와 제도권 사회주의국가들에 의해 엥겔스주의자가 된 것이다. 아직도 엥겔스의 칙칙한 망령에 사로잡힌 사람들에게 변증법에서 자유를 얻은 마르크스의 육성을 들려주는 것이 도움이 될 듯하다. 《자본론》에 등장하는 구절이다.

생산물의 교환은 서로 다른 가족이나 부족, 공동체들이 접촉Kontakt하는 지점에서 발생한다. 왜냐하면 문명의 초기에는 독립적인 지위에서 만나게 되는 것은 사적인 개인들이 아니라 가족이나 부족 등이기 때문이다. 공동체가 다르면 그만큼 그들만의 자연환경에서 찾아낸 생산수단과 생존수단도 다른 법이다. 이에 따라 이들 공동체들의 생산양식과 생활양식은 그들의 생산물만큼이나 다르게 된다. 바로 이 '자발적으로 발전한 차이naturwüchsige Verschiedenheit'가 서로 다른 공동체들이 접촉하게 될 때 이들 간의 생산물 교환을 부추기고, 점차 그 생산물들을 상품으로 변화시킨다. 교환Austausch이 생산영역들 사이의 차이를 만들어내는 것이 아니라, 이미 차이가 나는 것들을 관계하도록 만들어 그것들을 확장된 사회의 집단적 생산의 다소간 상호의존적인 부문들로 변화시킨 것이다.

-《자본론》

'평행으로 내리는 원자들', '마주침', '응고', '사후적 사실', '사후적 사유', '사전적 사유' 등등의 개념이 떠오르지 않은가? 알튀세르의 말처럼 마르크스의 철학은 변증법적 유물론이 아니라 우발적 유물론에 가까웠던 것이다. 1841년 박사학위 논문 〈데모크리토스와 에피쿠로스 자연철학의 차이〉로 에피쿠로스의 우발적 원자론에 손을 들어주었던 마르크스, 1845년 〈포이어바흐에 관한 테제들〉의 '대상적 활동' 개념으로 대상과의 마주침과 그것을 극복하려는 인간의 실천적 활동을 강조했던 마르크스가 1867년 《자본론》 1권에 여전히 살아 있다. 여기서 마르크스는 두 공동체 사이에 벌어지는 교환을 숙고하고자 한다. 가족이나 부족, 혹은 공동체 사이에 벌어지는 교환이다. 교환이 벌어지기 위해서 A라는 부족과 B라는 부족은 "접촉"해야만 한다. 마주침이 발생해야 한다는 것이다. 그렇지만 누구나 알다시피 두 부족이 접촉했다고 해서 상품의 교환이 바로 일어나지는 않는다. 마주침이 충분히 지속적이지 않으면 상품 교환은 생각조차 할 수 없으니 말이다. 여기서 중요한 것은 두 부족이 "자발적으로 발전한 차이"를 가지고 있다는 사실이다. 그러니까 평행으로 내리는 두 빗방울 같았던 것이다.

마주침이 일어난 순간, A부족은 연어보다는 사과가 풍부하다는 사실을, 그리고 B부족은 사과보다는 연어가 풍부하다는 사실을 자각한다. 마주침이 일어나자, 각 부족은 자신이 지금까지 어떻게 살았는지 자각하게 된다. 대자가 즉자를 낳는 순간이다. 마주치지 않았다면, 두 부족은 마주치기 이전 당연하다고 받아들인 자기 생산물의 상태를 의식하지도 못했을 것이다. 마주침이 차이에 대한 자각을 유도했던 셈이다. 만약 A부족과 B부족이 생산물, 생산양식, 그리고 생활양식이 완전히 같았다면 교환은 일어날 필요가 없다. 어쨌든 마주침을 통해 "자발적으로 발전한 차이"를 자각했다고 해서, 혹은 상대 부족에 대해 자기 부족 생산물이 어떤 특징을 갖는지 자각한다고 해서, 교환이 필연적으로 일어나는 것도 아니다. 교환은 일어나지 않을 수도 있고, 일어날 수도 있다. 그냥 지속적인 마주침을 단절하고 원래 자족적인 상태에 머물 수도 있고, 아니면 부족한 생산물, 혹은 잉여 생산물을 교환할 수도 있기 때문이다. 마주침 이후 두 부족은 단절로 갈 수도 있고, 아니면 교환으로 갈 수도 있다. 이것은 '대자'가 '즉자'라는 이전 상태로 돌아갈 수도 있고 아니면 '즉자·대자'라는 새로운 상태로 이행할 수 있다는 것을 의미한다.

우발적으로 단절이 아니라 교환이 일어난다. 두 부족 사이의 교환은 '연어 1마리=사과 5개'라는 원칙으로 이루어졌다. 생산물 사이에도 대자가 먼저다. 원래 1마리의 연어는 5인 가족의 한 끼 식사 재료로 충분했다. 이것이 즉자로서의 연어다. 5개의 사과와 교환되는 1마리의 연어는 대자로서의 연어가 된다. 이런 교환이 활성화되면, 자신이 잡은 연어 1마리에서 사과 5개를 볼 수 있다. 즉자·대자로서의 연어다. 교환이란 사실이 발생하자, 이제 연어에는 마치 사과 5개의 가치가 내재하고 있는 것처럼, 혹은 사과 1개에는 연어 5분의 1 조각의 가치가 내재하고 있는 것처럼 이해된 것이다. 바로 사후적 사유다. 연어에는 본래 사과 5개로 교환될 본질이 내재해 있었는데, 그 본질이 마침내 실현되었다는 생각이 출현한 것이다. 어쨌든 교환이 지속되면 두 부족은 더 큰 공동체로 묶이게 된다. 마침내 평행으로 내리는 비처럼 독립적으로 살고 있던 부족들의 마주침, 그것도 지속적인 마주침으로 두 부족 사이에는 알튀세르가 말한 것처럼 "응고"가 발생한 것이다. 응고가 발생한 다음 두 부족의 삶은 달라질 수밖에 없다. A부족은 잡기 어려운 연어를 포기하고 수확하기 쉬운 사과 생산에 박차를 가할 것이고, B부족은 반대로 연어를 더 많이 잡아 사과와 교환하려고 할 것이다. 바로 이 대목에서 마르크스는 흥미로운 이야기를 한다. "교환이 생산영역들 사이의 차이를 만들어내는 것이 아니라, 이미 차이가 나는 것들을 관계하도록 만들어 그것들을 확장된 사회의 집단적 생산의 다소간 상호의존적인 부문들로 변화시킨다"고. 지금 마르크스는 사전적 사유를 우리에게 주문하고 있다. 두 부족의 생산활동이 상호의존적인 부문들로 변화된 이후, 두 부족이 하나로 응고된 이후, 혹은 상이한 생산물들이 교환된 이후에 초점을 맞추어 사유하지 말라는 것이다.

마르크스가 "이미 차이가 나는 것들"이 존재했다는 사전적 사실에 주목했던 이유는 무엇일까? 생계를 유지할 돈이 없기에 노동자는 자신의 노동력을 팔고, 반대로 충분한 돈을 가지고 있기에 자본가는 노동자들을 고용한다. 농사를 지을 땅이 없기에 노동자는 지대를 제공하고, 반대로 땅을 제공한 대가로 지주는 지대를 받는다. 이것은 모두 교환이 일어난 다음 사후적으로 관찰된 사실이다. 교환을 할 수도 있고 하지 않을 수도 있는 상태가 아니라, 교환을 하지 않으면 생계를 유지할 수 없는 상태가 된 것이다. 이렇게 불가피한 교환이 하나의 전제로 고착되는 순간, 자본주의체제는 하나의 유기체로 탄생한다. 당연히 자본주의체제를 극복해 코뮌사회를 꿈꾸려면, 논리적으로 우리는 먼저 자본주의체제가 강요하는 교환의 논리에서 벗어나야 한다. 교환이 일어나지 않아도 '이미 차이가 나는 것들'로 존재할 수 있어야 한다. 한마디로 말해 교환을 할 수도 있고 하지 않을 수도 있는 자유를 얻어야만 한다는 것이다. "교환이 이미 차이가 나는 것들을 관계하도록 만들어 그것들을 확장된 사회의 집단적 생산의 다소간 상호의존적인 부문들로 변화시켰다"면, 상호의존적인 부문들을 거슬러 자율적이고 독립적인 부문들을 회복하거나 이것들을 늘려야 한다. 분해는 결합의 역순일 수밖에 없으니까. 교환을 염두에 두고 사과만을 생산했던 A부족은 이제 적으나마 연어도 잡으려고 노력해야 하고, 연어 낚시에 모든 걸 걸었던 B부족도 식물 영양소를 위해 사과가 아니더라도 다른 식물을 기르려고 해야 한다. 그래야 원래 "차이가 나는 것들"로 존재했던 상태를 그나마 유지할 수 있고, "확장된 사회"에 지배되는 일도 그만큼 줄어들 테니 말이다. 마찬가지로 노동자들도 자본으로 교환되지 않는 노동의 가치를 긍정하고 회복하는 일, 그리고 이런 노동으로 생계를 유지할 수 있는 방법을 찾아야만 한다. 알튀세르는 자본주의 체제의 요소로 기능하는 개인들이 다시 평행으로 내리는 비처럼 다시 "원자화된 개인들"로 탄생해야 한다고 역설했다. 그래야 원자화된 개인들은 다시 마주쳐서 새로운 응고를 꿈꿀 수 있을 테니 말이다. 응고할 수도 있고 응고하지 않을 수도 있는 개인들의 공동체, 교환할 수도 있고 교환하지 않을 수도 있는 자유를 가진 개인들의 공동체! 이것이 코뮌사회가 아니면 무엇이 코뮌사회이겠는가.

2. 파리코뮌의 가르침, 혹은 엥겔스적인 것과의 단절

코뮌—그것은 사회를 통제하고 제압하는 대신에 사회 자신의 살아 있는 힘으로서 사회가 국가권력을 다시 흡수하는 것이다. 그것은 억압의 조직된 힘 대신에 자기 자신들의 힘을 형성하는 민중the popular masses 자신이 국가권력을 다시 흡수하는 것이다. 그것은 민중의 적이 민중을 억압하기 위해 휘둘러온 인위적 힘(민중의 억압자들이 전유하고 있는 민중에 대립되고 반대하여 조직된 민중 자신의 힘)을 대신할 민중의 사회적 해방의 정치적 형태다. 이런 형태는 모든 위대한 사물이 다 그렇듯 단순했다. 이전의 혁명—모든 역사적 발전에는 때가 필요한데, 과거에는 모든 혁명에서 때를 놓쳤고, 민중이 개가를 올린 바로 그날 승리에 빛나는 무기를 양도할 때마다 그 무기가 민중을 향했다—에 반발하여, 코뮌은 제일 먼저 군대를 국민방위대the National Guard로 대체했다.

"9월 4일 이래 최초로 공화국은 자신의 적의 정부로부터 해방되었다. …… 도시에는, 시민에 대항하여 정부를 지키는 상설적인 군대 대신에 권력(정부)에 대항하여 시민을 지키는 민병대^{national militia}가 있다."

-⟨3월 22일 중앙위원회^{Central Committee} 포고⟩

(민중은 상비군^{the standing armies}을 폐지해버리기 위해 이와 같은 민병대를 전국적 규모에서 조직하기만 하면 되었다. 이것은 모든 사회 개조를 위한 첫 번째 경제적 필수조건^{the first economical condition sine qua}이며, 국세 및 국채의 이 원천과 계급지배—정규적인 지배계급이든 또는 모든 계급을 구한다고 자처하는 모험가의 지배이든—의 정부 찬탈에 대한 이 끊임없는 위험을 즉시 벗어던지는 것이다.) …… 독립적인 경찰은 폐지되었고, 그 악당들을 코뮌의 공무원들이 밀어냈다. 보통선거권^{the general suffrage}은 지금까지 신성한 국가권력에 대한 의회의 재가를 위해서 남용되어 오거나 몇 년에 한 번씩 의회주의적 계급지배를 재가하기 위해서(계급지배의 도구들을 선출하기 위해서)만 민중에 의하여 이용되는 지배계급의 손안에 있는 장난감으로서 남용되어 오다가, 다음과 같은 그 진정한 목적에 합치되게 되었다. 코뮌이 그 자신의 행정직 관청 직원이나 법률을 발의하는 관청 직원을 선출하는 일. 마치 행정적이고 정치적인 통치는 신비한 일이어서 훈련된 카스트^{trained caste}의 손에 위탁해야만 하는 초월적 기능인 듯한 미망—이 카스트는 고위직에 있는 국가 기생자들, 보수를 많이 받는 아첨꾼들, 한직에 있는 자들이며, 그들은 대중 가운데서 지식인들을 흡수하여 그들을 위계적 하층에 있는 자기 자신들에게 반대하도록 돌려놓는다. 국가 위계^{the State hierarchy}를 모두 폐지하는 것, 민중의 오만한 주인들이 언제나 공중의 감독 아래 활동하기 때문에 언제든지 해임할 수 있는 공무원

으로 대체되고 가짜 책임이 진정한 책임으로 대체되는 것, 숙련 노동자들처럼 한 달에 12파운드, 가장 많은 봉급도 240파운드를 넘지 않게 지불함. …… 모든 대도시들이 파리의 모범을 따라 코뮌을 조직한다면, 어떤 정부도 불의의 반동이라는 기습으로 이 운동을 탄압할 수는 없을 것이다. 이 예비적인 조치만으로도 운동을 보장할 부화의 시간the time of incubation을 얻을 것이다. …… 이런 것이 코뮌이다―사회적 해방의 정치적 형식the political form of the social emancipation, 즉 노동자 자신에 의해 창조되었거나 자연의 선물인 노동수단의 독점자들에 의한 찬탈(노예 소유slaveholding로부터의 노동해방의 정치적 형태). …… 코뮌은 노동계급의 사회운동, 따라서 총체적인 인류 재생regeneration of mankind의 사회운동이 아니라 그 행동의 조직화된 수단이다. 코뮌은, 노동계급이 모든 계급의 폐지, 따라서 모든 계급지배의 폐지를 위하여 분투하는 방식인 계급투쟁을 폐지하는 것이 아니라, 코뮌은 이 계급투쟁이 그 서로 다른 국면들을 가장 합리적이고 인간적인 방식으로 경과할 수 있는 합리적 환경을 제공한다.

― 《프랑스내전》(첫 번째 초고, 1871년 4월 하순에서 5월 10일)

1845년 〈포이어바흐에 관한 테제들〉에서 마르크스는 사실상 자기 철학의 뼈대를 완성한다. 모든 인간은 '대상적 활동'을 수행하는 존재라는 통찰(첫 번째 테제), 나아가 모든 인간이 대상적 활동을 향유하는 '인간사회'라는 이념(열 번째 테제)이 바로 그것이다. 이것만으로 충분히 마르크스는 철학사에 중요한 기여를 했다고 할 수 있다. 그렇지만 마르크스는 더 나아가려고 한다. '대상적 활동'과 '인

2부. 마르크스의 철학, 마르크스의 과학

간사회'라는 잣대로 보았을 때, 그가 살고 있는 부르주아사회는 분명 억압사회였다. 타인의 노동을 착취해 생활하는 계급이 존재했기 때문이다. 과거 귀족이 노예의 노동을, 그리고 영주가 농노의 노동을 착취했듯, 이제 자본가가 노동자를 착취하고 있다. 그가 꿈꾸던 인간사회를 만들려면 자본가가 주도하는 사회, 즉 부르주아사회를 극복해야만 한다. 그렇다면 어떻게 부르주아사회를 극복할 수 있을까? '지피지기백전불태知彼知己百戰不殆'라는 말이 있다. "상대방을 알고 나를 알면, 백번 싸워도 위태롭지 않다"는 《손자병법孫子兵法》을 통해 전하는 중국 고대의 전술가 손무孫武(?~?)의 가르침이다. 부르주아사회를 규정하는 자본주의는 어떻게 탄생했는가? 그리고 어떻게 작동하는가? 자본주의의 최고 장점은 무엇인가? 자본주의의 아킬레스건은 어디인가? 이런 정치경제학적 물음들이 청년 철학자 마르크스가 앞으로 풀어야 할 과제가 된다.

물론 그렇다고 해서 〈포이어바흐에 관한 테제들〉을 집필했던 1845년에 마르크스가 정치경제학적 문제에 손을 놓고 있었다고 착각해서는 안 된다. 1844년에 완성된 《1844년 경제학-철학 수고》를 보면, 그는 철학적 사유와 아울러 정치경제학적 사유를 지속적으로 발전시키고 있었기 때문이다. 20대의 마르크스는 대학의 분과체계에 감금되지 않고 동시대의 삶의 문제를 고민했던 실천적 지식인이었다. 이미 그는 자본, 노동, 사적 소유, 그리고 분업과 같은 자본주의의 논리를 숙고하고 있었을 뿐만 아니라 그것의 대안으로 코뮌주의도 고민하고 있었으니까. 그렇지만 1844년 26세의 마르크스는 1867년 출간된 《자본론》 1권에서 보여준 것만큼 세련되고 체계적으로 자본주의를 해부하는 정치경제학을 전개하지는 못하고 있다. 그의 정치경제학적 논의를 직접 읽다보면, 그의 논의는 구체적이고 실증적이라기보다는 추상적이고 사변적이라는 느낌마저 든다. 자본주의사회와 그 속에서 살아가는 인간을 다루고 있지만, 구체적인 사례에 대한 분석이나 이를 뒷받침할 객관적 자료는 거의 보이지 않기 때문이다. 어쨌든 철학적으로 자본주의가 어떻게 인간의 삶을 불행으로 이끄는지 구명한 뒤, 마르크스는 자본주의를 넘어서는 이념, 즉 코뮌주의를 관철하자고 선언한다. 물론 이 대목에서도 여전히 어떻게 하면 자본주의를 넘어설 수 있는지, 그 구체적인 실천 전략은 해명되지 않는다. 결국 마르크스의 코뮌주의Kommunismus는 논리적이고 이념적으로 구성된 것일 수밖에 없다.

> 코뮌주의는 완성된 '자연주의=인간주의Naturalismus=Humanismus'로서, 완성된 '인간주의=자연주의'로서 존재하며, 인간dem Menschen과 자연der Natur 그리고 인간과 인간 사이의 충돌의 참된 해결이며, 실존Existenz과 본질Wesen, 대상화Vergegenständlichung와 자기인정Selbstbestätigung, 자유Freiheit와 필연성Notwendigkeit, 개체Individuum와 유Gattung 사이의 갈등의 진정한 해결이다.
>
> −《1844년 경제학-철학 수고》

코뮌주의가 현실화되면 자본주의의 거의 모든 문제가 한 방에 해결된다. 얼마나 근사하고 멋진 일인가? 마르크스가 살았던 19세기나 지금 우리에게는 인간과 자연, 인간과 인간, 실존과 본질, 대상화와 자기인정, 자유와 필연, 개체와 유 사이의 대립이 일상이기 때문이다. 생각해보라. '인간과 자연의 대립'은 생태 문제로 구체화된다. 가공할 생산력으로 인간이 자연을 착취하자, 자연은 '이제 그만!'이라는 형식으로 인간에게 보복하는 문제이기 때문이다. '인간과 인간의 대립'은 계급 갈등의 문제다. 생산수단과 생계수단을 독점한 자본가가 그렇지 못한 노동자들을 수탈하고 착취하자, 노동자들이 당연히 이런 부정의에 맞서게 된다. '실존과 본질'이나 혹은 '대상화와 자기인정'의 대립은 노동자의 자기소외 문제와 관련된다. 자신이 원하는 것이 아니라 타인이 원하는 것을 하니 문제가 된다. 자신이 원하는 것을 만들고 그걸로 타인의 인정을 받아야 인간은 스스로를 인정할 수 있다. 그런데 자신이 원하지 않는 것을 하고 그걸로 타인의 인정을 받으니 문제가 된다. 주인에게 사랑받을수록 노예가 자기 자신을 인정하기 힘든 것과 같은 이치다. '자유와 필연성'이나 '개체와 유'의 대립도 노동자의 처지를 생각하면 쉽게 이해된다. 노동자가 자유를 향유하려는 순간, 회사라는 필연성이 그를 옥죌 것이다. 반대로 필연성을 따를수록 그는 자유를 상실하게 된다. 이런 상황은 개체와 유의 대립으로 비화된다. 개체와 유의 대립은 부분과 전체의 대립이기 때문이다. 전체에 복종하면 개체는 자기 개체성을 버려야 하고, 반대로 개체가 자기 개체성을 유지하려면 전체는 와해될 수밖에 없다. 이런 모든 대립이 코뮌주의에서 모두 지양되어 통일된다니, 코뮌주의는 진정한 복음인 셈이다. 그의 말대로 코뮌주의는 차안의 세계와 인간을 동시에 긍정하는 '자연주의=인간주의' 혹은 '인간주의=자연주의'이기 때문이다.

여기서 중요한 것은 인간과 자연, 인간과 인간, 실존과 본질, 대상화와 자기인정, 자유와 필연, 개체와 유 사이의 대립은 자본주의사회에만 국한되지 않는다는 사실이다. 마르크스가 열거한 대립들은 18세기 이후 부르주아사회뿐만 아니라 BC 3000년 이후 모든 억압사회에도 그대로 적용되는 일이니까 말이다. 예를 들어 BC 8000년 농업혁명 이후 비록 정도상의 차이는 있지만 인간은 자연을 수탈하고 착취하면서 생태 문제를 낳는 주범으로 등극하지 않았던가? 문제는 바로 여기에 있다. 자본주의뿐만 아니라 모든 억압사회가 공통적으로 야기하는 다양한 종류의 대립관계를 예리하게 포착했지만, 26세의 젊은 철학자는 이것을 불만족스럽게 생각한다. 헤겔의 사변성과 추상성을 비판했던 그로서는 자신도 헤겔의 단점을 그대로 답습하고 있지나 않은지 걱정스러웠던 것이다. 고대 노예제사회에도 통용되고 중세 농노제에도 통용된다면, 자신이 부르주아사회의 문제라고 열거한 대립관계들은 여전히 추상적이고 사변적일 수밖에 없다는 자각인 셈이다. 농노는 노예와 다르고, 노동자는 농노나 노예와 다르다. 부르주아사회의 억압 양상은 귀족사회나 영주사회의 그것과 다르기 때문이다. 억압받는 자들 일반이 아니라 동시대에 억압받고 있는 이웃들이 겪고 있는 구체적인 억압 세계로 내려가려는 어느 청년 철학자의 애정과 의지가 빛나는 대목이다. 그렇지만 모든 억압사회에 통용되는 보편적 대립관계에 대한 철학자로서의 통찰이 희석될 수도 있다는 노파심이 들기도 한다. 숲을 보고 나무를 보지 못하는 것도 문제지만, 나무를 보느라 숲을 보지 못할 수도 있으니까. 그렇지만 26세의 마르크스를 지배하던 감정은 나무를 보지 못하면 자신의 사유도 헤겔처럼 사변적이고 추상적이게 된다는 불안감이었다. 아니면 억압사회에 대한 자신의 추상적 성찰이 자본주의체제에 뿌리를 내려야 한다는 강박증일 수도 있다.

바로 이때 만난 엥겔스는 그의 불안감을 한 번에 날려주는, 마치 어둠 속을 밝히는 등잔과도 같았다. 1842년 11월 엥겔스를 처음 대면한 뒤 마르크스는 1844년 8월 28일에서 9월 6일까지 일주일 동안 파리에서 그와 함께 보낸다. 엥겔스에게서 자본주의체제를 다루는 정치경제학적 논리뿐만 아니라 글쓰기까지도 배울 수 있다는 느낌이 들지 않았다면, 일주일이나 고강도의 만남이 지속되지는 않았을 것이다. 당시 엥겔스는 1845년에 출판할 책《영국 노동자계급의 상태Die Lage der arbeitenden Klasse in England》를 준비하고 있었다. 이 책은 "영국에서의 노동자계급의 역사는 지난 세기의 후반, 증기기관과 면화의 가공을 위한 기계의 발명과 더불어 시작한다"는 구절로 시작된다. 이로부터 증기기관과 기계로 대표되는 생산력productivkraft, productive force의 발달이 노동계급을 만들었다는 구체적인 논의가 영국 맨체스터 노동 현장을 배경으로 마치 다큐멘터리처럼 전개된다. 당시 영국만큼 산업자본주의체제가 발달하지 않았던 독일에서 자본주의를 고민하던 마르크스에게는 엥겔스의 이야기나 글은 그야말로 현실성과 구체성으로 가득했다. 영국에서 자본주의체제를 경험했다고 자부하는 엥겔스와 그것을 제대로 직접 경험하지 못한 마르크스! 거대한 공장들의 굴뚝에서 뿜어져 나오는 메케한 매연 냄새, 그리고 기름과 땀에 찌든 노동자들의 몸 냄새가 풍겨오는 듯했다. 마르크스에게 1842년 11월에서 1844년 8월까지 영국 맨체스터에서 산업자본주의를 온몸으로 경험했던 엥겔스는 거부할 수 없는 유혹이었다. 엥겔스의 리얼리티에 매료되었던 탓인지, 불행히도 마르크스는 엥겔스가 표방하던 '생산력발전주의', 혹은 '생산력중심주의'라는 과장된 도식도 별다른 저항 없이 수용하게 된다.

1844년부터 1859년까지 마르크스에게 엥겔스의 영향력은 막강했다. 어쨌든 엥겔스와 만난 다음 1859년까지 마르크스는 엥겔스의 정치경제학적 통찰을 많은 부분 수용하게 된다. 생산력발전주의라고 규정할 수 있는 엥겔스의 이야기를 먼저 살펴보는 것이 순서일 듯하다.

1848년 독일 쾰른에서 발행한 《신라인신문》을 보고 있는 마르크스와 엥겔스. 마르크스와 엥겔스는 1848년 《코뮌주의정당 선언》을 발표하고, 독일로 돌아와 《신라인신문》을 창간한다. 신문을 들고 있는 이가 마르크스이고, 그 옆이 엥겔스이다. E. 카피로의 그림.

공장제 수공업Manufaktur을 위해서는, 또 대공업의 최초의 발전 단계를 위해서는 '사적 소유Privateigentum' 외에 다른 어떤 '소유 형태Eigentumsform'도, 사적 소유에 근거한 '사회질서Gesellschaftsordnung' 외에 어떤 다른 사회질서도 가능하지 않다. 모든 사람에게 충분할 만큼, 그뿐만이 아니라 사회적 자본을 증대시키고 생산력Produktivkräfte을 계속적으로 만들어내기 위한 잉여 생산물까지 남아 있을 만큼 많이 생산될 수 없는 동안에는, 늘 사회의 생산력을 좌우하는 지배계급과 가난하고 억압받는 계급이 존재할 수밖에 없다. 이 계급들의 상태가 어떠한가는 생산력의 발전 단계에 달려 있다. 농경에 의존하던 중세에는 영주와 농노가 있었고, 중세 후기의 도시들에는 길드 대표자Zunftmeister, 직인 및 날품팔이가 있었으며, 17세기에는 '공장제 수공업의 기업주^{Manufakturisten}'와 '공장제 수공업의 노동자^{Manufakturarbeiter}'가 있었고, 19세기에는 대공장주와 프롤레타리아가 있다. 지금까지는 아직 모든 사람에게 충분할 만큼 생산될 수 있을 정도로, 또한 사적 소유가 이 생산력에 대해 족쇄나 제한이 될 정도로 생산력이 발전하지 못했다는 것은 분명하다. 그러나 오늘날에는, 즉 첫째; 대공업의 발전에 의해 자본과 생산력이 전대미문의 규모로 만들어지고 있으며, 이 생산력을 짧은 시간 안에 무한히 증대시킬 수 있는 수단이 존재하며, 둘째; 이 생산력이 소수 부르주아의 손에 몰려 있는 반면에 대다수 민중은 점점 더 프롤레타리아가 되어가고 있고, 부르주아의 부가 증대되는 것과 같은 정도로 프롤레타리아의 처지는 빈곤해지고 참을 수 없는 것으로 되고 있으며, 셋째; 강력하고도 쉽게 증대될 수 있는 이 생산력이 사적 소유 및 부르주아들이 감당할 수 없을 정도로 커져서 번번이 사회질서 내에 강력하기 그지없는 교란을 불러일으키게 된 오늘날, 사적 소유의 폐지는 이제 비로소 가능하게 되었을 뿐만 아니라 심지어 전적으로 필연적인 것이 되었다. …… 혁명은 무엇보다도 민주주의적 국가제도를 건설하고 그것을 통해 직접 또는 간접적으로 프롤레타리아의 정치적 지배를 확립하게 될 것이다. 이는 프롤레타리아가 이미 민중의 대다수를 이루고 있는 영국에서는 직접적으로, 그리고 민중 대다수가 프롤레타리아뿐만 아니라 소농민 및 소부르주아로 이루어져 있는 프랑스와 독일에서는 간접적으로 이루어질 것이다.

―《코뮌주의의 원칙들 Grundsätze des Kommunismus》(1847)

1844년 마르크스는 다른 수많은 대립들과 함께 "인간과 인간 사이의 대립"이 사라진 사회를 꿈꾸는 입장이 코뮌주의라고 이야기했다. 그러니까 코뮌주의는 소수 지배계급과 다수 피지배계급으로 구분된 억압사회를 폐지하자는 입장이다. 동일한 인간이 다른 인간을 가축처럼 기르고 착취하는 것은 사실 말도 안 되는 황당한 일이니까. 비록 공장주 아들이었지만 엥겔스도 이런 말도 안 되는 상황이 사라지기를 꿈꾸었던 사람이었다. 그렇기에 마르크스와 엥겔스는 친구가 될 수 있었던 것이다. 1847년《코뮌주의의 원칙들》이란 글로 엥겔스는 코뮌주의가 무엇인지, 그리고 코뮌주의가 어떻게 가능한지를 일종의 문답 형식으로 밝힌다.《코뮌주의의 원칙들》은 새롭게 억압받는 자들로 대두한 노동계급이 억압에 맞서 코뮌주의혁명을 꿈꾸어야 한다는 취지의 글이다. 이 글을 읽다보면 우리는 엥겔스의 이야기에 심한 충격을 받게 된다. 특히 생산력이 충분히 발전해 부가 남아돌지 않으면 "사회의 생산력을 좌우하는 지배계급과 가난하고 억압받는 계급이 존재할 수밖에 없다"는 주장을 보라. 엥겔스는 지금 신자유주의자들이 들었으면 환호할 만한 이야기를 하고 있다. 현제 세계화된 자본주의체제의 이데올로그들이 입에 달고 다니는 말이 '낙수효과落水效果, Trickle-down effect'다. 위에 있는 그릇에 물이 차면 그 물이 흘러내려 아래에 있는 그릇에도 물이 차는 것처럼, 자본가의 이익 증대가 끝내 전체 사회의 이익을 증대시킨다는 허무맹랑한 이야기다.

코뮌주의를 표방하면서도 지금 엥겔스는 억압사회를 정당화하고 있다. 가난하고 억압받는 계급은 생산력이 충분히 발전하지 않은 상태에서는 불가피하다고 보고 있기 때문이다. 콩 한 알이라도 나누어 먹겠다는 정신이 코뮌주의다. 그렇지만 지금 엥겔스는 사회적 부유함이 일정 정도 이르러야, 예를 들어 100개의 콩이 있어야 나누어줄 수 있다고 주장한다. 이것은 콩이 100개가 될 때까지 배고픔과 가난함을 견디라는 주장 아닌가? 중요한 것은 콩이 20개이거나 30개일 때, 지배계급의 배는 여전히 부르다는 사실이다. 물론 그들이 먹은 20개나 30개의 콩도 피지배계급의 노동에서 착취한 것이다. 어쨌든 자신들을 위한다며 어느 공장주 아들이 했던 이야기는 억압받는 계급에게는 너무나 절망적이고 잔인한 내용으로 가득하다. 생각해보라. 엥겔스의 이야기가 옳다면 고대 로마의 노예들, 중세 농노들, 21세기 현재 제3세계 국가의 민중들은 계속 가난과 억압을 감당해야만 한다. 그들이 억압과 가난에서 벗어날 수 있는 유일한 방법은 더 빡세게 일해서 생산량을 극대화하는 것뿐이다. 물릴 정도로 지배계급의 배를 꽉 채우면 나머지 것들은 자기 몫으로 떨어지리라 기대하며 말이다.

　엥겔스의 생산력발전주의는 그답게 아주 단순한 논리로 구성된다. 고대사회가 붕괴되어 중세사회로 돌입한 것도 발달한 생산력이 고대사회의 소유관계를 족쇄로 인식해 그 족쇄를 벗어던졌기 때문이고, 중세사회가 붕괴되어 부르주아사회로 돌입한 이유도 발달한 생산력이 중세사회의 소유관계를 족쇄로 인식해 그것을 돌파했기 때문이다. 당연히 부르주아사회가 사라지려면, 부르주아사회의 소유관계가 족쇄로 느껴질 만큼 생산력발전이 이루어져야 한다. 결국 충분한 생산력발전이 이루어지면, 부르주아사회에서 코뮌주의사회로 이행하는 혁명이 필연적으로 일어난다는 것이다. 엥겔스의 논리가 옳다면, 생산력이 충분히 발전해 사회적 부가 넘쳐날 때까지 "생산력을 좌우하는 지배계급"을 긍정해야 한다. 여기서 엥겔스는 지배계급이 생산력을 좌우할 수 있게 된 이유를 전혀 고민하지 않고 있다. 지배계급이 생산력을 좌우할 수 있었던 이유는 그들이 그것이 땅이든 자본이든 과학기술이든 생산수단을 독점했기 때문이고, 당연히 생산수단을 빼앗긴 다수 사람들이 피지배계급으로 전락했기 때문이다. 이런 상황에서 엥겔스가 원하는 생산력발전은 결국 지배계급이 피지배계급을 더 착취해야만 가능한 것이다. 이것이 어떻게 코뮌주의를 표방하는 지식인이 떠들 수 있는 이야기인가? 피지배계급이 억압과 가난을 감내할 수밖에 없는 이유를 지배계급의 존재가 아니라 충분히 발달하지 못한 생산력에서 찾는 지식인이 어떻게 코뮌주의를 표방할 수 있다는 말인가?

더 심각한 것은 엥겔스의 논의가 억압사회에 대한 피지배계급의 저항의식을 무력화할 수 있다는 데 있다. 생산력이 충분히 발달하지 않았다면 노예제는 없어질 수 없고, 농노제도 없어질 수 없고, 노동자제도 없어질 수 없다. 생산력이 충분히 발전하지 않은 상태에서의 저항과 봉기는 어떤 결실도 맺을 수 없기 때문이다. 그러니 노예들은 노예제에 저항하지 말고 귀족을 도와 생산력발전에 매진해야 하고, 농노들도 농노제에 저항하지 말고 영주를 도와 생산력발전에 매진해야 한다. 나아가 노동자들도 노동자제에 저항하지 말고 자본가를 도와 생산력발전에 매진하는 것이 좋다. 생산력이 충분히 발전해 부르주아적 소유관계가 족쇄로 느껴질 때, 프롤레타리아혁명은 성공할 수 있기 때문이다. 생산력발전주의에 완전히 취해버린 엥겔스가 1847년에 유럽의 미래를 예언하는 짓도 서슴지 않은 것도 이런 이유에서다. "프롤레타리아가 이미 민중의 대다수를 이루고 있는 영국에서는 직접적으로, 그리고 민중 대다수가 프롤레타리아뿐만 아니라 소농민 및 소부르주아로 이루어져 있는 프랑스와 독일에서는 간접적으로 이루어질 것이다." 영국에서는 자본주의의 "생산력의 사적 소유 및 부르주아들이 감당할 수 없을 정도로 커졌지만", 독일이나 프랑스는 생산력이 영국만큼 폭발하지 않았다는 것이다.

엥겔스의 귀에 "눈물의 골짜기"에서 울려 퍼지는 비탄의 소리가 들어올 수 있었을까? 비탄의 소리가 들렸을지라도 엥겔스는 그들과 함께 투쟁할 생각은 전혀 없다. 그저 피지배계급의 손을 잡으며 진정 어린 충고를 아끼지 않았을 것이다. "지배계급에게 분노하지 말고 생산력이 발달할 때까지 잘 견디거나 아니면 생산력발전에 도움을 주도록 하세요. 생산력이 발달했는데도 가난과 억압이 지속되면, 그때 억압사회에 대한 저항을 시작해도 늦지 않을 테니." 엥겔스는 코뮌주의를 말할 자격도 없었던 사람이다. 억압사회가 발생한 이유를 생산력의 미발달에서 찾는 순간, 그리고 생산력이 충분히 발달하지 않은 사회에서는 생산력을 좌우할 지배계급은 불가피하다고 말하는 순간, 이미 그는 코뮌주의의 배신자인 셈이니까. 코뮌주의는 생산수단을 독점한 소수 지배계급 때문에 억압사회가 발생한다고 생각하기에, 생산수단의 독점만 방지하면 어떤 종류의 억압사회도 바로 사라질 수 있다는 입장이다. 불행히도 억압사회 극복을 말로만 떠들 뿐 엥겔스는 그것을 생산력발전주의에 입각해 유보한다. 무엇에 홀렸는지 마르크스는 엥겔스의 생산력발전주의를 받아들이고 만다. 코뮌주의를 꿈꾸던 마르크스에게 지적인 암흑기가 찾아온 셈이다. 1848년 두 사람의 이름으로 공동 발표된 《코뮌주의정당 선언》을 보라.

부르주아가 형성되었던 기초로서 생산수단과 교류수단은 봉건사회 내에서 만들어졌다. 이 생산수단 및 교류수단의 특정 발전 단계에 이르러, 봉건사회가 그 속에서 생산활동을 하고 교환활동을 했던 관계들, 농업 및 제조업의 봉건적 조직, 한마디로 봉건적 소유관계는 이미 발전한 생산력productivkräften에 더 이상 조응하지 않게 되었다. 이 봉건적 소유관계는 생산을 촉진하기는커녕 억제했다. 그만큼 많은 수의 생산의 질곡으로 변해버렸다. 그것들은 분쇄되어야 했으며, 분쇄되었다. 그 자리를 대신한 것은 자유경쟁과 그에 상응하는 사회적 및 정치적 제도, 즉 부르주아계급의 경제적 및 정치적 지배였다. 우리 눈앞에 하나의 유사한 운동이 진행되고 있다. …… 생산력은 부르주아적 소유관계에 대해서 너무 강력해져 있어서, 이 관계들에 의해 방해받는다. 그리고 생산력들은 이 방해를 극복하자마자 부르주아사회 전체를 혼란으로 끌고 가며, 부르주아적 소유의 존립을 위태롭게 한다. 부르주아적 관계들은 그 자신에 의해 만들어진 부유함을 포용하기에는 너무 협소해진 것이다. 부르주아는 어떻게 이 공황을 극복하는가? 한편으로는 거대한 생산력을 부득이 파괴함으로써, 다른 한편으로는 새로운 시장을 획득하고 옛 시장을 더욱 철저히 착취함으로써. 따라서 무엇을 통해서? 더 전면적이고 더 강력한 공황을 준비하고, 그 공황을 예방할 수단을 감소시킴으로써. 부르주아가 봉건주의를 타도할 때 쓴 무기들이 이제는 부르주아 자신에게 겨눠지고 있다. 그런데 부르주아는 자신에게 죽음을 가져올 무기들을 벼려낸 것만이 아니다. 그들은 이 무기들을 쓸 사람들도 만들어냈다. 현대 노동자들, 프롤레타리아들을. …… 코뮌주의혁명은 과거로부터 전해 내려온 소유관계로부터 가장 철저하게 결별하는 것이다. …… 노동자혁명의 첫걸음은 프롤레타리아를

1848년 독일에서 간행된 《코뮌주의정당 선언》 초판 표지. 코뮌주의는 생산수단을 독점한 소수 지배계급 때문에 억압사회가 발생한다고 생각하기에, 생산수단의 독점만 방지하면 어떤 종류의 억압사회도 바로 사라질 수 있다는 입장이다. 그런데 불행히도 마르크스는 엥겔스의 생산력발전주의를 받아들이고 만다.

지배계급으로 끌어올리는 것과 민주주의를 쟁취하는 것이다. …… 프롤레타리아는 자신의 정치적 지배politische Herrschaft를 이용해 부르주아에게서 모든 자본을 차례차례 빼앗고, 모든 생산도구Produktionsinstrumente를 국가의 손den Händen des Staats안에, 즉 지배계급으로 조직된 프롤레타리아의 수중에 집중시키며, 가능한 한 신속히 생산력의 양을 증대시키게 될 것이다. …… 가장 진보한 나라들에는 다음의 것들이 거의 전반적으로 적용될 수 있을 것이다.

1. 토지 소유의 폐지와 모든 지대를 국가 경비로 전용.
……

5. 국가자본Staatskapital 및 배타적인 독점권ausschließlichem Monopol을 가진 국립은행을 통하여 신용을 국가 수중으로 집중.

⋯⋯

6. 운송수단을 국가 수중으로 집중.

7. 국영공장과 생산도구의 증대, 공동 계획에 의거한 토지의 개간 및 개량.

8. 모두에게 동등한 노동 강제Gleicher Arbeitszwang, 산업군대industrieller Armeen, 특히 농업을 위한 군대 육성.

⋯⋯

발전 과정Laufe der Entwicklung 속에서 계급적 차이들이 소멸되고 모든 생산이 '연합된 개인들의 손den Händen der assoziierten Individuen'에 집중되면, 공권력은 그 정치적 성격을 상실하게 될 것이다. ⋯⋯ 계급과 계급 대립이 있었던 낡은 부르주아사회 대신에 각인의 자유로운 발전이 모든 사람의 자유로운 발전의 조건이 되는 하나의 연합체Assoziation가 나타난다.

–《코뮌주의정당 선언》(1848)

구성과 내용에서 《코뮌주의정당 선언》은 엥겔스의 《코뮌주의의 원칙들》의 반복일 뿐이다. 고대사회의 생산력 수준이 노예제를 만들었지만, 생산력이 발달하면서 귀족과 노예로 상징되는 고대의 소유관계는 더 이상 발달된 생산력을 담을 수 없게 된다. 여기서 고대사회는 내파되고 마침내 영주와 농노로 대표되는 중세 봉건사회가 도래한다. 여기서도 생산력은 발달을 멈추지 않는다. 발달된 생산력이 농노제를 족쇄로 느낄 때, 부르주아혁명이 발생해 부르주아

사회가 탄생했다는 것이다. '절대정신'처럼 생산력의 발달은 멈추지 않을 것이고, 마침내 부르주아적 소유관계가 생산력발전의 마지막 족쇄가 되는 때가 온다는 것이다. 바로 이때 노동자들의 혁명으로 인류 역사의 마지막 사회형식이라고 할 수 있는 코뮌사회가 등장한다. 마르크스와 엥겔스는 19세기 중엽이야말로 자본가와 노동자라는 소유관계가 더 이상은 생산력발전을 견딜 수 없는 시기라고 확신한다. 바로 공황이 발생하기 때문이다. 엄청난 생산력으로 대량의 상품을 만들면 상품들이 시장에 범람할 것이다. 당연히 상품은 점점 더 소비되지 않게 되고, 그에 따라 자본가는 이윤을 남길 수 없게 된다. 이런 상황에서 자본가에게는 두 가지 길만 남는다. 생산력을 줄이는 것이 첫 번째 방식이다. 이것은 노동자들을 해고하는 방식으로 이루어진다. 그러나 해고 노동자들이 상품을 구매할 수는 없는 법이다. 결국 경기는 더 침체될 수밖에 없다. 그러면 남는 것은 새로운 시장을 개척하는 두 번째 방식이다. 그렇지만 이 시장도 얼마 지나지 않아 앞의 시장처럼 소비되지 않은 상품들로 가득할 것이고, 경기 침체가 바로 뒤따르게 될 것이다. 생산력이 증가할 때 공황이 올 수밖에 없다면, 이것은 부르주아 소유관계가 이미 생산력의 족쇄로 기능한다는 증거다.

발달된 생산력과 부르주아 소유관계의 충돌이 바로 공황이고, 공황의 가장 큰 피해자는 노동자들일 수밖에 없다. 프롤레타리아가 부르주아 소유관계를 돌파할 혁명 주체가 되는 것도 이런 이유에서다. 이것이 1848년 마르크스와 엥겔스의 결론이다. 노예도 억압사회를 없애지 못했고, 농노도 억압사회를 없애지 못했다. 생산력이 충분히 발전하지 못했기 때문이다. 반면 노동자들은 억압사회를 없애고 코뮌사회를 만들 수 있다. 부르주아가 주도하는 억압사회의 생산력은 혁명의 성공을 약속하기 때문이다. 그렇지만 인류 역사가 보여주는 패턴은 이런 낙관론을 무색하게 한다. 고대 노예제사회가 붕괴된 것은 노예들이 귀족 대신 권력을 잡아 영주가 되었기 때문이 아니다. 중세 농노제사회가 괴멸된 것도 농노들이 영주 대신 권력을 잡아 자본가가 되었기 때문이 아니다. 그렇다면 근대 노동자제사회라는 새로운 억압사회도 마찬가지 패턴을 따를 가능성이 크지 않은가? 노동자를 대신해 권력을 잡는 누군가가 등장하는 것 아닐까? 중요한 것은 BC 3000년 이후 지배와 피지배 관계는 생산력 발전의 정도와 상관없이 지속되었다는 통찰, 진보와 발전은 억압과 착취의 규모 증대와 그 지배양식의 세련화라는 통찰을 갖는 것이다. 실제로 생산력발전이란 것은 새로운 지배계급이 피지배계급의 노동력을 양적으로나 질적으로 조직하는 정도에 상응할 뿐이다.

《코뮌주의정당 선언》에서 주목해야 할 것은 엥겔스의 생산력 발전주의를 토대로 더 악화된 내용이 전개되고 있다는 사실이다. 그것은 생산력발전주의와 결합된 '국가주의'다. "모든 생산도구를 국가의 손안에, 즉 지배계급으로 조직된 프롤레타리아의 수중에 집중시키며, 가능한 한 신속히 생산력의 양을 증대시키게 될 것이다." 땅을 독점하기에 지주는 소작농을 지배하고, 그로부터 지대를 받아 무위도식할 수 있다. 생산수단 독점이 모든 지배와 억압의 근원이다. 생산수단을 독점한 것이 소수 개인이든 아니면 국가라는 조직이든 이것은 마찬가지다. 결국 생산도구들을 국가의 수중에 집중시킨다는 것은 국가가 모든 사람을 지배한다는 이야기와 다름없다. 물론 '지배계급으로 조직된 프롤레타리아'라는 이야기로 논점을 흐릴 수는 있다. 그렇지만 현실적으로 국가기구에 모든 프롤레타리아가 근무할 수는 없는 법이다. 분명 소수의 프롤레타리아나 프롤레

2부. 마르크스의 철학, 마르크스의 과학

타리아를 위한다는 정당 당원이 국가기구에서 일을 하고 그들은 국가에 집중된 생산도구를 활용하는 권한을 부여받게 될 것이다. 결국 생산도구를 독점한 소수 프롤레타리아와 그렇지 못한 다수 프롤레타리아로 사회는 양분될 수밖에 없다. 생각해보라. 소작농에 대한 지주의 착취를 막는다고 모든 땅이 국가의 수중에 들어가는 순간, 국가는 절대 지주로 등극하고 농민들은 국영농장에서 착취당하는 신세가 된다. 마찬가지로 노동자에 대한 자본가의 착취를 막는다고 모든 생산수단이 국가의 수중에 들어가는 순간, 국가는 절대 자본가로 등극하고 노동자들은 국영기업체에서 착취당하게 된다. 결국 중요한 것은 일하는 사람들이 생산수단을 가지는 것, 그래서 일하지 않는 사람들은 그것이 지주든 관료든 생산수단을 가져서는 안 된다는 원칙이다.

생산수단의 독점을 막자! 진정한 코뮌주의의 원칙이다. 일하는 사람이 일할 수 있을 만큼 생산수단을 가지고 나머지 생산수단은 함께 공유하는 사회가 코뮌인 것도 이런 이유에서다. 사유私有나 공유公有는 모두 독점의 논리지만, 공유共有는 부단히 독점의 논리에서 벗어나려는 소유형식이기 때문이다. 일하는 사람들이 생산수단을 빼앗기지 않으면, 지배계급이나 억압사회는 와해될 수밖에 없다. 그러니 무엇 때문에 생산수단을 국가에 집중, 당원이나 관료라는 기묘한 지배계급을 만들려고 하는가? 더군다나 코뮌주의를 표방하며 새로 등장한 국가는 자본계급에게서 뺏은 자본, 즉 생산수단을 토대로 생산력 증대에 박차를 가할 것이라고 선언한다. 소수 국가 관료들이 공장에 출근해서 노동하겠다는 것이 아니다. 이제 국영기업에 다니게 된 대다수 노동자들을 압박하지 않으면 생산력 증대가 가능할 것인가? 결국 여전히 일을 하지 않는 사람들이 먹고살 길이 열린 셈이다. 토지를 국유화한 결과 지주 대신 지대를 국가가 받고 자본을 독점화한 결과 잉여가치를 국가가 독점하기 때문이다. 국가에 집중된 생산수단을 관리하는 관료계급들이 이제 직접 노동하지 않고 무위도식하게 생긴 셈이다.

지주 대신, 자본가 대신 국가가 '지주=자본가'라는 절대적인 지배기구로 등극하게 된 것이 찜찜했는지, 30세의 마르크스와 28세의 엥겔스는 서둘러 생산수단은 '국가의 손'에서 '연합된 개인들의 손'으로 이양될 것이라며 불길한 예감을 미봉하려고 한다. "발전 과정 속에서 계급적 차이들이 소멸되고 모든 생산이 '연합된 개인들의 손'에 집중되면, 공권력은 그 정치적 성격을 상실하게 될 것이다. …… 계급과 계급 대립이 있었던 낡은 부르주아사회 대신 각 개인의 자유로운 발전이 모든 사람의 자유로운 발전의 조건이 되는 하나의 연합체가 나타난다"고 말이다. 과연 그럴까? 이미 생산수단, 교통수단, 폭력수단마저 장악한 국가와 당, 그리고 관료들이 이것을 다수 노동계급에게 양도할 수 있을까? 십분 양보해도 국가가 모든 삶의 수단들을 독점할 때, 노동계급은 "각 개인의 자유로운 발전의 조건이 되는 하나의 연합체"를 만들 수나 있을까? 불가능한 일이다.

이렇게 《코뮌주의정당 선언》은 생산력발전주의와 코뮌주의를 동시에 지향한다. 가장 중요한 원칙은 억압사회가 없어지려면 생산력이 충분히 발전해야 한다는 생산력발전주의다. 생산력이 충분히 발전하지 않은 상태에서 혁명이 일어난다면 코뮌주의정당은 생산수단과 폭력수단 등을 독점해 부르주아의 반혁명에 대비하고 생산력 증진에 박차를 가한다. 억압사회가 발생할 수 없을 정도로 생산력이 충분히 발전된 다음, 국가기구는 모든 생산수단을 '연합된 개인들'에게 양도한다. 바로 이때 자유인들의 '연합체', 즉 코뮌사회가 탄생한다. 코뮌사회를 실현할 혁명 프로그램은 단순하다. '프롤레타리아혁명→국가의 생산수단 독점(국영화)→국가 주도의 생산력 발전→연합체 탄생.' 1848년 엥겔스도 마르크스도 깊게 고민하지 못했던 문제가 하나 있다. 국가가 생산수단을 독점하는 순간, 부르주아와 프롤레타리아라는 계급 대립은 사라지지만 그 자리에 국가와 민중이라는 새로운 계급 대립이 출현할 수 있다는 문제다. 생각해보라. 부르주아와 프롤레타리아라는 계급적 차이가 소멸되면, 정말 당원이나 관료들이 자신들이 독점한 모든 생산수단을 연합된 개인들의 손에 맡기게 될까? 남의 노동에 기생하는 지배계급의 삶을 관료들은 벗어던질 수 있을까? 만약 '국가의 손'이 자신이 부여잡고 있는 폭력수단과 생산수단을 '연합된 개인들의 손'에 양도하지 않으면, 이제 개개인들은 어떻게 해야 하는가? 거의 모든 삶의 수단을 독점한 절대적 지배계급에 맞서 개개인들의 싸움은 얼마나 승산이 있을까? 억압사회를 없애려다 더 큰 억압을 만든 셈이다. 개구리를 잡으려면 그냥 잡으면 되지 무엇 하러 뱀을 들여오는가? 나중에 개구리보다 수백 배 강력한 이 뱀을 어떻게 할 것인가?

1848년 마르크스와 엥겔스는 자신들이 제안했던 혁명 프로그램이 어떤 나비효과를 불러일으킬지 예상도 하지 못했을 것이다. 1917년 2월 23일부터 27일까지 지금은 옛 이름을 되찾아 상트페테르부르크^{Saint Petersburg, Санкт-Петербург}라고 불리는 페트로그라드^{Petrograd, Петроград}에는 일촉즉발의 긴장감으로 가득했다. 평화와 빵을 차르체제에 요구하며 20여 만의 노동자들이 차르 니콜라스 2세^{Nicholas II(1868~1918)}의 군대와 대치 중이었기 때문이다. 다행히 군대는 차르 편이 아니라 노동자들 편을 들면서, 차르체제는 붕괴되고 만다. 4월

1917년 2월 23일 세계 여성의 날을 맞아 페트로그라드 시내에서 시위를 벌이고 있는 여성 섬유 노동자들. 식량 문제를 해결해달라는 여성 노동자들의 시위를 시작으로 결국 차르체제는 붕괴되고 만다.

1917년 4월 3일 페트로그라드 핀란드역에 도착한 레닌. 당시 평범한 민중들은 노동자, 농민, 군인 등 자신들의 삶에 기반을 둔 평의회, 즉 소비에트를 구성하고 있었다.

     2부. 마르크스의 철학, 마르크스의 과학

3일 망명 중이던 레닌Vladimir Ilyich Lenin(1870~1924)과 볼셰비키는 페트로그라드로 들어온다. 임시정부는 이미 진보적 부르주아 인사들로 채워진 뒤였다. 이 대목에서 중요한 것은 평범한 민중들은 노동자, 농민, 군인 등 자신들의 삶에 기반을 둔 평의회, 즉 소비에트soviet를 구성했다는 점이다. 소비에트의 대표는 노동자의 평균 임금 이상을 받지 않고, 언제든지 소환될 수 있었다. 레닌의 탁월함은 그가 소비에트가 가진 민주주의의 힘을 알고 있었다는 데 있다. 마침내 10월 25일 '임시정부 타도!'와 '모든 권력을 소비에트로!'라는 구호로 볼셰비키는 2만 5000명의 무장한 노동자, 군인, 그리고 선원들을 지휘해서 2월 시작된 억압받는 자들의 혁명을 완성한다. 볼셰비키의 탁월한 전략가 트로츠키Leon Trotsky(1879~1940)와 목숨을 내놓은 민중들의 용기가 없었다면 불가능했을 일이다.

혁명정부의 최초 정책은 생산수단을 일하는 사람들에게 주는 것이었다. 지주가 소유한 땅을 수백만 농민들에게 분배하고, 공장 통제권은 노동자들에게 이양했다. 여기까지다. 코뮌주의의 정점은 바로 여기까지였다. 1920년 11차 볼셰비키 회의는 농민과 노동자로 구성된 자발적 민병대를 국가 주도 상비군 레드아미Red Army, Красная армия, 즉 노농적군The Workers' and Peasants' Red Army, Рабоче-крестьянская Красная армия(РККА)으로 재편하기로 의결한다. 이어서 1921년 시작된 레닌의 신경제정책The New Economic Policy, NEP; новая экономическая политика, НЭП으로 부르주아계급은 다시 러시아에 등장했고 동시에 국영기업도 창설되고 만다. 결국 1917년에서 1920년까지 러시아에 관철되던 코뮌주의는 쇠퇴하고 생산력발전주의가 그 자리를 차지한 셈이다. 내외적으로 코뮌주의를 괴멸시키려는 반혁명의 움직임, 그리고 내부 경제의 혼란과 붕괴, 그리고 침체는 볼셰비키 정부를 점점 강력한 국가주의로 몰

РОССИИ НЭПОВСКОЙ
БУДЕТ РОССИЯ СОЦИАЛИСТИЧЕСКАЯ
(ЛЕНИН)

1920년대 소련 프로파간다
포스터. 1921년 시작된
신경제정책으로 그 이전까지
러시아에 관철되던 코뮌주의는
쇠퇴하고 생산력발전주의가 그
자리를 차지했다.

고 갔던 것이다. 그렇지만 그럴수록 끝까지 소비에트와 함께하려는
노력, 즉 코뮌주의를 관철하려는 노력을 경주했어야 했지만, 레닌
의 볼셰비키 정부는 이미 초심을 잃어버리고 있었다.

아무것도 가진 것 없이 유럽을 떠돌던 레닌과 볼셰비키였다.
그들을 페트로그라드에 무사히 들어오게 한 것도, 그리고 그들에
게 권력을 잠시 맡긴 것도 민중들과 소비에트였다. 그러나 정치권
력을 손에 쥐자 그들은 그것이 원래부터 자신의 손아귀에 있었다는
듯 행세하기 시작한다. '모든 권력을 소비에트로!'라는 구호는 이제
'모든 권력을 볼셰비키로!'로 바뀌었다. 민중들이 물이라면 자신들
은 배에 지나지 않는다는 사실을 망각하고, 배가 없으면 물도 있을
수 없다는 전도된 생각에 빠져든 것이다. 1920년부터 1923년까지

2부. 마르크스의 철학, 마르크스의 과학

1924년 1월 21일 사망한 레닌의 장례식에 몰려든 인파. 레닌이 세상을 떠난 뒤 소련은 이제 생산력발전주의에 입각한 강력한 국가독점자본주의체제로 치닫는다.

코뮌주의와 생산력발전주의 사이에서 우왕좌왕하던 레닌이 1924년 1월 21일 뇌졸중으로 세상을 떠난 뒤, 소련은 이제 생산력발전주의에 입각한 강력한 국가독점자본주의체제로 치닫는다. 1928년 집권에 성공한 스탈린Joseph Vissarionovich Stalin(1878~1953)은 그 정점이라고 할 수 있다. 관료들과 결탁한 이 볼셰비키 지도자는 그나마 10년 동안 지속적으로 성숙되고 있던 코뮌주의 전통을 그야말로 완전히 괴멸하는 작업에 착수하기 때문이다. 1930년대 스탈린이 주도했던 대숙청 작업이 바로 그것이다. 이것은 소비에트로 상징되는 코뮌주의 전통이 나름 러시아에 뿌리를 내렸다는 것을 말해주기도 한다.

1920년 이후 국가 주도의 생산력발전 논리가 점점 득세하면서 소비에트의 권한이 축소되자, 코뮌주의 전통은 "이것이 어떻게 코

1936년 스탈린이 부랴트-몽골리안 지역 공산당 관료의 딸인 겔랴 마르키조바로부터 꽃다발을 받고 있다. 스탈린은 1937년 마르키조바의 아버지를 처형했고, 그녀의 어머니 또한 체포한 뒤 추방했다.

뭔주의인가?"라고 지속적으로 불만을 토로했던 것이다. 그렇지만 레닌이나 스탈린은 걱정할 일이 없었다. 그들의 손에는 마르크스-엥겔스의 《코뮌주의정당 선언》이 있었으니까. 얼마나 근사한 논리인가? "볼셰비키 정부는 코뮌주의를 부정하는 것이 아닙니다. 코뮌주의는 우리 정부의 최종 목적입니다. 그렇지만 생산력이 발전하지 않으면, 러시아는 코뮌주의라는 꿈마저 꿀 수 없습니다. 마르크스와 엥겔스는 말했습니다. 생산력이 발전하지 않으면, 항상 지배계급과 피지배계급이 생길 수밖에 없다고요. 내부의 문제를 떠나서 우리 억압받는 자들의 정부는 지금 미국과 영국 등 부르주아 정권들의 표적이 되고 있다는 것도 명심하세요. 생산력이 비약적으로 발전해야, 내적으로 러시아에 부르주아계급이 발생하는 걸 막을 수 있고, 외적으로는 부르주아국가들의 공격을 막을 수 있는 겁니다. 조금만 기다리세요. 생산력이 비약적으로 발전해 더 이상 외적의 침략이나 지배계급의 발호가 불가능해질 때, 볼셰비키 정부는 모든 권력을 연합체에 이양할 겁니다."

스탈린을 시작으로 마치 도미노처럼 모든 제도권 사회주의국가들, 동유럽 국가들, 아시아의 중국과 북한 등은 생산력발전주의로 무장하게 된다. 아니 생산력발전주의는 사회주의권에만 국한된 현상은 아니었다. 체제와 권력을 공고히 하는 데 생산력발전주의보다 더 좋은 것도 없다! 제3세계의 모든 독재자들이 생산력발전주의를 부당한 자기 권력을 정당화하는 데 사용했던 것도 다 이유가 있었던 셈이다. 박정희의 개발독재를 생각해보라. 코뮌주의를 민주주의로 계획경제를 경제계획으로 바꾸면, 우리는 박정희의 독재 논리가 스탈린의 그것과 같다는 걸 쉽게 확인할 수 있다. "저는 민주주의를 부정하는 것이 아닙니다. 경제가 충분히 발전하면 국가는 권력을 시민들에게 양도할 겁니다." 심지어 국가 주도 생산력발전주의는 시장자본주의체제였던 영국과 미국에도 영향을 끼친다. 서구 자본주의체제의 한 시대를 풍미했던 케인스[John Maynard Keynes(1883~1946)]의 간섭주의[interventionism] 경제이론을 보라. 간섭주의는 국가가 국영기업 등을 설립해 안정된 고용을 창출해야 한다는 이념이었으니까. 결국 20세기 중반은 전 세계가 모두 생산력발전주의를 신봉했던 셈이다.

어쨌든 스탈린체제의 소의경전[所依經典] 《코뮌주의정당 선언》은 이제 마르크스주의를 추종하는 모든 사람에게 〈요한계시록〉과도 같은 권위를 가지게 되고, 이 기념비적 예언서를 집필한 마르크스와 엥겔스는 이제 '마르크스-엥겔스'라는 하이픈으로 묶이며 하나의 전설이 되고 만다. 생산력발전주의를 표방했던 엥겔스로서는 더이상 바랄 수 없는 상황이었겠지만, 코뮌주의를 철학적으로 고민했던 마르크스는 친구를 잘못 둔 대가를 톡톡히 치르게 된 셈이다. 무슨 이유에서인지 그리 영민했던 마르크스는 생산력발전주의와 코뮌주의가 모순된다는 사실을 간파하지 못했다. 《코뮌주의의 원칙들》에서 엥겔스는 말한다. 생산력이 충분히 발전하지 않으면 억압 사회는 불가피하다고. 《1844년 경제학-철학 수고》에서 마르크스는 말한다. "자연과 인간이, 그리고 인간과 인간이 대립하지 않는 사회"를 꿈꾸는 것이 코뮌주의라고. 코뮌주의에 대한 인문학적 확신이 너무 컸던 탓일까? 마르크스는 인간과 인간의 대립, 즉 지배계급과 피지배계급의 대립을 생산력발전으로 설명하는 엥겔스의 논리를 무비판적으로 받아들였는지도 모른다. 사실 "자연과 인간 사이의 대립"에만 주목했어도 마르크스는 엥겔스의 생산력발전주의에서 쉽게 탈출했을 수도 있었다. 생산력의 발전만큼 극심한 생태 문제를 야기하는 것도 없으니까.

엥겔스의 말이 옳다면, 코뮌주의의 최종 장애물 자본주의체제를 분석하는 데 최고의 관건은 생산력일 수밖에 없다. 1848년 이후 마르크스는 정말 무언가에 홀린 듯하다. 코뮌주의를 부단히 유보할 수 있는 생산력발전주의 앞에서 그의 사유는 계속 공회전을 거듭하니 말이다. 10년간의 이해하지 못할 마르크스의 공회전은 1859년 그의 저서 《정치경제학 비판을 위하여Zur Kritik der Politischen Ökonomie》에서 그 정점을 찍는다.

사회의 물질적 생산력materiellen Produktivkräfte은 그 발전Entwicklung의 특정 단계에서, 지금까지 그것들이 그 내부에서 운동해왔던 기존

2부. 마르크스의 철학, 마르크스의 과학

의 생산관계 혹은 이 생산관계의 법률적 표현일 뿐인 소유관계와 모순에 빠진다. 이런 관계들은 이런 생산력의 발전 형태들로부터 그것들의 족쇄로 변한다. 그때에 사회 혁명의 시기가 도래한다. 경제적인 토대Grundlage의 변화와 더불어 거대한 상부구조Überbau 전체가 서서히 혹은 급격히 변혁된다. 사람들은 자연과학적으로 정확히 확인될 수 있는 경제적 생산조건에서의 물질적 변혁과, 그리고 인간들이 이런 충동들을 의식하고 싸워서 해결하는 법률적, 정치적, 종교적, 예술적 혹은 철학적, 간단히 말해 이데올로기적인 형식들을 항상 구별해야만 한다. …… 경제적 범주들의 비판을 위한 그의 천재적인 개설이 (《독불연보Deutsch-Französischen Jahrbüchern》에) 실린 이래로 내가 늘 편지를 통해 의견을 교환해왔던 프리드리히 엥겔스는 다른 경로로 (그의 《영국 노동자계급의 상태》를 참조하라) 나와 동일한 결론에 도달했다.

―〈서문〉, 《정치경제학 비판을 위하여》(1859)

마르크스가 '토대'와 '상부구조'라는 건축학적 비유를 도입했다는 특이 사항을 제외하고, 엥겔스의 생산력발전주의는 그대로 지속된다. "물질적 생산력들"과 "발전"이라는 단어에 주목하라. 어쨌든 엥겔스의 《코뮌주의의 원칙들》은 거의 그대로 반복된다. 고대사회의 정치, 문화, 예술은 노예제라는 토대에 기초한 상부구조이고, 중세사회의 정치, 종교, 예술은 농노제라는 토대 위에 놓인 상부구조이고, 부르주아사회의 정치, 철학, 예술 등은 노동자제라는 토대 위에 펼쳐지는 상부구조라는 것이다. 소련의 교과서가 유행시킨 명제처럼 "토대가 상부구조를 결정한다"는 이야기다. 흥미롭게도 《정치경제학 비판을 위하여》는 마르크스의 글 중 유일하게 〈서문〉만 기억되는 책이 되고 만다. 물론 엥겔스와의 공저《코뮌주의정당 선언》이외에 마르크스 본인도 생산력발전주의를 강력히 피력했다는 증거를 찾으려는, 제도권 사회주의 학자들의 노력 탓이다. 사실《정치경제학 비판을 위하여》의 본문은 '토대와 상부구조'에 입각한, 다시 말해 생산력발전주의에 입각한 논의는 거의 없다. 그래서 이 책은 문제적인 책이 되고 만다. 책의 서문이 1848년《코뮌주의정당 선언》의 생산력발전주의를 답습하고 있지만 본문은 자본주의적 생산관계의 핵심인 자본과 화폐만을 다루며 1867년《자본론》을 예감하기 때문이다.

어쨌든 건축학적 비유 외에 새롭게 도입된 것이 없음에도 마르크스가 '토대/상부구조'론이 자기만의 고유한 성찰 결과라고 자부하는 부분에서는 실소를 금할 수 없다. 자신도 '뻘쭘'했던지 마르크스는 〈서문〉 후반부에 엥겔스의《영국 노동자계급의 상태》도 자신과 동일한 결론에 이르렀다고 토로한다. 1844년 엥겔스의 통찰보다 무려 15년이나 지난 1859년에 자기만의 생산력발전주의를 완성했다고 자랑하는 마르크스! 영민한 그에게서 기대하기 힘든 낯선 장면이다. 1846년 엥겔스와의 공저《독일 이데올로기》의 작업을 주도했던 마르크스가 왜 이리 위축된 것일까? 다행스럽게도 1859년 6월《정치경제학 비판을 위하여》를 출간한 뒤, 마르크스는 생산력발전주의로 점철된 정치경제학적 논의의 한계를 자각한다. 숨고르기를 한 지 1년이 지난 1860년 6월 마르크스는 1867년《자본론》으로 완성되는 정치경제학적 연구를 새롭게 시작하기 때문이다. 그것은 어떤 정치경제학일까? 1867년 7월 25일 런던에서 집필된《자본론》〈1판 서문Vorwort zur ersten Auflage〉을 넘겨보자.

2부. 마르크스의 철학, 마르크스의 과학

여기에 제1권으로 출간되는 이 저작은 내가 1859년에 출간한 《정치경제학 비판을 위하여》의 속편에 해당한다. 전편과 이 속편 사이에 오랜 공백이 있었던 까닭은 몇 년 동안 계속된 병으로 내가 작업을 중간에 여러 번 중단했기 때문이다. 전편의 내용은 이 책의 제1장에 요약되어 있다. …… 자연 과정을 연구하는 물리학자는 그것이 가장 전형적인 형태와 가장 덜 교란된 형태를 유지하고 있는 상태에서 그것을 관찰하며 또한 그것이 순수한 형태로 진행될 수 있도록 보장된 조건에서 그것에 대한 실험을 실시한다. 내가 이 책에서 연구해야 하는 대상은 자본주의적 생산양식Produktionsweise과 그에 상응하는 생산관계Produktionsverhältnisse 그리고 교환관계Verkehrsverhältnisse다. 그것들이 전형적으로 나타난 장소는 지금까지 영국이다. 그래서 나의 이론적 논의에서 주로 영국의 사례들이 사용된다. 그러나 독일의 독자들이 영국의 산업노동자와 농업노동자의 상태에 대해 바리새인처럼 경멸을 보내거나 독일에서의 사태는 그렇게 악화되어 있지 않다고 낙관적으로 안심한다면, 나는 그들에게 이렇게 말해주어야만 한다. "바로 당신 자신에 관한 이야기요De te fabula narratur." …… 만일의 오해를 피하기 위해 나는 여기에 한 가지를 덧붙이고자 한다. 나는 자본가와 토지 소유자를 결코 장밋빛rosigem Licht으로 묘사하지는 않을 것이다. 그러나 여기에서 이 사람들을 문제 삼는 것은 단지 그들이 갖가지 경제적 범주들의 화신Personifikation이라는 점에서만, 즉 특정한 계급관계와 계급 이해의 담지자Träger라는 점에서만 그러하다. …… 이 저작의 제2권은 자본의 유통 과정과 자본 전체 과정의 형태들을, 그리고 마지막 제3권은 이론의 역사를 다루게 될 것이다. 학문적 비판^{wissenschaftlicher Kritik}에 근거한 것이라면 어떤 의견도 나는 환영한다. 그러나 내가 한 번도 양보한 적 없는 이른바 여론이라는 것이 갖는 편견에 대해서는 저 위대한 피렌체인의 좌우명이 내 대답을 대신해줄 수 있을 것이다.

"너의 길을 걸어라, 그리고 남이야 뭐라고 하든 그냥 내버려두어라!^{Segui il tuo corso, e lascia dir le genti!}"

-〈1판 서문〉, 《자본론》(1867)

아팠던 것 맞다. 1860년대 마르크스는 육체적인 아픔, 경제적인 궁핍, 나아가 가족관계의 불화를 모두 겪기 때문이다. 그렇지만 사상적 아픔도 여기에 포함될 듯하다. 몇 년 동안 지속된 병에서 쾌차하자, 마르크스의 글은 완연 생기를 되찾는다. 속도감과 여유 그리고 단호함과 재치가 묘하게 결합된 마르크스 특유의 문체가 되살아난 것이다. 1843년 집필된 《헤겔 법철학 비판》〈서문〉을 기억하는 사람이라면 여간 반가운 일이 아닐 듯하다. 《자본론》〈1판 서문〉의 문체는 〈요한계시록〉을 연상시킬 정도로 종교적 냄새가 물씬 풍겼던 《코뮌주의정당 선언》의 그것과는 다르다. 실제로 《코뮌주의정당 선언》의 원래 제목이 《코뮌주의자 신앙고백^{Communist Credo}》이었다는 것도 주목할 필요가 있다. 계시록적인 문체가 인문학적인 문체로 바뀐 것이다. 심지어 고대 그리스 철학을 전공했던 철학자답게 마르크스는 고전문헌에 대한 지식을 뽐내는 여유도 부린다. 호라티우스^{Quintus Horatius Flaccus}(BC 65~BC 8)의 〈풍자시^{Satirae}〉와 단테^{Durante degli Alighieri}(1265?~1321)의 《신곡^{Divina Commedia}》을 인용하는 대목을 보라. 남의 인형처럼 움직인다면, 상상도 못할 여유다. 돌아보면 엥겔스의 생산력도 헤겔의 절대정신처럼 개개인의 이성을 인형처럼 조정한다. 억압에 아무리 저항해도 생산력이 받쳐주지 않으면, 저항은 실패할 수밖에 없다는 가르침만큼 우리를 맥 빠지게 하는 주장이 있는가?

헤겔은 절대정신으로 인간의 능동성을 조롱하면서 부르주아국가에 역사의 동력을 맡겨버렸다. 그래서 청년 마르크스는 헤겔로부터 자신과 이웃들을 탈출시키려고 했던 것이다. 그런데 지금 엥겔스는 생산력으로 인간의 능동성을 조롱하며 역사의 동력을 코뮌주의정당과 국가에 이양하라고 말한다. 인간을 '대상적 활동'의 존재로 보았던 마르크스로서는 엥겔스주의는 받아들일 수 없는 입장이었다. 그럼에도 10여 년 이상 마르크스는 생산력발전주의에 사로잡혔다. 아마도 엥겔스주의가 자본주의체제에 맞설 수 있는 가장 현실적인 대안이라고 판단했기 때문일 것이다. 그렇지만 그 결과 코뮌사회, 혹은 인간사회에 대한 마르크스의 꿈은 하염없이 유보되고 만다. 이것이 어쩌면 마르크스를 사상적으로 병들게 만든 결정적인 원인이었는지도 모른다. 마술사의 손에 휘둘려 이리저리 춤추는 마리오네트 인형이다. 생산력발전주의에 포획된 코뮌주의도 그렇지만 엥겔스의 정치경제학적 논리에 휘말린 마르크스도 마찬가지 신세였다. 마리오네트 인형의 신세에서 벗어나야 생기와 온기를 되찾는 것처럼, 마르크스도 엥겔스로부터 일정 정도 거리를 두면서 완연 온기와 생기를 띠게 된 것이다.

마르크스는 1859년 출간된《정치경제학 비판을 위하여》의 본문을《자본론》1장에 요약했다고 말한다. '화폐'라는 이름이 붙은 1장은 네 소절로 구성되어 있다. 제1절: 상품의 두 요소-사용가치와 가치, 제2절: 상품에 나타난 노동의 이중성, 제3절: 가치형태 또는 교환가치, 그리고 제4절: 상품의 물신적 성격과 그 비밀. 어디에도 '토대/상부구조'라는 건축학적 비유로 포장된 엥겔스의 생산력 발전주의는 속할 자리가 보이지 않는다.《자본론》을 쓰면서 마르크스는《정치경제학 비판을 위하여》의 〈서문〉과 완전히 단절하고 있었던 것이다. 마르크스의 출발점은 고대사회도 중세사회도 아니다. 바로 자기 앞에 펼쳐지는 인간의 자본주의적 삶이 새로운 출발점이 된다. 자본주의적 삶을 영위한다는 것은 무엇인가? 그것은 우리가 상품들의 세계에 살고 있다는 것을 의미한다. 시장이나 인터넷으로 살 수 있는 물건들만 상품이 아니고, 인간 자신도 상품이며 나아가 돈마저도 상품이 되니까 말이다. 자본주의체제의 무서움은 모든 것을 상품화하는 데 있다. 돈 주고 살 수 없었던 것을 돈 주고 살 수 있는 것으로 만드는 것, 그럴수록 돈의 권좌는 계속 높아만 간다. 이를 통해 자본주의체제는 인간에게 근사한 스펙을 붙인 상품, 즉 노동자의 삶을 강요할 수 있다. 그러니 마르크스는 상품에서 자본주의를 해명하는 첫걸음을 내딛으려고 한다. 상품은 누구나 알고 있는 너무나 친숙한 대상 아닌가? 이렇게 자문한다면, 우리는 이미 자본주의체제로부터 완전히 훈육된 상태에 있는 것이다. 마르크스는 말한다. "상품은 언뜻 보면 자명하고 평범한 물건으로 보인다. 그러나 상품을 분석해보면 그것이 형이상학적 교활함과 신학적 변덕으로 가득 찬 매우 기묘한 물건임을 알게 된다"고. 상품이 가진 이런 형이상학적이고 신학적인 측면을 느끼는 순간, 우리는 자본주의체제를 낯설게 보기 시작할 것이다. 낯설어지지 않으면, 우리는 친숙한 것과 결별할 수 없는 법이다.

26세의 젊은 철학자 마르크스는《1844년 경제학-철학 수고》에서 상품과 돈의 관계를 생생하게 포착했던 적이 있다. 이 풋풋했던 마르크스가 20여 년을 방황한 끝에 우리 곁에 다시 돌아오게 되었으니, 얼마나 다행스러운 일인가. 마르크스가 《자본론》의 과제를 밝히는 부분을 보라. "내가 이 책에서 연구해야 하는 대상은 자본주의적 생산양식과 그에 상응하는 생산관계 그리고 교환관계다." '생산력' 혹은 '생산력발전'이 개념에서뿐만 아니라 논리에서도 완전히 빠져 있다. 지금 마르크스는 생산력발전주의라고 규정할 수 있는 엥겔스주의로부터 단절을 시도하고 있는 것이다. 마르크스가 생산력이라는 일원론적 실체가 아니라 생산관계나 교환관계 등 '관계verhältnisse'를 해명하겠다고 이야기한 것도 이런 이유에서다. 물론 생산력이란 개념을 마르크스가 부정했다고 오해해서는 안 된다. 이 개념에서 결정론적이고 실체론적인 의미를 빼버리고 그는 아주 편하게 생산력 개념을 사용하니까 말이다. 엥겔스가 피력했던 생산력발전주의의 의미를 다시 생각해보라. 그것은 생산력이 충분하지 않으면 억압사회는 불가피하다는 아주 염세적인 생각을 담고 있다. 결국 억압사회에서 신음하는 다수 이웃들을 방치하고 생산력발전에 총력을 기울여야 하는 웃기 힘든 상황도 벌어질 수 있다. 마르크스는 억압받는 자들에 대한 강한 연민과 애정을 자랑하던 탁월한 인문정신의 소유자였다. 그래서 그가 생산력발전주의를 받아들였다는 것 자체가 이해가 안 되는 일이었다.

생산력발전의 수준을 떠나서 어느 경우든 억압과 굴종을 떨치고 일어서야 하는 것 아닌가? 이것이 바로 코뮌주의 이념이고, 이것이 바로 인간사회의 이념 아닌가? 콩이 한 알이어도 쪼개 먹을 수 있다는 정신! 1848년 《코뮌주의정당 선언》에서부터 자신을 억누르던 생산력발전주의라는 먹구름이 1860년대 이후 조금씩 걷히면서, 마르크스는 1846년 자신이 품고 있던 코뮌주의 정신을 되찾게 된다.

코뮌주의Kommunismus는 우리에게 조성되어야 할 하나의 '상태 Zustand'가 아니며, 혹은 현실이 따라가야 할 하나의 '이상Ideal'도 아니다. 우리는 코뮌주의를 현재의 상태를 폐기해나가는 '현실적 운동wirkliche Bewegung'이라고 부른다. 이 운동의 여러 조건들 역시 지금 현재 존재하고 있는 전제들에서 생겨난다.

―《독일 이데올로기》

코뮌주의는 생산력발전을 기다리며 유보될 수 없다. 부르주아 계급이 생산력을 발전시킬 때까지 유보될 수도 없고, 부르주아 소유관계가 생산력발전의 족쇄가 될 때까지 유보될 수도 없고, 부르주아 소유관계를 폐지하고 국가가 생산력발전에 박차를 가할 때까지 유보될 수도 없고, 충분한 생산력발전이 가능할 때까지 유보될 수도 없다. 코뮌주의는 현재의 상태를 폐기해나가는 인간의 현실적 운동이기 때문이다. 현재의 상태가 삶에 장애가 되면, 그걸 바로 돌파하면 된다. 바위가 길을 막고 있다면, 우회하든 넘어가든 바위의 저항을 뚫고 길을 가는 것이 바로 코뮌주의다. 아무런 노력도 없이 사람들이나 중장비가 올 때를 하염없이 기다리는 것은 코뮌주의와 아무런 상관이 없다. 어떤 이유에서든 코뮌주의는 유보될 수 없다. 노예에게는 고대사회의 억압적 현실이 그의 '현재 상태'였고, 농노에게는 중세사회의 억압적 현실이 그의 '현재 상태'였고, 노동자에게는 부르주아사회의 억압적 현실이 그의 '현재 상태'일 뿐이다. 바로 이 대목에서 마르크스의 뇌리에는 〈포이어바흐에 관한 테제들〉에서 '인간사회'와 함께 자신이 강조했던 '대상적 활동' 개념이 다시 밀려들어왔던 것이다. '대상적 활동'은 인간의 실천이 수동적이면서 동시에 능동적이라는 걸 밝힌 개념이다. 그러니까 인간은 주어진 조건에 대해 수동적이지만, 이 조건에 대해 능동적으로 대응할 수 있다는 것이다. 주어진 조건, 즉 인간의 대상적 측면을 극복하려면, 먼저 인간이 맞닥뜨린 대상적 조건들에 대한 정확한 이해가 선행되어야 한다.

마르크스는 고대사회도 아니고 중세사회도 아닌 부르주아사회의 억압적 현실을 정확히 노동자들에게 보여주려고 한다. 그가 자본주의를 해명하는 자신의 연구를 자연 과정을 연구하는 물리학자에 비유했던 것도 이런 이유에서다. 생산력발전주의에 입각해 과거에 의미를 부여하고, 현재를 해석하고, 나아가 미래마저 예언하는 종교적이고 독단적인 태도를 넘어서기 위함이다. 마르크스가 자신의 자본주의 연구를 물리학자의 연구에 비유한 또 다른 이유도 있다. 먼저 그의 말을 꼼꼼히 다시 읽어보자. "자연 과정을 연구하는 물리학자는 그것이 가장 전형적인 형태와 가장 덜 교란된 형태를 유지하고 있는 상태에서 그것을 관찰하며 또한 그것이 순수한 형태로 진행될 수 있도록 보장된 조건에서 그것에 대한 실험을 실시한다." 경기 침체와 불황 등에 빠질 때 자본가들은 가차 없이 노동자를 해고한다. 이럴 때 자본주의를 공격하는 것은 쉽다. 그렇지만 호황기 때 자본주의를 공격하는 것은 쉽지 않다. 그렇지만 호황기에도 자세히 들여다보면 공황기에만 잔인한 맨얼굴을 드러내는 자본주의의 메커니즘을 확인할 수 있다. 《자본론》에서 마르크스가 "가장 전형적인 형태와 가장 덜 교란된 형태를 유지하고 있는 상태"의 자본주의를 해명하겠다고 했던 이유도 바로 여기에 있다. 불황과 호황을 떠나 자본주의는 노동자들을 지속적으로 억압하고 수탈하는 체제라는 걸 보여주고 싶었던 것이다. 《코뮌주의정당 선언》이 공황으로 자본주의체제의 파국을 종말론적으로 예언하려고 했다면,《자본론》은 자본주의체제가 가장 안정적일 때 이 체제가 가진 구조적 문제를 파고들어가려고 했던 것이다. 이렇게 마르크스는 노동계급에게 구조적인 억압과 착취를 벗어나려면 그들이 반드시 돌파해야 할 장애물을 있는 그대로 보여주려고 한다.

1852년 출간된《루이 보나파르트의 브뤼메르 18일》에서 마르크스는《이솝우화》의 한 구절을 인용한다. "이곳이 로도스다, 여기서 뛰어라Hic Rhodus, hic salta!" 어떤 운동선수가 자신의 운동 능력을 지나치게 자랑하자 옆에서 보고 있던 사람이 했던 말이다. 바로 이곳 로도스섬에서 육지로 뛰어 당신의 운동 능력을 증명하라는 것이다. "이곳이 로도스다, 여기서 뛰어라!" 이 말을 빌리자면《자본론》의 시도는 "이것이 자본주의다, 여기서 뛰어라!"라고 표현할 수 있다. 미는 것이 아니다. 뛰고 말고는 바로 노동계급의 몫이니까. 반드시 뛰어서 극복해야 하는 로도스로서 자본주의를 보여주기 위해, 마르크스는 당시 자본주의체제가 가장 발달한 영국을 대상으로 논의를 진행하려고 한다. 영국은 "가장 전형적인 형태와 가장 덜 교란된 형태를 유지하고" 있는 자본주의를 보여주기 때문이다. 그렇지만 산업자본주의가 덜 발달한 독일 독자들이 남의 나라 이야기로《자본론》을 읽을지도 모른다. 마르크스가 호라티우스의 이야기를 덧붙인 것도 이런 이유에서다. 영국을 대상으로 해명한 자본주의적 관계는 "바로 당신 자신에 관한 이야기De te fabula narratur"라고 말이다.

《자본론》이 19세기 독일만이 아닌 바로 지금 우리 이야기이기도 한 이유이기도 하다. 마르크스는 "가장 전형적인 형태와 가장 덜 교란된 형태"의 자본주의를 다루었기 때문이다. 예를 들어 직장을 구하려는 예비 노동자가 있다고 하자. 도시에서 태어난 그는 방금 종합대학 경영학과를 졸업했다. 불행히도 그에게는 돈이 없다. 이제 대출받은 학자금도 이자를 포함해 갚아야 하니 상황은 더 절박하다. 당연히 그는 돈을 벌기 위해 취직에 나선다. 여러 곳에서 취업에 실패했지만, 다행히도 그는 서울 강남에 있는 중견 기업에 입사하는 데 성공한다. 자신을 뽑아준 면접관, 그리고 월급을 제공하는 회사가 여간 고마울 수 없다. 젊은 농부가 있다고 하자. 그러나 그에게는 땅이 없다. 벼도 심고 고추나 깨도 심을 능력은 있지만, 불행히도 그에게는 땅이 없다. 다행히 그는 토지 소유자에게 땅을 빌리게 된다. 이제 농사를 지을 수 있게 된 것이다. 물론 땅을 빌려준 토지 소유자에게 그 대가를 지불해야 하지만 말이다. 돈이 없는 대졸 청년을 고용하고, 땅이 없는 농부 청년에게 땅을 빌려준다. 당연히 대졸 청년은 월급을 받는 대가로 회사에 노동력을 제공하고, 청년 농부는 땅을 빌린 대가로 토지사용료를 지불한다. 그래도 대졸 청년과 농부 청년은 고맙기만 하다. 이렇게 대졸 청년과 자본가 사이에 그리고 청년 농부와 토지 소유자 사이에 평등하고 대등한 교환이 이루어진 것처럼 보인다. 그러나 등가적 교환의 이면에는 본질적인 부등가, 혹은 불평등이 도사리고 있지 않은가. 생산수단의 불평등한 분배가 선행되어 있으니까. 청년 노동자는 돈이 없었고 회사는 돈을 가지고 있었으며, 청년 농부는 땅이 없었고 토지 소유자는 땅을 가지고 있었다. 직접 노동하지 않고 자본가가 이윤을 남기고 토지 소유자가 토지사용료를 받을 수 있었던 것도 이런 이유에서다. 그래서 마르크스는 《자본론》에서는 자본가나 지주를 "장밋빛으로 묘사하지 않고" "특정한 계급관계와 계급이해의 담지자"로 다루겠다고 했던 것이다.

　　리카도David Ricardo(1772~1823)의 주저 《정치경제학과 조세의 원리에 관해On the Principles of Political Economy and Taxation》가 출간된 1817년 이후 통

용되는 정치경제학적 상식이 있다. 사회의 모든 부는 자본, 토지, 노동의 결합으로 탄생하고, 생산물이 나오면 그것은 자본을 제공한 사람에게는 이윤, 토지를 빌려준 사람에게는 토지사용료, 그리고 노동을 제공한 사람에게는 임금이 분배된다는 것이다. 자본가나 지주를 장밋빛으로 묘사한다는 것은 이런 분배를 당연시하는 것이다. 인문정신에 충만한 마르크스가 어떻게 장밋빛으로 자본가와 지주를 보았겠는가? 그에게 자본가와 지주의 장밋빛은 노동자들이 흘린 피땀의 흔적일 뿐이기 때문이다. 결국 핵심은 자본가와 토지 소유자는 생산수단을 독점했기에 일하지 않아도 호의호식할 수 있지만 몸뚱이 이외에 일체의 생산수단이 박탈된 노동자는 일하지 않으면 궁핍한 삶마저 영위할 수 없다는 점이다. 뭐 복잡하게 생각할 것 없다. 공장에서 일하는 노동자나 들판에서 일하는 노동자가 없다면, 자본가나 토지 소유자는 무위도식과 호의호식을 할 수조차 없다. 결국 노동자들의 노동에서 약탈한 것이 자본가의 이윤이고 토지 소유자의 토지사용료였던 셈이다. 《자본론》 1권은 자본가가 어떻게 노동자들의 노동을 착취해 잉여가치를 남기는지 아주 섬세하게 해명하고 있다. 그렇지만 이를 통해 마르크스가 의도했던 것은 아주 분명하다. 노동자들이 자신들이 다수임에도 불구하고 소수 자본가에게 억압받고 수탈당하는 이유를 명확히 알기를 그는 원했던 것이다. 자본주의 섬 로도스의 맨얼굴을 폭로한다면, 노동자들은 여기서 뛰지 말라고 해도 뛸 테니까. 결국 생산수단의 독점이 모든 억압사회의 알파와 오메가였던 셈이다.

자본의 본원적 축적, 즉 자본의 역사적 발생은 어떤 결과를 가져오는가? 만일 그것이 노예^{Sklaven}나 농노^{Leibeignen}에서 임금

노동자^{Lohnarbeiter}로의 직접적인 전화와 같은 단순한 형태 변화^{Formwechsel}가 아니라면, 그것은 단지 직접적 생산자^{unmittelbaren Produzenten}의 수탈, 즉 자신의 노동에 기초한 '사적 소유^{Privateigentum}'의 해체를 의미할 뿐이다. 사회적·집단적 소유^{gesellschaftlichen, kollektiven Eigentum}의 대립물로서 사적 소유는 오직 노동수단과 노동의 온갖 외적 조건이 개인의 소유물인 경우에만 존립한다. 그러나 이 개인이 노동자인가 비노동자인가에 따라 사적 소유의 성격도 달라진다. 언뜻 보기에 사적 소유의 무한히 다양한 색조는 다만 그것의 양극단에 놓인 갖가지 중간 상태들을 반영할 뿐이다. 노동자가 자신의 생산수단^{Produktionsmitteln}을 소유하는 것은 소경영의 기초이며, 소경영은 사회적 생산과 노동자 자신의 자유로운 개성의 발견을 위해서 반드시 필요한 조건이다. 물론 이 같은 생산양식은 노예제나 농노제, 그 밖의 예속적인 관계들 내부에도 존재한다. 그러나 그것이 번창하면서 모든 활력을 다 발휘하고 전형적인 형태를 취하게 되는 것은 노동자가 자신이 다루는 노동조건의 자유로운 소유주일 때, 즉 농민은 자신이 경작할 땅의, 수공업자는 그가 숙련된 손으로 다룰 용구의 자유로운 소유주일 때뿐이다. …… 다수에 의한 소규모 소유가 소수에 의한 대규모 소유로 전화하여 결국 대다수 민중에게서 토지와 생활수단과 노동도구가 수탈되는 이 무섭고 고통스러운 민중 수탈, 바로 그것이 자본의 전사^{前史}를 이루게 된다. …… 모든 이익을 가로채 독점하는 대자본가의 수가 끊임없이 감소함에 따라 빈곤·억압·예속·타락 그리고 착취의 정도는 오히려 증대된다. 그러나 끊임없이 팽창하는, 그리고 자본주의적 생산과정 자체의 메커니즘을 통해 훈련되고 결합되며 조직되는 노동계급의 저항도 증대해간다. …… 자본주의적 생산양식에서 생겨난 자본주의적 취득양식, 즉 자본주의의 사적 소유는 자신의 노동에 기초한 개인적인 사적 소유에 대한 첫 번째 부정이다. 그러나 자본주의적 생산은 자연 과정의 필연성에 따라 그 자신의 부정을 낳는다. 즉 부정의 부정이다. 이 부정은 사적 소유를 다시 만들어내는 것이 아니라 자본주의시대의 획득물, 즉 '협업der Kooperation' 그리고 '토지' 및 '노동 자체를 통해 생산된 생산수단'의 '공유Gemeinbesitzes'를 기초로 하는 '개인적 소유individuelle Eigentum'를 만들어낸다. 개인의 자기 노동에 기초한 분산적 사적 소유에서 자본주의적인 사적 소유로의 전화는 물론 사실상 이미 사회적 생산 경영에 기초를 두고 있는 자본주의적 소유에서 사회적 소유로의 전화에 비하면 비교도 되지 않으리만큼 지루하고도 가혹하며 어려운 과정이다. 전자에서는 '소수의 약탈자에 의한 민중 수탈die Expropriation der Volksmasse durch wenige Usurpatoren'이 문제였지만, 후자에서는 '소수의 약탈자에 대한 민중의 수탈die Expropriation weniger Usurpatoren durch die Volksmasse'이 문제이기 때문이다.

–〈이른바 본원적 축적〉, 《자본론》

《자본론》24장 〈이른바 본원적 축적〉은 이 책의 실질적인 결론에 해당한다. 방금 읽은 부분은 24장 전체 7절 중 제일 마지막 절 〈자본주의적 축적의 역사적 경향Geschichtliche Tendenz der kapitalistischen Akkumulation〉에 들어 있다. 그러니 이 부분은 《자본론》의 결론 중의 결론 부분으로서 자본주의에 대한 마르크스 사유의 모든 정수가 응결되어 있다고 할 수 있다. 엥겔스의 《코뮌주의의 원칙들》과 두 사람의 공저 《코뮌주의정당 선언》에 피력된 생산력발전주의를 다시 상기해보자. 이 입장에 따르면 생산력이 발전하지 못한 만큼 억압사회의 억압성은 커진다. 따라서 고대사회보다 중세사회가, 중세사회보다 부르주아사회가 억압성이 감소된다는 것이다. 노예보다는 농노가, 농노보다는 노동자가 그나마 상태가 좋다는 생각이다. 물론 억압사회가 생길 수 없이 생산력이 폭발하면, 자유인들의 공동체, 즉 코뮌사회가 도래할 것이라는 낙관론도 역사의 진보를 강조하던 생산력발전주의에서 필연적으로 도출된다. 그렇지만 24장 7절에서 마르크스는 전혀 다른 이야기를 한다. 우선 '생산력'이란 개념은 사라지고 그 대신 '생산수단'이란 개념이 가장 중심 역할을 한다는 것에 주목하자. 자본주의의 핵심은 모든 생산수단을 돈으로 통일해버리고 이 돈을 거머쥠으로써 모든 생산수단을 독점하는 데 있다. 이로부터 노예제는 완전히 사라지고 노동자제가 그 자리를 대신하게 된다.

　　노예가 어떻게 만들어지는지 생각해보라. 야생동물을 포획해 목줄을 매는 것처럼 동료 인간을 잡아 가축으로 만든다. 살아 있는 몸을 사로잡았으니, 그의 노동력은 노예주의 소유가 된다. 인간의 몸을 사로잡으니 그의 노동력도 갖게 된 셈이다. 노예제의 난점은 그의 마음까지 완전히 통제할 수 없다는 데 있다. 당연히 노예로부터 착취할 수 있는 노동력은 정상적인 인간이 발휘하는 노동력에 미치지 못한다. 타율적 노동이 가진 숙명이다. 반면 노동자제는 다르다. 먼저 몸, 즉 노동력 이외에 일체의 생산수단을 박탈당한 인간이 만들어져야 한다. 1982년에 집필된 유고 〈마주침의 유물론이라는 은밀한 흐름〉에서 알튀세르가 말한 '벌거벗은 노동력la force de travail nue'이다. 이 개념은 노동력 판매 이외에 생계를 유지할 방법이 없는 노동자의 상황을 극적으로 묘사한다. 노동력을 자본가에게 파니, 당연히 노동자의 몸과 실존도 자본가의 소유가 된다. 그렇지만 노예와는 달리 노동자는 노동력을 자본가에게 팔 때 순간적으로나마 기쁨을 느낀다. 이제 생계를 유지할 수 있다는 안도감 때문이다. 자신을 '벌거벗은 노동력'으로 만든 자본주의체제의 구조적 폭력은 완전히 망각한 것이다. 당연히 노예주보다 자본가는 노동자에게서 더 많은 노동력을 착취할 수 있다. 노동자는 자발적으로 노동력을 팔았고, 심지어 자본가가 자기 노동력을 구매한 것에 고마움마저 느끼기 때문이다. 부르주아사회는 인간애가 충만해 노예나 농노를 노동자로 만든 것이 아니다. 노예보다는 노동자가 더 자본계급에게 유리했기 때문이다. 지배계급은 노예를 원료로 노동자를 제조한 셈이다.

생산력발전주의가 아니더라도 부르주아 이데올로그들은 말한다. 노예제사회보다 농노제사회가 억압과 착취를 완화시켰고, 농노제사회보다 노동자제사회가 덜 억압적이라고. 한마디로 부르주아사회에서 억압과 착취의 정도는 현저히 줄어들었다고. 바로 이것이 너저분하면서도 기만적인 진보 이념이다. 과연 그럴까? 그래서 마르크스의 첫 대목은 매우 중요하다. "만일 그것이 노예나 농노에서 임금노동자로의 직접적인 전화와 같은 단순한 형태 변화가 아니라면, 그것은 단지 직접적 생산자의 수탈, 즉 자신의 노동에 기초한 사적 소유의 해체를 의미할 뿐이다." 고대나 중세 시절에는 억압사회에도 불구하고 나름 자유로웠던 삶을 영위하던 직접적 생산자들이 있었다. 자유로운 삶이 가능했던 이유는 그들이 작으나마 자신의 생산수단과 작업수단을 가지고 있었기 때문이다. 부르주아사회는 바로 이들에게도 마수를 내밀었던 것이다. 직접적 생산자들을 노동자로 만들려면, 무엇보다 먼저 그들이 가진 생산수단과 작업수단, 마르크스의 표현을 빌리자면 "자신의 노동에 기초한 사적 소유"를 박탈해야만 한다. 결국 부르주아사회는 노예와 농노를 귀족과 영주의 지배로부터 해방시켰을 뿐만 아니라, 직접적 생산자들을 그들이 가진 생산수단과 노동수단으로부터도 해방시켰던 것이다.

부르주아 이데올로그들이 전근대적 질서의 족쇄에서 벗어날 수 있도록 자유를 준 것이라고 설레발을 치지만, 모두 '벌거벗은 노동력'을 만들려는 농간일 뿐이다. 출퇴근 노예를 만들려는 자본계급의 기획은 과거 귀족이나 영주보다 광범위했고 집요했던 것이다. 엥겔스주의, 즉 생산력발전주의가 얼마나 황당한 주장인지 다시 분명해진다. 생산력이 발전하면, 억압의 정도가 약해진다고. 그리고 언젠가 억압이 없는 사회가 온다고. 헛소리다. 부르주아사회에 들어서면서 생산력이 폭발한 이유는 다른 데 있었던 것이 아니다. 생산력발전의 이면에는 더 포괄적인 노동자 양산 작업이 있었기 때문이다. 이와 관련해서 우리는 마르크스가 사적 소유를 마냥 부정했다는 편견도 바로잡을 필요가 있다. 마르크스는 말한다. "사회적·집단적 소유의 대립물로서의 사적 소유는 오직 노동수단과 노동의 온갖 외적 조건이 개인의 소유물인 경우에만 존립한다. 그러나 이 개인이 노동자인가 비노동자인가에 따라 사적 소유의 성격도 달라진다. …… 노동자가 자신의 생산수단을 소유하는 것은 소경영의 기초이며, 소경영은 사회적 생산과 노동자 자신의 자유로운 개성의 발견을 위해서 반드시 필요한 조건이다." 노동자, 아니 정확히는 생산자가 자신의 생산수단을 사적으로 소유하는 것은 마르크스로서는 아무런 문제가 되지 않는다. 오히려 권장할 만한 상황이기도 하다.

자신의 생산수단을 가지고 생산하는 생산자, 즉 직접적인 생산자는 자신이 원할 때 생산을 시작하고 자신이 원할 때 생산을 멈출 수 있다. 생산을 하는 경우 그들은 자신이 가진 생산수단의 한계 안에서 자유롭게 물건을 만들 수 있다. 목공이라면 근사한 너구리 조각상도 만들 수 있고, 아니면 새로운 의자도 만들 수 있다. 반대로 생산을 멈추고, 친구들과 여행을 떠날 수도 있고 아니면 축제를 벌일 수도 있다. 이런 조건에서 당연히 직접적인 생산자는 자신의 자유로운 개성을 발견하기가 훨씬 쉽다. 문제는 "비노동자"가 생산수단을 독점할 때 찾아온다. 목수에게서 모든 생산수단과 작업도구를 빼앗았다고 해보자. 이제 목수는 생산자가 아니라 노동자가 된다. 생산수단을 독점한 비노동자가 목수에게 만들어야 할 물건의 종류와 양을 결정할 것이고, 아울러 작업시간도 결정할 테니 말이다. 마르크스가 비판했던 사적 소유는 "비노동자가 생산수단을 독점하는" 사적 소유에 국한된 것이었다. 이것은 《코뮌주의정당 선언》에서 모든 생산수단을 국유화하자는 거친 발상과는 확연히 구분되는 발상이다. 어쨌든 인류에게 자유와 평등을 안겨주었다는 부르주아혁명의 이면을 보고 싶다면, 노동자가 생산수단을 갖는 사적 소유가 비노동자가 생산수단을 갖는 사적 소유로 왜곡되는 과정을 직시해야 한다. 바로 이것을 보았던 것이 마르크스의 영민함이었다. "다수에 의한 소규모의 소유가 소수에 의한 대규모의 소유로 전화하여 결국 대다수 민중에게서 토지와 생활수단과 노동도구가 수탈되는 이 무섭고 고통스러운 민중 수탈, 바로 그것이 자본의 전사前史를 이루게 된다."

1873년 1월 24일 《자본론》 2판을 출간하면서 마르크스는 〈후기〉에서 흥미로운 말을 했던 적이 있다. "헤겔이 '죽은 개'로 취급받을 때 자신은 헤겔의 특유한 표현 방식을 흉내 내기까지 했다"

고. 《자본론》의 최종 결론 부분에서도 마르크스는 헤겔을 흉내 낸다. 헤겔 이후 그의 사유를 거칠게 도식화한 것이 정, 반, 합의 변증법적 논리다. 자신의 노동에 기초한 개인적 사적 소유가 '정'이라면, 이것을 부정한 자본주의적 사적 소유는 '반'이라고 할 수 있다. 마르크스가 "자본주의적 생산양식에서 생겨난 자본주의적 취득양식, 즉 자본주의의 사적 소유는 자신의 노동에 기초한 개인적인 사적 소유에 대한 첫 번째 부정"이라고 말한 것도 이런 이유에서다. 헤겔의 변증법을 흉내 내는 마르크스는 '합', 즉 부정의 부정도 이야기한다. "자본주의적 생산은 자연 과정의 필연성에 따라 그 자신의 부정을 낳는다. 즉 부정의 부정이다." 그 결과가 바로 코뮌사회가 지향하는 '개인적 소유'이다. 정리하자면 '자신의 노동에 기초한 (개인적인) 사적 소유'가 '정'이고, '타인의 노동에 기생하는 (자본주의적) 사적 소유'가 '반'이라면, '협업과 공유에 기초한 (코뮌주의적인) 개인적 소유'가 '합'이라는 이야기다.

'정'이든 '반'이든 두 상태에서 소유형식이 '사적 소유^{Privateigentum}'라면, '합'에서의 소유형식은 '개인적 소유$^{individuelle\ Eigentum}$'이다. 여기서 핵심은 '사적^{privat}'이라는 말과 '개인적^{individuelle}'이라는 말의 차이를 아는 것이다. 직관적으로 두 말의 차이를 알려면 '사적인 인간'이 타인을 고려하지 않는 인간이라면, 반대로 '개인적 인간'은 타인을 고려하는 인간이라고 하면 쉽다. 그렇다고 해서 사적인 인간을 이기적인 인간이라고 오해해서는 안 된다. 타인을 의도적으로 고려하지 않는다는 것이 아니라, 자연스럽게 타인을 고려하지 않는다는 의미이니까 말이다. 인적이 드문 곳에서 농사와 낚시, 그리고 사냥을 하면서 자족적인 생활을 하는 사람을 생각해보라. 이 사람이 바로 '사적인 인간'이다. 자신만의 생산수단, 혹은 생계수단을 가지고 있기에 가능한 일이다. 바로 이것이 "자신의 노동에 기초한 개인적인 사적 소유"다. 이와는 달리 개인적 인간은 땅도, 낚시터도, 그리고 숲도 타인과 공유하는 인간이다. 한정된 땅이니 농사를 지을 땅과 지을 품목을 이웃과 상의해야 하고, 낚시터에서 물고기를 잡을 때나 숲에서 사냥할 때나 혹은 땔나무를 구할 때도 항상 이웃을 염두에 두어야 한다. 이런 조건에서 개인적 인간은 노동을 하고 그 결과물을 가지게 된다. 이것이 바로 '개인적 소유'다. 마르크스가 "개인적 소유"는 "협업 그리고 토지 및 노동 자체를 통해 생산된 생산수단의 공유를 기초로 해서" 가능하다고 말했던 것도 이런 이유에서다. 국유가 아니라 공유라는 말에 주목해야 한다. 어쨌든 결론적으로 '개인적 소유'는 타인과의 협업과 생산수단 공유를 매개로 이루어지는 '사적 소유'라고 정의할 수 있다.

아이러니한 것은 '개인적 소유'의 사회, 즉 코뮌사회를 가능하게 만들었던 장본인이 바로 자본가들이었다는 사실이다. 노동자들을 공장이나 회사에 편입시키면서 자본가들은 그들에게 협업과 생산수단 공유를 가르쳐주었던 것이다. 평범한 회사나 공장을 생각해보라. 자본가의 명령으로 노동을 하고는 있지만, 노동자들은 노동현장에서 서로 협업할 뿐만 아니라 회사나 공장 내부의 생산수단들을 공유하게 된다. 그러니까 극단적으로 말해 회사나 공장 내부에서 자본가를 축출하고 생산과정을 노동자들이 협업과 공유의 정신으로 통제한다면, 코뮌 회사나 코뮌 공장도 그리 먼 이야기만도 아닐 것이다. 그래서일까, 마르크스는 미래를 낙관한다. 노동자들로 개조되는 과정에서 인간들은 그 "무섭고 고통스러운 민중 수탈"을 모두 감내하지 않았던가? 물론 그렇다고 해서 노동자들의 삶이 나아진 것은 아니다. 사실 부르주아사회가 노동자들을 양산한 것은 그들의 삶의 질을 높이려는 것이 아니라, 그들을 통해 자기 이익을 높이려는 목적에서였다. 당연히 노동자들에게 가해지는 "빈곤·억압·예속·타락 그리고 착취의 정도는 오히려 증대될" 수밖에 없다. 그렇지만 다수가 단결하면 소수를 이기는 것은 너무나 손쉬운 일 아닌가. "개인의 자기 노동에 기초한 분산적 사적 소유에서 자본주의적인 사적 소유로의 전화"보다는 "사실상 이미 사회적 생산 경영에 기초를 두고 있는 자본주의적 소유에서 사회적 소유로의 전화"가 어렵지 않다고 마르크스가 역설했던 것도 이런 이유에서다.

정말 "소수의 약탈자에 의한 민중 수탈"보다는 "소수의 약탈자에 대한 민중의 수탈"이 훨씬 신속하고 간단하게 이루어지리라는 마르크스의 낙관은 옳을까? 그렇지 않다. 협업과 공유의 정신으로 노동자들이 단결하려고 하자, 자본계급은 노동계급의 연대를 무력화시키기 위해 분업체계와 경쟁 논리를 더 강화할 테니까 말이다. 약탈자로서 민중을 수탈했던 이 소수가 쉽게 자신의 기득권을 내줄리 만무한 일이다. 20세기 후반부터 시작된 신자유주의시대를 생각해보라. 노동계급의 저항을 원천에 봉쇄하기 위해 자본계급은 정리해고나 비정규직 양산 등 고용 불안을 상시화하고 있지 않은가? 이 모든 조치는 노동자들이 '벌거벗은 노동력'에 대한 공포감을 항상 상기하도록 만든 제도적 장치였다. 또 한 가지 마르크스는 국가기구가 폭력적 수단으로 지배계급의 이익을 옹호하고 있다는 엄연한 현실을 경시하고 있다. 사실 이 모든 우려 사항을 마르크스가 몰랐을 리 없다. 1850년대 내내 유럽 전역에서 발생했지만 좌절되었던 노동계급 혁명에 직간접적으로 개입했던 장본인이 바로 그였으니까. 더군다나 1867년 《자본론》을 출간할 때, 마르크스는 제1인터내셔널의 핵심 인물이 아니었던가? 그러나 어찌하겠는가? 자본계급과 국가기구의 동맹에 맞서 연대하려면 "소수의 약탈자에 대한 민중의 수탈"은 쉽고 간단하다는 낙관론이 노동자들에게는 필요하니 말이다.

1867년 《자본론》의 출간! 1845년 이후 엥겔스의 생산력발전주의에 기대서 정치경제학적 사유를 전개했던 마르크스가 스스로 홀로 섰다는 선언이다. 더 노골적으로 말해 1848년 《코뮌주의정당 선언》에서 생산력발전주의와 국가주의로 유보되었던 코뮌주의가 다시 전면에 부각되는 사건이라고 할 수 있다. 생산력발전과 상관없이 코뮌주의는 언제든지 어느 곳에서든 억압받는 자들의 연대로 달성될 수 있다는 확신이기도 했다. 이 모든 것은 생산력을 형이상학적 실체로 이해하지 않고, 자본주의체제, 나아가 억압체제 전체를 '생산수단'의 문제로 성찰했기 때문에 가능했던 것이다. 생산력발전주의로부터 생산수단주의로의 전회가 발생한 셈이다. 안타깝게도 경제적 상황과 정치적 상황 때문에 마르크스는 엥겔스와의 단절을 노골적으로 시도하지는 못한다. 그럼에도 마르크스는 《코뮌주의정당 선언》과 분명한 단절을 시도했다. 바로 이 점에서 〈이른바 본원적 축적〉 장은 매우 중요하다. 이 장을 통해 마르크스는 《코뮌주의정당 선언》의 역사철학을 폐기하고, 생산수단의 소유 문제를 중심으로 역사철학을 도모하기 때문이다. 《코뮌주의정당 선언》의 역사철학이 《자본론》의 역사철학으로 대체된 것이다. 《자본론》의 〈서문〉을 마무리하면서 마르크스가 인용했던 단테의 말은 그래서 여러모로 의미심장하다. "너의 길을 걸어라, 그리고 남이야 뭐라고 하든 그냥 내버려두어라!"

마르크스가 말한 '남'이 자기라는 걸 엥겔스는 알았을까? 정치적 감각이 탁월했고 눈치가 밝았던 엥겔스가 몰랐을 리 없다. 마르

     2부. 마르크스의 철학, 마르크스의 과학

크스가 단독으로 정치경제학적 연구에 몰두할 때부터 엥겔스는 어떤 단절의 느낌을 강하게 받았으리라. 변호사 아들이 점점 공장주 아들과 잡았던 손을 풀고 있었던 것이다. 과거 엥겔스와 마르크스는 1847년 6월 1일 영국 런던에서 발족한 지식인 중심의 정치 동맹, 즉 '코뮌주의자동맹Communist League'에서 함께 활동했다. 사실 1848년 《코뮌주의정당 선언》도 바로 이 코뮌주의자동맹에서 헤게모니를 다툴 때 엥겔스의 주도로 만들어진 것이다. 그런데 1860년대 이후 마르크스는 노동자 지향적으로 바뀌면서 노동자들과 더 많은 시간을 보내기 시작한다. 그 결과가 1864년 9월 28일 영국 런던에서 출범한 '국제노동자연합International Workingmen's Association', 즉 제1인터내셔널First International이다. 역사상 네 번 발족된 인터내셔널 중 유일하게 노동자들이 주도한 인터내셔널이다. 제2인터내셔널이 지식인과 정치인 중심이었고, 제3인터내셔널은 스탈린이 주도했으며, 제4인터내셔널은 스탈린과 맞서기 위해 트로츠키가 주도하지 않았던가? 제1인터내셔널에서 독일 노동계급을 대표하는 평의회 의원은 마르크스와 노동자 출신 에카리우스Johann Georg Eccarius(1818~1889)였다. 변호사 아들이 공장주 아들과 잡았던 손을 놓고, 노동자와 손을 굳게 잡은 셈이다.

사실 《코뮌주의정당 선언》에는 강한 엘리트주의가 내재되어 있다. 역사를 통찰하고 노동자들을 아낀다고 자부하던 진보적 지식인들이 모인 엘리트 집단이 '코뮌주의자동맹'이었으니까. 그러니 그들은 코뮌주의정당이 정치권력을 장악해 노동계급을 이끄는 큰 그림을 그릴 수 있었던 것이다. 반면 1864년 제1인터내셔널에 참여한 이후 마르크스는 엘리트주의를 점점 내려놓게 된다. 마르크스는 민중들의 자발성을 긍정하게 된 것이다. 노동자로 일하는 사람이 억압과 착취의 현실을 누구보다 잘 아는 법이다. 노동자 개개인은 어엿한 '대상적 활동'의 주체였던 것이다. 실제로 《자본론》을 보면 노동일, 노동시간, 임금 등처럼 노동자들에게는 사활이 걸린 문제들, 그리고 그에 대한 분석이 상당한 분량을 차지하고 있다. 모두 노동자들의 경험을 진지하게 경청했던 결과라고 할 수 있다. 《자본론》 1권이 노동자들에게 극찬을 받자, 마르크스는 〈서문〉에서 약속했던 2권과 3권을 정열적으로 준비하게 된다. 자본주의라는 로도스 섬의 실체를 완전히 보여주면, 노동자들이 "개인적 소유"가 실현되는 사회, 즉 코뮌사회로 도약하는 데 많은 도움을 주리라 확신했기 때문이다. 그런데 이때 마르크스 인생 최고의 사건, 민중들이 얼마나 지혜롭고 단호한지 보여주었던 극적인 사건이 그의 눈앞에 펼쳐진다. 1871년 3월 18일 파리에서 코뮌사회가 그 화려한 막을 연 것이다. 53세의 마르크스가 인생 최고의 선생을 만난 셈이다. 더군다나 파리코뮌은 그 존재 자체로 엥겔스의 생산력발전주의가 그르다는 명백한 증거였다. 엥겔스는 생산력이 충분히 발전하지 않은 프랑스와 독일의 경우 혁명은 성공할 가능성이 매우 적다고 예언했던 적이 있다. 그런데 영국에서나 가능하다던 혁명이 지금 프랑스 파리에서 발생한 것이다. 생산력발전주의에서 벗어나려고 했던 마르크스로서는 쾌재를 부를 일이었고, 그에게 파리코뮌의 하루하루는 하나의 근사한 축제였을 것이다.

파리코뮌은 어느 시대나 어느 지역에서나 자유를 꿈꾸는 사람들의 용기와 지혜만 있다면 코뮌사회가 가능하다는 걸 보여주었기 때문이다. 생산력이든 무엇이든 일체의 다른 이유로 코뮌주의는 유보되어서는 안 되고, 유보될 필요도 없다! 파리코뮌은 마르크스의 이론적 확신에 현실적 근거를 제공했던 셈이다. 《자본론》 1권을 마

2부. 마르크스의 철학, 마르크스의 과학

헝가리에서 발행한 제1인터내셔널 100주년
기념우표.

1869년 스위스 바젤에서 열린 제1인터내셔널
대회 현수막. 1860년대 이후 마르크스는 노동자
지향적으로 바뀌면서 노동자들과 더 많은 시간을
보내기 시작한다. 그 결과가 1864년 9월 28일 영국
런던에서 출범한 제1인터내셔널이다. 역사상 네 번
발족된 인터내셔널 중 유일하게 노동자들이 주도한
인터내셔널이었다.

마르크스와 함께 평의회 의원을
맡은 요한 에카리우스. 그는
독일 튀링엔 출신 재단사였고,
코뮌주의자동맹에서도 활동했다.

제1인터내셔널 대회 당시 엥겔스의 멤버십 카드.

무리하면서 마르크스는 협업과 함께 생산수단 공유가 코뮌사회의 기초가 된다고 결론을 내린 적이 있다. 그러나 생산수단을 독점하고 있는 자본계급이 자기 재산을 쉽게 내놓을까? 지배계급의 기득권을 지키는 국가기구가 "소수의 약탈자에 대한 민중의 수탈"을 방관할까? 이것은 단순한 이론적 문제가 아니라 코뮌주의자에게는 목숨을 걸어야 할 현실적 문제다. 마르크스에게 이 문제는 자본주의의 장밋빛을 제거하는 작업에 그 우선순위가 밀린 문제였다. 지눌知訥(1158~1210)의 말처럼 넘어진 곳에서 우리는 일어나야 한다. 그러나 일어나기 위해 우리가 넘어졌다는 것을 자각해야만 한다. 마르크스가 자본주의의 진면목을 다루려고 했던 것도 이런 이유에서다. 부르주아사회에서 대부분의 인간이 어떻게 넘어져 있는지 알려주는 것이 우선이라고 생각했던 것이다.

　1871년 파리 민중들로부터 이 모든 것이 마르크스의 기우에 불과하다는 것이 분명해졌다. 이론이 아니라 실천으로, 생각이 아니라 온몸으로 파리 민중들은 알고 있었던 것이다. 자신들이 자본주의와 국가기구에 의해 어떻게 넘어지게 되었는지. 그러니 그들은 분연히 일어났던 것이다. 일어서려는 순간 그들은 자신들을 다시 자빠뜨리려는 억압의 실체와 직면하게 된다. 다행스럽게도 파리 민중들은 자본계급과 국가권력의 동맹을 괴멸하고 "소수의 약탈자에 대한 민중의 수탈"을 현실화하는 데 성공한다. 그것이 바로 파리코뮌이 중요한 이유이고, 동시에 코뮌 기간 내내 마르크스가 파리코뮌의 충실한 학생이 된 이유이기도 하다. 정말 《프랑스내전》을 직접 읽기까지 많은 길을 우회했다. 사실 이런 우회의 이유는 차고 넘친다. 그만큼 《프랑스내전》은 마르크스에게 중요한 텍스트니까. 철학적으로 보자면 〈포이어바흐에 관한 테제들〉(1844), 《자본론》

1권(1867), 《프랑스내전》(1871), 그리고 〈고타강령 비판Kritik des Gothaer Programms〉(1875) 등 이 네 문건은 마르크스의 가장 중요한 작품이다. 그러나 마르크스 개인에게 가장 중요한 작품은 바로 이《프랑스내전》일 것이다. 파리코뮌은 인간사회, 즉 코뮌사회에 대한 그의 정치적 이념과 '대상적 활동'이라는 인간에 대한 그의 철학적 통찰이 옳다는 것을 확인해주었기 때문이다.

　　1871년 4월 하순에서 5월 10일 사이에 쓰인 첫 번째 초고를 보면 파리코뮌이 마르크스에게 주었던 감동이 그대로 전해진다. 그 감동은 초고에 등장하는 소제목 하나로 충분히 느낄 수 있다. 〈타인의 노동으로 생활하지 않는 모든 사회 계급의 대표로서 코뮌 혁명The Communal Revolution as the Representative of all Classes of Society not Living upon Foreign Labour〉! 생산수단을 독점했다는 이유로 생산물에, 그것도 가장 좋은 것에 젓가락을 올려놓는 모든 계급을 없애자는 것이다. 결국 독점한 생산수단이 문제인데, 아무리 소수라도 지배계급이 이걸 쉽게 놓을 리 없다. 더군다나 소수 지배계급이 독점한 생산수단을 재산권의 논리로 정당화하고 지켜주는 압도적인 권력이 존재하고 있지 않은가? 3P를 기억하라! 재산property과 가난poverty 사이의 경계선을 지키는 것이 권력power이다. 그러니 파리 민중들은 제일 먼저 소수 지배계급을 옹호하는 권력을 무력화시키려고 했던 것이다. 국가권력은 경찰과 군대라는 제도를 통해 폭력수단을 독점하는 데서 생긴다. 여기서 수단과 목적이란 철학적 문제가 다시 제기된다. 한 가지만 외우면 된다. 수단을 장악한 자 목적을 장악한다고. 결국 파리 민중들은 소수에 의한 폭력수단 독점을 먼저 무력화시켜야 했다. 결국 그것은 폭력수단의 공유다. 파리 민중들이 제일 먼저 상비군을 없애고 민병대를 조직한 이유도 바로 여기에 있다. 심지어 민병대 대대장마저 선거로 뽑고 항상 소환할 수 있었으니, 폭력수단은 그야 말로 민중들에게 있었던 것이다. 바로 이것이 파리코뮌의 혁명이 과거 너저분한 혁명들과 달라지는 결정적인 대목이다. 마르크스가 말했던 것처럼 과거 혁명이 흐지부지 마무리되었던 이유는 "민중이 개가를 올린 바로 그날 승리에 빛나는 무기를 양도할 때마다 그 무 기가 민중을 향했기" 때문이다. 이어서 국가에 의해 상명하복으로 움직이던 '독립적인 경찰'도 폐지되고, 항상 소환 가능한 코뮌의 공 무원이 그들을 대신했다. 여기서 중요한 것은 파리 민중들이 유명 무실했던 보통선거권을 모든 측면에서 현실화했다는 점이다. 대의 제도는 피대표자의 뜻을 대표하는 대표를 뽑는 제도다. 그런데 대 의제의 문제는 대표가 다수의 피대표자를 대표하지 못한다는 데 있 다. 보통 대표로 입후보하는 사람들은 "타인의 노동으로 생활하는 계급" 출신인 경우가 대부분이다. 당연히 대표가 되었을 때 그들이 대표라는 기득권을 향유하고 자기 계급에 속한 이들을 위해 법안을 발의하는 경우가 많은 것도 이런 이유에서다.

현재 우리 헌법이나 국회법을 봐도 이 점은 명확하다. '의원의 직무, 지위의 남용 금지'를 규정한 헌법 46조 2항을 보면 "국회의원 은 국가 이익을 우선하여 양심에 따라 직무를 행한다"고 되어 있다. 자기를 선출한 사람들의 이익이 아니라 국가 이익이 국회의원의 직 무 수행의 원칙이다. 마르크스가 말한 대로 부르주아국가에서 대의 제는 "국가권력에 대한 의회의 재가"나 "몇 년에 한 번씩 의회주의 적 계급지배를 재가"하려는 목적에 종사했던 것이다. 국회법 중 '국 회와 국민 또는 행정기관과의 관계'를 다루는 10장에는 127조에서 부터 129조까지 네 개의 조목이 있다. 이 중 국민과의 관계를 다루 는 유일한 조목 129조를 보면 황당하기 이를 데 없다. 국민을 대표

2부. 마르크스의 철학, 마르크스의 과학

하지 못했을 때 국회와 의원들을 어떻게 하느냐는 문제가 논의되기
는커녕, 국회가 필요로 하면 국민 중 일부를 증인, 감정인, 참고인
등으로 부를 수 있는 권리만 명기되어 있다. 그러니 국회의원에 대
한 장밋빛 이해를 접어두는 것이 좋다. 부르주아체제에서 아무리
선거가 민주주의의 꽃이라고 외쳐도 이제는 속지 말자. 실제로 부
르주아사회에서 갈수록 투표율이 하락하는 이유도 바로 여기에 있
다. 대표를 뽑아도 그 대표는 항상 자의적으로 활동하니 다수 국민
들은 직감적으로 자신이 거수기에 지나지 않다는 걸 알았기 때문
이다.

　민주주의의 꽃은 '소환'이다. 결코 선거가 아니다. 대표자가 필
요에 따라 국민들을 참고인으로 부르는 것이 아니라, 다수 피대표
자는 대표가 자의적으로 대표 활동을 할 때 언제든지 소환할 수 있
어야 한다. 바로 이것을 파리코뮌은 실천했던 것이다. 이것이 민주
주의고, 보통선거권이 존재하는 진정한 이유가 아닌가. 파리코뮌을
통해 파리 민중들은 "그 자신의 행정직 관청 직원이나 법률을 발의
하는 관청 직원을 선출"했다. 그렇지만 선출된 대표자든 공무원이
든 언제든지 민중들에 의해 소환되었다는 사실이 백만 배 중요하
다. 더군다나 대표자나 공무원에게 기득권을 주지 않기 위해, 파리
민중들은 그들의 처우도 일반 민중과 별로 차이가 나지 않도록 했
다. 마르크스는 "파리코뮌이 국가 위계를 모두 폐지해버렸다"고 설
명하지만, 더 중요한 것은 위계가 생길 여지를 없애겠다는 파리 민
중들의 의지라고 할 수 있다. 그들은 혁명 뒤에 언제든지 발생할 수
있는 반혁명뿐만 아니라 반혁명이 발호할 수 있는 조건마저 봉쇄하
려고 했다. 마르크스가 주목했던 조치들, 즉 "민중의 오만한 주인들
이 언제나 공중의 감독 아래 활동하기 때문에 언제든지 해임할 수

있는 공무원으로 대체되고 가짜 책임이 진정한 책임으로 대체되는 것", 그리고 공무원에게 "숙련 노동자들처럼 한 달에 12파운드, 가장 많은 봉급도 240파운드를 넘지 않게 지불하는 것" 등의 조치가 중요한 이유도 바로 여기에 있다.

모든 관료는 파리 민중들에 의해 선출되고 항상 소환 가능하다. 나아가 그들은 숙련 노동자의 평균 임금 이상을 받을 수 없다. 이 임금 문제는 무척 중요하다. 과거 지배계급이나 그들의 이익에 봉사하는 관료들은 정신노동이란 미명하에 육체노동자들에 비해 엄청난 임금을 받았다. 바로 이것을 막으려고 했던 것이 파리코뮌의 임금 정책이다. 공동체가 커지면 공동체의 조직과 운영과 관련된 관료들이나 혹은 역사와 문화, 그리고 예술에 기여하는 정신노동자들이 어느 정도는 필요하다. 코뮌에서도 마찬가지다. 그렇지만 이런 정신노동의 가치는 파리코뮌을 떠받치는 육체노동의 가치를 뛰어넘어서는 안 된다. 현재 우리 부르주아체제를 돌아보라. 숙련 노동자의 평균 임금 이상을 제공하지 않는다고 선언한다면, 관료들 중 얼마나 많은 사람이 자기 직을 유지하려고 할까? 대학교수들 중 얼마나 많은 사람이 대학 연구실에 남아 있을 것인가? 국회의원들 중 국회에 남는 사람은 얼마나 될까? 분명 숙련 노동자의 평균 임금 이상을 받지 못한다고 해도 관청에, 대학에, 국회에 여전히 남는 사람들도 있을 것이다. 바로 코뮌적 관료, 교수, 국회의원들이다. 사적 이익이 아니라 공동체적 이익을 중시하는 사람들, 정신노동보다 육체노동의 가치가 더 크다는 사실을 인정하는 사람들, 인간에게 노동은 노예의 덕목이 아니라 주인의 덕목이라는 것을 긍정하는 사람들이다.

파리코뮌은 가난에 맞서 재산을 보호하는 국가권력을 무력화시키려고 했다. 그것은 최소한 파리에서는 유효했다. 그렇지만 프랑스 나머지 지역도 파리처럼 코뮌을 조직하지 않으면, 파리코뮌의 미래는 누구도 장담하기 힘들다. 당시 파리를 내주었던 자본계급과 국가기구는 파리 근처 베르사유에서 전열을 재정비하고 있었기 때문이다. 만일 부르주아 정권이 파리를 제외한 나머지 지역에 질서를 다시 복원한다면, 파리코뮌은 고립무원의 신세로 전락할 가능성이 컸다. 마르크스가 우려했던 것도 바로 이것이다. 그렇지만 그는 희망을 놓지 않았다. 아니 놓을 수가 없었다. 온갖 방해 공작을 뚫고 프랑스의 "모든 대도시들이 파리의 모범을 따라 코뮌을 조직한다면, 어떤 정부도 불의의 반동이라는 기습으로 이 운동을 탄압할 수는 없을 것이다. 이 예비적인 조치만으로도 운동을 보장할 부화의 시간을 얻게 될" 것이기 때문이다. 결국 코뮌은 부화incubation의 수단이었던 것이다. 그렇다면 파리코뮌이 품고 있던 알은 무엇이었을까? 그것은 소수 자본계급에게 빼앗긴 생산수단과 노동수단을 되찾아 '개인적 소유'의 사회를 만드는 것이다. 마르크스가 코뮌을 "사회적 해방의 정치적 형식the political form of the social emancipation, 즉 노동자 자신에 의해 창조되었거나 자연의 선물인 노동수단의 독점자들에 의한 찬탈(노예 소유slaveholding)로부터의 노동해방의 정치적 형태"라고 규정했던 것도 이런 이유에서다.

파리코뮌은 알을 품고 있는 둥지였고 그 속에서 부화될 거대한 새는 인간이 더 이상 동료 인간을 가축화하는 만행이 허용되지 않는 사회였다. 여기서 흥미로운 것은 마르크스가 "노동수단의 독점자들에 의한 찬탈"을 이야기하면서 "노예 소유"라고 그 성격을 규정하는 대목이다. 고대사회의 노예제, 중세사회의 농노제, 그리고 부르주아사회의 노동자제를 구분했던 엥겔스주의와는 달리, 마르크스는 이 세 가지 제도가 본질적으로 "노예 소유"의 형식임을 명확히 하기 때문이다. 결국 BC 3000년 이후 최소한 인간의 처지라는 측면에서 발전이나 진보를 이야기할 수 없다는 입장이다. 어쨌든 마르크스에게 코뮌은 인간사회를 성장시키는 너무나 소중한 인큐베이터였다. 마르크스에게 코뮌은 "노동계급의 사회운동, 따라서 총체적인 인류 재생의 사회운동이 아니라 그 행동의 조직화된 수단"이고, 동시에 "모든 계급지배의 폐지를 위하여 분투하는 방식인 계급투쟁이 그 서로 다른 국면들을 가장 합리적이고 인간적인 방식으로 경과할 수 있는 합리적 환경"이기 때문이다. 그러니 초고를 집필하고 있을 때 마르크스의 소원은 아주 단순하고 분명했다. 베르사유에서 점점 커지는 반혁명의 폭풍에 맞서 가녀린 촛불처럼 흔들리는 코뮌이 1년이라도 더, 아니 한 달이라도 더, 아니 하루라도 더 존속하기를.

> 코뮌에 내려진 해석의 다양함과 코뮌에 표현된 이해관계의 다양함은 이전의 모든 정부 형태가 본질적으로 억압적이었음에 반해 코뮌은 철저하게 팽창될 수 있는 정치 형태라는 것을 증명했습니다. 코뮌의 진정한 비밀은 다음과 같은 것이었습니다.
>
> 코뮌은 본질적으로 노동계급의 정부였으며,
> 수탈하는 계급에 맞서 생산하는 사람들이 투쟁했던
> 결과물이자, 노동의 경제적 해방이 완성될 수 있는,
> 마침내 발견된 정치 형태다.

이 마지막 조건이 없다면 코뮌체제는 불가능한 일이었을 것이며 미망이었을 겁니다. 생산자의 정치적 지배는 그들의 사회적 노예제social slavery의 영속화와 병존할 수 없습니다. 그러므로 코뮌은, 계급들의 존재에 근거하는, 따라서 계급지배의 존재에 근거하는 경제적 토대를 전복하기 위한 지렛대로서 봉사해야 합니다. 일단 노동이 해방되면, 모든 사람이 노동자가 되면, 생산적 노동은 계급적 속성을 중지하게 됩니다.

참으로 기이한 일입니다. 노동해방에 관한 지난 60년 동안의 모든 거창한 이야기들과 엄청난 양의 문헌에도 불구하고, 노동자들이 어디서든 대의를 떠맡자마자, 자본Capital과 임금 노예Wage slavery—토지 소유자는 이제 자본가의 얌전한 동반자에 불과합니다—라는 두 개의 극을 가진 지금 사회의 대변자들은 자본주의사회가 모든 대립이 아직 발전하지 않았고 모든 자기 환상이 아직 벗겨지지 않았고 자신의 모든 매춘부와 같은 현실이 아직 폭로되지 않은 채 아직도 처녀와 같이 순결한 상태에 있다는 변명의 말들을 즉시 늘어놓다니요! 그들은 코뮌이 모든 문명의 토대인 소유property를 철폐하려 한다고 외치고 있습니다.

그렇습니다. 여러분, 코뮌은 다수 인간의 노동을 소수 인간의 부로 만드는, 저 계급적 소유class-property를 폐지하려고 한 것입니다. 그것은 수탈자를 수탈하는 것을 목적으로 했던 겁니다. 결국 코뮌은 현재 주로 노동을 노예화하고 착취하는 수단이 되어 있는 생산수단, 즉 토지와 자본을 '자유롭고 연합적인 노동free and associated labour'의 순전한 도구로 바꿈으로써 '개인적 소유individual property'를 하나의 진실로 만들기를 원했던 겁니다. 그러나 이것은 코뮌주의, "불가능한" 코뮌주의라고 합니다. 자, 현제 체제의 지속 불가능성을 충분히 통찰할 줄 아는 지배계급의 그런 인물들—그들은 다수입니다—이 협동 생산cooperative production의 주제넘고 허풍 떠는 사도들인 체하고 있습니다. 만일 협동 생산이 공허한 가상이나 사기로 남아 있지 않다면, 만일 협동 생산이 자본주의체제를 대체하게 된다면, 만일 단결된 사회들이 공동 계획에 의거해 국민생산을 규제하게 되고 따라서 국민경제를 그들 스스로가 통제하고 자본주의 생산의 참화인 항구적인 무정부 상태와 주기적 변동을 종식시키게 된다면, 여러분! 이것 이외에 무엇이 코뮌주의communism, "가능한" 코뮌주의겠습니까?

－《프랑스내전》(1871년 5월 중순에서 6월 초순)

불길한 예감은 항상 적중하는 법이다. 수만 명의 파리 민중들의 핏자국과 바리케이드 전투의 처절한 흔적만 남긴 채, 파리코뮌은 5월 28일 그 마지막 가녀린 숨을 쉬고 만다. 죽어간 노동계급에 대한 슬픔과 부르주아 정권의 잔인한 살육행위에 대한 분노 속에도 마르크스는 펜을 잡는다. 인간사회를 꿈꾸던 코뮌 전사들의 뜨거운 열정과 그들이 남긴 뜻을 제대로 기억해야 했기에, 마르크스는 슬픔과 분노에만 매몰될 수 없었던 것이다. 당시는 파리코뮌이 "불가능한 코뮌주의"가 초래한 비극이었다고 분석하는 사람들마저 생겨나는 판국이었기 때문이다. 파리 시내 포석을 적셨던 파리 민중들의 피가 씻겨나가기도 전에, 파리코뮌을 미숙한 치기로 치부하려는 의견을 피력하는 사람들은 누구인가? 노동계급에게 깊은 연민을 피력했던 지식인들, 자본주의체제를 극복하자고 열을 올렸던 지

2부. 마르크스의 철학, 마르크스의 과학

코뮈나르의 벽에서 살해되고 있는 코뮌 전사들. 1871년 《르일리스트라숑 쥐르날 유니베르셀》에 실린 삽화.

식인들이다. 파리코뮌을 괴멸한 프랑스 부르주아 정권의 대변인도 아니고 혹은 코뮌 괴멸로 안도의 한숨을 쉬던 영국이나 독일의 부르주아 정권의 대변인도 아니다. 한때 노동계급을 위한 지식인임을 자처하던 사람들이다. 그들에 대한 마르크스의 배신감과 분노는 부르주아 정권과 그 대변인들에 대한 것보다 더 컸다. 한때 그들은 동지로 함께 활동하던 사람들, 인간사회를 만들자는 대의를 함께했던 사람들이었으니까.

잊지 말아야 할 것은 파리코뮌을 폄하하는 지식인들의 논거는 엥겔스의 생산력발전주의와 별다른 차이가 없다는 사실이다. 그들은 말한다. "자본주의사회가 모든 대립이 아직 발전하지 않았고 모든 자기 환상이 아직 벗겨지지 않았고 자신의 모든 매춘부와 같은 현실이 아직 폭로되지 않은 채 아직도 처녀와 같이 순결한 상태에 있다." 영국도 혁명이 일어나지 않았는데, 프랑스처럼 산업자본이 발달하지 않은 국가에서 혁명이라니 언감생심의 일이라는 이야기다. 이 대목에서 마르크스가 말하는 "노동해방에 관한 지난 60년 동안의 모든 거창한 이야기들과 엄청난 양의 문헌"이란 구절이 중요하다. 비록 마르크스가 "자본과 임금 노예라는 두 개의 극을 가진 지금 사회의 대변자들"이라고 말했지만, 파리코뮌을 "불가능한 코뮌주의"라고 말했던 사람들이 어떤 사람들이었는지 암시해주고 있기 때문이다. 그러니까 "지금 사회의 대변자들"은 파리코뮌의 가치를 폄하해 결과적으로 부르주아체제를 옹호하는 꼴이 되어버린 지식인들, 혁명은 자기와 같은 사람이 아니면 불가능하다고 믿었던 지식인들, 민중의 자발성을 부정하고 강한 엘리트주의에 매몰된 사람들이었던 셈이다. 불행히도 이렇게 파리코뮌은 그리고 파리 민중들은 부르주아 정권에서도 부정되고 심지어 자신들의 동료라고 자처하던 지식인들에게도 부정되었다.

여기에 또 한 가지 덧붙이자면, 파리코뮌은 《자본론》 1권에서 마르크스가 주장했던 '개인적 소유'가 관철되는 사회형식, 즉 인간사회가 실현된 유일한 사례였다는 사실이다. 그래서 마르크스는 파리코뮌이 "토지와 자본을 '자유롭고 연합적인 노동'의 순전한 도구로 바꿈으로써 '개인적 소유'를 하나의 진실로 만들기를 원했다"고 분석했던 것이다. '협업', '생산수단의 공유', 그리고 '개인적 소유'는 마르크스가 자유인들의 공동체를 규정했던 세 가지 축이었다. 그러니 마르크스에게 파리코뮌에 대한 동료 지식인들의 비하나 비판은 결국 자신을 공격하는 것과 다름없었다. 마르크스가 분노와 배신감, 그리고 슬픔을 억누르며 파리코뮌의 전모와 그 철학적 중요성을 기록으로 남기려고 했던 것도 이런 이유에서다. 파리코뮌을 위해, 파리 민중들을 위해, 그리고 간신히 자기 발로 걷기 시작한 마르크스 본인을 위해. 한두 주 폭풍우처럼 집필을 마친 뒤 파리코뮌에 대한 그의 글은 마침내 1871년 6월 12일 공식적으로 완성된다. 마르크스의 입장은 단호하고 서슬 퍼랬다. "코뮌은 본질적으로 노동계급의 정부였으며, 수탈하는 계급에 맞서 생산하는 사람들이 투쟁했던 결과물이자, 노동의 경제적 해방이 완성될 수 있는 마침내 발견된 정치 형태다." 코뮌은 남의 노동으로 살아가는 계급이 다시는 생기지 않도록 만드는 공동체였다. 노예를 부렸던 귀족도, 농노를 부렸던 영주도, 노동자를 부렸던 자본계급도 이 공동체에서는 발을 디밀 수 없다. "노동이 해방되고 모든 사람이 노동자가 되면서, 생산적 노동이 이제 계급적 속성이 아니게 된" 공동체가 코뮌이었으니까. 이제 노동은 노예가 감당해야 할 서글픈 짐이 아니라, 모든 인간이 건강하게 살아 있음을 증명하는 소망스러운 표지가 된 것이다. 끝으로 파리코뮌을 이야기할 때 마르크스가 "임금 노예"라는 표현을 쓰고 있다는 것도 주목하자. 임금노동자를 자극적으로 비유했다고 속단한다면, 마르크스의 정신을 회피하는 것이다. 그에게 노동자는 본질적으로 노예에 지나지 않았기 때문이다. 노예라는 자각! 주인이 되려는 출발점에서 이보다 확실한 것도 없을 것이다.

1871년은 파리코뮌이 탄생하고 사라졌던 해이자, 마르크스의 코뮌주의가 이론적으로 정점에 이른 해이기도 하다. 파리코뮌이 붕괴된 후, 프랑스뿐만 아니라 영국이나 독일 등 서유럽에서 노동운동은 엄청 탄압을 받게 되고, 아울러 제1인터내셔널의 활동도 위축되어 흐지부지 막을 내리고 만다. 그렇지만 마르크스는 이제 파리코뮌에서 배웠던 하나하나, 즉《프랑스내전》의 통찰로부터 모든 것을 평가하고 판단하고 진단하게 된다. 인간사회, 즉 코뮌사회를 만드는 데 무슨 새로운 이론을 만들 필요가 있는가. 1871년 파리코뮌은 말이나 글이 아니라 행동으로 새로운 모든 것을 다 보여주었기 때문이다. 극단적으로 말해 1871년 이후 1883년 세상을 떠날 때까지 겉으로 마르크스는 외롭고 곤궁한 여생을 보냈다. 그렇지만 마르크스는 결코 외롭지 않았다. 그는 이미 코뮈나르Communards 의 일원이었으니까. 1883년 3월 14일 세상을 떠나기 2년 전, 그러니까 1881년 3월 8일 러시아혁명의 전설적인 대모 자술리치Vera Ivanovna Zasulich (1851~1919)에게 보낸 서신을 읽어보자.

지난 10년 동안 주기적으로 저를 괴롭혔던 신경통 때문에 2월 16일 당신의 편지에 바로 답장을 하지 못했습니다. 당신이 고민해달라던 문제들에 대한 출판용의 간략한 개요를 당신에게 보낼 수 없어 너무나 송구합니다. 수개월 전 저는 페테르부르크 위원회St. Petersburger Komitee에도 동일한 주제에 관한 글을 보내겠다고 약속했던 적이 있습니다. 그렇지만 이른바 나의 이론에 대한 오해와 관련된 당신이 품고 있는 의심을 해소하는 몇 마디 말은 하고 싶습니다.

자본주의적 생산의 탄생을 분석할 때 저는 말했습니다. "그러므로 자본주의체계의 핵심에는 생산자를 생산수단으로부터 완전히 분리하는 과정이 존재한다. …… 이런 전체 발전 과정의 기초는 농업 생산자의 수탈이다. 오늘날 이런 수탈은 영국을 제외한 서유럽의 어떤 곳에도 달성되지 않고 있다. …… 그렇지만 서유럽의 모든 나라들은 동일한 과정을 겪고 있다."(프랑스어판《자본론Le Capital》, 315쪽) 이런 제약의 원인은 32장의 다음 구절

　　　　　　　2부. 마르크스의 철학, 마르크스의 과학

러시아의 혁명가 베라 이바노브나 자술리치.
스위스로 망명해 레닌과 함께 활동했던
자술리치는 러시아사회민주노동당을
탄생시키는 데 큰 공헌을 했고, 《이스크라》
창간에도 관여했다.

로 암시되었던 적이 있습니다. "개인적 노동에 기초한 사적 소
유Privateigentum는 타인의 노동에 대한 착취, 즉 임금노동에 기초
한 자본주의적 사적 소유로 대치될 것이다."(프랑스어판《자본론》,
341쪽) 그러므로 이런 서유럽의 운동에서 발생하는 것은 특정
형식의 사적 소유에서 다른 형식의 사적 형식으로의 변형입니
다. 러시아 농민들의 경우 반대로 그들의 공동 소유Gemeineigentum
는 사적 소유로 변형될 수 있을 겁니다. 따라서《자본론》의 분
석은 촌락공동체Dorfgemeinde의 생존 가능성을 찬성하거나 반대하
는 이유를 제공하지 않지만, 제가 촌락공동체를 특별히 연구하
느라 전거들에서 찾아낸 자료들은 이 공동체가 러시아가 사회
적으로 재생하는 데 버팀목이 되리라는 확신을 주더군요. 촌락

공동체가 그렇게 기능하기 위해서는 먼저 촌락공동체를 공격하는 모든 측면의 해로운 영향들을 제거해야 하고, 그다음으로 촌락공동체에 자연스러운 발전을 위한 통상적인 조건들을 보장해야 한다는 겁니다.

－〈제네바의 베라 자술리치에게 보내는 마르크스 편지
Marx an Vera Iwanowna Sassulitsch in Genf〉(1881년 3월 8일)

　　베라 자술리치는 마르크스와 엥겔스의 저서를 러시아어로 번역해 많은 러시아 지식인들을 마르크스주의자로 만드는 데 크게 공헌한 사람이다. 소련 국가대표 철학자 플레하노프도 그렇지만 뒤에 멘셰비키의 지도자가 되는 마르토프Julius Martov(1873~1923)나 볼셰비키 지도자가 될 레닌과 같은 신세대 지식인들도 모두 그녀의 품에서 자랐다고 해도 과언이 아니다. 스위스로 망명해 제네바에서 활동했던 자술리치가 없었다면 1898년 러시아사회민주노동당도 탄생할 수 없었고, 1903년에 러시아의 노동계급을 각성시켰던 '불꽃'이란 뜻을 가진 《이스크라Iskra, Искра》라는 신문도 나올 수 없었을 것이다. 자술리치는 마르크스와 엥겔스 저작을 번역하면서, 조금 당혹스러웠나 보다. 19세기 후반 러시아는 차르가 지배하는 봉건제가 물씬 풍기던 아주 낙후된 국가였기 때문이다. 물론 당시 페트로그라드를 중심으로 서유럽에 근접한 러시아 서부 지역에는 미약하나마 산업자본주의가 태동하고 있었다. 생산력발전주의에 따르면 노동계급의 혁명은 차치하고 러시아는 무엇보다도 먼저 자본주의적 생산력을 발전시켜야 하는 것 아닌가. 그녀는 늘 이런 의구심을 품고 있었다. 이미 마르크스와 엥겔스의 공저 《코뮌주의정당 선언》을 읽었던 그녀로서는 너무나 당연한 의혹이었다. 스위스에서 병아리 혁명가들을 키우던 그녀가 마르크스에게 자신의 의혹을 해소할 가르침을 부탁했던 것은 어쩌면 너무나 당연한 수순이었을 것이다. 답신에서 마르크스는《코뮌주의정당 선언》에서 표명한 생산력발전주의가 아니라《자본론》1권을 관통하는 생산수단 논의에 기초해서 자술리치의 물음에 답을 한다.

일단 마르크스는 "개인적 노동에 기초한 사적 소유는 타인의 노동에 대한 착취, 즉 임금노동에 기초한 자본주의적 사적 소유로 대치될 것"이라는《자본론》의 논의가 영국, 프랑스, 독일 등 서유럽에 대한 이야기라는 걸 명확히 한다. 이어서 그는 러시아의 억압 상황이 어떻게 변할지 진단한다. "러시아 농민들의 경우 반대로 그들의 공동 소유는 사적 소유로 변형될 수 있을 것입니다." 다시 말해 러시아의 농촌공동체가 자본주의적 사적 소유로 인해 폭력적으로 해체될 가능성이 있다는 이야기다. 생산력발전주의에 따르면 이런 과정을 거친 다음에야 억압받는 자들은 협업과 공유의 논리를, 나아가 코뮌사회를 꿈꿀 수 있다. 그렇지만 마르크스의 생각은 전혀 다르다. 일하지 않는 자들의 생산수단 독점이 모든 억압의 핵심이기 때문이다. 1871년 이후 파리코뮌이 괴멸된 뒤 서유럽의 노동운동과 혁명의 분위기는 완전히 사그라진 상태였다. 파리코뮌 이후 마르크스가 억압에 맞서겠다는 열기와 의지가 뜨거웠던 러시아에 깊은 관심을 표명했던 것도 이런 이유에서다. 마르크스가 "제가 촌락공동체를 특별히 연구하느라 전거들에서 찾아낸 자료들"이라는 표현을 쓴 것도 우연만은 아닌 셈이다. 쟁기든 증기기관이든 말이든 기차든 상관없다. 언제든지 생산수단을 공유하고 협업하는 코뮌은 가능하기 때문이다. 그래서 코뮌주의자 마르크스는 자술리치에게 말한다. "러시아의 촌락공동체가 러시아가 사회적으로 재생하는 데 버팀목이 될 수 있다"고 말이다. 그는 러시아 촌락공동체에서 파리코뮌의 시골 버전을 보았던 것이다. 러시아 촌락공동체가 협업과 생산수단 공유에 의해 움직이고 있다면, 바로 이 전통을 토대로 러시아를 사회적으로 재생하는 작업을 수행할 수 있다. 이렇게 마르크스는 러시아혁명의 대모 자술리치에게 자기 입장을 명확히 한다. 1917년 이후 국영공장이나 집단농장을 만들어 러시아 민중들을 국가독점자본주의의 노예로 만들었던 볼셰비키, 특히 스탈린이 이 편지를 보았다면, 분명 그는 이 편지를 소각하라고 명령했을 것이다.

1867년 《자본론》과 1871년 《프랑스내전》 이후 마르크스는 생산력발전주의와는 아무런 상관이 없는 코뮌주의자였다. 중요한 것은 생산력발전도 아니고 그로부터 발생한 거대한 건축물과 화려한 소비생활도 아니다. 생산력은 항상 지배계급이 통제하는 것이니, 거대한 건축물과 화려한 소비생활도 모두 지배계급의 이윤 추구 결과물이거나 아니면 새로운 이윤 추구 동력에 지나지 않기 때문이다. 고대사회, 중세사회, 부르주아사회로 인류가 진보했다고, 혹은 노예보다 농노가 낫고 농노보다는 노동자가 낫다고. 모두 거짓말이고 헛소리일 뿐이다. 노예 수만 명을 동원해 피라미드를 만든 것이 어떻게 진보일 수 있겠는가? 노동자들을 동원해 현란한 스마트폰을 만든 것이 어떻게 진보일 수 있겠는가? 진정한 진보는 동료 인간을 노예로 만드는 사회에서 동료 인간과 등등하게 공존하는 사회로 이행하는 것이기 때문이다. 결국 BC 3000년 이후로 인간에게는 진보란 없었던 셈이다. 단지 다수의 민중들을 더 효율적으로 더 지속적이고 더 부드럽게 지배하고 수탈하는 지배양식만 변모했을 뿐이다. 귀족이든 영주든 자본가든 코뮌주의정당이든 아니면 국가든 상관이 없다. 생산수단을 독점해 남의 노동을 지배하고 착취하는 일이 가능하다면, 우리는 분연히 생산수단 독점을 막는 행동에 착수해야만 한다. 《프랑스내전》을 출간한 이후 마르크스의 변치 않은 입장은 바로 이것이었다. 어떤 사람은 마르크스가 약속했던 《자본론》 2권과 3권이 출간되지 않은 것을 매우 아쉬워한다. 그러나 아쉬울 것이 어디에 있는가? 마르크스 입장에서는 《자본론》 1권과 《프랑스내전》으로 자신이 보여주고자 했던 것을 다 보여주었으니 말이다. 1871년 이후 그를 괴롭히던 건강상의 문제가 없었다고 할지라도, 아마 그는 《자본론》 후속편을 출간하지 않았을지도 모른다. 코뮌나르와 함께 코뮌사회를 호흡했던 마르크스가 무엇 하러 자본주의체제에 코를 박고 글을 쓰려고 했겠는가. 자본주의체제를 포함한 모든 억압사회의 비밀은 파리코뮌이 등장하면서 모두 폭로되었지 않은가. 이제 그에게 남은 것은 코뮌나르로서 1871년 죽어간 파리 동지들 대신 코뮌주의의 유훈을 지키는 일뿐이다. 코뮌주의는 어느 곳에서든 어느 때든 항상 가능하다는 것! 코뮌주의는 어떤 경우에도 유보되어서는 안 된다는 것! 바로 이 모습이 마르크스가 아니면 마르크스는 도대체 누구란 말인가.

3. 사회민주주의 비판, 혹은 분배 논의 비판

자신의 노동력Arbeitskraft 이외에는 다른 어떤 재산도 가지지 않은 인간은 어떤 사회 상태와 문화 상태에서도, 대상적 노동조건gegenständlichen Arbeitsbedingungen의 소유자가 된 다른 사람의 노예가 되지 않을 수 없다. 앞 사람은 뒤 사람들의 허락이 있어야만 노동할 수 있으며, 따라서 그런 사람들의 허락이 있어야만 생활할 수 있다. …… 노동은 모든 부의 원천이므로, 사회에서 누구도 노동의 생산물이 아니고서는 부를 전유할 수 없다. 그러므로 스스로 노동하지 않는 사람은 타인의 노동으로 생활하며, 자신의 문화 또한 타인의 노동을 대가로 전유한다. …… 노동이 사회적으로 발전하고 그럼으로써 부와 문화의 원천으로 되는 정도에 따라, '노동자Arbeiters' 측에서는 빈곤Armut과 황폐Verwahrlosung가, '노동자가 아닌 사람Nichtarbeiters' 측에서는 부Reichtum와 문화Kultur가 발전한다. 이것이 이제까지 역사 전체의 법칙das Gesetz der ganzen bisherigen Geschichte이다. …… 임금노동자는 일정한 시간 동안 공짜로 자본가를 위해(따라서 그와 잉여가치를 함께 먹어치우는 자를 위해서도) 노동하는 한에서, 자기 자신의 생활을 위해 노동하는 것, 즉 생활하는 것을 허락

1875년 무렵의 마르크스.

받는다. 자본주의적 생산제도 전체는, 노동일의 연장이나 생산성의 발전, 노동력의 더욱 큰 긴장 등등을 통해 이런 무상노동을 늘리는 것을 중심 문제로 한다. 따라서 임금노동제도 System der Lohnarbeit는 노예제도 System der Sklaverei이며, 게다가 노동자가 수령하는 지불금이 좋건 나쁘건 간에 사회적 노동생산력이 발전하는 것과 같은 정도로 더욱더 가혹해지는 노예제도다.

– 〈고타강령 비판Kritik des Gothaer Programms〉(1875)

1875년 5월 5일 런던에서 마르크스는 방금 집필한 서신을 다시 읽고 있다. 이제 모든 것이 자신의 손을 떠났다는 생각에 한 달 동안 그를 사로잡았던 분노와 배신감마저 허허롭게 느껴지기까지 했다. 마르크스가 독일사회민주노동자당Sozialdemokratische Arbeiterpartei Deutschlands, SDAP 동지들이 집필한 강령 초안을 받은 지 이미 한 달이란 시간이 지났다. 사회민주노동자당은 전독일노동자협회Allgemeiner Deutscher Arbeiterverein, ADAV와의 통합을 모색했고, 마침내 두 조직은 5월쯤 독일 정중앙에 있는 작은 도시 고타Gotha에서 통합대회를 열어 새롭게 독일사회주의노동자당Sozialistische Arbeiterpartei Deutschlands, SAPD을 발족하는 데 합의했던 것이다. 거대한 통일 노동자당이 만들어지는 만큼 그에 어울리는 근사한 정당 강령도 필요한 법이다. 이 강령 초고 집필을 맡은 것이 바로 사회민주노동자당 측이었다. 1869년 출범과 함께 사회민주노동자당을 이끌었던 베벨Ferdinand August Bebel(1840~1913)과 리프크네히트Wilhelm Liebknecht(1826~1900)는 비록 마르크스보다 연하였지만 그와 깊은 동지적 관계를 유지하고 있었다. 그러니 그들은 자신들이 만든 강령 초안을 마르크스에게 보내 그의 의견을 물어보았

페르디난트 아우구스트 베벨.

빌헬름 리프크네히트.

페르디난트 라살레.

던 것이다. 바로 이것이 흔히 〈고타강령Das Gothaer Programm〉이라고 불리는 〈독일 노동자당 강령Programm der deutschen Arbeiterpartei〉이다. 1875년 5월 5일 자기 입장을 밝히는 서신을 마무리하면서 마르크스는 〈고타강령〉 초안을 펼쳤을 때가 떠오르지 않을 수 없었다.

한 줄 한 줄 읽어갈 때마다 분노와 배신감으로 그의 손, 나아가 온몸은 감당할 수 없이 떨렸다. 강령 초안은 1871년 파리코뮌이 피로 보여주었던 코뮌주의를 계승하기는커녕 그것을 왜곡하고 심지어 모욕하는 글이었다. 그에게 한 달은 10년처럼 느껴졌다. 분노와 배신감도 이제 재만 남긴 모닥불처럼 꺼져버렸으니까. 어찌하겠는가? 최선을 다할 수밖에. 어쨌든 독일사회민주노동자당 동지들이 〈고타강령〉 초안에 대해 의견을 물어온 것에 마지막 희망을 걸 수밖에 없었다. "내게 의견을 물었다면, 내 입장도 무겁게 반영될 가능성이 있다는 것 아닌가?" 이것이 1875년 5월 5일 마르크스가 품었던 마지막 희망이었다. 그렇지만 마르크스는 불길한 마음을 씻어낼 수 없었다. 과연 〈고타강령〉 초안에 대한 비판이 수용될 수 있을까? 순간 그의 뇌리에는 독일사회민주노동자당 동지들의 면면이 스쳐 지나갔다. 특히 베벨과 리프크네히트를 떠올리며 그는 탄식을 토해낼 수밖에 없었다. 영민했던 두 사람의 순간적인 판단 착오 때문이었을까? 아니면 그들의 원래 입장이었던 것일까? 마르크스는 전자일 것이라고 자위하지만, 여간 불안한 것이 아니었다. 심장은 전자일 거라고 절규하지만, 그의 영민한 머리는 후자라고 냉정히 판단하고 있었으니까.

사실 마르크스는 애초부터 사회민주노동자당과 노동자협회의 통합에 부정적인 입장이었다. 노동자협회란 어떤 단체인가? 1863년 라살레Ferdinand Lassalle(1825~1864)가 창립했으며 그가 죽은 뒤에도 여전히 그의 유령이 지배하고 있던 조직 아닌가. 라살레의 사유는 그가 만든 신조어 '철의 임금법칙ehernen Lohngesetz'으로 유명한 특유의 정치경제학적 입장에 기초하고 있다. 자본주의체제에서 노동자의 임금은 필연적으로 생계를 유지하는 데 필요한 최소한의 임금으로 하락할 수밖에 없다는 것이 바로 라살레의 '철의 임금법칙'이다. 철의 임금법칙에서 자기 삶을 보호하려면, 라살레는 노동자들이 생산자 협동조합을 만들어야 한다고 주장했다. 문제는 라살레의 국가관에 있었다. 그에게 국가는 계급과 무관한 독립적인 실재이며 나아가 중립적인 기구로 이해되었기 때문이다. 그러니까 소수가 권력을 장악하면 국가는 정의롭지 못한 기구가 되고, 다수가 권력을 장악하면 국가는 정의로운 기구가 된다는 것이다. 그가 다수 노동자들이 정치 세력화해서 합법적으로 국가권력을 장악해야 한다고 주장했던 것도 이런 이유에서다. 정의로운 기구로 기능하면 국가는 당연히 소수 자본계급에서 다수 노동계급을 보호할 것이고, 노동자들의 생산자 협동조합에도 재정적 지원을 아끼지 않을 것이라는 생각이다. 이런 라살레의 입장을 원래부터 마르크스는 받아들일 수 없었다. 국가란 폭력수단을 독점한 채 지배계급을 옹호하는 기구이기에 독립적인 실체나 중립적인 기구일 수 없다는 것이 평소 그의 지론이었으니까.

더군다나 국가기구의 수많은 관료들은 전형적으로 타인의 노동으로 생활하는 계급 아닌가? 1871년 《프랑스내전》을 집필하면서, 아니 정확히 말해 파리코뮌의 전사들은 마르크스에게 가르쳐주지 않았던가? 폭력수단, 생산수단, 나아가 정치수단을 소수가 독점하는 것을 막는 사회가 바로 민주적 사회나 코뮌사회라고. 파리코뮌이 이미 모든 것을 다 보여주었는데, 주저하고 방황할 이유가 어디에 있다는 말인가? 문제는 라살레의 입장을 사회민주노동자당 동지들이 강령에 대부분 받아들였다는 데 있다. 정치적 타협이었던 것일까? 아니면 베벨이나 리프크네히트의 진심이었던 것일까? 마르크스는 전자라고 믿고만 싶었다. 아니 전자라고 믿어야만 했다. 이제 분노도 배신감도 사라지고, 그 자리에는 간절한 마지막 희망만이 남았다. 독일사회주의노동자당이 파리코뮌의 정신을 이어가기를.

친애하는 브라케에게
1875년 5월 5일, 런던에서

통합 강령Koalitionsprogramm에 대한 다음의 비평적 평주kritische Randglossen를 통독한 후에, 가이프Geib와 아우어Auer, 베벨과 리프크네히트가 보도록 통지했으면 합니다. 주의하십시오. 부득이한 경우에 이 초고가 저의 뜻대로 처분되도록, 이 초고는 반드시 당신 손으로 돌려받아야 합니다. 나는 할 일이 많아서, 의사가 지시한 양의 노동을 이미 훨씬 더 초과하지 않을 수 없었습니다. 그러므로 이와 같이 장황하고 쓸모없는 글을 쓰는 일은 나에게 조금도 '즐거운 일'이 아니었습니다.

－〈빌헬름 브라케에게 보내는 서신Brief an Wilhelm Bracke〉

〈빌헬름 브라케에게 보내는 서신〉 말미에 마르크스는 그의 말대로 〈고타강령〉 초안에 대한 '비평적 평주', 즉 〈독일노동자당 강령에 대한 평주Randglossen zum Programm der deutschen Arbeiterpartei〉를 붙인다. 바로 이것이 〈고타강령 비판〉이라고 불리는 문건이다. 서신 부분과 평주 부분은 상당히 이질적이다. 서신 부분에서 우리는 약간의 체념과 불쾌감, 그렇지만 유머감각을 느낄 수 있다. 그러나 이어지는 비평적 평주 부분에서 마르크스의 문체는 급변한다. 단호하고, 격정적이고 심지어 신랄하기까지 하다. 베벨이나 리프크네히트가 보았다면 자존심이 상할 정도로 경멸적인 문체를 드러내기도 한다. 한 달동안 〈고타강령〉 초안 여백에 빼곡하게 기록했던 자기 글을 서신으로 옮기는 과정에서 그의 분노와 배신감이 다시 폭발한 것이다. 평주 부분을 완성하는 과정에서 강령 초안이 그의 눈에 들어왔기 때문이다. 1845년 〈포이어바흐에 관한 테제들〉, 1867년 《자본론》 1권, 1871년 《프랑스내전》을 통해 마르크스의 인문정신과 교감한 사람이라면, 누구나 공감할 수 있는 분노와 배신감이다. 자! 이제 화낼 준비가 되었는가? 〈고타강령〉 전체를 읽어볼 테니.

I.

노동은 모든 부와 모든 문화의 원천이다. 그런데 유익한 노동nutzbringende Arbeit은 사회에서만 또 사회를 통해서만 가능하므로, 노동의 수익은 온전히 평등한 권리gleichem Rechte에 따라 모든 사회 성원들에게 귀속된다.

현재 사회에서 노동수단Arbeitsmittel은 자본계급이 독점한다. 이로 인해 제약되는 노동자계급의 종속이 모든 형태의 빈곤과 예속의 원인이다.

노동해방Die Befreiung der Arbeit은 노동수단의 사회적 공동재산Gemeingut으로의 고양, 노동 수익의 공정한 분배gerechter Verteilung와 함께 총노동의 조합적 규제genossenschaftliche Regelung를 필요로 한다.

노동해방은 노동계급만의 일이어야만 하며, 이에 대해 다른 모든 계급은 하나의 반동적 대중일 뿐이다.

II.

이런 원칙들에서 독일사회주의노동자당은 모든 합법적인 수단gesetzlichen Mitteln을 다해 자유로운 국가freien Staat와 사회주의사회sozialistische Gesellschaft를 촉진하고 임금노동체제를 폐기해 '철의 임금법칙ehernen Lohngesetzes'을 파괴하며, 모든 형태의 착취Ausbeutung를 폐지하고 모든 사회적·정치적 불평등sozialen und politischen Ungleichheit을 제거할 것이다.

노동계급은, 자신의 해방을 위해 우선 오늘날의 민족국가nationalen Staats라는 한도 안에서 활동하지만, 모든 문명국의 노동자들에게 공통적인 자신들의 노력의 필연적인 결과가 '국민들 사이의 국제적 친목internationale Völkerverbrüderung'이 된다는 것을 의식하고 있다.

독일사회주의노동자당은 사회문제의 해결 방안을 마련하기 위해 국가 보조금Staatshilfe에 의해 노동대중이 민주적으로 통제하는 생산협동조합Produktivgenossenschaften 설립을 요구한다. 생산협동조합들은 총 노동에 대한 사회주의적 조직이 발생할 때까지 공업이나 농업을 위해 세워져야만 한다.

독일사회주의노동자당은 국가의 토대Grundlagen des Staates로 다음을 요구한다.

1. 보통, 평등, 직접선거. 국가 및 지방의 모든 선거와 표결에서 스무 살 이상의 모든 국적 소유자Staatsangehöriger에게 비밀투표권을 의무적으로 부여하고, 선거 또는 투표일은 일요일이나

공휴일이어야 한다.

2. 국민의 직접 입법권. 국민들에 의한 전쟁과 평화의 결정.

3. 모든 국민의 국방 의무. 상비군^{stehenden Heere} 대신 국민부대 Volkswehr.

4. 모든 예외 조항들, 즉 출판, 단체 구성, 집회와 관련된 모든 법들의 폐지. 자유로운 표현, 자유로운 질의, 자유로운 사유를 제한하는 모든 법률에 대해서는 책임을 지지 않는다.

5. 국민을 통한 재판. 무료 변호.

6. 국가에 의해 모든 사람에게 적용되는 평등한 국민교육 Volkserziehung. 모든 이에게 부여되는 취학 의무. 모든 교육기관의 무료 교육. 사적인 용도를 위한 종교 설명.

독일사회주의노동자당은 오늘날 사회에 다음 사항을 요구한다.

1. 위의 요구 사항에 대한 정치적 권리와 자유의 확대 가능성.

2. 현존하는 모든 세금, 특히 국민을 압박하는 간접세 대신, 국가나 지방 모두 단일한 누진세 적용.

3. 무제한적인 결사의 권리.

4. 사회적 필요에 따른 표준 노동일, 일요일 노동 금지.

5. 아동노동 금지, 건강과 도덕성에 해가 되는 모든 형식의 여성노동 금지.

6. 노동자의 생명과 건강 보호법. 노동자 주택의 위생 관리. 노동자들이 선출한 공무원에 의한 광산, 공장, 작업장, 가내수공업장 감시. 이상에 대한 실효적 집행체제.

7. 감옥노역^{Gefängnisarbeit}의 규제.

8. 노동자기금, 구호기금, 부조기금에 대한 완전한 노동자 자치.

－〈고타강령〉(1875)

첫 문장부터 〈고타강령〉은 그야말로 마르크스의 염장을 지른다. "노동은 모든 부와 모든 문화의 원천이다. 그런데 유익한 노동은 사회에서만 또 사회를 통해서만 가능하므로, 노동의 수익은 온전히 평등한 권리에 따라 모든 사회 성원들에게 귀속된다." 모든 사회 성원들이라고? 자본계급도, 지주도, 관료도 포함해서? 유익한 노동은 사회에서만 또 사회를 통해서만 가능하다고 할 때, 여기서 사회가 어떤 성격을 갖는지가 중요하다. 땅을 독점한 소수 지주와 소작료를 내야 하는 다수 농민으로 이루어진 사회인가? 아니면 자본을 독점한 소수 자본계급과 벌거벗은 노동력만을 가진 다수 노동계급으로 이루어진 사회인가? 이런 사회는 억압사회일 수밖에 없다. 10가마의 쌀이 생산되었을 때, 지주는 땅을 빌려준 대가로 3가마를 갖는다. 10억 원의 매출이 발생했을 때, 자본가는 투자의 대가로 7억 원을 갖는다. 어떤 노동을 하지 않아도 지주와 자본가는 다수 농민과 노동자가 꿈도 꿀 수 없는 이익을 얻는다. 바로 이것이 모든 억압사회의 핵심 구조 아닌가? 1867년 《자본론》 1권 이후 마르크스는 억압사회의 핵심을 생산수단이나 생계수단의 독점에서 찾는다. 엥겔스의 생산력발전주의와 비교한다면 마르크스는 생산수단중심주의라고 할 만한 결론에 이른 것이다.

생산수단을 독점하고 있기에 지주와 자본가는 농민과 노동자들의 노동을 착취할 수 있고, 그에 따라 일하지 않고도 호의호식할 수 있다. 〈고타강령 비판〉에서도 마르크스는 생산수단중심주의라는 자기 입장을 재천명한다. "자신의 노동력 외에는 다른 어떤 재산도 가지지 않은 인간은 어떤 사회 상태와 문화 상태에서도, 대상적 노동조건의 소유자가 된 다른 사람의 노예가 되지 않을 수 없다. 앞 사람은 뒤 사람들의 허락이 있어야만 노동할 수 있으며, 따라서 그런 사람들의 허락이 있어야만 생활할 수 있다." 바로 이것이 BC 3000년 이후 아직까지 지속되는 억압사회의 맨얼굴 아닌가? 자연을 대상으로 하는 대상적 노동조건, 즉 생산수단을 계속 유지하고 있는 한, 지배계급은 영원히 다수 피지배계급 위에 군림하고 그들을 착취할 것이다. 목구멍이 포도청이라 농민들은 다시 지주에게 땅을 빌릴 것이고, 노동자들은 다시 회사나 공장으로 발걸음을 옮길 테니 말이다. 생산수단이란 저글링을 통해 지배계급은 직접 노동하지 않고 많은 부를 확보할 수 있다. 생계를 위한 노동에서 면죄부를 받는 순간, 그들에게 찾아오는 것은 혐오스러운 권태감이고, 그것을 해소하기 위해 그들은 다양한 소일거리, 즉 문화를 만들어낸다. 당연히 지배계급이 향유하는 문화는 타인의 노동에 기생했기에 가능했던 것이다.

마르크스는 부와 문화라는 화려한 화장으로 가려진 억압사회의 살풍경스런 맨얼굴을 잊지 않는다. "노동은 모든 부의 원천이므로, 사회에서 누구도 노동의 생산물이 아니고서는 부를 전유할 수 없다. 그러므로 스스로 노동하지 않는 사람은 타인의 노동으로 생활하며, 자신의 문화 또한 타인의 노동을 대가로 전유한다." 파라오의 피라미드, 로마제국의 콜로세움, 영주의 아름다운 성채, 자본가의 대저택, 1851년 주 전시관 수정궁Crystal Palace에서 열린 영국 만국박람회, 신라왕조의 황룡사, 고려왕조의 팔만대장경, 조선왕조의 정궁 경복궁, 안동의 도산서원 등등. 1940년 〈역사의 개념에 관하여Über den Begriff der Geschichte〉에서 벤야민Walter Benjamin(1892~1940)이 말했던 것처럼 "야만Barbarei의 기록이 아닌 문화Kultur의 기록은 존재하지 않는" 법이다. 크게는 인류 문명의 발전, 좁게는 사회의 발전은 노동자들을 착취하는 효율성의 증대로 가능했던 것이다. 타율적 복종을 강요했던 노예제도보다는 자율적 복종을 유인하는 노동자제도가 지배계급의 부에 더 효과적이었다. 인간의 평균수명의 증가, 노동자의 생활여건 개선, 혹은 피지배계급의 교육 혜택 등은 모두 이 효율성 제고 전략의 부수효과일 뿐이다.

마르크스가 BC 3000년 이후 지금까지 관철되는 역사의 법칙을 이야기한 것도 이런 이유에서다. "노동이 사회적으로 발전하고 그럼으로써 부와 문화의 원천으로 되는 정도에 따라, 노동자 측에서는 빈곤과 황폐가, 노동자가 아닌 사람 측에서는 부와 문화가 발전한다. 이것이 이제까지 역사 전체의 법칙이다." 1875년 〈고타강령 비판〉을 쓸 때, 마르크스에게는 1848년 엥겔스와 함께 집필했던 《코뮌주의정당 선언》에서 언급했던 역사발전론, 즉 생산력발전주의에 따라 고대사회, 중세사회, 부르주아사회로 역사를 구분했던 역사발전론은 거의 의미가 없어진다. "노동자"와 "노동자가 아닌 사람" 사이의 구분이 유지되었다는 것이 BC 3000년 이후 "지금까지" 지속되는 "전체 역사"의 "법칙"이니까. 결국 지금까지 인류 역사는 생산수단 독점을 허용했던 억압의 역사였다는 것이다. "임금노동제도는 노예제도에 지나지 않는다"는 마르크스의 이야기가 중요한 이유도 여기에 있다. 생산수단 독점이 허락된 이후 인류는 진보한 적이 한 번도 없다는 것, 단지 억압체제의 세련화만 있었다는 것, 이것이 마르크스 정치경제학의 최종 결론이기 때문이다.

독일사회주의노동자당도 노동자를 위한 정당을 표방하기에 생산수단의 문제가 중요하다는 걸 받아들인다. "현재 사회에서 노동수단은 자본계급이 독점한다. 이로 인해 제약되는 노동자계급의 종속이 모든 형태의 빈곤과 예속의 원인이다." 그러나 이것은 그저 말뿐이다. 그들의 구체적인 요구 사항을 보라. "선거권", "입법권", "교육권", "누진세", "표준 노동일", "일요일 노동 금지", "아동노동 금지", "노동자의 생명과 건강 보호법", "부당 노동행위 감시", "노동자 자치기금" 등등. 생산수단, 혹은 노동수단 독점을 해결할 정책은 전무하다. 그렇지만 다수 노동계급이 빈곤과 예속 상태에 있는 이유가 자본계급의 노동수단 독점에 있다면, 노동자들이 생산수단을 가지고 생산을 계획하고 실행하면 모두 해결될 문제 아닌가? 이렇게 독일사회주의노동자당은 생산수단 독점의 문제를 정면으로 돌파할 의지도, 그럴 만한 용기도, 아니 정확히 말해 그럴 생각조차 없었다. 그저 고용 불안을 빌미로 부당한 노동을 강요하는 자본가들을 감시하겠단다. 과도한 노동을 노동자들에게 강요하지 않도록 표준 노동일을 제정하겠단다. 위험에 노출된 노동 현장에서 노동자의 안전과 건강을 지키는 법을 제정하겠단다. 누진세로 자본가들에게서 많은 세금을 걷어 그걸로 생산협동조합을 원조하겠단다.

무엇으로? 선거와 투표로 자신들이 정권을 잡은 다음, 법률을 제정함으로써. 한마디로 말해 정의로운 국가를 통해. 진정으로 노동자들을 위한다면, 독일사회주의노동자당은 노동자들에게 모든 생산수단, 정치수단, 폭력수단을 되돌려주면 된다. 바로 이것이 코뮌주의 아닌가? 1871년 집필된《프랑스내전》에서 마르크스가 말했던 것처럼 "코뮌은 현재 주로 노동을 노예화하고 착취하는 수단이 되어 있는 생산수단, 즉 토지와 자본을 '자유롭고 연합적인 노동'의 순전한 도구로 바꿈으로써 '개인적 소유'를 하나의 진실로 만들려고"했기 때문이다. 지금까지 전체 인류 역사를 돌아보라. 생산수단이 없기에 지주나 자본가에게 예속되었고, 정치수단이 없기에 정치가나 관료들에게 굽실거렸고, 폭력수단이 없기에 공권력에 몸을 사렸던 것이 억압받는 자들의 삶 아니었던가? 그렇지만 독일사회주의노동자당은 "모든 합법적인 수단"만을 떠들고 있을 뿐이다. 현존하는 억압체제가 자신을 보호하기 위해 만든 법률체계에 부합되는 활동을 하겠다는 것이다. 그렇지만 지주가 독점한 토지, 혹은 자본가가 가진 자본을 재산권의 논리로 보호하는 것이 BC 3000년 이후 억압사회 법체계의 핵심 아니었던가?

독일사회주의노동자당은 생산수단 독점 문제를 해결할 의지가 애초에 없었던 것이다. 단지 빈곤과 예속에 허덕이는 노동계급에게 그걸 덜어주겠다는 사탕발림을 통해 지지를 얻겠다는 것, 그리고 그 지지를 바탕으로 선거에서 승리해 집권하겠다는 '진보 팔이'의 길이 바로 그들이 선택한 것이다. "우리 당이 집권하면 부당한 노동행위를 강요하는 자본계급을 감시하고, 나아가 그들이 착취한 잉여가치를 누진세로 회수해 노동계급에게 되돌려줄 겁니다. 그러니 노동자들이여! 저희에게 표를 몰아주세요." 지금까지 벌거벗은 노동력을 강요당한 노동자를 위한다면, 그 방법은 간단하다. 그들에게 생산수단과 생계수단을 되돌려주면, 다시 말해 그들에게서 자본가가 빼앗은 옷을 다시 돌려주면 그만이다. 물론 자본계급이 자신의 재산권을 쉽게 포기할 리 없고, 국가기구가 그 재산권 보호를 철회할 리도 없다. 당연히 자본계급과 국가기구에 대한 전면전은, 아니최소한 맞설 힘이 없다면 게릴라전은 불가피한 법이다. 독일사회주의노동자당이 두려워했던 것은 바로 이것이다. 다행히도 독일사회주의노동자당은 파리코뮌의 전사들처럼 이런 목숨을 건 투쟁에 나설 필요는 없었다. 현존하는 억압체제와 근사하게 타협할 수 있는 논리를 만들었으니까. 자본가나 지주의 재산권은 인정하되 누진세의 형식으로 세금을 많이 거두면 되고, 압도적 국가권력은 인정하되 그 권력을 소수 자본계급이 아니라 다수 노동계급을 보호하는데 사용하면 된다는 논리다.

아무리 자본가나 지주가 누진세로 세금을 많이 내도 불로소득은 그대로 존재한다는 사실, 그리고 국가의 재분배는 노동계급의 의지와 무관한 채 이루어질 뿐만 아니라 쉽게 유보되거나 철회될 수 있다는 사실을 잊지 말자. 어쨌든 억압체제와 타협할 때 라살레의 국가관은 결정적인 역할을 한다. 라살레는 국가를 '정의로운 분배'를 수행하는 중립적인 기구라고 설명하니까. 라살레의 도움을 받은 이런 근사한 재주넘기를 통해 독일사회주의노동자당은 생산수단 독점의 문제나 폭력수단과 정치수단 독점의 문제를 우회하는데 성공하고 깊은 안도의 숨을 쉰다. 사실 생산수단이나 폭력수단, 그리고 정치수단이 다수 억압받는 자들의 손에 들어갈 때, 다시 말해 자유인들의 공동체가 실현될 때, 자본가나 지주, 혹은 국가기구만이 사라지는 것이 아니다. 재분배를 외쳤던 독일사회주의노동자당과 입으로만 사회주의를 떠드는 지식인들도 그 존재 이유를 상실할 테니 말이다. 결국 독일사회주의노동자당은 알튀세르의 표현을 빌리자면 최종심급에서는 노동계급이 아니라 자본이나 국가의 편을 들 수밖에 없는 집단이었던 셈이다. 이것은 1875년 독일사회주의노동자당만의 비극은 아니다. 20세기 이후 현재까지 세계 각국의 진보정당들과 진보적 지식인들 중 이 비극적 숙명에서 자유로웠던 경우가 얼마나 있는가.

국가를 자유롭게 만드는 것은, '노예적 정신 상태Untertanenverstand'에서 벗어난 노동자들의 목적이 결코 아니다. 독일제국에서 국가는 러시아에서와 거의 마찬가지로 자유롭다. 자유의 요체는 국가Staat를 사회Gesellschaft보다 상위의 기관에서 사회보다 하위의 기관으로 전화시키는 데 있으며, 오늘날에도 국가형식Staatsformen은 국가의 자유를 제한하는 정도에 따라 자유롭거나 자유롭지 못하거나 한다. 독일노동자당은 현존 사회(그리고 미래의 모든 사회에도 통용되는)를 현존 국가(혹은 미래 사회에 대해서는 미래의 국가)의 기초로 취급하는 대신, 도리어 국가를 그 고유의 "정신적이고 윤리적이며 자유로운 기초geistigen, sittlichen, freiheitlichen Grundlag"를 보유하고 있는 하나의 자립적인 본질selbständiges Wesen로 취급함으로써, 이 정당에 한 번도 사회주의 이념sozialistischen Ideen이 뿌리를 내리지 못하고 있다는 걸 보여준다. …… 사람들이 사실 국가를 통치기계Regierungsmaschine로 이해하거나 혹은 분업에 의해 사회로부터 분리된 하나의 독자적인 유기체Organismus를 이루는 한에서의 국가로 이해한다는 것은 이미 다음과 같은 말에 나타나 있다.: "독일노동자당은 국가의 경제적 기초로서 다음과 같은 것을 요구한다: 단일한 누진 소득세, 등등." 조세Steuern는 통치기계의 경제적 기초이며, 그 외 아무것도 아니다. …… 소득세는 다양한 사회 계급들의 다양한 소득원천을 전제로 하며, 따라서 자본주의사회를 전제로 한다.

–〈고타강령 비판〉

BC 3000년 전후 농업혁명의 결실을 독점하려는 억압체제가 인류사에 정착하는 불행한 일이 벌어진다. 땅이란 생산수단을 독점

2부. 마르크스의 철학, 마르크스의 과학

하면 농업혁명에 적응한 사람들을 모조리 포획할 수 있었던 것이다. 이렇게 가장 오래되었지만 가장 원초적인, 그리고 아직도 우리 삶을 옥죄는 억압체제, 즉 국가가 탄생한 것이다. 고대 중국의 경전《시경詩經》〈소아小雅·북산北山〉 편에는 흥미로운 구절이 하나 등장한다. "광활한 하늘 아래 왕의 땅이 아님이 없고, 바다 안의 모든 땅에는 왕의 신하가 아님이 없다普天之下, 莫非王土;率土之濱, 莫非王臣!" 국가가 무엇인지를 이보다 더 극명하게 보여준 구절이 있었는가. 일단 왕이 있고, 왕이 소유한 영토가 있고, 그리고 그 왕에게 복종하는 민중들이 있다. 주권Sovereignty, 영토territory, 국민Nation이 국가의 세 요소라는 것이다. "인민에 대한 통치권을 가졌거나 가지고 있는 모든 국가stati, 모든 영지dominii는 예나 지금이나 공화국이거나 군주국이다." 마키아벨리Niccolò Machiavelli(1469~1527)가 쓴《군주론Il Principe》의 본문 첫 구절이다. 마키아벨리가 처음으로 명시화했던 국가의 세 요소를 이미 국가가 탄생했던 초기에 누구나 알고 있었다는 것이 이채롭다.

　　주권자로서 "왕王", 영토로서 "왕토王土", 주권자에게 복종하는 국민으로서 "왕신王臣"! 결국 국가는 태생적으로 지주제도와 본질적인 구조를 공유하면서, 지주제도보다 더 확장한 형태의 억압체제로 보면 된다. 일단 압도적인 무력으로 특정한 지역, 특히 비옥한 지역을 점령한다. 그리고 그곳에 농사를 짓고 있던 사람들을 군대나 노역에 징발하거나 동시에 그들의 생산물을 세금 형식으로 거두어들인다. 국가의 기원이 이것이 아니면 무엇이겠는가? 어떤 사람도 왕이나 군대를 부른 적이 없고, 어떤 사람도 자발적으로 군역이나 노역에 참여한 적이 없고, 어떤 사람도 자발적으로 세금을 내려고 했던 적도 없다. 왕을 정점으로 관료와 군대는 이제 노동하지 않고도 살수 있게 된 것이다. 선거도 치르지 않고 임기의 제한도 없었던 왕과 지금 대의제국가의 대표자와는 다른 것 아니냐는 순진한 질문은 하지 말자. 중요한 것은 소수 통치계급과 다수 피통치계급이란 억압 구조가 존재하느냐의 문제니까.

왜 국가에 세금을 내는가? 아니 질문이 잘못되었다. 왜 우리는 세금을 거부할 수 없는가? 국가는 유형무형의 엄청난 불이익을 줄 수 있는 힘이 있기 때문이다. 세금과 관련해 국가는 국민에게 낼 수도 있고 내지 않을 수도 있는 자유를 허락하지 않는다. 아무리 미사여구를 동원한다고 해도 이것은 수탈이다. 왕조시대나 대의제시대나 이것은 변치 않은 진실이다. 단지 차이는 대의제국가에서는 수탈한 세금을 공적으로 쓰지 않으면 정권 연장이 힘들다는 사실뿐이다. 물론 왕조국가에서도 수탈한 세금을 왕족이나 국가기구가 소진한다면, 장기적으로 농민 봉기 등 저항이 발생할 가능성이 증가하지만 말이다. 현재 국회의원이나 대통령, 혹은 고급 관료가 되려는 이유는 자명하다. 그들이 받는 고액의 연봉도 한몫 단단히 하지만, 엄청난 세금을 어디에 쓸 것인지를 결정할 수 있는 힘을 가지기 때문이다. 돈이 어디에 풀리는지 알고 있으니, 마음만 먹으면 그들은, 혹은 그들의 가족은, 혹은 그들의 지인은 쉽게 경제적 이익을 얻을 수 있다. 바로 이것이 국가권력을 장악하려고 야심가들이 동분서주하는 유일한 이유다. 국민들의 돈을 쌈짓돈처럼 자신이 원하는 곳에 쓸 수 있으니 얼마나 유쾌한 일인가?

왕조국가도 그렇지만 대의제국가에서도 사후적인 평가나 감시 대상이 될지라도 국가의 지출은 언제든지 최고 권력자에 의해 자유롭게 수행된다. 물론 지출은 공공의 이익을 위해 이루어졌다는 선전이 이어진다. 이런 선전은 국가로부터 수탈당한 사람에게 근사한 정신승리를 할 수 있게 한다. "내가 세금을 냈기에 도로도 보수하고

2부. 마르크스의 철학, 마르크스의 과학

교육 여건도 좋아지고 가로등도 켜질 수 있었던 거야." 세금을 강제로 낼 수밖에 없었던 굴욕일랑 잠시 잊을 수 있으니 얼마나 근사한가. 그렇지만 무엇이 국민에게 이익이 되는지 결정하는 것은 항상 국가다. 아니 정확히 말해 국가가 지출을 하면 그냥 공적인 지출이 된다고 하는 것이 옳을 듯하다. 당연히 국가가 가장 무서워하는 것은 조세 저항이다. 생각해보라. 세금이 걷히지 않으면 국가는 관료들에게 봉급을 줄 수 없고 당연히 국가기구의 작동도 위태롭게 된다. 더 심각한 것은 권력, 즉 세금을 사용할 수 있는 힘도 약해질 수밖에 없다는 점이다. 마르크스가 "조세는 통치기계의 경제적 기초이며, 그 외 아무것도 아니다"라고 강조했던 것도 이런 이유에서다. 그러나 국가로서는 걱정할 일이 없다. 국가는 공권력이나 방위력이란 이름으로 폭력수단을 독점하고 있으니, 언제든 조세 저항을 무력화시킬 수 있기 때문이다.

독일사회주의노동자당이 라살레의 국가관을 받아들였을 때, 혹은 라살레주의를 수용했을 때, 마르크스가 분노한 것은 너무나 당연한 것이었다. 눈에 보이는 개별 지주나 혹은 개별 자본가보다 훨씬 더 엄청난 규모로 수탈을 자행하는 기구가 바로 국가이기 때문이다. 더군다나 항상 국가의 최상위 관료들은, 선출직이든 임명직이든 간에, 지배계급에서 충당되는 경우가 많기에 자연스럽게 지배계급의 이익에 봉사하지 않았던가? 결국 민주주의의 최고의 적, 아니 민주주의가 마지막으로 극복해야 할 억압체제의 마지막 버팀목은 민중들을 자의적으로 수탈할 수 있는 국가와 그 위계구조라고 할 수 있다. 그러나 독일사회주의노동자당은 "국가를 그 고유의 '정신적이고 윤리적이며 자유로운 기초'를 보유하고 있는 하나의 자립적인 본질로 취급"해버리고 만다. 최상위 억압체제에 그냥 면죄부를 준 것뿐만 아니라, 정신적이고 윤리적이며 자유로운 기초마저 허용해버린 것이다. 국가는 폭력수단 독점과 그에 입각해 조세를 강제할 수 있는 힘으로 유지된다. 이런 국가가 정신적이고 윤리적이며 아울러 자유롭다니, 어떻게 이것이 민주주의를 꿈꾸는 정당이 실수라도 입에 올릴 수 있는 주장이겠는가? 더군다나 국가에 자립적인 본질을 허락하는 순간, 독일사회주의노동자당은 국가주의에 손을 들어주기까지 한다. 그러나 누구나 알고 있지 않은가. 국가는 조세라는 토대가 아니면 작동할 수조차 없는 물질적인 것이라는 사실을, 국가는 타율을 강요하는 반윤리적이고 비윤리적인 기구라는 사실을, 그리고 국가는 영토에 포획된 사람들에게 기생하는 의존적인 체제라는 사실을. 그래서 파리코뮌은 위대했던 것이다. 4년 뒤 독일의 진보적 지식인들이 애써 보지 않으려고 했던 자명한 진실, 즉 국가에 대한 평범한 진실을 파리코뮌은 직시했기 때문이다.

《프랑스내전》 첫 번째 초고에서 마르크스가 파리코뮌의 위대함을 찬양했던 것도 이런 이유에서다. 파리코뮌은 "국가 위계를 모두 폐지하지" 않으면 민주주의는 백일몽에 지나지 않으리라는 걸 잘 알고 있었기 때문이다. 국가 위계를 폐지하기 위해 시행되었던 구체적인 조치를 떠올려보라. "민중의 오만한 주인들이 언제나 공중의 감독 아래 활동하기 때문에 언제든지 해임할 수 있는 공무원으로 대체되고 가짜 책임이 진정한 책임으로 대체되는 것, 숙련 노동자들처럼 한 달에 12파운드, 가장 많은 봉급도 240파운드를 넘지 않게 지불함." 모두 국가가 원초적 수탈기구로 기능하지 못하도록 하는 조치들이다. 국가, 혹은 억압적 위계를 해체하기에 앞서 먼저 해결해야 할 과제가 하나 있다. 파리코뮌의 영민함은 그들이 국가의 토대, 즉 폭력수단 독점을 괴멸해야 한다는 선결 조건을 자각하고 있었다는 데 있다. "과거에는 모든 혁명에서 때를 놓쳤고, 민중이 개가를 올린 바로 그날 승리에 빛나는 무기를 양도할 때마다 그 무기가 민중을 향했다"는 뼈아픈 역사적 교훈을 잊지 않고 있었기 때문이다. 1871년 3월 18일 혁명에 성공하자마자 코뮌이 "제일 먼저 군대를 국민방위대로 대체했던" 것도 이런 이유에서다. 폭력수단을 민중이 회수하지 않으면, 국가라는 괴물은 다시 소생할 테니 말이다.

대대장마저 선거로 뽑고 언제든지 대대장도 소환할 수 있는 자치 군대를 만드는 순간, 다시 말해 폭력수단을 공유하게 된 순간, 사실상 국가는 사라지고 사회만이 남게 된다. 이제 소수의 생산수단 독점이 더 이상 가능하지 않는 사회, 즉 국가에 저항하는 사회가 탄생한 것이다. 바로 이것이 코뮌이다. 생산수단 독점을 재산권의 논리로 법이나 공권력으로 비호하던 국가를 괴멸했기에 가능했던 일이다. 영민한 마르크스가 일체의 억압이 사라진 자유인들의 공동체, 코뮌의 핵심을 간파하지 못했을 리 없다.《프랑스내전》초고에서 그는 말한다. "코뮌―그것은 사회를 통제하고 제압하는 대신에 사회 자신의 살아 있는 힘으로서 사회가 국가권력을 다시 흡수하는 것이자, 억압의 조직된 힘 대신에 자기 자신들의 힘을 형성하는 민중 자신이 국가권력을 다시 흡수하는 것이다." 1871년 파리코뮌의 정수를 흡입했던 마르크스다. 이런 그가 어떻게 독일사회주의노동자당의 국가주의에 분노하지 않을 수 있겠는가? 한때 동지라고 믿고 있었던 그들은 "국가를 중립적인 통치기계나 혹은 분업에 의해 사회로부터 분리된 하나의 독자적인 유기체"로 이해하고 있었기 때문이다. 국가주의를 표방하는 독일사회주의노동자당은 그 존재만으로 파리코뮌에 목숨을 바쳤던 2만 명의 전사들에 대한 배신이 아니면 무엇이겠는가? 그러나 어찌하겠는가? 마르크스 혼자서라도 파리코뮌 전사들의 절규를 반복할 수밖에.

"자유의 요체는 국가를 사회보다 상위의 기관에서 사회보다 하위의 기관으로 전화시키는 데 있다!" 바로 이것이 코뮌주의가 사회주의일 수밖에 없는 이유다. 자유인들의 공동체, 즉 코뮌은 국가에 대항하는 사회일 수밖에 없기 때문이다. 폭력수단을 독점한 국가를 방치하고 어떻게 코뮌이 가능하다는 말인가? 잊지 말자. 마르크스에게 사회주의는 일차적으로 국가주의와 반대되는 개념이었다는 사실을. 결국 국가를 중립적이고 독자적인 것으로 긍정하려면 독일사회주의노동자당은 당명에서 '사회주의'라는 개념을 제거해야만 했다. 아니면 독일국가주의노동자당으로 당명을 바꾸던가. 국가주의를 긍정하면서 사회주의를 표방하는 옛 동지들을 보았을 때 마르크스의 마음은 어땠을까? 연민의 마음이 들기도 했을 것이다. 그들은 '사회주의'가 무엇인지 모르는 사회주의자들, 자기모순에 빠진 불쌍한 지식인들이었을 뿐이니까. 한편으로 분노와 배신감도 그를 감쌌을 것이다. 아직도 파리의 피 냄새가 가시기도 전에 옛 동지들이 파리코뮌 전사들의 죽음을 무의미하고 무가치하게 만들고 있기 때문이다. 마침내 마르크스는 베벨이나 리프크네히트의 자존심을 땅에 떨어뜨릴 만한 냉정한 결론을 던지게 된다. 독일사회주의노동자당은 "국가를 그 고유의 정신적이고 윤리적이며 자유로운 기초를 보유하고 있는 하나의 자립적인 본질로 취급함으로써, 이 정당에 한 번도 사회주의 이념이 뿌리를 내리지 못하고 있다는 걸 보여준다"고.

이른바 분배Verteilung를 가지고 야단법석을 떨고 거기에 중점을 두는 것은 거의 항상 잘못된 것이다. 소비수단^{Konsumtionsmittel}의 그때그때의 분배는 생산조건^{Produktionsbedingungen} 자체의 분배의 귀결일 뿐이다. 그런데 생산조건의 분배는 생산방식^{Produktionsweise} 자체의 특성이다. 예를 들어 자본주의적 생산방식은, 물적 생산조건들은 자본 소유^{Kapitaleigentum}와 토지 소유^{Grundeigentum}의 형식으로 노동하지 않는 사람들에게 재분배되는 반면에 민중^{die Masse}은 인적 생산조건인 노동력의 소유자일 뿐이라는 사실에 근거하고 있다. 생산의 요소들이 이렇게 분배되면, 오늘날과 같은 소비수단의 분배가 저절로 생겨난다. 물적 생산조건들이 노동자들 자신의 '조합적 소유^{genossenschaftliches Eigentum}'가 되면, 오늘과는 다른 소비수단 분배가 생겨난다. 속류 사회주의^{Vulgärsozialismus}는 부르주아 경제학자를 본받아 (그리고 이를 다시 본받아 일부 민주주의자들은) 분배를 생산방식과 독립된 것으로 간주하고 또 그렇게 다루고 있으며, 따라서 사회주의는 주로 분배를 중심 문제로 하고 있다는 듯이 서술하고 있다. 진정한 관계가 이미 오래전에 해명되었는데, 무엇 때문에 다시 뒤로 돌아간다는 말인가?

－〈고타강령 비판〉

독일사회주의노동자당 이후 부르주아사회에 편입된 제도권 진보정당들은 이구동성으로 '분배'를 외친다. 누진세든 뭐든 자본계급에게 더 많은 세금을 거둬들여 다수 노동계급에게 분배하겠다는 논의다. 이것이 바로 사회민주주의^{Social Democracy}의 이념이다! 이 이념은 두 가지 전제로 이루어진다. 사회민주주의는 자본계급과 노동계급의 분할을 전제한다. 이것은 생산수단 독점을 문제 삼지 않는다는 것, 다시 말해 생산수단을 독점한 이유로 스스로 노동하지 않고도 삶을 영위하는 계급을 인정한다는 것을 의미한다. 또한 사회민주주의는 조세를 강제할 수 있는 폭력수단 독점기구, 즉 국가도 전제한다. 국가는 중립적인 칼과 같다는 이야기다. 나쁜 놈이 칼을 쥐면 많은 사람들에게 해를 입히지만, 좋은 사람이 잡은 칼은 많은 사람들에게 이로움을 준다는 것이다. 원칙적으로 사회민주주의를 코뮌주의나 사회주의와 혼동해서는 안 된다. 코뮌주의나 사회주의는 생산수단과 폭력수단, 나아가 정치수단 등 일체 삶의 수단 독점을 금지하는 이념이기 때문이다. 문제는 사회민주주의자들은 자신을 코뮌주의자나 사회주의자로 오인하고 있다는 데 있다. 아니 오인이 아닌지도 모른다. 사회의 다수를 차지하는 노동계급의 표를 얻기 위해 사회민주주의자들은 코뮌주의나 사회주의 이념을 의도적으로 팔아먹은 것인지도 모르니까. 백번 양보해 오인이라고 하자. 이런 오인의 심리적 근거, 혹은 선전의 논리는 단순하다. "우리가 국가권력을 장악하려는 이유는 다른 데 있는 것이 아닙니다. 행정부의 예산 집행권과 입법부의 입법권을 소수 자본계급의 이익을 위해서가 아니라 그들의 이익을 덜어 다수 노동계급에게 분배하기 위해서 사용하려는 겁니다." 분배의 신화는 이렇게 탄생한다.

간단한 예로 분배의 신화가 얼마나 허구적인지 보여줄 수 있다. 1명의 자본가와 100명의 임금노동자가 있고, 전체 매출액은 200억 원이 된다고 하자. 그러니까 1명의 노동자는 2억 원의 매출을 올릴 수 있게 노동을 한 셈이다. 부르주아 정권 시절 자본가는 노동자에게 임금으로 1억 원을 주었다. 2억 원의 매출에 자본과 노동이 동등하게 관여했으니, 자본을 가진 사람에게 1억 원, 노동력을 가진 사람에게 1억 원, 그러니까 1:1로 분배가 이루어진 것이다. 이

2부. 마르크스의 철학, 마르크스의 과학

것이 바로 부르주아 경제학자들이 말하는 가장 원초적 의미의 '분배'이다. 이 경우 자본가는 아무런 노동도 하지 않고 100억 원의 이윤을 얻게 된다. 만약 부르주아 정권이 개인에게 수익의 10분의 1을 세금으로 부과했다면, 자본가는 10억 원을, 노동자들은 1000만 원씩 전체 10억 원을 국가에 바쳤다. 국가의 총 세수는 20억 원이 된다. 정의로운 분배를 슬로건으로 해서 집권한 사회민주주의 정권은 노동자들을 위한 정책을 추진한다. 자본 제공자, 즉 자본가가 생산량의 4분의 1 이상을 분배받을 수 없도록 법률을 제정하는 것이다. 이제 자본가가 받을 수 있는 이윤은 최대 5000만 원이 되는 셈이다. 100명의 노동자가 있으니, 여전히 자본가는 노동하지 않고도 50억 원의 이윤을 챙긴 것이다. 사회민주주의 정권은 다시 한 번 분배에 개입할 수 있다. 그것은 누진세 등으로 세금을 차등 부과하는 방법이다. 예를 들어 사회민주주의 정권은 누진세를 적용해 자본가에게 20억 원 그리고 노동자에게 500만 원을 세금으로 물린다. 전체 노동자가 100명이니, 노동자들이 내는 세금은 총 5억 원이 된다. 결국 국가의 총 세수는 25억 원이다. 이렇게 거둬들인 세금을 국가는 군인이나 관료의 봉급 등 체제 유지비로 사용하고 일부분은 임대주택 사업, 주거환경 개선, 무상교육 등의 명목으로 노동자들에게 다시 분배한다. 이것이 국가가 개입할 수 있는 2차 분배다.

부르주아 정권과 사회민주주의 정권을 비교해보라. 1명의 노동자가 부르주아 정권에서는 1억 원을 가질 수 있었다면 사회민주주의 정권에서는 1억 5000만 원을 갖게 되었고, 세금도 1000만 원에서 500만 원으로 줄어들었다. 과거보다 정의로워졌는가? 상대적으로는 그렇다고 수긍할 수 있을지도 모른다. 어쨌든 사회민주주의자들이 정권을 잡아도 여전히 생산수단을 독점했다는 이유로, 혹은 폭력수단을 독점했다는 이유로 이득을 보고 있는 사람들이 존재한다는 사실을 잊지 말자. 그 수익은 얼마인가? 자본가 30억 원 그리고 국가기구 25억 원으로 전체 55억 원이나 된다. 도대체 이 55억 원은 어디서 나온 것인가? 바로 노동자들의 노동에서다. 극단적으로 말해 노동자 100명이 모두 자살한다면, 자본가나 국가기구는 만원 한 장이라도 얻을 수 있는가? 불가능한 일이다. 그러니 자본과 노동 사이의 분배 비율이 1:1에서 1:4가 되었다고 사회가 정의로워졌다고 착각해서는 안 된다. 여전히 우리는 생산수단 독점이 가능한 억압사회에서 살고 있으니까. 언제든지 불로소득의 총량은 55억에서 100억으로 다시 늘어날 수 있다. 생산수단 독점을 재산권으로 정당화하고 폭력수단 독점을 통치권으로 정당화하는 억압사회가 그대로 유지되고 있기 때문이다. 생산수단 독점에서 생기는 이윤을 막지 못하면, 착취와 수탈에서 노동계급은 벗어날 방법이 없다. 임금 상승과 하락, 혹은 세금 하락과 상승은 수탈의 양적인 변화일 뿐, 질적으로는 변한 것은 하나도 없다는 걸 잊지 말자. 그래야 우리는 본질적인 질문을 던질 수 있다.

자본을 독점해 노동자들을 생산하고 그들의 노동을 착취하는 구조적 폭력은 정의로운 일인가? 아니면 공권력의 힘으로 세금을 강제로 부과해 노동자들의 노동을 수탈하는 구조적 폭력은 정의로운 일인가? 토지에서 발생한다는 지대나 자본에서 발생한다는 이윤, 즉 불로소득은 과연 정당하고 정의로운가? 강제로 세금을 부과해 노동의 결과물을 수탈하는 국가기구의 조세권은 정당하고 정의로운가? "아니요"라고 단호하게 말한 사람, 바로 그가 마르크스다. 《프랑스내전》에서 마르크스는 말하지 않았던가? "생산자의 정치적 지배는 그들의 사회적 노예제의 영속화와 병존할 수 없습니다. 그러므로 코뮌은, 계급들의 존재에 근거하는, 따라서 계급지배의 존재에 근거하는 경제적 토대를 전복하기 위한 지렛대로서 봉사해야 합니다. 일단 노동이 해방되면, 모든 사람이 노동자가 되면, 생산적 노동은 계급적 속성을 중지하게 됩니다." 모든 사람이 노동자가 된다는 것이 핵심이다: 생산수단을 독점했다는 이유로 다수 사람들을 노예, 농노, 혹은 노동자로 만들어 막대한 이윤을 남겼던 귀족, 영주, 지주, 혹은 자본가가 사라졌다는 것이다. 동시에 폭력수단을 독점했다는 이유로 국민들에게 조세를 강제해 먹고살았던 황제나 왕, 혹은 왕족 나아가 관료나 군인이 사라졌다는 것이다. 당연히 이제 더 이상 생산적 노동은 노예의 징표라는 해묵은 저주에서 벗어나, 건강한 인간의 자랑스럽고 당당한 덕목이 된다.

〈고타강령〉 초안을 읽다가 "노동 수익의 공정한 분배"라는 구절에 이르렀을 때, 마르크스는 분노하기 이전에 당혹스러웠을 것이다. 1867년에 출판된 《자본론》 1권으로 마르크스는 생산수단 독점을 없애야 한다고 강조했고, 당시 옛 동지들도 누구보다 먼저 자기 입장에 동감했기 때문이다. 지금까지 마르크스와 베벨이나 리프크네히트 등 독일사회민주노동자당 핵심 인사들이 서신을 왕래하는 등 두터운 관계를 유지할 수 있었던 것도 이런 이유에서다. 그러나 동지들이 보내온 〈고타강령〉 초안에는 직접 일하는 사람들이 생산수단을 가지는 사회, 즉 코뮌사회에 대한 꿈은 하염없이 유보되어 있다. 그저 그들은 노동수익 분배의 공정성만을 고민하고 있을 뿐이다. 토지, 자본, 노동이 결합되어야 생산물이 발생한다. 당연히 생산물은 토지, 자본, 노동에 공정하게 분배되어야 한다. 이것은 부르주아 경제학자만이 고민했던 문제였다. 땅을 가졌다는 이유로 직접 노동하지 않은 지주나, 자본을 가졌다는 이유로 직접 노동하지 않은 자본가에게 도대체 얼마를 분배해야 하느냐는 문제니까. 왜 분배를 고민하냐고? 그것은 노동 수익에 참여해서는 안 되는 지주나 자본가가 있기 때문이다. 불로소득이 1원이라도 존재하는 순간, 사실 공정성은 물건너간 이야기일 뿐이다. 부르주아 경제학자들이 체제 이데올로그인 이유도 바로 여기에 있다. 그들은 지주나 자본가의 존재를 당연한 것으로 긍정하기 때문이다. 그런데 베벨과 리프크네히트가 새롭게 발족한 독일사회주의노동자당이 부르주아 경제학자들처럼 분배를 고민하고 있다. 마르크스로서는 얼마나 황당했겠는가? 런던에서 그가 할 수 있는 일은 사실 별로 없다. 다시 한 번 "공정한 분배"란 "둥근 사각형"처럼 형용모순에 지나지 않는다는 것을 반복할 수밖에. "공정한 분배"란 사실 "공정한 불공정"에 지나지 않으니까.

"자본주의적 생산방식은, 물적 생산조건들은 자본 소유와 토지 소유의 형식으로 노동하지 않는 사람들에게 재분배되는 반면에 민중은 인적 생산조건인 노동력의 소유자일 뿐이라는 사실에 근거하고 있다. 생산의 요소들이 이렇게 분배되면, 오늘날과 같은 소비수단의 분배가 저절로 생겨난다." 출판된 지 20년이 다 되어가는 《자본론》 1권의 내용을 다시 반복하는 마르크스의 마음은 어땠을까? 짜증이다. 짜증을 꾹꾹 누르는 마르크스다. 노동자들을 위한다는 동지들의 이야기에 미심쩍지만 한 번 더 속아보려는 마르크스다. 지금 옛 동지들이 통합의 파트너였던 전독일노동자협회에 휘둘리고 있을 뿐이라고 자위하고 싶었던 것이다. "속류 사회주의는 부르주아 경제학자를 본받아 (그리고 이를 다시 본받아 일부 민주주의자들은) 분배를 생산방식과 독립된 것으로 간주하고 또 그렇게 다루고 있으며, 따라서 사회주의는 주로 분배를 중심 문제로 하고 있다는 듯이 서술하고 있다. 진정한 관계가 이미 오래전에 해명되었는데, 무엇 때문에 다시 뒤로 돌아간다는 말인가?" 라살레의 속류 사회주의에 속지 말고, 제대로 된 사회주의로 돌아오라는 마르크스의 간청이다. 그렇지만 옛 동지들은 그의 간청을 깔끔하게 거부하고 만다. 마지막까지 마르크스는 절규했다. "이른바 분배를 가지고 야단법석을 떨고 거기에 중점을 두는 것은 거의 항상 잘못된 것"이라고. 안타깝게도 마르크스의 외침은 공허한 메아리마저 만들지 못한다. 1875년 5월 고타에서 성대하게 개최된 통합 대회에서 자구만 조금 고친 〈고타강령〉은 뜨거운 갈채 속에서 낭송되니까. 1875년 5월 배신당한 마르크스, 그는 이처럼 외로웠던 것이다.

1881년 1월 1일 블랑키Louis Auguste Blanqui(1805~1881)가 파리에서 죽은 뒤, 파리코뮌의 가녀린 등불을 마지막까지 지킨 사람이 바로 마르크스였다. 그러나 시간의 흐름은 대사상가도 어찌할 수 없는 법이다. 마지막 코뮌 전사는 1883년 3월 14일 런던에서 세상을 떠나게 된다. 1875년 독일 마르크스주의자들에게 배신당한 이후 10년도 남지 않은 여생 동안 그가 가장 반복했던 말은 그의 둘째 사위 라파르그Paul Lafargue(1842~1911)에게 했던 푸념이었을 것이다. "만일 확실한 것이 있다면, 내 자신은 결코 마르크스주의자가 아니라는 사실이네 Ce qu'il y a de certain c'est que moi, je ne suis pas Marxiste."(《취리히의 베른슈타인에게 보내는 엥겔스 서신Engels an Eduard Bernstein in Zürich〉, 1882년 11월 2일, 혹은 3일) 마르크스의 시신은 10명 남짓 조문객의 애도 속에 1883년 3월 17일 런던의 하이게이트 묘지Highgate Cemetery, 영국의 여성작가 조지 엘리어트George Eliot(1819~1880) 무덤 근처에 안장된다. 조문객 중 두 사람이 눈에 띈다. 한 사람은 마르크스의 코뮌주의를 그의 생전에 배신했던 사람이고, 다른 한 사람은 코뮌주의를 그의 사후에 배신할 사람이었다.

전자는 마르크스의 〈고타강령 비판〉을 수용하지 않았던 옛 동지 빌헬름 리프크네히트였고, 후자는 바로 마르크스 사상의 유산 관리인을 자임했던 엥겔스였다.

어쩌면 《코뮌주의정당 선언》에서부터 국유화와 국영화 등 국가주의를 줄기차게 주장했던 엥겔스가 사회민주주의에 발을 내딛는 것은 시간문제였는지도 모를 일이다. 문제는 1883년 마르크스가 죽은 다음 그가 마르크스의 사상적 동지이자 마르크스의 진정한 후계자라는 평판을 지속적으로 만들어

죽기 1년 전인 1882년 마르크스의 모습. 파리코뮌의 가녀린 등불을 마지막까지 지킨 사람이 바로 마르크스였다. 그러나 시간의 흐름은 대사상가도 어찌할 수 없는 법이다. 마지막 코뮌 전사는 1883년 3월 14일 런던에서 세상을 떠나게 된다.

왔다는 데 있다. 그러니 엥겔스가 사회민주주의로 투항하는 순간, 마르크스의 사회주의는 국가주의에 오염될 수밖에 없는 일이다. 리프크네히트가 마르크스가 살아 있을 때 그를 단도로 찔렀다면, 엥겔스는 마르크스에게 부관참시라는 잔혹한 배신을 행한 셈이다. 적들의 동맹은 얼마 지나지 않아 구체화된다. 1889년 7월 14일 파리에서 사회주의정당과 노동당 등 진보정당들의 국제 연대 조직이 발족하니까. 바로 제2인터내셔널이 시작된 것이다. 악화가 양화를 몰아내듯, 얼마 지나지 않아 사회민주주의 이념은 마르크스의 사회주의 이념을 압도하게 된다. 엥겔스는 제1인터내셔널에서 1860년대 마르크스가 누렸던 존경을 부러워했던 탓일까? 그는 1893년 8월 13일 제2인터내셔널 취리히 대회에서 거장의 풍모를 풍기며 근사

누가 마르크스가 전한 파리코뮌의 함성을 들었다고 하는가? 마르크스는 1883년 10명 남짓 되는 조문객의 애도 속에 런던 하이게이트 묘지에 묻혔다.

한 폐막 연설까지 한다. 제2인터내셔널 명예회장으로 베벨과 리프크네히트 등 독일 사회민주주의자들의 열광적인 박수를 받으면서 말이다. 그들 사이에는 1888년부터 엥겔스의 수행비서를 자처했던 사회민주주주의 최고 이데올로그 베른슈타인Eduard Bernstein(1850~1932)도 끼어 있었다. 제2인터내셔널이 이미 전설로 추앙받던 엥겔스와 손을 잡았다는 것은 마르크스의 모든 지적 유산이 위기에 봉착했다는 사실을 의미한다.

　　이제 그 누가 1875년 〈고타강령 비판〉을 집필할 때 마르크스를 사로잡았던 분노와 배신감, 혹은 안타까움과 황망함에 공감할 수 있겠는가? 어쨌든 마르크스의 사회주의 이념을 국가주의와 뒤죽박죽 섞어 사회주의를 오염시켰던 엥겔스는 사회민주주의자들에게는

엥겔스의 수행비서를 자처했던 사회민주주의
최고 이데올로그 에두아르트 베른슈타인.

천군만마였다. 엥겔스라는 권위에 입각해 그들은 자신들의 가슴에
마르크스가 새겼던 주홍글씨에서 벗어날 수 있었기 때문이다. 당시
는 마르크스-엥겔스주의라는 것이 통용되던 때 아닌가? 최초의 엥
겔스주의자 베른슈타인은 1899년 3월 공개적으로 마르크스의 사회
주의, 혹은 코뮌주의를 부관참시하는 악역을 담당하게 된다.

정치적으로 우리는 모든 선진국에서 자본주의적 부르주아의
특권들이 점차 민주적 제도들에 의해 감소해가는 것을 보고 있
다. 이런 사태의 영향을 받아, 그리고 날로 강력하게 성장해가
는 노동운동의 압력에 밀려서 자본의 착취적 경향에 대항하
는 사회적인 저항은 완전히 자리를 잡았다. 공장법의 입법, 각
종 자치단체 행정의 민주화와 그 적용 영역의 확대, 노동조합

2부. 마르크스의 철학, 마르크스의 과학

및 협동조합의 활동을 제약했던 각종 법률적 규제의 철폐, 공공 관청에서 행하는 모든 사업에서의 노동자 조직에 대한 배려 등등은 이런 발전 경향의 현 단계를 특징적으로 보여준다. 독일에서는 이제 대다수 사람들이 노동조합을 억압하는 것이 독일의 정치적 발전에 도움이 되는 것이 아니라 오히려 후퇴하는 것으로 생각하기에 이르렀다. …… 1895년 프리드리히 엥겔스는 《프랑스에서의 계급투쟁》 서문에서 다음과 같이 상세하게 서술하고 있다. 정치적인 기습의 시기, 즉 "몇몇 의식화된 소수가 의식화되지 못한 다수의 대중 앞에서 수행하던 혁명"의 시기는 이제 지나갔다. 다수 대중의 행렬을 군대와 충돌시키는 것은 사회민주당의 지속적인 성장을 저지하고 일시적이나마 후퇴시키고 말 것이다. 요컨대 사회민주당은 불법적인 사회 전복의 방법보다 합법적인 방법gesetzlichen Mitteln을 통해서 훨씬 더 번창하리라는 것이었다. 그리고 그는 이에 따라 당의 당면 과제가 "득표율을 끊임없이 높여가는 데 있다", 즉 의회활동의 지속적인 선전langsame Propaganda der parlamentarischen Thätigkeit에 있다고 지적했다. …… 사회민주당은 오랜 기간에 걸쳐 대파국을 꿈꾸며 앉아 있을 것이 아니라 "노동계급을 정치적으로 조직하고 민주주의를 위해 교육시켜나갈 뿐만 아니라 국가 내에서 노동계급을 고양시키고 국가기구를 민주적인 내용으로 바꾸어나갈 수 있는 모든 개혁을 위해 싸워나가야 한다"는 것이다. …… 엥겔스의 글에 똑같은 내용이 들어 있다. 즉 민주주의는 언제나 노동계급의 지배가 노동계급의 지적인 성숙도와 경제발전 일반의 수준만큼 행사된다는 것을 의미한다는 것이다. 또한 엥겔스는 방금 인용한 자리에서 좀 더 명시적으로 다음과 같이 지적하고 있다. 즉 그는《코뮌주의정당 선언》이 "전투적인 프롤레타리아의 가장 중요한 일차적 과제 중 하나는 바로 민주주의의 쟁취라는 점을 선언하고 있다"고 말했던 것이다.

-〈서문〉,《사회주의의 전제와 사회민주당의 과제Die Voraussetzungen des Sozialismus und die Aufgaben der Sozialdemokratie》(1899)

베른슈타인은 1878년 출간된 엥겔스의 주저《오이겐 뒤링 씨의 과학혁명》을 읽고서 마르크스주의자의 길로 나섰던 사람이다. 베른슈타인이 최초의 엥겔스주의자인 이유도 바로 여기에 있다. 엥겔스의 수행비서로 활동했던 그는 엥겔스의 사유가 바로 마르크스의 사상이라고 착각한다. 그러니 그는 마르크스가 사회주의라는 이름으로〈고타강령〉초안을 얼마나 신랄하게 비판했는지 알지 못했다. 아니 알았다고 해도 그는 엥겔스주의자로 계속 머물렀을 것이다. 일단 베른슈타인의 논의를〈고타강령〉초안과 비교하면서 읽어보도록 하자. 그의 입장은 분명하다. 사회민주주의는 자본계급의 존재를 긍정하고 그들의 잉여가치를 덜어내어 노동계급에게 분배하겠다는 이념인 것이다. 생산수단과 폭력수단 독점이란 구조적 문제를 우회해서 억압과 착취의 상처에 제도적 반창고를 붙이겠다는 이야기다. 물론 그러기 위해서 사회민주당이 정권을 잡아야 한다. 문제는 베른슈타인이 사회민주주의의 논리를 엥겔스의 이야기로 정당화한다는 데 있다.

마르크스가 죽은 뒤 사회민주주의자들의 열띤 숭배에 취했던 탓일까? 어쨌든 엥겔스는 1895년 마르크스의 충실한 유산 관리자로서는 해서는 안 될 일을 수행한다. 그것은 마르크스가 1850년 출간했던《프랑스에서의 계급투쟁Die Klassenkampfe in Frankreich》에 새로운 서문을 단 일이다. 이 서문에서 엥겔스는 베른슈타인이 인용했던 것처럼 마르크스의 분석과 진단이 1890년대에는 너무 낡은 것이라고 선언한다. 이것이 어떻게 유산 관리인이 할 일인가? "기습의 시대, 자각하지 못한 대중들의 선봉에서 자각한 소수가 수행하는 혁명의 시대는 지나갔다. …… 독일에서의 사회주의자들은 전투력의 꾸준한 증대를 순간적으로 저지하고 심지어 잠시 동안 되돌리기까지 할 수 있는 수단은 다음과 같은 하나밖에 없다: 군과의 대규모 충돌. …… 세계사의 아이러니는 모든 것을 뒤집어놓는다. 우리, 혁명가이며 전복자인 우리는 비합법적인 수단이나 전복보다는 합법적인 방법을 통해 훨씬 잘 번영한다."

엥겔스는 엘리트주의, 그것도 아주 비겁한 엘리트주의를 선택한다. 블랑키 등 과거 지식인들은 인간사회를 위해 목숨을 던졌다. 다수 민중들을 강제로 이끈 것이 아니라, 옳은 것을 몸소 보여주었던 것이다. 반면 엥겔스와 사회민주주의자들은 노동계급이 군대와 충돌할 정도로 국가기구와 격렬히 맞서는 것을 반대한다. 왜냐고? 자신들이 이미 국가기구에 편입되어 있기 때문이고, 국가기구를 장악할 꿈을 꾸기 때문이다. 그냥 자신들에게 표를 주라는 것이다. 메시아처럼 다양한 입법권과 행정권을 통해 자본계급이 확보한 잉여가치를 떼어줄 때까지 기다리라는 것이다. 1895년 엥겔스는 국가주의자였고, 라살레주의자였다. 생산수단 독점의 문제를 분배로 미봉하면서, 자본계급과 국가기구의 수탈과 억압을 영속화하려고 했던 것이다.

1883년 눈을 감을 때 마르크스는 자신의 시신에 부관참시를 자행할 사람이 엥겔스였다는 걸 알아챘을까? 1842년 처음으로 만났던 엥겔스! 그는 마르크스의 최고 배신자였던 것이다. 어쨌든 마르크스주의로 포장된 엥겔스주의는 "국가를 사회 하부의 기구"로 만들겠다는 마르크스의 열망을 효과적으로 부정하는 근거로 기능한다. '마르크스-엥겔스주의'라는 신화가 만들어진 셈이다. 엥겔스의 엘리트주의와 국가주의로 마르크스의 민중주의와 사회주의를 억압하려는 신화다. 이것은 독일사회민주당이나 현재의 진보정당에만 국한된 것이 아니다. 스탈린주의, 마오쩌둥주의, 그리고 김일성주의도 모두 국가주의에 기반을 둔다는 점에서 엥겔스주의의 변종 아니었던가? 지금 마지막으로 우리는 되묻는다. 누가 마르크스가 전한 파리코뮌의 함성을 들었다고 하는가? "자유의 요체는 국가를 사회보다 상위의 기관에서 사회보다 하위의 기관으로 전화시키는 데 있다"는 그 절절한 외침을.

안녕! 디아마트! 안녕! 엥겔스

1980년대 지성계는 대학가를 중심으로 금서로 취급되었던 마르크스 관련 저서들을 본격적으로 읽기 시작한다. 박정희^{朴正熙}(1917~1979)가 주도했던 국가독점자본주의와 개발독재가 1894년 갑오농민전쟁, 1919년 3·1운동, 1960년 4월혁명 등 민주주의 이념을 고사 직전까지 몰고 갔기 때문이다. 군사독재라는 전근대적 억압에 자본주의 체제라는 근대적 억압이 결합되었으니, 민주주의에 대한 열망은 그야말로 풍전등화의 신세였다. 스탈린^{Joseph Vissarionovich Stalin}(1878~1953)의 계획경제를 표절해 1962년 시작된 박정희의 경제계획은 우리 사회를 자본주의체제로 재편했고, 아울러 대부분의 사람들을 일용직 노동자나 임금노동자, 아니면 도시 빈민으로 만들었다. 지주와 소작농 사이의 계급 대립은 자본계급과 노동계급 사이의 계급 대립에 그 자리를 양보한 셈이다. 그렇지만 독재자 박정희는 남한체제에 대한 어떤 비판도 용인하지 않았고, 자신에 대한 모든 비판을 이적행위로 몰아붙였다. 1950년 한국전쟁을 겪은 뒤 북한과 남한은 치열한 체제 경쟁 중이었기에, 박정희의 사상 탄압은 거침이 없었다. 한국전쟁 이후 지속된 남한체제의 반공교육은 이런 조악한 이분법을 받아들일 수 있는 내면, 구체적으로 레드콤플렉스^{Red Complex}라고 불릴 만한 내면을 이미 구축했으니까. "지금 우리 체제를 공격하는 것은 북한체제니까, 체제를 비판하는 자는 누구든지 결국 이적행위를 하는 것이다." 1970년대 이후 1980년대까지 사회주의나 혹은 공산주의를 표방했던 북한체제나 시장자본주의를 표방했던 남한체제는 한 가지 공통점이 있었다. 남북 대립을 빌미로 양측 최고 권력자, 박정희와 김일성金日成(1912~1994)은 독재를 강화하며 체제 내부에 싹튼 민주주의에 대한 열망을 효과적으로 억눌렀다는 사실이다. 1970년대 들어서면서 남한체제는 더 이상 민주주의 열망을 누를 수 없게 된다. 독재자의 억압과 자본계급의 수탈이 다수 민중들에게 각인된 레드콤플렉스 자체에 심각한 균열을 가져왔기 때문이다. 1970년 11월 13일 청년 노동자 전태일全泰壹(1948~1970)이 분신자살했을 때, 이것을 이적행위라고 생각하는 사람은 하나도 없었다. 당연히 박정희 개발독재 체제에 대한 공격은 본격화하기 시작한다. 이에 박정희체제는 강박증적으로 반응하며, 1975년 5월 13일 언론, 출판, 사상, 집회의 자유를 무력화시키는 초헌법적 긴급조치 9호를 발동한다. 심지어 "이 조치를 공연히 비방하는 행위도 금한다"는 조목까지 넣었을 정도니, 당시 독재체제의 강박증은 측은할 정도였다.

바타이유Georges Bataille(1897~1962)가 아니더라도 누구나 인간은 금지된 것을 그렇지 않은 경우보다 더 욕망한다는 것을 안다. 1975년 이후 독재체제에 의해 금서로 지정된 책은 대부분 대학가나 노동계에 베스트셀러가 되었다. 판매 금지를 시켜도 오히려 금서는 복사·제본되어 더 많은 사람들의 손에 들어갔다. 당시 마르크스의 저술들은 아예 번역이나 출판을 시도할 수 없을 정도의 금서였다.《자본론》의 경우 독어판이나 영어판 혹은 일본어판이 제목이나 목차도 없이 복사·제본되어 은밀히 읽혔다. 1979년 말 독재자 박정희가 측근에 의해 암살된 다음, 박정희가 친위 세력으로 키운 전두환^{全斗煥}(1931~)은 독재자의 자리를 이어받는다. 전임 독재자와 스스로 차별화하려는 듯, 전두환 시절 사상과 출판에 대한 탄압은 조금 완화된다. 출판가와 대학가가 사회과학 서적 전성기를 구가하기 시작한 것이다. 사회과학 출판사로는 동녘, 청년, 돌베개, 이론과실천, 녹두, 세계, 거름, 백두 등이 각광을 받았고, 당시 최고의 베스트셀러이자 스테디셀러는 1983년 동녘에서 나온 《철학에세이》였다. 이 책은 '변증법적 유물론^{dialectical Materialism}'에 대한 아주 간략한 입문서였다. 당시 대학가 세미나실이나 벤치로 시간여행을 간다면, '디아마트^{Diamat, диамат}'라는 낯선 용어를 자주 듣게 될 것이다. 스탈린체제 소련에서 유래된 말로 '변증법^{dialectic}'의 앞 세 음절 '디아^{dia}'와 '유물론^{materialism}'의 앞 세 음절 '마트^{mat}'를 합쳐서 만든 말이다. 입문서가 있다면 전문서도 있는 법, 당시 출판계는 다양한 수준으로 '변증법적 유물론'과 '사적 유물론'이란 이름을 가진 책을 출판하게 된다. 1985년과 1986년 세계출판사에서 연이어 2권으로 출간된 《강좌철학》의 경우 첫 번째 권의 부제는 '변증법과 유물론'이었고, 두 번째 권의 부제는 '사적 유물론, 국가, 민족'이었다. 마르크스의 주저가 대중적으로 소개되기 힘든 상황이었기에 꿩 대신 닭이라고, 마르크스 사상을 '변증법적 유물론'과 '사적 유물론'이란 이름으로 접하게 된 것이다. 《철학에세이》든 《강좌철학》이든 변증법적 유물론은 세계와 인간을 포괄하는 법칙을 표방하는 형이상학적 지위를 누렸다. 여기서 상호 관련되는 세 가지 법칙이 열거된다. 첫째, 대립의 통일이란 법칙이다. 예를 들어 끓는 물은 특정 온도에 있어야 하지만, 동시에 특정 온도에 있어서도 안 된다는 것이다. 둘째, 양적 변화는 질적 변화를 낳는다는 양질전화의 법칙이다. 예를 들어 물의 온도를 계속 올리면, 섭씨 100도에서는 물이 수증기로 질적인 변화가 일어난다는 것이다. 셋째, 부정의 부정이란 법칙이다. 예를 들어 섭씨 50도의 물을 51도로 끓일 경우, 50도의 물은 자신이 50도의 물임을 부정해야 하고, 동시에 50도의 물이 아니라는 사실을 다시 부정해야 물은 51도의 물이 될 수 있다는 것이다.

사실 변증법적 유물론은 귀에 걸면 귀걸이, 코에 걸면 코걸이의 논법과 별반 차이가 없다. 현대 물리학이나 화학을 배운 사람은 열에너지가 물 분자들에 전달되어 분자들의 운동에너지를 증가시키는 것이 수온 증가의 원인이라고 설명한다. 여기에 100도의 물이 100도의 수증기가 되려면 상변화를 일으킬 만큼 충분한 에너지가 가해져야 한다는 말도 덧붙여질 것이다. 그렇지만 변증법적 유물론의 법칙들은 모두 100도에 물이 수증기로 변한다는 것을 관찰한 다음에나 가능한 사후적 해석에 지나지 않는다. 1980년대 양적 변화가 질적 변화를 낳는다는 두 번째 변증법적 법칙의 사례로 사람들이 많이 이야기했던 것이 물방울이 계속 떨어지면 바위를 뚫는다는 비유였다. 그러나 진정으로 중요한 것은 언제 바위가 뚫리는지, 그 시점과 그 조건을 명기하는 것이 핵심 아닐까? 물의 경우 100도에 상변화가 온다는 사실이 중요한 것도 이런 이유에서다. 그래야 어느 정도 연료를 공급할지, 그리고 그런 상변화로 얻을 수 있는 이득과 연료를 소비할 때의 손실을 비교할 수 있을 테니 말이다. 바로 이 대목에서 변증법적 유물론은 종교에 버금가는 형이상학의 면모를 드러낸다. 기우제를 지내면 비가 온다고 믿는 사람이 있다고 하자. 기우제를 지냈는데 비가 오지 않았어도 이 사람은 자기 믿음을 버릴 필요는 없다. 기우제에 정성이 부족했다고 생각하면 그만이니까. 양질전화의 법칙도 마찬가지다. 원하던 질적 변화가 발생하지 않으면, 양적 변화가 충분하지 않았다고 믿으면 그만이니까. 어쨌든 변증법의 세 가지 법칙은 변화하는 모든 것의 진리를 표방한다. 당연히 변증법적 유물론은 인류 역사에도 적용될 수 있다. 사적 유물론은 이렇게 탄생한 것이다. 변증법적 유물론, 그것은 헤겔의 변증법적 관념론에 대응할 만한 형이상학이었다. 변증법적 유물론은 불변의 진리이자, 역사를 포함한 세상 모든 것을 해석할 수 있는 준거점이었기 때문이다. 불행히도 당시 누구도 마르크스가 한 번도 '변증법적 유물론'이란 말을 사용하지 않았으리라 짐작도 하지 못했다. 변증법적 유물론, 나아가 사적 유물론이 이렇게 마르크스 사상의 양대 축으로 정리된 것은 사실 스탈린의 《변증법적 유물론과 사적 유물론Dialectical and Historical Materialism, О диалект ическом и историческом материализме》이 출간된 1938년 이후의 일이다. 아쉽게도 1980년대 우리는 마르크스의 사상을 스탈린체제를 매개로 소개받았던 셈이다. 1938년 이후 동유럽 사회주의국가들, 동아시아의 중국과 북한, 나아가 서양의 진보적 지식인마저 '변증법적 유물론'과 '사적 유물론'을 우회해서는 마르크스 사상에 접속하기 어려웠으니, 우리의 처지는 어쩌면 너무 당연한 일이었는지 모른다.

　　그렇다면 '변증법적 유물론'이란 용어를 최초로 쓴 사람은 누구일까? 바로 '러시아 마르크스주의의 아버지'라고 불리는 소련 국가대표 철학자 플레하노프Georgi Valentinovich Plekhanov(1856~1918)다. 1891년 독일에서 발표된 〈헤겔의 사후 60년을 기념하며Zu Hegel's sechzigstena, On the Sixtieth Anniversary of Hegel's Death〉라는 글에서 플레하노프는 처음으로 '변증법적 유물론'이란 개념을 사용하고, 이어서 1895년 《역사에 대한 일원론적 견해의 발전K voprosu o razvitii monisticheskogo vzgliada na istoriiu, The Development of the Monist View of History》이란 책에서 이 신조어를 체계화한다. 여기서 주목해야 할 것은 '일원론'에 대한 플레하노프의 사변적 집착이다. 이 대목에서 스피노자Baruch Spinoza(1632~1677)의 실체와 양태 개념은 그에게 매우 심각한 영향을 미친다. 자신의 주저 《에티카Ethica Ordine Geometrico Demonstrata》에서 스피노자는 말한다. "실체substance는 그 자체로 존재하는 것이자 그 자체로 사유되어야 하는 것이고, …… 양태mode는 실체의 변화된 상태이자 다른 것에 의해 사유되어야 하는 것"이다. 실체와 양태를 쉽게 이해하려면 실체를 'H₂O'로 비유하고, 양태를 '얼음, 물, 수증기'에 비유하면 쉽다. 플레하노프를 쉽게 이해하려면 이 비유에 한 가지 가정을 덧붙이는 것으로 족하다. 'H₂O'는 외적인 에너지가 가해지지 않아도 저절로 얼음에서 물로, 그리고 물에서 수증기로 일방향적으로 전개된다는 가정이다. 바로 이 전개 과정의 법칙이 변증법이다. 플레하노프에게 헤겔과 마르크스는 모두 일원론자였고 변증법 옹호론자였다. 두 사람은 공히 변증법의 세 가지 법칙, 즉 대립의 통일, 양질전화, 부정의 법칙을 공유하기 때문이다. 단지 두 사람의 차이는 'H₂O'라는 실체의 자리에 헤겔이 관념적 원리, 즉 '절대정신'을 놓았던 반면, 마르크스는 유물론적 원리, 즉 '물질적 생산력'을 놓았다는 데 있을 뿐이다. 결국 헤겔에게서 현상세계는 절대정신의 변증법적 전개의 한 과정이고, 마르크스에게 그것은 물질적 생산력의 변증법적 전개의 한 과정일 뿐이다. 이런 추론 과정을 거쳐 플레하노프는 헤겔의 사유가 '변증법적 관념론'이라면 마르크스의 사유는 '변증법적 유물론'이라고 규정한다. 이렇게 마르크스가 한 번도 사용하지 않았던, 형이상학적 냄새가 물씬 풍기는 '변증법적 유물론'이란 신조어가 탄생한다. 그렇다고 플레하노프를 독창적인 사상가라고 속단하지는 말자. 그의 대부분 생각은 마르크스의 영민하지 못한 동료 엥겔스에게서 유래한 것이기 때문이다.

1883년 마르크스가 죽은 뒤 홀로 남겨진 엥겔스는 1888년 《루트비히 포이어바흐와 독일 고전철학의 종말》이라는 책을 출간한다.

《루트비히 포이어바흐와 독일
고전철학의 종말》을 출간한
1888년경의 엥겔스 모습.

노년의 엥겔스가 무슨 이유로 자기 역량 밖의 일을 하게 되었는지 궁금한 일이다. 원래 엥겔스가 정치경제학 담당이었다면, 철학과 철학사의 문제는 마르크스가 담당해야 정상이니까. 어쨌든 이 책에서 그는 '관념론적 변증법'과 '유물론적 변증법'을 구분하고, 관념 중심이었던 헤겔의 변증법을 거꾸로 세워 물질 중심으로 바꾸면 그것이 유물론적 변증법이라는 입장을 피력한다. "머리로 선 헤겔의 변증법, 또는 오히려 자기가 딛고 서 있던 머리에서 나온 변증법은 다시 발로 서게 되었다. 몇 년 전부터 우리의 가장 훌륭한 작업도구이자 우리의 가장 날카로운 무기였던 이 유물론적 변증법은, 신기하게도 우리만이 아니라 우리와 또 심지어는 헤겔과도 독립적으로 독일의 한 노동자 요제프 디츠겐도 재발견했다." 플레하노프가 엥겔스의 저서를 보고 무릎을 쳤을 대목이다. '관념론적 변증법'을 '변증법적 관념론'으로, '유물론적 변증법'을 '변증법적 유물론'으로 바꾸면 되니까 말이다. 이렇게 마르크스는 엥겔스를 거쳐 플레하노프에 이르러 '변증법적 유물론'이란 존재론을 피력한 형이상학자가 되고 만다. '변증법적 유물론'이란 존재론이 완성되었다면, 이제 이에 어울리는 인식론도 만들어져야 한다. 이에 대해 플레하노프는 전혀 고심할 필요가 없었다. 또 그의 멘토 엥겔스가 그에 대한 실마리를 제공했기 때문이다. 《루트비히 포이어바흐와 독일 고전철학의 종말》에는 '물자체^{Ding} $^{an sich}$'를 모르겠다는 칸트의 주장을 조롱하는 대목이 등장한다. "모든 어리석은 철학적 생각을 가장 적절하게 반박하는 것은 실천, 즉 실험과 산업이다. 만일 우리가 자연에서 일어나는 어떤 일을 스스로 만들고 그 조건들에서 그 일이 일어나게 하고 더욱이 그 일을 우리 목적에 쓸모 있게 함으로써 그 일에 대한 우리의 파악이 옳다는 점을 증명할 수 있다면, 칸트의 파악할 수 없는 '물자체'는 끝장난다. 동물과 식물의 몸에서 산출된 화학물질들은 유기화학에 의해 차례차례 석출되기 시작할 때까지는 그런 '물자체'는 남아 있었다. 유기화학과 더불어 예를 들어 꼭두서니의 색소인 알리자린처럼 '물자체'는 우리를 위한 사물이 되었다. 우리는 알리자린을 들에 있는 꼭두서니의 뿌리에서 자라게 하지 않고 콜타르에서 더 값싸게 만들어낸다."《순수이성비판$^{Kritik der reinen Vernunft}$》에서 칸트는 '물자체'가 우리 감성을 촉발하지만, 우리는 감성에 포착된 것만을 알 수 있다고 주장한다. 동일한 토끼를 만나도 뱀이 인식하는 것과 인간이 인식하는 것은 다르다. 하긴 인간의 경우만 하더라도 안경을 쓰고 본 사과와 안경을 벗고 본 사과는 다르지 않은가. 인간을 포함한 어떤 생명체든 자신의 생물학적 감각구조를 넘어서 사물 그 자체, 즉 '물자체'를 알 수는 없다. 결국 인간이 인식한 내용은 사물 그 자체가 아니라, 인간의 감성구조와 이미 관계된 것일 수밖에 없다는 주장이다. 그런데 지금 엥겔스가 보이는 패기만만한 순진함은 무엇인가? 유기화학을 통해서 우리는 물자체를 알 수 있다고 주장한다. 현미경을 사용해서 확인된 대상이 물자체일까? 아니다. 현미경은 그저 우리 눈의 기계적 수정에 지나지 않기 때문이다. 현미경을 떠나면 우리는 알리자린을 식별할 수 없다는 것이 중요하다. 결국 알리자린은 현미경에 매개된 대상이지, 결코 물자체가 아니다. 어쨌든 여기서 19세기 자연과학적 성과에 대한 엥겔스의 자신감, 나아가 자연과학에 대한 그의 낙관론을 확인하는 것으로 충분하다.

1870년대 이후 마르크스가 런던에서 육체적으로나 정신적으로 피폐해져갈 때, "장군"이란 별칭으로 유명했던 엥겔스는 거대한 계획에 착수한다. 누구나 동지라고 알고 있는 마르크스를 은밀히 극복하려는 계획이었다. 1842년 이후 마르크스와 교류를 지속했지만, 엥겔스는 마르크스에 대한 질투심과 열등감에서 벗어난 적이 한 번도 없었다. 핵심은 마르크스 때문에 발생한 엥겔스의 지적인 콤플렉스다. 마르크스를 만나기 전까지 그는 자신이 매우 영민하고 지적이라고 자부했다. 마르크스를 만난 뒤 그의 자부심은 바닥으로 떨어지고 만다. 자신의 영민함은 단지 사회과학이나 자연과학 등 실증적 학문과 현실적 감각에만 국한될 뿐이었다. 아무리 노력해도 자신은 마르크스가 가진 철학적 통찰력이나 감수성에 도달할 수 없다는 자괴감! 엥겔스는 마르크스처럼 철학적 사유 훈련을 제대로 받은 적이 없다. 바로 이것이 엥겔스가 청년 시절부터 가졌던 한계였다. 사회적 현실과 그 변화에 대한 예민한 촉은 가지고 있지만, 그걸 튼튼한 철학적 체계로 구성하는 능력이 부족했던 것이다. 바로 이걸 자각하도록 만든 사건이 마르크스와의 만남이었다. 반대로 엥겔스와 처음 만났을 때, 청년 마르크스는 《1844년 경제학-철학 수고》를 집필했을 정도로 당시 독일 주류 철학을 넘어서는 탁월한 철학적 안목을 자랑하고 있었다. 단지 그에게 부족한 것은 현실경험과 현실감각이었다. 1845년 엥겔스가 출판한 책 《영국의 노동자계급의 상태》에서 마르크스는 자신에게 부족한 탁월한 현실감각을 읽어낸다. 엥겔스는 1842년 11월에서 1844년 8월까지 당시 산업자본의 중심지, 영국 맨체스터에 머문 적이 있다. 이곳에서 그는 생산력의 발달이 어떻게 노동계급을 양산하는지, 그리고 새로운 억압체제로서 자본주의가 어떻게 작동하는지 간파했던 것이다. 구체적으로 이 짧은 글에서 엥겔스는 변화된 생산력과 생산관계가 노동계급을 만들고, 그들은 끝내 자본계급을 옹호하는 법률과 정치와 충돌할 수밖에 없다는 정치경제학적 논리를 설득력 있게 피력한다.

1842년 11월 처음 대면한 후, 청년 마르크스와 청년 엥겔스는 1844년 8월 28일에서 9월 6일까지 일주일 동안 파리에서 함께 시간을 보낸다. 이 일주일은 엥겔스에게는 그야말로 극적일 정도로 복잡한 시간이었다. 마르크스의 철학적 영민함에 직면하면서 자신의 지적 자부심이 자괴감으로 바뀌는 시간이면서, 동시에 자신의 영민함은 현실경험과 현실감각에 국한된다는 걸 받아들이는 시간이기도 했으니까. 어쨌든 결과적으로 그 일주일의 시간은 두 청년이 상대방에게서 자신의 부족분을 채울 수 있으리라 확신했던 시간이 된다. 이렇게 청년 마르크스와 청년 엥겔스의 오래된 인연은 시작된다. 어쨌든 1846년 두 사람이 공동 작업한 《독일 이데올로기》는 가장 중요한 결실이라고 할 수 있다. 이 공저를 보면 마르크스가 당시 엥겔스의 《영국 노동자계급의 상태》라는 글에 얼마나 강한 영향을 받았는지 우리는 확인할 수 있다. 특히나 생산력의 발달은 새로운 생산관계를 만들고, 그것이 끝내 기존의 낡은 사회관계와 출동한다는 엥겔스의 생산력주의가 중요하다. 헤겔에게 역사의 동력이 '절대정신'이었다면, 엥겔스에게는 '생산력'이 역사를 끌고 가는 동력이었던 셈이다. 여기서 기묘한 아이러니가 생긴다. 역사의 동력으로 물질적 생산력을 인정하는 순간, 물질적 생산력이 허락하지 않은 이상 노예는 고대사회를, 농노는 중세사회를, 노동자는 부르주아사회를 극복할 수 없다는 결론이 나오기 때문이다. 코뮌주의는 언제, 그리고 어디서나 유보될 수 없다고 확신했던 마르크스로서는 감당하기 힘든 결론 아닌가. 어쩌면 바로 이것이 두 사람의 공저 《독일 이데올로기》를 미완으로 만든 하나의 원인이었는지도 모른다.

1860년대 이후 마르크스가 엥겔스와 무관하게 《자본론》으로 상징되는 정치경제학적 연구에 매진하게 된 것도 이런 이유에서다. 마르크스는 형이상학적 실체로까지 긍정된 생산력주의로부터 일정 정도 거리를 두려고 했던 것이다. 어쨌든 20대 후반 청년 마르크스와 청년 엥겔스는 상대방을 경탄하면서 만나게 된다. 마르크스는 엥겔스에게서 정치경제학적 통찰을 배우고, 엥겔스는 마르크스에게서 철학적 통찰을 배웠으니까. 문제는 마르크스가 엥겔스의 통찰을 신속하게 자기 것으로 소화했지만, 엥겔스는 그렇지 못했다는 데 있다. 당연히 엥겔스는 마르크스의 엄청난 지적 소화력에 감탄했을 뿐만 아니라 동시에 그에 대한 열등감이 싹트기 시작한다. 철학자 친구를 둔 사람은 그로부터 크든 작든 열등감을 느끼기 쉽다. 자신이 며칠 혹은 몇 년을 고민해서 내린 결론을 한두 마디의 말로 깔끔하게 정리하는 친구의 모습이 어떻게 열등감을 심어주지 않겠는가? 엥겔스도

청년 마르크스와 청년 엥겔스의 만남. 1844년 8월 28일에서 9월 6일까지 일주일 동안 파리에서 함께 시간을 보낸 뒤 두 사람은 오랫동안 인연을 맺는다.

1840년 20세 무렵의 엥겔스.

마찬가지였다. 이곳저곳 뛰어다니며 포착했고 고민했던 사회적 문제들을 한 번 듣고 깔끔하게 정리하던 친구가 철학박사 마르크스였으니까. 간혹 마르크스가 황당한 주장을 해도, 엥겔스는 그것을 바로 논박하기는 힘들었을 것이다.

사실 죽음을 앞둔 엥겔스나 마르크스가 자신들의 지나간 활동을 정리하는 작업은 반드시 필요한 일이었다. 1871년 파리코뮌 붕괴 이후 부르주아체제가 성공을 구가하는 상황에서 두 사람의 문제의식과 자유정신은 언제든지 왜곡되거나 망각될 수 있기 때문이다. 그렇지만 이것은 단순한 연대기적 기술로는 불가능하다. 19세기에 국한되지 않고 억압사회가 존재하는 한, 계속 유효한 보편적인 체계가 요구되는 일이다. 역사적 정리가 아니라 철학적 정리가 필요한 셈이다. 바로 이 감당하기 버거운 작업을 엥겔스가 맡으면서 사달이 난다. 머리가 해야 할 일을 다리가 하려고 한 셈이다. 그렇지만 1870년대 초반부터 서서히 마르크스의 건강 상태는 지속적인 지적 작업에 장애를 줄 정도로 악화되고 있었다. 그사이 엥겔스는 독자적인 철학자의 길을 착실히 준비한다. 1873년에 그가 미완의 유고로 남을 대작 《자연변증법Dialektik der Natur》에 들어갈 수고를 작성하기 시작했던 것도 이런 이유에서다. 마르크스가 1867년 출간된 《자본론》 후속 작업에 몰두할 때, 엥겔스는 자연의 변증법을 체계화하고 있었던 것이다. 두 친구가 걸어온 우정의 역사를 크게 살펴보면, 놀라운 반전이 일어나고 있다는 걸 직감할 수 있다. 시간이 가면 갈수록 마르크스는 자신의 문제의식을 철학에서 정치경제학으로 옮기고, 엥겔스는 반대로 자신의 문제의식을 정치경제학에서 철학으로 옮긴다는 사실이다. 1845년 《영국 노동자계급의 상태》를 썼던 엥겔스가 1873년 《자연변증법》을 집필하려고 하고, 1844년 《1844년 경제학-철학 수고》

를 썼던 마르크스가 1870년대에 들어와서는 1867년 출간된 《자본론》 후속 작업에 박차를 가하기 때문이다. 마르크스가 추상에서 구체로 더 육박해 들어가려고 할 때, 엥겔스는 구체에서 비상해 점점 추상으로 나아가고 있었던 것이다.

중요한 것은 1860년대 들어서 마르크스가 정치경제학적 연구뿐만 아니라 정치적 활동에도 적극 매진한다는 사실이다. 1849년 6월 초 런던에 뿌리를 내린 마르크스는 1864년 9월 28일 영국 런던에서 발족한 '국제노동자연합', 즉 제1인터내셔널에 참여해 그것의 창설뿐만 아니라 다루어야 할 의제 설정에도 깊이 개입한다. 당시 마르크스는 에카리우스^{Johann Georg Eccarius}(1818~1889)와 함께 독일을 대표하는 평의회 의원으로 선출된다. 에카리우스가 누군가? 재단사 출신 독일 노동자로 1850년 완성된 그의 논문 〈런던에서의 재단업, 또는 대자본과 소자본의 투쟁^{Die Schneiderei in London oder Kampf des großen und des kleinen Capitals}〉을 지도했던 것이 마르크스이니, 에카리우스는 마르크스의 제자가 되는 셈이다. 에카리우스는 마르크스가 《자본론》을 출간했던 1867년 제1인터내셔널 총비서 중 한 사람으로 선출되니, 제1인터내셔널의 숨은 실력자가 누구였는지 우리는 쉽게 짐작할 수 있다. 1868년 벨기에 브뤼셀에서 열린 제1인터내셔널 3차 총회는 매우 중요하다. 《자본론》에 대한 총회의 극찬이 쏟아지면서, 노동 활동가들에게서 마르크스는 엄청난 인지도를 확보하니 말이다. 물론 후에 엥겔스도 평의회 의원이 되지만, 그가 대표하는 곳은 벨기에와 스페인이었다. 엥겔스는 연고도 별로 없고 영향력도 발휘할 수 없는, 그야말로 명예 평의원이 된 셈이다. 왜 마르크스는 엥겔스에게 독일 공동대표를 제안하지 않았던 것일까?

한 가지 확실한 것은 1848년 《코뮌주의정당 선언》을 썼을 때처럼 마르크스와 엥겔스 사이의 관계가 설령 균열과 불화는 아닐지라도 더 이상 지적 동반자 관계는 아니었다는 점이다. 이제 마르크스에게 엥겔스는 옛 친구이자 수많은 동지들 중 한 명일 뿐이다. 오랜 친구이자 동지였기에 경제적 궁핍에 빠질 때마다 마르크스는 엥겔스로부터 도움을 받았고, 그에 걸맞게 엥겔스를 배려한 셈이다. 엥겔스로서는 약간의 소외감, 약간의 질투심, 그리고 약간의 열등감이 들지 않을 수 없는 상황이었다. 자기와 무관하게 친구 마르크스가 자본주의체제를 해명하는 기념비적 연구를 홀로 진행했을 뿐만 아니라, 동시에 제1인터내셔널의 스타가 되어 있었으니까 말이다. 1867년《자본론》1권이 출간되면서 이미 마르크스가 사회주의자들의 절대적 아이콘이 되는 모습을 지켜보았던 엥겔스 아닌가? 명실공히 마르크스는 제1인터내셔널의 총아가 된 것이다. 엥겔스의 내면에는 마르크스의 정치경제학적 연구에 숟가락을 얹으려는 욕망도 들끓었지만, 동시에 다른 한편으로는 마르크스가 가장 잘하던 철학 분야에 무혈입성하려는 욕망도 기지개를 켜게 된다. 전자가 불가능하다면 후자만이 엥겔스가 선택할 수 있는 유일한 출구였다.

정치경제학에서 마르크스가 엥겔스를 압도했듯이, 엥겔스는 철학에서 마르크스를 압도하려는 방향으로 길을 잡는다. 1870년 엥겔스도 마침내 마르크스가 살고 있던 런던으로 들어와 정착한다. 1871년 5월 파리코뮌의 붕괴는 반자본주의 운동의 쇠퇴를 상징하지만, 아이러니하게도 마르크스 개인의 인지도는 최고점으로 올라간다. 파리코뮌의 흥망성쇠를 다룬 그의 책《프랑스내전》이 공전의 히트를 기록하기 때문이다. 이 책은 5월 출간된 지 두 달 만에 3판이나 찍었고, 2판은 무려 8000부나 팔려나갔다. 그렇지만 파리코뮌의 붕괴는 마르크스의 쇠퇴기를 상징하는 사건이라고 할 수 있다. 파리코뮌 붕괴 이후 제1인터내셔널의 활동도 지지부진해졌을 뿐만 아니라, 마르크스의 건강도 점점 연구에 집중하기 어려운 상황으로 접어들고 있었기 때문이다. 1873년 엥겔스는 조용히 마르크스를 압도할 철학 체계를 마련하는 작업에 착수한다. 엥겔스의 전략은 생각보다 단순하다. 인간과 사회, 그리고 인간의 역사에 집중했던 마르크스를 넘어서려면, 인간이 그 부분에 속할 수밖에 없는 전체 자연의 본질을 탐구하자는 전략이었으니까.

물질Materie이 운동하는 영원한 순환ewiger Kreislauf이다. …… 이 순환에서 물질의 모든 유한한 존재 방식들은, 태양이든 성운이든, 개별 동물이든, 동물의 유든, 화학적 결합이든 분리든 다 같이 과도적인 것이며, 영원히 변화하고 영원히 운동하는 물질과 이런 변화와 운동이 따르고 있는 법칙Gesetze 외에는 어떤 것도 영원하지 않다. 그러나 이런 순환이 시간과 공간 속에서 아무리 자주 또 아무리 무자비하게 수행된다고 하더라도, 아무리 수백만 개의 태양과 지구가 발생하고 소멸한다고 하더라도, 어떤 태양계에서 단 하나의 행성에서만 유기적 생명을 위한 조건들이 성립되기까지 아무리 오래 걸린다 하더라도, 무수한 유기적 존재들 가운데 사유할 수 있는 두뇌를 가진 동물이 발전하여 잠시 동안 생존 가능한 조건들을 발견하게 되고 그 후에 역시 가차 없이 절멸되기에 이르기까지 아무리 무수한 유기체들이 먼저 출현했다가 사라져가야만 했다고 하더라도. 우리는 확신한다. 물질은 그 모든 변화 속에서도 영원히 동일한 것으로 남아 있다는 것, 물질의 속성 가운데 어떤 것도 상실될 수 없다는 것, 따라서 물질은 그 최고의 정화인 사유하는 정신을 지구상에서 다시 절멸시키

2부. 마르크스의 철학, 마르크스의 과학

게 될 동일한 냉혹한 필연성^{Notwendigkeit}으로 다른 곳에서 또 다른 때에 그것을 다시 산출할 수밖에 없다는 것을.

-〈서문〉, 《자연변증법》

《독일 이데올로기》에서 마르크스는 "우리는 단지 유일한 과학, 역사의 과학만을 알 뿐이다"라고 강조한다. 이어서 마르크스는 자연의 역사에 대한 자기 입장을 밝힌다. "인간이 존재하는 한, 자연의 역사와 인간의 역사는 서로 제약한다"고. 인간이 없다면 인간의 역사도 자연의 역사도 아무런 의미가 없다는 이야기다. 이 유일한 차안세계에 인간들이 있다. 그리고 그들의 삶을 해명하려면, 우리는 인간의 역사와 자연의 역사가 필요하다는 것이다. 그런데 지금 엥겔스는 인간과 무관한 자연, 인간이 소멸되어도 작동하는 자연 전체를 사유하고 있다. 인간의 역사와는 무관한 '영원한 순환의 형이상학'이 장엄하게 피력된다. 생성과 소멸이 반복되고 다시 시작되는 식으로 통일되어 있으니, 이 '영원한 순환'은 뒤에 '변증법적 유물론'이 피력했던 '대립의 통일'과 다름없다. 행성과 동물, 심지어 인간을 포함한 모든 개별자들이 사라져도 "영원히 변화하고 영원히 운동하는 물질과 이런 변화와 운동이 따르고 있는 법칙"은 영원하다는 엥겔스의 말은 장엄함을 줄 정도로 인상적이다. 영원한 것은 영원히 운동하는 물질, 그리고 그 형이상학적 물질이 개별자를 형성하거나 개별자를 소멸시키는 법칙이라는 것이다. 물론 이 영원하다는 법칙은 유물론적 변증법의 세 가지 법칙, 즉 대립의 통일, 양질전화, 부정의 부정이다. 자본주의체제를 괴멸하고 코뮌사회를 만들자는 엥겔스가 어느 사이엔가 '형이상학적 유물론자'가 되어버린 것이다.

방금 읽은 서문은 1875년이나 1876년 사이에 쓰였다고 한다. 왜 엥겔스는 '자연의 변증법'이나 '영원한 순환의 형이상학'이라고 불릴 수 있는 형이상학적 유물론을 구성하고 있었던 것일까? 차안주의를 표방했던 마르크스를 감금할 우주론적 감옥이 필요했던 것이다. 당연히 이 감옥은 인간뿐만 아니라 무기물과 유기물, 심지어 행성까지도 담을 수 있을 만큼 튼튼하다는 것이 입증되어야 한다. 엥겔스가 무리수를 두면서까지 유물론적 변증법을 사회과학과 자연과학에 적용하려고 했던 것도 이런 이유에서다. 그래야 유물론적 변증법은 사회과학과 자연과학 등 과학 일반을 규정하는 법칙이 될 수 있으니까. 그 중간 결과물이 엥겔스가 1878년에 출간한 《오이겐 뒤링 씨의 과학혁명》이다. 이 책은 1907년 영어로 번역된 책 제목 《반-뒤링Anti-Dühring》으로 더 유명하다. 이 책에는 '양질전화'와 '부정의 부정'을 변증법의 법칙으로 설명하는 소절들이 들어 있다. 그러니 플레하노프가 이 책을 얼마나 좋아했겠는가? 내용뿐만 아니라 이 책의 구성도 중요하다. 엥겔스가 얼마나 단순하게 유물론적 변증법을 체계화했는지 알려주기 때문이다. 엥겔스는 1817년 출간된 헤겔의 《철학강요》를 벤치마킹했다고 해도 과언이 아닐 정도로 엄청 의식한다. 1부 〈논리학Wissenschaft der Logik〉, 2부 〈자연철학Naturphilosophie〉, 3부 〈정신철학Philosophie des Geistes〉으로 《철학강요》를 구성하면서, 헤겔은 자신의 관념론적 체계를 모든 것에 적용하려고 했다. 헤겔의 체계를 그대로 도입한 엥겔스는 《반-뒤링》을 통해 유물론적 변증법 체계가 모든 것에 적용된다는 것을 보여주려고 한다. 헤겔의 관념론적 변증법만 뒤집으면 유물론적 변증법은 그대로 체계성을 가질 거라는 순진한 생각이다. 1873년 1월 24일 《자본론》〈2판 후기〉에 등장하는 마르크스의 은유, 즉 "변증법은 헤겔에서 머리로 서 있다. 변증법을 뒤집을 필요가 있다"는 말을 정말 우직하게도 그대로 실천해버린 셈이다. 은유

2부. 마르크스의 철학, 마르크스의 과학

를 은유로 받아들이지 못한 순간, 엥겔스가 사후적 변증법을 사전적 변증법으로 되돌려야 한다는 마르크스의 주장을 이해하는 것은 불가능에 가깝다. 아무튼 엥겔스는 유물론적 변증법을 과학 일반을 규정하는 법칙, 즉 과학의 과학으로 만들었다.

이제 유물론적 변증법은 과학과 과학 아닌 것을 구분하는 유일한 원리가 된다. 바로 이 대목이 중요하다. 과학의 과학으로 승격되는 순간, 유물론적 변증법은 논박 불가능한 형이상학적 원리로 작동할 수밖에 없기 때문이다. 1880년 엥겔스는 유물론적 변증법을 최상의 원리로 만들었던 《반-뒤링》의 성과를 요약하고 쉽게 해명한 소책자를 출간한다. 《유토피아에서 과학으로의 사회주의의 발전^{Die Entwicklung des Sozialismus von der Utopie zur Wissenschaft}》이다. 이 책은 1880년 이후 20세기 초까지 다양한 언어로 번역되어 공전의 히트를 기록한다. 당시 '과학적 사회주의'라는 개념을 쓰지 않는 사회주의자들이 거의 없었을 정도였다. 플레하노프나 레닌도 여기서 예외는 아니다. 이 책은 엥겔스에게 마르크스에 버금가는 대중적 인지도를 제공한다. 이 책이 나오기 전까지 엥겔스는 마르크스가 남긴 사상적 유산을 보관하고 정리하는 관리자였다면, 이 책의 히트로 그는 마르크스 사상에 가장 정통한 해석자, 나아가 마르크스에 버금가는 철학자로 거듭난 것이다. 이런 자신감에 따라 그는 마르크스의 수고를 편집해 《자본론》 6권까지 출간하려는 계획에 착수한다. 실제로 《자본론》 2권은 마르크스가 죽은 지 2년 뒤인 1885년에 출간된다. 어쨌든 시간이 갈수록 엥겔스를 거치지 않으면 마르크스를 이해할 수 없다는 분위기가 형성된 것은 어김없는 사실이다. 1889년 7월 14일 파리에서 발족된 두 번째 인터내셔널^{The Second International}은 1893년 8월 9일에서 13일까지 열렸던 스위스 취리히 총회에서 엥겔스를 명예 인터내셔널 의장으로 임명했을 정도였다. 1878년에 《반-뒤링》을 그리고 1880년에 《유토피아에서 과학으로의 사회주의의 발전》을 출간한 후, 포이어바흐에 관한 작업은 자신감이 붙는다. 자신의 유물론적 변증법, 혹은 '과학적 사회주의' 안에 마르크스를 감금할 수 있다는 자신감이다. 여기서 흥미로운 것은 1873년에 시작된 《자연변증법》을 완성하겠다는 엥겔스의 노력이 1883년 이후 더 이상 보이지 않는다는 점이다. 왜냐고? 마르크스가 죽었기 때문이다.

호랑이가 죽으면 여우가 왕 노릇을 하는 법! 1886년 엥겔스는 《신시대Die Neue Zeit》에 두 차례에 걸쳐 글을 발표하면서, 마르크스를 유물론적 변증법 안에 감금해버린다. 1886년은 마르크스가 사망한 지 3년이 지난 뒤였다. 1888년 출간된 《루트비히 포이어바흐와 독일 고전철학의 종말》은 바로 이 두 글을 하나의 책으로 정리한 것이다. 그렇지만 노회한 엥겔스는 표면적으로 자신이 마르크스의 충실한 계승자라는 제스처를 취한다. 비록 이 세상을 떠났지만 마르크스는 이미 사회주의자들에게는 전설이었기 때문이다. 실제로 1880년대 초 엥겔스의 유물론적 변증법이 마르크스와 무관하다는 느낌을 받았던 사람들이 많았나 보다. 이 책의 세 번째 주석을 보면 엥겔스는 겸손하게도 마르크스 앞에 고개를 숙이는 시늉을 한다. "사람들은 요즘 되풀이하여 이 이론에서 나의 몫을 지적했다. …… 내가 기여한 일은 내가 없었더라면 마르크스가 마무리할 수 있었을 것이다. 마르크스가 한 일을 나는 마무리하지는 못했을 것이다. …… 마르크스는 천재였고 우리는 기껏해야 재주꾼이었다. 그가 없었더라면 오늘날 이 이론은 현재의 것에 훨씬 미치지 못했을 것이다. 따라서 이 이론은 당연하게도 그의 이름을 지니고 있다." 유물론적 변증법은 당신 것 아니냐는 의심에, 자신은 그런 야심도 능력도 없다는 변명이다. 사변

2부. 마르크스의 철학, 마르크스의 과학

1893년 스위스 취리히에서 열렸던 제2인터내셔널 총회에 참여한 독일 사회주의자들. 가운데에 엥겔스의 모습이 보인다. 클라라 체트킨(왼쪽 세 번째), 아우구스트 베벨(오른쪽 세 번째), 에두아르트 베른슈타인(오른쪽 맨 끝)의 모습도 보인다.

적 형이상학을 싫어했던 마르크스와는 달리 '자연의 변증법'을 몰래 구축했던 엥겔스 아니었던가? 결국 엥겔스는 자신과 마르크스가 지금까지 유물론적 변증법 혹은 과학적 사회주의를 지향해왔다는 식으로 얼버무릴 수밖에 없었다. 어쨌든《루트비히 포이어바흐와 독일 고전철학의 종말》은 마르크스 때문에 느꼈던 열등감에서 자신이 자유로워졌다는 엥겔스의 선언이다. 자신의 책에 거장의 풍모를 풍기며 엥겔스는 근사한 서문을 단다. 서문 마지막 구절을 읽어보자. 여기서 우리는 세 번째 주석과는 다른 엥겔스의 맨얼굴을 보게 된다.

나는 이 글을 인쇄하러 보내기 전에 1845/1846년의 낡은 초고를 다시 찾아내 살펴보았다. 포이어바흐에 관한 절은 완성되지 않았다. 완결된 부분은 '유물론적인 역사 이해materialistischen

Geschichtsauffassung'에 관한 서술이지만, 이 서술은 경제사에 관한 그 당시 우리의 지식이 얼마나 불완전했는지를 보여줄 뿐이다. 포이어바흐의 이론 자체에 대한 비판도 빠져 있었다. 그러므로 그 초고는 현재의 목적을 위해 쓸모가 없었다. 대신 나는 마르크스의 낡은 한 공책에서 부록에 실린 포이어바흐에 관한 열한 개의 테제들을 발견했다gefunden. 이 테제들은 나중에 가다듬으려고 급히 흘려 쓴 메모였으며 출판하려고 예정한 것은 결코 아니었지만, 새로운 세계관의 '천재적인 맹아geniale Keim'를 간직하고 있는 최초의 기록으로 매우 귀중하다.

1888년 2월 21일 런던
프리드리히 엥겔스
–《루트비히 포이어바흐와 독일 고전철학의 종말》

본문 주석에 등장했던 "마르크스는 천재이고 자신은 재주꾼에 불과하다"는 엥겔스의 겸손함은 완전히 증발한다. 여기서 엥겔스가 말한 "1845/1846년의 낡은 초고"는 마르크스와 함께 집필했던《독일 이데올로기》다. 1845년 마르크스가 완성한〈포이어바흐에 관한 테제들〉과 비교해보면, 우리는《독일 이데올로기》의 집필을 마르크스가 주도했다는 걸 쉽게 알 수 있다. 집필 도중에 마르크스가 정치경제학적 통찰의 많은 부분을 엥겔스로부터 도움을 받지만 말이다. 마르크스의 체취가 물씬 풍기는《독일 이데올로기》에 대한 엥겔스의 반응은 매우 흥미롭다. 엥겔스는《독일 이데올로기》가 하자가 많은 부족한 책이라고 단언한다. 그는 그 이유로 두 가지를 든다. 첫째《독일 이데올로기》의 '유물론적 역사 이해'는 불완전한 경제사적 지식에 근거하기 때문이고, 둘째 포이어바흐에 대한 비판도 제대로 수행되지 않았기 때문이다. 결국 엥겔스의 속내는 단순하다. 자신의 《루트비히 포이어바흐와 독일 고전철학의 종말》은 《독일 이데올로기》를 쓸모없게 만들 만큼 훌륭하다는 것이다. 유물론적 변증법과 과학적 사회주의를 체계화했다는 자부심도 이 정도면 압권이다. 그렇지만 여기서 엥겔스는 커다란 실수를 하고 만다. 《루트비히 포이어바흐와 독일 고전철학의 종말》 말미에 부록으로 그는 마르크스의 〈포이어바흐에 관한 테제들〉을 싣기 때문이다. 그의 말처럼 엥겔스가 마르크스의 유고들에서 〈포이어바흐에 관한 테제들〉을 발견했을 수도 있다. 그렇지만 엥겔스가 마르크스의 테제를 《독일 이데올로기》를 공동 집필할 때부터 알고 있었을 가능성이 훨씬 크다. 《독일 이데올로기》를 읽어보면 우리는 이 책이 포이어바흐에 관한 마르크스의 11개 테제를 친절히 해명하고 있다는 사실을 쉽게 알 수 있다. 그러니 《독일 이데올로기》를 집필할 때 엥겔스가 마르크스의 테제를 몰랐을 가능성은 거의 없다. 어쩌면 마르크스가 〈포이어바흐에 관한 테제들〉을 보여주자, 대중들이 쉽게 읽을 수 있는 저작을 공동으로 만들자고 제안했던 당사자가 엥겔스였을 것이다.

유물론적 변증법을 절대화한 형이상학적 유물론 체계를 완성했다는 자부심, 나아가 마침내 마르크스의 철학을 극복해 자기 철학 체계에 감금했다는 승리감이 문제였다. 그는 전리품으로 마르크스의 11개 테제를 부록으로 자기 책에 붙인다. "새로운 세계관의 '천재적인 맹아'를 간직하고 있는 최초의 기록"이라는 말과 함께. 맹아다! 싹이라는 소리다. 1888년 자신은 거대하게 성장한 나무라면 1845년 철학자 마르크스는 천재적이었지만 미숙하고 부족하기 이를 데 없는 싹에 불과하다는 이야기다. 자신이 얼마나 위대하고 철학적이고 체계적인지 보여주기 위해 엥겔스는 마르크스의 11개 테제를 대중들에게 공개하는 실수를 범한다. 엥겔스는 이 11개의 테제가 얼마나 심오하고 강력한지 전혀 자각하지 못했다. 우리로서는 정말 다행스러운 일이다. 엥겔스가 안목이 탁월했다면, 11개의 테제들은 벽난로 불길 속에 재로 영원히 사라졌을 수도 있었을 테니까. 엥겔스! 그는 1888년에도 여전히 철학적 안목이 보잘것없었다. 아마 그가 주목했던 것은 마르크스의 열 번째 테제였을 가능성이 크다. "낡은 유물론의 입장은 부르주아사회이며, 새로운 유물론의 입장은 인간사회 또는 사회적 인간이다."

엥겔스는 자신이 1873년부터 1888년까지 했던 작업, 즉《반-뒤링》,《자연변증법》,《유토피아에서 과학으로의 사회주의의 발전》, 그리고 최종적으로《루트비히 포이어바흐와 독일 고전철학의 종말》등이 마르크스가 말한 '새로운 유물론'을 체계화한 것이라고 확신했을 것이다. 그렇지만 우주 전체까지 포괄하는 엥겔스의 형이상학적 유물론, 그리고 물자체도 알 수 있다는 엥겔스의 과학적 인식론이 정말 마르크스가 말한 새로운 유물론이었을까? 아니다. 테제라는 형식으로 작성된 모든 글에서 가장 중요한 것은 첫 번째 테제다. 기억하는가? '대상적 활동Gegenständliche Tätigkeit, objective activity'이란 개념으로 자신이 (낡은) 유물론과 관념론을 동시에 극복했음을 보여주었던 마르크스의 첫 번째 테제 말이다. "지금까지 모든 유물론—포이어바흐의 유물론을 포함하여—의 주된 결함은 사물, 현실, 감성을 대상 또는 직관의 형식으로만 생각했을 뿐 감성적인 인간 활동이나 실천으로, 주체적으로 생각하지 못했다는 데 있다. 그렇기 때문에 능동적 측면은 유물론과 대비되어 관념론에 의해 발전되었지만, 관념론은 현실적이고 감성적인 활동 자체를 알지 못하기 때문에 그 발전은 단지 추상적일 뿐이었다." 마르크스에게 새로운 유물론은 인간 개개인이 대상적 활동을 하는 실천 주체라는 걸 긍정하는 것이었다. '대상적'이라는 것은 인간의 삶은 백지에서 출발하는 것이 아니라 어찌할 수 없는 삶의 조건에서 시작해야 한다는 의미로, 인간의 삶이 지닌 수동성을 가리킨다. 반면 '활동'이라는 것은 인간은 주어진 삶의 조건에 수동적으로 적응하지 않고 주체적으로 극복한다는 의미로, 인간 삶이 지닌 능동성을 가리킨다. 이렇게 마르크스는 '대상적 활동'이란 개념으로 낡은 유물론과 관념론을 깔끔하게 넘어서고 만다. 다시 말해 인간의 능동적인 측면을 알지 못한 것이 포이어바흐를 포함한 낡은 유물론의 한계였다면, 인간의 수동적인 측면을 알지 못한 것이 관념론의 한계라는 것이다. 1845년 27세의 젊은 철학자 마르크스는 이미 새로운 유물론, 즉 자기 철학을 완성했던 것이다. 활동이 대상적 조건들을 제대로 극복하려면, 무엇보다도 먼저 대상적 조건들에 대한 정확한 인식이 필요하다. 1860년대 이후 마르크스가 《자본론》 1권이 보여주는 것처럼 자본주의체제에 대한 정치경제학 연구에 몰두하는 이유도 바로 여기에 있다. 자본주의체제의 법칙에 순응하기 위해서가 아니라 그 법칙을 극복하기 위해서, 혹은 냉혹한 자본주의체제에 절망하기 위해서가 아니라 극복의 희망을 품기 위해서 말이다. 그러니 전리품이라고 생각해 부록에 담은 마르크스의 테제들은 사실 엥겔스가 자신했던 유물론적 변증법을 날려버릴 수 있는 무시무시한 시한폭탄이었던 셈이다. 마르크스 대신 엥겔스에게 물어보자. "사물, 나아가 인간 아니 전체 우주에 내재하는 변증법적 법칙에 따라야 한다는 당신의 주장은 인간 개개인의 능동성을 버린 낡은 유물론 아닌가?" 생성과 파괴가 통일된 우주에 시선을 빼앗긴 엥겔스가 우리의 질문에 대답이라도 할지 모르겠다.

마지막으로 정리해보자. 1870년대 이후 엥겔스의 활동은 마르크스에 대한 그의 지적 콤플렉스가 작동한 것이 아니면 설명하기 힘들다. 엥겔스의 설욕은 마르크스가 죽은 1883년 이후 본격화한다. 장교 출신답게 엥겔스의 전략은 교묘한 데가 있었다. 마르크스의 모든 평판과 권위를 자기 것으로 만드는 방식을 취하기 때문이다. 마르크스가 완전히 부정된다는 것은 자기의 튼튼한 둥지도 사라진다는 걸 누구보다 잘 알고 있던 엥겔스였다. 넘버 원이 되기보다는 확실한 넘버 투가 되겠다는 것, 다시 말해 마르크스에게서 왕관을 물려받는 계승자가 되겠다는 것! 이것이 엥겔스의 전략이었다. 그렇지만 1842년 이후 겉으로 보기에 지속적이었고 끈끈해 보였던 두 사람의 교류는 누구도 엥겔스의 야욕을 의심할 수 없도록 했다. 1883년 3월 14일 마르크스가 죽은 뒤 열렸던 장례식에는 엥겔스를 포함한 10명 내외의 사람들이 조문객으로 참여한다. "3월 14일 오후 한두 시경, 생존했던 가장 위대한 사상가는 생각하기를 멈추었다. 그는 거의 2분 정도 홀로 남겨져 있었는데, 우리가 다시 돌아왔을 때 그는 안락의자에 앉은 채 평화롭게 잠들었다. 영원히." 장례식에서 엥겔스가 했던 추도사의 일부분이다. 이제 엥겔스는 자연스럽게 마르크스의 유고들을 보관하면서 그의 사상적 유산을 관리하는 사람이 된다. 10명 내외의 조문객만 있었을 뿐이니, 누가 마르크스 유산 관리자의 신분을 두고 엥겔스와 싸울 수 있었겠는가. 이렇게 엥겔스는 마르크스의 죽음과 함께 우정의 화신으로 거듭난다. 겉으로는 충실한 이인자의 길, 혹은 우정의 길을 걷지만 실제로 그는 마르크스를 모든 면에서 압도하고 볼모로 잡을 계획에 착수한다.

먼저 철학이다. 그는 마르크스로부터 완전히 독립한다. 젊은 시절 마르크스와 자신이 수행했던 독일 고전철학 비판은 미숙했을 뿐

2부. 마르크스의 철학, 마르크스의 과학

	마르크스 (1883년까지)	엥겔스 (1883년 이후)	비고
철학	• 〈포이어바흐에 관한 테제들〉(1845) • 《독일 이데올로기》 (1846, 엥겔스와 공저)	• 《루트비히 포이어바흐와 독일 고전철학의 종말》(1888)	마르크스주의 철학을 다룰 때, 여전히 《독일 이데올로기》는 중심적 지위를 유지한다. 반면 1991년 12월 소련의 해체 이후 엥겔스의 후기 철학 저작들은 거의 무시된다.
정치 경제학	• 《자본론》 1권(1867)	• 마르크스 유고 편집 출간: 《자본론》2권(1885) 《자본론》3권(1895)	《자본론》2권과 3권의 문제점이 속속 드러나면서, 마르크스의 정치경제학을 연구하는 학자들은 《자본론》1권과 엥겔스가 편집하지 않은 마르크스의 수고들을 집중적으로 다룬다.
대외 활동	제1인터내셔널 독일 대표이자, 최고 이론가	제2인터내셔널 명예의장(1893)	제1인터내셔널은 공식 명칭이 '국제노동자연합'이었듯, 노동자들이 주류를 형성하고 있었다(노동자 중심). 반면 제2인터내셔널은 지식인이나 정치가, 혹은 혁명가들이 주류를 형성한다(지식인 중심). 실제로 1889년 파리에서 창립된 제2인터내셔널은 각국의 사회당과 노동당들의 연합체로 출범한다.

만 아니라 불충분했다고 선언하면서, 엥겔스는 1888년 《루트비히 포이어바흐와 독일 고전철학의 종말》을 출간한다. 마르크스가 못했던 것을 자기가 했다는 선언인 셈이다. 두 번째 정치경제학적 측면을 보자. 1860년대 이후 마르크스는 엥겔스와는 무관하게 정치경제학적 연구를 수행했고, 그 첫 결실로 1867년에 《자본론》 1권을 출간한다. 당시 엥겔스가 《자본론》 1권에 기여했던 유일한 방법은 마르크스가

연구에 몰두하도록 경제적 도움을 주는 것이 전부였다. 한 번도 돈의 부족을 느끼지 않을 정도로 집안이 부유했던 엥겔스였으니까.《자본론》1권을 통해 마르크스는 엥겔스가 따라갈 수 없을 정도로 앞선 정치경제학자가 된다. 똑똑한 친구에 대한 질투심과 정치경제학적 분야에서 자신이 망각될 수도 있다는 조바심은 엥겔스로 하여금 마르크스가 남긴 수고를 이용해《자본론》2권을 1885년에, 그리고 3권을 1895년에 편집해 출간하도록 만든다. 세 번째 공식적 활동이다. 제1인터내셔널에서 주도적 활동을 하며 노동계급의 아이콘이 되었던 마르크스에 대한 엥겔스의 질투는 엥겔스가 식도암으로 세상을 떠난 1895년에 해소된다. 마침내 그는 제2인터내셔널의 명예의장이 되었으니까. 겉으로는 마르크스 사유의 충실한 유산 관리자로 보이길 원했고 속으로는 마르크스를 자기 체계에 가두려고 했던 엥겔스의 소원이 모두 이루어진 셈이다.

엥겔스의 시도는 성공적이었다. 이제 엥겔스는 자신의 소원대로 '마르크스-엥겔스'로 묶이게 되었으니까. 영민한 독자가 아니라면, 이제 그 누구도 의심할 수 없다. 엥겔스가 마르크스의 평생 친구였으며 후원자라는 사실, 엥겔스가 마르크스의 지적 유산의 수호자라는 사실, 그리고 엥겔스가 마르크스 사상에 가장 정통한 해석자라는 사실을. 결국 마르크스는 빼도 박도 못하게 유물론적 변증법과 과학적 인식론을 표방한 철학자가 된다. 그는 인간의 역사뿐만 아니라 자연의 역사도 유물론적 변증법의 원리에 의해 움직인다고 주장했던 형이상학적 유물론자이자, 동시에 모든 것이 유물론적 변증법으로 해명될 수 있다고 낙관했던 과학적 인식론자이기 때문이다. 이제 유물론적 변증법과 과학적 인식론으로 인간사회와 역사를 해명하고 변혁하려고 했으니, 마르크스는 엥겔스가 말한 대로 '과학적 사회주의자'가 되어버린 것이다. 아마도 소련 국가대표 철학자 플레하노프만큼 엥겔스의 과학적 사회주의를 맹신했던 사람도 없을 것이다. 플레하노프가 엥겔스만큼이나 철학적 안목이 떨어진다는 방증이다. 그는 엥겔스의 과학적 사회주의를 그냥 시험을 준비하는 학생이 교재를 요약하는 것처럼 받아들이고 만다. 엥겔스가 세상을 떠난 1895년, 플레하노프가 어떻게 엥겔스 사상을 마르크스 사상으로 오인하는지 직접 읽어보자.

> 변증법적 유물론자들은 "모든 것을 경제적인 것으로 환원한다". 이미 우리는 이 주장이 어떻게 이해되어야 하는지 설명했다. 그렇지만 경제적인 것들은 무엇인가? 그것은, 인간들이 자신들의 생산과정을 통해 주어진 사회를 구성하는 실제적 관계들의 총체다. 이런 관계들은 운동하지 않는 형이상학적 본질을 함축하지 않는다. 그것들은 생산력발전의 영향에 따라, 그리고 주어진 사회를 둘러싼 역사적 환경의 영향에 따라, 영원히 변하기 때문이다. 생산과정에 있는 인간들의 실제적 관계가 주어지면, 필연적으로 이 관계로부터 어떤 결론들이 도출된다. 이런 의미에서 사회운동은 법칙에 순응해야 하고, 그 어떤 사람도 마르크스보다 법칙에 더 잘 순응할 수는 없었다.
>
> ―《역사에 대한 일원론적 견해의 발전》(1895)

지금 우리는 '변증법적 유물론'이란 신조어가 생생하게 사용되는 역사적 현장에 있다. 플레하노프의 논의는 단순하다. 모든 것은 물질들의 변증법적 운동으로 설명할 수 있다. 마찬가지로 사회도 정치나 법률 등 관념적인 것이 아니라, 경제라는 물질적인 것으로, 그리고 변증법으로 설명될 수 있다. 다시 말해 생산과정을 통해 주어진 실제적 관계들, 즉 경제적 관계들을 인식하면, 이에 대응하는 법칙들, 물론 변증법적 법칙들을 찾을 수 있다는 것이다. 우리에게 남은 것은 이 법칙에 절대적으로 순응하는 일이다. 엥겔스가 표방한 형이상학적 유물론과 과학적 인식론이 그대로 적용되는 논의다. 중요한 것은 플레하노프가 엥겔스의 논의를 그대로 마르크스 사상이라고 이야기하는 대목이다. "어떤 사람도 마르크스보다 변증법적 법칙에 더 잘 순응했던" 사람은 없었으니까 말이다. 플레하노프의 변증법적 유물론이 레닌이 이끌던 볼셰비키의 공식적 입장으로 인정된 이유는 다른 데 있는 것이 아니다. 물질적인 것, 즉 경제적인 것이 전개되는 법칙이 존재하고, 이것이 인식 가능하다는 주장 때문이다. 물론 모두가 이것을 쉽게 인식할 수는 없다. 과학적 사회주의라는 모토처럼 이것은 과학적 인식을 할 수 있는 소수의 사람들만이 감당할 수 있을 뿐이다. 1903년 브뤼셀에서 열린, 그 역사적인 러시아사회민주노동당the Russian Social Democratic Labour Party, RSDRP 2차 회의를 떠올려보라. '러시아에서 억압받는 사람들의 공동체를 어떻게 만들 것인가?' 이것이 당시 주요 의제였다. 이 회의에서 러시아 사회민주주의자들은 다수파라는 뜻의 볼셰비키Bolsheviki, большевик와 소수파라는 뜻의 멘셰비키Mensheviki, меньшевик로 양분된다. '소수파'라는 뜻을 지녔지만 다수로 당을 장악하고 있던 멘셰비키의 지도자 마르토프Julius Martov(1873~1923)가 혁명은 다수가 자유롭게 참여하는 정당으로만 가능하다고 주장했다면, 볼셰비키의 지도자 레닌은 직업 혁명가의 엘리트 정당만이 혁명을 이끌 수 있다고 주장했다. 바로 이때 플레하노프의 변증법적 유물론은 레닌의 주장에 철학적 근거를 제공했던 것이다. 플레하노프의 말대로 "생산력발전", "주어진 사회를 둘러싼 역사적 환경", 그

볼셰비키의 지도자 레닌은 직업 혁명가의 엘리트 정당이 혁명을 이끌어야 한다고 주장했다. 플레하노프의 변증법적 유물론이 레닌의 주장에 철학적 근거를 제공해주었다.

리고 "생산과정에 있는 인간들의 실제적 관계"를 과학적으로 인식하는 사람들은 다수일 수는 없고 소수, 즉 거의 마르크스와 같은 소수 엘리트들일 수밖에 없으니까.

플레하노프, 그는 레닌과 함께 볼셰비키의 핵심 멤버였다. 그런데 여기에 아주 흥미로운 볼셰비키 소속 지성인이 한 명 등장한다. 레닌과 함께 체스 게임을 즐겨 하던 그의 또 다른 볼셰비키 동지 보그다노프Alexander Aleksandrovich Bogdanov(1873~1928)였다. 소수 엘리트가 혁명을 이끌어야 한다는 레닌의 입장에 찬동했기에, 그는 볼셰비키에 속했던 것이다. 러시아와 같은 낙후된 국가에 혁명적 엘리트주의는 필요악일 수는 있지만, 이것을 마르크스로 정당화해서는 안 된다. 이것이 보그다노프의 입장이다. 그러니 혁명적 엘리트주의를 정당화하려고 플레하노프가 마르크스를 끌고 들어올 때, 보그다노프는 여간 불편한 것이 아니었다. 플레하노프가 이해한 마르크스의 사상은

1908년 이탈리아 카프리에서 레닌과 체스를 두고 있는 보그다노프(왼쪽). 가운데 있는 사람은 소설가 막심 고리키이다. 보그다노프는 자신이 이해한 마르크스주의는 "영원한 모든 진리들에 대한 거부를 함축한다"고 말했다.

자신이 알던 마르크스의 사상이 아니었으니까. 엥겔스의 중매로 마르크스를 만났던 플레하노프와 달리 보그다노프는 마르크스와 직접 만났던 것이다. 바로 '대상적 활동'이다. 활동을 빼면 낡은 유물론이 도출되고 대상을 빼면 관념론이 도출되는 바로 그 개념, 유물론과 관념론을 모두 극복하고 생생하게 살아 있는 인간의 삶과 활동을 포착했던 바로 그 개념! 보그다노프는 '대상적 활동'이란 개념에서 마르크스 사상의 정수를 보았던 것이다. 당연히 그는 인간과 무관한 객관적 대상과 객관적 법칙이 존재한다는 플레하노프의 입장에 반대한다. 플레하노프가 이해하는 마르크스는 진짜 마르크스가 아니기 때문이다. 보그다노프가 1904년에서 1906년까지 3권이나 되는 방대한 저서 《경험일원론: 철학에 대한 논문들Empiriomonizm: Stat'i po Filosofii》을 출간했던 것도 이런 이유에서다. 그렇지만 물질적인 것, 즉 경제적인 것이 작동하는 객관적 법칙이 부정되면, 소수 엘리트는 부정될 수밖

　　　　　　　2부. 마르크스의 철학, 마르크스의 과학

에 없지 않은가? 지금 보그다노프는 자신도 모르게 자신이 속한 볼셰비키를 와해할 수도 있는 주장을 하고 있는 것 아닌가? 마침내 레닌은 같은 볼셰비키 동지 보그다노프에게 칼을 겨눈다.

> 보그다노프는 말한다. "내가 이해한 것에 따르면 마르크스주의는, 어떤 종류든 어떤 진리의 무조건적 객관성에 대한 거부, 즉 영원한 모든 진리들에 대한 거부를 함축한다."(《경험일원론》세 번째 권) 보그다노프가 객관적 진리를 부정한 것은 그가 불가지론자이고 주관주의자이기 때문이다. 객관적 진리를 부정하는 일이 비합리적이라는 것은 위에서 언급한 과학적 진리에 대한 한 가지 사례로도 분명하다. 자연과학은 일체 의심의 여지를 남기지 않고 단언한다. 지구가 인간보다 앞서 존재한다는 주장은 진리라고 말이다. 이것은 유물론적 인식론과 완전히 부합한다. 우리 마음에 반영된 사물은 우리와는 독립적으로 존재한다는 사실(외부 세계는 우리 마음에서 독립되어 있다는 사실)은 유물론의 근본적인 교리이기 때문이다.
>
> –《유물론과 경험비판론Materializm i empiriokrititsizm》(1909)

> 보그다노프는 말한다. "내가 이해한 것에 따르면 마르크스주의는, 어떤 종류든 어떤 진리의 무조건적 객관성에 대한 거부, 즉 영원한 모든 진리들에 대한 거부를 함축한다." 〈포이어바흐에 관한 테제들〉을 읽은 우리로서는 너무나 당연한 말이다. 마르크스는 '대상적 존재'라는 개념으로 인간이 주어진 조건, 혹은 주어진 대상에 대해 능동적인 활동을 할 수 있는 실천적 존재라는 걸 분명히 했다. 생각해보라. 벼랑에 굴러떨어지는 경우 인간이라면 누구나 추락에 몸을

맡기지 않고 풀이나 나무 뿌리라도 잡으려고 하지 않는가? 오직 죽은 시체만이 벼랑의 경사에 몸을 맡길 뿐이다. 반대로 우리가 자신을 둘러싼 삶의 조건들을 무시하고 활동하려고 한다면, 이런 활동은 그저 몽유병에 지나지 않는다. 결국 마르크스는 무조건적 객관성뿐만 아니라 무조건적 주관성도 거부하게 된다. 여기서 무조건적 객관성을 거부한다는 것은 인간의 자발성과 자유를 인정한다는 것이고, 무조건적 주관성을 거부한다는 것은 대상이나 타인의 존재, 혹은 환경이나 역사 등을 긍정한다는 것을 말한다. 조건적 객관성과 조건적 주관성만 존재할 뿐이다. 인간의 활동과 관련되기에 대상은 조건적일 수밖에 없고, 외부 사태와 관련되기에 인간의 활동은 조건적일 수밖에 없다는 것이다. 보그다노프의 말이 옳다면 소수 엘리트들이나 다수 민중들 사이에는 질적인 구분이란 있을 수 없다. 인간과 무관한, 아니 정확히 말해 인간의 모든 것을 결정하는 객관적 진리란 애초에 불가능하기 때문이다. 만약 무조건적인 객관성을 인식할 수 있다고 계속 주장한다면, 볼셰비키는 자신들이 무조건적인 주관성이라고 선언해야만 한다. 조건적 객관성은 조건적 주관성과 함께하고, 무조건적 객관성은 무조건적 주관성과 함께할 수밖에 없기 때문이다. 결국 무조건적 객관성을 주장하는 볼셰비키의 정신은 마르크스가 그다지도 비판했던 헤겔의 '절대정신'과 무슨 차이가 있는가?

레닌의 비판은 기대 밖이다. 플레하노프도 그렇지만 레닌에게도 엥겔스의 형이상학적 유물론을 받아들인 대가는 이렇게 치명적이다. 1917년 러시아혁명을 성공적으로 이끌게 되는 지도자, 유사 이래 처음으로 억압받는 자들의 사회를 만들었다고 자부할 수 있는 지도자의 발언 치고는 유치하기 이를 데 없기 때문이다. 그저 "객관적 진리를 부정하면 불가지론자나 주관주의자가 된다"는 날선 주장뿐이다. 객관적 진리가 존재하는 사례로 그가 든 낯부끄러운 사례를 보라. "지구가 인간보다 앞서 존재한다"는 주장이 객관적 진리의 사례란다. 먼저 인간들만 이런 이야기를 떠든다는 사실을 잊지 말자. 늑대도 나무늘보도 결코 이런 생각이나 주장을 피력하지 않는다. 더군다나 "지구가 인간보다 앞서 존재한다"는 주장이 객관적 진리라고 한다면, 이것이 인간에게 무슨 실천을 낳는지 생각해보라. 예를 들어 생산수단을 독점하기에 지배계급과 피지배계급이 등장한다는 마르크스의 주장은 생산수단 독점을 막는 실천을 낳을 수 있다. 혹은 만유인력의 법칙을 알면 인간은 이를 이용해 로켓을 설계할 수도 있다. 중력 가속도를 넘어서는 추진력을 얻으려고 고민한 결과다. 그러나 "지구가 인간보다 앞서 존재한다"는 주장은 어떤 실천도 낳지 않는다. 그저 사변적이고 관조적인 주장에 지나지 않는다. 간혹 인간중심주의를 공격할 때나 아니면 생태운동을 할 때나 지엽적으로 발언될 수 있는 주장일 뿐이다. 레닌은 포이어바흐에 관한 열한 번째 마지막 테제에서 "중요한 것은 세계를 변화시키는 것"이라고 강조했던 마르크스의 가르침을 망각하고 있는 것 아닌가? 치졸한 사례에도 불구하고 인간과 무관한 객관적 진리를 부정하는 순간 불가지론자가 되거나 주관주의자가 된다는 레닌의 선언은 매우 중요하다. 볼셰비키의 지도에 저항하거나 반대하는 사람들을 배척하겠다는 노골적인 당파성의 논리이기 때문이다. 1917년 러시아혁명이 성공한 다음, 볼셰비키가 새로운 지배자로 군림하게 되리라는 불길한 전조인 셈이다.

1909년 레닌은 볼셰비키가 정당성을 얻으려면 객관적 진리가 존재해야 한다고 생각했다. 그래야 객관적 진리를 파악한 소수와 그렇지 못한 다수가 구별될 것이고, 나아가 전자가 후자를 이끄는 것이 정당화될 수 있으니까 말이다. 결국 지금 레닌은 일반 민중들의 자발성을 부정하는 엘리트주의에 발을 담그고 있다. 객관적 진리를 파악하지 못한 다수에게 자발성, 혹은 활동의 자유를 준다면, 혁명운동은 일사불란한 대오를 잃어버리고 혼란에 빠진다고 믿고 있기 때문이다. 볼셰비키 지도자 레닌의 반격은 볼셰비키 내부에 나름 강한 영향력을 발휘했나 보다. 그렇지만 보그다노프는 이런 분위기에 굴하지 않는다. 마르크스를 알았던 사람이 어떻게 마르크스를 배신할 수 있다는 말인가? 마르크스는 소수 부르주아가 다수 노동자들을 지배하는 '부르주아사회'가 아니라 그런 지배가 사라진 '인간사회', 혹은 '사회적 인간'을 꿈꾸었다. 부르주아사회는 별것 아니다. 자본가만 '대상적 활동'을 하고 노동계급은 '대상적 활동'이 위축되어 '대상'으로 전락하는 사회니까. 그런데 볼셰비키만 '대상적 활동'을 하고 다수 민중들은 볼셰비키의 지도를 받아들여야만 한다면, 이것은 새로운 억압사회가 아닌가? 상전이 다른 상전으로 바뀐 상황이 어떻게 혁명일 수 있다는 말인가? 그래서 1913년 보그다노프는 러시아 민중들에게 직접 마르크스의 정수를 전하려고 시도한다.

그 기원에 있어 물질은 무엇을 대표하는지, 그리고 사유는 무엇을 대표하는지 상기해보도록 하자. 물질은 활동에 대한 저항이다. 사유는 활동의 조직화 형식이다. 두 가지는 원래 인간적이고 집단적이며 노동하는 활동과 관련된다. 이제 관념론과 유물론을 알려주는 보편적 공식들에 상응하는 형식을 변형하도록 하자. "모든 것은 활동에 대한 저항이다." "모든 것은 활동의 조직화된 형식이다." 이것은 모두 동일한 것으로 귀결된다. 만일 모든 것이 저항이라면, 활동 그 자체나 노력 그 자체도 또한 단지 저항일 수밖에 없다. 그렇다면 무엇에 대한 저항이고 누구에 대

한 저항인가? 다른 활동, 즉 다른 저항에 대한 저항이거나 아니
면 자기 자신에 대한 저항이다. 저항에 대한 저항!

−《살아 있는 경험에 대한 철학: 대중적 에세이Filosofiya Zhivogo Opyta: Populiarnye Ocherki》

(1913)

책 제목이 모든 것을 말해준다. '살아 있는 경험', 그리고 '대중'
이다. 지금 보그다노프는 러시아 다수 민중들에게 '죽어 있는 경험'
이 아니라 '살아 있는 경험'을 촉구하고 있다. 죽은 물고기만이 물의
명령에 따라 물결을 타고 흘러갈 뿐이다. 물의 흐름이 강요하는 것을
맹목적으로 따르는 물고기가 있다고 해보자. 이 물고기는 살아 있는
가, 아니면 죽어 있는가? 아무리 살아 있다고 하더라도 이런 물고기
는 죽은 물고기나 다름없다. 지배를 받아들이고 억압을 감당하는 사
람들은 물의 흐름에 저항하지 않고 물결에 따라 흘러가는 물고기에
비유할 수 있다. 마르크스의 '대상적 활동'이 결국 대상에 대한 저항
으로 설명될 수 있는 이유도 바로 여기에 있다. 지금 저항 개념으로
보그다노프는 포이어바흐에 관한 마르크스의 첫 번째 테제를 더 친
절하게 설명하려고 한다. "물질은 활동에 대한 저항이다. 사유는 활
동의 조직화 형식이다." 내 길을 막는 돌이 바로 물질이다. 반면 그
돌을 우회하거나 넘어가거나 아니면 길에서 치우려고 고민하는 것
이 바로 사유다. 어떤 결정을 했든지 간에, 우리는 그에 따라 움직일
것이다. 돌을 치우려는 활동이 좌절될 때, 다시 돌은 우리에게 물질
로 다가올 것이다. 다시 우리는 생각을 해야 할 것이다. 이처럼 물질
과 사유는 우리의 활동, 즉 대상적 활동과 불가분의 관계에 있다. 활
동하는 존재이기에, 즉 살아 있는 존재이기에 우리 인간에게는 물질
도 인식할 수 있고 사유도 할 수 있기 때문이다. 사실 유물론과 관념

론은 오직 인간이 대상적 활동을 하는 실천적 존재라는 걸 망각했을 때에만 가능하다. 한마디로 말해 유물론과 관념론은 인간의 살아 있는 경험이 아니라 죽은 경험을 대표한다는 것이다. 그래서 보그다노프는 유물론과 관념론 사이의 대립을 두 전통이 표방하는 사유 공식을 바꾸어 해소하려고 한다. 모든 것이 물질일 뿐이라는 유물론의 공식은 "모든 것은 활동에 대한 저항이다"라는 공식으로 바뀔 수 있고, 반대로 모든 것이 우리 마음의 표현에 지나지 않는다는 관념론의 공식은 "모든 것은 활동의 조직화된 형식이다"는 공식으로 바뀔 수 있다. 결국 우리 눈에는 '활동', 마르크스가 말한 '대상적 활동'이란 개념만이 들어온다. 그 순간 우리는 살아 있는 경험이 무엇인지 알게 된다.

중요한 것은 대상적 활동, 즉 살아 있는 경험이다. 아니 살아 있다는 것이 무엇인지, 그리고 삶을 어떻게 향유해야 하는지 아는 것이다. 그러니 보그다노프는 러시아 민중들에게 간곡히 부탁한다. 살아 있는 물고기답게 '죽은 경험'이 아니라 '살아 있는 경험'을 되찾으라고. 이걸로 부족하다고 느꼈는지 그는 더 직접적이고 자극적인 주장도 서슴지 않는다. "만일 모든 것이 저항이라면, 활동 그 자체나 노력 그 자체도 또한 단지 저항일 수밖에 없다"고. 물결이 물고기에게 저항으로 다가왔다면, 이것은 물고기가 물결에 순응하지 않고 그것에 저항했기 때문에 가능했다는 것이다. 활동 대신 저항을 강조하는 보그다노프의 속내는 매우 절절할 뿐만 아니라 시급한 데가 있다. 엘리트주의를 고수하려는 레닌과 그에 동조한 볼셰비키 동지들이 차르체제가 붕괴된 뒤 새로운 상전으로 등극할 수도 있다는 불길한 예감이 그를 감싸기 때문이다. 모든 억압체제에서 대상적 활동은 저항으로 드러나는 법이다. 그래서 "저항에 대한 저항!"을 외치는 보그다노프의 속내는 매우 복잡하다. 마르크스가 서고자 했던 '인간사회'는 모든 사람이 대상적 활동을 향유하는 사회다. 인간사회를 가로막는 모든 것에 우리는 저항해야만 한다. 설령 그들이 차르체제를 무너뜨리는 데 앞장섰던 레닌과 볼셰비키라고 해도 말이다. 너무 다행이지 않은가. 볼셰비키 안에는 마르크스와 공감했던 진정한 마르크스주의자가 최소한 한 명이라도 있었다는 사실이. 보그다노프와 그를 따르던 사람들을 흔히 좌파 볼셰비키라고 불렀던 이유도 여기에 있다. 불행히도 볼셰비키 내부에 남아 있던 건강한 민주주의는 1917년 레닌과 볼셰비키의 주도로 혁명이 성공하면서 점점 사라지게 된다. 혁명이 성공한 이후 러시아는 1913년 "저항에 대한 저항!"을 외쳤던 보그다노프의 불길한 예감이 조금씩 실현되는 방향으로 움직이기 때문이다.

《루트비히 포이어바흐와 독일 고전철학의 종말》의 세 번째 주석을 보면 1880년대에도 많은 사람들은 엥겔스가 속칭 마르크스 사상에 자기만의 생각을 끼워넣은 것은 아닌지 의심하고 있었다. 20세기 초 러시아에서는 플레하노프와 보그다노프, 혹은 레닌과 보그다노프 논쟁이 중요한 이유도 다른 데 있는 것이 아니다. 플레하노프와 레닌의 사상은 사실 1880년대 엥겔스의 철학적 성찰에 기대고 있었고, 보그다노프는 마르크스의 〈포이어바흐에 관한 테제들〉에 의존하고 있었다. 마르크스-엥겔스 사상이라고? 차안세계의 주인인 구체적인 개개인들과 그들의 대상적 활동을 긍정했던 마르크스와 우주론에까지 확장된 거대한 형이상학적 유물론을 피력했던 엥겔스가 하이픈 하나로 가볍게 연결될 수는 없는 법이다. 마르크스 입장에서 1880년대 엥겔스는 자기가 비판했던 '낡은 유물론' 중 하나에 지나지 않았기 때문이다. 마르크스-레닌주의라고? 이제 쉽게 말하지 말

1918년 11월 7일 볼셰비키 혁명 1주년을 기념해
레닌이 모스크바에서 거행된 마르크스 엥겔스
기념비 건립식에 참석해 연설을 하고 있다. 1980년대
우리는 엥겔스-레닌주의자였거나, 엥겔스-
스탈린주의자였거나, 엥겔스-마오주의자였거나,
아니면 엥겔스-김일성주의자였다.

2부. 마르크스의 철학, 마르크스의 과학

자. 마르크스-레닌주의에는 더 많은 연결고리들, 그만큼 집요한 인간의 권력욕이 은폐되어 있었다. 마르크스-레닌주의는 마르크스-엥겔스-플레하노프-레닌주의의 준말이다. 이 연결고리에 마오쩌둥을 붙여도 되고 아니면 김일성을 붙여도 좋다. 모두가 변증법적 유물론이란 형이상학적 교리를 신봉하고, 변증법적 유물론으로 역사의 진리를 포착할 수 있다는 과학적 인식론을 신봉한다. 신적인 인식의 소유자와 그들의 모임이 무지한 다수를 지도하고 안내해야 한다는 묘한 종교적 사회가 만들어지는 것은 한 걸음이면 족하다. 인간사회, 혹은 사회적 인간, 아니면 코뮌주의적 사회를 꿈꾸던 마르크스가 여기서 어떻게 숨이라고 쉴 수 있다는 말인가? 개개인의 인간을 '대상적 활동'이란 실천적 주체로 긍정했던 마르크스의 철학이 여기서 어떻게 보존될 수 있다는 말인가? 이제 우리가 알고 있던, 혹은 배웠던 마르크스주의는 마르크스주의가 아니었다는 걸 받아들이자. 그것은 단지 '엥겔스-플레하노프-레닌주의', '엥겔스-플레하노프-레닌-스탈린주의', '엥겔스-플레하노프-레닌-스탈린-마오주의', 아니면 '엥겔스-플레하노프-레닌-스탈린-김일성주의'였을 뿐이다.

1980년대 우리는 엥겔스-레닌주의자였거나, 엥겔스-스탈린주의자였거나, 엥겔스-마오주의자였거나, 아니면 엥겔스-김일성주의자였다. 억압이 사라진 사회를 끝없이 유보하는 왜곡된 마르크스주의, 자신의 지도를 따라야 억압이 사라진 사회가 온다며 소수의 권력을 정당화했던 왜곡된 마르크스주의를 배웠을 뿐이다. 모든 비극은 선의에서든 악의에서든 엥겔스 때문에 벌어진 것이다. 흥미로운 것은 마르크스를 팔아서 공산당과 관료 독재를 꿈꾸던 사람들도 이점을 잘 알고 있었다는 사실이다. 모스크바 마르크스-레닌 연구소의 랴자노프^{David Riazanov}(1870~1938)가 1920년대 발간하기 시작해 전

마르크스, 엥겔스, 레닌의 얼굴이 새겨져 있는 러시아혁명 65주년 기념 포스터.

체 42권까지 출간된 《마르크스-엥겔스 저작집^{MEW, Marx-Engels Werke}》도, 1975년 소련과 동독이 협력해 시작되어 아직도 출간되고 있는 《마르크스-엥겔스 전집^{MEGA, Marx-Engels-Gesamtausgabe}》도, 심지어 1975년 소련에서 출간되어 2004년에 완간된 영어판 《마르크스/엥겔스 전집 ^{MECW, Marx/Engels Collected Works}》도 여전히 마르크스와 엥겔스를 묶고 있기 때문이다. 심지어 우리나라의 경우 1995년 박종철출판사에서 6권으로 번역된 《칼 마르크스/프리드리히 엥겔스 저작 선집》도 예외는 아니다. 마르크스-엥겔스라는 연결고리를 끊어야 한다. 엥겔스가 마르크스로부터 떨어져 나가야, 플레하노프, 레닌, 스탈린, 마오쩌둥, 그리고 김일성도 함께 떨어져 나갈 테니 말이다. 엥겔스와 그의 가족들은 그들끼리 모여 살도록 하자. 엥겔스-플레하노프주의, 엥겔스-레닌주의, 엥겔스-스탈린주의, 아니면 엥겔스-김일성주의! 이제 엥겔스 패밀리들은 뒤로하고, 마르크스를 마르크스로 다시 읽도록 하자.

설령 마르크스가 다윈^{Charles Robert Darwin}(1809~1882)으로 대표되는 19세기 지성사적 분위기에서 자유로울 수 없었다고 할지라도, 설령 엥겔스의 정치경제학적 논리에 휘둘렸다고 해도, 엥겔스로 인해 형이상학화된 "신비화된 껍질 속에 들어 있는 마르크스의 합리적인 핵심을 찾아내기 위해서" 말이다. 〈포이어바흐에 관한 테제들〉에서 마르크스가 강조했던 '인간사회'라는 이념과 '대상적 활동'이란 개념은 어떤 민주주의자나 인문주의자도 절대 포기할 수 없는 소중한 것이다. 만약 마르크스가 '인간사회'와 '대상적 활동'을 배신한다면, 우리는 기꺼이 마르크스도 버려야 한다. 모든 사람들의 대상적 활동이 긍정되는 공동체, 즉 인간사회에 대한 꿈이 마르크스보다 우리보다 수천 배 중요하니까. 디아마트여! 안녕! 엘리트주의여! 안녕! 엥겔스여! 안녕!

역사철학
4장

시인의 눈에 사무친 푸른 하늘

만시지탄^{晚時之歎}! 때 늦은 후회나 한탄을 뜻하는 말입니다. 우금치에서 동학농민군을 살육하는 데 참여했으며 그 전투를 기록했던 좌선봉장 이규태^{李圭泰}(?~?)는 우금치 전투가 있던 다음 해인 1895년 일본제국주의와 맞서는 의병장이 됩니다. 바보죠. 외세를 포함한 일체의 억압에 맞서 '님'으로 살려던 민중들이 이미 거의 괴멸된 뒤였습니다. 이제 의병을 모은다고 해도 얼마나 모이겠으며 억지로 끌어모은다고 해도 그들이 무슨 힘이 있겠습니까? 〈칼노래〉와 〈칼춤〉으로 숙련되고, 그리고 하늘 같은 님이라는 자각을 갖춘 동학농민군들과 애초에 함께했다면, 얼마나 당당하게 일본과 맞설 수 있었겠습니까? 그러나 아마 이규태는 자신이 1894년에 무슨 일을 했는지 끝내 자각하지 못했을 겁니다. 이것은 갑오농민전쟁을 양반의 시선에서 관찰했던 황현^{黃玹}(1855~1910)에게도 그대로 적용되지요. 1910년 7월 25일(양력 8월 29일) 마침내 조선은 일본제국주의의 식민지가 됩니다. 절망했던 황현은 같은 해 8월 7일(양력 9월 10일)에 네 개의 〈절명시^{絶命詩}〉를 남기고 세상을 떠납니다. 그 세 번째 시를 한 번 읽어볼까요.

날짐승과 들짐승 슬피 울며 산과 바다도 눈시울을 찡그리고鳥獸
哀鳴海岳嚬,

무궁화 세계 이미 가라앉아버렸네槿花世界已沈淪.

가을밤 등불에 책을 덮고 옛 과거를 회상해보니秋燈掩卷懷千古,

사람들 사이에서 지식인이 되기 어렵기만 하네難作人間識字人.

-〈절명시 3〉

정말 지식인은 되기 어려운 법입니다. 1894년 님들이 왜 우금
치에서 죽을지언정 뒤로 물러서지 않았는지, 1894년과 그 이후에도
왜 일본이 이제는 산산이 흩어져 훗날을 기약하려고 했던 동학농민
군을 그렇게 집요하게 추적해 괴멸하려고 했는지, 황현은 정말 모
르고 있었기 때문입니다. 《순자荀子》〈애공哀公〉 편에는 "군주는 배와
같고, 민중들은 물과 같다君者舟也, 庶人者水也"는 말이 나옵니다. "물은 배
를 뜨게 할 수도 있지만 배를 뒤집을 수도 있다. 그래서 군주는 이
것으로 위기를 미리 생각하면 위기가 닥치더라도 이르지는 않을 것
이다水則載舟, 水則覆舟. 君以此思危, 則危將焉而不至矣"라는 구절이 이어지죠. 우금치
전투에서부터 시작해 동학농민군들은 30~40만 명이나 학살됩니
다. 그러나 황현은 몰랐던 겁니다. 이것은 이 땅에 배를 띄울 수 있
는 가장 강력한 물결들이 고갈된 사건이라는 사실을 말이지요. 조
선왕조를 위기에 빠뜨릴 수 있다면, 일본제국주의도 충분히 전복할
수 있는 힘이 있다는 겁니다. 이제 배를 띄우고 싶어도 띄울 수 있
는 물이 아예 사라진 셈이지요. 남아 있는 물이라고는 그저 이곳저
곳에 흩어져 합류하지 못하는 웅덩이에 갇혀 고립된 물뿐이었던 겁
니다.

이규태와 황현마저도 동학농민군의 중요성을 인식하지 못했으

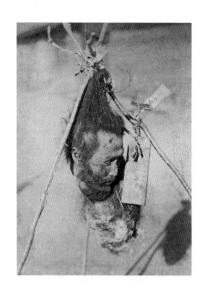

참수된 동학농민군 모습. 외세를 포함한
일체의 억압에 맞서 '님'으로 살려던
민중들은 끝내 사라지고 말았다. 마침내
조선은 1910년 일본의 식민지가 되었다.

니, 나머지 사람들은 말할 필요도 없을 겁니다. 이런 불행한 상황을
제일 반겼던 것은 물론 조선을 병합하려는 장기 프로젝트를 조금씩
실현하고 있던 일본제국주의였지요. 어쨌든 이런 식으로 1894년 일
본제국주의의 가장 강력한 위협이었던 '님들의 공동체'와 '님들의
투쟁'은 바람결에나 들리는 이야기로 점점 망각되지요. 파리코뮌보
다 그 규모나 열의, 그리고 사상적 깊이에서 월등했던 집강소 시절
은 우리 뇌리에서 점점 사라지게 된 겁니다. 우리의 부주의 탓도 있
겠지만, 체제는 갑오농민전쟁의 파괴력을 희석시키고 나아가 완전
히 망각시키는 데 노력을 경주했기 때문이지요. '님들의 공동체'는
제국주의에만 위협이 되었던 것이 아니라, 억압체제를 꿈꾸었던 우
리 지배자들에게도 잠재적 위협일 수밖에 없었으니까요. 이승만李
承晩(1875~1965)의 독재도, 박정희朴正熙(1917~1979)의 독재도, 그리고 전
두환全斗煥(1931~)의 독재도 마찬가지입니다. 그들은 집강소 시절을

오윤의 판화 〈춘무인 추무의〉(1985). 두레에
의해 마을 사람들이 모여 경작할 때, 작업에
참여한 사람들의 흥을 돋우기 위해 혹은 공동
작업에 어울리는 보조와 속도를 부여하기 위해
사용되었던 음악이 바로 농악이다.

2부. 마르크스의 철학, 마르크스의 과학

연상시키는 그 어떤 것도 용납하지 않았지요. 집강소는 바로 민주주의에 대한 열망을 폭발시킬 수 있는 뇌관이었기 때문입니다. 어쨌든 제국주의나 독재정권의 공공의 적, 바로 그것이 '님들의 공동체'였던 겁니다.

있었던 것을 어떤 흔적도 없이 완전히 없애는 것은 불가능한 일입니다. 집강소로 상징되는 찬란하고 아름다웠던 시절의 흔적들은 먹구름 속에서도 잠시 모습을 드러내는 푸른 하늘처럼 돌출하곤 했습니다. 이럴 때마다 그 흔적들은 일체의 억압과 독재에 맞서는 사람들의 든든한 전거점이 되었지요. 1919년 일본제국주의에 저항했던 3·1 만세운동도, 1960년 이승만 독재에 저항했던 4월 학생운동도, 그리고 1980년대 전두환 독재정권에 맞서 이루어졌던 대학생들의 민주주의 요구도 '님들의 공동체'로 수렴될 수 있는 것도 이런 이유에서지요. 여기서 주목해야 할 것은 1980년대 학생운동의 정점에서 농악으로 무장한 풍물패입니다. 농사를 지어본 학생들이 손에 꼽을 정도로 적었던 대학생들, 비록 농촌에서 자랐어도 대학에 들어가기 위해 손에 흙 한 줌 만져보지 못했던 사람들이 태반이었던 대학생들은 풍물패의 흥겨운 장단에 맞추어 춤을 추고 시위를 했던 겁니다. 더군다나 당시는 박정희의 개발독재로 한국 경제의 주류가 농업에서 산업으로, 그러니까 주된 생산수단이 땅에서 자본으로 바뀐 지 오래되었던 때였습니다. 실제로 당시 학생운동은 노동자의 착취를 주된 이슈로 잡고 있었지요. 본격적으로 마르크스의 《자본론》을 읽었던 것도 바로 그때였고요. 이런 분위기에서 농악의 정겨운 선율이라니, 풍물패의 신나는 춤사위라니요.

기이한 일이지요. 당시 민주주의를 꿈꾸던 학생들은 몰랐을 겁니다. 시위에 흥과 신명을 부여했고 아울러 시위에 참여한 학생들을 하나의 공동체로 근사하게 묶었던 풍물패의 농악과 농무는 바로 1894년 갑오농민전쟁에서 유래했다는 사실을요. 집강소 시절 열두째 개혁 강령을 떠올려보세요. "농민군의 두레법은 장려한다." 결국 갑오농민군은 두레꾼이기도 했다는 겁니다. 사실 우리 향촌에서 두레는 특정 왕조가 어쩌지 못할 정도로 오래된 전통이었습니다. 두레는 마을의 모든 농경지를 마치 자신의 농경지라도 되는 듯 함께 경작하는 겁니다. 당연히 마을에는 공동체의 유대감, 혹은 연대의 정서가 저변에 흐르게 될 겁니다. 그런데 이상하지요. 당연한 일을 개혁 강령으로 포함시킬 수는 없으니까요. 그렇습니다. 사실 조선왕조는 두레에 대해 그다지 탐탁지 않게 여겼습니다. 생각해보세요. 이렇게 각자 땅을 고르게 나누고 필요할 때 두레로 상부상조하며 농사를 짓는다면, 국가가 무슨 필요가 있다는 말입니까.

아니나 다를까, 조선왕조의 입장이 고스란히 전해지고 있는 《승정원일기承政院日記》 도처에는 흥미로운 기록들이 보입니다. 1894년 이전 조선에서는 지주 출신 고위 관료들이 두레를 탄압하거나 두레에 사용되는 깃발이나 악기, 즉 농기農旗나 농악기農樂器를 몰수하는 일이 빈번히 벌어졌다는 기록입니다. 그러니 '님들의 공동체'를 지향했던 집강소에서 "농민군의 두레법은 장려한다"는 강령을 내놓을 수 있었던 거지요. 두레에 의해 마을 사람들이 모여 경작할 때, 작업에 참여한 사람들의 흥을 돋우기 위해 혹은 공동 작업에 어울리는 보조와 속도를 부여하기 위해 사용되었던 음악이 바로 '농악農樂'입니다. 물론 음악만이 아니라 작업 방향과 속도를 지시하는 다양한 깃발들도 필수적인 도구였지요. 이것이 바로 '농기農旗'입니다. 어쨌든 '농악'과 '농기'로 상징되는 두레를 통해 고된 노동은 흥겨운 노동으로 변모한 것이고, 개인의 노동은 협업적 노동으로 승화된 것입니다. 결국 집강소 시절 두레가 작동하는 하나의 마을은 그대로 전투 시에는 부대 단위로 자연스럽게 변모하게 됩니다. 실제로 우금치를 포함한 많은 전투에서 농민군들은 자신들이 속한 마을의 농기를 중심으로 대오를 정비해 움직였고, 당연히 이때 두레에서 사용되었던 농악도 흥겹게 울려 퍼졌던 겁니다. 두레가 이렇게도 중요한 겁니다. 무사시에는 협업적 노동을 가능하게 했고, 유사시에는 대오 정연한 군대를 만들었으니 말입니다.

결국 1980년대 독재와 맞섰던 대학생들과 1894년 왕조 정치와 제국주의에 맞섰던 두레꾼들은 약 100년의 간극을 두고 흥겨운 풍물패의 가락으로 연결되었던 겁니다. 그렇지만 당시 대부분 대학생들은 자신들이 얼마나 '님들의 공동체'에 붙어 있었는지 자각하지 못했지요. 물론 동학의 중요성을 사변적으로는 알고 있었던 사람들도 꽤 있었습니다. 그러나 머리로 아는 것과 심장 박동 속에 살아서 숨 쉬는 것은 정말로 다른 겁니다. 풍물패의 형식으로 잠시나마 모습을 드러내는 동학농민군의 흔적이 아니라, 그들의 거친 호흡과 뜨거운 정신이 완전히 복원될 수는 없는 것일까요? 화려했던 집강소 시절은 먼 이야기로 영원히 박제되고 마는 운명일까요? 오래된 박제에서 풀려 거친 숨과 뜨거운 박동으로 '님들'이 되살아나는 것은 영영 불가능한 일일까요? 파리코뮌 전사들의 박동을 전했던 랭보처럼 님들의 생생한 숨결을 전해줄 인물은 없었던 것일까요? 불행하게도 1890년대에도 없었고, 1900년대에도, 1910년대에도, 1920년대에도, 1930년대에도, 1940년대에도, 1950년대에도 없었습니다. 그러다 마침내 1967년 우리에게는 랭보에 비견될 만한 시인이 한 명 찾아옵니다. 바로 신동엽申東曄(1930~1969)입니다.

일본 식민지, 미군정, 한국전쟁, 그리고 이승만 독재 시절을 애

신동엽 시인. 4월혁명에
감동하면서 신동엽은 1919년
3·1운동, 나아가 궁극적으로는
1894년 집강소 시절의 환희에
바로 접속하게 된다. '하늘 같은
님들'의 세계! '사람이 바로
하늘'이라는 인내천人乃天의 세계!

시집 《금강》 표지.

써 겪어냈던 신동엽 시인입니다. 그냥 온통 어둠만이, 그리고 짙은 무거움만이 자신의 삶을 짓누르고 있다고 절망했었죠. 그런데 1960년에 4월혁명이 일어난 겁니다. 어두운 하늘이 푸른 하늘이 되고, 무거웠던 공기가 신선한 공기로 변한 겁니다. 평소 산을 너무나 좋아해서 시인은 도봉산이나 북한산에 자주 올랐다고 합니다. 산 정상에서 느끼는 상쾌함보다는 4월혁명의 바람이 신동엽 시인에게는 훨씬 더 시원했던 것 같습니다. 몸소 사랑을 하게 되면, 타인의 사랑 체험이 절절해지는 법입니다. 4월혁명에 감동하면서 신동엽은 1919년 3·1운동, 나아가 궁극적으로는 1894년 집강소 시절의 환희에 바로 접속하게 됩니다. '하늘 같은 님들'의 세계! '사람이 바로 하늘'이라는 인내천人乃天의 세계! 그러나 신동엽의 감격과 환희는 그리 오래가지 않았습니다. 간만에 보였던 푸른 하늘은 1961년 5·16 쿠데타로 다시 어두운 하늘로 변하기 직전이었으니까요.

보지 않았으면 그뿐일 뿐! 그러나 이미 신동엽은 푸른 하늘을 보아버렸던 겁니다. 아니 독재로 하늘이 어두워지고 갑갑해질수록, 그가 보았던 푸른 하늘에 대한 갈망은 더 깊어가죠. 마침내 그는 자신이 보고 말았던 푸른 하늘을, 그 찬란했던 1894년 '님들의 공동체'를 시에 담기로 작정하게 됩니다. 다시 어두운 하늘에서 살아가야 할 이웃들, 그리고 아예 푸른 하늘을 보지 못하고 태어날 후손들에 대한 강한 연민 때문이었지요. 1967년 출간된 대서사시 《금강錦江》은 바로 이렇게 탄생하게 되죠. 어느 부분을 넘겨봐도 푸른 하늘을 지키려는 동학농민군의 열정이 가득하지만, 먼저 개틀링 기관총이 불을 뿜는 우금치 고개로 우리를 이끄는 시를 하나 읽어보지요.

상봉 능선에

일렬로 배치,
불을 뿜는
왜국 제5사단의
최신식 화력,

야전포,
기관총,
연발소총,
수류탄,

꽃이 지듯
밑 없는 어둠으로
수백 명씩
만세를 부르며,
흰 옷자락 나부껴
수천 명씩
차례차례
뛰었다,

……

없었노라
이 목숨을 내맡길 자리,

……

이제야 보았노라
우리의 하늘

발밑에서 불타는
우리의 하늘

-《금강》 20장

　자신이 하늘 같은 님이라는 걸 증명하기 위해, 그리고 자신들을 님으로 살도록 했던 집강소를 지키기 위해, 동학농민군들은 기꺼이 우금치로 올라갑니다. 얼마나 근사한 일입니까? 지킬 것이 있다는 것이요. 아무것도 지킬 것이 없이 이리 차이고 저리 차이는 비천한 신세가 이제는 아닙니다. 이제 목숨을 기꺼이 내놓고 지킬 것이 있기 때문이지요. 이제 먹고살 수 있는 땅도 가지고 있고, 두레로 동고동락했던 이웃님들도 가진 소중한 존재입니다. 그러니 지켜야지요. 땅도 지키고 이웃도 지켜야지요. 함께 가는 겁니다. 자신이 죽으면 소중한 땅도 사라지고 이웃님들도 사라집니다. 그러나 소중한 땅도 빼앗기고 이웃님들도 지키지 못한다면, 바로 그 순간 님들은 살아도 사는 것이 아닌 삶, 너무나 굴욕적이었던 놈의 삶으로 다시 전락하게 되지요. 그러니 끝까지 님으로 살다가 끝까지 님으로 죽어야 합니다. 결국 우금치를 "목숨을 내맡길 자리"로 선택하게 된 이유는, 바로 자신들이 하늘 같은 님이라는 사실을 끝까지 지키려는 그들의 자유정신 때문이었다고 할 수 있습니다. 최제우가 말한 '시천주'의 정신이지요.

　개틀링 기관총이 뜨거운 기운을 남기며 몸을 관통해 쓰러지게 되었을 때, 동학농민군들의 눈에는 저 위로 정말 푸른 하늘이 보였을 겁니다. 바로 그 죽음의 순간 "사람이 하늘이다"는 동학의 가르침은 완성되지요. 정말 다행 아닙니까? 푸른 하늘로 당당히, 하늘처럼 귀한 님으로 소중하게 세상을 떠날 수 있으니 말입니다. 짧지만 영원할 것만 같은 순간, 피 흘리며 땅으로 쓰러지는 순간, 동학농민군들의 눈에는 자기보다 앞서 하늘이 되어버린 피범벅이 된 이웃님들이 보였을 겁니다. 자신의 무거운 몸을 받아주려는 듯, 이웃님들은 붉은 침대처럼 누워 있으니까요. 이렇게 신동엽은 우금치에서 쓰러지는 님들로 우리를 이끌게 됩니다. "이제야 보았노라/ 우리의 하늘/ 발밑에서 불타는/ 우리의 하늘." 이제 되었습니다. 동학농민군들은 편히 잠들게 된 겁니다. 바리케이드에서 처형되었던 파리코뮌 전사들이 랭보로 인해 외롭지 않았던 것처럼, 이제 우금치의 동학농민군들도 신동엽 때문에 외롭지 않게 되었으니까요.

그렇다면 푸른 하늘의 세계는 정치사회적으로 어떤 모습이었을까요?《금강》에서 신동엽은 동학농민군이 꿈꾸었던 세계, 집강소로 구체화하려고 했던 세계를 명료화하려고 노력합니다. 제1차 갑오농민전쟁에 앞서 전봉준의 고뇌를 피력하는 부분에서 그는 노래합니다.

구라파에서는
산업혁명 뒤,
신흥 자본주의국가로의
꿈을 안고 껑충껑충
도약 운동하고 있습니다.

제국주의 전쟁,

식민주의 전쟁
들을 준비하고 있습니다.

그들이 구워낸 새로운
살인무기를, 일본이나
청국은 사들여오고 있습니다,

각오하셔야 됩니다,
이왕 피를 보아야 된다면
책임도 지셔야 됩니다,
백성들만의 지상낙원,
손에 흙 묻혀 일하는 사람들만의
꽃밭.

정권 없는,
통치자 없는,
정부 없는
농민들의 세상, 이상사회,
우리들 손으로 이룩할
책임,
우리가 업어야 합니다.

-《금강》 16장

먼저 신동엽은 갑오농민전쟁의 성격을 분명하게 규정합니다.
그것은 단순히 조선 정부와의 전쟁이 아니라 동시에 제국주의와의 전쟁이라구요. 이윤을 제외하고는 그 어떤 것도 눈에 보이지 않는 자본주의의 속성상, 제국주의는 불가피한 법이죠. 마르크스가 《자본론》에서 강조했던 것처럼 국가라는 제한된 시장에서 자본은 얼마 지나지 않아 자신의 이윤율이 하락하는 상황에 직면하게 됩니다. 그 유명한 '이윤율 하락 경향의 법칙the Law of the Tendency of the Rate of Profit to Fall'입니다. 이윤율을 회복할 수 있는 혁신적인 기술 개발이 어렵다면, 자본은 값싼 원료와 시장을 찾아 국가를 넘어서게 됩니다. 다른 국가를 식민지로 만들어 그곳 사람들을 착취해 떨어져만 가는 자신의 이윤율을 회복하려고 하지요. 제국주의는 바로 이렇게 탄생하는 겁니다. 일본도 그렇고 중국도 마찬가지입니다. 제국주의의 먹이가 되지 않기 위해서, 먼저 다른 식민지를 포식하여 제국이 되려고 했던 겁니다. 제국주의의 시도가 성공한다면, 이제 이 땅의 농민들은 이중의 노예로 전락하게 됩니다. 상전이 둘로 늘어날 테니 말입니다. 하나는 농민들의 생산물을 수탈하는 조선 정부이고, 다른 하나는 한반도 전체를 식민지로 만들어 이윤을 뽑아내려는 제국들이지요.

결국 1894년 제1차 갑오농민전쟁으로 농민들은 '놈들'에서 '님들'로 각성합니다. 그러나 같은 해 가을 이제 조선 정부의 '놈들'이자 제국의 '놈들'이 될 수도 있는 위기에 봉착한 겁니다. '님들'로 남기 위해서는 조선 정부와 제국주의에 맞서 죽을힘을 다해 투쟁을 할 수밖에 없습니다. 제2차 갑오농민전쟁은 그래서 발생한 겁니다. 조선 정부군과 일본군에 맞서는 일이기에 당연히 수많은 희생은 불가피하죠. 그런데 과연 그 희생의 대가는 값어치가 있었던 것일까요? 모를 일입니다. 그렇지만 어떤 방향, 어떤 이상을 끝까지 지키겠다는 책임만은 다해야 합니다. "이왕 피를 보아야 된다면 책임도 지셔야 됩니다." 여기서 책임은 반드시 조선 정부와 제국주의를 이겨야 한다는 허언이 아니라, 끝까지 목숨이 다하는 날까지 싸우겠다는 결의라고 할 수 있습니다. 죽을지언정 스스로는 꺾이지 않겠다는 각오를 말합니다. 이것이 바로 책임이니까요. 그만큼 제1차 갑오농민전쟁 뒤의 민중자치 정권, 즉 집강소 시절은 정말 지킬 만한 가치가 있었던 겁니다. 무지렁이와도 같았던 농민들을 님들로 살아갈 수 있게 했던 '님들의 공동체'였으니까요. 조선 정부와 제국주의를 극복해서 만들고자 했던 세상을 이미 농민들은 4개월의 짧은 시간이었지만 경험했던 겁니다. 바로 집강소로 상징되는 민중자치의 세상이었습니다.

집강소 시절은 "손에 흙 묻혀 일하는 사람들만의 꽃밭"이었습니다. 그것은 "정권 없는, 통치자 없는, 정부 없는 농민들의 세상"이었지요. 땅이라는 생산수단을 빼앗기지 않아서 당당하고 자유롭고, 또 자유로운 농민들이 서로 협업하기에 연대의 기쁨이 충만한 세계였습니다. 하늘 같은 님을 모시겠다는 시천주의 정신이 '님들의 공동체'를 지키겠다는 집강소 정신으로 발화된 셈이지요. 당연히 여기에는 직접 노동하지 않고 이윤을 얻는 정부나 통치자, 혹은 자본주의의 자리는 존재하지 않습니다. 신동엽도 그리고 지금 우리도 압니다. 전봉준, 김개남, 손화중, 나아가 이름 없는 그 수많은 님들은 목숨이 붙어 있는 날까지 책임을 다했다는 사실을요. 그러니 우금치에서 그들은 한 치도 물러서지 않았던 겁니다. 1895년 음력 3월 29일(양력 4월 23일) 교수형에 처해지기 전 전봉준이 마지막으로 던진 말을 신동엽은 기록합니다. "하늘을 보아라!"《금강》 23장) 비록 자신이 죽어도 상관이 없습니다. 그저 남은 농민들이 놈들로 전락하는 것을 막고 싶었던 겁니다. 푸른 하늘을 보는 순간, 자신이 바

1919년 3·1운동 당시 종로에서 만세를 부르는 시민들.

1960년 4월혁명 당시 거리로 뛰쳐나온 시민들.

2부. 마르크스의 철학, 마르크스의 과학

로 놈이 아니라 하늘 같은 님이라는 자각에 이르는 순간, 언제든 그들은 다시 '님들의 공동체'를 만들려고 할 테니까 말이지요.

정말 다행스러운 일입니다. "하늘을 보아라!"라는 절규가 신동엽을 통해 전해지게 되었으니까요. 이제야 전봉준과 수많은 님들의 피는 헛되지 않게 된 겁니다. 체제로서는 너무나 상상하기 싫었던 상황이 전개된 셈이지요. 독재자는 자신만이 하늘이고 나머지 사람들은 그 하늘에 목을 매고 살아가기를 원합니다. 그런데 고사시켰다고 생각했던 동학정신이 신동엽을 통해 다시 소생한 겁니다. 불쾌하고 무서운 일이지요. 아니나 다를까, 박정희 독재정권은 1975년 '긴급조치 9호'라는 명목으로 《금강》이 게재된 《신동엽 전집》의 판매를 금지해버립니다. 긴급조치 9호는 언론, 출판, 집회, 시위, 그리고 교육을 통제해서 지식인들의 사상의 자유를 근본적으로 무력화시키려고 만든 것이었죠. 그만큼 《금강》에서 울려 퍼지는 동학농민군들의 함성이 무서웠던 겁니다. 실제로 박정희가 암살된 뒤, 다시 들어선 전두환 군사독재정권에서도 상당 시간 동안 신동엽의 책은 금지되었습니다. 신동엽은 되살아난 집강소 시절, '님들의 공동체'를 되살려낸 문단의 녹두장군이었기 때문이지요.

신동엽에게 1894년을 빛냈던 집강소 시절과 갑오농민전쟁은 자유로운 개인들의 공동체의 가능성이자 원형이었습니다. 그러니까 1960년 4월혁명이나 1919년 3·1운동의 성격도 모두 1894년 집강소 시절의 잣대로 평가된다는 겁니다. 《금강》의 서시를 읽어보면 신동엽은 "1894년쯤엔, 돌에도 나무 등걸에도 당신의 얼굴은 전체가 하늘이었다"고 말하고 있습니다. 그렇다면 1919년 3·1운동이나 1960년 4월혁명은 어떻게 설명될 수 있을까요? 신동엽은 말합니다. "1960년 4월 역사를 짓누르던, 검은 구름장을 찢고 영원의 얼굴을

신동엽은 구상회와 함께 충청도와 전라도 전 지역을 돌며 동학의 흔적들을 답상했다. 사진은 고창 선운사 도솔암 마애불. 전설에 의하면 이 마애불의 돌출부에는 비기가 들어 있는데, 이 비기를 꺼내면 새로운 세상이 열린다고 했다. 당시 손화중이 이 비기를 꺼내갔다고 전해진다.

보았다. 잠깐 빛났던 얼굴은 우리들의 깊은 가슴이었다. 하늘 물 한 아름 떠다, 1919년 우리는 우리 얼굴을 닦아놓았다"라고 말이지요. 결국 신동엽에게 3·1운동이나 4월혁명은 모두 '갑오농민전쟁적'인 것이었습니다. 물론 4월혁명보다 3·1운동이 더 갑오농민전쟁적이었지만 말입니다. 그러나 놀라운 일 아닌가요. 어떻게 신동엽은 동학농민군의 마음과 그들의 꿈에 접속할 수 있었던 것일까요? 신동엽은 1949년 단국대학교 사학과에 입학하지만, 곧 전쟁이 터졌고 대전, 부산 등 전시연합대학에 다니면서 역사학을 공부했습니다. 그리고 1953년 졸업합니다. 역사학을 공부하다가 동학사상과 갑오농민전쟁을 접했던 것일까요?

아닙니다. 사학과가 신동엽이 갑오농민전쟁을 아는 데 도움은 주었을지라도, 결정적인 계기는 제공하지 못했을 겁니다. 생각해보세요. 1894년부터 1945년까지 일본제국주의가 동학을 긍정적으로 다루도록 허락했을 리 만무하니까요. 당연히 동학과 갑오농민전쟁에 대한 연구도 지지부진했을 겁니다. 그래서 우리는 신동엽이 한국전쟁 때 불가피하게 다녔던 대전 전시연합대학에서 만난 친구 구상회具尚會에 주목해야 합니다. 나중에 공주 지역 향토 사학자로 활약하다가 작고하게 되는 구상회는 공주 주변에 있는 동학 사적지들로 신동엽을 안내했기 때문이지요. 두 사람은 1951년 가을부터 1952년 가을까지 거의 1년 동안 공주뿐만 아니라 해남까지 전라도 전 지역을 돌아다니며 동학의 흔적들을 답사하고 그 정수들을 모으기 시작합니다. 신동엽을 신동엽으로 탄생시킨 가장 결정적인 시간이었지요. 바로 여기서 그는 '갑오농민전쟁적'이라는 것, 그러니까 '님들의 공동체'의 본질을 자각하게 됩니다. 이념적으로는 '사람이 바로 하늘'이라고 가르친 동학사상에서부터 역사적으로는 두레꾼이면서 동시에 농민군이기도 했던 집강소 시절의 정치경제학까지 배우게 되죠.

동학사상에 따르면 빈부귀천에 상관없이 모든 사람은 '놈'이 아니라 '님'입니다. 그러나 이것은 공허한 슬로건에 머물 가능성이 있지요. 1894년 전봉준, 김개남, 손화중이 이끌던 집강소 시절이 그래서 중요한 겁니다. 그들은 정치사회적으로 빈부귀천을 없애야 동학의 이념도 공허한 이상에 빠지지 않는다는 인식에 이르렀기 때문이지요. 결국 1894년 집강소 시절의 의의는 빈부귀천의 차별을 해소해서 '인내천'이란 이념을 현실화했다는 데 있다고 할 수 있습니다. 농민들에게 토지를 골고루 나누어주어서 자유의 경제적 토대를 제공했고, 아울러 두레라는 전통적인 협업 형식을 장려해서 연대의

김개남, 전봉준, 손화중(왼쪽부터)은 정치사회적으로 빈부귀천을 없애고 '모든 사람은 하늘이다'라는 이념을 현실화했다. 그래서 이들이 이끈 집강소 시절이 참으로 중요했던 것이다.

경제적 도태를 마련한 겁니다. 신동엽은 최제우와 최시형의 동학사상이 전봉준, 김개남, 손화중에게 뿌리를 내리는 대목을 정확히 인식하고 있었던 것으로 보입니다. 실제로 그가 《금강》을 마무리하면서 자신의 희망과 함께 집강소 정신을 요약하는 대목을 남길 수 있었던 것도 이런 이유에서일 겁니다. "우리 사랑밭에 우리 두렛마을 심을, 아, 찬란한 혁명의 날은 오리라."

대학에서는 그 전모를 확인하기 힘들었던 동학사상과 집강소 시절을 더듬기를 1년, 1952년 가을 스물세 살의 신동엽은 아마도 지금 우리가 알고 있는 신동엽으로 거듭나게 되었을 겁니다. 그렇지만 10년의 숙성 기간이 더 필요했던 것 같습니다. 1960년 4월 혁명의 감격을 뒤로한 채, 신동엽은 '동학정신=시인정신'이라는 놀라운 시론을 피력하게 됩니다. 문학계의 녹두장군다운 행보지요. 1961년 《자유문학自由文學》 2월호에 게재된 〈시인정신론詩人精神論〉이 바로 그것입니다. 이 짧은 글로 신동엽은 처음이자 마지막으로 자신의 미학, 즉 '전경인全耕人의 미학'을 피력하게 됩니다. 랭보에게 파리코뮌이 '견자의 미학'을 잉태하도록 만들었다면, 마침내 집강소 시절은 신동엽에게 '전경인의 미학'을 만들도록 한 겁니다.

땅에 누워 있는 씨앗의 마음은 원수성세계原數性世界이다. 무성한 가지 끝마다 열린 잎의 세계는 차수성세계次數性世界이고 열매 여물어 땅에 쏟아져 돌아오는 씨앗의 마음은 귀수성세계歸數性世界이다. …… 오늘 인류 문명이 있는 것은 오직 분업 문화의 성과이다. …… 흔히 국가, 정의, 원수元首, 진리 등 절대자적 이름 아래 강요되는 조형적 내지 언어적 건축은 그 스스로가 5천 년 길들여온 완고한 관습적인 조직과 생명과 마력을 지니고 있는 것으로서 현대 인구 거의 전부가 이 일에 종사하면서 이곳으로부터 빵을 얻어먹고 생의 근거를 배급받으며 다시 이것을 모셔 받들어 살찌게 만들어주고 있는 것이다. …… 세계는 맹목 기능자의 천지로 변하고 말았다. …… ○○가家, ××가家라 함은 연구실과 기구와 문명과 점포에 각각 흩어져 모체계의 부분품으로서 자기의 생존 근거와 자기의 가능성을 못 박고 있는 눈 먼 기능자들을 의미한다. …… 우리들은 백만 인을 주워 모아야 한 사람의 전경인적으로 세계를 표현하며 전경인적 실천생활을 대지와 태양 아래서 버젓이 영위하는 전경인全耕人, 밭 갈고 길쌈하고 아들딸 낳고, 육체의 중량에 합당한 양量의 발언, 세계의 철인적·시인적·종합적 인식, 온건한 대지에의 향수적

귀의, 이런 실천생활의 통일을 조화적으로 이루었던 완전한 의미에서의 전경인이 있었다면 그는 바로 귀수성세계 속의 인간, 아울러 원수성세계 속의 체험과 겹쳐지는 인간이었으리라. ······ 오늘 우리 현대를 아무리 살펴보아도 대지에 뿌리박은 대원적大圓的인 정신은 없다. 정치가가 있고 이발사가 있고 작자가 있어도 대지 위에 뿌리박은 전경인적 시인과 철인은 없다. 현대에 있어서 시란 언어라고 하는 재료를 사용하여 만들어낸 공예품에 지나지 않는다. ······ 현대 시인들은 정치는 정치가에게 문명비평은 비평가에게, 사상은 철학교수에게, 대중과의 회화는 산문 전문가에게 내어 맡기고 자기들은 언어 세공만을 전업專業으로 맡고 있다.

-〈시인정신론〉,《신동엽 전집》

원수성세계, 차수성세계, 귀수성세계라는 단어에 사로잡히지 마세요. 문학 외에 철학과 역사 등 다양한 인문학적 독서를 거친 결과, 서른두 살의 신동엽은 조금 사변적이 되었던 것 같습니다. 그렇다고 해서 그의 통찰이 유치하다는 것은 아닙니다. 단지 자신의 통찰을 더 세련되게 할 수 있는 개념을 마련하는 데 한계를 보인다고 하는 것이 맞는 말일 겁니다. 어쨌든 주의해야 할 것은 원수성, 차수성, 귀수성이란 도식적 개념에 편견을 가지는 순간, 우리는 '전경인의 미학'의 진면목을 놓치기 쉽다는 사실입니다. 중요한 것은 모든 억압체제는 분업의 원리로 기능하며, 분업을 받아들인 개인들은 자신도 모르게 억압과 지배에 일익을 담당하게 된다는 신동엽의 통찰입니다. 그러니까 억압적 분업체제가 발생하기 전의 세계가 원수성세계, 분업체제가 작동하는 세계가 차수성세계, 그리고 마지막으로 분업체계를 극복한 세계가 귀수성세계라고 이해하면 편합니다. 결국 '전경인의 미학'을 이해하는 데 중요한 것은 신동엽이 분업체제를 극히 미워하고 있다는 사실입니다. 왜 그렇게 분업체제를 비판적으로 보았던 것일까요? 신동엽은 분업의 논리로 억압과 지배가 작동한다고 보았기 때문이지요. 그래서 "국가, 정의, 원수元首, 진리 등 절대자적 이름 아래 강요되는" 수직적이고 억압적인 분업이 분업의 본질이라는 신동엽의 말이 중요합니다.

　분업체제가 왜 문제가 되는지 예를 하나 들어볼까요. 전기회로를 만드는 전문가로 살고 있는 사람이 있습니다. 그는 열심히 전기회로를 만들고 그 대가로 생계를 유지합니다. 분업 논리에 따르면 그의 상급자로는 당연히 군수업체를 운영하는 자본가도 있겠고, 권력을 장악하고 있는 최고 권력자도 있을 겁니다. 분업이지만 위계는 분명합니다. 신동엽이 말한 "맹목 기능자"는 사실 전기회로를 만드는 사람에게만 해당한다고 할 수 있을 겁니다. 자본가나 권력자는 나름 목적이 있으니 말입니다. 그러나 "맹목 기능자"는 자신이 만든 전기회로가 수많은 이웃들을 죽일 수 있는 폭탄의 핵심 장치가 되는 것을 모릅니다. 모르니 편하지요. 알면 쓸데없는 양심의 가책이 생길 테니 말입니다. 돌아보면 폭탄을 만드는 부품들에는 전기회로만이 아니라 무수히 많은 것들이 필요합니다. 그러니 더 많은 맹목 기능자들이 있다는 겁니다. 나아가 맹목 기능자가 일하는 작업장들이나 폭탄을 직접 제조하는 군수공장을 생각해보세요. 이런 작업장이나 군수공장을 위해 또 상당히 많은 간접적인 맹목 기능자들이 존재하게 되지요. 작업장이나 공장에는 전기도 들어와야 되지요, 노동자들은 식당에서 밥도 먹어야 하지요, 그리고 간혹 카페에서 커피도 마셔야 하지요. 전기를 공급하는 사람들, 식당에서 밥을 짓는 사람들, 그리고 커피를 내리는 사람들은 자신들이 만든 것이 결국 폭탄 제조에 도움이 된다는 걸 모를 겁니다. 이 폭탄이 결국 군수업자와 권력자의 힘을 증대시키는 데 사용됩니다.

생계를 위해서 일은 하지만 자신의 일이 전체 사회나 인류에게 어떤 의미가 있는지 고민할 수 없다는 것, 이것이 아마 분업이 수반하는 가장 비극적인 결과일 겁니다. 사실 그래서 식민지 시절이나 독재 시절에도 체제는 별다른 저항 없이 돌아가는 겁니다. 그래서 신동엽은 진단합니다. "현대 인구 거의 전부가 이 일에 종사하면서 이곳으로부터 빵을 얻어먹고 생의 근거를 배급받으며 다시 이것을 모셔 받들어 살찌게 만들어주고 있는 것이다." 방금 살펴본 것처럼 분업체제의 모든 부분은 표면적으로 동등한 것처럼 보이지만 사실 불평등하게 만들어집니다. 정치가가 농부보다, 그리고 대학교수가 노동자보다 더 우월한 지위를 영위하게 되니까 말입니다. 수직적 분업이 발생하는 순간, 빈부귀천의 문제가 바로 발생하지요. 그러나 정확히 말해 이미 권력을 지닌 사람들이 분업체계를 만들어서 자신의 권력을 견고히 했다고 하는 것이 좋을 겁니다. 《독일 이데올로기》에서 마르크스는 말했습니다. "분업은 물질적 노동과 정신적 노동이 나누어지기 시작한 때부터 비로소 현실화된다." 말이 정신적 노동이지, 정신노동자는 직접 땀 흘려 일하지 않는 사람들을 의미합니다. 이들은 자신도 노동을 한다고, 심지어는 공동체에 더 가치가 있는 노동을 한다고 주장합니다. 방금 읽은 구절에서 마르크스 본인이 직접 달았던 주석은 그래서 중요합니다. "이데올로그의 첫 번째 형식인 사제가 함께 출현한다." 기우제를 지내는 등 많은 일을 한다고는 하지만, 결국 사제들은 농부들을 착취해서 먹고살 뿐이지요. 어디 사제들뿐이겠습니까? 왕, 지주, 자본가 등등은 모두 직접 일하지 않고 먹고살아가는 불로소득자들이니까요.

맹목 기능자는 불행한 인간입니다. 생계를 유지하려면 체제가 정해준 일에 철저한 전문가가 되어야만 합니다. 문명화된 사회에서 산다고는 하지만, 자신이 무엇을 만드는지 그리고 그것이 전체 사회에 무슨 의미가 있는지 고민하지 않습니다. 아니 체제는 그런 것을 고민할 여유마저 허락하지 않습니다. 아니 정확히 이런 목적으로 억압체제는 분업의 논리를 발전시켜왔다고 할 수 있습니다. 모든 개인을 칸막이로 격리해 안목을 협소화시키는 겁니다. 당연히 이렇게 탄생한 맹목 기능자들은 사회에 대해서나 역사에 대해 비판적인 의식을 가질 수 없지요. 그저 칸막이에 막힌 자신의 작업대나 책상 위에 주어진 일만을 기계적으로 처리하고 있을 뿐이지요. 결국 맹목 기능자는 자본이나 권력의 목적에 대해 의심하거나 저항하지 못하게 됩니다. 이제 자본이나 권력은 거리낌 없이 자신의 목적과 의지를 맹목 기능자들에게 관철하게 된 것이죠. 억압체제가 분업의 논리로 완성되는 순간입니다. 모든 사람을 맹목 기능자로 만드는 순간, 억압체제는 불가침의 영원성을 확보할 테니 말입니다. 마침내 분업체제 최정점에 있는 사람들은 하위 분업체제 전체, 대다수 사람들을 지배하고 통제할 수 있게 되지요. 맹목 기능자로 전락한 우리들은 어떻게 이런 억압체제를 극복할 수 있을까요? 무엇보다 먼저 분업 논리를 극복해야 하지요.

분업 논리에서 가장 중요한 것은 생산수단을 가진 자와 그렇지 않은 자 사이의 위계라고 할 수 있습니다. 예를 들어 농사짓는 것 말고는 먹고살 수 있는 방법이 없을 때, 땅이라는 생산수단을 가지고 있지 않다면, 우리는 지주에게 복종해야 합니다. 그 결과 지주는 직접 노동하지 않고도 먹고살 수 있습니다. 이 때문에 여유가 생긴 지주는 낚시도 할 수 있고 책도 쓸 수 있고 아니면 근사한 술도 빚을 수 있는 겁니다. 바로 여기에서 맹목 기능자를 넘어서 자유를 되찾는 실마리를 찾을 수 있을 겁니다. 가장 좋은 것은 농사도 지을 수 있고, 장사도 할 수 있고, 물고기나 짐승을 잡을 수도 있으면 좋습니다. 그러면 구태여 지주에게 포획될 일도 없을 테니 말입니다. 그러나 농사 맹목 기능자를 벗어난다는 것은 현실적으로 결코 쉬운 일이 아닙니다. 그렇다면 현실적인 방법은 농사를 짓지 않는 지주에게서 땅을 빼앗아 농사를 지을 수 있는 생산수단을 확보하는 겁니다. 농사도 짓지 않으면서 땅을 가지고 있다는 것은 정의롭지 못한 일이니까요. 이를 통해 여유가 생긴다면 농부인 우리들은 조금씩 다른 활동을 할 수 있고, 그를 통해 농사에 대한 맹목 기능자를 넘어설 수 있을 겁니다. 이 순간 농부는 단순한 농부가 아니라 온전한 인간이 됩니다. 자유로운 인간이 됩니다. 신동엽은 이런 인간을 '전경인全耕人'이란 근사한 개념으로 설명하지요.

전경인! '온전한 인간'과 '경작하는 인간'이란 뜻이 결합된 개념입니다. 맹목 기능자가 아니라 온전한 인간이고, 스스로 땀 흘려 먹고사니 경작하는 인간입니다. '온전한 인간'이란 개념에 머물지 않고 여기에 '경작하는 인간'이란 개념까지 신동엽이 고민한 이유는 무엇일까요? 직접 일하지 않고 무언가를 먹는다면, 그것은 남의 것을 빼앗아 먹고산다는 것을 의미하기 때문이지요. 어쨌든 분업 논리로 정당화되는 억압체제를 극복할 때, 우리는 전경인이 됩니다. 자신을 감싸고 있던 칸막이를 제거했기에, 전경인은 사회와 역사를 포괄적으로 이해하게 됩니다. 스스로 직접 노동을 하기에 전경인은 누군가의 노동을 착취하는 일도 없게 될 겁니다. 이것이 바로 신동엽의 확신이었던 겁니다. 아직도 '전경인'이란 개념이 애매하다면, 신동엽의 시 한 편을 읽어보죠.

> 스칸디나비아라든가 뭐라구 하는 고장에서는 아름다운 석양 대통령이라고 하는 직업을 가진 아저씨가 꽃리본 단 딸아이의 손 이끌고 백화점 거리 칫솔 사러 나오신단다. 탄광 퇴근하는 광부들의 작업복 뒷주머니마다엔 기름 묻은 책 하이덱거 럿셀 헤밍웨이 장자 휴가여행 떠나는 국무총리 서울역 삼등 대합실 매표구 앞을 뙤약볕 흡쓰며 줄지어 서 있을 때 그걸 본 서울역장 기쁘시겠소라는 인사 한마디 남길 뿐 평화스러이 자기 사무실 문 열고 들어가더란다. 남해에서 북강까지 넘실대는 물결 동해에서 서해까지 팔랑대는 꽃밭 땅에서 하늘로 치솟는 무지개빛 분수 이름은 잊었지만 뭐라곤가 불리우는 그 중립국에선 하나에서 백까지가 다 대학 나온 농민들 추럭을 두 대씩이나 가지고 대리석 별장에서 산다지만 대통령 이름은 잘 몰라도 새 이름 꽃 이름 지휘자 이름 극작가 이름은 훤하더란다

> —〈산문시散文詩 1〉, 《신동엽전집》

지금 신동엽은 파리코뮌을 이야기하고 집강소 시절을 노래하고 있는 겁니다. 마르크스의 표현을 빌리자면 '자유롭고 연합적인 노동'이 가능한 세계인 셈이지요. 빈부귀천이 사라지는 순간, 분업의 자리에는 자유로운 협업이 들어서게 됩니다. 누구나 농부가 될 수 있고, 누구나 철학자가 될 수 있고, 누구나 대통령이 될 수 있습니다. 어떤 직업이라도 다 가질 수 있습니다. 자신이 원한다면 말이지요. 맹목 기능자에서 벗어나 우리가 전경인이 되는 순간입니다. 대통령으로도 먹고살 수 있고, 농부로도 광부로도 먹고살 수 있습

니다. 아니면 철학자나 문학자가 되어 말과 글로 먹고살 수도 있지요. 무엇이든지 할 수 있는 온전한 인간이면서도 동시에 무언가 땀흘리며 일하고 경작하는 인간입니다. 바로 이 대목에서 신동엽은 '전경인의 미학'을 피력하게 됩니다. 분업체제가 공고화되고 있는 지금, 진정한 시인은 몸소 전경인의 삶을 희망하며 노래해야만 합니다. 아니면 전경인의 삶을 가로막는 체제의 논리를 폭로하고 조롱하기라도 해야 합니다. 이런 입장이었기에 신동엽의 눈에는 분업의 논리에 따라 언어 세공만을 일삼는 시인은 진정한 시인이라기보다는 전경인을 가로막는 맹목 기능자로 보였던 겁니다.

이제 신동엽이 피력했던 '전경인의 미학'이 분명해지셨나요. 랭보의 '견자의 미학'과 비교해도 근사한 미학 아닌가요. 모든 사람이 시인이 될 수 있는 그날까지, 전경인적 시인은 정치적이면서 문명비평적이고 철학적이고 대중적인 시, 물론 읽은 사람을 격동할 수 있는 근사한 언어로 구성된 시를 씁니다. "백만 인을 주워 모아야 한 사람의 전경인으로 세계를 표현할 수 있기" 때문이지요. 그러니 그의 시에는 분업에 매몰되어 쪼개진 세계가 아니라, 온전한 인간으로 느껴지는 세계, 경작하는 인간으로 느껴지는 세계가 흘러넘칠 겁니다. 그러나 이 모든 통찰은 1894년 집강소의 찬란했던 꿈, "우리 사랑밭에 우리 두렛마을 심으려던" 꿈을 신동엽 시인이 품었기 때문에 가능한 겁니다. 집강소가 꿈꾸었던 사회가 "자유롭고 연합적인 노동"의 세계였다면, 결국 이 세계의 인간은 전경인이었던 셈이지요. 두레꾼! 바로 그들이 전경인의 원형이었던 겁니다. 흥미롭지 않나요. 동학정신, 혹은 집강소의 정신이 바로 시인정신으로 승화된 겁니다. 이제 신동엽에게 시는 당당한 자유와 따뜻한 사랑의 노래로 자리를 잡게 된 셈입니다.

2부. 마르크스의 철학, 마르크스의 과학

집강소 시절 '님들의 공동체'에 대한 깊은 성찰과 공감이 없었다면, 신동엽은 '전경인의 미학'을 피력하지 못했을 겁니다. 1959년 조선일보 신춘문예에 입선했던 〈이야기하는 쟁기꾼의 대지大地〉에서부터 1967년 대서사시 《금강》에 이르기까지 신동엽은 동학농민군이 두레마을을 만들며 올려다보았던 푸른 하늘을 잊었던 적이 한 번도 없었던 겁니다. 그러니 그것을 개념화했던 '전경인의 미학'이 중요하다는 겁니다. '푸른 하늘!' '인내천'의 하늘! '자유로운 농부들의 두렛마을!' '님들의 공동체!' 1969년 4월 7일 마흔 살의 나이로 몸소 푸른 하늘이 되어버린 신동엽은 죽음을 앞두고 《금강》에 등장하는 작은 시 한 편을 다듬고 또 다듬게 됩니다. 유언과도 같은 시는 그가 죽은 다음 달 《고대문화高大文化》 5월호에 실립니다.

누가 하늘을 보았다 하는가,
누가 구름 한 송이 없이 맑은
하늘을 보았다 하는가,

네가 본 건, 먹구름
그걸 하늘로 알고
일생을 살아갔다.

네가 본 것, 지붕 덮은
쇠항아리,
그걸 하늘로 알고
일생을 살아갔다.

닦아라, 사람들아
네 마음속 구름
찢어라, 사람들아,
네 머리 덮은 쇠항아리.

아침 저녁
네 마음속 구름을 닦고
티 없이 맑은 영원永遠의 하늘
볼 수 있는 사람은
외경畏敬을
알리라

아침 저녁
네 머리 위 쇠항아릴 찢고
티 없이 맑은 구원久遠의 하늘
마실 수 있는 사람은

연민憐憫을
알리라
차마 삼가서
발걸음도 조심
마음 아모리며.

서럽게
아 엄숙한 세상을

서럽게

눈물 흘려

살아가리라

누가 하늘을 보았다 하는가,

누가 구름 한 자락 없이 맑은

하늘을 보았다 하는가.

－〈누가 하늘을 보았다 하는가〉,《고대문화》(1969년 5월)

'시천주侍天主!' 자신이 하늘 같은 님이기에 자신을 모시고 모시는 만큼 위기에 맞서 그것을 지키라는 최제우의 가르침입니다. 물론 그렇게 하기 위해 우리는 자신이 티 없이 맑은 푸른 하늘과 같다는 자각을 해야 합니다. 자신을 억압하는 "쇠항아리"나 자신의 진면목을 흐리는 조금의 "구름"도 용납하지 않아야 합니다. 그래야 푸른 하늘처럼 귀하고 맑은 존재가 될 겁니다. 푸른 하늘님이 되었기에 스스로 "경외"의 대상이 된 셈이지요. 지금까지 자신을 멸시했던 삶에서 자신을 높이는 삶으로 질적인 비약이 이루어진 겁니다. 그러나 바로 이 순간 아직도 억압적인 체제를 숙명으로 받아들이며 아직도 놈으로 자처하는 사람들이 눈에 들어오게 될 겁니다. 그러니 "연민"이 불가피하죠. 주목해야 할 것은 신동엽이 다듬기 전《금강》에 게재된 시에는 이 '연민' 부분이 없다는 점입니다. 결국 1967년 이후 신동엽은 또다시 비약을 한 겁니다. 지금 신동엽은 동학을 넘어 저 멀리 삼국시대 원효元曉(617~686)의 가르침에 근접하고 있기 때문이지요. 자유로운 개인들의 마을, 즉 두레마을을 꿈꾸던 신동엽이 모든 사람이 부처가 되는 땅, 즉 불국토佛國土를 꿈꾸던 원효와 접속된 겁니다.

자리이타^{自利利他}! 자신이 자유롭지만 타인도 자유롭게 한다는 원효의 가르침입니다. 결국 자유를 얻는 순간, 우리는 자유롭지 못한 이웃들에 대해 자비의 마음을 품게 된다는 겁니다. 그러고는 노력하겠지요. 이웃들도 님이 되기를 말입니다. 《금강삼매경론^{金剛三昧經論}》에서 원효가 "모든 부처들의 동체대비^{同體大悲} 때문에 그 열반을 빼앗겨 다시 마음을 일으키게 된다"고 말했던 것도 이런 이유에서지요. 그러니 어떻게 하면 이웃들도 부처로, 혹은 님들로 만들 수 있을까요? "이보세요! 님들이시어. 당신들은 놈이 아니라 님이랍니다"라는 간절한 말도 이웃들을 님으로 만들기에는 충분하지 않습니다. 원효가 서라벌 저잣거리로 내려갔던 것처럼 한없이 겸손해야만 합니다. 님이 되어버린 당신이 당당해질수록, 이웃들은 놈으로 다시 위축될 수도 있으니까 말입니다. 역설적으로 당신이 놈을 자처하면 차라리 순간적이나마 이웃들은 님이 될 겁니다. 그러니 님이 된 사람은 "차마 삼가서 발걸음도 조심 마음 아모리며" 이웃들을 님으로 귀하게 대우해야만 하는 겁니다. 그러고는 기다리는 겁니다. 그들이 "구름 한 송이 없이 맑은 하늘을 보기를" "자신들이 하늘 같은 님이라는 사실을 보기를".

어쩌면 말입니다. 신동엽 시인은 바로 이 유언과도 같은 시 한 편, 〈누가 하늘을 보았다 하는가〉를 쓰려고 짧으면 짧고 길다면 길수도 있는 삶을 살아냈는지 모를 일입니다. 일제강점기, 미군정, 이승만과 박정희 독재를 살아갈 수 있는 유일한 희망이 바로 1894년 동학농민군의 정신이었습니다. 그것은 정말 푸른 하늘처럼 신동엽이 숨 쉴 수 있는 신선한 공기와도 같은 것이었지요. 이런 공기가 없었다면 《금강》이란 격한 호흡도 불가능했을 겁니다. 그래서일까요,《금강》은 동학농민군의 거친 숨소리를 닮아서 세련되지 못하고 투박합니다. 그래서 간혹《금강》이 시적으로 완성되지 않았다고 말하는 평론가들도 등장하는 겁니다. 그러나 근사한 미사여구를 동반한 프러포즈보다는 어눌한 말투의 프러포즈가 더 우리를 감동시킬 수도 있는 법입니다. 더군다나 신동엽이 거친 호흡을 토할 당시는 박정희 독재정권이 기승을 부리던 시절이었습니다. 그러니 다급하고 격정적일 수밖에 없고, 그만큼 시적으로 정제되기 힘들었겠지요. 그러나 임종을 얼마 남겨두지 않고《금강》을 전체 요약한 이 시를 보면, 우리는 신동엽이 내용과 형식, 정신과 표현 면에서 최고 수준에 도달했다는 걸 알게 됩니다. 바로 이 한 편으로 신동엽은 문학적 불멸성을 얻었고, 결국 우금치의 푸른 하늘도 영원성을 얻게 된 셈이죠. 그 결과 우리의 귀에는 여전히 푸른 하늘의 천둥소리가 울리는지도 모릅니다. "누가 하늘을, 티 없이 맑은 하늘을 보았다 하는가!"

에필로그

> "책을 읽어 의미를 파악하려고 할 때,
> 옳은 듯 보이지만 그른 것을
> 구분하기란 정말 어렵다
> 讀書考義理, 似是而非者難辨."
>
> — 주희朱熹, 《주자어류朱子語類》

1.

벌써 10년이나 지난 일이다. '오마이스쿨 정치철학 강의안'이
란 파일을 확인해보니, 작성된 날짜가 2010년 12월로 확인된다. 정
치철학 강연은 2010년 12월에서 2011년 2월까지 8주 동안 100여
명의 청중 앞에서 이루어졌다. 청중들의 나이 대는 종잡을 수 없이
다양했다. 20대 초반부터 60대까지. 강연 첫날 나의 눈에는 평소 내
강연을 즐겨 듣던 분들, 강연이 처음이라 어색해 보이는 분들, 내
책의 독자였다가 저자의 상태를 직접 확인하려고 오신 분들이 들어
왔다. 그렇지만 보통 강연에서 보지 못했던 낯선 청중들도 계셨다.
희끗희끗한 머리색으로 보아 나보다 적으면 열 살, 많으면 스무 살
정도 더 나이가 드신 분들이다. 얼핏 보아도 1970년대 박정희 유신
독재 시절 대학에 다니며, 독재와 맞서 싸운 경험을 자부심으로 가
지고 계신 분들이 분명했다. 또한 당시 '오마이스쿨'은 속칭 진보를
자처하는 사람들이 저녁 시간을 할애해 현실의 문제와 정치적 쟁점
에 관한 강연을 듣는 것으로 유명했다. 70년대 학번으로 유신독재
와 맞서 싸운 실천적 경험, 억압받는 자들을 위해서 마르크스를 최

초로 진지하게 읽었던 지적인 경험, 아울러 수많은 진보적 지식인들의 강연을 들으며 지적인 예리함이 무뎌지지 않도록 단련했던 경험! 이런 모든 경험은 70년대 학번 백전노장들을 무척이나 당당하게 만들었으리라. 강연장에 들어갔을 때 나는 그들의 당당함과 자신감을 그들의 앉은 자세에서 직감할 수 있었다. "강신주라! 지금 유명한 젊은 철학자라고 하니, 무슨 이야기를 하는지 한번 들어볼까." 아마 마르크스와 함께 사유했던 40년을 자부하던 그분들은 나의 '강의 개요'를 읽고 묘한 도전의식을 느꼈을 것이다. '강의 개요'를 통해 나는 마르크스주의자를 자처하는 사람들 대부분이 마르크스를 모르고 있다고 도발적으로 주장했으니까.

"지체 부자유자를 자식으로 둔 불행한 사람이 있습니다. 그는 죽기 전 몇 번이나 그 아이의 목숨을 스스로 거두려는 생각을 합니다. 자신이 이 세상을 떠나면 그 누구도 아이를 돌보지 않을 것이라는 염려 때문이지요. 이런 염려를 하는 것은 우리가 공동체라는 이름에 걸맞지 않은 공동체에 살고 있기 때문입니다. 지금 우리가 살고 있는 공동체는 이 불행한 사람이 편하게 눈을 감을 수 있는 사회일까요? 아니면 기초적인 생존마저도 불안하게 느낄 수밖에 없는 사회일까요? 전자라면 우리는 자신의 삶을 편하게 영위하면 되지만, 후자라면 자신이 살고 있는 공동체를 변화시켜야 할 겁니다. 바로 이 대목이 보수와 진보가 갈라지는 지점입니다. 지금 우리는 도처에서 진보라는 말을 듣고 있습니다. 진보정당, 진보 지식인, 진보 사상 등등. 그렇지만 어쩐지 진보라는 말은 이제 '죽은 개' 취급을 받고 있다는 느낌도 듭니다. 그건 현 정권에 반대하는 사람 대부분이 '진보'라는 화장을 얼굴에 진하게 바르고 있기 때문입니다. 단순히 현 정권을 반대한다고 해서 진보일 수는 없는 법입니다. 말을 하지 못하는 가난한 이웃이나 앞으로 태어날 후손들을 위해, 그들 대신 말하지 않고 실천하지 않는다면, 그 누구도 진보라는 이름을 가질 수가 없기 때문입니다. …… 1845년 마르크스는 〈포이어바흐에 관한 테제들〉을 쓰면서 진보사상이 갖추어야 할 철학적 입장을 정리하게 됩니다. 1940년 벤야민은 〈역사의 개념에 관하여〉(역사철학 테제)를 집필하며 마르크스의 사상을 수정하고 보완합니다. 1967년 기 드보르는 《스펙타클의 사회》를 통해 대중문화에 포획된 우리 삶을 고발하며, 동시에 대표제의 허구성을 신랄하게 비판합니다. 마침내 1996년 랑시에르는 〈정치에 대한 열 가지 테제〉를 쓰면서 진보정치의 가능성을 새롭게 정초하려고 시도합니다. 강좌가 진행되면 분명해지겠지만, 우리는 마르크스의 중요성을 다시 한 번 느끼게 될 겁니다. 그리고 우리는 고백하게 될 겁니다. 마르크스를 읽었지만, 우리는 그의 속내를 제대로 알았던 적이 한 번도 없었다고 말입니다."

2010년 12월 말 저녁 오마이스쿨 강연장이 있던 서울 상암동은 무척 추웠다. 당시 강연은 두 번으로 나뉘어 진행되었다. 저녁 7시쯤 시작되어 8시 30분 전후에 첫 타임이 끝나자 10여 분의 휴식 시간이 찾아왔다. 당시 강연장은 고층 건물 중간 층쯤에 있었고, 강연장이 있던 층은 넓은 하늘정원으로 열려 있었다. 첫 경험이 모두 그렇지만 첫 강연도 무척이나 진이 빠지는 법이다. 더워진 몸과 마음을 식히려고 나는 매서운 바람이 불고 있던 하늘정원에 나가 의자에 앉아 담배에 불을 붙였다. 첫 강연이 청중들에게 감흥을 주었는지 걱정도 되었지만, 나름 힘을 다 쏟았다는 생각에 안심을 하고 있던 차였다. 상당수 청중들도 나처럼 바람을 쐬기 위해 어두운 하늘정원에 나와 있었다. 한두 분의 청중이 쭈뼛쭈뼛 내게 와서 인사를 했다. 나중에 알게 되었지만 그중에는 성공회대학에서 강연을 하시는 나이 든 선생님도 계셨다. 약간의 홍조와 약간의 흥분됨을 가지고 그 선생님은 내게 말했다. "강선생! 변유(변증법적 유물론)와 사유(역사적 유물론)에 대해 그 누구보다 정확히 알고 있고, 그걸 실천 하며 살려고 했던 사람입니다. 당연히 〈포이어바흐에 관한 테제들〉은 하도 읽어 외우다시피 하는 사람이에요. 그런데 강연을 들으면서 내가 〈포이어바흐에 관한 테제들〉을 과연 읽었는가, 하는 의구심이 들더라고요. 강선생이 강조했던 첫 번째 테제에 등장하는 '대상적 활동'이란 개념에 저는 한 번도 주목하지 않았던 겁니다. 그저 내 뇌리에는 열한 번째 테제만이 남아 있었던 것 같아요. 왜 '철학자들은 단지 세계를 다양한 방식으로 해석해왔다. 그러나 중요한 것은 세계를 변화시키는 것'이라는 테제 말이에요. 도대체 지금까지 마르크스의 무엇을 읽었는지. 정말이에요. 〈포이어바흐에 관한 테제들〉을 수십 번, 아니 수백 번 읽었지만, '대상적 활동'이란 개념에 주목했던 적이 한 번도 없었어요. 더군다나 대상적 활동 개념으로 마르크스가 유물론과 관념론을 극복했다는 것은 생각해본 적도 없고요. 변유와 사유에 입각해 저는 마르크스가 일체의 관념론에 적대적이었다고 확신했었죠. '대상적 활동'이라! 어쨌든 고맙습니다. 무언가 짙은 어둠이 가신 느낌입니다."

열다섯 살쯤 연상일까, 아니면 스무 살쯤 연상일까. 내게 이야기를 마친 생면부지의 선생님은 옷깃을 여미며 강연장으로 이동하셨다. 바람이 매섭게 휘몰아치는 하늘광장에서 휴식을 마친 나머지 청중들도 하나둘 다시 강연장으로 이동하는 모습을 보고서, 나는 다시 담배에 불을 붙였다. 기쁨과 다행스럽다는 감정이 나를 감쌌기 때문이다. 그 순간 첫 타임 때 나의 강연 장면이 영상처럼 내 뇌리에 펼쳐졌다. "마르크스는 인간의 활동을 '대상적 활동Gegenständliche Tätigkeit, objective activity'이라고 이야기합니다. 여기서 '대상'이란 우리 앞에 주어진 '조건'을 의미한다면, '활동'은 우리 인간의 '자유'를 의미한다고 할 수 있죠. 대상적 활동이 우리 인간이 '조건적 자유'의 존재라는 걸 말해주는 것도 이런 이유에서죠. 어찌할 수 없이 인간에게 주어진 조건을 강조한다는 점에서 마르크스의 사유는 현실적이고 구체적입니다. 그렇지만 주어진 조건에 굴복하지 않고 그것을 극복하는 활동을 강조한다는 점에서 그의 사유는 실천적이고 참여적입니다. 전자만을 강조하면 낡은 유물론이 나오겠고, 후자만을 강조하면 관념론이 나올 겁니다. 결국 마르크스의 실천철학은 단순한 유물론, 즉 물질적인 것이 인간의 정신적인 것을 지배한다는 식의 속류 유물론을 넘어서 있는 겁니다. 이 속류 유물론에 의하면 마르크스의 철학은 '유물론적 관념론', 혹은 '관념론적 유물론'이라는 복잡한 형식을 취하고 있기 때문이죠. 그러니 마르크스 사유를 소련 교과서에 등장하는 변유니 사유로 단순히 이해해서는 안 됩니다. 유물론적 전통과 관념론적 전통 사이의 중도中道, 그것이 최소한 대상적 활동이 가지는 의의니까요. 물론 그렇다고 해서 마르크스가 물질적 조건이나 구체적 삶의 중요성을 결코 포기하지는 않죠. 그래서 마르크스는 '실천에서 인간은 자기 사유의 진리, 즉 현실성과 힘, 차안성을 증명해야 한다'고 말할 수 있었던 겁니다." 당시만 해도 나는 몰랐다. 바로 이날 5권이란 방대한 분량으로 이루어진 '강신주의 역사철학·정치철학 강의' 시리즈가 씨앗을 내렸다는 것을.

2.

1991년 크리스마스 다음 날, 즉 12월 26일 소련은 해체된다. 곧이어 제도권 사회주의국가들은 마치 도미노처럼 무너지기 시작한다. 부르주아체제의 억압과 착취에 맞서 싸우던 지식인들은 그야말로 '멘붕'에 빠지고 만다. 부르주아체제의 근본적인 대립관계는 간단하다. 자본의 힘으로 물질적 생산수단을 독점한 자본계급, 그리고 생산수단을 빼앗겨 노동력을 팔아서 생계를 유지할 수밖에 없는 노동계급! 부르주아체제의 비판적 지식인들은 당연히 노동계급 편에 서서 자본계급과 이 계급을 비호하는 국가기구에 맞서 싸웠다. 압도적인 적과의 지루한 싸움이었으니 정신적으로나 육체적으로 피폐해지게 되는 것도 시간문제였다. 이럴 때 위로가 되어주었던 것이 바로 제도권 사회주의국가들이 존재한다는 사실이었다. 동구권 국가들은 마르크스의 이름으로 노동계급의 정부를 표방하고 있었기 때문이다. 여기에 적의 적은 동지라는 슈미트^{Carl} ^{Schmitt}(1888~1985)적 감정도 한몫 단단히 했다. 20세기 내내 소련을 중심으로 하는 동구권 국가와 미국을 중심으로 하는 서구권 국가는 치열한 체제 경쟁을 하지 않았던가? 바로 냉전이다. 정치적으로나 경제적으로, 나아가 심지어 군사적으로도 미국의 자장에 있던 우리 사회에서 반독재 투쟁과 반자본 투쟁을 주도했던 지식인들이 동구권 국가에 대해 동지의식을 갖게 된 것은 어쩌면 자연스런 귀결이었는지도 모른다. 그런데 1990년대 들어서 소련을 시작으로 제도권 사회주의체제가 모래성처럼 세계 도처에서 붕괴해버린 것이다. 우리 비판적 지식인들 입장에서 그것은 마르크스주의가 무효화되는 것으로, 나아가 구체적으로 '자본 vs 노동'이란 마르크스의 도식이 폐기되는 것이었다. 변증법적 유물론이나 사적 유물론은 더 이상 과학적 진리가 아니라는 회의! 마르크스의 사유가 더 이상 억압받는 자들의 미래를 비춰줄 등불이 아니라는 절망!

지금으로부터 900여 년 전 주희는 말했다. "옳은 듯 보이지만 그른 것을 구분하기란 정말 어렵다似是而非者難辨"고. 여기서 중요한 것은 '사시이비似是而非'라는 발상이다. 우리가 지금도 흔히 사용하는 말 '사이비似而非'의 어원이기도 하다. 겉으로는 '옳은是' 것처럼 보이지만 실제로는 '그르다非'는 뜻이다. 누구나 알고 있는 진짜로 옳은 것이나 진짜로 그른 것은 별로 문제가 되지 않는다. 주희의 표현을 빌리자면 '진시眞是'와 '진비眞非'는 남녀노소 모두 알고 있는 일이니까. 문제는 '사시이비', 즉 '사이비'의 사태다. 지성인이 존경받는 이유는 그가 '사시이비'를 구분하기 때문 아닐까? 대부분의 사람들이 그 외양을 보고 옳은 것이라고 할 때, 지성인은 사실 그 내실은 그르다는 것을 보여주어야 한다. '사시이비'를 구별할 수 없거나, 혹은 구별했다고 해도 권력이나 여론의 눈치를 보면서 그것을 폭로할 수 없다면, 어떻게 이런 사람을 지성인이라고 할 수 있다는 말인가? 동일한 경우가 제도권 사회주의국가들에도 적용될 수 있다. 노동계급의 정부를 자처하던 소련이 과연 노동계급이 정치의 주체가 되었던 사회였을까? 지금 누구나 알고 있듯 소련 등 제도권 사회주의국가들은 소수 공산당원과 관료들, 즉 엘리트들이 이끌어가던 사회였다. 자본계급이 생산수단을 독점하고 국가기구가 폭력수단과 정치수단을 독점하는 사회였으니, 서구 부르주아국가들은 자본주의와 국가주의의 연대로 작동했던 셈이다. 반면 동구권 사회주의국가들은 국가독점자본주의체제에 지나지 않았다. 자본주의와 국가주의가 하나로 통합된 것이 국가독점자본주의니, 동구권 사회주의국가들이 서구권 국가들보다 더 가공할 권력을 휘두를 수 있었다는 것은 자명한 일이다. 벤야민은 "우리가 체험하고 있는 것들이 20세기에도 여전히 가능하다는 사실에 대한 놀라움"을 이야기했던 적이 있다. 과거 왕조시대에서나 가능했던 일이 20세기에도, 더군다나 노동계급 정부를 표방했던 제도권 사회주의국가에서 가능했으니, 어찌 놀랍지 않겠는가.

1844년 《1844년 경제학-철학 수고》에서 마르크스는 말했다. "코뮌주의Kommunismus는 …… 인간과 자연 그리고 인간과 인간 사이의 충돌의 참된 해결"이라고. 1845년 〈포이어바흐에 관한 테제들〉에서 마르크스는 말했다. 모든 인간은 "대상적 활동"의 주체이고, 일부가 아니라 모든 인간이 "대상적 활동"의 역량을 실현하는 사회가 "인간사회menschliche Gesellschaft"라고 말이다. 여기서 '인간사회'라는 표현은 매우 중요하다. 과거 사회는 소수 지배계급이 주도했기에, 지배계급의 성격에 따라 사회의 이름이 달랐다. 왕조사회니, 귀족사회니, 영주사회니, 혹은 부르주아사회니 하는 말이 가능했던 것도 이런 이유에서다. 소수 지배계급이 아니라 모든 인간이 자신이 속한 공동체의 운명을 결정하는 데 참여하는 사회가 바로 '인간사회'다. 1867년 《자본론》에서 마르크스는 생산수단 독점의 유무로 억압사회와 인간사회를 구분할 수 있다는 정치경제학을 피력한다. 생산수단을 독점한 자는 생산수단을 빼앗긴 자를 지배한다는 공식이 완성된 셈이다. 당연히 인간사회는 소수에 의한 생산수단 독점이 아니라 다수에 의한 생산수단 공유로서만 가능하다. 1871년 《프랑스내전》에서 마르크스는 생산수단, 폭력수단, 나아가 정치수단을 공유하려고 했던 파리코뮌을 "가능한 코뮌주의"의 사례라고 극찬했던 적이 있다. 그뿐인가. 1875년 〈고타강령 비판〉에서 마르크스는 "사회주의 이념sozialistischen Ideen"은 "국가를 사회보다 상위의 기관에서 사회보다 하위의 기관으로 전화시키는 데 있다"고 강조하기도 했다. 명명백백한 국가주의에 대한 거부다. 바로 이것이 마르크스였다. 마르크스는 과거 소수의 지배계급만이 향유했던 대상적 활동을 모든 인간이 향유할 수 있는 사회를 지향했던 것이다. 바로 이런 사회를 마르크스는 어느 때는 '인간사회'라는 개념으로, 어느 때는 '코뮌주의'라는 개념으로, 그리고 어느 때는 '사회주의'라는 개념으로 표현했다. 바로 이것이 마르크스주의였다.

이제 명확하지 않은가? 1991년 12월 26일 소련의 해체로 막을 내리는 제도권 사회주의국가들은 바로 '사시이비', 즉 '사이비'였다는 사실이. 마르크스주의의 화신이라고 할 수 있는 파리코뮌과 비교해보면, 겉으로는 마르크스주의로 보였지만 속으로는 그렇지 않았던 제도권 사회주의국가들의 일그러진 민낯이 그대로 드러난다. 파리코뮌에서는 장교마저 사병들이 선출하고 소환함으로써 상비군이 폐지되었지만 소련은 과연 상비군을 폐지했던가? 아니다! 대표들과 관료들을 선출하고 소환하도록 했던 파리코뮌처럼 소련에서 노동계급은 공산당 지도부와 관료들을 선출하고 소환할 수 있었던가? 아니다! 파리코뮌에서 노동계급은 자본계급이 독점했던 생산수단을 회수했는데, 소련은 생산수단을 자신이 독점하지 않고 노동자나 농민들에게 되돌려주었는가? 아니다! 아니고, 아니고, 또 아니다. 냉전시대 소련의 상비군은 미국의 그것과 맞설 정도로 강력하게 구성되어 있었다. 그리고 레닌Vladimir Lenin(1870~1924)이든 스탈린Joseph Stalin(1878~1953)이든 흐루쇼프Nikita Khrushchev(1894~1971)든 브레즈네프Leonid Brezhnev(1906~1982)든 고르바초프Mikhail Gorbachev(1931~)든 소련 최고 지도자를 노동계급이 선출했다거나 소환했다는 이야기를 들어

본 적이 없다. 소련이란 국가는 과거 차르시대처럼 자본이든 공장이든 농지든 모든 생산수단을 독점해 노동자나 농민들의 노동력과 생산물을 착취했다. 그렇지만 이 모든 억압과 착취 행위를 소련은 '마르크스주의'라는 이름으로, 노동계급을 위한다는 이름으로 자행했다. '사시이비'는 바로 여기에서 유사 이래 가장 강력한 사례를 발견하고 만다. 노동계급의 정부나 마르크스주의를 표방한 것이 '옳은 것처럼 보였던' 측면이라면, 생산수단과 폭력수단, 나아가 정치수단을 독점한 것은 실제 '그릇된' 측면이었기 때문이다. 1991년 12월 26일은 기념해야 할 날이다. '사시이비', 즉 '사이비' 마르크스주의가 붕괴된 날이자, '사시이비'에 의해 감금되었던 '진시眞是', 즉 '진짜로 옳은 것'이 봉인에서 풀리는 날이었으니까.

3.

1991년에 '사시이비' 마르크스주의가 붕괴되었으니, 진정한 마르크스와 그의 사상이 다시 빛을 보게 되었다고 기뻐할 일도 아니다. 사실 제도권 사회주의국가들은 사시이비 마르크스주의의 본좌가 아니라 곁다리에 지나지 않았으니까. 돌아보라. 1875년 말년의 마르크스는 사이비 마르크스주의의 태동을 직접 목격하는 불행을 겪지 않았는가? 1875년 마르크스가 동지들이라고 생각하던 독일의 지성인들이 사회민주주의정당을 발족하면서 자신들이 나아갈 바를 〈고타강령〉에 담았고, 이 문건을 마르크스에게 보내 자문을 구하게 된다. 〈고타강령〉을 보고 마르크스는 경악했고, 당황했고, 분노했다. 〈고타강령〉에 피력된 사회민주주의는 '코뮌주의'도, '사회주의'도 아니었으니까. 차라리 사회민주주의는 코뮌주의에 대한 왜곡이자 사회주의에 대한 모독일 뿐이었다. 경악과 당황, 그리고 분노를 이기고 마르크스는 〈고타강령 비판〉을 써서 사회민주주의의 사이비성을 때로는 격정적으로 때로는 자조적으로 폭로하고 비판한다. "자본주의적 생산방식은, 물적 생산조건들은 자본 소유와 토지 소유의 형식으로 노동하지 않는 사람들에게 재분배되는 반면에 민중은 인적 생산조건인 노동력의 소유자일 뿐이라는 사실에 근거하고 있다. 생산의 요소들이 이렇게 분배되면, 오늘날과 같은 소비수단의 분배가 저절로 생겨난다. 물적 생산조건들이 노동자들 자신의 '조합적 소유'가 되면, 오늘과는 다른 소비수단 분배가 생겨난다. 속류 사회주의는 부르주아 경제학자를 본받아 (그리고 이를 다시 본받아 일부 민주주의자들은) 분배를 생산방식과 독립된 것으로 간주하고 또 그렇게 다루고 있으며, 따라서 사회주의는 주로 분배를 중심 문제로 하고 있다는 듯이 서술하고 있다. 진정한 관계가 이미 오래전에 해명되었는데, 무엇 때문에 다시 뒤로 돌아간다는 말인가?"

20세기 제도권 사회주의국가들이 노동계급을 위한다는 명분을 내걸었지만 노동계급을 노골적으로 억압하고 착취했다는 것은 제정신을 가진 사람이라면 누구나 알 수 있는 일이었다. 반대로 1875년에 탄생해 아직도 우리 주변을 배회하는 사회민주주의는 노동계급을 위한다는 감언이설로 노동계급을 아주 교활하고 아주 세련되게 그리고 아주 지속적으로 기만했고 지금도 기만하고 있다. 사회민주주의자들은 물적 생산수단을 독점한 자본가가 이윤을 얻고 노동력만 가진 노동자는 임금을 받는 부르주아체제를 긍정한다 (자본주의 긍정). 노동계급이 불만과 분노를 토로할 시간을 주지 않으려고 사회민주주의자들은 재빨리 다음 속임수를 수행한다. 그럼에도 국가는 자본계급과 노동계급 사이의 소득 불균형을 다양한 분배 정책으로 바로잡을 수 있다고 첨언한다(국가주의 긍정). 여기서 노동계급의 얼굴에는 불만과 분노가 사라지게 된다. 자본계급의 이윤을 덜어서 자신들에게 준다는 말 때문이다. 사회민주주의자들은 회심의 미소를 지으며 자신들이 진짜로 하고 싶은 말을 노동계급에게 던진다. "노동자들이여! 사회의 다수를 차지하는 노동계급이여! 사회민주주의자들에게 표를 던져라. 사회민주주의자들이 행정부와 입법부, 즉 국가기구를 장악해야 한다. 당신들에게 더 많은 것이 분배되기를 원한다면 말이다." 분배의 약속! 바로 이것이 사회민주주의다. 제도권 사회주의자들의 호신부가 '변유'와 '사유'였다면, 사회민주주의자들의 호신부는 '분배의 정의'였던 셈이다. 문제는 사회민주주의의 약속이 지켜지려면, 자본계급의 이윤이 증가해야만 한다는 점이다. 노동계급에게 분배되는 것은 바로 자본계급의 이윤에 의존하니까. 그런데 자본계급의 이윤이 기본적으로 노동계급의 착취에서 나온다는 것은 누구나 알고 있는 사실 아닌가. 결국 사회민주주의자들이 권력을 잡은 뒤 수행하는 분배란 노동계급으로부터 자본계급이 착취한 것 중 일부를 다시 노동계급에게 돌려주는 속임수였던 셈이다.

　사회민주주의자들의 현란한 저글링은 호황기에는 그나마 유지될 수 있다. 문제는 불황기다. 전체 사회가 불황에 빠지는 순간 사회민주주의자들은 극심한 자기 분열에 빠지게 된다. 자본계급의 잉여가치가 줄어드니, 노동계급에게 분배할 것이 별로 없다. 결국 노동계급에게 분배할 것을 마련하기 위해, 그들은 자본계급의 이윤 증대에 목을 매게 된다. 그렇지만 자본계급의 이윤이 증대되려면, 노동계급을 더 많이 억압하고 착취해야 하는 것 아닌가. 바로 이 순간 사회민주주의자들은 일종의 정신분열이나 자기모순에 빠지고 만다. 노동계급을 위한다는 생각과는 달리 그들의 몸은 노동계급을 착취하고 있으니까. 노동계급을 사랑하는 것과 노동계급을 착취하는 것이 어떻게 공존할 수 있다는 말인가. 그러니 정신분열과 자기모순이 불가피하다는 것이다. 아니다. 사회민주주의자들은 자기 오류에 번뇌하지 않을 것이다. 어차피 노동계급을 위한다거나 정의로운 분배를 지향한다는 사회민주주의자들의 주장은 분배자의 권력, 즉 국가권력을 장악하겠다는 권력의지의 발로였으니까. '사시이비'의 사람들에게 정신분열이나 자기모순, 혹은 지적인 고뇌를 기대한다는 것 자체가 어불성설이다. 그들은 한 번도 자신에게 진실했던 적이 없었고, 진지하게 노동계급을 위했던 적도 없었던 사람들이니까. 자본주의도 긍정하고 동시에 국가주의도 긍정하는 그들의 귀에 마르크스가 했던 〈고타강령 비판〉의 사자후가 들리기라도 했겠는가. 마르크스는 말했다. "물적 생산조건들이 노동자들 자신의 '조합적 소유'가 되면" 모든 것이 해결된다고. 생산수단 독점을 막고 생산수단을 공유하면 그만이다. 당연히 지주나 자본가도 사라지고, 분배의 기구로서 국가도 존재할 이유가 없어진다. 생산수단 독점과 아울러 폭력과 정치수단 독점을 폐기해야 한다는 것! 바로 이것이 마르크스의 '코뮌주의', 마르크스의 '사회주의', 그리고 마르크스의 '인간사회' 이념 아닌가.

극심해지는 소득 양극화 현상을 분배 정책으로 바로잡자고 떠드는 지식인들이 주변에 존재하는가? 노동계급과 억압받는 자들, 혹은 소외된 자들을 위해 국회에 들어가야 한다는 지식인들이 눈에 띄는가? 나쁜 자본가를 비판하고 선한 자본가를 찬양하는 지식인들의 이야기가 귀에 들리는가? 사회주의를 이야기하면서 투자나 재테크라는 미명으로 불로소득을 도모하는 지식인들이 보이는가? 바로 그들이 진정한 '사시이비' 마르크스주의자들이다. 1875년 마르크스의 비판에 콧방귀를 꼈던 그들이다. 1910년대 내내 로자 룩셈부르크의 비판에 끄덕도 하지 않고 도리어 1919년 그녀를 살해하면서 자신을 지켜냈던 그들이다. 1940년 벤야민의 강력한 비판마저도 가볍게 튕겨버렸던 그들이다. 1968년 기 드보르의 마지막 공격도 별다른 피해 없이 막아버렸던 그들이다. 자신들의 곁다리라고 할 수 있는 제도권 사회주의국가들이 1991년 붕괴될 때도 '사시이비'라는 본성을 은폐하며 계속 살아남았던 사회민주주의자들이다. 2000년 전후 세계화와 금융화라는 이름으로 세계를 풍미했던 신자유주의의 유일한 대안으로 자신을 포장했던 그들이다. 주희는 "옳은 듯 보이지만 그른 것을 구분하기란 정말 어렵다"고 말했다. 사실 사이비를 구분하기 어려운 이유는 우리가 진짜로 옳은 것, 즉 '진시'를 몰랐기 때문은 아닐지. 첫 번째 권이 끝나가는 지금 파리코뮌과 집강소의 자유로운 전사들, 그리고 마르크스의 철학과 실천을 통해 이제 진짜로 옳은 것이 무엇인지 알게 되지 않았는가. 〈고타강령 비판〉에서 마르크스가 말했던 진짜로 옳은 것 말이다. "자신의 노동력 이외에는 다른 어떤 재산도 가지지 않은 인간은 어떤 사회 상태와 문화 상태에서도, 대상적 노동조건의 소유자가 된 다른 사람의 노예가 되지 않을 수 없다!" 그럼에도 사이비를 구분할 수는 있지만 그것을 제거하는 것은 여전히 힘들 수도 있다. 이것은 진짜로 옳은 것을 제대로 알지 못한 탓 아닐까. 진짜로 옳은 것! 그것은 항상 진짜로 옳은 행동을 낳을 힘이 있으니까.

참고문헌

가라타니 고진, 《유머로서의 유물론》, 이경훈 옮김, 문화과학사, 2002.

가쓰라 아키오, 《파리코뮌》, 정명희 옮김, 고려대학교출판부, 2007.

강신주, 《노자 혹은 장자》, 오월의봄, 2014.

강신주, 《철학 vs. 철학: 동서양 철학의 모든 것》(완전 개정판), 오월의봄,
    2016.

강웅교 외, 《민족시인 신동엽》, 소명출판, 1999.

김용휘, 《최제우의 철학》, 이화여자대학교출판문화원, 2012.

노명식, 《프랑스혁명에서 파리코뮌까지: 1789-1871》, 책과함께, 2011.

프리드리히 니체, 《니체 전집》(전21권), 정동호 외 옮김, 책세상, 2005.

동학혁명기념재단(편), 《동학농민혁명 국역총서》(전12권),
    동학혁명기념재단, 2010.

질 들뢰즈, 《스피노자와 표현 문제》, 현영종 외 옮김, 그린비, 2019.

질 들뢰즈, 《차이와 반복》, 김상환 옮김, 민음사, 2004.

아르투르 랭보, 《나의 방랑-랭보 시집》, 한대균 옮김, 문학과지성사, 2017.

니콜라스 V. 랴자놉스키 외, 《러시아의 역사》(상·하), 조호연 옮김, 까치,
    2011.

클로드 레비-스트로스, 《슬픈 열대》, 박옥줄 옮김, 한길사, 1998.

블라디미르 레닌, 《유물론과 경험비판론》(상·하), 박정호 옮김, 돌베개,
    1992.

장 자크 루소, 《사회계약론》, 이환 옮김, 서울대학교출판부, 1999.

장 자크 루소, 《인간 불평등 기원론》, 주경복 외 옮김, 책세상, 2003.

게오르크 루카치, 《역사와 계급의식》, 조만영 외 옮김, 지만지, 2015.

루크레티우스, 《사물의 본성에 관하여》, 강대진 옮김, 아카넷, 2012.

카를 마르크스, 《경제학-철학 수고》, 강유원 옮김, 이론과실천, 2006.

카를 마르크스, 《데모크리토스와 에피쿠로스 자연철학의 차이》, 고병권 옮김, 그린비, 2001.

카를 마르크스, 《자본》(전4권), 강신준 옮김, 길, 2008/2010.

카를 마르크스, 《자본론》(전5권), 김수행 옮김, 비봉출판사, 2015.

카를 마르크스, 《철학의 곤궁》, 이승무 옮김, 지만지, 2018.

카를 마르크스, 《프랑스 혁명사 3부작》, 임지현 외 옮김, 소나무, 2017.

카를 마르크스·프리드리히 엥겔스, 《공산당 선언》, 강유원 옮김, 이론과실천, 2008.

카를 마르크스·프리드리히 엥겔스, 《칼 맑스 프리드리히 엥겔스 저작선집》(전6권), 최인호 외 옮김, 박종철출판사, 1991/1997.

카를 마르크스·프리드리히 엥겔스, 《독일 이데올로기》(전2권), 이병창 옮김, 먼빛으로, 2019.

니콜로 마키아벨리, 《군주론》, 곽차섭 옮김, 길, 2017.

니콜로 마키아벨리 《로마사 논고》, 강정인 외 옮김, 한길사, 2018.

에두아르트 베른슈타인, 《사회주의의 전제와 사민당의 과제》, 강신준 옮김, 한길사, 1999.

발터 벤야민, 《보들레르의 작품에 나타난 제2제정기의 파리/보들레르의 몇 가지 모티프에 관하여 외》, 김영옥 외 옮김, 길, 2010.

발터 벤야민, 《역사의 개념에 대하여/폭력비판을 위하여/초현실주의 외》, 최성만 옮김, 길, 2008.

샤를 보들레르, 《악의 꽃》, 윤영애 옮김, 문학과지성사, 2003.

베르톨트 브레히트, 《브레히트 희곡선집》(1·2), 임한순 엮음, 서울대학교출판부, 2016.

카를 슈미트, 《정치적인 것의 개념》, 김효전 외 옮김, 살림, 2012.

배리 스트라우스, 《스파르타쿠스 전쟁》, 최파일 옮김, 글항아리, 2011.

신동엽,《신동엽 산문전집》, 창비, 2019.

신동엽,《신동엽 시전집》, 창비, 2014.

신용하,《동학과 갑오농민전쟁연구》(개정판), 일조각, 2016.

루이 알튀세르,《맑스를 위하여》, 이종영 옮김, 백의, 1997.

루이 알튀세르,《미래는 오래 지속된다》, 권은미 옮김, 이매진, 2008.

루이 알튀세르,《아미엥에서의 주장》, 김동수 옮김, 솔출판사, 1991.

루이 알튀세르,《철학과 맑스주의》, 백승욱·서관모 옮김, 새길, 1996.

염정삼,《설문해자주 부수자 역해》, 서울대학교출판부, 2013.

프리드리히 엥겔스,《공상에서 과학으로》, 나상민 옮김, 새날, 2006.

프리드리히 엥겔스,《루트비히 포이어바흐와 독일 고전철학의 종말》,
　　　　강유원 옮김, 이론과실천, 2008.

프리드리히 엥겔스,《반듀링론》, 김민석 옮김, 새길아카데미, 2012.

프리드리히 엥겔스,《영국 노동계급의 상황》, 이재만 옮김, 라티오, 2014.

프리드리히 엥겔스,《자연변증법》, 한승완 외 옮김, 새길아카데미, 2012.

오문환 엮음,《수운 최제우》, 예문서원, 2005.

오세경 편저,《소법전》, 법전출판사, 2017.

오지영,《동학사》, 대광문화사, 1987.

메리 위스너-행크스,《캠브리지 세계사 콘사이스》, 류형식 옮김, 소와당,
　　　　2018.

이승규,《김수영과 신동엽》, 소명출판, 2008.

클로드 장콜라,《랭보: 바람구두를 신은 천재 시인》(전2권), 정남모 옮김,
　　　　책세상, 2007.

조경달,《이단의 민중반란》, 박맹수 옮김, 역사비평사, 2008.

게오르그 짐멜,《돈의 철학》, 김덕영 옮김, 길, 2014.

게오르그 짐멜,《짐멜의 모더니티 읽기》, 김덕영 외 옮김, 새물결, 2005.

천도교중앙총부,《천도교경전(天道敎經典)》, 천도교중앙총부출판부, 2001.

최동희,《새로 쓰는 동학: 사상과 경전》, 집문당, 2004.

임마누엘 칸트,《순수이성비판》(1·2), 백종현 옮김, 아카넷, 2006.

데이비드 J. 칼루파하나,《불교철학》, 나성 옮김, 이학사, 2019.

크로스웨이 ESV 스터디 바이블 편찬팀,《ESV 스터디 바이블》,
    부흥과개혁사, 2014.

윌리엄 A. 펠츠,《유럽민중사》, 장석준 옮김, 서해문집, 2018.

루트비히 포이어바흐,《기독교의 본질》, 강대석 옮김, 한길사, 2008.

루트비히 포이어바흐,《종교의 본질에 대해》, 강대석 옮김, 한길사, 2006.

닐 포크너,《좌파세계사》, 이윤정 옮김, 엑스오북스, 2016.

지그문트 프로이트,《프로이트전집》(전15권), 임홍빈 외 옮김, 열린책들,
    1997.

플라톤,《국가》, 박종현 옮김, 서광사, 2005.

요한 고틀리프 피히테,《전체 지식론의 기초》, 한자경 옮김, 서광사, 1996.

게오르크 헤겔,《법철학》, 임석진 옮김, 한길사, 2008.

게오르크 헤겔,《역사철학강의》, 권기철 옮김, 동서문화사, 2008.

게오르크 헤겔,《정신현상학》(1·2), 임석진 옮김, 한길사, 2005.

황현,《매천집》(전4권), 임정기 옮김, 한국고전번역원, 2010.

황현,《오동나무 아래에서 역사를 기록하다: 황현이 본 동학농민전쟁》,
    김종익 옮김, 역사비평사, 2016.

Louis Althusser, *Écrits philosophiques et politiques 1*, Stock/IMEC, 1994.

Louis Althusser, *Écrits philosophiques et politiques 2*, Stock/IMEC, 1995.

Louis Althusser, *L'avenir dure longtemps*, Stock/IMEC, 1992.

Louis Althusser, *Lire le Capital*, PUF, 1996.

Louis Althusser, *Pour Marx*, La Découverte, 2018.

Elmar Altvater, Eileen Crist, and Donna Haraway, *Anthropocene or
    Capitalocene?: Nature, History, and the Crisis of Capitalism*, PM Press,
    2016.

Gaston Bachelard, *La Formation de l'Esprit Scientifique: Contribution a Une
    Psychanalyse de la Connaissance Objective*, Vrin, 1993.

Terence Ball ed., *Ideals and Ideologies*, Routledge, 2016.

Graeme Barker, *The Agricultural Revolution in Prehistory: Why did Foragers become Farmers?*, Oxford University Press, 2006.

Naazneen H. Barma ed., *The Political Economy Reader: Markets as Institutions*, Routledge, 2007.

Charles Baudelaire, *Oeuvres complètes(Bibliothèque de la Pléiade)*, Gallimard, 1976.

John Behr, *Irenaeus of Lyons: Identifying Christianity*, Oxford University Press, 2015.

Walter Benjamin, *Gesammelte Schriften*(17 Bände), Suhrkamp, 1999.

Walter Benjamin, *Selected Writings*(4 Vols), Howard Eiland ed., Harvard University press, 2006.

Samuel Bernstein, *Auguste Blanqui and the art of insurrection*, Lawrence and Wishart, 1971.

John Biggart, *Bogdanov and His Work: A Guide to the Published and Unpublished Works of Alexander A Bogdanov (Malinovsky) 1873-1928*, Routledge, 2017.

Auguste Blanqui, *Critique sociale(1): Capital et Travail*, Hachette Livre, 2018.

Auguste Blanqui, *Critique sociale(2): Fragments et Notes*, Hachette Livre, 2018.

Auguste Blanqui, *Instructions pour une prise d'armes/L'Eternité par les astres/ Autres textes*, Sens et Tonka, 2000.

Auguste Blanqui, *Maintenant, il faut des armes*, La fabrique, 2007.

Auguste Blanqui, *The Blanqui Reader*, Peter Hallward ed., Verso, 2018.

Alexander Bogdanov, *Empiriomonism Essays in Philosophy*, Brill, 2019.

Alexander Bogdanov, *The Philosophy of Living Experience: Popular Outlines*, David G. Rowley trans, Haymarket Books, 2017.

Terrell Carver, *Marx and Engels's "German ideology" Manuscripts: Presentation and Analysis of the "Feuerbach chapter"*, Palgrave, 2014.

Michael Coogan ed., *The New Oxford Annotated Bible with Apocrypha*, Oxford University Press, 2018.

Mark Cowling ed., *Marx's Eighteenth Brumaire: (Post) Modern Interpretations*, Pluto Press, 2015.

Gilles Deleuze, *Différence et répétition*, Paris, Presses Universitaires de France, 1968.

Gilles Deleuze, *Spinoza et le problème de l'expression*, Les Éditions de Minuit, 1968.

Sam Dolgoff ed., *Bakunin on Anarchy*, Routledge, 2013.

William Edelglass and Jay Garfield ed., *Buddhist Philosophy: Essential Readings*, Oxford Univ Press, 2009.

William Edgar, *Christian Apologetics Past and Present: A Primary Source Reader*(2 Vols), Crossway, 2009.

Peter Ehlen, *Philosophie des 19. Jahrhunderts*, Kohlhammer Verlag, 2016.

Epicurus, *The Epicurus Reader*, Brad Inwood & Lloyd P. Gerson trans, Hackett Pub Co Inc, 1994.

David Estlund ed., *The Oxford Handbook of Political Philosophy*, Oxford University Press, 2012.

Ludwig Feuerbach, *Gesammelte Werke*(22 Bände), De Gruyter, 2006.

Ludwig Feuerbach, *The Fiery Brook: Selected Writings*, Zawar Hanfi trans, Verso, 2013.

Ludwig Feuerbach, *The Essence of Christianity*, George Eliot trans, Cosimo Classics, 2008.

Johann Gottlieb Fichte, *Ausgewählte Werke*(6 Bände), Lambert Schneider Verlag, 2013.

Michael Freeden(ed.), *The Oxford Handbook of Political Ideologies*, Oxford University Press, 2015.

Donna J. Haraway, *Staying with the Trouble: Making Kin in the Chthulucene*, Duke University Press Books, 2016.

Georg Hegel, *Encyclopedia of the Philosophical Sciences in Basic Outline(Part 1): Science of Logic*, Cambridge University Press, 2010.

Georg Hegel, *The Phenomenology of Spirit*, Terry Pinkard trans. Cambridge University Press, 2018.

Georg Hegel, *Werke*(20 Bände), Suhrkamp, 2000.

Ursula K. Heise ed., *The Routledge Companion to the Environmental Humanities*, Routledge, 2017.

Victor Hugo, *Oeuvres poétiques(Bibliothèque de la Pléiade*, Gallimard, 1974.

Victor Hugo, *Selected Poems of Victor Hugo*, University of Chicago Press, 2004.

Immanuel Kant, *Critique of Pure Reason*, Paul Guyer trans, Cambridge
   University Press, 1998.

Immanuel Kant, *Gesammelte Schriften*(22 Bände), Walter de Gruyter, 1963.

George Klosko ed., *The Oxford Handbook of the History of Political Philosophy*,
   Oxford University Press, 2013.

Alexandre Kojève, *Introduction to the Reading of Hegel: Lectures on the
   Phenomenology of Spirit*, James H. Nichols trans, Cornell Univ Press,
   1980.

Jacques Lacan, *Ecrits*, Bruce Fink trans, W. W. Norton & Co Inc, 2007.

Vladimir Lenin, *Collected Works*(45 vols), Progress Publishers, 1973.

Claude Lévi-Strauss, *Tristes tropiques*, Plon, 2014.

A. A. Long and D. N. Sedley, *The Hellenistic Philosophers*, Cambridge Univ
   Press, 1990.

Michael Lowy, *The Theory of Revolution in the Young Marx*, Brill, 2002.

Lucretius, *On the Nature of Things*, Martin Ferguson Smith trans, Hackett
   Pub Co Inc, 2001.

Georg Lukács, *Frühschriften II: Schriften 1919–1928*, Aisthesis 2013.

Nicolas Machiavelli, *Oeuvres complètes(Bibliothèque de la Pléiade)*, Gallimard,
   1952.

Niccolo Machiavelli, *The Prince*, Quentin Skinner trans, Cambridge
   University Press, 1988.

Karl Marx, *Oeuvres complètes(Bibliothèque de la Pléiade)*, Gallimard, 1994.

Karl Marx, Friedrich Engels, *Marx/Engels Collected Works(MECW)*, Progress
   Publishers, 2004.

Karl Marx, Friedrich Engels, *Marx/Engels Gesamtausgabe(MEGA)*, Dietz
   Verlag, 2020.

Karl Marx, Friedrich Engels, *Marx/Engels Werke(MEW)*, Dietz Verlag, 1968.

Friedrich Nietzsches, *Kritische Studienausgabe(KSA)*, Walter de Gruyter,
   1988.

Georgi Plekhanov, *Selected Philosophical Works*(3 vols), Lawrence & Wishart,
   1947.

Pierre-Joseph Proudhon, *Property Is Theft!: A Pierre-Joseph Proudhon Reader*,
   Iain McKay ed., AK Press, 2011.

Colin Renfrew ed., *The Cambridge World Prehistory*(3 Vols), Cambridge University Press, 2014.

Arthur Rimbaud, *I Promise to Be Good: The Letters of Arthur Rimbaud*, Wyatt Mason trans, Modern Library, 2007.

Arthur Rimbaud, *Oeuvres complètes(Bibliothèque de la Pléiade)*, Gallimard, 2010.

Arthur Rimbaud, *Rimbaud Complete*, Wyatt Mason trans, Modern Library, 2013.

Jacques Rougerie, *La Commune de 1871*, Presses universitaires de France, 2014.

Jean-Jacques Rousseau, *Oeuvres complètes(Bibliothèque de la Pléiade)*, Gallimard, 1995.

Paul Schumaker, *The Political Theory Reader*, Wiley-Blackwell, 2010.

Matthew Shaw, *Time and the French Revolution: The Republican Calendar*, 1789-year XIV, Royal Historical Society, 2011.

Georg Simmel, *Gesamtausgabe*(24 Bände), Suhrkamp, 2016.

Georg Simmel, *The Philosophy of Money*, David Frisby trans, Routledge, 2011.

Lawrence S. Stepelevich ed., *The Young Hegelians: An Anthology*, Humanity Books, 1997.

Murphy Steve, *Rimbaud et la Commune, 1871-1872*, Classiques Garnier, 2010.

Adolphe Thiers, *Notes et Souvenirs, Calmann-Lévy*, 1903.

Marc Van De Mieroop, *A History of Ancient Egypt*, Wiley-Blackwell, 2011.

Marc Van De Mieroop, *A History of the Ancient Near East: ca. 3000-323 BC*, Wiley-Blackwell, 2003.

James D. White, *Red Hamlet: The Life and Ideas of Alexander Bogdanov*, Haymarket Books, 2019.

Merry E. Wiesner-Hanks, *The Cambridge World History*(7 Vols), Cambridge University Press, 2015.

Zondervan, *Cultural Backgrounds Study Bible*, Zondervan, 2019.

강신주의 역사철학·정치철학 강의 1

철학 vs 실천

초판 1쇄 펴낸날 2020년 6월 10일
초판 2쇄 펴낸날 2021년 4월 5일
지은이 강신주
펴낸이 박재영
편집 이정신·임세현·한의영
마케팅 김민수
디자인 조하늘
제작 제이오
펴낸곳 도서출판 오월의봄
주소 경기도 파주시 회동길 363-15 201호
등록 제406-2010-000111호
전화 070-7704-2131
팩스 0505-300-0518
이메일 maybook05@naver.com
트위터 @oohbom
블로그 blog.naver.com/maybook05
페이스북 facebook.com/maybook05
인스타그램 instagram.com/maybooks_05

ISBN 979-11-90422-34-5 04100
979-11-90422-33-8(세트)

만든 사람들
책임편집 박재영
디자인 조하늘